LE GUIDE VERT

Allemagne du Sud
Bavière

Covid-19

Attention, les horaires et les modalités d'accueil des sites touristiques sont susceptibles de changer en fonction de l'évolution de la crise sanitaire. De nombreux musées et monuments imposent désormais la réservation en ligne. Vérifiez les conditions de visite afin d'éviter toute déconvenue.

RÉGIONS DU GUIDE
SUR LA CARTE CI-CONTRE

L'équipe du Guide Vert Michelin, de gauche à droite :
Camille Bouvet, Denis Rasse, Natacha Brumard, Amaury de Valroger, Lucie Fontaine, Philippe Orain, Florence Dyan, Catherine Guégan, Hervé Dubois, Fiona Lale, Hélène Payelle, Marie-Pierre Renier, Éric Boucher, Véronique Aissani, Marie Simonet, Carole Diascorn, Jérôme Lévêque, Marion Capéra, Pascal Grougon, Dominique Auclair.

Édito

Redonner du sens au voyage en prenant son temps et dans un plus grand respect de l'environnement, voilà ce à quoi devraient ressembler nos déplacements d'aujourd'hui.

Alors, ralentissons le pas pour nous imprégner en profondeur de la richesse des lieux que nous traversons et des gens que nous rencontrons. Laissons-nous surprendre et réapprenons à nous étonner de tout ce qui se trouve sous nos yeux, en ville ou à la campagne, sur un chemin de traverse, loin de chez nous ou juste au bout de la rue.

L'Allemagne du Sud est une destination magnifique, riche de milliers de sites naturels, villages, châteaux... sans oublier les femmes et les hommes qui font vivre ces patrimoines et leurs traditions. Autant de lieux incontournables ou insolites, connus ou confidentiels, que l'équipe du Guide Vert Michelin a cherchés et dénichés pour vous au cours de ses innombrables tournées sur le terrain.

Cette nouvelle édition du Guide Vert Michelin a été entièrement mise à jour. En complément des sites étoilés ★★★, nos auteurs ont également souhaité partager avec vous leurs itinéraires, leurs infos pratiques, leurs plus belles expériences de slow tourisme ainsi que leurs coups de cœur pour des adresses qui s'engagent dans une démarche écoresponsable, signalées au fil des pages par le symbole 🍃.

À votre tour de faire le plein de beau, de bon et de rencontres. Et vos meilleurs moments de voyage seront peut-être publiés dans la prochaine édition ! #coupsdecoeurGuideVertMichelin

Bon voyage en Allemagne du Sud !

Philippe Orain, Directeur du Guide Vert Michelin

Sommaire

Retrouvez nos carnets d'adresses à la fin de chaque chapitre

COMPRENDRE L'ALLEMAGNE DU SUD

bluejayphoto/Getty Images Plus

Nikada/Getty Images Plus

ORGANISER SON VOYAGE

geogif/Getty Images Plus

Nos incontournables

★★

Lac de Constance

La Côte d'Azur allemande existe, vous la rencontrerez, version lacustre, sur les berges du plus grand lac d'Allemagne, où baignades et balades riment avec montagnes, vignobles et châteaux. **Voir p. 296.**

Carsten Ortlieb/Getty Images Plus

Simon Dux/Getty Images Plus

★★★

Forêt-Noire

Un gâteau, *natürlich !* Mais aussi une magnifique région montagneuse et boisée aux villages soignés, un paradis pour randonneurs préservé par deux parcs nationaux. Vous en reprendrez bien un peu ?
Voir p. 195.

kanuman/Getty Images Plus

★★★

Munich

Ses fabuleux musées et son exceptionnel patrimoine baroque sont bien connus, son art de vivre beaucoup moins. Et pourtant, qu'il fait bon se laisser aller à la douceur de vivre munichoise ! **Voir p. 34.**

★★★

Château de Neuschwanstein

Un charme fou ! L'extravagant palais du roi Louis II de Bavière règne sur un écrin naturel féerique. **Voir p. 96.**

eanPavonePhoto/Getty Images Plus

M. Lange/imageBROKER/age fotostock

★★★

Monastère de Maulbronn

Inattendu et unique. À l'abri de remparts, cet ensemble architectural édifié entre les 12e et 16e s. témoigne de la vie de la communauté cistercienne qui vécut jadis ici. Accueillant une école protestante, le lieu demeure remarquablement préservé. **Voir p. 243.**

Nos incontournables

★★★

Ratisbonne

Embarquez pour un voyage dans le temps en vous promenant dans les ruelles de la plus jolie cité médiévale de Bavière, qui prend des poses de carte postale sur les bords du Danube. **Voir p. 121.**

Frank Wagner/Getty Images Pl

★★★

Vallée du Rhin

Succomberez-vous au charme ensorceleur de la mythique Lorelei ? Pour la trouver, suivez le cours du fleuve légendaire d'Allemagne, de Rüdesheim à Coblence, de château en château. **Voir p. 346.**

P. Schickert/age fotostoc

'dyBalasko/Getty Images Plus

Mark22/Getty Images Plus

★★★

Heidelberg

Pourquoi tant d'artistes ont-ils été émerveillés par ce haut lieu du romantisme allemand ? La réponse se cache sous le château, dans les ruelles débordantes de vie et d'étudiants. **Voir p. 246.**

★★★

Vallée de la Moselle

Bienvenue au pays du riesling ! De Trêves à Coblence, le long du fleuve et des coteaux viticoles, chaque nouveau méandre révèle des grappes de charmants villages et de fiers châteaux. **Voir p. 334.**

Xantana/Getty Images Plus

★★★

Rothenbourg

Parfaite pour une échappée en amoureux, la petite cité bavaroise perche haut sur les rives de la Tauber ses ruelles pavées et ses maisonnettes médiévales au cachet *sehr romantisch*. **Voir p. 147.**

Nos coups de cœur

Église de Wies.

TOP 5
Marchés de Noël

1. **Nuremberg** (p. 162)
2. **Rothenbourg** (p. 151)
3. **Worms** (p. 310)
4. **Mayence** (p. 466)
5. **Coblence** (p. 344)

Marché de Noël de Mayence.
sack/Getty Images Plus

❤ **Explorer une nouvelle cité d'or**, aux portes de la Forêt-Noire, à Pforzheim. Son musée de la Joaillerie révèle les merveilles fabriquées dans les ateliers de bijouterie et d'horlogerie de cette *Goldstadt* depuis 1767. **Voir p. 239.**

❤ **Réviser son histoire** de la Seconde Guerre mondiale à l'aune du Centre de documentation sur le national-socialisme de Munich, qui décrypte sans concession le rôle de la ville dans l'avènement de Hitler, et rappelle le courage des résistants anti-nazis munichois. **Voir p. 48.**

❤ **Défier le vertige** et les 768 marches de la flèche de la cathédrale d'Ulm, la plus haute du monde ! En haut, le panorama sur la ville, le Danube et les Alpes récompense les courageux. **Voir p. 281.**

❤ **Oser l'aventure culinaire** dans un café du quartier de Sachsenhausen, à Francfort, en commandant un *Handkäse mit Musik,* un petit fromage jaune dans une sauce à l'oignon. *Guten Appetit !* **Voir p. 376.**

❤ **Relâcher la pression** dans l'un des innombrables *Biergarten* de Munich, étape incontournable aux beaux jours pour savourer l'art de vivre à l'allemande, à l'ombre des marronniers. L'hiver, goûter à l'ambiance des grandes tablées sonores de la Hofbräuhaus. *Prost* ! **Voir p. 65.**

Cathédrale d'Ulm.
W. Allgöwer/Prisma/age fotostock

Nos coups de cœur

Opéra des Margraves à Bayreuth.
E. Wrba/mauritius images/age fotostock

❤ **Se laisser mener en bateau** sur le lac de Constance, au départ de l'île-cité de Lindau im Bodensee. Plein cadre sur le paysage, des maisons à pignons blotties sur les berges, avec les Alpes couronnées de neige en toile de fond. **Voir p. 80.**

Les Alpes bavaroises.
bluejayphoto/Getty Images Plus

❤ **Filer tout schuss** sur les pistes de Garmisch-Partenkirchen, la plus célèbre et la plus mondaine des stations de ski allemandes. L'une des plus belles, aussi, avec ses chalets à fresques sur fond de panoramas grandioses. **Voir p. 102.**

❤ **Étudier le charme** de l'Oxford allemand, Tübingen, avec ses milliers étudiants, son université réputée fondée au 15e s., son ravissant cœur historique traversé par le Neckar. La ville a même sa course nautique, en juin, mettant en lice des équipages qui s'affrontent sur des barques à fond plat propulsées par une perche, les fameuses *Stocherkahnnen*. Spectacle garanti ! **Voir p. 274.**

Tübingen.
no_limit_pictures/Getty Images Plus

Burg Eltz.
SCStock/Getty Images Plus

TOP 5 Châteaux

❤ **Vibrer sur un air d'opéra** à Bayreuth, en visitant la maison-musée de Richard Wagner, où est mise en scène, et en musique, la vie du fondateur du célèbre festival de Bayreuth. Devoir de mémoire oblige, les relations dangereuses de la famille Wagner pendant la Seconde Guerre mondiale sont également évoquées. **Voir p. 178.**

❤ **Tutoyer les sommets** en zigzaguant le long de la route allemande des Alpes, où les majestueuses montagnes se révèlent tour à tour sauvages ou domptées, de la nature impérieuse de la haute vallée de l'Isar aux villages fleuris de l'Ammergau. Partout, des habitants en culotte de peau complètent la carte postale ! **Voir p. 84.**

Nos coups de cœur

Cimetière juif de Worms.
Panther Media GmbH/Alamy/hemis.fr

❤ Revivre la Belle Époque

à Mathildenhöhe, le splendide quartier Jugendstil de Darmstadt, inscrit au Patrimoine mondial de l'Unesco, édifié par une colonie d'artistes. Cette épopée Art nouveau est détaillée au Museum Künstlerkolonie voisin. **Voir p. 387.**

❤ Éduquer ses papilles

en débouchant une *Bocksbeutel*, la bouteille ventrue emblématique des vins blancs de Franconie, à Würzburg. À tester dans la magnifique cave voûtée de la Résidence des princes-évêques. **Voir p. 138.**

Le Museum Künstlerkolonie de Mathildenhöhe à Darmstadt.
Meinzahn/Getty Images Plus

TOP 5
Art moderne et contemporain

1. Musée Städel, Francfort (p. 372)
2. Pinakothek der Moderne, Munich (p. 47)
3. Galerie Würth, Schwäbisch Hall (p. 263)
4. Galerie nationale, Stuttgart (p. 267)
5. Musée Frieder-Burda, Baden-Baden (p. 211)

Pinakothek der Moderne à Munich par l'architecte Stephan Braunfels.
Prisma by Dukas Presseagentur GmbH/Alamy/hemis.fr

❤ **Grimper sur le toit de l'Allemagne** en quelques minutes grâce au téléphérique qui mène au sommet du Zugspitze, le plus haut du pays. À l'arrivée, ski ou randonnée avec un panorama à couper le souffle. **Voir p. 103.**

❤ **Franchir le seuil du cimetière juif** de Worms et se laisser gagner par la quiétude de ce lieu parsemé de stèles portant simplement une inscription lapidaire en hébreu. Se diriger ensuite dans la partie la plus moderne et suivre l'évolution des langues, des noms, des sépultures au fil de l'Histoire. **Voir p. 307.**

❤ **Renouer avec le faste** des ducs Wittelsbach à Landshut, cité médiévale joliment préservée. Tous les quatre ans, elle accueille les Noces de Landshut, l'un des plus grands spectacles historiques d'Europe avec 2000 figurants costumés. **Voir p. 120.**

❤ **Faire bombance** dans l'une des tavernes traditionnelles de Bamberg, en dégustant un oignon farci suivi d'un *Appfelstrudel*, le tout arrosé de bière fumée. **Voir p. 173.**

Funiculaire du Zugspitze.
Md Zakir Hossain Limon/Getty Images Plus

Nos coups de cœur

Quartier écologique Vauban à Fribourg-en-Brisgau.

❤ **S'inspirer de la green attitude** des habitants de Fribourg-en-Brisgau, en filant – de préférence comme eux à vélo – à la découverte de l'éco-quartier Vauban. Objectif annoncé : la neutralité climatique pour 2050. Une initiative prometteuse ! **Voir p. 192.**

❤ **Faire coucou** à Triberg, l'une des stations climatiques typiques de Forêt-Noire. Le musée de la Forêt-Noire vous apprendra tout de la plus célèbre région boisée d'Outre-Rhin, ses montagnes, ses pâtisseries, ses charcuteries, ses *Bollenhut*, célèbres chapeaux à gros pompons, et... ses coucous ! **Voir p. 198.**

❤ **S'amuser à se faire peur** dans les ruelles de Rottweil peuplées de dieux et de démons, de sorcières et de fous, masques sculptés qui feront trembler – un peu – les enfants. Bienvenue dans l'univers païen et mystérieux du *Fasnet,* le carnaval alémanique ! **Voir p. 465.**

❤ **Faire le grand écart culturel** à Mannheim, en commençant par visiter le plus grand château baroque d'Allemagne avant de reprendre des forces à *Klein Istanbul*, le quartier turc de cette ville portuaire et cosmopolite, aux échoppes ouvertes non-stop. **Voir p. 255.**

Le mont Belchen, en Forêt-Noire.
Kuzmalo/Getty Images Plus

TOP 5
Sublimes panoramas

1. Zugspitze, dans les Alpes bavaroises (p. 103)
2. Rocher de la Lorelei, dans la vallée du Rhin (p. 352)
3. Wendelstein, dans les Alpes bavaroises (p. 92)
4. Belchen, en Forêt-Noire (p. 200)
5. Chemin des Cimes de la boucle de la Sarre (p. 331)
6. Feldberg, en Forêt-Noire (p. 202)

Le Bollenhut, chapeau à pompons rouges traditionnellement porté en Forêt-Noire.
J. De Meester/imageBROKER/age fotostock

Et vous, quels sont vos plus beaux souvenirs de voyage ?

Partagez-les nous sur Instagram ! Vous serez peut-être sélectionnés pour une publication dans une prochaine édition en mentionnant le # : **#coupsdecoeurGuideVertMichelin**

Nos itinéraires

5 jours

Munich et ses environs

En bref : 550 km, de Munich au sommet des Alpes bavaroises.

DaveLongMedia/Getty Images Plus

Munich J-1

Flânerie dans la vieille ville de Munich (**p. 35**), déjeuner au marché aux Victuailles ; l'après-midi, visite de l'ancienne Pinacothèque (**p. 45**) et de la Pinacothèque d'art moderne (**p. 47**).

Conseil : attention, les musées de Munich ferment le lundi.

Augsburg-Füssen J-2

Tôt le matin, départ pour Augsburg (**p. 70**) ; après déjeuner, direction Ottobeuren et sa fabuleuse église baroque (**p. 77**). Nuit à Füssen (**p. 95**).

Le palais de Linderhof.
R. Harding/hemis.fr

Châteaux de Louis II de Bavière J-3

Journée « Louis II de Bavière » avec les châteaux de Neuschwanstein (**p. 96**) et Hohenschwangau (**p. 98**). Dans l'après-midi, visite de l'église baroque de Wies (**p. 88**) sur la route allemande des Alpes. Nuit dans les environs.

Au cœur des Alpes J-4

Plongez dans le luxe et la brillance au château de Linderhof (**p. 98**) et, si le temps est clair, faîtes l'ascension du Zugspitze en téléphérique depuis l'Eibsee (**p. 103**). Nuit à Garmisch-Partenkirchen, non sans avoir parcouru la station (**p. 102**).

Chiemsee-Munich J-5

Le château de Herrenchiemsee (**p. 100**), au milieu du Chiemsee, sonnera vos adieux à Louis II. En soirée, retour à Munich.

5 jours

Le Rhin, de Coblence à Karlsruhe

En bref : 250 km le long du Rhin, fleuve mythique de l'Allemagne.

Michael Utech/Getty Images Plus

Coblence J-1

Prenez la journée pour découvrir Coblence (**p. 340**), au confluent du Rhin et de la Moselle.

Coblence-Bingen J-2

De Coblence, remontez la vallée supérieure du Rhin jusqu'à Bingen (**p. 350**). En route, ne manquez pas le château de Rheinfels et le rocher légendaire de la Lorelei ; nuit à Mayence (**p. 356**).

Mayence-Wiesbaden J-3

Visite de Mayence, la cité de Gutenberg, puis de Wiesbaden, la cité des bains impériaux (**p. 381**).

Conseil : planifiez votre séjour au moment du Carnaval (du sam. au Mardi gras), cependant très prisé.

Worms-Karlsruhe J-4

Après une halte matinale à Worms pour la visite de la cathédrale St-Pierre (**p. 306**), direction Spire et sa sublime cathédrale impériale (**p. 313**) ; nuit à Karlsruhe (**p. 242**).

Karlsruhe J-5

Visitez son musée des Beaux-Arts dans le château (**p. 237**) et son petit musée « beim Markt », consacré aux arts décoratifs (**p. 238**).

La place du marché de Mayence.
marcociannarel/Getty Images Plus

Nos itinéraires

8 jours

Le tour du Bade-Wurtemberg

En bref : 800 km entre vignobles, forêts, montagnes et grandes villes.

Britus/Getty Images Plus

Baden-Baden — J-1

Balade dans Baden-Baden (**p. 207**), bain thermal et visite de la Favorite, ravissant petit château baroque. La ville est plutôt riche en musées : profitez-en si le temps n'est pas au beau fixe. Si le soleil brille, parcourez la Lichtentaler Allee, un vrai régal pour les yeux. Nuit sur place.

Autour de Karlsruhe — J-2

En matinée, Karlsruhe et son musée des Beaux-Arts (**p. 237**). Dans l'après-midi, le château de Bruchsal (**p. 238**), étonnant par son ampleur et par son musée d'instruments de musique mécanique. Le monastère de Maulbronn, petit « village » du Moyen Âge, est aussi un des must à visiter (**p. 243**). Nuit à Stuttgart.

Stuttgart — J-3

Baladez-vous dans le centre de Stuttgart (**p. 265**), visitez la Galerie nationale (**p. 267**) et poussez jusqu'au musée Mercedes-Benz (**p. 270**). Soirée et nuit à Tübingen.

Baden-Baden.
pure.passion.photography/Westend61 RM/Photononstop

Tübingen J-4

Découverte du vieux Tübingen (**p. 274**) et, à proximité, le monastère de Bebenhausen (**p. 278**). Après déjeuner, en route pour Ulm (**p. 281**), ses maisons à colombages et sa cathédrale. Nuit sur place.

La Haute-Souabe J-5

Partez sur la route du baroque de Haute-Souabe pour égrener les églises (**p. 285**), comme celles de Zwiefalten et Weingarten. Orgie de stucs, ors et angelots au programme ! Dans l'après-midi, découvrez le vieux Lindau, île-cité aux élégantes boutiques (**p. 80**). Du haut du phare, coup d'œil panoramique sur les Alpes, le lac et la ville. Nuit sur place.

Constance J-6 & 7

Après avoir arpenté les rues de Constance (**p. 290**), offrez-vous une croisière pour les îles de Mainau et Reichenau (**p. 293**). Le lendemain, longez la rive nord du Bodensee (**p. 296**) en faisant halte au village lacustre d'Unteruhldingen (**p. 298**). Nuit à Fribourg-en-Brisgau.

La Forêt-Noire J-8

Tôt le matin, départ pour la haute Forêt-Noire (**p. 200**), ses panoramas (Belchen, Feldberg), ses cascades et lacs (Todtnau, Titisee, Schluchsee) et sa multitude de petits hameaux typiques. En fin de journée, profiter de la douceur de vivre de Fribourg, la ville la plus ensoleillée d'Allemagne !

Lindau im Bodensee.
Flavio Vallenari/Getty Images Plus

Nos itinéraires

10 jours

La Franconie

En bref : 900 km à travers les plus belles cités du sud de l'Allemagne.

Rudy Balasko/Getty Images Plus

Francfort J-1

Le matin, flânez dans la vieille ville (**p. 364**), sans oublier de visiter la maison natale de Goethe (**p. 369**). Déjeunez au marché couvert (**p. 377**). Puis choisissez l'un des musées de la rive des Musées (**p. 372**), pourquoi pas le musée Städel, l'un des plus importants d'Allemagne. Nuit sur place.

Würzburg J-2

Tôt le matin, route pour Würzburg et visite de l'ancienne résidence des princes-évêques (**p. 133**) et de la forteresse de Marienberg (**p. 137**). Nuit à Würzburg.

Bamberg J-3

Découverte de Bamberg (**p. 165**) en matinée et de l'église baroque des Quatorze-Saints (**p. 169**) ou de la forteresse de Cobourg (**p. 170**) dans l'après-midi. Nuit à Bayreuth.

Conseil : si vous vous rendez à Bayreuth durant le festival Wagner (de fin juil. à fin août), réservez votre hébergement très à l'avance.

Bayreuth J-4

Partez sur les traces de Wagner à Bayreuth (**p. 175**). De là, suivez le circuit de la Suisse franconienne jusqu'à Gößweinstein (**p. 179**), puis ralliez Nuremberg pour la nuit.

Nuremberg J-5

Journée à Nuremberg pour explorer sa vieille ville, son musée national germanique (**p. 153**) et... l'ancien site des congrès du parti nazi (**p. 160**).

Rothenbourg J-6

Direction la vieille cité de Rothenbourg, véritable décor de théâtre avec ses ravissantes maisons peintes (**p. 147**). Nuit sur place.

Route romantique J-7

Empruntez la Route romantique de Rothenbourg à Nördlingen (**p. 142**). À Nördlingen, remontez tranquillement vers Francfort via deux charmantes cités du Bade-Wurtemberg : Schwäbisch Hall, aux belles maisons à colombages (**p. 262**), et Bad Wimpfen, ancienne résidence des Hohenstaufen (**p. 258**). Nuit à Heidelberg.

Heidelberg J-8 & 9

Visite de Heidelberg, la « perle du Neckar » (**p. 246**), de Mannheim, cité des inventeurs au centre-ville tracé au cordeau (**p. 255**) et de Schwetzingen (**p. 252**).

Bergstraße J-10

Le matin, la Bergstraße, offrant un paysage typiquement rhénan (**p. 390**) mène de Heidelberg à Darmstadt (**p. 386**), l'un des foyers de l'Art nouveau en Allemagne. Retour à Francfort en fin d'après-midi.

Heidelberg et son château.
sborisov/Getty Images Plus

Bad Wimpfen.
Grafissimo/Getty Images Plus

Nos spots en famille

R. Schmid/Sime/Photononstop

Musée de plein air de Franconie à Bad Windsheim.

Tout au long du guide, ce symbole vous aidera à repérer les sites ou activités qui intéresseront les enfants.

▸ **Freilandmuseum à Bad Windsheim.** Dans ce joli musée de plein air où les bâtiments et les savoir-faire racontent sept siècles d'histoire en Franconie, les enfants apprennent à fabriquer des briques en argile brute, battre le beurre, filer la laine, tresser un panier ou assister un apiculteur, bref, à devenir de vrais petits débrouillards. **Voir p. 150**.

▸ **Opéra pour enfants et ados à Stuttgart.** L'opéra, un truc de vieux ? Pas en Allemagne, où les enfants fréquentent cette institution dès leur plus jeune âge grâce à des mises en scène adaptées et des places à 10 €. L'expérience est vraiment réjouissante. Et en plus des soirées pour les familles du Staatsoper, il y a un opéra pour enfants et ados (JOiN). **Voir p. 273**.

Chemin des cimes à Bad Wildbad.

D. Schoenen/imageBROKER/age fotostock

▸ **Ferme des animaux à Deggendorf.** Dans cette ferme aux confins de la Bavière, des centaines d'animaux, rescapés de mauvais traitements ou dont les maîtres ne pouvaient plus s'occuper, coulent désormais des jours paisibles, comme Donna et Rudy, les deux ânes inséparables. Circulant en liberté la plupart du temps sur le site, ils se laissent câliner par les visiteurs, à qui ils donnent autant qu'ils reçoivent. **Voir p. 114**.

▸ **Mines de sel de Salzbergwerk.** En tenue de mineur, calé dans un wagonnet, sur une barque ou un toboggan, on s'enfonce dans les profondeurs de la montagne pour découvrir un lac, une cathédrale et... l'évolution des conditions d'extraction du sel depuis le 16e s. En sortant, parions que vous ne salerez plus jamais vos frites de la même manière ! **Voir p. 108**.

▸ **Chemin des cimes en Forêt-Noire.** Un long sentier sur pilotis, semé d'embûches pour les aventuriers et de panneaux explicatifs pour les curieux, serpente parmi les arbres, à proximité de Bad Wildbad. Au bout, on débouche sur une tour spectaculaire, qui grimpe en spirale jusqu'à 40 m de haut, avec vue à 360° sur la canopée.

Les plus pressés de déguster une crêpe à la myrtille ou de profiter de l'aire de jeux en contrebas utiliseront le toboggan (55 m !) pour redescendre. **Voir p. 240**.

▶ **Maison Hundertwasser à Darmstadt.** Tout en rondeurs et en couleurs, avec ses fenêtres rigolotes et son toit coiffé d'arbres, l'immeuble de l'architecte autrichien rappelle la maison des Barbapapa. De quoi faire la joie des enfants, qui découvriront par la même occasion que refuser la norme et laisser libre cours à sa créativité est possible. Une balade architecturale anticonformiste à prolonger dans le quartier de Mathildenhöhe où, 100 ans plus tôt, les partisans du Jugenstil avaient eux aussi rejeté les règles. **Voir p. 389**.

▶ **Neuschwanstein.** Construit au 19e s., le plus célèbre château d'Allemagne a inspiré Walt Disney pour les demeures de *La Belle au bois dormant*, *Cendrillon* et le logo de ses studios. Mais Neuschwanstein, c'est avant tout le château de Louis II de Bavière, roi rêveur fasciné par les légendes du Moyen Âge et l'œuvre de Wagner. Un véritable château de conte de fées ! **Voir p. 96**.

▶ **Randonnée à vélo entre Trèves et Coblence.** Et c'est parti pour trois jours d'immersion dans la nature, le long de la Moselle, avec ses rives bordées de vignobles, de villages charmants et de châteaux de conte de fées, comme ceux d'Eltz et de Cochem. La véloroute (140 km), plate et bien goudronnée, se prête à une randonnée familiale avec étapes, par exemple à Bernkastel-Kues (46 km) et Cochem (57 km). **Voir p. 334**.

Un enfant de 8-12 ans progresse à environ 12 km/h ; on peut prévoir deux sessions de 2h par jour.

▶ **Faire une bataille de polochons dans un château du 12e s.** Au Burg Stahleck, gros château médiéval avec tourelles et donjons, les enfants sont traités comme chevaliers et princesses ! Son auberge de jeunesse rénovée avec snack-bar et salle de jeux organise aussi des animations pour les familles à Pâques, Halloween, pendant l'Avent et au Nouvel An. Vue époustouflante sur le Rhin depuis la terrasse. **Voir p. 355**.

▶ **Village lacustre à Unteruhldingen.** Au bord du lac de Constance, dans de jolies maisons sur pilotis reconstituées, on découvre la vie des habitants de la région à l'âge de pierre, puis de bronze (5e-1er millénaire av. J.-C.). Certains jours d'été, des archéologues montrent comment on faisait du feu ou du pain, ou cousait des vêtements. Une façon vivante de se plonger dans le quotidien de nos lointains aïeux. **Voir p. 298**.

Vous avez vécu une super expérience en famille ?

Partagez-la nous sur Instagram ! Vous serez peut-être sélectionnés pour une publication dans une prochaine édition en mentionnant le # : **#enfamilleGuideVertMichelin**

Vue sur le château de Neuschwanstein.
K.-J. Hildenbrand/age fotostock

Les Voyages d'Adélaïde

Dans son blog, Adélaïde passe en revue les différences culturelles, qui l'étonnent encore, même après un an passé en Allemagne.

les-voyages-de-adelaide.fr

«

Rien à cacher. En Allemagne, il y a rarement des volets aux fenêtres, et deux raisons à cela : la première étant que l'ensoleillement y est de plus courte durée, et l'on a donc envie de profiter au maximum des rayons du soleil. La deuxième raison est d'ordre religieux : les pays nordiques, incluant la plupart des Länder allemands, sont fortement marqués par le protestantisme, pour qui se cacher est considéré comme un moyen de dissimuler ses pêchés. Ici, tout comme aux Pays-Bas, en Suède ou en Norvège, il est donc très courant de vouloir prouver que l'on n'a rien à cacher.

Vraiment rien à cacher ! Les Allemands ne sont pas pudiques. C'est bien connu, ils sont même très, très à l'aise avec leur corps. Les côtes regorgent de plages nudistes, et dans certaines villes, comme Munich, la baignade nudiste est autorisée partout.

Piéton rouge, personne ne bouge. Ici, on respecte le feu des passages piétons. Et même lorsqu'il n'y a pas la moindre voiture à l'horizon, personne n'ose s'aventurer à traverser. J'ai bien sûr déjà essayé de traverser au feu piéton rouge, tant attendre pour rien pouvait m'agacer. Mais en voyant les regards qui m'étaient lancés, j'ai vite perdu cette mauvaise habitude.

L'heure, c'est l'heure. Si vous arrivez au travail à 8h06 au lieu de 8h, on ne manquera pas de vous faire remarquer qu'il faudra être plus ponctuel à l'avenir. En effet, les Allemands sont très à cheval sur les horaires, et tolèrent difficilement les retards. Cette règle marche dans les deux sens, puisque si vous sortez du travail en retard, ce sera tout aussi mal vu. On aura l'impression que vous êtes désorganisé et que vous avez du mal à terminer vos tâches en temps et en heure.

Le tri sélectif est une affaire sérieuse. Pour un étranger, se retrouver face à tant de poubelles de couleurs différentes peut vite donner le tournis tant il y a de règles à connaître. Par exemple, il est formellement interdit de jeter le verre le dimanche et les jours fériés, pour ne pas déranger les riverains. Il y a aussi le fameux *Pfand* : la consigne sur les bouteilles et autres contenants en plastique. Le principe est simple : à l'achat d'une bouteille en plastique, par exemple, vous payez une consigne (env. 25 centimes). Pour la récupérer, il faudra glisser la bouteille (à condition qu'elle soit encore munie du code-barres sur l'étiquette) dans le *Pfandautomat*, machine prévue à cet effet qui se trouve en général dans tous les supermarchés.

Eau gazeuse à gogo. C'est culturel : tout le monde raffole de l'eau pétillante au pays de Goethe, à tel point que dans certains restaurants, on vous apportera de l'eau gazeuse si vous ne précisez pas que vous souhaitez de l'eau plate. D'ailleurs, cette passion pour les bulles est si forte que 30 % des Allemands ont chez eux une machine pour ajouter du gaz dans l'eau plate. »

Salon rococo du Schaezlerpalais à Augsburg (Bavière).
TRAVEL Collection/hemis.fr

DÉCOUVRIR L'ALLEMAGNE DU SUD

Munich, le centre ville et, au loin, les deux tours de la Frauenkirche.
Westend 61/hemis.fr

1

Munich et le sud de la Bavière

CARTE MICHELIN RÉGIONAL 546 – BAVIÈRE

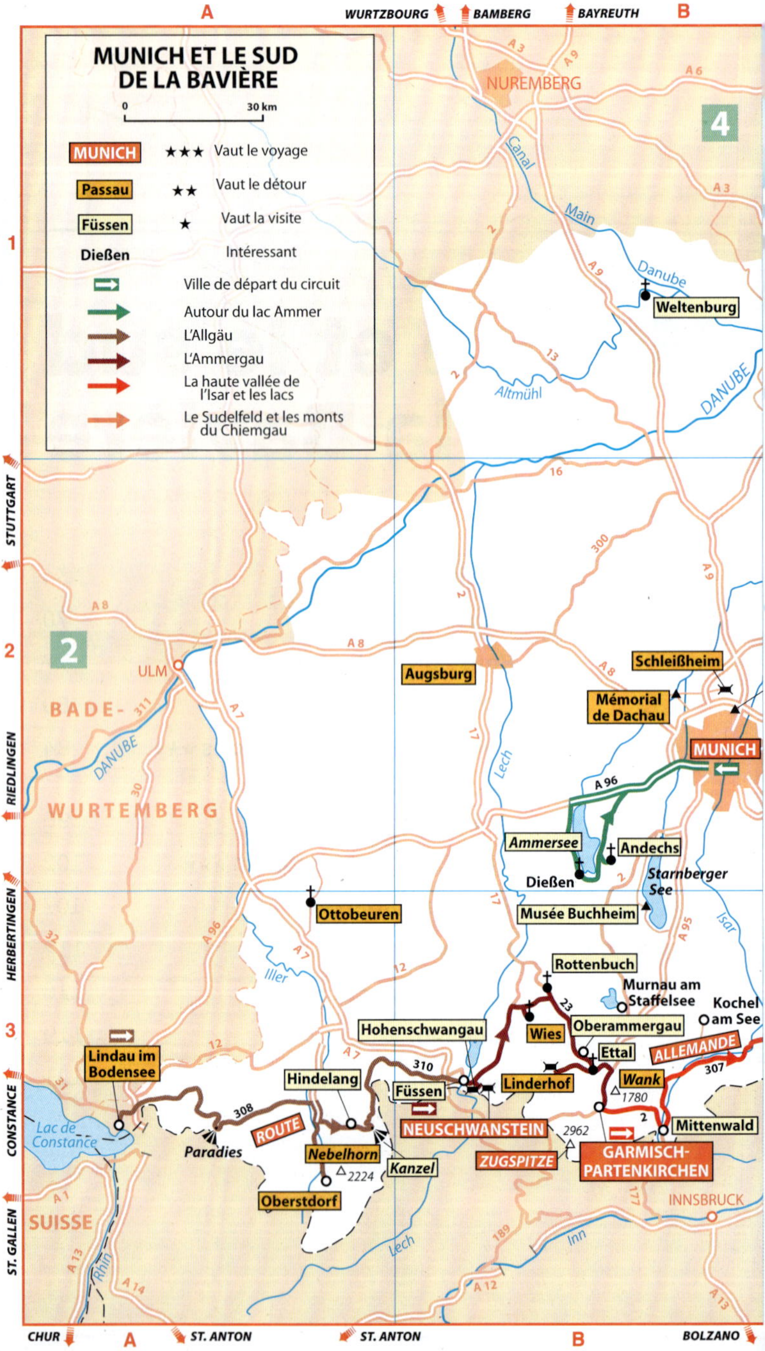
MUNICH ET LE SUD DE LA BAVIÈRE
0
30 km
MUNICH ★★★ Vaut le voyage
Passau ★★ Vaut le détour
Füssen ★ Vaut la visite
Dießen Intéressant
Ville de départ du circuit
Autour du lac Ammer
L'Allgäu
L'Ammergau
La haute vallée de l'Isar et les lacs
Le Sudelfeld et les monts du Chiemgau
A
B
WURTZBOURG
BAMBERG
BAYREUTH
STUTTGART
RIEDLINGEN
HERBERTINGEN
CONSTANCE
ST. GALLEN
CHUR
ST. ANTON
ST. ANTON
BOLZANO
1
2
3
4
NUREMBERG
Canal
Main
Danube
DANUBE
Altmühl
Weltenburg
ULM
BADE-
WURTEMBERG
Augsburg
Schleißheim
Mémorial de Dachau
MUNICH
Lech
Ammersee
Andechs
Dießen
Starnberger See
Musée Buchheim
Isar
Ottobeuren
Iller
Rottenbuch
Wies
Murnau am Staffelsee
Kochel am See
Oberammergau
Ettal
Hohenschwangau
Linderhof
Wank
1780
ALLEMANDE
Lindau im Bodensee
Hindelang
Füssen
NEUSCHWANSTEIN
Mittenwald
2962
ZUGSPITZE
GARMISCH-PARTENKIRCHEN
Lac de Constance
Paradies
ROUTE
Nebelhorn
2224
Kanzel
Oberstdorf
SUISSE
Rhin
INNSBRUCK
Inn
Lech

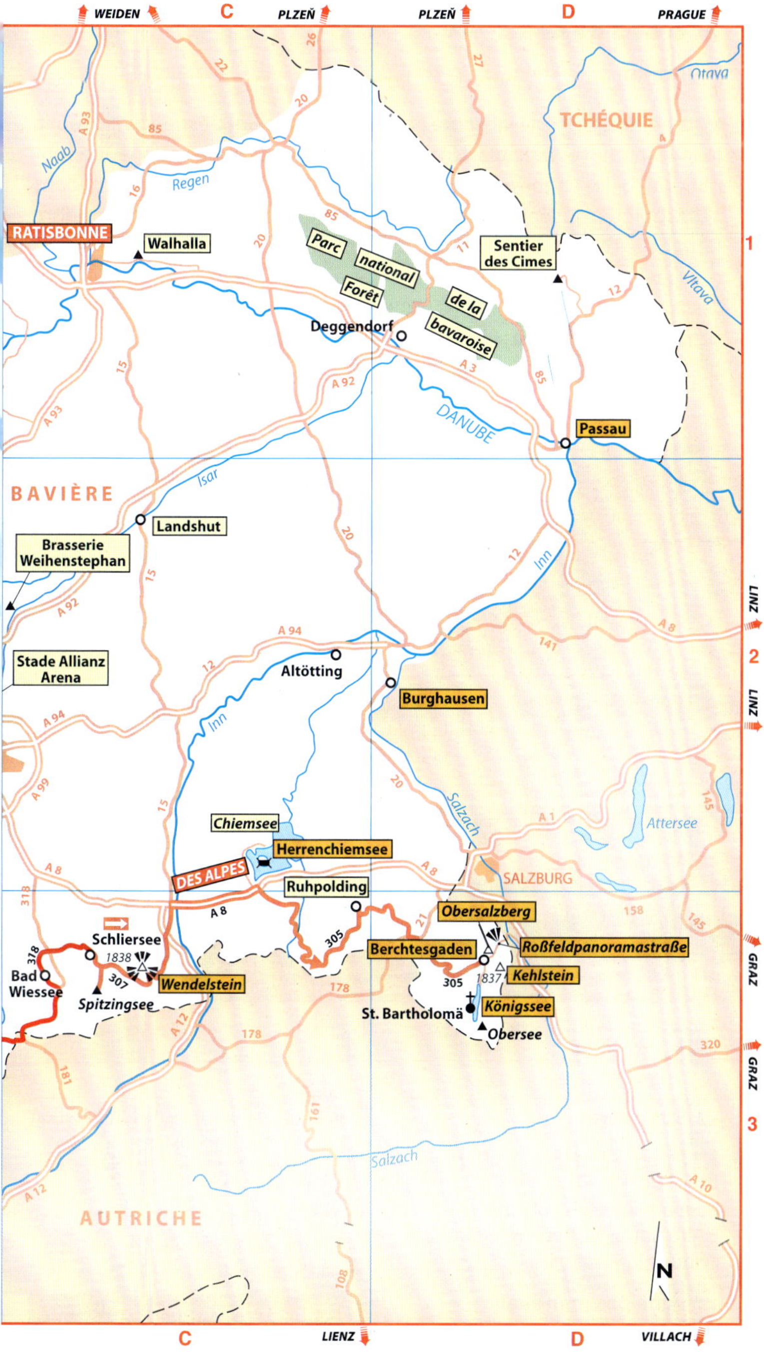
WEIDEN
C
PLZEŇ
PLZEŇ
D
PRAGUE
TCHÉQUIE
Otava
Naab
Regen
RATISBONNE
Walhalla
Parc national Forêt de la bavaroise
Sentier des Cimes
Vltava
Deggendorf
DANUBE
Passau
1
BAVIÈRE
Isar
Landshut
Brasserie Weihenstephan
Inn
LINZ
2
Stade Allianz Arena
Altötting
Burghausen
LINZ
Salzach
Attersee
Chiemsee
Herrenchiemsee
DES ALPES
Ruhpolding
SALZBURG
Obersalzberg
Schliersee
Roßfeldpanoramastraße
Berchtesgaden
Bad Wiessee
Wendelstein
Kehlstein
Spitzingsee
Königssee
St. Bartholomä
Obersee
GRAZ
GRAZ
3
Salzach
AUTRICHE
N
C
LIENZ
D
VILLACH

Munich ★★★

München

Voisine des Alpes, la vibrante capitale de la Bavière est une ville tout à la fois animée et paisible. Un village dit-on, deuxième destination touristique d'Allemagne après Berlin. Les amateurs d'art s'attarderont dans ses fabuleux musées ou ses églises baroques. L'animation de la célèbre Fête de la bière ravira surtout les inconditionnels de chopes et de kermesses ! À la belle saison, les immanquables Biergarten, bars à bière en plein air, et les saveurs de la cuisine bavaroise, sauront vous convaincre de profiter de l'hospitalité de Munich et de ses habitants, toujours prêts à s'installer aux terrasses de leurs places si italiennes dans l'âme.

Ancien hôtel de ville de Munich.
klug-photo/Getty Images Plus

Se repérer

CARTE P. 32-33 (B2) ET PLAN P. 36-37
1487708 hab. – Bavière.
Pour atteindre le centre, suivre « Altstadtring », boulevard qui ceinture la vieille ville.

À ne pas manquer

Les pinacothèques, la Résidence, le marché aux Victuailles, le mémorial de Dachau et le Centre de documentation sur le national-socialisme.

En famille

Le Musée allemand, le Centre des transports, Sea Life, l'Allianz Arena Stadion.

Carnet pratique p. 61

Nos adresses p. 62

MUNICH EN 3 JOURS	
JOUR 1	Commencez par flâner autour de Marienplatz, dans la vieille ville parsemée d'églises, comme St. Peterskirche et son clocher panoramique. Déjeunez au marché des Victuailles, puis cap sur la Résidence pour l'après-midi, avant de passer une soirée dans l'une des brasseries du centre.
JOUR 2	Consacrez la matinée à une ou plusieurs pinacothèques selon votre énergie et vos goûts. Ensuite, le Jardin anglais n'est pas trop loin pour prendre l'air et s'attabler dans le Biergarten du pavillon chinois. Terminez par une balade dans le quartier de Schwabing, sorte de petit Montmartre, animé en soirée, ou son équivalent noctambule et gay, Glockenbach.
JOUR 3	Le matin, faites une excursion au château de Nymphenburg, et l'après-midi, promenez-vous le long de l'Isar, avec une halte au Musée allemand si vous en avez encore le temps.

Les quartiers de Munich

PLAN P. 36-37

★★ Altstadt (LA VIEILLE VILLE)

Itinéraire 1 *tracé sur le plan.*

★ Marienplatz (PLACE STE-MARIE) B3

C'est ici que bat le cœur de la ville, là-même où Munich fut fondée en 1158, au passage d'une route du sel, qui lui a valu son essor dans les siècles qui ont suivi. Au centre de la place se trouve la **colonne de Marie**, patronne de la Bavière, que fit ériger le prince-électeur Maximilien (1638). La partie nord de la place est occupée par le **nouvel hôtel de ville (Neues Rathaus)** de style néogothique (1867-1908), dont le **carillon★ (Glockenspiel)**, logé dans l'oriel de la tour, constitue une véritable attraction : en haut, les personnages de cuivre recouverts d'émail de couleur rejouent le tournoi qui eut lieu pour les noces princières en 1568 ; en bas est figurée la danse des tonneliers *(jeux à 11h et 12h ; suppl. à 17h en été)* – n'hésitez pas à pénétrer dans la cour pavée qui abrite une tour d'escalier en colimaçon. La **tour** de l'hôtel de ville offre une **vue** imprenable sur Munich *(ascenseur - 10h-20h - fermé certains j. fériés - 6 €, 6-18 ans 2 €).*

À l'est de la Marienplatz s'élève la façade de l'**ancien hôtel de ville (Altes Rathaus)**, avec son pignon couronné de clochetons. Détruit lors des bombardements de la Seconde Guerre mondiale, il a été reconstruit à l'identique et abrite désormais un petit musée du Jouet. En retrait de la place, au sud, se tient l'église St-Pierre.

St. Peterskirche (ÉGLISE ST-PIERRE) B3

Montée au clocher - 12h-16h30 - fermé certains j. fériés - 5 €, 6-18 ans 2 €.

Cette église offre l'une des plus belles vues de Munich, depuis son clocher (1386), surnommé le « Vieux Pierre » par les habitants. La récompense n'intervient cependant qu'après une montée de 299 marches. En descendant, jetez un œil à l'intérieur, transformé dans le style baroque aux 17e et 18e s. Très lumineuses, les trois nefs gothiques remontent au 13e s. Le centre du monumental maître-autel est occupé par une statue de saint Pierre (1493) due à Erasmus Grasser. Les sculptures des quatre Pères de l'Église, un peu en dessous, sont l'œuvre de E. Q. Asam (1732).

★ Viktualienmarkt (MARCHÉ AUX VICTUAILLES) BC3

Tlj sf dim. 8h-20h.

SE RESTAURER

Brenner	1	Schneider Bräuhaus	4	Der Pschorr	15
Viktualienmarkt	2	Augustiner Gaststätten	5	Pizzeria Grano	19
Café Voilà	3	Käfer-Schänke	7	Spatenhaus an der Oper	22
		Gaststätte Zum Kloster	8	Wirtshaus in der Au	25

SE LOGER

Hotel am Viktualienmarkt 1	Cocoon Stachus 7	Hotel Uhland 22
Hotel im Hof 2	Hotel Eder 10	Hotel Schlicker 25
Bayerischer Hof 4	Platzl Hotel 19	Motel One 28

Halte idéale lors d'une promenade dans Munich, ce marché pareil à celui d'un village est en activité depuis 1807. Adresse favorite des gourmets pour ses excellents produits fermiers et ses stands exotiques, c'est aussi un lieu de rendez-vous populaire dans son *Biergarten*, où l'on prend le temps de vivre devant une chope de bière et une portion d'*Obatzda*, préparation à base de fromage à déguster sur un bretzel. Les **six brasseries munichoises** (Augustiner, Hacker-Pschorr, Hofbräu, Löwenbräu, Paulaner, Spaten-Franziskaner) y vendent leur bière à tour de rôle, meilleur moyen trouvé par les autorités pour une répartition équitable des recettes. Six fontaines l'entourent, dont deux représentant le comique Karl Valentin (1882-1948) et sa partenaire Liesl Karlstadt.

Heiliggeistkirche (ÉGLISE DU ST-ESPRIT) C3

Cette église gothique, complètement transformée entre 1723 et 1730, a payé son tribut au goût baroque puisque. Sa façade est une création néobaroque de 1888. Le tableau du **maître-autel** est dû à Ulrich Loth (1664) et les deux anges aux grandes ailes devant les colonnes de l'autel sont l'œuvre de Johann Georg Greiff (1730).

Bier- und Oktoberfest Museum

(MUSÉE DE LA BIÈRE ET DE LA FÊTE DE LA BIÈRE) C3

Sterneckerstr. 2 - ✆ 089 24 23 16 07 - www.bier-und-oktoberfestmuseum.de - tlj sf dim. et lun. 13h-19h - 4 € - visite guidée en anglais sur réserv. 5 €.

Ce petit musée niché dans la plus vieille demeure de Munich (1340) est dédié à la culture qui entoure le « cinquième élément », comme on surnomme la bière en Bavière, et retrace l'histoire de la célèbre fête *(voir encadré ci-dessous)* à travers affiches, photographies et autres documents d'époque. La visite s'achève par une chope de bière fraîche.

★ Hofbräuhaus C3

Platzl 9 - ✆ 089 29 01 36 100 - www.hofbraeuhaus.de - 9h-0h.

L'histoire de cette brasserie, située sur la Platzl et célèbre dans le monde entier, remonte à 1589. Le bâtiment actuel fut construit à la fin du 19e s. ; la brasserie elle-même avait déjà été déplacée sur la rive droite de l'Isar par manque de place. Chaque jour, dans ce temple de la bière de 3 500 places, on sert environ 100 hl de bière dans des chopes de 1 litre *(Maßkrug)*. C'est dans la **Schwemme**, gigantesque salle voûtée du rez-de-chaussée, que Hitler a fondé le parti national-socialiste *(voir l'encadré ci-dessous)*. Gravement endommagée par un raid aérien en 1944, la brasserie a rouvert en 1954.

La Fête de la bière

L'origine de la fameuse **Oktoberfest (Fête de la bière d'octobre)** remonte à la célébration du mariage du prince héritier Louis (futur Louis Ier de Bavière) et de la princesse Thérèse, en 1810. Une gigantesque fête foraine attire chaque année 6,5 millions de visiteurs sur la **Theresienwiese** *(sortir par la Mozartstraße)* de l'avant-dernier samedi de septembre au premier dimanche d'octobre. Après les parades des deux premiers jours, les festivités sont surtout l'occasion d'une beuverie prodigieuse : environ 5 millions de chopes d'un litre d'une bière spécialement brassée pour la circonstance, la *Wiesnbier*, sont servies. Les hôtels étant tous complets à cette époque de l'année, il est conseillé de réserver un an à l'avance.

Munich dans l'entre-deux-guerres

C'est dans le contexte politique instable de la jeune République de Weimar que naît à Munich le mouvement national-socialiste, dirigé à partir de 1921 par Adolf Hitler. Le 9 novembre 1923, Hitler et ses SA (*Sturm Abteilung*, en français « Sections d'Assaut ») kidnappent le chef du gouvernement bavarois et déclenchent un coup d'État contre la République. Mais le **putsch de Munich** (ou putsch de la Brasserie) échoue, le parti est dissous et Hitler emprisonné.
Les événements qui suivent dépassent de loin la capitale de la Bavière ; c'est pourtant elle qu'en 1938 un Hitler réhabilité et disposant des pleins pouvoirs choisit pour l'entrevue à laquelle participent Mussolini, Chamberlain et Daladier, et où est décidée l'annexion du territoire des Sudètes. Ces **accords de Munich** sont le symbole de la passivité des démocraties occidentales, prêtes à sacrifier des territoires entiers pour sauvegarder une paix bien illusoire.

Alter Hof (ANCIEN CHÂTEAU) C2-3

Édifice en forme de quadrilatère, il fut, de 1253 à 1474, la résidence des Wittelsbach, la famille royale qui régna sur la Bavière de la fin du 12e s. jusqu'en 1918. L'aile sud possède une élégante tour à colombages en encorbellement (fin du 15e s.) que les Munichois nomment Affenturm (tour des Singes).

1

★★ Residenz (LA RÉSIDENCE) C2

Pour la visite des bâtiments, voir p. 42.
Pour une visite extérieure de la Résidence, il est conseillé de cheminer parmi les cours de l'édifice. Par la Max-Joseph Platz, entrez dans la cour du **Königsbau**, puis par la Residenzstraße, emprunter la cour de la Chapelle (Kapellenhof), la cour de la Fontaine (Brunnenhof), la cour de l'Apothicairerie (Apothekenhof), avant de ressortir par la Cour impériale (Kaiserhof) sur Odeonsplatz.

Feldherrnhalle (PORTIQUE DES MARÉCHAUX) C2

Cette galerie, construite de 1841 à 1844 par Friedrich von Gärtner, reprend le modèle de la Loggia dei Lanzi, à Florence. C'est ici même que s'est achevé le putsch de Munich, première tentative de Hitler de renverser la République de Weimar *(voir l'encadré ci-dessus)*. Seize nazis et quatre policiers meurent dans l'affrontement qui conduira Hitler en prison. Condamné à cinq ans, celui-ci bénéficiera d'une clémence étonnante, puisqu'il sera libéré au bout de neuf mois, au cours desquels il aura écrit *Mein Kampf*. À sa sortie, sa marche vers le pouvoir est enclenchée. Plus rien ne l'arrêtera.

★★ Theatinerkirche (ÉGLISE DES THÉATINS) BC2

La grande église baroque de l'ordre des Théatins a été construite entre 1663 et 1688, d'abord sous la direction de l'Italien Barelli, puis de Zuccalli, originaire des Grisons. La façade revêtue d'un jaune lumineux fut terminée un siècle plus tard en style rococo par Cuvilliés. À l'intérieur, la coupole haute de 71 m donne une grandiose impression d'espace. Les stucs sont d'une grande richesse ; la double colonnade torse du maître-autel est aussi très généreusement décorée. Le bois sombre de la chaire, exécutée en 1681 par Andreas Faistenberger, contraste avec les tons blancs et grisés qui dominent par ailleurs. Dans la crypte, sous le chœur, sont inhumés des princes de la famille des Wittelsbach.
Traversez la Theatinerstraße.

★ Preysing Palais (PALAIS PREYSING) C2

Bâti entre 1723 et 1728 par Joseph Effner pour le comte Johann Maximilian von Preysing, il s'agit du premier palais rococo de Munich. S'il ne se visite pas, vous pouvez toutefois en admirer la façade et la superbe cage d'escalier, toutes deux admirablement décorées de stuc par l'artiste Jean-Baptiste Zimmermann.
Suivez la Theatinerstraße et, après la Salvatorstraße, engagez-vous dans les passages des Fünf Höfe.

Fünf Höfe (CINQ COURS) C2

Ce réaménagement du quartier (1998-2003), dû en partie aux architectes Herzog & de Meuron, fait alterner cours, passages couverts, jardins suspendus, immeubles de bureaux et boutiques. La **galerie Kunsthalle München** propose régulièrement de belles expositions *(℘ 089 22 44 12 - www.kunsthalle-muc.de - 10h-20h - tarifs variables).*

★★ Frauenkirche (ÉGLISE NOTRE-DAME) B2-3

L'architecte de cette cathédrale de style gothique tardif (1468-1488) est **Jörg von Halsbach**, à qui l'on doit aussi l'ancien hôtel de ville. De l'extérieur, cette construction de brique rouge sombre est très sobre ; seuls les portails latéraux et les pierres tombales encastrées rompent la monotonie des murs. Les deux tours ouest (99 et 100 m) coiffées de leur dôme (1525) sont le symbole de Munich.
Intérieur – D'une blancheur éclatante, le vaisseau frappe par sa simplicité et son élévation. L'élégante voûte en réseau aux nervures ocre repose sur 11 paires de puissants piliers octogonaux qui guident le regard vers les vitraux du chœur. Dans le bas-côté sud, admirez le somptueux **mausolée de l'empereur Louis de Bavière★**, ouvrage réalisé en marbre noir par Hans Krumper (1619-1622).
Le mobilier marie l'ancien et le nouveau. Les 32 bustes en bois sculpté d'apôtres, de saints et de prophètes, réalisés par **Erasmus Grasser** (vers 1500), ont ainsi trouvé place dans les **stalles** modernes du chœur.
Derrière le maître-autel, un escalier conduit à la **crypte des évêques et des princes** (caveaux de certains cardinaux de Munich et de quelques Wittelsbach).
Tour sud – *Lun.-sam. 10h-17h, dim. et j. fériés 11h30-17h - 7,50 € (7-16 ans 5,50 €).* Du sommet, belle **vue★** sur la ville.
Par la Liebfrauenstraße, tournez à droite dans la Kaufingerstraße qui se prolonge par la Neuhauserstraße.

★ Deutsches Jagd- und Fischereimuseum
(MUSÉE DE LA CHASSE ET DE LA PÊCHE) B2-3

Neuhauser Str. 2 - ℘ 089 22 05 22 - www.jagd-fischerei-museum.de - jeu.-dim. 9h30-17h, dernière entrée 45mn av. fermeture - 5 € (3-16 ans 3 €) - audioguide en anglais 1,50 €.
Aménagé dans l'ancienne église des Augustins, il présente sur trois niveaux une belle collection d'armes et de trophées, de remarquables tableaux et dessins représentant des scènes de chasse, ainsi que des animaux empaillés.

★ St. Michaelskirche (ÉGLISE ST-MICHEL) B2-3

Le père de la Contre-Réforme en Bavière, le duc Guillaume V, fit élever cette église entre 1583 et 1597 sur le modèle de celle du Gesù à Rome. Elle est la plus ancienne et la plus grande église de style Renaissance située au nord des Alpes.
Façade – Rythmée de pilastres, elle est ornée de 15 statues de souverains qui ont contribué à maintenir le catholicisme en Bavière, à commencer par Guillaume V, reconnaissable au geste de protection qu'il esquisse. Entre les deux portails,

Frauenkirche à Munich.
mheim3011/Getty Images Plus

1

remarquez le magnifique bronze du maniériste Hubert Gerhard (1588), figurant l'archange saint Michel, le saint patron de l'église.

Intérieur – La nef unique est surmontée d'une voûte en berceau et prend appui sur des piles massives faisant corps avec les murs. Le maître-autel s'élève jusqu'à la voûte. Le bras gauche du transept abrite le tombeau d'Eugène de Beauharnais, beau-fils de Napoléon Ier et gendre du roi Maximilien Ier, mort à Munich en 1824. Dans la **crypte** *(jeu.-vend. 10h-12h30, 13h-17h30, sam. 10h-12h30, 13h-16h30 - 2 €)* sont inhumés 30 princes de Wittelsbach, dont les cercueils sont étonnamment simples. Vous ne pourrez manquer celui du plus célèbre d'entre eux, Louis II de Bavière, souvent noyé sous les fleurs.

Prenez la Eisenmannstraße qui devient la Damenstiftstraße, puis, après la Brunnstraße, tournez à gauche dans l'Asamhof Passage pour aboutir à la Sendlingerstraße. Prenez sur la droite pour découvrir l'église.

★ Asamkirche (ÉGLISE ST-JEAN-NÉPOMUCÈNE) B3

Sendlingerstr. 32. Élevée en 1733, cette petite église est surtout connue sous le nom de ses constructeurs, les **frères Asam** : Cosmas Damian, spécialisé dans la peinture de fresques, et Egid Quirin, sculpteur et stucateur. Les lignes intérieures sont d'une remarquable harmonie. La fresque du plafond, éclairée par des fenêtres dissimulées derrière des moulures, montre des épisodes de la vie de saint Jean Népomucène.

Descendez la Sendlingerstraße et tournez à droite dans la Hermann-Sack-Straße, puis traversez Oberanger.

MUCA (MUSÉE D'ART URBAIN ET CONTEMPORAIN) B3

Hotterstr. 12 - ✆ 089 2155 243 10 - www.muca.eu - tlj sf lun.-mar. 10h-18h (20h jeu.) - 7,50 € (-12 ans gratuit).

Installé dans une ancienne usine électrique, ce musée dédié au *street art* est le premier du genre en Allemagne. Les trois salles présentent des expositions temporaires d'artistes émergents ou internationalement reconnus.

Descendez la Sendlinger Straße et prenez à gauche dans la Hackenstraße, puis à droite dans la Hotterstraße.

Sankt-Jakobs-Platz B3

Au centre de la place s'élève la nouvelle **synagogue**, inaugurée le 9 novembre 2006, 68 ans après la « nuit de Cristal » où furent commis pogroms et destructions de lieux de culte juifs. Une école et un centre communautaire sont associés à la synagogue pour créer un lieu intergénérationnel.

Jüdisches Museum München (MUSÉE JUIF) B3

St-Jakobs-Platz 16 - ✆ 089 23 39 60 96 - www.juedisches-museum-muenchen.de - ♿ - tlj sf lun. 10h-18h - 6 €.

Il présente l'histoire du peuple juif de Munich, à travers une sélection d'objets du quotidien et du culte. En 1933, la ville comptait 10 000 habitants de religion juive. Ils n'étaient plus que 84 en 1945. Si l'Holocauste est abordé dans ce musée, l'accent est également mis sur la culture juive contemporaine. Munich abrite la deuxième communauté juive d'Allemagne après Berlin, avec 9 300 personnes. Les trois bâtiments ont été symboliquement construits face au musée d'Histoire de la ville.

★ Münchner Stadtmuseum (MUSÉE D'HISTOIRE DE LA VILLE) B3

St-Jakobs-Platz 1 - ✆ 089 233 223 70 - www.muenchner-stadtmuseum.de - ♿ - tlj sf lun. 10h-18h (20h un merc. sur deux) - 4 € - audioguide en français gratuit.

Ce musée présente d'importantes collections sur l'histoire locale, l'aménagement intérieur des demeures munichoises, l'artisanat d'art, le théâtre de marionnettes ou la peinture. Au rez-de-chaussée, admirez les **danseurs mauresques★★**, dix figures en bois peint et doré d'**Erasmus Grasser** (1480).

Poursuivez vers la Sebastiansplatz et la Schrannenhalle, ancienne halle aux grains à l'élégante charpente métallique qui abrite un pôle de gastronomie italienne.

★★ Residenz (LA RÉSIDENCE) C1 ET PLAN CI-CONTRE

Residenzstr. 1 - ✆ 089 29 06 71 - www.residenz-muenchen.de - d'avr. à mi-oct. : 9h-18h ; de mi-oct. à fin mars : 10h-17h - musée 9 €, trésor 9 €, billet combiné musée et trésor 14 €, 17 € en ajoutant le théâtre (-18 ans gratuit) - audioguide en français gratuit et conseillé.

En 1385, les Wittelsbach commencèrent la construction d'une nouvelle Résidence, qui devint avec le temps un complexe de plus en plus vaste ; les ducs, princes puis rois de Bavière y vécurent jusqu'en 1918. Les travaux ont particulièrement avancé à l'époque de la Renaissance (Antiquarium, Kaiserhof, façade sur la Residenzstraße) et du classicisme (Festsaalbau, Königsbau). Aujourd'hui, l'immense complexe accueille entre autres le trésor et le musée de la Résidence où, à travers 130 salles, le visiteur peut découvrir cinq siècles de tradition de l'habitat princier.

★★ Residenzmuseum (MUSÉE DE LA RÉSIDENCE)

Pour voir l'ensemble de la Résidence où se succèdent les styles Renaissance, baroque, rococo et néoclassique, il faut suivre deux circuits empruntant des trajets différents. Mais les salles les plus importantes, comme la galerie des Ancêtres ou l'Antiquarium, sont communes aux deux visites et chaque circuit donne déjà une vue très complète du palais.

L'**Antiquarium★★★**, partie la plus ancienne du palais (vers 1570), immense salle dallée de marbre, impressionne le visiteur par sa voûte peinte de fresques et ses bustes antiques. Les **salles d'apparat** (**Reiche Zimmer** – 1730-1737), exécutées par Effner et Cuvilliés, sont des exemples brillants du début du rococo. La **galerie des Ancêtres★★ (Ahnengalerie)** des Wittelsbach, renfermant plus de

1

100 portraits, est magnifiquement décorée de sculptures sur bois et de stucs dorés. Les **appartements du roi et de la reine** furent aménagés dans l'aile royale (Königsbau) que Louis Ier avait fait bâtir de 1826 à 1835 par l'architecte de la cour Leo von Klenze. Ce corps de bâtiment, durement touché pendant la Seconde Guerre mondiale, a subi une restauration exemplaire. Dans les parties arrière de l'aile royale, dans plus de 20 salles sont exposées de splendides pièces provenant des riches collections de porcelaine (chefs-d'œuvre des manufactures de Meissen, Nymphenburg, Frankenthal et Sèvres) et d'argenterie de la dynastie des Wittelsbach, ainsi qu'une collection de miniatures (16e-19e s.). La **chapelle de la cour** (**Hofkapelle**, 17e s.) est dédiée à Marie, patronne de la Bavière.
À voir aussi : la **chapelle d'apparat (Reiche Kapelle)**, qui mérite bien son nom, et tout près la collection des reliques, avec ses précieux ouvrages d'orfèvrerie (16e-18e s.). Les superbes **chambres de pierre (Steinzimmer)** revêtues de marbre, de faux marbre et de scagliola (stuc très fin), ainsi que la **salle impériale (Kaisersaal)**, restituée, débordent de magnificence.

★★ Schatzkammer (TRÉSOR)

Quintessence de trois siècles de passion de l'art en Bavière, le trésor de la Résidence réunit des pièces d'orfèvrerie, des émaux, des ouvrages de cristal et d'ivoire dans l'une des plus fascinantes collections de ce genre en Europe. Il faut s'arrêter devant la superbe croix de la reine Gisèle de Hongrie (après 1006), la couronne du duc Henri (de 1280), un autel privé avec la *Flagellation du Christ* (vers 1580-1585) et une éblouissante pièce d'orfèvrerie avec pierres précieuses : la statuette de saint Georges à cheval (1586-1597). Les insignes royaux de Bavière, avec couronne royale, globe impérial, sceptre, glaive impérial et porte-sceau, furent créés à Paris en 1806-1807 pour le premier roi de Bavière, Maximilien Ier Joseph.

★ Cuvilliés Theater (THÉÂTRE CUVILLIÉS)

Accès indépendant possible par Residenzstr. - de déb. août à mi-sept. : 9h-18h ; avr.-juil. et de mi-sept. à mi-oct. : lun.-sam. 14h-18h, dim. et j. fériés 9h-18h ;

de mi-oct. à fin mars : lun.-sam. 14h-17h, dim. et j. fériés 10h-17h - dernière entrée 1h av. fermeture - 5 €, billet combiné avec le musée et le trésor 17 € (-12 ans gratuit).
Ce charmant théâtre rococo fut construit par **Cuvilliés** de 1751 à 1753. Chacune des quatre loges est décorée différemment ; la loge du prince-électeur, au centre, se distingue par la richesse exubérante des tentures, des marbres et des stucs. Les tons or, rouge et ivoire s'y marient avec bonheur.

★ Hofgarten (JARDIN DE LA RÉSIDENCE)

Cet ancien jardin Renaissance de la Résidence, entouré d'un péristyle, fut construit à partir de 1613 par Maximilien Ier. Séparé d'Odeonsplatz par le **Hofgartentor**, un portique néoclassique (1816), première œuvre de l'architecte Léo von Klenze, il est un havre de paix fréquenté par les joueurs de pétanque francophiles ou les danseurs qui se réunissent dans le pavillon de Diane surmonté de la figure allégorique de la Bavaria.

★★★ Kunstareal (LE QUARTIER DES MUSÉES)

Les trois musées des collections de peintures de l'État de Bavière forment un ensemble très cohérent et d'une richesse exceptionnelle. L'**Alte Pinakothek** (du Moyen Âge au 18e s.), la **Neue Pinakothek** (œuvres du 19e s.) et la **Pinakothek der Moderne** (art moderne et contemporain) proposent un panorama complet de la peinture européenne. Sans oublier les collections d'antiquités grecques, romaines et égyptiennes, la peinture allemande du 19e s. de la collection Schack, les œuvres de la villa Lenbach pour le mouvement du Blaue Reiter (Cavalier Bleu) et celles contemporaines du musée Brandhorst.
Un **ticket combiné** permet de voir les trois pinacothèques ainsi que le **musée Brandhorst** et la **Sammlung Schack** en une journée pour 12 €. Au vu de la richesse des collections, il est conseillé d'étaler la visite sur plusieurs jours. Si vous souhaitez faire le tour des 5 musées à votre rythme, optez alors pour le billet combiné à 29 €.

Königsplatz AB2

Point de départ de toute visite du quartier des Musées, Louis Ier voulait que la Königsplatz soit la place de la Culture de son « Athènes sur l'Isar ». Le modèle antique inspira à l'architecte Leo von Klenze les « ordres » des bâtiments bordant la place : dorique pour les propylées, ionique pour la Glyptothèque et corinthien pour la collection des Antiquités.
Sur le côté ouest de la Königsplatz, une imposante porte (1846-1862) due à Klenze est inspirée des **Propylées** (en grec, « entrée du temple ») de l'Acropole. La frise montre la lutte de libération des Grecs contre les Turcs et, sur les sculptures du fronton au-dessus des colonnades doriques, Otton Ier de Wittelsbach, roi de Grèce de 1832 à 1862.

★★ Lenbachhaus (VILLA LENBACH) AB2

Luisenstr. 33 - ✆ 089 233 969 33 - www.lenbachhaus.de - tlj sf lun. 10h-18h (20h jeu.) - 10 € (-18 ans gratuit).
Construite dans le style florentin entre 1883 et 1889 et augmentée d'une extension par le cabinet d'architectes Foster + Partners entre 2009 et 2013, elle abrite principalement des **collections de peinture munichoise du 19e s.**, dont des paysages de E. B. Morgenstern *(Lac de Starnberg)* et des portraits de F. von Defregger et F. A. von Kaulbach. De **Franz von Lenbach** lui-même, on peut voir une série de puissants **portraits** (*Le Roi Louis Ier, Bismarck, Wagner*). Mais la galerie doit surtout sa renommée internationale à la collection du **Cavalier bleu** *(Der Blaue Reiter)*. L'art d'avant-garde de ce groupe, né peu avant la Première Guerre mondiale, est représenté

par des œuvres de ses fondateurs, Kandinsky, F. Marc et Kubin, ainsi que par des tableaux de Jawlensky, Klee et Macke. Grâce à une passionnante muséographie, le visiteur mesure, toile après toile, la disparition progressive du sujet pour aboutir à l'art abstrait. La galerie présente également des œuvres d'art contemporaines.

★ Glyptothek (MUSÉE DES SCULPTURES) B2

Königsplatz 3 - en face de la collection des Antiquités - ✆ 089 28 92 75 02 - www.antike-am-koenigsplatz.mwn.de - mar.-dim. 10h-17h (20h jeu.) - visite guidée le jeu. à 18h (1h) - 6 € billet combiné avec la collection des Antiquités, dim. 1 € par musée (-18 ans gratuit).

La Glyptothèque rassemble mille ans de sculpture grecque et romaine. La rareté des statues grecques (généralement conçues en bronze et malheureusement fondues par la suite) rend d'autant plus exceptionnels les marbres originaux présentés, tels l'**Apollon de Tenea** au visage fin et souriant (6e s. av. J.-C.) et le **Faune Barberini** (vers 220 av. J.-C.). Voir également le **bas-relief de Mnesarete** et les **statues d'Égine**, en marbre de Paros et illustrant des épisodes de la guerre de Troie, qui comptent parmi les trésors de la collection.

★ Staatliche Antikensammlungen (COLLECTION DES ANTIQUITÉS) B2

Königsplatz 1 - en face de la Glyptothèque - ✆ 089 59 98 88 30 - www.antike-am-koenigsplatz.mwn.de - tlj sf lun. 10h-17h (20h merc.), visite guidée merc. à 18h (1h) - 6 € billet combiné avec la Glyptothek (-18 ans gratuit), dim. 1 € par musée.

Le porche à colonnade d'ordre corinthien, construit par Ziebland entre 1838 et 1848, annonce la collection des Antiquités de Louis Ier. Une importante **collection de céramiques** présente l'évolution de la poterie et de la peinture sur les vases en Grèce, dont l'apogée s'est situé aux 6e et 5e s. av. J.-C. Les **bronzes** et les **bijoux étrusques** témoignent d'une grande habileté dans le travail du bronze et de l'or.

★ Staatliches Museum Ägyptischer Kunst
(MUSÉE D'ART ÉGYPTIEN) B2

Gabelsbergerstr. 35 - ✆ 089 289 27 630 - www.smaek.de - ♿ - tlj sf lun. 10h-18h (20h mar.) - 7 € (-18 ans gratuit), dim. 1 €.

Issues des collections de l'Académie des sciences et de celles de Ludwig Ier, les pièces ont été sélectionnées pour leur valeur esthétique, par contraste avec leur sens symbolique ou religieux. Dans les deux premières salles, qui sont les plus réussies, l'exposition de **statues** par ordre chronologique de réalisation montre l'évolution artistique qu'a connue l'Égypte, des formes archaïques du 4e millénaire av. J.-C. à l'avènement d'une influence romaine au 1er s. apr. J.-C.

Les salles suivantes, plus classiques, adoptent un angle davantage archéologique, en exposant objets usuels et cultuels, sarcophages, momies, etc. La thématique qui traite de l'Égypte à Rome et dans l'Empire romain est intéressante en ce qu'elle décrit le syncrétisme religieux entre les panthéons romain et égyptien, puis la récupération du culte d'Isis par le christianisme, où la déesse apparaît désormais sous les traits de la Madone à l'Enfant.

★★ Alte Pinakothek (ANCIENNE PINACOTHÈQUE) B1-2

Barer Str. 27 (entrée sur Theresienstr.) - ✆ 089 23 80 52 16 - www.pinakothek.de - ♿ - tlj sf lun. 10h-18h (20h30 mar. et merc.) - 7 € (-18 ans gratuit), dim. 1 €, audioguide en français gratuit.

Ce gigantesque bâtiment, construit par Leo von Klenze entre 1826 et 1836 dans le style de la Renaissance vénitienne, recèle environ 700 œuvres de la peinture européenne. Elles ont été produites sur une période allant du 14e au 18e s. et sont issues des collections des Wittelsbach.

Les origines de la pinacothèque

Le fonds des collections fut constitué au 16e s. par le duc Guillaume IV, qui commanda des scènes historiques aux peintres les plus réputés de son temps, Altdorfer et Burgkmair. Au 17e s., l'électeur Maximilien Ier fonda la Kammergalerie qui devint, sous le roi Louis Ier, la plus riche galerie de peinture de toute l'Europe. En 1943, le bâtiment subit de sévères dommages, mais les peintures avaient déjà été mises à l'abri.

École allemande – La section consacrée aux **primitifs allemands** est la plus riche de la Pinacothèque. À côté des peintures sacrées du 15e s., où s'illustre le style gothique tardif, le musée expose des tableaux des maîtres qui ont importé la Renaissance au nord des Alpes, tels **Albrecht Dürer**, **Albrecht Altdorfer** et **Hans Holbein l'Ancien**.

Écoles flamande et hollandaise – Outre les tableaux d'**Anton van Dyck Pieter** et de **Bruegel l'Ancien** sont exposées les grandes toiles aux nombreux personnages de **Pierre Paul Rubens**, comme son *Jugement dernier* (vers 1614-1616). Le centre de la collection de **peintures hollandaises du 17e s.** est constitué par le cycle de la *Passion* de **Rembrandt** où, malgré une sobriété propre à la manière de cette école, le sentiment s'exprime dans de grands gestes caractéristiques du baroque international.

École italienne – On y trouve des œuvres de la Renaissance, dont celles de Raphaël, da Vinci, Botticelli, Fra Filippo Lippi et du Pérugin. La peinture vénitienne, qui a toujours été très appréciée des Wittelsbach, est représentée par des œuvres du Titien et du Tintoret. Giordano et Tiepolo illustrent quant à eux la peinture baroque.

École française – Le classicisme français s'exprime à travers le grand paysagiste **Claude Lorrain** et les tableaux de **Nicolas Poussin** traitant des sujets issus des *Métamorphoses* d'Ovide (1627). Parmi les peintres du 18e s., le musée nous invite dans l'intimité de la *Marquise de Pompadour*, qui avait demandé à son peintre favori, François Boucher, d'exécuter son portrait (1756).

École espagnole – Elle est notamment illustrée par des tableaux de genre pleins d'allégresse de **Murillo**.

★★★ Neue Pinakothek (NOUVELLE PINACOTHÈQUE) B1

Barer Str. 29 (face à l'Ancienne Pinacothèque) - www.pinakothek.de.

La Neue Pinakothek est fermée pour travaux jusqu'en 2025. Une sélection de ses chefs-d'œuvre du 19e s. est présentée au rez-de-chaussée de l'Alte Pinakothek *(voir p. 45)* et au sein de la collection Sammlung Schack *(voir p. 52)*. Après réouverture, la description qui suit (répartition des œuvres) pourrait être modifiée.

Le bâtiment de style postmoderniste (1981) est dû à l'architecte munichois Alexander von Branca. Il s'est substitué à un édifice construit sous Louis Ier et rasé après la Seconde Guerre mondiale. Le musée abrite environ 400 peintures et sculptures européennes du 19e s. et du classicisme à l'Art nouveau.

18e s. – Les collections comptent entre autres des portraits et paysages de **Thomas Gainsborough**, **Jacques Louis David**, **Joshua Reynolds**, **William Turner** et **Goya**.

Du romantisme au réalisme – Les salles consacrées au romantisme allemand exposent les paysages à symbolisme chrétien de **Caspar David Friedrich**. Le style Biedermeier est quant à lui représenté par le *Cendrillon* (1852) de **Moritz von Schwind**, qui évoque le conte dans un agencement original de quatre tableaux et quinze vignettes. Le musée détient aussi quelques œuvres de romantiques français comme **Théodore Géricault** (*Batterie d'artillerie*, 1814) et **Eugène Delacroix**.

L'Ancienne Pinacothèque (Alte Pinakothek).
S. Vidler/mauritius images/age fotostock

Parmi les naturalistes français, citons **Gustave Courbet**, Camille Corot et Charles-François Daubigny. Selon le renouvellement des toiles, le musée présente également les œuvres de peintres allemands, tels **Carl Theodor von Piloty** (1826-1886), chef de file d'une peinture dramatique et réaliste durant la période d'expansion industrielle de l'Allemagne *(Gründerzeit)*, Franz von Lenbach, élève de von Piloty, **Hans von Marées** (1837-1887), grand portraitiste inspiré par l'art de la Renaissance, ou bien **Leibl**, chef de file de l'école réaliste bavaroise.

Impressionnistes, postimpressionnistes et symbolistes – Quelques toiles d'impressionnistes français, telles que le *Déjeuner dans l'atelier* (1868) d'**Édouard Manet** et *La Repasseuse* (vers 1869) d'**Edgar Degas**. Mais aussi des œuvres de **Vincent van Gogh** (*Tournesols*, 1888), **Paul Gauguin** ou **Camille Pissarro**, et des toiles nabis de Pierre Bonnard et Édouard Vuillard. Enfin, parmi les symbolistes et représentants de l'Art nouveau (*Jugendstil* en allemand), le sublime portrait de *Margarethe Stonborough-Wittgenstein* par **Gustav Klimt** (1905) ou encore des travaux de Ferdinand Hodler, Egon Schiele et Giovanni Segantini.

★★ Pinakothek der Moderne (PINACOTHÈQUE D'ART MODERNE) B2

Barerstr. 40 - ✆ 089 23 80 53 60 - www.pinakothek.de - ♿ - tlj sf lun. 10h-18h, (20h jeu.) - 10 € (-18 ans gratuit), dim. 1 €.

L'architecte munichois Stephan Braunfels a dressé les plans de l'édifice qui, avec sa rotonde de verre et son toit en dents de scie, également en verre, mérite bien son nom de « cathédrale de lumière ». Ouvert depuis septembre 2002, le bâtiment abrite quatre musées *(le ticket d'entrée permet l'accès à l'ensemble des collections)* dans lesquels l'art du 20e s. s'expose à travers des peintures, sculptures, photographies, dessins, maquettes et objets de design.

★ **Staatsgalerie moderner Kunst (galerie d'Art moderne)** – *1er étage*. La question de la forme et du contenu est le fil conducteur de l'exposition permanente, qui s'organise de manière chronologique et par influences croisées. La section

consacrée à l'**art moderne classique** fait la part belle à l'**expressionnisme allemand** et à ses différents mouvements : « Die Brücke » (« Le Pont », dont les œuvres se détachent des fauves par leurs sujets torturés) avec **Ernst Ludwig Kirchner**, et « Der Blaue Reiter » (« Le Cavalier bleu », tourné vers l'abstraction et la spiritualisation des formes) avec Franz Marc et **Vassily Kandinsky**.
Dans une démarche radicalement opposée, on retrouve les cubistes et les futuristes, à travers les nombreuses œuvres de **Pablo Picasso** *(Madame Soler)* et **Georges Braque**. La **« Nouvelle Objectivité »** est abordée sous le regard tourmenté d'Otto Dix et de George Grosz. Le surréalisme est présent au travers des toiles de Max Ernst, René Magritte et Salvador Dalí. La peinture du Bauhaus ne manque pas non plus à l'appel avec Lyonel Feininger et Paul Klee.
Enfin, la section dédiée à l'**art contemporain** rassemble des monographies d'artistes comme **Joseph Beuys** ou **Francis Bacon**, et propose aussi des œuvres d'artistes américains : peintures d'**Andy Warhol**, photographies de Jeff Wall ou vidéos de Bruce Nauman.
★ **Neue Sammlung (arts décoratifs et design)** – *Sous-sol.* Par l'ancienneté et l'étendue de ses collections (60 000 pièces) acquises dès 1907, ce musée est l'un des plus importants du genre, notamment pour le design industriel (accessoires de sport, voitures, équipements informatiques). Sont exposés des prototypes d'objets conçus depuis la révolution industrielle jusqu'aux années 1960, en passant par le Bauhaus et l'Art nouveau. Des classiques du design mobilier ainsi que les travaux de visionnaires comme Colani et John Maeda s'intègrent dans une présentation mêlant écrans interactifs, maquettes et objets finis.
Musée d'Arts graphiques (Grafische Sammlung) et **musée d'Architecture (Architekturmuseum der Technischen Universität)** – *Rez-de-chaussée.* Les collections de ces deux musées font l'objet d'expositions temporaires au rez-de-chaussée en raison de leur grande sensibilité à la lumière.

Museum Brandhorst (MUSÉE BRANDHORST) B1-2

Theresienstr. 35a - ✆ 089 238 052 286 - www.museum-brandhorst.de - tlj sf lun. 10h-18h (20h jeu.) - 10 € (-18 ans gratuit), dim. 1 €, audioguide anglais gratuit.
Ouvert depuis 2009, ce musée d'art moderne et contemporain allie esthétique et préoccupation écologique (il est autosuffisant en matière d'énergie pour la ventilation et l'éclairage). Pour sa construction, l'agence d'architecture Sauerbruch Hutton a utilisé des matériaux de haute technologie, en parfaite harmonie avec les œuvres qui s'y trouvent : peintures, sculptures, dessins, installations vidéo. L'édifice abrite notamment les œuvres d'artistes tels qu'Andy Warhol, Cy Twombly, John Chamberlain, Franz West.

★ NS-Dokumentationszentrum

(CENTRE DE DOCUMENTATION SUR LE NATIONAL-SOCIALISME) B2

Max-Mannheimer-Platz 1 - ✆ 089 23 36 70 00 - www.ns-dokuzentrum-muenchen.de - 10h-19h - fermé lun. (sf j. fériés) - gratuit (audioguide en français).
Berceau du national-socialisme, Munich a longtemps éprouvé des difficultés à regarder son histoire en face. C'est la raison d'être de ce bâtiment à l'architecture radicale, ouvert en mai 2015 à l'emplacement même de l'ancien siège du parti national-socialiste. Extrêmement documentée et pédagogique, l'exposition permanente décrypte sans concession la montée du nazisme à Munich, le soutien des cercles intellectuels et bourgeois, la déportation des Juifs munichois, la résistance de certains Allemands ou la « dénazification » de l'après-guerre et ses limites. Des expositions temporaires explorent d'autres aspects de la réalité du nazisme à Munich. Une visite essentielle.

★★ Schwabing et le Jardin anglais

Itinéraire 2 tracé sur le plan.

Odeonsplatz C2

Au centre de cette place s'élève la statue équestre de Louis Ier de Bavière. En arrière, à droite, l'ancien palais Leuchtenberg (1816 à 1821), érigé par Leo von Klenze pour Eugène de Beauharnais, duc de Leuchtenberg, abrite aujourd'hui le ministère des Finances de Bavière.

★Ludwigstraße C1-2

La Ludwigstraße est l'une des marques que Louis Ier de Bavière imprima sur l'urbanisme de sa capitale *via* les travaux menés par Leo von Klenze, architecte intendant à la Cour à partir de 1816. Elle fournit une belle perspective depuis la **porte de la Victoire (Siegestor)**, arc de triomphe construit sur le modèle de l'arc Constantin de Rome, jusqu'au portique des Maréchaux *(voir p. 39)*. Endommagée durant la Seconde Guerre mondiale, la Siegestor a été reconstruite, avec, sur le fronton, ces mots qui sonnent comme une promesse : « Construit pour la victoire, détruit par la guerre, reconstruit pour la paix ».

Ludwig-Maximilians-Universität (UNIVERSITÉ LOUIS-MAXIMILIEN) C1

La faculté est le troisième employeur de la ville après Siemens et BMW, qui se disputent la première place à tour de rôle. Les chercheurs les plus célèbres de cette université, construite entre 1835 et 1840 dans des styles néoclassique et néoroman, furent le physicien Wilhelm Röntgen, découvreur des rayons X, le chimiste Justus von Liebig et le sociologue Max Weber. C'est dans la cour intérieure que les étudiants **Hans et Sophie Scholl**, du mouvement de résistance au régime nazi **« La Rose blanche »**, lancèrent leurs tracts avant d'être arrêtés le 18 février 1943, comme le rappellent les plaques commémoratives posées au sol devant l'entrée principale. À côté du hall principal, le mémorial **DenkStätte Weisse Rose** retrace le parcours de ces courageux étudiants, avec certains objets qui leur ont appartenu *(en allemand - www.weisse-rose-stiftung.de - lun.-vend. 10h30-16h30, sam. 11h30-16h - gratuit)*.

Akademie der Bildenden Künste (ACADÉMIE DES BEAUX-ARTS) C1

Akademiestr. 2. Franz Marc, Vassily Kandinsky et Paul Klee fréquentèrent l'Académie des beaux-arts voulue par Louis II de Bavière et inaugurée en 1885. L'extension du bâtiment, due à l'agence Coop Himmelblau, date de 2005.

Poursuivez vers le nord, puis tournez à droite dans la Martiusstraße.

★ Schwabing C1

Peuplé dès le 8e s., avant la fondation de Munich, Schwabing est d'abord un village qui ne sera rattaché à la capitale bavaroise qu'en 1890. À cette époque, les bas loyers attirèrent intellectuels et artistes, parmi lesquels Thomas Mann, Vassily Kandisky, Paul Klee, Rainer Maria Rilke, dans une ambiance qui rappelle le Montmartre parisien au temps du Bateau-Lavoir. Le quartier a depuis conservé une aura intello-bohème, qui s'exprime dans son art de vivre, avec de nombreux cafés et restaurants, animés jusque tard dans la nuit… Côté architecture, l'Art nouveau ou *Jugendstil* est bien représenté avec notamment les immeubles des **nos 5 et 7 Martiusstraße**. Les stries au rez-de-chaussée des façades, l'emploi de stucs et le recours à des trompe-l'œil colorés sont parmi les caractéristiques du mouvement à Munich.

Poursuivez par la Thiemestraße. Empruntez ensuite la seule voie de circulation qui traverse le jardin.

La capitale de la Bavière

Les fondements de la prospérité

Le village de *Munichen* (« chez les moines » en vieil allemand) voit le jour au 9e s. près d'une abbaye bénédictine (le moinillon des armoiries de la ville en rappelle l'origine). La cité prend son essor en 1158, lorsque le duc de Saxe, Henri le Lion, à qui l'empereur Frédéric Barberousse avait cédé une partie de la Bavière, détruit un pont douanier établi à 10 km en aval pour en construire un nouveau à Munich, qu'il dote d'un marché et de fortifications. En 1180, Barberousse offre le duché de Bavière au comte palatin Otto von Wittelsbach, bannissant Henri le Lion et légalisant ainsi son coup de main. La dynastie des Wittelsbach s'élève jusqu'au titre d'empereur d'Allemagne, attribué en 1328 au duc Louis le Bavarois. En 1623, le duc Maximilien Ier entre dans le collège des électeurs palatins ; au cours de la guerre de Trente Ans, il fait de Munich le bastion du catholicisme allemand. Les reconstructions qui résultent de cette guerre marquent l'explosion du style baroque.

La saga des rois de Bavière

Le prince-électeur **Max Joseph** (1799-1825) se range du côté de Napoléon dans le conflit opposant l'Europe coalisée aux troupes révolutionnaires françaises. Il y gagne le trône du nouveau royaume de Bavière en 1806, sous le nom de **Maximilien Ier**, et les moyens d'embellir la ville d'édifices classiques. Son fils, **Louis Ier** (1825-1848), grand admirateur de l'Antiquité, attire à la cour architectes, peintres et sculpteurs, pour faire de Munich l'*Isar-Athen* (« Athènes sur les bords de l'Isar »). Il fait construire l'université, l'Ancienne Pinacothèque, et agrandit la Résidence. Le scandale causé par sa liaison avec la danseuse Lola Montes contribue à son abdication pendant la Révolution de 1848 en faveur de son fils aîné Maximilien II. Mais dans la dynastie des Wittelsbach, une place particulière est surtout faite au fils de Maximilien II, **Louis II** (1864-1886), romantique tourmenté, grand admirateur de Wagner et qui se fit construire trois célèbres châteaux *(voir p. 96)*. Otton Ier, frère et successeur de Louis II, ayant été dépossédé du trône pour aliénation mentale, c'est le prince **Luitpold**, un frère de Maximilien II, qui assure la régence jusqu'en 1912. Habile et ouvert aux idées nouvelles, le régent favorise la construction du Musée allemand, du Musée ethnographique et du jardin zoologique. Avec la fondation de la revue *Jugend* en 1896, Munich devient un centre de l'Art nouveau et, avec l'exposition du « Cavalier bleu » en 1911, un haut lieu de la peinture moderne. Le fils de Luitpold, couronné sous le nom de **Louis III**, est le dernier roi de Bavière : la révolution socialiste de novembre 1918 signe la fin de la monarchie en Allemagne.

Un essai de révolution

Un écrivain pacifiste social-démocrate, Kurt Eisner, joue un rôle prépondérant lors de la révolution. Il instaure à Munich la République bavaroise et en devient ministre-président le 8 novembre 1918. Il est assassiné trois mois plus tard, ce qui précipite la proclamation de la **République des conseils**, gouvernée par des conseils d'ouvriers et de soldats. Trop révolutionnaire pour le pouvoir central de la République de Weimar, elle est écrasée dans le sang en mai 1919.

★ Englischer Garten (JARDIN ANGLAIS) CD1-2

Poumon vert au cœur de la ville avec ses grandes étendues de pelouses – fréquentées l'été par des naturistes – bordées d'arbres, ses cours d'eau et son lac, le Jardin anglais fut aménagé à la fin du 18e s. par l'architecte **F. L. von Sckell**. Il est particulièrement animé en été, près de la **Tour chinoise (Chinesischer Turm)**, où un *Biergarten* propose 7 000 places dans une ambiance musicale et festive. Du **Monopteros**, temple rond bâti sur une colline par Klenze, on a une belle **vue**★ sur les clochers de la vieille ville.

L'une des attractions les plus insolites et les plus célèbres de Munich se situe sur l'Eisbach, la rivière qui traverse le Jardin anglais. Par tous les temps et toute l'année, des surfeurs prennent une vague créée artificiellement (Eisbachwelle), à deux pas de la Prinzregentenstraße.

Autour des rives de l'Isar

Haus der Kunst (MAISON DE L'ART) C2

Prinzregentenstr. 1 - ✆ 089 211 27 113 - www.hausderkunst.de - tlj sf mar. 10h-20h (22h jeu.) - 14 € (- 12 ans gratuit).

Ce bâtiment de Paul L. Troost, inauguré en 1937, est typique de l'architecture du IIIe Reich. Ce « temple » hitlérien abrita les expositions de propagande dédiées à l'art officiel. S'y tiennent désormais des expositions d'art contemporain internationales.

1

★★ Bayerisches Nationalmuseum (MUSÉE NATIONAL BAVAROIS) CD2

Prinzregentenstr. 3 - ✆ 089 211 24 01 - www.bayerisches-nationalmuseum.de - ♿ - tlj sf lun. 10h-17h (20h jeu.) - 7 € (-19 ans gratuit), dim. 1 €.

Maximilien II créa ce musée en 1855 pour conserver les richesses artistiques de la Bavière. L'exposition, très bien aménagée mais peu commentée, permet de dénicher des trésors, en particulier dans la collection de sculptures.

Les salles du rez-de-chaussée donnent un aperçu de l'**art et de l'artisanat** depuis l'époque romane jusqu'à la Renaissance, à travers des pièces d'orfèvrerie et de statuaire religieuses, du mobilier ou des peintures, parmi lesquels on notera le retable du *Chemin de croix* de Gabriel Engler (1445), les travaux de Multscher et l'intérieur d'un atelier de tisserand d'Augsburg. La Renaissance et le baroque sont évoqués par de magnifiques tapisseries, des maquettes de villes médiévales,

Munich aujourd'hui

Lourdement bombardée pendant la guerre, Munich se relève rapidement et devient la plus importante zone économique de l'Allemagne du Sud. Des entreprises industrielles de grande envergure y installent leur siège (Siemens, BMW), les congressistes et les touristes affluent et la ville gagne de nouveaux édifices d'architecture contemporaine (deux nouvelles pinacothèques, des galeries de luxe et les installations des 20e Jeux olympiques d'été en 1972).

Ces dernières années, les branches industrielles de haute technologie ont connu un fort développement. Avec le 21e s., de nouveaux quartiers émergent, au centre comme à la périphérie, qui mêlent immeubles d'habitation et bureaux, commerces et institutions culturelles. Il faut dire que la ville est soucieuse de son développement durable et des modes de transport doux, qu'il s'agisse du vélo ou du tramway.

des bronzes italiens, des faïences et des étains, des bijoux et des costumes. Les collections du 1er étage regroupent instruments de musique, porcelaines et argenterie. Au sous-sol, exposition d'art populaire, dont une très riche collection de crèches de Noël originaires des Alpes et d'Italie.

Sammlung Schack (COLLECTION SCHACK) D2

Prinzregentenstr. 9 - ✆ 089 238 052 24 - www.pinakothek.de - ♿ - merc.-dim. 10h-18h (20h les 1er et 3e merc. du mois) - 4 €, dim. 1 €.

Le Comte von Schack (1815-1894) fut le mécène de jeunes peintres encore inconnus de leurs temps. Son importante collection, présentée sur trois étages, est l'occasion de découvrir les œuvres de grands noms de la peinture allemande du 19e s., de l'idéaliste Moritz von Schwind au symboliste Alfred Böcklin.

Museum Villa Stuck (MUSÉE VILLA STUCK) HORS PLAN PAR D2

Prinzregentenstr. 60 - ✆ 089 455 55 10 - www.villastuck.de - ♿ - tlj sf lun. 11h-18h (16h le 31 déc.) - 9 € (-18 ans gratuit).

Franz Stuck (1863-1928) fut l'un des fondateurs de la Sécession munichoise, courant artistique à l'origine notamment du *Jugendstil*, et professeur à l'Académie des beaux-arts de Munich. Il se fit construire cette villa dans le style Art nouveau, d'après ses propres plans qui portent l'influence des modèles italiens. L'intérieur est impressionnant et le jardin, avec sa pergola et ses statues antiques, splendide.

Lehel CD2

Dernier faubourg à avoir été rattaché à Munich, en 1724, le petit quartier résidentiel de Lehel cultive son esprit village. Il s'organise autour de la place Ste-Anne et des deux églises qui se font face. La plus intéressante, la **Klosterkirche St. Anna**, doit son style baroque à John Michael Fischer (1737). À l'intérieur, jetez un coup d'œil aux superbes fresques rococo, dues à l'un des frères Asam.

Museum Fünf Kontinente (MUSÉE DES CINQ CONTINENTS) C3

Maximilianstr. 42 - ✆ 089 210 136 100 - www.museum-fuenf-kontinente.de - ♿ - tlj sf lun. 9h30-17h30 - fermé certains j. fériés - 5 € (- 18 ans gratuit).

Aujourd'hui rebaptisé d'un nom plus séduisant, ce musée est l'ancien Staatliches Museum für Völkerkunde (Musée national d'ethnologie), fondé au 19e s. à partir des collections de la dynastie royale de Bavière. Il est le deuxième plus grand musée d'ethnologie d'Allemagne, avec plus de 200 000 objets en provenance des Amériques, d'Inde, du Moyen-Orient et d'Océanie.

★★★ Deutsches Museum (MUSÉE ALLEMAND) C3

Museuminsel 1 - ✆ 089 2179 333 - www.deutsches-museum.de - 9h-17h (dernière entrée 16h30) - fermé j. fériés - textes en allemand et anglais - 14 € (6-17 ans 4,50 €), billet famille 29 € - bar-terrasse sur le toit du musée avec vue sur l'Isar, accessible de l'extérieur sans billet d'entrée.

Le musée est en rénovation jusqu'en 2028 mais la moitié des salles reste accessible ; certaines sections peuvent être temporairement fermées ou modifiées.

Attention, pas de notices en français. La meilleure solution pour ne pas passer à côté de cette visite est de prendre un audioguide en français avec deux options : le grand circuit (2h) ou le petit (1h) pour voir l'essentiel. Horaires des **démonstrations** (en allemand uniquement) au guichet d'information.

En temps normal, ce musée est… immense ! Pas moins de 9 km de galeries et 28 expositions permanentes (sans compter les temporaires) retracent le développement des techniques et des sciences des origines à nos jours. Selon la volonté

Le département des nouvelles technologies au Musée allemand (Deutsches Museum).
J. Greune/Look/age fotostock

de son fondateur, **Oskar von Miller**, le pionnier de l'électrification en Bavière (fin 19e s.), le visiteur est là pour toucher et découvrir. Le changement climatique, l'électricité, l'aviation, la construction navale, l'exploration sous-marine, la mine, les ondes radio, les instruments de musique, l'informatique... sont abordés dans des salles thématiques mêlant panneaux explicatifs, manipulations, ainsi que des collections d'objets scientifiques – certains rarissimes.

★ Glockenbach B3

Le quartier gay de Munich s'est embourgeoisé et assagi au fil des années. Concentrés autour de **Gärtnerplatz** et **Hans-Sachs Strasse**, bars, restaurants, galeries d'art et boutiques se sont faits de plus en plus chics. Freddie Mercury, le chanteur du groupe Queen, n'y reconnaîtrait sans doute plus le quartier alternatif où il vécut durant les années 1980.
Un peu plus au sud, vous goûterez au calme de l'**Alter Südfriedhof** *(Vieux Cimetière Sud - entrée par Stephanstr. - 8h-18h)*, fondé en 1563 pour accueillir les victimes de la peste. Les tombes anciennes, restaurées, racontent l'histoire de la ville entre les 16e et 19e s. Elles s'alignent le long de belles allées arborées et moussues que se partagent les promeneurs, les joggeurs et d'adorables écureuils.

★ Haidhausen D3

Sur la rive opposée à Glokenbach, cet ancien quartier ouvrier possède de nombreuses rues nommées en référence à des villes françaises (Metzstraße, Pariserstraße, Orleanstraße...) qui lui ont valu son surnom, le « Quartier français ». Redynamisé par l'arrivée de jeunes familles, Haidhausen rivalise aujourd'hui avec Schwabing dans le hit-parade des quartiers où il fait bon vivre à Munich, avec d'agréables cafés, de jolies boutiques et des restaurants gourmands. C'est sur une place à consonance autrichienne, la ravissante **Wiener Platz★**, qu'on respire le mieux l'atmosphère quasi villageoise qui en fait le charme : son petit marché, son Arbre de mai, sa fontaine et ses pavés.

Theresienwiese HORS PLAN PAR A3

Theresienwiese

Métro U4 ou U5, station Theresienwiese. Ce grand terrain accueille chaque année la **Fête de la bière**, comme d'autres grands événements. Aux beaux jours, il devient un immense terrain de jeux pour les Munichois : vélo, jogging, pique-nique, cirque, cerfs-volants... Il est dominé par la statue *Bavaria* (1850), de l'architecte Leo von Klenze, accompagnée de la Ruhmeshalle qui honore les grands hommes de la nation. Un escalier en colimaçon permet de grimper dans la tête de l'allégorie *(de déb. avr. à mi-oct. - 5 €).*

★★ Verkehrszentrum (CENTRE DES TRANSPORTS)

Métro U4 ou U5, station Schwanthalerhöhe - Am Bavariapark 5 - ♿ - ✆ 089 500 806 762 - www.deutsches-museum.de - 9h-17h (dernière entrée 16h) - textes en allemand et anglais - 7 € (6-17 ans 3 €).

Les collections du **Deutsches Museum** *(voir p. 52)* relatives aux transports terrestres (cycles, automobiles, chemin de fer) ont été installées dans trois halles de la foire de Munich datant de 1908, entièrement restaurées. La halle III, organisée autour de la « mobilité et des techniques », expose comme principale attraction une locomotive à vapeur, la *Puffing Billy* de 1814, en fonctionnement *(deux fois par jour)* et un espace de jeux pour enfants. La halle II décline le thème du voyage et permet d'expérimenter les sensations d'un trajet en calèche. La halle I propose un parcours pour remonter dans le temps de l'histoire de la circulation urbaine.

★★ Nymphenburg HORS PLAN PAR A2

Plan du parc p. 56. Tram 17 ou bus 51, arrêt Schloss Nymphenburg. ✆ 089 17 90 80 - www.schloss-nymphenburg.de - de déb. avr. à mi-oct. : 9h-18h ; de mi-oct. à fin mars : 10h-16h - 8 € château ; 12/15 € ticket combiné, tarif selon la saison - audioguide en français 3,50 €.

Ce château était autrefois la résidence d'été des princes-électeurs et des rois de Bavière. La partie la plus ancienne est le pavillon central à cinq étages (1664-1674), édifié par Barelli d'après un modèle italien. Le prince-électeur Max-Emmanuel (qui régna de 1679 à 1726) fit adjoindre de part et d'autre deux pavillons reliés à l'édifice central par des galeries à arcades ; il fit transformer le pavillon central en accentuant les lignes verticales par un jeu de pilastres. Ses successeurs, Charles-Albert (1726-1745) et Max III Joseph (1745-1777), entreprirent la construction des dépendances en demi-cercle, soulignant la ressemblance avec Versailles. À partir de 1701, le parc fut aussi agrandi sous la direction de Carbonet et de Girard, élèves de Le Nôtre. Les jardins à la française datent de cette époque, ainsi que les différents pavillons du parc : Pagodenburg (1719), Badenburg (1721), Magdalenenklause (1728) et Amalienburg (1739).

★★ Château

La **salle des fêtes**, tout en blanc, or et vert pâle, est ornée de stucs rococo et de fresques colorées dus à Johann Baptist Zimmermann et à son fils Franz. Les pièces de l'aile nord du bâtiment central sont décorées de lambris, de tapisseries et de tableaux. La galerie nord présente des vues du château au début du 18e s. La pièce la plus ravissante de l'aile sud est le **cabinet des Laques de Chine**. Le pavillon sud abrite la célèbre **galerie des Beautés de Louis Ier★** ; le portraitiste de ces dames était Josef Stieler (1781-1858).

La salle des fêtes du château de Nymphenburg.
R. Mattes/hemis.fr

★ Marstallmuseum und Porzellansammlung

(MUSÉE DES CARROSSES ET COLLECTION DE PORCELAINES)

Mêmes horaires que le château - 6 €.

Les anciennes écuries du château renferment une collection de calèches, traîneaux et chaises à porteurs utilisés aux 18e et 19e s. par les Wittelsbach. Le carrosse du sacre de l'empereur Charles VII est d'un luxe inouï, tout comme la voiture d'apparat de style baroque et les traîneaux du roi Louis II. Les salles au-dessus de l'écurie abritent la **collection de porcelaines Bäuml**. Les figurines peintes de F. A. Bustelli, maître modéliste de la manufacture de Nymphenburg de 1754 à 1763, sont particulièrement belles. Les **reproductions sur porcelaine★**, d'une grande minutie, ont été faites à la demande de Louis Ier.

★ Parc

Parc gratuit ; 5 € visite des pavillons (fermés de mi-oct. à mi-mars).

Du perron du château, on embrasse du regard une grande partie du parc : au-delà du grand parterre, orné de divinités et de vases en marbre blanc, le canal conduit en droite ligne jusqu'à la cascade de marbre.

★★ **Amalienburg** – Avec ce charmant petit pavillon de chasse, **Cuvilliés** a donné à l'architecture rococo l'un de ses modèles les plus accomplis. La sobriété de l'extérieur cache une décoration intérieure d'une formidable richesse. Le Cabinet bleu et la très belle chambre à coucher, avec ses boiseries argentées sur fond jaune citron, conduisent à la **salle des Glaces** en rotonde. Voir aussi la salle de Chasse, celle des Faisans et la cuisine aux carreaux de Delft.

Badenburg – Ce pavillon de bains comprend, une luxueuse piscine qui pouvait être chauffée et dont les plafonds sont décorés de motifs mythologiques, un salon d'apparat, une salle de jeux et une chambre de repos.

Pagodenburg – Ce pavillon de thé octogonal témoigne du goût du 18e s. pour l'exotisme extrême-oriental.

Magdalenenklause – « Ermitage » de style ruine dédié à sainte Marie-Madeleine.

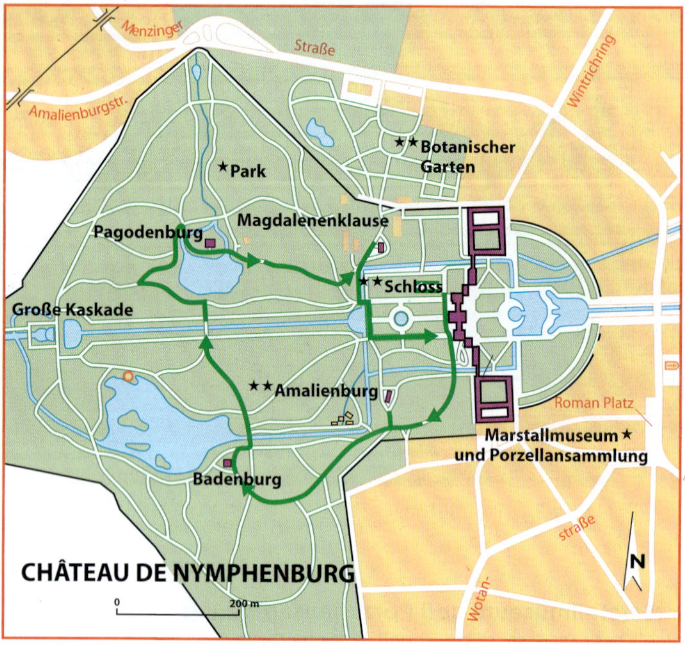

★★ Botanischer Garten (JARDIN BOTANIQUE)

Menzinger Str. 65 - ✆ 089 17 86 13 21 - www.botmuc.de - ♿ - été : 9h-18h ; reste de l'année se rens. - les serres ferment 30mn plus tôt - 5,50 €, jardin alpin 3,50 €.
Il passe pour être l'un des plus beaux et des plus riches jardins botaniques d'Europe, avec son esplanade fleurie ou *Schmuckhof* (face au bâtiment principal), son jardin de printemps, sa roseraie, son jardin alpin (près du grand étang) et ses **serres**.

Parc olympique HORS PLAN PAR A1

Métro U3 ou 8, arrêt Olympiazentrum.

★ Olympiapark (PARC OLYMPIQUE)

Spiridon-Louis-Ring 21 - www.olympiapark-muenchen.de - ♿ - accès libre.
Le Parc olympique qui accueillit les Jeux de 1972 est toujours dédié au sport, avec sa piscine, ses aires de jogging, sa patinoire et son stade d'athlétisme. Il s'étend au sein d'un immense parc, tout en collines herbeuses et boisées que sillonnent les cyclistes. L'**Olympiaberg**, le plus haut relief (56 m), offre une vue panoramique sur le site, la ville et les Alpes. Il est possible de visiter le stade olympique *(3,50 €)*, d'escalader son toit *(43 €)*, de le survoler avec une spectaculaire tyrolienne perchée à 35 m de haut *(40 €)*, ou de faire un tour du site en petit train *(avr.-oct. - 4 €)*. De la terrasse panoramique de la **Tour olympique (Olympiaturm)**, installée à 190 m de hauteur *(ascenseur - 9h-23h - 11 €, -16 ans 7 €)*, la **vue★★★** sur les Alpes est splendide.

★ Sea Life

Willi-Daume-Platz 1 - face au stade olympique de glace - ✆ 0180 666 690 101 (0,60 € par appel depuis portable) - www.visitsealife.com - de mi-juin à fin juil.

Le drame de 1972

Dans la nuit du 5 septembre, lors des Jeux olympiques organisés à Munich en 1972, des membres palestiniens du groupe Septembre noir tuèrent deux sportifs israéliens et en prirent neuf autres en otages en échange de la libération de prisonniers enfermés dans les prisons israéliennes. L'assaut déclenché par les policiers bavarois se solda par une issue fatale : tous les otages furent tués, ainsi que la plupart des terroristes. Les Jeux seront interrompus quelques jours avant de reprendre.

et de mi-sept. à fin déc. : lun.-vend. 10h-17h, w.-end 9h-18h ; de déb. août à mi-sept. : 9h-18h ; reste de l'année se rens., dernière entrée 1h av. fermeture - 19,95 € (3-14 ans 15,95 €) - forfaits plus intéressants sur le site Internet.

Trente aquariums d'eau salée et d'eau douce pour découvrir les mondes du Danube, de la Méditerranée ou de la mer Noire. Dans l'un d'entre eux, on chemine dans un spectaculaire tunnel de verre de 10 m de long, posé au fond d'un bassin.

★★ BMW Museum (MUSÉE BMW)

Am Olympiapark 2 - 089 1250 16001 - www.bmw-museum.de - ♿ - tlj sf lun. 10h-18h (dernière entrée 17h30) - 10 €, billets famille 24 € - appli à télécharger en français.

Le musée présente les riches collections de la firme fondée en 1916 et spécialisée dans la construction de moteurs d'avion (à partir de 1916), de motocyclettes (à partir de 1923) et d'automobiles (à partir de 1928).

À côté de cet édifice en forme de coupe argentée et de la **tour BMW** aux allures d'un quatre cylindres, un troisième bâtiment futuriste au toit « flottant », conçu par l'agence Coop Himmelblau, abrite le **« BMW Welt »** (*♿ - exposition : 10h-18h - gratuit*), centre de livraison des véhicules et espace de communication dédié à la marque munichoise. Les derniers modèles y sont exposés. Simulateurs de conduite, voitures et motos en libre accès, équipe technique très présente : les arguments sont efficaces pour vendre le « rêve BMW », et la visite se révèle ludique.

1

À proximité

CARTE P. 32-33

★★ Mémorial de Dachau B2

19 km au nord-ouest de Munich - S2 jusqu'à Dachau, puis bus 726 arrêt KZ-Gedenkstätte (env. 1h de trajet) - alte Römerstr. 75 - 08131 66 99 70 - www.kz-gedenkstaette-dachau.de - 9h-17h - gratuit (parking 3 €) - audioguide en français recommandé (4,50 €) - à l'entrée, centre d'accueil : café, sanitaires, librairie et départ des visites guidées (env. 2h30 - tlj à 11h et 13h en anglais, à 12h en allemand - 4 €) - déconseillé aux -13 ans.

Douloureuse, bouleversante mais indispensable : cette visite n'est en rien comparable à toutes celles que nous évoquons par ailleurs dans ce guide. Il faut souligner ici l'importance historique de ce site qui plonge les visiteurs dans l'insupportable réalité du premier camp de concentration d'Allemagne, ouvert en mars 1933 sur l'ordre de Hitler. Celui-ci a ensuite servi de modèle d'organisation pour les autres camps de la mort, de Treblinka à Buchenwald. Mieux que tout livre ou document télévisé, ses vestiges rendent compte du système concentrationnaire nazi, dans ce camp qui fut d'abord destiné aux opposants politiques allemands, avant de recevoir des dizaines de milliers de déportés juifs de diverses nationalités. Avant sa libération en avril 1945 par les troupes américaines, 43 000 personnes y

ont péri, assassinées par les nazis ou victimes des effroyables conditions de vie.
Vestiges et monuments commémoratifs – Le parcours a été mis en place sous l'égide du Comité international de Dachau, représentant les anciens déportés. À leur demande, l'entrée dans le camp se fait par la porte qu'empruntaient les prisonniers où figure la fameuse inscription *Arbeit macht frei* (« Le travail rend libre »), restée l'un des symboles de la terreur nazie.
À l'intérieur, face à la place de l'appel, où les détenus devaient se présenter matin et soir quel que soit le temps, deux baraquements ont été reconstitués; les fondations des 30 autres sont toujours visibles, laissant imaginer la vie quotidienne dans ce camp conçu pour 5000 prisonniers mais qui en comptait 30000 en 1944. Dans l'enceinte du camp ont été élevés un mémorial juif, une chapelle catholique en forme de tour ouverte, une église protestante et une chapelle orthodoxe. Cette dernière commémore l'assassinat de 6000 prisonniers russes fusillés sur un champ de tir voisin par les SS.
À proximité du camp *(au fond à gauche)* se dressent les fours crématoires dont les abords sont aménagés en parc-nécropole.
Musée de Dachau – Installé dans les anciens bâtiments de l'administration du camp, ce musée décrypte l'organisation des camps de concentration en Allemagne et en Europe, et détaille leur modèle, Dachau. Des témoignages, photographies, récits et documents d'époque illustrent les descriptions sur l'histoire du camp, le quotidien des prisonniers, le travail forcé, les expériences « médicales », les exécutions de masse et la libération du camp. Un film *(22mn)* diffuse des images datant de la libération de Dachau.
Refoulé pendant la guerre froide, le douloureux souvenir des crimes de l'Allemagne nazie, et le nécessaire travail de mémoire, refait surface avec force ces dernières années, en particulier en Bavière, le berceau du national-socialisme. Il a fallu attendre 2015 et le centenaire de la libération de Dachau pour qu'un chef d'État allemand – Angela Merkel – participe pour la première fois aux cérémonies du souvenir dans un camp de concentration.

★ Allianz Arena Stadion (STADE ALLIANZ ARENA) B2

10 km au nord - U6, station Fröttmaning (15mn depuis Marienplatz), puis 15mn de marche - intersection des autoroutes A 9 et A 99 - parking payant hors match (5 €/j) - ✆ 089 699 31 222 - www.allianz-arena.de - visite guidée en anglais du stade avec entrée au musée FC Bayern Erlebniswelt : tlj sf j. de match (env. 2h30) à réserver à l'avance sur le site Internet - 19 € (6-13 ans 11 €) ; musée FC Bayern Erlebniswelt : 10h-18h - 12 € (6-13 ans 6 €) - fermé j. de match (sf pour les détenteurs d'un billet pour le match) - audioguide en français 3 €.

Édifié pour la Coupe du monde de football de 2006, ce gigantesque stade de 66000 places impressionne du fait de son enveloppe extérieure imaginée par les architectes Herzog & de Meuron. Chacun des 2760 panneaux transparents gonflés à l'air qui la composent peut être éclairé d'une couleur particulière à chaque match ou événement, comme le rouge du FC Bayern Munich, le club résident. On visite les gradins, la salle de conférence, les vestiaires, le tunnel des joueurs et la zone des médias. Le **FC Bayern Museum** vient compléter cette plongée dans l'univers du foot allemand à travers l'histoire (et les trophées) de son club le plus titré.

★★ Châteaux de Schleißheim B2

13 km au nord - S1, arrêt Oberschleißheim, puis 15mn à pied - parking gratuit à l'entrée du Nouveau Château (payant devant Lustheim) - ✆ 089 31 58 720 - www.schloesser-schleissheim.de - avr.-sept. : 9h-18h ; oct.-mars : 10h-16h - fermé

Le stade Allianz Arena, signé Herzog & de Meuron.
H. Dobler/imageBROKER/age fotostock/2023, Herzog & de Meuron Basel

lun. - 10 € pour les 3 châteaux (4 € pour l'Altes Schloss ; 6 € pour le Neues Schloss ; 5 € pour le château de Lustheim), -18 ans gratuit.

D'accès aisé depuis Munich, ce trio palatial offre une belle promenade au vert.

★ **Neues Schloss (Nouveau Château)** – Il a fallu près de trente ans pour bâtir le plus grandiose des trois châteaux (1701-1727), à la mesure de l'ambition de son bâtisseur, le prince-électeur Max-Emmanuel, qui se rêvait empereur mais ne le devint jamais. La façade de 330 m de long donne sur de vastes jardins à la française. L'intérieur est du même acabit, avec 45 pièces sur deux niveaux, un escalier d'honneur, des appartements princiers et des salons d'apparat aménagés en galeries de peinture (maîtres flamands et hollandais des 16e et 17e s.).

★★ **Château de Lustheim** – Il faut traverser le beau **parc** à la française sur 1 km avant d'atteindre ce petit château de style baroque (1684-1689). Il abrite une exceptionnelle **collection de céramiques de Meissen**, la plus importante d'Allemagne derrière celle de Dresde.

Altes Schloss (Ancien Château) – Face au château principal, cette bâtisse plus modeste abrite un petit musée d'Art religieux et une exposition sur l'histoire de la Prusse (en allemand).

★ Bayerische Staatsbrauerei Weihenstephan

(BRASSERIE WEIHENSTEPHAN) C2

35 km au nord - train régional au départ de la gare centrale (trajet 20mn) - autoroute A 92/E 53 - Alte Akademie 2 - Freising - ✆ 08161 536 199 - www. weihenstephaner.de - visite en allemand ou en anglais sur réserv., lun. et merc. 10h, mar. 10h et 13h30 (durée 1h, interdit -6 ans) - 8 € (16 € avec dégustation de bière et bretzel, 2h) - restaurant et Biergarten.

À l'ouest de la petite ville de Freising, près de l'aéroport de Munich, se trouve la plus vieille brasserie du monde encore en activité. Fondée par des moines bénédictins en 1040, la brasserie Weihenstephan a aujourd'hui une production annuelle de 300 000 hectolitres et brasse selon la stricte *Bayerische Reinheitsgebot* (décret bavarois sur la pureté de la bière) de 1516, qui interdit l'utilisation d'autres ingrédients que le malt d'orge, le houblon et l'eau. À sa carte, 13 sortes de bières – dont la bière japonaise Kirin ! La visite permet d'en apprendre plus sur le processus du brassage, du maltage au conditionnement.

Circuit conseillé

CARTE P. 32-33

Autour du lac Ammer B2-3

Circuit de 116 km tracé en vert sur la carte.

★ Ammersee B2

Situé à 533 m d'altitude, ce lac d'origine glaciaire s'inscrit dans un joli cadre de collines boisées. D'agréables stations comme Dießen ou **Herrsching** permettent de pratiquer la voile et la natation, et d'effectuer des **excursions** en bateau.

Gagnez Dießen en longeant la rive ouest du lac.

Dießen – La **collégiale Notre-Dame★** (**Marienmünster** – 1732-1739) a été construite sur les lieux d'un ancien couvent de chanoines augustins par Johann Michael Fischer, l'un des architectes les plus renommés de la fin du baroque en Allemagne du Sud. Les frères Asam et François Cuvilliés contribuèrent à l'élaboration des plans. La richesse décorative des stucs forme une unité saisissante avec les fresques et les précieux retables des maîtres italiens et d'Allemagne du Sud (dont Tiepolo et Straub).

La montée de Fischen à Andechs offre de belles échappées sur le lac.

★ **Kloster Andechs (abbaye d'Andechs)** – *La plupart des visites proposées sont sur réserv. - ☏ 08152 376253 - www.andechs.de.* Couronnant la « colline sacrée » *(Heiliger Berg)*, elle domine de près de 200 m l'Ammersee. Son **église★★**, de souche gothique, fut mise au goût rococo de 1751 à 1755. J.-B. Zimmermann (1680-1758), alors dans la pleine maturité de son talent, est à la fois l'auteur des fresques et des stucs. Une élégante galerie, dont la balustrade est décorée de panneaux peints évoquant l'histoire de l'abbaye, fait le tour du vaisseau. Le compositeur Carl Orff, auteur des *Carmina Burana*, est enterré dans l'une des chapelles.

Revenez à Munich par Herrsching et Seefeld ou faire un crochet par Bernried.

★ Musée Buchheim à Bernried B3

45 km au sud-ouest. Prenez l'A 95 dir. Garmisch (sortie Seeshaupt) jusqu'à Starnberg, puis la route qui longe le lac. Accès en train (S6, arrêt Starnberg), puis via le musée-bateau ou le ferry www.seenschifffahrt.de - mai-oct. : se rens. pour les horaires - 24,90 € billet combiné bateau et musée. Musée : ☏ 08158 99 70 20 - www.buchheimmuseum.de - ♿ - avr.-oct. : tlj sf lun. 10h-18h ; nov.-mars : tlj sf lun. 10h-17h - 10 € (6-17 ans 5 €).

Ce musée héberge la collection privée de l'écrivain et peintre allemand Lothar-Günther Buchheim (1918-2007), auteur de *Das Boot* (*Le Styx* dans sa traduction française). Les pièces maîtresses de la collection illustrent l'expressionnisme allemand, notamment les peintres du mouvement *Die Brücke* comme Kirchner, Heckel, Pechstein et Schmidt-Rottluff. L'édifice, dont les toits-terrasses viennent surplomber les rives du **lac de Starnberg**, est une création de l'architecte Günter Behnisch, à qui l'on doit le toit-chapiteau du stade olympique de Munich.

Carnet pratique

S'informer

Office de tourisme – *089 233 96500 - www.muenchen.de - dans le Neues Rathaus, sur Marienplatz.* Visites guidées sur réservation.

Consulat de France – *Heimeranstr. 31 - 089 41 94 110 (lun. et merc. 8h45-12h, mar. et jeu. 13h30-17h) - www.de.ambafrance.org - sur RV aux horaires d'ouverture.*

Pass touristique

CityTourCard – *Ticket centre de Munich 1 j. (14,50 €; 23,50 € jusqu'à 5 pers.), centre de Munich 3 j. (26,50 €; 39,90 € jusqu'à 5 pers.), réseau complet 3 j. (44,90 €; 61,90 € jusqu'à 5 pers.).* Libre circulation dans les transports en commun et réductions dans près de 80 sites touristiques, attractions, lieux culturels, cafés et restaurants.

Arriver/partir

Aéroport – *À 28 km au nord-est - 089 975 00 - www.munich-airport.com.* Liaisons **S-Bahn S1** ou **S8**, plus directe *(départ ttes les 10mn quasi 24h/24 - Airport-City-Day-Ticket 13,70 € valable sur tout le réseau jusqu'à 6h le lendemain; version « Group » à 25,70 € permettant de voyager jusqu'à 5 adultes – ou 2 enf., 6-14 ans, au lieu d'un adulte).* Autres moyens de rejoindre le centre-ville : **navettes Lufthansa** à destination de la gare centrale *(ttes les 20mn au départ de l'aéroport 6h30-22h30, au départ de la gare centrale 5h15-20h - env. 45mn de trajet - 11,50 € aller et 17,50 € AR)* et **taxi** *(env. 95 € en journée).*

Gare centrale – A2 - *Hauptbahnhofplatz - www.bahnhof.de.* Départ de Paris-Est (6h env. de trajet) avec une correspondance et de Strasbourg (3h30/4h30 de trajet). Un TGV direct par jour dans les deux sens.

Se garer – Un système de Park & Ride permet de laisser son véhicule en périphérie et de se rendre dans le centre en transports en commun *(www.mvv-muenchen.de - rubrique « Pläne & Bahnhöfe », en allemand et anglais).*

Sachez que dans le centre-ville les parkings sont chers.

Se déplacer

Transports en commun

Le **MVV** gère le réseau : S-Bahn (équivalent du RER), U-Bahn (métro), tramway et bus.

Info – *089 41424344 (sem. 7h-17h) - www.mvv-muenchen.de.*

Billet – *Simple : 3,70 € (6-14 ans 1,80 €); 8,80 € 1 j.; ticket groupe (5 adultes) 17 € 1 j.* La zone M couvre l'essentiel des besoins de déplacements.

Bus 100 (Museenlinie) – Cette ligne relie les grands sites et musées de Munich : Hauptbahnhof, Kunstareal (le quartier des Musées), Ludwigstrasse, Odeonplatz, Englischer Garten (Jardin anglais), Haus der Kunst, Bayerisches Nationalmuseum (Musée national bavarois) et la villa Stuck.

Taxi

La prise en charge est de 5,50 € (avec supplément s'il a été commandé), puis 2,30 €/km entre 0 et 5 km.

Taxi-München – 089 21 610.

IsarFunk – 089 450 540.

Location de vélos

Radius Tours & Bike Rental – *Voir p. 68 - avr. et sept.-oct. : 9h30-19h, mai-août 9h-20h; nov.-mars : selon la météo - 4 €/h; 16 €/j - caution : n° carte de crédit + passeport.* Idéal pour découvrir Munich, qui est, avec Copenhague et Amsterdam, l'une des capitales du deux-roues en Europe.

1

Agenda

Fasching (carnaval) – *www.faschingsplaner.de.* Des centaines de bals traditionnels ou masqués dans toute la ville qui s'achèvent, jour de Mardi gras, par la danse des marchandes de la halle sur le marché aux Victuailles.

Starkbierzeit (Saison de la bière forte) – *De fin fév. à mi-mars.* À la fin du carnaval, festivités dans les brasseries Löwenbraükeller et Paulaner am Nockherberg : mise en perce traditionnelle (ouverture des fûts), danses folkloriques, concours de soulevé de pierres.

Auer Dult – *1er sam. avant le 1er Mai, puis en juil. et oct.* Combinant manèges, étals forains et échoppes gourmandes, cette foire traditionnelle a lieu 3 fois dans l'année sur Mariahilfplatz durant 9 jours.

Tollwood Sommerfestival – *De fin juin à fin juil. et en déc. - www.tollwood.de.* Musique, cabaret et théâtre au Parc olympique en été. On le retrouve aussi en hiver *(Winterfestival)*, à Theresienwiese.

Opernfestspiele (Festival d'opéra) – *En juil. - staatsoper.de.* Un mois de programmation exclusive pour les mélomanes.

Kocherlball (Bal des cuisiniers) – *En juil. - kocherlball.de.* Chaque année, ce bal attire des milliers de danseurs en costume traditionnel au pied de la Tour chinoise (*Englischer Garten*), entre 6h et 10h du matin ! À l'origine, il était organisé pour les domestiques (à l'aube, pour qu'ils puissent servir leurs maîtres à leur réveil...).

Oktoberfest – *De fin sept. à déb. oct. - www.oktoberfest.de.* La plus grande Fête de la bière au monde débute toujours un samedi et se déroule sur deux semaines jusqu'au 1er dimanche d'octobre. Concrètement, il s'agit d'une immense fête foraine installée sur Theresienwiese, avec tentes et *Biergarten* pour déguster la bière qui n'est servie qu'en *Maß* (chope).

Christkindlmarkt am Marienplatz (marché de Noël) – *Dernière sem. de nov.-24 déc.* Un des temps forts de la ville. La plupart des quartiers ont leur propre marché. Celui de Marienplatz, plus particulièrement, est superbe.

Nos adresses

PLAN P. 36-37

Restauration

Vieille ville

Premier prix

2 Viktualienmarkt – C3 - *Viktualienmarkt 3 - www.viktualienmarkt.de - tlj sf dim.* Depuis 1807, ce marché traditionnel laisse le choix : de la bière au vin et aux jus de fruits frais, en passant par les saucisses ou les huîtres. Au centre, *Biergarten* très fréquenté par beau temps, l'endroit idéal pour déguster des Weißwürste (saucisses blanches) ou un Leberkäse, sorte de pâté de viande et d'abats servi chaud dans un petit pain.

4 Schneider Bräuhaus – C3 - *Tal 7 - ✆ 089 2901380 - www.schneider-brauhaus.de - ♿ - 8h-23h - plat du jour en sem. 7 € - carte 6/30 € - réserv. conseillée soir.* Une Stube bavaroise comme dans les livres, avec son parquet grinçant, ses porte-journaux et ses meubles en bois. On s'assoit là où il reste de la place, parfois en partageant sa table de façon conviviale. Les Munichois viennent ici pour la *Kronfleisch* (hampe de veau), parmi les spécialités préparées maison pour les grosses faims. Le plus : les suggestions d'accords mets et bières (et ici les *Weisse* sont reines !).

19 Pizzeria Grano – B3 - *Sebastianspl. 3 - ✆ 089 23269939 - fermé dim. - pizza 8/13 €.* Un petit restaurant chaleureux, installé dans une rue calme et piétonne, qui sert une carte courte d'excellentes pizzas à la pâte fine et aux ingrédients frais, à accompagner d'un bon verre de chianti. La terrasse est très agréable pendant les beaux jours.

Budget moyen

1 Brenner – C2 - *Maximilianstr.15 - ✆ 089 4522880 - www.brennergrill.de - fermé dim. - formule déj. en sem. 14,50 € - plats 27/48 € - réserv. conseillée.* Pour changer des spécialités bavaroises, rien de tel que ce restaurant façon brasserie qui propose viandes et poissons cuits sur le gril ouvert, et des plats de pâtes maison. Un excellent rapport qualité-prix.

15 Der Pschorr – B3 - *Viktualienmarkt 15 - ✆ 089 442383940 - www.der-pschorr.de - ♿ - plats 17,90/39,90 € - réserv. indispensable.* Un emplacement de choix, en plein Viktualienmarkt, pour ce restaurant adhérent à l'association Slow Food Deutschland. Les produits phares de l'établissement sont le bœuf et la bière. La viande provient de la race bovine d'exception « Murnau-Werdenfels ». Quant à la bière Hacker-Pschorr, elle est encore servie en tonneau, à l'ancienne. Belle terrasse en été sur le marché et grande salle voûtée en hiver.

22 Spatenhaus an der Oper – C2 - *Residenzstr. 12 - ✆ 089 2907060 - www.kuffler.de - ♿ - plats 16,50/44 € - réserv. conseillée.* Élégante taverne au rez-de-chaussée, salle et carte plus raffinées à l'étage avec spécialités de gibier. Deux ambiances pour une cuisine traditionnelle de qualité. Aux beaux jours, agréable terrasse face à l'Opéra.

6 Augustiner Stammhaus – B2-3 - *Neuhauser Str. 27 - ✆ 089 23183257 - www.augustiner-restaurant.com - ♿ - plats du jour en sem. 9/19,90 € - carte 16,50/45 € - réserv. conseillée.* Cette brasserie, vénérable institution depuis 1885, est célèbre pour sa bière, que l'on peut déguster dans la cour intérieure, un des plus beaux *Biergarten* de la ville. Comme souvent dans les tavernes, le service se fait en tenue traditionnelle. *Schweinswurst* (saucisse de porc) et choucroute, goulasch, *Wiener Schnitzel*, *Schweinshaxe* (jarret de porc), le tout accompagné d'un *Maß* d'Augustiner.

Schwabing

Budget moyen

Kaisergarten – HORS PLAN - *Kaiserstr. 34 - ✆ 089 34020203 - www.kaisergarten.com - fermé 24 déc. - plats 16/26,50 € - réserv. conseillée.* Le restaurant met à l'honneur la cuisine des Alpes autrichiennes, bavaroises et italiennes. Les créations du chef mélangent subtilement épinards et appenzeller, speck et crème aigre. Comme pour le menu, le cadre joue la carte de la modernité et de la tradition. Superbe terrasse en été.

Rives de l'Isar

Budget moyen

25 Wirtshaus in der Au – C3 - *Lilienstr. 51 - ✆ 089 4481400 - www.wirtshausinderau.de - ♿ - fermé 24 déc. et le midi en sem. - plats 15,50/33,50 € - réserv. conseillée.* À deux pas du Deutsches Museum, sympathique établissement qui a réussi une belle symbiose entre modernité épurée et tradition montagnarde. L'élégante présentation des plats (spécialités de canard et de

Knödel) les rend plus légers! Mais ne vous y trompez pas : on en vient difficilement à bout tant les portions sont copieuses!

Pour se faire plaisir

7 **Käfer-Schänke** – D2 - *Prinzregentenstr. 73 - ✆ 089 4168247 - www.feinkost-kaefer.de -* P ♿ *- fermé dim. et j. fériés - plats 22/59 € - menus 79 €/119 € - réserv. conseillée.* Sur la rive droite de l'Isar, agréable restaurant aux différentes petites salles décorées : ainsi la salle de Meissen et ses quelque 300 pièces de porcelaine! Réservation conseillée. Comprend aussi une grande épicerie fine.

Haidhausen

Premier prix

3 **Café Voilà** – D3 - *Wörthstr. 5 - ✆ 089 4891654 - www.cafevoila.de - ♿ - formule déj. en sem. 9,80 € - plats 14,80/22,50 € - réserv. conseillée.* Parfait pour un brunch ou pour prendre une bière. Café très populaire prisé par les habitants du quartier.

Budget moyen

8 **Gaststätte Zum Kloster** – D3 - *Preysingstr. 77 - ✆ 089 4470564 - www.zumkloster-muenchen.de - formules déj. en sem. 9,90/10,40 €, plats 11,20/18,50 €.* Niché dans un adorable coin de rue pavée, au milieu des anciens jardins ouvriers et des ateliers d'artisans, ce charmant restaurant attire une clientèle à l'image du quartier, familial et « arty ». Les prix sont raisonnables, la courte carte fluctue au gré du marché, des plats simples et savoureux, à déguster dans la petite salle aux couleurs douces, ou, l'été en terrasse, sous les cerisiers et les lampions.

Theresienwiese

Premier prix

Augustiner Bräustuben – HORS PLAN - *Landsberger Str. 19 - ✆ 089 507047 - www.braeustuben.de - plats 12,50/18,95 €.* Dans une immense salle voûtée aux tables démesurément longues, spécialités régionales à des prix défiant toute concurrence. Ambiance très joyeuse et (encore) authentique. Le week-end, les ouvriers en salopette bleue de la célèbre brasserie Augustiner prennent leur déjeuner au milieu des clients.

Petite pause

Vieille ville

Cafe Glockenspiel – *Marienplatz 28 - entrée par Rosenstr., 5e étage - ✆ 089 264256 - www.cafe-glockenspiel.de - ♿ - lun.-sam. 9h-23h, dim. et j. fériés 10h-18h30 - petits-déj. 13,20/19,20 € - réserv. conseillée.* Un endroit prisé pour ses petits-déjeuners, car il permet de voir le carillon de l'hôtel de ville s'animer le matin sans risquer le torticolis. À l'arrière, un toit-terrasse sert de refuge idéal par beau temps en été, mais il n'y a pas de vue sur Marienplatz.

Tambosi – *Odeonspl. 18 - ✆ 089 23069360 - www.tambosi-odeonsplatz.de - ♿ - dim.-jeu. 8h-1h, vend.-sam. 8h-3h (jardin tlj 12h-0h30).* Entièrement rénové en 2017, ce café culte de l'Odeonsplatz affiche aujourd'hui un style « seventies » chic. Sa terrasse est l'endroit où il fait bon voir et – surtout – être vu par une journée ensoleillée de printemps, mais on peut lui préférer son *Biergarten*, logé dans le charmant Hofgarten voisin.

Man Versus Machine – *Schellingstr. 18 - ✆ 08954847777 - mvsm.coffee - lun.-vend. 8h-19h, sam. 10h-19h.* On se presse dans cet agréable petit espace contemporain pour déguster des cafés sélectionnés par une équipe de torréfacteurs indépendants. Avis aux amateurs d'arabica (ici, pas de robusta). Si cela vous a plu, vous pourrez acheter un paquet (ou plus) estampillé d'une tête de crocodile, emblème de la marque.

Biergarten de l'Augustiner Keller.
J. Knott/age fotostock

Boire une bière

Le **Biergarten**, littéralement « jardin à bière », en réalité un bar à bière en plein air, fait partie intégrante de la vie bavaroise. La plupart sont plantés de châtaigniers, car leur épais feuillage permettait autrefois de maintenir le sol frais, la bière étant conservée dans des caves à glace. Ils ouvrent d'avril à octobre, sans jour de fermeture hebdomadaire, de 10/11h à 22/23h. Nombre de ces terrasses et jardins ombragés sont accessibles dès les premiers rayons de soleil. On se délecte de **Schweinshaxe** (jarret de porc grillé) ou de **Steckerlfisch** (poisson piqué sur un bâton et cuit sur le gril). Dans les *Biergarten* où le service se fait au comptoir, il est aussi permis d'apporter sa propre nourriture, selon la très sérieuse Bayerische Biergartenverordnung, ce qui participe à l'atmosphère très conviviale de ces lieux.

Vieille ville

Hofbräuhaus – *Platzl 9 - ✆ 089 29013610 - www.hofbraeuhaus.de - ♿ - 9h-0h - plats 10,90/18,90 € - réserv. conseillée le w.-end.* Brasserie de renommée mondiale à l'ambiance originale et très festive, malgré le nombre de touristes. Orchestre tous les soirs dans la Schwemme au rez-de-chaussée. Premier étage plus calme et *Biergarten* de 400 places dans la magnifique cour intérieure, avec fanfare aux beaux jours. La maison propose des spécialités régionales, dont un succulent *Schweinshaxe*. Le soir, il n'est pas possible de commander de bière en dessous d'un litre ! Spectacles folkloriques bavarois chaque soir dans l'immense Festsaal.

Jardin anglais

Chinesischer Turm – *Englischer Garten 3 - ✆ 089 38387327 - www.chinaturm.de - P ♿ - lun.-vend. (selon météo) à partir de 11h, sam.-dim. et j. fériés à partir de 10h - plats 12,50/17,80 €.* Au pied de la Tour chinoise, dans laquelle un orchestre joue les classiques de la musique bavaroise, immense *Biergarten* de 7000 places. Un incontournable pour goûter aux charmes de la vie munichoise. Self-service, mais on peut également amener son casse-croûte. C'est là qu'a lieu chaque année le fameux Kocherlball *(voir « Agenda », p. 62).*

Seehaus – *Kleinhesselohe 3 - ✆ 089 3816130 - www.kuffler.de - ♿ - 12h-0h (22h dim.) - fermé 24 déc. - plats 16,90/49 € - réserv. conseillée.* Une situation de rêve, sur les rives du lac de Kleinhesselohe, dans le Jardin anglais, pour ce restaurant et ce *Biergarten* idyllique.

Haidhausen

Hofbräukeller – *Innere Wiener Str. 19 - ✆ 089 4599250 - www.hofbraeukeller.de - ♿ - 11h-23h - plats 14,90/23,90 € - réserv. conseillée.* Un des secrets les mieux gardés de Munich, et pour cause ! L'établissement, très agréable, se trouve en plein cœur du quartier français et a été construit sur le modèle des immeubles parisiens de la Belle Époque.

Nymphenburg

Augustiner Keller – *Arnulfstr. 52 - ✆ 089 594393 - www.augustinerkeller.de - 🅿 - 11h-0h - plats 15,50/23,90 € - réserv. conseillée.* Le *Biergarten* préféré des Munichois et le plus ancien de la ville (1812) ! On tire encore la bière maison au tonneau, pour plus de légèreté et de goût. Blonde, blanche ou brune, l'Augustiner se décline selon toutes les envies. Les serveurs en costume et les fanfares occasionnelles apportent une note joyeusement folklorique.

Königliche Hirschgarten – *Hirschgarten 1 - ✆ 089 17999119 - www.hirschgarten.de - 🅿 ♿ - 11h30-22h - plats 11,50/22,80 € - réserv. conseillée.* Ce *Biergarten* (avec restaurant rustique à côté) est sans doute le plus grand de Munich, voire de Bavière. 8000 places à l'extérieur (1200 avec un service à table).

Prendre un verre

Les bars et cafés où passer une bonne soirée se répartissent entre la vieille ville, les quartiers de Schwabing, de Maxvorstadt pour les étudiants, de Glockenbach (autour de la Gärtnerplatz) et de Haidhausen (de l'autre côté de l'Isar, autour de la Pariser et de la Weißenburger Platz).

Vieille ville

Bar Centrale – *Ledererstr. 23 - ✆ 089 223762 - www.bar-centrale.com - lun.-merc. 7h30-0h, jeu.-vend. 7h30-1h, sam. 8h30-1h, dim. 9h30-16h30 - plats 8,30/13 €.* Un bar rétro qui respire l'Italie des années 1950 en dépit d'une déco au goût du jour. Le meilleur expresso se fait ici. Le lieu est aussi prisé à l'heure de l'apéro pour son ambiance « dolce vita ». Spritz, Campari... tout évoque Milan !

Quartier des Musées

Freebird – *Nordenstr. 12 - ✆ 089 27374520 - www.freebird-munich.com - mar.-sam.à partir de 18h - plats 4,50/11 €.* Petit bar « très in » à la déco cosy, avec programmation électro, fréquenté par la jeunesse branchée. Miniterrasse très agréable pour prendre l'apéro. Idéal pour un verre en amoureux.

Alter Simpl – *Türkenstr. 57 - ✆ 089 2723083 - www.altersimpl.de - lun.-jeu. 17h-0h, vend.-sam. 11h-1h, dim. 11h-0h - plats autour de 15 € - réserv. conseillée.* Bar décontracté fréquenté par les étudiants depuis plus de cent ans. Plafonds en partie décorés de stucs. Bières, cocktails et cuisine bavaroise.

Glockenbach

The Flushing Meadows – *Fraunhoferstr. 32 - ✆ 089 552791727 - www.flushingmeadowshotel.com - merc.-sam. 17h-0h (terrasse jusqu'à 22h).* Ultrabranché, le « rooftop bar » de l'hôtel Flushing Meadows domine le quartier à la mode de Glockenbach. Musique électronique, cocktails très réussis et petite restauration sont servis dans une ambiance jeune et décontractée.

Shopping

Art et antiquités

Galeries d'art et antiquaires sont principalement regroupés dans l'est de la vieille ville, le long de la **Maximilianstraße** et dans les rues adjacentes. Aussi à **Schwabing** (le long et à l'ouest de la Leopoldstraße), l'ancien quartier des artistes, et autour de l'université.

Souvenirs

Obacht – *Ledererstr. 17 - ✆ 089 18904260 - www.obacht-web.de - tlj sf dim. 10h-19h.* Une adresse incontournable pour rapporter un souvenir bavarois, fabriqué localement. On y trouve une jolie sélection d'objets d'artisanat bavarois, revus et corrigés au goût du jour. Les imprimés bretzels ou les bois de cervidés, le sous-bock en feutre ou encore le trophée de chasse revisité sonnent tout à coup comme des pièces très mode.

Holz-Leute – *Viktualienmarkt 2 - ✆ 089 268248 - www.holz-leute.de - tlj sf dim. 10h-19h (18h sam.).* Depuis 1873, cette boutique d'artisanat propose des objets en bois de très grande qualité, du jeu de société à la planche à découper, en passant par la brosse à cheveux et les exquises décorations de Noël traditionnelles allemandes. Tout est fait à la main en Bavière ou dans de petits ateliers européens.

Lodenfrey – *Maffeistr. 7 - ✆ 089 210390 - www.lodenfrey.com - tlj sf dim. 10h-19h.* Grimpez directement au 3e étage où se trouve l'espace réservé aux costumes traditionnels. Qualité exceptionnelle et choix impressionnant, du Dirndl de campagne au Dirndl de soirée, voire de mariage. Les prix sont prohibitifs, mais c'est l'occasion de découvrir la diversité des modèles et des styles.

Trachten Angermaier – *Rosental 10 - ✆ 089 23000199 - www.trachten-angermaier.de - lun.-vend. 11h-19h, sam. 10h-17h.* Une enseigne qui possède deux adresses à Munich où trouver des Dirndl et des Lederhosen à des prix attractifs (à partir de 100 € en solde), ainsi que des accessoires en tout genre (chapeaux, foulards, pendentifs, etc.). L'équipement parfait pour participer à la fête de la Bière.

Bières et autres boissons

Otto Pachmayr Getränkemarkt – *Theresienstr. 33 - ✆ 089 282102 - www.pachmayr.de - lun.-vend. 9h30-18h30, sam. 9h30-13h30.* Spécialiste ès bulles, ce caviste de quartier vend près de 120 bières en bouteilles. À l'origine, en 1867, la famille Pachmayr produisait de la limonade et conditionnait de l'eau minérale. Après avoir franchi la devanture pour le moins rétro, le client a l'embarras du choix entre eaux gazeuses, bières et sodas.

En soirée

☺ Le programme gratuit *Events in München*, disponible dans les bureaux de l'office de tourisme, informe des actualités culturelles et de loisir.

München Ticket – *Dienerstr. 20 - ✆ 089 54 81 81 81 - www.muenchenticket.de.* Réservation et achat des billets.

Musique classique – Trois orchestres symphoniques dirigés par de grands chefs (Opéra, Philharmonie et Radio-Télévision bavaroise) font de Munich une métropole musicale renommée.

Jazzclub Unterfahrt – *Einsteinstr. 42 - (près de la Max-Weber-Platz) -*

1

✆ 089 4482794 - www.unterfahrt.de - ♿ - 19h30-1h (concerts à 20h30). Riche programmation jazz dans un club réputé.

Activités

Tour en bus

Gray Line Sightseeing – *Départ de Bahnhofplatz 9 (devant le magasin Karstadt) - ✆ 089 54 90 75 60/75 - www.grayline.com. Circuit express Hop-On Hop-Off (22 €, valable 24h) et Grand Circuit (27 €).* Pratique pour se rendre à Nymphenburg, au BMW Welt et au Parc olympique. Mais les transports en commun restent moins chers.

Visite virtuelle

TimeRide – *Tal 21 - timeride.de - jeu.-dim. 11h-19h - 13,50 €.* Visite immersive et virtuelle de 45mn (en allemand et en anglais) avec des lunettes en réalité virtuelle : un voyages dans le temps pour découvrir de manière ludique 7000 ans d'histoire de la Bavière.

Visites guidées à pied

Munich Greeter – *munich-greeter.de - gratuit.* Pour profiter des services de visite d'un volontaire bénévole, il suffit de remplir un formulaire en ligne, en cochant la langue souhaitée (anglais ou allemand) et de spécifier l'axe de visite.

Munich Walk Tours – *Hans-Mielich Str. 2 - ✆ 089 2423 1767 - www.munichwalktours.de - à partir de 18 €.* Plusieurs parcours thématiques en anglais et allemand.

Visites guidées à vélo

Radius Tours & Bike Rental – *Arnulfstr. 3 (dans la gare centrale, en face de la voie 32) - ✆ 089 54 34 87 77 40 - www.radiustours.com - d'avr. à mi-oct. : départ à 10h - durée : 3h - 33 € (6-13 ans 23 €) avec la location du vélo.* Visite guidée sur un parcours sécurisé. Également des visites dans les environs, incluant le transport en bus depuis Munich (Dachau et Neuschwanstein).

Hébergement

☺ La majorité des hôtels en centre-ville se situe dans le **quartier de la gare**. Les prix sont très dépendants des périodes de foires et salons ; ils atteignent des sommets durant la Fête de la bière. Nombre d'établissements proposent des réductions le week-end et des offres sur Internet.

Premier prix

28 Motel One – B3 - *Herzog-Wilhelm-Str. 28 - ✆ 089 51777250 - www.motel-one.com - 99/115 € - ☕ 13,50 €.* Une chaîne d'hôtel au décor moderne, d'un bon rapport qualité-prix. Deux autres adresses bien placées dans Munich : Rablstr. 2 (à côté du Deutsches Museum) et Landsberger Str. 79 (près de Theresienwiese, lieu de l'Oktoberfest).

Vieille ville

Pour se faire plaisir

1 Hotel am Viktualienmarkt – B3 - *Utzschneiderstr. 14 - ✆ 089 2311090 - www.hotel-am-viktualienmarkt.de - 27 ch. 109/229 € ☕ - à partir de 175 € pendant la Fête de la bière.* Idéalement situé en centre-ville, un hôtel à l'accueil familial et décontracté. Chambres à la décoration sobre et moderne d'un bon rapport qualité-prix.

25 Hotel Schlicker – C3 - *Tal 8 - ✆ 089 2428870 - www.hotel-schlicker.de - P 15 €/j - 70 ch. 170/220 € ☕ - fermé 25 déc.-7 janv.* Chambres confortables et classiques, donnant sur la rue pour les moins chères. À deux pas de Marienplatz.

Une folie

19 Platzl Hotel – C3 - *Sparkassenstr. 10 - ✆ 089 237030 - www.platzl.de - P ♿ - 167 ch. - 299/329 € - ☕ - ✕.*

Chambres confortables dans le style bavarois traditionnel, en plein cœur de la vieille ville – Marienplatz et Viktualienmarkt sont rapidement accessibles à pied. La voûte du restaurant Pfistermühle confère à l'endroit un parfum du « vieux Munich »; style « bistrot » soigné dans l'Ayingers.

4 Bayerischer Hof – B2 - *Promenadenplatz 2-6 - ✆ 089 21200 - www.bayerischerhof.de - P 38 €/j - 340 ch. et 67 suites - 460/4 500 € - 46 €* - Un hôtel 5 étoiles d'un luxe inouï, qui abrite 5 restaurants, 6 bars, un cinéma. Derrière sa façade classique, des installations luxueuses, comme la piscine sur le toit offrant une vue fabuleuse sur Frauenkirche. Chambres spacieuses et personnalisées, où les belles matières traditionnelles se marient à merveille avec des éléments contemporains, notamment dans les salles de bains.

Schwabing

Pour se faire plaisir

2 Hotel im Hof – A1 - *Schellingstr. 27 - ✆ 089 700746060 - www.hotel-im-hof.de - P 15 €/j - 12 ch. 120/245 €*. Les chambres de cet hôtel de charme se répartissent dans deux bâtiments flambant neufs, disposés de part et d'autre d'une cour, le tout réchauffé par des lignes classiques, de belles matières et une décoration élégante. Le goût des propriétaires pour le 18e s., les gravures et l'art transparaissent dans toutes les pièces. Excellent accueil. Petit-déjeuner copieux, servi dans une salle chaleureuse où déguster, en soirée, les vins de la famille, originaire d'une région viticole.

Theresienwiese

Premier prix

Bold – HORS PLAN - *Lindwurmstr. 70A - ✆ 089 20001592244 - www.bold-hotels.com - - 85 ch. à partir de 78,30 € - 16,70 € - à partir de 267 € pendant la Fête de la bière.* Moderne, branché et sobre, cet hôtel propose des chambres très spacieuses et bien aménagées pour un tarif plus que raisonnable. Situé à deux pas du métro Poccistraße, il permet de rejoindre le centre-ville en quelques minutes. Bon buffet petit-déjeuner en option.

Budget moyen

22 Hotel Uhland – A3 - *Uhlandstr. 1 - ✆ 089 543350 - www.hotel-uhland.de - P - 25 ch. à partir de 149 €*. Derrière une façade néo-Renaissance centenaire, dans un quartier résidentiel très vert, le long de Theresienwiese et sa Fête de la bière, chacun trouvera ici la chambre qui lui convient. Hôtel tenu depuis cinquante ans par la famille Hauzenberger-Reim qui saura vous conseiller pour découvrir Munich.

Quartier de la gare

Budget moyen

7 Cocoon Stachus – A3 - *Adolf-Kolping-Str. 11 - ✆ 089 54 80 18 99 02 - www.hotel-cocoon.de - - 69 ch. 121/351 € - 14,90 € - à partir de 499 € pendant la Fête de la bière.* Chambres propres et confortables, aux couleurs acidulées et au mobilier inspiré des sixties. Évitez l'annexe de Sendlinger Tor (sur Lindwurmstraße).

10 Hotel Eder – A2 - *Zweigstr. 8 - ✆ 089 554660 - www.hotel-eder.de - 32 ch. 80/150 € - à partir de 220 € pendant la Fête de la bière.* Cet hôtel discret et indépendant, tenu par la même famille depuis 1947, se distingue par son esprit chalet. Pimpante façade coquille d'œuf et décor rustique. Pas d'ascenseur.

1

Augsburg ★★

Ses églises et son hôtel de ville reflètent l'âge d'or d'Augsburg, lorsqu'elle était aux 15e et 16e s. une ville de premier rang en Europe. On se plaît aujourd'hui à découvrir l'un des exemples majeurs de la Renaissance au nord des Alpes, marqué par l'empreinte de son architecte officiel, Elias Holl. Traversée par un affluent du Danube, le Lech, qui se divise en canaux dans la ville basse, Augsburg est la troisième ville de Bavière et un important pôle industriel, où Rudolf Diesel mit au point son fameux moteur à la fin du 19e s.

Se repérer

CARTE B2 P. 32-33 (B2) ET PLAN P. CI-CONTRE
296 478 hab. – Bavière.
À 66 km au nord-ouest de Munich, 161 km à l'est de Stuttgart.

À ne pas manquer

La Salle dorée, le Palais Schaezler et une balade dans le Lechviertel.

Carnet pratique p. 75

Nos adresses p. 75

Se promener

Rathausplatz (PLACE DE L'HÔTEL-DE-VILLE) A1

Vaste bâtiment Renaissance, l'**hôtel de ville (Rathaus)** fut bâti par Elias Holl entre 1615 et 1620, et reconstruit à l'identique après d'importants dommages en 1944 *(voir illustration p. 422)*. Le fronton, orné de la pomme de pin symbolisant Augsburg, est encadré de deux tours à bulbe. L'édifice renferme la **Salle dorée★★ (Goldener Saal)**, célèbre pour la magnificence de ses peintures murales et de son plafond à caissons recouverts de feuilles d'or *(10h-18h - 2,50 €, -10 ans gratuit - billet à l'office de tourisme)*. À gauche se dresse la **tour Perlach (Perlachturm)**, tour de guet romane surélevée trois fois au cours des siècles suivants. Un drapeau jaune est hissé lorsque les Alpes sont visibles de son sommet *(fermé pour travaux)*.

Hoher Dom (CATHÉDRALE) A1

Fondée au 9e s. en l'honneur de Marie, elle fut remaniée au 14e s. dans le style gothique. Le portail sud du chœur ou **portail de la Vierge★★**, gothique, et les **portes★** de bronze (1re moitié du 11e s.), décorées de 32 bas-reliefs représentant des scènes de l'Ancien Testament et de motifs ou personnages symboliques, accrochent le regard. À l'intérieur, les quatre autels de la nef s'ornent de **tableaux★** de Hans Holbein l'Ancien, natif de la ville (à gauche, *Naissance de Marie* et *Montée au temple* ; à droite, l'*Offrande refusée de Joachim* et la *Présentation au Temple*). Aux fenêtres hautes de la nef, à droite, les **vitraux des prophètes★** (12e s.), les plus vieux d'Allemagne, sont d'une facture très rigide.
Sur le parvis sont exposés des vestiges de la cité romaine.

Fugger und Welser Erlebnismuseum A1

Äußeres Pfaffengässchen 23 - ✆ 0821 50 20 70 - www.fugger-und-welser-museum.de - jeu.-dim. et j. fériés 10h-17h - 6 € (billet famille 12 €) - brochure en français.

Ce musée retrace la formidable expansion marchande des familles Welser et Fugger qui régnèrent en maîtres sur Augsburg au 16e s. L'exposition très didactique permet de comprendre les liens économiques entre les hémisphères sud et nord jusqu'à aujourd'hui. Malheureusement, les explications sont en allemand. Installé dans une belle maison Renaissance, le musée possède une terrasse bucolique qui donne sur un magnifique verger tenu par des moines : on peut y prendre un café après une visite de la cathédrale ou du musée.

★ Fuggerei B1

Jakober Str. - ✆ 0821 319 881-14 - www.fugger.de - avr.-sept. : 8h-20h ; oct.-mars : 9h-18h - 6,50 € (8-17 ans 3 €) - brochure en français.

Cette cité aux maisons ocre recouvertes de lierre doit son nom à Fugger le Riche *(voir l'encadré p. 72)* qui la fonda en 1519 pour abriter des habitants nécessiteux de la ville. La Fuggerei compte huit rues bordées de 66 coquettes maisons à pignons de 60 m² chacune, et une fontaine ; elle possède une église et ses propres services administratifs. Première cité sociale de ce genre dans le monde, elle abrite

SE RESTAURER

Die Ecke 1
Perlach Acht 2
Anna Café 5
Dreizehn.................... 6
Die Tafeldecker 7

SE LOGER

Ost am Kö 1
Dom Hotel.................. 2

encore aujourd'hui, comme au 16e s., 150 habitants. Ceux-ci s'acquittent en retour d'un loyer qui n'a jamais varié, soit 1 florin rhénan (aujourd'hui 0,88 €), assorti de l'obligation morale de prier trois fois par jour pour l'éternité de l'âme des Fugger. Un petit **musée** présente la vie dans l'une de ces maisons, avant l'arrivée du chauffage et de l'électricité *(Mittlere Gasse 14 - billet compris dans l'entrée à Fuggerei)*.

St. Anna-Kirche (ÉGLISE STE-ANNE) A1

Lun. 12h-17h, mar.-sam. 10h-17h, dim. 10h-11h30 (services), 15h-16h (visites).
Les moines de ce couvent de carmes fondé au 14e s. accueillirent **Luther** en 1518, venu à Augsburg pour défendre sa thèse réformiste ; l'église devint protestante en 1525, et les salles où Luther séjourna sont aujourd'hui transformées en musée. Au sein de l'église, la **chapelle funéraire des Fugger★** *(Fuggerkapelle)* est exceptionnelle, à la fois en tant que premier témoignage de la Renaissance en Allemagne et comme enclave catholique dans une église protestante. À noter, dans le chœur est, trois tableaux de Cranach l'Ancien.

★ Maximilianmuseum A1

Fuggerpl. 1 - ☏ 0 821 324 41 02 - www.kunstsammlungen-museen.augsburg.de - tlj sf lun. 10h-17h - 7 € (-10 ans gratuit), billet famille 14 €).
Les collections de ce musée municipal mettent à l'honneur la splendeur passée d'Augsburg, grâce, entre autres, à la très belle **galerie de sculptures religieuses baroques** et aux **collections d'ouvrages d'orfèvrerie**, un art dans lequel la ville excella du 16e s. à la fin du 18e s. Des collections de monnaies, d'objets scientifiques et d'artisanat marquent l'importance capitale de cette ville riche et commerçante pendant la Renaissance et l'ère baroque.

★ Maximilianstraße AB2

Bordée de maisons et d'hôtels particuliers édifiés par la haute bourgeoisie d'Augsburg à l'époque de la Renaissance, elle offre l'une des perspectives les plus

De la cité romaine à la paix d'Augsbourg

La cité fondée en 15 av. J.-C. par Drusus et Tibère – beaux-fils de l'empereur Auguste, d'où son nom – figure parmi les villes les plus anciennes d'Allemagne avec Trèves et Cologne. Centre commercial sur le chemin de l'Italie, elle devient ville épiscopale à la chute de l'Empire romain. Elle est promue ville libre d'Empire et siège de la diète à la fin du 13e s.
À la fin du 15e s., Augsbourg, qui compte déjà 50 000 habitants, devient un centre de la haute finance grâce aux **Fugger** et aux Welser, dynasties locales qui, disait-on, se partageaient le monde. L'Histoire a retenu le nom de Jakob Fugger le Riche (1459-1525), célèbre comme banquier de l'Empire et surtout comme créancier des Habsbourg. On estime à 4 millions de ducats la dette, jamais éteinte, des Habsbourg envers leurs banquiers d'Augsbourg.
En 1530, Charles Quint, inquiet de l'importance que prend la Réforme dans les divers États de l'Empire, réunit une diète impériale à Augsbourg, dans l'espoir de dissiper les troubles religieux. Les protestants, autour de Luther, proclament alors, dans une « confession » *(Confessio Augustana)* restée célèbre, les bases de leur croyance. Mais leur thèse est rejetée. C'est en 1555 seulement que la paix d'Augsbourg accordera aux protestants la **liberté de culte**. En 1686, Augsbourg donne encore son nom à la ligue dirigée contre Louis XIV, par la Prusse et l'Autriche, après la révocation de l'édit de Nantes.

La Maximilianstraße.
imageBROKER/hemis.fr

majestueuses de la vieille Allemagne, en dépit des profondes restaurations subies par nombre de façades. Trois élégantes fontaines de bronze Renaissance la décorent. Au nº 36, la maison des Fugger abrite une belle **cour des Dames (Damenhof)**.

Moritzkirche (église St-Moritz) A1

Une des plus anciennes églises de la ville, elle fut fondée en 1019 par l'évêque Bruno d'Augsburg. Paradoxalement, c'est aujourd'hui une paroisse catholique résolument moderne, qui mérite une visite pour sa décoration intérieure. Celle-ci, complètement revisitée entre 2010 et 2013 par l'architecte anglais John Pawson, marie des lignes extrêmement dépouillées à un blanc éclatant qui met en valeur les statues de saints baroques en bois. Ainsi, la très expressive **sculpture du Christ Sauveur★** de Georg Petel (1601-1635), artiste bavarois de renom des prémices du baroque, remplace la croix traditionnelle au centre du chœur et semble s'avancer vers le fidèle qui s'en approche. Bel **orgue** moderne, datant de 1973.

Weberhaus A1

Face à l'église St-Moritz, cette maison abritait la confrérie des tisserands entre 1389 et 1548. Témoignage de l'importance de l'industrie textile à Augsburg depuis le Moyen Âge, détruite pendant la Seconde Guerre mondiale, elle fut reconstruite en 1959 et couverte de fresques peintes par l'artiste augsbourgeois Otto Michael Schmitt, dans un style typique des années 1960.

★ Schaezlerpalais (PALAIS SCHAEZLER) A2

Maximilianstr. 46 - ✆ 0821 324 41 02 - www.kunstsammlungen-museen.augsburg.de - tlj sf lun. 10h-17h - 7 € (-10 ans gratuit), billet famille 14 €.

On parcourt d'abord les salles du palais Schaezler (1767) où sont rassemblées des œuvres des maîtres du baroque allemand. La superbe **salle des Fêtes rococo★★ (Rokokoestsaal)** montre un plafond richement décoré de stucs et de fresques. Marie-Antoinette, alors âgée de 14 ans, y dansa lors d'un bal donné en son honneur tandis qu'elle se rendait à Versailles pour y devenir la future Reine de France. Une seconde **galerie de peinture★ (Staatsgalerie Katharinenkirche)** présente des œuvres religieuses de maîtres souabes et augsbourgeois des 15e et 16e s., notamment Hans Holbein l'Ancien, Lucas Cranach l'Ancien et Albrecht Dürer.

★ Lechviertel B1-2

Les nombreux forgerons, orfèvres, tisserands et tanneurs d'Augsburg étaient regroupés dans ce quartier, qui offre aujourd'hui une charmante promenade. Ses rues pavées et sinueuses, courant le long des canaux du Lech, sont bordées de jolies petites maisons et ponctuées de restaurants et de boutiques.

C'est au nord de ce quartier qu'est né le célèbre poète, dramaturge et metteur en scène **Bertolt Brecht** (1898-1956). Sa maison natale, la **Brechthaus**, abrite un petit musée dédié à sa vie et à son œuvre *(Auf dem Rain 7 - ✆ 0821 454 08 15 - www.brechthaus-augsburg.de - tlj sf lun. 10h-17h - audioguide en allemand et en anglais)*.

★ St. Ulrich und St. Afra Kirche (ÉGLISE ST-ULRICH-ET-ST-AFRA) AB2

L'ancienne abbatiale bénédictine, et l'église protestante qui lui est accolée, portent toutes deux les noms des deux saints. Cette juxtaposition spatiale et nominale est l'un des traits caractéristiques d'Augsburg. La grande basilique fut fondée en 1474. Elle mêle une architecture de style gothique tardif à des aménagements Renaissance et baroques. Dès l'entrée, séparée des trois nefs par une belle grille baroque, on découvre le haut vaisseau central, à voûte en réseau, au fond duquel se dressent trois **autels baroques★**. À la croisée du transept, remarquez le groupe de bronze de la Crucifixion (1607). Parmi les chapelles latérales, arrêtez-vous devant la chapelle latérale de St-Simpert *(à droite)* qui présente un balcon surmonté de **statues de saints★** en terre cuite et un large baldaquin gothique.

Wassertürme am Roten Tor B2

Am Roten Tor - www.augsburg.de - visite guidée uniquement (rens. à l'office de tourisme).

Augsburg, pionnière en matière de distribution d'eau potable sous la direction de l'ingénieur hydraulique Caspar Walter (1701-1769), possédait neuf **châteaux d'eau** sur ses remparts ; il en reste cinq aujourd'hui. Construit au 16e s., celui de la Porte Rouge fut le premier de la ville.

★ Textil- und Industriemuseum (MUSÉE DE L'INDUSTRIE TEXTILE) B2

Provinostr. 46 - ✆ 0821 8100 150 - www.timbayern.de - tlj sf lun. 9h-18h - 5 € (dim. 1 €) - restaurant.

Ce musée dédié à la riche histoire de l'industrie textile augsbourgeoise, qui remonte au 17e s. et ne prit fin que dans les années 1970, présente de manière très didactique et attractive tout le processus de fabrication d'un tissu, de la matière première jusqu'à l'imprimé. On y verra des machines en fonctionnement (à certaines heures), une exposition passionnante sur les conditions de travail des ouvrières et les débuts des syndicats, une impressionnante collection d'échantillons de tissus imprimés et de belles vitrines sur la mode à travers les âges, jusqu'à l'utilisation des textiles techniques ultramodernes. La boutique permet de rapporter de jolis souvenirs tissés à Augsburg.

Carnet pratique

S'informer

Office de tourisme – *Rathausplatz 1 - Augsburg - ✆ 0821 50207 0 - www.augsburg-tourismus.de.*

Arriver/partir

En train – Plusieurs trains directs quotidions au départ de Munich rejoignent la gare d'Augsburg (HORS PLAN PAR A2) en 45mn environ.

Nos adresses

PLAN P. 71

Restauration

Premier prix

2 **Perlach Acht** – A1 - *Am Perlachberg 8 - ✆ 0821 24805265 - www.perlachacht.de - plats 14,90/19,90 € - menu 48,90 €.* Cuisine allemande créative et moderne, mêlée d'influences italiennes. Risotto d'orge, soupe à l'ail des ours et raviolis de potiron sont excellents. Service aimable, ambiance douillette et jolie terrasse sur cour en été.

5 **Anna Café** – A1 - *Im Annahof 4 - ✆ 0821 4550780 - www.das-anna.de - fermé j. fériés et soir dim.-lun. - petit-déj. 3,30/11,60 €, plats 9,80/17,80 €.* Installé dans la cour de l'église Ste-Anne, ce sympathique café protestant est un lieu de rencontre aussi bien qu'un restaurant qui sert de bons plats simples (hamburgers, couscous, antipasti) et de délicieux petits-déjeuners.

6 **Dreizehn** – A1 - *Barfüßerstr. 4 - ✆ 0821 99950011 - www.muehle-dreizehn.de - 6,90/10,90 € (midi), 7,90/13,90 € (soir).* Café-restaurant vegan servant des plats sains, modernes et légers, installé dans un ancien moulin transformé en centre culturel. Jolie terrasse au bord du canal.

Budget moyen

7 **Die Tafeldecker** – B1 - *Jakoberstr. 26 - ✆ 0821 998 791 69 - www.dietafeldecker.de - tapas 3,50/6,70 €, en été menu « tapas sans limite » à 27,90 €, réserv. conseillée.* Une formule originale et ludique de tapas bavaroises, pour ce restaurant au décor sobre et design, situé à l'entrée de la Fuggerei. Bons vins locaux et cuisine fine. Ambiance décontractée.

Pour se faire plaisir

1 **Die Ecke** – A1 - *Elias-Holl Platz 2 - ✆ 0821 510600 - www.restaurant-die-ecke.de - fermé lun.-mar. - plats 24/35 € - menus 75/90 € (soir).* Nichée dans une maison historique, c'est une des tables gourmandes de la ville. Bertolt Brecht la fréquentait autrefois. Belle carte des vins.

Petite pause

Café Euringer – *Am Perlachberg 9 - ✆ 0821 514055 - www.konditorei-euringer.de - mar.-vend. 9h-18h, sam. 8h-18h, lun., dim. et j. fériés 10h-18h.* Ce petit salon de thé accolé à la pâtisserie du même nom est une institution. Grand choix de tartes crémeuses.

Café Eber – *Philippine-Welser Str. 6 - ✆ 0821 36847 - www.cafe-eber.de - tlj sf dim. 8h-18h.* Une confiserie où les bonbons au chocolat se partagent le devant de la vitrine avec les délicieux gâteaux maison. Salon de thé au 1er étage

1

et par beau temps, terrasse sur la Rathausplatz.

Shopping

Stadtmarkt – *Annastr. 16 - (accès aussi par Fuggerstr. 12) - ✆ 0821 30134 - www.stadtmarktaugsburg.de - 7h-18h, sam. 7h-14h - fermé dim.* Lieu de rencontre et de flânerie, le marché est un rendez-vous incontournable de la vieille ville. Vous trouverez ici les étals des charcutiers *(Fleischhalle)*, des épiciers *(Viktualienhalle)* où faire provision de tous les produits du monde, ainsi que des cafés et des restaurants. Marché fermier le matin.

En soirée

En soirée, la **Maximilianstraße** est la rue la plus animée, avec des cafés en terrasse où la jeunesse dorée d'Augsburg vient pour voir et être vue.

Grandhotel Cosmopolis – *Springergäßchen 5 - ✆ 0821 45082411 - grandhotel-cosmopolis.org/de - mar.-sam. 10h-22h.* Dans les immenses locaux d'une ancienne maison de retraite, ce centre socio-culturel alternatif regroupe à la fois un centre d'accueil pour réfugiés politiques et des ateliers d'artistes, un restaurant, un hôtel, un café... Le hall accueille parfois des expositions.

Hébergement

Premier prix

Unterbaare Hof- Elixirion – HORS PLAN - *Ulmerstr. 218 - ✆ 0821 433 943 63 - www.unterbaarerhof.com - P - 6 ch. 69 € - ✕ plats 11,90/23,90 €.* Un peu excentrée, cette petite pension tenue par une famille grecque propose des chambres confortables (certaines partagent une salle de bains) et un vaste appartement. Restaurant où l'on sert une cuisine à base de produits locaux mâtinée d'influences méditerranéennes.

Budget moyen

1 **Ost am Kö** – A1 - *Fuggerstr. 4-6 - ✆ 0821 502040 - www.ostamkoe.de - P ♿ - 52 ch. à partir de 95/145 € ☕.* Un hôtel central, à seulement 300 m de la gare. Les chambres sont bien équipées et la plupart donnent sur une cour tranquille. Sauna à disposition des clients.

2 **Dom Hotel** – A1 - *Frauentorstr. 8 - ✆ 0821 343930 - www.domhotel-augsburg.de - P 🏊 - fermé 19 déc.-1er janv. - 52 ch. 100/150 € ☕.* Dans une maison de ville historique près de la cathédrale, on accède aux chambres et aux appartements par un bel escalier en fer forgé. Sauna à disposition. En été, petit-déjeuner servi sous les arbres.

Église d'Ottobeuren

★★

Village entouré de forêts et de prairies, Ottobeuren est dominé par sa monumentale abbaye bénédictine fondée en 764. Cinquante années de travaux, entre 1711 et 1756, furent nécessaires pour bâtir ce chef-d'œuvre du baroque européen. Les prodigieux stucs et les trompe-l'œil de l'église donnent ici un avant-goût du paradis. Les bâtiments abbatiaux dévoilent une majestueuse salle des Empereurs, une bibliothèque inondée de lumière et deux kilomètres et demi de couloirs. Et, fait rarissime, les lieux sont encore occupés par 19 moines, 1200 ans après l'arrivée des premiers bénédictins. Ottobeuren est aussi une station thermale, lieu de naissance de Sebastian Kneipp, célèbre prêtre inventeur de thérapies naturelles par l'eau et les plantes.

Se repérer

CARTE P. 32-33 (A3)

Bavière.

À 114 km à l'ouest de Munich.

À ne pas manquer

Les concerts d'orgue.

Carnet pratique p. 79

Nos adresses p. 79

Découvrir

★★ Église abbatiale

Sebastian-Kneipp-Str. 1 - ✆ 08332 79 80 - www.abtei-ottobeuren.de - église : 9h-coucher du soleil - gratuit - musée fermé pour rénovation jusqu'en 2025.

Le grand architecte de l'Allemagne du Sud, **Johann Michael Fischer**, mit la dernière main à cette perle du baroque à partir de 1748 et signa là son chef-d'œuvre. Il faut lui associer, dans le domaine de la décoration rococo, les noms des Zeiller pour les fresques (Johann Anton Zeiller et son cousin Franz Anton Zeiller), de Johann Michael Feuchtmayer pour les stucs et de Johann Joseph Christian pour les sculptures figuratives *(voir illustration p. 423)*.

L'immensité de l'église est surtout visible lorsque l'on se trouve à l'intérieur ; cette impression est encore renforcée par l'éclairage inhabituel de l'édifice, dû à son orientation nord-sud. Toute l'architecture de l'église s'ordonne autour de la coupole centrale aplatie, dans un foisonnement de peintures, de stucs et de sculptures. Malgré cette profusion, le rythme et l'application donnés à l'ensemble forment un tout inséparable, habilement organisé pour symboliser la proclamation du *Credo* des Apôtres. Les quatre autels sont dédiés à saint Michel, patron de la région d'Ottobeuren et de l'Empire, aux Saints-Anges-Gardiens, à saint Joseph et à saint Jean-Baptiste. Admirez tout particulièrement les magnifiques œuvres d'art que constituent la **chaire** et le **groupe du baptême du Christ** qui lui fait face, réalisé en marbre rouge et gris par Feuchtmayer d'après le projet de Zeiller. L'autel du Saint-Sacrement, à l'entrée du chœur, est surmonté d'un Christ très vénéré à Ottobeuren, sous la forme d'un **crucifix** réalisé après 1220. Le **maître-autel**, avec la représentation de la Sainte-Trinité de Zeiller et les effigies grandeur nature des saints et des apôtres par Christian, constitue une splendide composition. Les **stalles★★** de noyer (1764) représentent un chef-d'œuvre de l'art de la sculpture sur bois. Leurs grands dossiers sont décorés de bas-reliefs dorés, sur bois de tilleul, dus à Joseph Christian (scènes de la vie de saint Benoît à droite et scènes de l'Ancien Testament à gauche).

Karl Joseph Riepp, élève du célèbre fabricant d'orgues Silbermann, réalisa les deux **orgues du chœur★★** en 1766.

Bâtiments abbatiaux

Ils furent construits entre 1711 et 1731. Le plan d'ensemble de l'abbaye forme un Christ en croix dont la tête (l'église) est légèrement penchée, reprenant l'idée de saint Paul pour qui l'Église, symbole d'un État chrétien idéal, s'organise comme un corps dans lequel chaque organe exerce une fonction vitale.

Dans le **musée★**, admirez la superbe décoration des salles, en cohérence avec l'architecture de l'église. Le palais abbatial, la belle **bibliothèque**, la **salle de théâtre** et la **salle de l'Empereur**, avec sa fresque au plafond représentant le couronnement de l'empereur Charlemagne, méritent l'attention. L'intérêt du musée réside également dans les pièces d'art médiéval et les peintures du 15e au 17e s. qui y sont exposées. Notez également l'intéressante **collection de figurines de crèches de Noël** des 18e et 19e s.

Museum für Zeitgenössische Kunst Diether Kunerth

(MUSÉE D'ART CONTEMPORAIN)

Marktpl. 14a - ✆ 08332 79 69 890 - www.mzk-diku.de - mar.-vend. 11h-16h, sam.-dim. 12h-17h - fermé lun., et mar.-merc. de déb. déc. à fin mars - 6 € (6-16 ans 3 €).

Au pied de la basilique, un bâtiment à l'architecture audacieusement moderne abrite un petit musée d'art contemporain allemand autour de la personnalité de son fondateur, l'artiste Diether Kunerth.

Sebastian Kneipp

Né en 1821 à Stephansried, à 5 km au nord d'Ottobeuren, Sebastian Kneipp doit travailler dès l'enfance pour subvenir aux besoins de sa famille. Adolescent, il est atteint de tuberculose et son médecin le tient pour condamné. Après la lecture d'un livre de naturopathie, il décide de se soigner lui-même en prenant des bains d'eau froide dans une rivière, au beau milieu de l'hiver. La cure fonctionne. Devenu étudiant en théologie à Munich, Kneipp guérit plusieurs camarades et contribue à endiguer une épidémie de choléra. Bien qu'accusé de charlatanisme, ses guérisons forcent l'admiration de l'armée allemande lorsqu'il réussit à sauver des soldats que l'on croyait condamnés, après la guerre de 1870. Enfin reconnu, le prêtre développe sa méthode curative, qui repose sur cinq piliers : l'hydrothérapie, la phytothérapie, la diététique, l'exercice physique et un mode de vie sain et sans excès. Le premier établissement de bains Kneipp ouvre en 1880 à Wörishofen-lès-Bains, en Bavière. À la mort du prêtre, en 1897, il existe plus de cent établissements de cure édifiés selon les principes de Kneipp. Aujourd'hui, ces traitements naturels sont plus en vogue que jamais et les associations fondées en son nom comptent plus de 160 000 membres.

Carnet pratique

S'informer

Office de tourisme – *Marktplatz 14 - Ottobeuren - ✆ 08 332 92 19 50 - www.ottobeuren.de.*

Arriver/partir

Bus 954 depuis la gare de Sontheim et 955 depuis la gare de Memmingen.

Agenda

Concerts – *Juin-juil. et sept. : sam. et dim.* Orchestres symphoniques et musique de chambre dans la basilique et le musée d'art contemporain. Concerts d'orgue dans la basilique et l'église évangélique du Sauveur.

Nos adresses

Restauration

À proximité

Pour se faire plaisir

Weinstube Weber am Bach – *Untere-Bachgasse 2 - Memmingen - à 10 km au nord-ouest d'Ottobeuren - ✆ 08331 2414 - www.weber-am-bach.de - plats 15,90/36,90 € - menu 49,80 €.* Ce lieu imprégné d'histoire, qui déjà en 1320 accueillait des voyageurs, vous attend au cœur de la ville. Il est considéré comme le plus ancien cabaret de Memmingen.

Petite pause

Allgäuer Windbeutelparadies – *Marktplatz 16 - ✆ 08332 7772 - www.allgaeuer-windbeutel-paradies.de - mar.-sam. 11h-18h, dim. 10h-18h.* Spécialiste des choux à la crème, ce salon de thé au pied de la basilique décline cette pâtisserie en version gargantuesque, fourrée de crème glacée... mais aussi en version salée ou épicée !

Hébergement

Budget moyen

Hotel St. Ulrich – *Bannwaldweg 10 - ✆ 08332 923520 - www.hotel-st-ulrich.com - P gratuit - - 28 ch. à partir de 88 € - ✕.* Le point fort de cet hôtel familial est sa situation, au vert. Plutôt basiques d'un point de vue décoration, les chambres disposent en revanche toutes d'un petit balcon, vue sur l'église abbatiale, l'attrait principal d'Ottobeuren ! Piscine couverte, jardin et restaurant.

Akzent Hotel Brauerei Hirsch – *Marktplatz 12 - ✆ 08332 796770 - www.hirsch-ottobeuren.de - P gratuit - 48 ch. 136/142 € - ✕.* Situé au pied de la basilique, cet hôtel-brasserie (on y fabrique une bière locale) propose de belles chambres claires et confortables, dont certaines, au dernier étage, ont une vue agréable sur l'église et les collines boisées. Très bon restaurant allemand au rez-de-chaussée et agréable terrasse *Biergarten* sur la place du village.

1

Lindau im Bodensee ★★

Pour saisir le charme unique de cette île-cité nichée à l'extrémité sud du lac de Constance, tout près de l'Autriche, rien de mieux qu'une promenade en bateau. Une fois que vous aurez mis pied à terre, vous déambulerez à travers ses ruelles sinueuses, parfois saturées en été, où se blottissent d'élégantes boutiques et des maisons bourgeoises. Il suffira de vous aventurer dans une arrière-cour ou de flâner le soir, entre le port et la Maximilianstraße, pour apprécier la douceur de vivre et le charme d'antan de cette petite ville souabe au caractère méridional.

Se repérer

CARTE P. 32-33 (A3) ET PLAN CI-CONTRE
25 547 hab. – Bavière.
À 81 km à l'est de Constance, 183 km au sud-ouest de Munich. Pour la vieille ville, suivre les panneaux « Lindau-Insel ».

À ne pas manquer

La vue sur les Alpes, la ville et le lac du haut du phare.

Carnet pratique p. 82

Nos adresses p. 82

★★ La vieille ville

PLAN CI-CONTRE

Itinéraire tracé sur le plan.

Marktplatz (PLACE DU MARCHÉ) B1

Le marché se déroule autour d'une grande fontaine circulaire.
Du côté est, la place est dominée par les deux façades de l'église St-Étienne, protestante, et de la **collégiale (Stiftskirche)**, catholique et baroque, qui abrite un très beau maître-autel.
Du côté ouest, la **maison Cavazzen**, exemple d'architecture bourgeoise baroque (1729), abrite le **Musée municipal (Stadtmuseum)**, qui réunit des documents anciens sur Lindau, son habitat, son artisanat, ainsi qu'une collection d'instruments de musique *(fermé pour rénovation jusqu'au premier semestre 2023).*

★★ Maximilianstraße AB1

Maisons et auberges anciennes se succèdent dans l'artère principale de la vieille ville. Les étroites façades à colombages et à oriels, typiques de la vallée alpestre du Rhin et du Vorarlberg, se mêlent aux pignons en escalier de la vieille Souabe, dont l'**ancien hôtel de ville (Altes Rathaus)**, du 15e s., donne un exemple.
Tournez à droite dans la Zeppelinstraße.

Schrannenplatz (PLACE DU GRENIER) A1

La **tour des Brigands (Diebsturm)**, couronnée d'échauguettes (guérites en encorbellement), était le point le plus occidental des fortifications médiévales.
À ses pieds, la petite **église St-Pierre (St. Peterskirche)**, la plus vieille église de la ville (autour de l'an 1000), a été transformée en monument aux morts de la Première Guerre mondiale. Elle abrite une fresque originale exécutée au 15e s. par Hans Holbein l'Ancien.

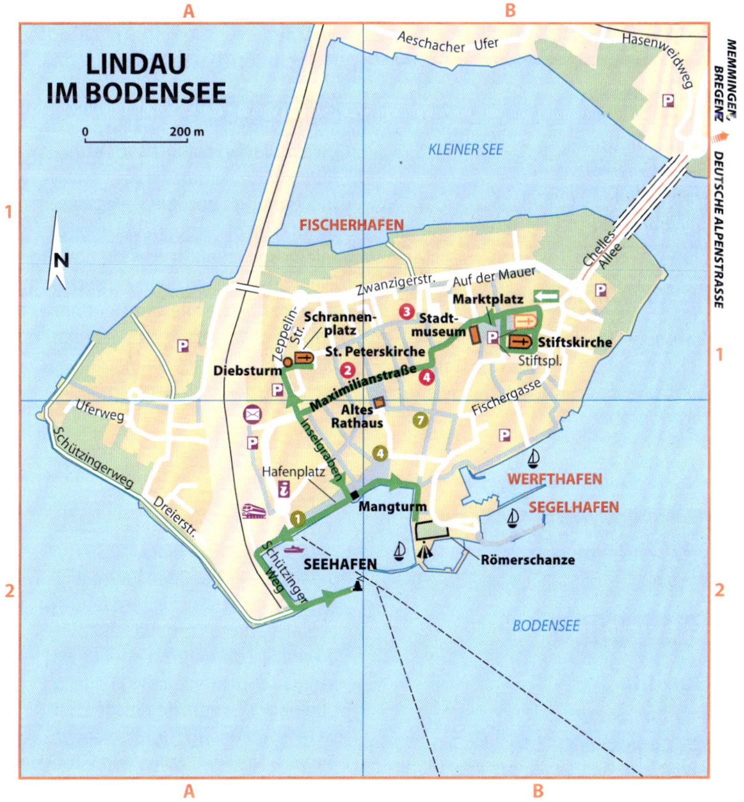

SE RESTAURER
Engelstube 2
Valentin 3
Zum Sünfzen 4

SE LOGER
Hotel Bayerischer Hof 1
Hotel Lindauer Hof.......... 4
Hotel Ratsstuben............ 7

Redescendez la Zeppelinstraße, puis l'Inselgraben, vers le port.

★ Seehafen (PORT) AB2

Au milieu des quais se dresse l'**ancien phare (Mangturm)**, tour fortifiée du 13e s. *(possibilité certains jours de monter au sommet ; tentez votre chance !)*. Un autre phare et le monument du Lion de Bavière (1856) commandent l'entrée de la rade. Par quelques marches, on gagne la **fortification romaine★ (Römerschanze)**, belvédère sur la trouée du Rhin et le cadre alpestre du « Bodan » (forme ancienne du nom de Bodensee).

Circuit conseillé

CARTE P. 32-33

★ L'Allgäu AB3

De Lindau à Füssen, itinéraire de 112 km tracé en marron sur la carte « Route allemande des Alpes ».
Voir p. 85.

Carnet pratique

S'informer

Office de tourisme – *Lennart-Bernadotte-Haus - Alfred-Nobel-Platz 1 - Lindau - ✆ 08382 8899900 - www.lindau-tourismus.de.*

Arriver/partir

Bateau – Des liaisons maritimes permettent de joindre Constance ou Bregenz (en Autriche) plusieurs fois par jour.

En train – Tous les jours 6 liaisons Munich-Zurich desservent Lindau.

Se déplacer

La circulation est intense l'été, mieux vaut se garer dans l'un des parkings bordant le lac. De mi-mars à octobre, navette pour rejoindre l'île au départ du parking Blauwiese (P1) situé à environ 1 km au nord-est de l'île, sur Reutiner Str. *(9h-22h, départ ttes les 15mn - parking : 5 €/j incluant le transport en navette pour 5 pers.).*

Nos adresses

PLAN P. 81

Restauration

Sur l'île

Premier prix

② **Engelstube** – A1 - *Schafgasse 4 - ✆ 08382 5240 - www.engel-lindau.de - plats 12,90/25,80 €.* À l'intérieur de l'hôtel du même nom, une *Weinstube* à la fois traditionnelle et raffinée. La carte va chercher du côté des spécialités bavaroises et locales, qu'on accompagnera d'une Augustiner de Munich. On salue la qualité des produits locaux sélectionnés.

Budget moyen

④ **Zum Sünfzen** – B1 - *Maximilianstr. 1 - ✆ 08382 5865 - www.suenfzen.de - fermé dim. - plats 14,90/37,90 €.* Dans sa belle maison historique du 14ᵉ s., ce restaurant est presque une institution. Jolie terrasse sur la rue piétonne, où l'on s'assoit à l'ombre des arcades.

Pour se faire plaisir

③ **Valentin** – B1 - *In der Grub 28A - ✆ 08382 5043740 - www.valentin-lindau.de - fermé midi et dim.-lun. - plats 29/39 € - menus 75/140 €.* Ce restaurant fait sensation sur l'île, tant pour la qualité de ses produits achetés en circuit court chez de petits producteurs privilégiant la qualité, que pour l'inventivité de son chef se ressourçant au fil des saisons. Service dans une salle voûtée tout en élégance ou sur la petite terrasse. Un beau et bon dîner en perspective.

Petite pause

Pour prendre un verre avec un beau panorama, deux options : la **vieille ville** et ses maisons à pignons ou la **Seepromenade** et sa vue sur le lac.

Activités

Bodensee-Schiffsbetriebe – Promenades en bateau. *Voir p. 294.*

Hébergement

Sur la rive

Budget moyen

Hotel Landgasthof Köchlin – HORS PLAN - *Kemptener Str. 41 - ✆ 08382 96600 - www.hotel-koechlin.de - P gratuit - 19 ch. à partir de 112 € - ✕ plats 16,50/25,90 €.* Un petit hôtel de campagne au toit de bardeaux et à la façade décorée de fleurs. L'intérieur, de bois naturel, est de style rustique et les chambres et salles de bains ont été rénovées récemment. Derrière l'établissement, *Biergarten* à l'ombre de vieux arbres.

Pour se faire plaisir

Montfort-Schlössle – HORS PLAN - *Streitelsfinger Str. 38 - en sortant de l'île, prendre à droite au rond-point, puis au suivant suivre Kempten par la 12 ; hôtel indiqué sur la droite - ✆ 08382 72811 - www.montfort-schloessle.de - P gratuit - fermé nov.-mars - 12 ch. 155/175 € ☕.* Coup de cœur pour cette adresse noyée dans les vergers de pommiers. De cet ancien débit de boissons, tenu par la même famille depuis plusieurs générations, on a conservé un admirable jardin, qui offre une vue divine sur le lac, tout comme les chambres. Le petit-déjeuner sous les marronniers centenaires est un grand moment.

Sur l'île

Pour se faire plaisir

7 **Hotel Ratsstuben** – B2 - *Ludwigstr. 7 - ✆ 08382 6626 - www.ratsstuben.li - fermé janv.-fév. - 16 ch. 125/193 € ☕.* Dans cet hôtel au cadre moderne, vous logerez dans des chambres spacieuses et coquettes, particulièrement confortables. L'adresse est située dans la vieille ville, au cœur de l'île, et à proximité immédiate du lac.

Une folie

4 **Hotel Lindauer Hof** – B2 - *Dammgasse 2 - ✆ 08382 4064 - www.lindauer-hof.de - ♿ - 40 ch. 244/294 € ☕ - ✗.* Se réveiller devant le spectacle des bateaux qui entrent et sortent du port… C'est ce qu'offre cet hôtel moderne, aux petits soins avec ses clients.

1 **Hotel Bayerischer Hof** – A2 - *Bahnhofplatz 2 - ✆ 08382 9150 - www.bayerischerhof-lindau.de - P - 97 ch. à partir de 215 € ☕ - ✗ 30/50 €.* Dans un site privilégié (lac et décor de montagne), cet hôtel de grand standing offre un cadre confortable, soigné et élégant. Restaurant classique, avec en prime, une vue splendide sur le port et le lac.

Rue piétonne à Lindau.
saiko3p/Getty Images Plus

Route allemande des Alpes ★★★

Deutsche Alpenstrasse

Du lac de Constance aux abords de Salzbourg, suivant la limite sud du pays, cette route touristique de 500 km parcourt des paysages changeants, découvrant ici un lac de montagne, là des sommets escarpés où même les sapins n'osent plus s'aventurer. Elle traverse les contreforts des Alpes de l'Allgäu et des Alpes bavaroises couverts de pâturages, avec en vue des massifs élevés comme la Zugspitze (2962 m) et le Watzmann (2712 m). Son parcours est ponctué de petits villages aux balcons fleuris, de stations de sports d'hiver, de spas et de « célébrités » internationales : les châteaux de Louis II de Bavière et l'église baroque de Wies. Un plaisant mariage entre nature et culture, à conseiller aussi aux amateurs de randonnée qui prendront le temps d'aller hors des sentiers battus.

Se repérer

CARTES P. 32-33 (AD3) ET P. 86-87

Bavière.

La route suit un tracé d'ouest en est, sur 500 km, du lac de Constance à Berchtesgaden.

À ne pas manquer

Pour les tronçons routiers : l'Allgäu, de Füssen à Wies ; la haute vallée de l'Isar ; du Wendelstein à la vallée de l'Inn, de Reit à Ruhpolding.

Organiser son temps

Trois jours pour les 500 km.

En famille

Un après-midi au bord du Chiemsee, pour barboter en famille.

Nos adresses p. 93

Vue panoramique depuis le Nebelhorn à Oberstdorf im Allgäu.
Corri Seizinger/Getty Images Plus

Circuits conseillés

CARTE P. 86-87

★ L'Allgäu

De Lindau à Füssen, itinéraire de 112 km tracé en marron sur la carte.

L'Allgäu, entre les vergers du lac de Constance et les sommets enneigés des Alpes, étale ses collines, ses lacs et ses rivières pour le plus grand plaisir des randonneurs. Le pays traversé au cours de cette étape n'est pas de civilisation bavaroise, mais alémanique. Ici, Suisses, Autrichiens et Allemands sont de même culture. Les éleveurs de l'Allgäu ont fait de leurs montagnes une grande région fromagère, où les traditions agricoles restent fortes, comme en témoignent les festivités au retour des alpages à la mi-septembre et les marchés où les vaches à la robe brun châtaigne de race Allgäu *(Deutsches Braunvieh)* côtoient les *haflinger*, chevaux nés dans le Tyrol voisin.

★★ Lindau im Bodensee

Voir p. 80.

De Lindau, rejoignez l'échangeur n° 3 de l'A 96 (direction Memmingen), puis se dirigez-vous vers Lindenberg im Allgäu par la B 308.

Paradies

Entre Oberreute et Oberstaufen, ce **belvédère** aménagé dans une courbe prononcée favorise une perspective lointaine, au sud-ouest, vers les Alpes d'Alpenzell (Säntis, Altmann) en territoire suisse.

Passé Immenstadt, la route remonte la vallée alpine de l'Iller, qui coule au pied du Grünten, le « gardien » de l'Allgäu. À Sonthofen, la route B 19 mène à Oberstdorf, à 12 km au sud.

★★ Oberstdorf

Prinzregenten-Platz 1 - ✆ 08 322 7000 - www.oberstdorf.de.

Destination privilégiée des amateurs de montagne et de sports d'hiver, Oberstdorf (843 m d'altitude) est la localité la plus méridionale d'Allemagne. On dit aussi qu'elle est la plus grande zone piétonne du monde : 10 % de son territoire sont interdits à la circulation automobile et 75 % sont des sites naturels protégés. Profondément encaissé dans les Alpes de l'Allgäu, à l'orée de la vallée de l'Iller qui recueille ici les eaux de sept autres torrents, ce charmant village invite à un séjour doux et paisible. Il sert de point de départ pour découvrir les sommets alentour, dont le Nebelhorn et le Fellhorn.

Breitachklamm – *Klammstr. 47 - en dir. de Tiefenbach - www.breitachklamm.com - été : 9h-18h ; hiver : 9h-17h -dernière entrée 1h av. fermeture - 6,50 € (enf. 2,50 €).*

Une randonnée à sensation à travers d'étroites gorges au fond desquelles bouillonnent les eaux du torrent. Passerelles très bien aménagées.

★★ Nebelhorn

✆ 083 22 96 000 - www.ok-bergbahnen.com - 20mn à pied du centre d'Oberstdorf pour rejoindre le téléphérique et 15mn en cabine (3 sections) pour atteindre le sommet. Liaisons téléphérique ttes les 10mn à partir de 8h30 (9h en cas de neige fraîche), dernier retour à 16h30 (16h en hiver) - fermé de déb nov. à déb. déc. et les 3 premières sem. de mai - été : 44 € AR (hiver : se rens.).

Un nouveau téléphérique au débit accéléré, équipé de cabines plus petites et confortables, devrait ouvrir ses portes au printemps 2021. Ce téléphérique, le plus haut de l'Allgäu, conduit au sommet du Nebelhorn, à 2224 m. Par beau temps, on a une **vue panoramique**★★ sur plus de 400 sommets alpins : sur la Zugspitze *(voir p. 103)* à l'est, sur le Säntis à l'ouest, et jusqu'aux neiges de l'Oberland bernois. Au premier plan, on aperçoit les silhouettes souvent hardies des Alpes de l'Allgäu. Le Nebelhorn, but d'innombrables randonnées, est aussi le point de départ du magnifique « sentier d'escalade de Hindelang ». Un autre, le **sentier didactique**, permet d'expliquer la formation des Alpes.

★★ Fellhorn

Le téléphérique, à quelques km au sud d'Oberstdorf, conduit, en deux parties, à la station supérieure à 1967 m - ✆ 083 22 96 000 - www.ok-bergbahnen.com - 8h30-16h30 (9h-16h en cas de neige fraîche) - fermé de déb. nov. à déb. déc. et de mi-avr. à fin mai - été : 33 € AR (hiver : se rens.).

Du sommet du Fellhorn, à 2037 m, on jouit d'une superbe **vue panoramique**★★ sur l'Allgäu, les Alpes autrichiennes et suisses.

Les flancs du Fellhorn proposent tout un réseau de chemins de randonnée à une altitude comprise entre 1500 et 2000 m. Un **sentier de découverte** de la flore familiarisera le touriste avec de rarissimes fleurs et herbes alpestres, dont des orchidées qui fleurissent en été jusqu'au sommet.

Revenir à la vallée de l'Iller et continuer sur la B 308.

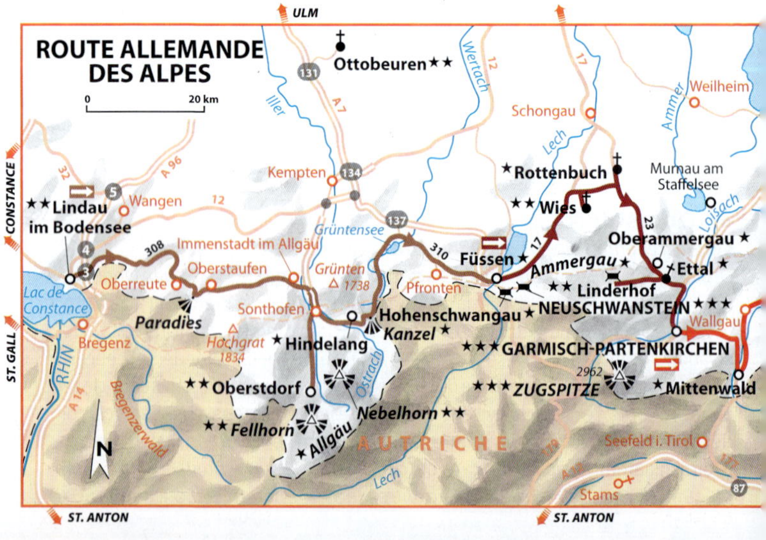

★ Hindelang

Avec sa voisine Bad Oberdorf, Hindelang constitue un centre de villégiature et de cure thermale agrémenté en hiver par la pratique du ski sur les pentes de l'Oberjoch.

La **montée★** de la Jochstraße offre des vues très variées sur les petites crêtes aiguisées des Alpes calcaires de l'Allgäu. Le belvédère du **Kanzel★**, vers le sommet, permet une vue d'ensemble sur la vallée de l'Ostrach et ses montagnes.

La route descend par la vallée de la Wertach, longe le Grüntensee, passe à proximité de l'importante station de Pfronten, avant d'atteindre Füssen.

★ Füssen

Kaiser-Maximilian-Platz 1 - 08362 93850 - www.fuessen.de.

À la fois proche des Alpes et des châteaux de Louis II, Füssen est une ville-étape appréciée des touristes. Ils en profitent pour découvrir sa vieille ville, au caractère tout autant médiéval que méridional, qu'une demi-journée suffira à parcourir. Elle fut la résidence des princes-évêques d'Augsburg de 1313 à 1803.

Ancienne abbaye St-Magnus (Benediktinerkloster St. Mang) – *stadt-fuessen.org - avr.-oct. : mar.-dim. 11h-17h ; nov.-mars : vend.-dim. 13h-16h - 6 € (9 € billet combiné avec la galerie du Hohes Schloss). Billet valable pour la chapelle Ste-Anne, les bâtiments abbatiaux et les collections du musée (entrée libre pour l'église paroissiale).* De fondation bénédictine, l'abbaye est installée sur l'emplacement de l'ermitage où mourut en 750 saint Magnus, l'« apôtre de l'Allgäu ». Transformée au 18e s. dans le goût baroque, avec plafonds ovales et angelots joufflus, elle fut sécularisée en 1803 et son église devint alors un sanctuaire paroissial.

La **cour d'honneur (Klosterhof)**, due à Johann-Jakob Herkomer, enfant du pays, offre un bel ensemble d'architecture baroque ; remarquez les pignons à volutes de ses trois avant-corps. Dans les anciennes salles d'apparat de l'abbaye (salle des fêtes, salle du chapitre en forme de cercueil, réfectoire, bibliothèque) est installé un **Musée municipal (Museum der Stadt Füssen)** qui évoque notamment, à travers une collection d'instruments à cordes, la grandeur de la lutherie de Füssen au 16e s.

La **chapelle Ste-Anne**, partie la plus ancienne de l'abbaye (830), abrite une curieuse **Danse macabre★ (Totentanz)**, peinte par un artiste local vers 1600, et un groupe gothique de la sainte Parenté *(accès libre le dim. après la messe).*

L'**église paroissiale (St. Mang Kirche)** a été reconstruite par Herkomer de 1701 à 1717. Il s'en fit non seulement l'architecte, mais le stucateur et le peintre, assurant ainsi au monument une remarquable unité. La crypte romane, devant le maître-autel, a été réaménagée en 1971.

Haut Château (Hohes Schloss) – *La rampe d'accès s'amorce devant l'église paroissiale - accès libre à la cour du château - stadt-fuessen.org - avr.-oct. : mar.-dim. 11h-17h ; nov.-mars : vend.-dim. 13h-16h - 6 € (9 € billet combiné avec l'abbaye). L'entrée payante donne accès au musée, aux remparts et à la tour de l'Horloge.*

Les princes-évêques d'Augsburg établirent ici leur résidence d'été à la fin du 15e s. Les **peintures en trompe-l'œil des façades de la cour★** datent du début du 16e s. et sont uniques en Allemagne. Les salles aménagées pour le musée (Staatsgalerie), en particulier la salle des Chevaliers (Rittersaal), au riche plafond à caissons octogonaux, abritent des collections de peinture souabe (15e s.-18e s.).

★ L'Ammergau

De Füssen à Garmisch-Partenkirchen, itinéraire de 95 km tracé en bordeaux sur la carte p. 86-87.

Cet itinéraire contourne par le nord le saillant des Alpes de l'Ammergau et traverse une région toute ridée par les moraines de l'ancien glacier du Lech et piquetée de tourbières. Les clochers à bulbe des villages et les larges corps de ferme ponctuent le paysage.

De Füssen, la B 17 vers Steingaden passe en vue du château de Neuschwanstein.

★ Hohenschwangau et ★★★ Neuschwanstein

Voir « Les châteaux de Louis II de Bavière » p. 96 et 98.

À Steingaden, quittez la B 17 en direction de l'église de Wies (en retrait de 3 km de l'itinéraire).

★★ Église de Wies

08 862 93 29 30 - www.wieskirche.de - ♿ - été : 8h-20h ; hiver : 8h-17h - gratuit, mais donation bienvenue. Compte tenu de la foule, privilégiez une visite tôt le matin, en fin de journée ou hors saison. Évitez les offices du dim.

Joyau exceptionnel à la décoration somptueuse, classée au Patrimoine mondial de l'Unesco, l'église de Wies est l'expression la plus parfaite du rococo bavarois. Elle fut érigée au milieu du 18e s. par l'architecte Dominikus Zimmermann qui a laissé là son testament spirituel. Ce remarquable édifice blanc et jaune, destiné à accueillir les pèlerins venus adorer le « Christ flagellé », reçoit chaque année plus d'un million de visiteurs.

Historique – En 1738, une paysanne vit pleurer ce Christ, un miracle à l'origine d'un vaste pèlerinage. L'ancienne chapelle ne fut plus en mesure d'accueillir les pèlerins venus de toute l'Europe. En 1743, il fut décidé de bâtir un nouvel édifice. Sa construction fut confiée à **Dominikus Zimmermann** (1685-1766), qui mena à bien ce travail en collaboration avec son frère Johann Baptist, peintre à la cour de Bavière. Reprenant le plan de Steinhausen *(voir p. 286)*, Zimmermann éleva une coupole ovale se prêtant à la décoration peinte et donna à l'ensemble du vaisseau l'empreinte du style rococo.

Extérieur et intérieur – L'église de Wies se dresse dans le frais paysage de forêts, de tourbières et de prairies dont les douces ondulations caractérisent l'avant-pays alpin de l'Ammergau, entre Lech et Ammer.

La sobriété extérieure de l'église contraste avec la magnificence de la travée ovale et du chœur étroit et profond qui la prolonge. L'enduit à la chaux qui recouvre les murs fait ressortir les stucs, pour certains dorés, et les fresques aux splendides couleurs. La **lumière** pénètre abondamment par les ouvertures dont les formes, très caractéristiques du style de Zimmermann, contribuent à l'ornementation de l'ensemble, tant à l'intérieur qu'à l'extérieur. L'équilibre tout en finesse entre décoration et architecture donne une impression d'unité et de parfaite harmonie. Les parties basses (murs et piliers jumelés délimitant le déambulatoire, comme c'est l'usage dans les églises de pèlerinage) sont volontairement peu ornées, puisqu'elles symbolisent la Terre. En revanche, dans les parties hautes symbolisant le Ciel, c'est une profusion de peintures, de stucs et autres éléments décoratifs. L'immense **fresque de la coupole** représente le retour du Christ, la porte encore fermée du Paradis et le trône sur lequel le Juge du monde n'a pas encore pris place.
Dans le **chœur** : colonnes, balustrades, statues, stucs dorés et fresques. La grande peinture du retable montre le Christ fait homme. L'orgue et la chaire représentent, par la richesse et la finesse de leur ornementation, l'apogée du style rococo en Allemagne du Sud.
On rejoint ensuite la B 23 au niveau du pont d'Echelsbach qui franchit la gorge de l'Ammer, profonde de 76 m. Prenez à gauche pour visiter l'église de Rottenbuch (6 km AR) ou poursuivre vers Oberammergau, à droite.

Rottenbuch

Ce village abrite l'**église de la Nativité de la Vierge★ (Mariä-Geburts-Kirche)**, primitivement construite pour un couvent de chanoines augustins et remaniée dans les styles baroque et rococo du 18e s. Ses stucs révèlent la virtuosité des maîtres de l'école de Wessobrunn, parmi lesquels Joseph et Franz Schmuzer. Les fresques, dues à Matthäus Günther, s'harmonisent avec la décoration sculptée exubérante. La chaire, la tribune d'orgue et les autels de Franz Xaver Schmädl sont surchargés de statues et de dorures dans la pure tradition rococo.

★ Oberammergau

Enserrée dans les contreforts boisés de l'Ammergau, cette ville d'artisans sculpteurs sur bois, parsemée de chalets et de superbes maisons historiques (18e s.) aux façades peintes, doit sa renommée aux représentations du **mystère de la Passion (Passionspiele)**, qui s'y déroulent tous les dix ans au cours de l'été *(prochaine édition en 2030 - www.passionplay-oberammergau.com)*, conformément au vœu que firent les habitants épargnés par une épidémie de peste en 1633. Les rôles sont tenus par 1100 acteurs amateurs et le spectacle dure une journée entière.
La façade de la Pilatushaus *(sur la Verlegergasse)*, avec sa grande fresque religieuse en trompe-l'œil représentant la condamnation du Christ par Pilate, peinte en 1784 par l'artiste Franz Seraph Zwinck, est particulièrement remarquable.
3,5 km après Oberammergau, une route conduit au château de Linderhof (22 km AR).

★★ Linderhof

Voir« Les châteaux de Louis II de Bavière » p. 98.

★ Kloster Ettal (ABBAYE D'ETTAL)

Kaiser-Ludwig Platz 1 - www.kloster-ettal.de - lun.-sam. 8h30-12h, 13h15-17h45; dim. et j. fériés 9h-10h45, 14h30-17h30 - gratuit.
La vénération d'une statue de la Vierge attribuée à Giovanni Pisano et la floraison de la vie bénédictine expliquent les vastes dimensions de l'abbaye d'Ettal, belle réussite de l'art rococo, fondée par l'empereur Louis le Bavarois en 1330.

L'**église**, caractéristique unique en Allemagne, a pour souche un bâtiment gothique de plan polygonal dont l'élévation actuelle est due aux architectes baroques Enrico Zucalli, qui dressa la façade et le chœur (1710-1726), et Joseph Schmuzer, maître d'œuvre et stucateur de l'école de Wessobrunn, qui monta la coupole après que les bâtiments eurent été dévastés par un incendie en 1774. La décoration peinte de cette coupole est l'œuvre de Johann Jacob Zeiller.

La route rejoint la vallée de la Loisach.

Vers le sud apparaît la **chaîne du Wetterstein** avec les sommets de la Zugspitze, de l'Alpspitze à la forme pyramidale et de la Dreitorspitze.

Poursuivez jusqu'à Garmisch-Partenkirchen.

★★ Garmisch-Partenkirchen

Voir p. 102.

★ La haute vallée de l'Isar et les lacs

De Garmisch-Partenkirchen à Schliersee, itinéraire de 105 km tracé en rouge sur la carte p. 86-87.

La première partie du circuit dans la haute vallée de l'Isar, large, sauvage et dont les crues sont violentes, est l'une des plus surprenantes portions de la route des Alpes.

De Garmisch-Partenkirchen, prenez la E 533 vers Mittenwald.

★ Mittenwald

Dammkarstr. 3 - ✆ 088 23 339 81 - www.mittenwald.de.

Situé sur l'ancienne voie commerciale reliant Augsburg et Bolzano, en Italie, ce charmant bourg de Haute-Bavière est un lieu de passage depuis l'Antiquité. Il reste aujourd'hui un endroit de villégiature apprécié, grâce aux nombreuses possibilités d'excursions (massifs du Kranzberg et des Karwendel) et aux très belles **maisons peintes★★** bordant la rue principale. Ces peintures traditionnelles, appelées *Lüftmalerei*, valurent à la ville la qualification de « vivant livre d'images » par Goethe. Mittenwald doit également sa renommée mondiale à sa tradition de **lutherie** : un monument érigé au pied de l'église rappelle qu'un enfant du pays, Matthias Klotz, y introduisit cet art en 1684, après un séjour en Italie où il avait été l'élève de Stradivarius. Mozart lui-même aurait joué sur un violon de Mittenwald. Une dizaine d'artisans luthiers, une école technique et un musée maintiennent la tradition.

Geigenbau- und Heimatmuseum (musée de la Lutherie) – *✆ 08 823 25 11 - www.geigenbaumuseum-mittenwald.de - de déb. fév. à mi-mars, de mi-mai à mi-oct. et de mi-déc. au 6 janv. : tlj sf lun. 10h-17h ; reste de l'année : tlj sf lun. 11h-16h - fermé de mi-nov. à mi-déc., 24 et 31 déc. - 5,50 € (6-14 ans 2 €).* Installé dans la plus ancienne maison du bourg (1794), aux murs en pierres de rivière et meubles d'époque en épinette, ce charmant musée décrypte l'histoire de la lutherie locale.

Revenez vers Krün. À la sortie de Wallgau, dans un virage, prenez à droite la petite route qui s'engage dans la haute vallée de l'Isar.

Route panoramique de Wallgau-Vorderiss

Péage : 4 € pour une voiture (valable une journée).

Ne vous laissez pas distraire par la beauté de cette route sinueuse de 13 km, qui suit l'Isar, longe le lac du barrage de Sylvenstein puis le traverse, fait une incursion de 2 km en Autriche, avant de franchir l'Achenpass et de plonger vers le Tegernsee.

La route 307 poursuit au nord vers Rottach-Egern, où l'on prend la route 318 vers Bad Wiessee (indiqué).

L'église de Mittenwald.
Alexander Schmitz/Getty Images Plus

Bad Wiessee

Important centre de cure thermale (eaux iodées sulfureuses), cette station dispose d'une situation idéale, entre le lac de **Tegernsee** et l'arrière-pays semi-alpin. Une agréable promenade (Seepromenade) longe les berges sur 5 km, avec des petites plages aménagées pour la baignade. Près du centre du village, un bar-kiosque permet de faire une pause au bord de l'eau. Juste à côté, sur le ponton, location de bateaux. Également des liaisons en ferry entre les différentes agglomérations du lac, *via* la compagnie Bayerische Seen-Schifffahrt *(www.seenschifffahrt.de)*. *Suivez la route 318 vers le nord, puis la route 307 vers l'ouest sur 16 km.*

Schliersee

Markt Schliersee - 080 266 06 50 - www.schliersee.de.
Au bord du lac du même nom, Schliersee offre, avec les agglomérations voisines de Fischhausen, Neuhaus et Spitzingsee, d'intéressantes possibilités de séjour. L'**église paroissiale St-Sixtus★** est une ancienne collégiale dépendant du chapitre de Notre-Dame de Munich, rebâtie dans le goût baroque de 1712 à 1714. Les peintures des voûtes, les stucs délicats ont été exécutés par Johann Baptist Zimmermann (1680-1758), frère de l'architecte de Wies *(voir p. 88)*.

★ Le Sudelfled et les monts du Chiemgau

De Schliersee à Berchtesgaden, itinéraire de 172 km tracé en orange sur la carte p. 86-87. Continuez sur la route 307. À Neuhaus, une route monte à droite au Spitzingsee (10 km AR).

Spitzingsee

Avant d'atteindre ce lac de montagne, un **belvédère** routier offre une vue d'ensemble du bassin de Fischhausen-Neuhaus et du Schliersee.
De retour sur la route 307, 3 km avant Bayrischzell, on atteint la station inférieure d'un téléphérique menant au sommet du Wendelstein.

★★ Wendelstein

Pour gagner le sommet du Wendelstein, prenez soit le téléphérique à la station inférieure de Bayrischzell-Osterhofen *(ascension : 7mn)*, soit le **chemin de fer à crémaillère** *(Zahnradbahn)* au départ de la gare inférieure de Brannenburg/Inntal *(✆ 08 034 30 80 - www.wendelsteinbahn.de - été : 9h-17h ; hiver : 9h-16h - fermé de déb. nov. au 20 déc. - 41 € AR (6-17 ans 20 €).*

Se frayant hardiment un chemin de plus en plus escarpé, le train atteint en un peu moins d'une demi-heure l'altitude de 1738 m. On achève l'ascension par un chemin taillé à même la roche, jusqu'au sommet (1838 m), couronné par un observatoire solaire et une chapelle construite en 1718. Il est sillonné par quatre itinéraires de randonnée balisés et jalonnés de panneaux explicatifs. Le chemin le plus attrayant est celui qui mène au sommet *(Gipfelweg, 2h30 AR).*

Le **panorama★★** englobe, d'est en ouest, les monts du Chiemsee et les Alpes de Berchtesgaden, les Loferer et les Leoganger Steinberge, les Kaisergebirge et leurs dentelles de pierre, ainsi que les crêtes glaciaires des Hautes Tauern *(Hohe Tauern).*

Après un parcours sinueux où la route passe à proximité de la cascade du Tatzelwurm (10mn à pied), l'itinéraire descend la vallée de l'Inn et prend l'autoroute Munich-Salzbourg en direction de la rive sud du Chiemsee.

★ Chiemsee

Une « mer bavaroise » avec les Alpes en toile de fond... Le Chiemsee (prononcer « Kimzé »), le plus vaste des lacs de Bavière, étale ses eaux calmes entre des rives cernées de roseaux et des stations estivales animées. Baignade, sports nautiques et farniente pour les uns ; embarquement vers les îles pour les autres, où Louis II fit construire un extraordinaire château *(voir p. 100).*

Sortez à Bernau am Chiemsee et suivez alors la route 305. À partir de Marquartstein, on traverse une succession de vallons tortueux, aux parois abruptes, pour déboucher au-dessus du vaste bassin de Reit, au pied du Zahmer Kaiser. Rebroussant vers l'est après Reit im Winkl, la route suit un long couloir passant à proximité d'étangs peu profonds, aux eaux sombres.

★ Ruhpolding

Cette localité, très fréquentée par les vacanciers, est restée un centre de traditions populaires. La plus précieuse œuvre d'art de l'**église St-Georges** est une Vierge romane (12e s.), qui trône sur l'autel latéral de droite.

Reprenez la route.

Le passage du col de Schwarzbachwacht (868 m) fait apparaître un vif contraste entre le sévère vallon boisé du Schwarzbach et les pâturages dégagés du versant de Ramsau. La descente sur Ramsau donne l'occasion, en plusieurs endroits, d'apprécier le **panorama★★** sur les dents du Hochkalter, encadrant la tache blanche du Blaueis (le seul glacier d'Allemagne avec le Höllentalferner dans le massif de la Zugspitze) et le Watzmann. La route des Alpes finit à Berchtesgaden.

★★ Berchtesgaden

Voir p. 107.

Nos adresses

Restauration

Dans l'Allgäu

Premier prix

Zum Schwanen – *Brotmarkt 4 - Füssen - ✆ 08362 6174 - www.schwanen-fuessen.de - fermé dim.-lun. - plats 12/26 €.* Restaurant familial installé dans une maison de la vieille ville, reconnaissable à son pignon à redents. La fille a pris la relève avec son mari, perpétuant le sens de l'accueil. Aux spécialités de l'Allgäu s'ajoute une carte du jour, et le nouvel espace « apéro-bar » assure la convivialité entre les heures de repas.

Frühlingsgarten – *Alatseestr. 8 - Füssen/Bad Haulenbach - ✆ 08362 91730 - www.hotel-fruehlingsgarten.de - fermé mar. - plats 15,50/22,50 € - 11 ch. 110 €* ☕. La famille Weyerer sert une cuisine régionale savoureuse, dont les Maultaschen, gros raviolis farcis d'épinards, d'oignons et de viande hachée. Terrasse en été.

Oberstdorfer Einkehr – *Pfarrstr. 9 - Oberstdorf - ✆ 08322 977850 - www.oberstdorfer-einkehr.de - fermé merc. - réserv. conseillée - plats 14,90/24,90 €.* Ce restaurant est apprécié des natifs de la région tout comme des visiteurs pour ses spécialités locales et son ouverture culinaire à des recettes internationales. Bon rapport qualité prix et service aimable.

Hündeleskopf Hütte - *Am Hündeleskopf - Pfronten - ✆ 160 90113431 - www.huendeleskopfhuette.de - fermé lun.-mar. - plats 10,50/14,50 € - 45mn de marche depuis le parking public de Pfronten-Kappel (suivre les panneaux indicateurs).* Dans son restaurant d'alpage (1180 m) avec vue sur toute la région, Silli sert une cuisine végétarienne mitonnée avec les produits bio des fermes voisines. Concerts de musique traditionnelle locale certains dimanches.

Pour se faire plaisir

Ondersch Genusswirtschaft – *Ludwigstr. 7 - Oberstdorf - ✆ 08322 300 4885 - www.ondersch.de - 18h-23h - fermé dim.-lun. - plats 32/38 € - menus 49/69 €.* Au sein du LOFT, bâtiment de verre et d'acier associant cinéma, bar et restauration, Ondersch propose une cuisine gastronomique à la carte du Genusswirtschaft, servie à l'étage. Produits de saison issus du circuit court ou sourcés dans un esprit responsable, tout est dans l'air du temps et le tour de main. Version Streetfood au rez-de-chaussée, la collation est dans le même esprit des recettes internationales à base de produits locaux, allant de la soupe au burger en passant par le sushi ou le hot-dog végétarien *(à partir de 15h - 8,50/29 €).*

Obere Mühle – *Ostrachstr. 40 - Bad Hindelang - ✆ 08324 2857 - www.obere-muehle.de - fermé dim.-lun. - plats 28/42 € - menu 58 € - 6 appart. « bien-être » 200/320 € (2 pers.) - piscine, sauna, bain à remous, solarium.* Cet agréable restaurant est installé dans les bâtiments d'un ancien moulin de 1433. Dans un cadre propret, cuisine régionale au feu de bois. Fromagerie bio (vache et brebis) accolée au restaurant *(9h30-13h, 14h-18h).*

Une folie

Das Maximilians – *Freibergstr. 21 - Oberstdorf - ✆ 08322 96780 - www.das-maximilians.de - fermé dim.-mar. et le midi - menu 149 €.* Restaurant élégant aménagé dans une maison de campagne typique de la région. Ici, le plaisir des yeux est associé à celui du palais. Le chef vous proposera une cuisine au goût du jour tout en raffinement et délicatesse.

1

Dans l'Ammergau

Budget moyen

Zur Tini – *Dorfstr. 7 - Oberammergau - ✆ 08822 7152 - www.zur-tini.de - fermé lun. et merc. - plats 16,80/25,90 €.* Chaleureuse petite Stube plaquée de bois clair, où l'on déguste des spécialités régionales telles que le Jägertoast (toast du chasseur), garni d'un filet de porc et de fromage gratiné. Portions généreuses.

Dans la haute vallée de l'Isar

Budget moyen

Freihaus Brenner – *Freihaus 4 - Bad Wiessee - ✆ 08022 86560 - www.freihaus-brenner.de - P - fermé mar. - plats 18/47 €.* Restaurant de montagne offrant une jolie vue sur le lac de Tegernsee. Salles confortables avec poutres apparentes et petites fenêtres aux rideaux fleuris.

Dans les monts du Chiemgau

Budget moyen

Schlosswirt – *Kirchplatz 1 - Brannenburg - ✆ 08034 6368757 - www.schlosswirt-brannenburg.de - fermé merc. et le midi en sem. - plats 9/18 €.* Ce restaurant familial se fournit chez les producteurs du coin, du boucher au boulanger, en passant par le fromager et le marchand de légumes.

Pour se faire plaisir

Auers Schlosswirtschaft – *Rosenheimer Str. 8 - Neubeuern - ✆ 08035 2669 - www.auers-schlosswirtschaft.de - fermé dim.-lun. et le midi - menu 50 €.* Tout dans cette vieille auberge est empreint d'une agréable simplicité. En été, la cuisine de saison est à déguster en terrasse, sous les arbres.

À Chiemsee

Budget moyen

Zum Sterzer – *Hotel Bayerischer-Hof, Bernauer Str. 3 - Prien am Chiemsee - ✆ 08051 6030 - www.zumsterzer-prien.de - P ♿ - fermé dim.-merc. et le midi - plats 16,90/24,90 €.* Ses poêles en faïence et ses boiseries confèrent une atmosphère agréable à cette auberge historique.

Neuer am See – *Seestr. 104 - Prien am Chiemsee - ✆ 08051 609960 - www.neuer-am-see.de - P - fermé mar. de mi-oct. à mi-avr. - plats 13,90/22,90 €.* Restaurant qui se partage entre salle à manger rustique et café contemporain.

Pour se faire plaisir

Malerwinkel – *Lambach 23 - Seebruck/Chiemsee - ✆ 08667 88800 - www.hotelmalerwinkel.de - fermé lun.-mar. - ferme à 18h - plats 17,50/34,50 €.* Du restaurant comme de la terrasse, on jouit d'une belle vue sur le Chiemsee. Bonne cuisine internationale.

Petite pause

Dans la haute vallée de l'Isar

Café Zum Mohren – *Bahnhofstr. 13 - Mittenwald - ✆ 08823 2689 - www.riegerei.de -10h-18h, dim. 12h-18h.* Certainement le meilleur salon de thé des environs, à voir la file qui s'allonge devant la vitrine. Une salle cosy accueille les gourmands qui voudraient s'éterniser, ce que l'on conseille : goûtez le Käsekuchen maison alliant volupté et légèreté.

Dans l'Allgäu

Marché couvert (Markthalle) – *Schrannenplatz - Füssen - www.fuessen.de - 8h-18h30 (20h vend., 15h sam.), fermé dim.* Dans l'ancien grenier à blé (Kornhaus) gothique, divers petits stands pour un casse-croûte.

Activités

Dans l'Allgäu

Promenades en bateau (Forggenseeschifffahrt) – *Füssen - ✆ 08362 3002950 - www.fuessen.de - de déb. juin à mi-oct. : 10h-16h - durée 1h - 12 € (4-16 ans 6 €, carte famille 29 €) ; durée 2h - 16 € (4-16 ans 8 €, carte famille 39 €).* Départ du Bootshafen de Füssen. Le Forggensee, un lac de retenue situé aux portes de Füssen, se prête à la promenade.

Hébergement

Dans l'Allgäu

Budget moyen

Appartementhotel Seespitz – *Pfrontener Str. 45 - Füssen/Weißensee - ✆ 08362 38899 - www.seespitz.de - fermé de mi-nov. à mi-déc. - P gratuit - 🏊 - 32 ch. 105/195 € (105/284 € pour 4 pers.) - ☕ 15 € (enf. 1 m-1,50 m 5 €) - ✕.* Au bord du paisible lac de Weißensee, à 6 km à l'ouest de Füssen, vastes appartements meublés avec balcons. Accueil chaleureux, délicieux buffet pour le petit-déjeuner. Idéal pour des vacances en famille. Piscine et sauna. Petit restaurant familial qui sert des spécialités italiennes.

Pour se faire plaisir

Hotel Geiger – *Uferstr. 18 - Füssen/Weißensee - Hopfen am See - ✆ 08362 7074 - www.hotel-geiger.de - P ♿ - 32 ch. 178/278 € - ✕ plats 17/23 €.* À 4 km du centre-ville, cet hôtel, tenu depuis plusieurs décennies par la même famille, est situé sur la promenade du Hopfensee ; la plupart des chambres ont un balcon avec vue sur le lac. Le restaurant offre un superbe panorama. Cuisine régionale.

Dans l'Ammergau

Pour se faire plaisir

Romantik Hotel Böld – *König-Ludwig Str. 10 - Oberammergau - ✆ 08822 9120 - www.hotel-boeld.de - P ♿ - 60 ch. 280/550 € ☕.* Charmant hôtel aux chambres très confortables et à la décoration raffinée, au cœur de l'adorable village d'Oberammergau. Accueil très sympathique et service attentionné. Certaines chambres avec balcon ou terrasse. Sauna.

Dans la haute vallée de l'Isar

Budget moyen

Hotel Garni Edlhuber – *Innsbrucker Str. 33 - Mittenwald - ✆ 08823 1389 - www.edlhuber-mittenwald.de - P - 14 ch. 129/151 € ☕.* Hôtel familial au pied du massif des Karwendel. Cadre idéal pour des vacances, en pleine nature. Chambres confortables.

Dans les monts du Chiemgau

Pour se faire plaisir

Winklmoosalm – *Dürrnbachhornweg 6 - Reit im Winkl - ✆ 08640 97440 - www.winklmoosalm.com - P ♿ - fermé de déb. nov. à mi-déc. - 18 ch. 110/145 €/pers. hiver (1/2 pension obligatoire), 63/88 €/pers. été ☕ - ✕ (11h-20h) plats 13/25 €.* Un hôtel-restaurant d'altitude (1160 m), à 11 km de Reit im Winkl (direction Seegaterl) pour estivants et skieurs. Cuisine saine à base de produits de saison en accord avec ce lieu où l'on met tout en œuvre pour votre bien-être. Terrasse panoramique et jardin d'hiver.

Les châteaux de Louis II de Bavière ★★★

Königsschlösser

Nichés dans les paysages verdoyants de la Bavière, ces joyaux témoignent de la démesure de ce roi bâtisseur. Neuschwanstein, Linderhof et Herrenchiemsee ont été créés « pour un homme seul » en dehors de toute préoccupation de pouvoir : il n'y reçoit pas de cour, n'y règne pas. Louis II veut rendre hommage à ses rêves et les contempler. Il se construit un univers, inspiré du Moyen Âge, de Versailles ou encore des opéras de Richard Wagner. Délires d'esthète au destin tragique et caprices de prince tout à la fois ? Louis II a su en tout cas trouver un cadre naturel unique pour son œuvre, aujourd'hui l'un des hauts lieux touristiques de Bavière.

Se repérer

CARTE P. 32-33 (B3-C2)

Bavière.

Châteaux de Neuschwanstein et Hohenschwangau : 130 km au sud-ouest de Munich et 65 km à l'ouest de Garmisch-Partenkirchen. Suivre les pancartes « Hohenschwangau ».

Château de Linderhof : 96 km au sud-ouest de Munich, 13 km à l'ouest d'Oberammergau.

Château de Herrenchiemsee : 90 km à l'est de Munich.

Organiser son temps

Comptez une journée pour visiter Neuschwanstein, Hohenschwangau et le musée des Rois de Bavière ; 2h pour visiter Linderhof et son parc ; 3h pour gagner l'île de Herrenchiemsee et visiter son château.

Nos adresses p. 101

★★★ Neuschwanstein et Hohenschwangau

CARTE P. 32-33

Étant donné leur proximité, Neuschwanstein et Hohenschwangau partagent leur **billeterie à Hohenschwangau**. Le musée des Rois de Bavière, lui, constitue un troisième site, avec son propre accès.

Alpseestr. 12 - Hohenschwangau - ☏ 08362 930830 - billetterie en ligne (ticket non échangeable et non remboursable) : shop.ticket-center-hohenschwangau.de - audioguide en français compris dans le prix d'entrée (+ 2,50 € si achat en ligne).

★★★ Neuschwanstein B3

Temps de marche jusqu'au château env. 30mn, forte pente - navette reliant Hohenschwangau à Neuschwanstein : 3,50 € AR - www.neuschwanstein.com - visite audioguidée en français (30mn) de déb. avr. à mi-oct. : 9h-18h ; de mi-oct. à fin mars : 10h-16h - dernière entrée 1h av. fermeture - 15 € sur place (-18 ans gratuit), + 2,50 € si achat en ligne (fortement recommandé car sur place, les entrées sont limitées). N'oubliez pas d'acheter votre billet avant de monter au château. Attention à bien respecter l'heure de visite inscrite sur le billet.

Hérissée de tours et de pinacles en calcaire gris, dressée sur un éperon rocheux haut de 200 m, la forteresse tout droit sortie de la fantaisie du roi Louis II de Bavière ressemble vraiment à un château de conte de fées. À moins que ce ne soit le contraire... Disney le prit en effet pour modèle du château de la Belle au bois dormant de son premier parc d'attractions. Principale destination touristique de Bavière, et par là même très fréquenté, le château de Neuschwanstein n'en reste pas moins une destination incontournable, que les nombreux sentiers avoisinants permettent d'apprécier avec plus de tranquillité et à son propre rythme. On ne découvre le château, imposant et majestueux, qu'à la fin de la montée, là où le gros des touristes attend d'entrer. C'est en face du château de Hohenschwangau, où il a passé une partie de son enfance et de sa jeunesse, que Louis II de Bavière trouve le site idéal pour bâtir le plus célèbre de ses châteaux, *Neu-Hohenschwangau* (qui sera rebaptisé Neuschwanstein en 1890). Il s'inspire des plans de la **Wartburg** (résidence des landgraves de Thuringe, à Eisenach) qu'il a visitée en 1867. Il confie l'élaboration du projet en 1868 à Eduard Riedel. La première pierre est posée un an plus tard. L'ouvrage reste d'une unité surprenante si l'on considère que trois architectes se sont succédé sur le chantier (Georg Dollman à partir de 1874 et Julius Hoffmann à partir de 1886), chacun d'eux devant se plier aux goûts du souverain.

Intérieur – La visite des aménagements intérieurs, où les lambris dorés et les peintures murales sont dispensés à profusion, crée une impression d'irréalité. Les pièces les plus révélatrices sont, au 3e étage, la **salle du Trône★** (inachevée), la **chambre à coucher★** meublée d'éléments gothiques, le **Grand Salon★** dont l'ornementation a pour thème la légende de Lohengrin, et la fausse **grotte à stalactites**, avec petit jardin d'hiver attenant, évoquant la légende de Tannhäuser. Pour la **salle des Chanteurs★★** *(Sängersaal)*, l'architecte s'est référé au modèle de la Wartburg, où aurait eu lieu, au début du 13e s., le tournoi poétique légendaire évoqué par l'opéra wagnérien *Tannhäuser*. Fervent admirateur de Wagner, le jeune monarque voulut reconstituer ici l'univers romantique de ses opéras, en particulier de *Tannhäuser* et *Lohengrin*. Le mouvement romantique est alors tout imprégné du monde médiéval. Le peuple allemand, qui se cherche des racines dans un contexte d'unification nationale, trouve une mythologie fondatrice en redécouvrant des textes du Moyen Âge. Wagner et Louis II participent à ce mouvement par leur goût du gothique et des légendes populaires. La visite peut être complétée par la projection d'un **film** *(20mn, en anglais ou en allemand)* sur la vie du roi.

Un terrible rêve romantique

Louis II de Bavière n'habitera Neuschwanstein que cent soixante-dix jours. Les travaux l'ont ruiné, et son comportement pousse des ministres de Bavière à demander une expertise psychiatrique. Le 10 juin 1886, une commission gouvernementale accourue de Munich vient lui signifier sa déposition. Le souverain solitaire, qui a perdu ses amis et ne s'est jamais marié, se noie trois jours plus tard, à l'âge de 40 ans, dans le lac de Starnberg. Les circonstances mystérieuses de sa mort et de celle de son médecin, qui l'accompagnait pour une promenade le soir du drame, ne seront jamais élucidées. À ce moment, seules la construction du palais et la décoration intérieure des 3e et 4e étages de Neuschwanstein sont achevées. Le château sera pourtant ouvert au public la même année, afin de payer les énormes dettes accumulées pendant sa construction.

À l'issue de la visite, montez jusqu'au pont Marie *(Marienbrücke - 10mn en pente plus raide)* pour admirer la chute de la Pöllat dans une gorge encaissée et une **vue★★** privilégiée sur le château dans son ensemble.
Après la descente, un petit détour sur les bords de l'**Alpsee★** *(100 m derrière les guichets)* offre des promenades tranquilles.

★ Hohenschwangau B3

www.hohenschwangau.de - visite audioguidée en français (45mn) de déb. avr. à mi-oct. : 9h-17h ; de mi-oct. à fin mars : 9h-16h - 21 € (7-17 ans 11 €), + 2,50 € si achat en ligne. Attention, nombre de tickets vendus sur place limité. Réservez plutôt sur Internet.
De 1832 à 1836, Maximilien II de Bavière, alors prince héritier, fit élever cette construction à partir d'importantes ruines féodales du 12e s. Le style néogothique adopté, fortement influencé par la formule du manoir anglais, répondait au goût de l'époque. Louis II lui-même rêva dans ce décor une grande partie de sa jeunesse.
Contournant la colline boisée du **château de Hohenschwangau**, gagnez, sur la rive nord de l'Alpsee, l'éperon ombragé du **Pindarplatz**, **belvédère★** sur le lac cerné de sapins et dominé par les escarpements du Säuling, puis prenez à droite l'allée d'accès au château.
Hohenschwangau a gardé l'agrément des demeures habitées : la longue présence de la reine Marie, mère de Louis II, explique son atmosphère de relative intimité. Le style gothique des pièces se marie curieusement avec le mobilier Biedermeier. La place faite à l'art de l'Orient est tout à fait compatible avec l'ambiance chevaleresque du lieu, que rappellent encore les vastes peintures murales exécutées d'après les esquisses de Moritz von Schwind.
Au 2e étage, l'ancien **salon de musique** conserve des témoignages de l'admiration que le souverain voua à Richard Wagner : extraits de leur correspondance, piano que l'un et l'autre utilisèrent. On retrouve le fantastique dans la chambre à coucher de Louis II dont le plafond figure la voûte céleste semée d'étoiles (celles-ci s'allumaient à volonté). De sa fenêtre, le roi pouvait surveiller à la lunette l'avancement des travaux de Neuschwanstein.

Museum der bayerischen Könige (MUSÉE DES ROIS DE BAVIÈRE)

Au pied des deux châteaux, sur la rive de l'Alpsee - Alpseestr. 27 - 083 62 9264 640 - www.hohenschwangau.de - 9h-16h30 - audioguide en français - 14 € (-18 ans gratuit), + 2,50 € si achat en ligne.
Au pied du château de Hohenschwangau, ce musée ouvert en 2011 retrace la saga des rois de Bavière dans une scénographie moderne et aérée. Des objets ayant appartenu à la famille royale jalonnent l'exposition, tels le somptueux centre de table aux Nibelungen, en bronze doré et en cristal, ou le riche manteau de couronnement de Louis II. Le musée est doté d'une longue verrière qui offre une très belle vue sur l'Alpensee voisin.

★★ Linderhof

CARTE P. 32-33

B3 - *Comptez 2h de visite et un long délai d'attente en saison, que comblera une promenade dans le parc - 08822 92030 - www.linderhof.de - de déb. avr. à mi-oct. : 9h-18h ; reste de l'année : 10h-16h30 - fermé 1er janv., Mar. gras, 24-25 et 31 déc. - 9 € ; 10 € avec accès au parc ; pavillons du parc seuls 5 € (gratuit - 18 ans).*
Posé dans l'une des sauvages vallées des Alpes dont les souverains de Bavière se réservaient l'usage comme domaine de chasse, le précieux palais de Linderhof

Le palais de Linderhof.
imageBROKER/hemis.fr

n'est que luxe et brillance : or et miroirs, lustres de cristal, lapis-lazuli, malachite et porcelaines. Louis II fit élever sa « villa royale » de 1874 à 1879 dans un style mariant la seconde Renaissance italienne et le baroque, en hommage à Louis XIV. Il espérait y trouver une intimité relative. L'homogénéité dans l'outrance décorative laisse une certaine impression d'harmonie ; le luxe omniprésent de l'aménagement oblitère presque les pièces les plus remarquables, comme les tissus des Gobelins ou les lustres en cristal de Bohême. Ne faites pas l'impasse sur les chambres de l'étage dominées par la salle d'audience (baldaquin couvrant un fauteuil de velours vert), la **chambre à coucher de parade**, surpassant en luxe Versailles, et le **cabinet des Glaces** aux 94 vases, lieu de travail du roi.

★★ Parc

L'architecte paysagiste Karl von Effner, qui dirigea l'aménagement du parc, a tiré parti des pentes du vallon pour installer bassins, cascades et jardins en terrasses selon le modèle des villas italiennes. Les parterres latéraux se rattachent, eux, au modèle du jardin à la française. L'ensemble est inattendu dans ce paysage alpestre.
Temple de Vénus – Montez à la rotonde du temple de Vénus qui ferme la perspective principale, au-dessus du grand bassin (surtout au moment des jeux d'eau). Redescendez ensuite sur la droite en regardant le château, pour remonter au pavillon mauresque et à la grotte, sur le versant opposé. Dans le creux du vallon, les jardins paysagistes laissent insensiblement les futaies de conifères reprendre leur densité naturelle.
Pavillon mauresque *(Maurischer Kiosk)* – Acquise par Louis II à l'Exposition universelle de Paris de 1867, cette construction métallique lui servait de décor lorsqu'il lui prenait l'envie de jouer au souverain oriental.
★ **Grotte de Vénus** – *Fermé pour rénovation jusqu'en 2025.* Cette caverne artificielle est l'un des caprices les plus délirants de Louis II. Elle a été aménagée pour recréer l'ambiance de l'épisode du Venusberg de l'opéra wagnérien *Tannhäuser.* Sur le petit lac dans lequel le roi aimait à se baigner est amarrée une embarcation dorée en forme de conque, près d'un rocher évoquant la légende de la Lorelei.

Louis II s'était également fait construire un trône pour assister aux représentations, qui n'eurent jamais lieu. L'installation électrique, révolutionnaire à l'époque, permet d'éclairer la grotte avec des lumières de couleurs différentes.
Hutte de Hunding *(Hundinghütte)* – Aménagée à l'origine dans l'Ammerwald, elle fut installée à la limite sud du parc en 1876 pour évoquer la scénographie de la *Walkyrie* de Wagner, dont Hunding est l'un des protagonistes. Détruite par un incendie en 1945, elle a été reconstruite en 1990 selon les plans d'origine, en troncs bruts autour d'un arbre vivant.

★★ Herrenchiemsee

CARTE P. 32-33

C2 - *Accès par l'embarcadère de* **Prien-Stock** *(autoroute A 8, sortie n° 106 direction Prien) - 08051 60 90 - www.chiemsee-schifffahrt.de - traversée en bateau : 15mn pour Herreninsel - 9 € AR (6-15 ans 4,50 €), billet famille 28,40 € - départs ttes les 30mn. Promenades sur le lac : tte l'année - 14,20 € AR.*
20mn à pied depuis l'embarcadère pour rejoindre le château ou trajet possible en calèche de mi-avr. à fin oct. (15mn - 3,50 €, 5-14 ans 1 €) - 08051 68870 - www.herrenchiemsee.de - ♿ - visite guidée de déb. avr. à fin oct. : 9h-18h ; reste de l'année : 9h40-16h15 - fermé 1er janv., Mar. gras, 24-25 et 31 déc. - entrée au Château neuf incluant le musée du Roi Louis-II et le Vieux Château Augustiner Chorherrenstift 10 € (-18 ans gratuit).
Ayant acheté l'île de Herreninsel en 1873 pour la préserver d'un déboisement systématique, le jeune roi Louis II de Bavière voulut y élever un somptueux château. L'admiration et le respect que **Louis II** avait toujours éprouvés pour Louis XIV redoublèrent encore après ses visites de Versailles en 1867 et 1874. Herrenchiemsee devait en être la réplique : dans la solitude paradisiaque de l'île en grande partie boisée, il commença en 1878 à ériger le **Château neuf** *(Neuer Schloss)*. Huit ans plus tard, sa destitution puis sa mort tragique, alors qu'il n'avait résidé qu'une semaine dans son château inachevé, mirent un terme à ce rêve souverain. Les travaux avaient englouti une fortune et vidé la cassette du roi.
La ressemblance est frappante entre la copie et le modèle : ordonnance des jardins à la française au centre desquels se dresse la fontaine de Latone ; façade ornée de colonnes et couverte d'un toit plat à l'italienne dissimulé par une balustrade. L'intérieur, excessivement fastueux, montre parfois des anachronismes dans la reconstitution ; ainsi le toit de verre de l'escalier d'honneur, ou la statue équestre de Louis XIV dans la deuxième antichambre (salle de l'Œil-de-bœuf), pour laquelle le cheval favori de Louis II servit de modèle. L'opulente décoration est une constante dans la succession des appartements ; la **chambre de parade★** et la **galerie des Glaces★** en constituent l'apogée.
Dans l'aile sud, le **musée Roi-Louis-II** *(König-Ludwig II.-Museum - entrée comprise dans le ticket du Château neuf)* vous permettra de mieux comprendre la vie du roi et de patienter avant l'heure de la visite guidée indiquée sur le ticket.

Museum Augustiner Chorherrenstift (VIEUX CHÂTEAU)

Un chapitre de chanoines augustins fut fondé sur l'île vers 1130 ; voué au déclin pendant la Réforme, il connut au 17e s. un renouveau accompagné d'intenses travaux de construction (collégiale St-Sébastien-et-St-Sixte notamment). Une partie des bâtiments de l'ancien monastère abrite un **musée** qui retrace l'histoire de l'île.

Nos adresses

Restauration

Près de Neuschwanstein

Pour se faire plaisir

Restaurant Lisl – *Ameron Neuschwanstein Alpsee Resort & Spa - Alpseestr. 21 - Hohenschwangau - ✆ 08362 70300 - www.ameroncollection.com - dîner seulement - plats 27/28 €.* La carte de ce restaurant d'un chic absolu et jouissant d'une vue exceptionnelle, honore la cuisine alpine bavaroise moderne, avec des ingrédients de saison et locaux. Fromage, viande (la poitrine de bœuf de l'Allgäu, servie avec des brocolis sauvages, est cuite pendant… 60h !), charcuterie et pain proviennent de maisons de tradition et les fruits et légumes sont récoltés sur l'île de Reichenau, dans la région du lac de Constance.

Près de Herrenchiemsee

Premier prix

Schlosswirtschaft Herrenchiemsee – *Schlosshotel 5 - ✆ 08051 9627670 - www.schlosswirtschaft-herrenchiemsee.de - fermé le soir - plats 13,20/21,90 €.* Agréable terrasse ensoleillée, perchée sur une colline à l'entrée de l'île. Bons plats de poissons du Chiemsee.

Klosterwirt – *Frauenchiemsee 50 - Frauenchiemsee - sur « l'île aux Dames », en bateau de Gstadt (5mn) - ✆ 08054 7765 - www.klosterwirt-fraueninsel.de - plats 16/26 €.* Dans les bâtiments du cloître, vaste restaurant avec son *Biergarten* de 200 places. Cadre soigné. Plats traditionnels.

Activités

Près de Herrenchiemsee

Baignade – Nombreuses plages sur les bords du lac à Prien, Rimsting, Breitbrunn, Gstadt, Seebruck et au bord de certains petits lacs des environs (Simsee, Klostersee, Hartsee).

Croisières Chiemsee Schifffahrt – *Seestr. 108 - Prien-am-Chiemsee - ✆ 08051 6090 - www.chiemsee-schifffahrt.de - tte l'année de Prien-Stock, Gstadt, Seebruck, Chieming et Bernau.* Accès aux îles ou tour du lac.

Prienavera – *Seestr. 120 - Prien-am-Chiemsee - ✆ 08051 609570 - www.prienavera.de - 10h-21h (22h hiver), w.-end et j. fériés 9h-21h (22h hiver) - 9,90 € (6-17 ans 5,20 €) pour 2h.* Un centre aquatique avec piscine en plein air, spa, sauna et jeux.

Hébergement

Près de Neuschwanstein

Budget moyen

Landhotel Guglhupf – *Füssener Str. 107 - Schwangau - ✆ 08362 939650 - www.hotelguglhupf.de - P gratuit - 17 ch. 150/190 € ☕.* À moins de 2 km des deux châteaux, cet hôtel propose des chambres meublées avec goût. Vue panoramique sur les Alpes.

Près de Linderhof

Une folie

Inselhotel zur Linde – *Fraueninsel 1 - Fraueninsel-im-Chiemsee - sur « l'île aux Dames », en bateau de Gstadt (5mn) - ✆ 08054 90366 - www.inselhotel-zurlinde.de - fermé de 23 déc.. à mi-mars - 11 ch. 220/270 € ☕ - ✕ plats 20/30 €.* Cet agréable hôtel datant de 1396 était autrefois fréquenté par les artistes. Salle de restaurant historique.

Garmisch-Partenkirchen ★★★

Avec 300 km de sentiers de randonnée et des dizaines de sommets à plus de 2000 m d'altitude, le terrain de jeu du couple Garmisch-Partenkirchen est presque sans limites. Paradis des marcheurs l'été, des skieurs l'hiver, la célèbre station alpine et ses belles maisons à fresques offre en toute saison un accès aisé à la fameuse Zugspitze (2962 m), le point culminant d'Allemagne, que l'on rejoint grâce à un charmant train à crémaillère ou une spectaculaire télécabine.

Se repérer

CARTE P. 32-33 (B3)
27249 hab. – Bavière.
À 91 km au sud de Munich.

Carnet pratique p. 105

Nos adresses p. 106

La station

Cette célèbre station est formée par les bourgs de Garmisch (à l'ouest) et Partenkirchen (à l'est - environ 20mn à pied entre les deux). Ceux-ci ont uni leurs destins pour accueillir les IVes Jeux olympiques d'hiver de 1936. Le **stade de saut à ski (Olympia Skistadion)** date de cette époque. Mais les artistes n'ont pas attendu les compétitions de ski pour être attirés par la beauté des paysages : ils viennent depuis le 19e s., entraînant dans leur sillage les riches Munichois qui s'y sont fait construire de belles villas. **Richard Strauss** (1864-1949) vécut ses vieux jours à Garmisch.
Les deux bourgs ont chacun leur atmosphère : très commerçant, presque trop, Garmisch est le plus chic. Moins animé, mais charmant, Partenkirchen convient à ceux qui recherchent le calme. Vous verrez partout de nombreuses maisons aux façades peintes, dont les motifs renseignent sur la confession ou la profession des propriétaires, une tradition qui perdure aujourd'hui.

★ St. Martin Alte Kirche (VIEILLE ÉGLISE ST-MARTIN)

À Garmisch. Elle s'élève dans le pittoresque quartier de la Loisach, dont de nombreux chalets ont été sauvegardés. L'intérieur forme une halle à deux nefs égales dont les voûtes gothiques nervurées (16e s.) sont supportées par un pilier central unique. Un vaste ensemble de peintures murales du 14e au 16e s. a été dégagé et remis en valeur (effigie géante unique de saint Christophe et scènes de la Passion).

Randonnées

CARTE P. 32-33

★★ Wank B3

Par télécabine - ✆ 08821 79 70 - www.zugspitze.de - durée du trajet : 18mn - mai-oct. : 8h45-17h ; nov. : 8h45-16h30 - 24 € AR (6-15 ans 12 €), aller 16 € (6-15 ans 8,50 €), forfaits famille intéressants.
Apprécié des familles pour sa facilité d'accès et ses sentiers de promenade, le Wank est la montagne d'été de Partenkirchen. Du sommet (1780 m), **panorama**

Une station réputée

Garmisch et Partenkirchen sont devenues une station de sports d'hiver de grand renom, consacrée par les IVes Jeux olympiques d'hiver de 1936 ainsi que les championnats de ski de 1978 et de 2011. C'est en 1935 que les deux villages, au confluent des rivières Partnach et Loisach, unirent leurs forces et leurs destins. Le **stade de saut à ski** témoigne de cette époque, tandis que la patinoire olympique, totalement transformée, reçoit les matchs de hockey. De nombreuses maisons des deux bourgs affichent leurs belles façades peintes, dont la plupart datent des années 1930.

sur la chaîne du Wetterstein et vue sur le bassin de Garmisch-Partenkirchen et les Alpes. L'été, du yoga, des projections cinéma et des concerts y sont organisés.

★★ Partnachklamm (GORGES DE LA PARTNACH)

1h30 AR dont 5mn de télécabine - ✆ 08 821 180700 - www.partnachklamm-info.de - juin-sept. : 8h-20h ; oct.-mai : 8h-18h - 6 € (6-17 ans 3 €). Trajet possible en calèche. Prévoir un vêtement de pluie.

Gagnez, à partir du stade de ski de Partenkirchen, la station inférieure de la télécabine de Graseck qui aboutit à l'hôtel Forsthaus Graseck. De là, un sentier conduit aux **gorges** : le chemin taillé dans le rocher traverse deux étranglements spectaculaires, au milieu du fracas des cascades. On retrouve à l'auberge Partnachklamm le chemin emprunté à l'aller. La visite est également possible en hiver, dans un décor de pendeloques de glace.

1

Kramerplateauweg (PLATEAU DE KRAMER)

Au départ de Garmisch, franchir la Loisach. Au pied du Kramerspitz, ce sentier à plat sur presque la totalité du parcours conduit vers le restaurant d'altitude Almhütte *(45mn)* ou jusqu'au Pflegersee *(1h30)*, lac très agréable pour la baignade.

À proximité

CARTE P. 32-33

★★★ Zugspitze B3

À 10 km de Garmisch-Partenkirchen. Prévoir une demi-journée.

Le plus haut sommet d'Allemagne est tellement populaire qu'à la chute du mur de Berlin, en 1989, les habitants de l'ex-Allemagne de l'Est sont arrivés en nombre afin de l'admirer pour la première fois. Il faut dire qu'avec ses 2 962 m d'altitude, le « Mont-Blanc » allemand offre, par temps clair, un sublime **panorama★★★** sur quatre pays : l'Allemagne vers Munich, l'Italie avec les Dolomites, la Suisse avec le pic de la Bernina et l'Autriche avec le Großvenediger !

Gravie pour la première fois par le lieutenant topographe Josef Naus le 27 août 1820, la Zugspitze fut par la suite un site de « premières » technologiques : refuge dès 1855, via ferrata en 1875, station météorologique équipée du téléphone en 1900, envol en planeur en 1927 et inauguration en 1930 d'un chemin de fer à crémaillère et d'un téléphérique ultramoderne pour l'époque.

Accès – La popularité de la Zugspitze s'explique aussi par sa facilité d'accès. Première option : au départ de la gare de Garmisch (Zugspitzbahn), prendre le pittoresque **train à crémaillère**, découvrant un beau trajet alpin jusqu'à la Zugspitzplatt *(durée de l'ascension : 1h15 ; départ ttes les heures - 8h15-14h15 - 75 € AR, comprenant l'accès à la télécabine Eibsee-Seilbahn).* Un funiculaire gravit ensuite les 350 derniers mètres avant le sommet.

La Münter-Haus à Murnau où vécut Gabriele Münter et Wassily Kandinsky.
W. Spitzbart/Alamy/hemis.fr

Seconde option : depuis la gare d'Eibsee-Seilbahn (desservie par le train à crémaillère ou accès direct en voiture), prendre la spectaculaire **télécabine** qui grimpe de 998 m à 2962 m en 10mn *(départ ttes les 30mn - juil.-août : 8h-17h45 ; reste de l'année : 8h30-16h45 - 63 € AR ; ceux qui ont un ticket pour le train à crémaillère ne paient pas)*. La **vue★★** sur le camaïeu turquoise des îles du lac Eibsee est d'une exceptionnelle beauté.

La montée à pied est réservée aux randonneurs confirmés et bien équipés.

Au sommet – L'hiver, le fond du cirque abrite un **domaine skiable** ; équipé de nombreux remonte-pentes, il est adapté à tous les niveaux, même débutants. L'enneigement est quasi garanti de fin novembre à début avril *(www.zugspitze.de - forfait ski : 57 €)*.

Le reste de l'année, la promenade jusqu'aux neiges éternelles est tout aussi mémorable, avec des **sentiers panoramiques** qui démarrent du sommet *(accès fléchés)*. L'été, visite guidée gratuite du glacier *(2 départs/j - env. 1h - horaires variables - se rens. sur www.zugspitze.de)*. Depuis le café-restaurant panoramique, la **vue★★★** est superbe : au sud se dressent les bastions avancés des Kaisergebirge, du Dachstein et des Karwendel, auxquels succèdent les sommets glaciaires des Hautes-Tauern (Großglockner, Großvenediger), des Hautes-Alpes du Tyrol (Alpes de Zillertal, de Stubai, de l'Ötztal), de l'Ortler et de la Bernina. Plus rapprochées, à l'est, les montagnes de l'Arlberg (Silvretta, Rätikon) laissent apparaître le Säntis dans les Alpes d'Appenzell et les montagnes de l'Allgäu et de l'Ammergau ; au nord s'étend le bas-pays bavarois, avec l'Ammersee et le Starnberger See.

Murnau am Staffelsee B3

25 km au nord.

Ce charmant village est surtout connu pour avoir été, à partir de 1908, le lieu de séjour de **Wassily Kandinsky** et sa compagne **Gabriele Münter**, venus y travailler avec d'autres membres du groupe expressionniste *Der Blaue Reiter* (« Le Cavalier bleu » – *voir p. 426*). Le couple s'est séparé après la Première Guerre mondiale, mais Gabriele Münter est restée à Murnau jusqu'à sa mort, en 1962.

Musée du château (Schlossmuseum) – *Schlosshof 4-5 - ✆ 08 841 476 201 - www.schlossmuseum-murnau.de - tlj sf lun. 10h-17h (18h w.-end en juil.-sept.) ; déc. : mar.-vend. 13h-17h, w.-end 10h-17h ; 25 déc. et 1er janv. 13h-17h - fermé 24 et 31 déc. - 8 € (6-18 ans 2 €).* Principal attrait de ce musée municipal, qui revient sur l'histoire de la ville, la section sur Le Cavalier bleu et sa riche collection de tableaux, dont ceux de Kandinsky et Gabriele Münter.

Maison Münter (Münter-Haus) – *Kottmülleralle 6 (10mn à pied du château) - ✆ 08 841 628 880 - www.muenter-stiftung.de - tlj sf lun. 14h-17h - 3 € (-25 ans gratuit).* Autre lieu clé pour qui s'intéresse au Cavalier bleu, la maison de Gabriele Münter fut le lieu de rencontre de l'avant-garde, notamment russe. Restée quasi intacte depuis la mort de l'artiste, la maison a été transformée en musée en 2014.

Musée Franz-Marc à Kochel am See (FRANZ-MARC MUSEUM) B3

▶ *À 16 km à l'ouest de Murnau (accès fléché depuis l'entrée du village). ✆ 08 851 924 880 - www.franz-marc-museum.de - 10h-18h (17h de nov. à mars) - fermé lun., 24 et 31 déc. - 9,50 € (7-16 ans 3,50 €), billet famille 19 €.*

Conçu autour d'une maison bourgeoise et son extension contemporaine (2008), lové dans un site boisé en balcon sur le lac Kochelsee, ce musée rend hommage à l'œuvre de **Franz Marc**, cofondateur du Cavalier bleu avec Kandinsky. Riche de nombreuses toiles de Franz Marc, et de quelques œuvres signées Paul Klee, la collection est exposée par roulement, au gré d'expositions temporaires explorant divers courants de l'art au 20e s. Mobilisé en 1914, Franz Marc meurt à Verdun en 1916, tragique destin sur lequel méditer après la visite, le temps d'une promenade dans le parc.

1

Circuit conseillé

CARTE P. 32-33

★ La haute vallée de l'Isar et les lacs BC3

▶ *De Garmisch-Partenkirchen à Schliersee, itinéraire de 105 km tracé en rouge sur la carte « Route allemandes des Alpes ». Voir p. 90.*

Carnet pratique

S'informer

Office de tourisme – *Richard-Strauss-Platz 2 - Garmisch-Partenkirchen - ✆ 08821 180 700 - www.gapa-tourismus.de.*

Pass touristique

GaPaCard – Remise gratuitement par votre hébergement à l'arrivée, elle donne droit à la gratuité dans les bus locaux, certaines visites de l'office de tourisme et diverses réductions dans des sites.

Arriver/partir

En train – Liaisons fréquentes avec Munich (1h20 de trajet). La Deutsche Bahn (www.bahn.de) propose un « Regio-Ticket Werdenfels » entre Munich et Garmisch-Partenkirchen : 23 € AR pour la 1re pers. et 6 € pour les suivantes, jusqu'à 4 pers., avec gratuité du bus et du tram à Munich. Également un billet « Garmischer Ski-Ticket » (train + forfait) pour skier sur le Zugspitze.

Agenda

Festival Richard-Strauss – *1 sem. fin juin - www.richard-strauss-festival.de.*

Nos adresses

Restauration

Premier prix

Kurpark Pavillon – *Richard-Strauss-Platz 1 - ✆ 08821 3177 - www.adlwaerth.de - plats 11,80/21,50 €.* Un agréable pavillon vitré au centre de Garmisch, pour dîner après une soirée au casino ou au théâtre. Spécialités régionales.

Zur Schranne – *Griesstr. 4 - ✆ 08821 9098030 - www.zurschranne.de - ♿ - plats 13,50/24,50 €.* Adresse typique de la région proposant une cuisine bavaroise copieuse.

Gasthof Fraundorfer – *Ludwigstr. 24 - ✆ 08821 9270 - www.gasthof-fraundorfer.de - fermé le midi lun. et jeu. - plats 14,90/27,90 €.* Tenue par la même famille depuis 1857, cette taverne traditionnelle affiche une belle façade fleurie à fresques. Dans une salle surchargée de trophées de chasse, les « vrais » montagnards en culotte de peau se mêlent aux touristes. La cuisine est ultra-traditionnelle. Ne manquez pas la liqueur de bière chaude. Chambres à l'étage.

Pour se faire plaisir

Joseph Naus Stub'n – *Klammstr. 19 - ✆ 08821 9010 - www.hotel-zugspitze.de - P - fermé le soir sam. et j. fériés - menus 46/63 €.* Ce restaurant aménagé avec goût porte le nom de celui qui, le premier, a conquis le sommet de la Zugspitze. Plats régionaux à base de produits locaux. Bon rapport qualité prix.

Petite pause

Konditorei-Café Thron – *Marienplatz 13 - ✆ 08821 52204 - www.cafe-thron.de - tlj sf merc. 10h-18h (à partir de 11h dim.).* Grand choix de pâtisseries et chocolats : gâteau du prince-régent (Prinzregententorte), crêpe légère aux pommes (Kaiserschmachen) et crème en flocons (Flockensahne).

Kaffeehaus Krönner – *Achenfeldstr. 1 - ✆ 08821 3007 - www.kroenner.com - boutique 9h-18h, café 9h30-18h30 (18h dim. et j. fériés).* Avec sa belle terrasse et son balcon fleuri, ce charmant café-salon de thé invite à une pause gourmande. Les locaux assurent que l'adresse était l'une des préférées de Richard Strauss.

Hébergement

Premier prix

Gästehaus Brigitte – *St.-Martin-Str. 40 - ✆ 08821 73938 - www.brigittegarmisch.de - P 9 ch. 288 €/3 nuits.* Propre et soignée, une coquette pension en centre-ville, à deux minutes de la Marienplatz.

Budget moyen

Biohotel Garmischer Hof – *Chamonixstr. 10 - ✆ 08821 9110 - www.garmischer-hof.de - P gratuit - 46 ch. 148/338 € ☕ - spa - ✕.* Situé dans une rue commerçante animée de Garmisch, cet hôtel familial a su trouver un nouvel élan – et une nouvelle clientèle – en optant pour le bio : du petit-déjeuner (particulièrement savoureux et copieux) aux produits d'hygiène, priorité est donnée au naturel. Restaurant traditionnel.

Berchtesgaden ★★

Cette célèbre station alpine est nichée aux confins de l'Allemagne du Sud, dans une encoche de territoire entourée par l'Autriche. Il faudrait plutôt parler du pays de Berchtesgaden, tant on a l'impression de découvrir une région et non une simple commune de montagne. Sans doute un héritage de l'histoire de cet État rattaché à la Bavière en 1810 seulement... Le légendaire Watzmann, troisième sommet d'Allemagne mais plus haute paroi rocheuse des Alpes avec ses 1750 m d'à-pic, marque le paysage au premier coup d'œil. En face, au Kehlstein, des touristes viennent exclusivement visiter le « Nid d'aigle » de Hitler. Quel dommage ! La nature préservée du parc national et les lacs alpins, dont l'inoubliable Königssee et sa chapelle St-Bartholomä, offrent un terrain d'aventure et de calme exceptionnel en été.

Se repérer

CARTE P. 32-33 (D3)

7624 hab. – Bavière.
À 157 km au sud-est de Munich.

À ne pas manquer

Le panorama de la Maison de la montagne au couchant, le Königssee et la chapelle St-Bartholomä.

Organiser son temps

Deux journées pour découvrir les alentours de Berchtesgaden et faire une randonnée pour profiter du cadre.

En famille

La visite des mines de sel, façon parc d'attractions ; la Maison de la montagne et ses répliques d'animaux.

Carnet pratique p. 110

Nos adresses p. 110

La station

Lieu de séjour idéal pour découvrir la montagne alentour, Berchtesgaden abrite de nombreuses maisons à fresques et villas Belle Époque. Avant que l'ombre de Hitler n'assombrisse sa réputation, le bourg était connu comme lieu de villégiature des riches Munichois.

★ Schlossplatz (PLACE DU CHÂTEAU)

Cette place triangulaire est le cœur de la ville. Sur le côté ouest s'élève l'ancien grenier à blé ; la galerie à arcades date du 16e s. L'influence lombarde se manifeste dans la façade de l'**église St-Pierre-et-St-Jean** par l'alternance de pierres de couleurs différentes, visant à un effet décoratif. Les tours furent rebâties au siècle dernier à la suite d'un incendie. Les voûtes en réseau de la nef, du début du 16e s., le chœur, de deux cents ans plus ancien, beaucoup plus élevé et d'un gothique plus pur, caractérisent l'aspect intérieur de l'édifice.

Schloss (CHÂTEAU ROYAL)

✆ 08652 94 79 80 - www.schloss-berchtesgaden.de - visite guidée (1h) : tlj sf sam. 10h30, 12h, 14h, et 15h30 ; fermé Mar. gras - 15 €, billet famille 35 €.

L'ancien prieuré des chanoines devint, à l'époque des abbés commendataires, un palais fastueux. À partir de 1923, il fut habité par le prince héritier Rupert. Le **cloître** du 13e s. a conservé ses galeries romanes sur trois côtés. Le **dortoir★ (Dormitorium)**, beau vaisseau gothique à deux nefs, abrite, entre autres objets d'art religieux, 12 magnifiques bustes provenant des stalles de la basilique de Weingarten (1487) et deux tableaux d'autel de Tilman Riemenschneider.

★ Haus der Berge (MAISON DE LA MONTAGNE)

Hanielstr. 7 - ℘ 08 652 979 06 00 - www.haus-der-berge.bayern.de - 9h-17h (dernière entrée 16h) - exposition : 4 € (6-16 ans 2 €) - audioguide en français compris dans le prix d'entrée - cafétéria (voir « Nos adresses » : Spiesberger's Alpenküche).

Surprenante apparition que ce haut bâtiment à l'architecture radicale (2013), qui se télescope au cadre naturel plutôt que de s'y fondre. Ceci dit, l'étape est indispensable à deux titres : l'excellent service d'information sur le parc national alpin allemand et la remarquable exposition, que les mises en scène de paysages, les écrans interactifs et les effets sons et lumières rendent ludique. Une excellente introduction à la faune et à la flore alpines du seul parc national alpin d'Allemagne, avec en point d'orgue, un écran de cinéma géant qui s'ouvre pour laisser apparaître le majestueux panorama extérieur.

Même si la technique de l'exploitation du sel ne vous passionne pas, le **« sentier de la canalisation » (Soleleitungsweg)** s'avère bien agréable à suivre *(boucle 1h, fléchée à partir de la Maison de la montagne)*. Le parcours est en partie aménagé à flanc de montagne, en surplomb du village.

★ Salzbergwerk (MINES DE SEL)

Bergwerkstr. 83 - ℘ 08 652 60020 - www.salzbergwerk.de - avr.-oct. : 9h-17h ; nov.-mars : 11h-15h - visite guidée uniquement (1h – comptez 1h30 à 2h le temps d'acheter le billet d'entrée et de s'équiper), audioguide français - 21 € (4-16 ans 10,90 €), billet famille 2 adultes + 1 enf. 47,50 € (+ 6,50 € par enf. suppl.).

Utilisées à partir de 1517, les mines de sel assurèrent la prospérité de la région et des chanoines qui en exploitaient les droits. La roche saline est lessivée par des amenées d'eau douce. La saumure obtenue, contenant 27 % de sel, est évacuée vers Bad Reichenhall pour y être raffinée.

Le circuit de visite souterrain, à suivre en tenue de mineur, alterne informations scientifiques, outils multimédias et attractions ludiques : parcours en petit train, toboggan pour passer d'un tunnel à l'autre, effets lumineux dans la « cathédrale du sel », traversée en bateau du lac sous une voûte de cristaux de sel.

À proximité

CARTE P. 32-33

★★ Obersalzberg et le « Nid d'aigle » (KEHLSTEINHAUS) D3

4 km à l'est. Accès à Obersalzberg en voiture, bus ou télécabine, puis montée obligatoire au « Nid d'aigle » par navette aux alentours de mai (téléphonez pour connaître la date de réouverture) à fin oct. : 8h55-16h, dernière descente à 16h50, ttes les 25mn) - ℘ 08 652 29 69 - www.eagles-nest.de - 28 € AR (6-14 ans 14,50 €).

Suite à l'échec du putsch de 1923 et à sa sortie anticipée de prison, **Adolf Hitler**, que des amitiés et des liens de famille attachaient à Berchtesgaden, se retire à Obersalzberg. Dès 1933, le nouveau chancelier fait transformer en palais présidentiel le chalet qu'il avait acquis. D'autres dirigeants nazis acquièrent ici des maisons. Après l'expulsion des habitants, cette station touristique réputée devient la « zone interdite du Führer » *(Führersperrgebiet)* et un second centre stratégique

Le « Nid d'aigle » (Kehlsteinhaus) à Obersalzberg, ancienne villégiature de Hitler.
rusm/Getty Images Plus

du pouvoir après Berlin, avec ses installations militaires, hôtels, bunkers et souterrains. La plus grande partie des bâtiments fut détruite le 25 avril 1945 par une attaque aérienne américaine précédant de peu sa prise de contrôle, le 4 mai, par un élément de la 2e DB française opérant avec la 101e Division Airborne US. Après un retour partiel au tourisme en 1952, le site a été utilisé comme base de loisirs pour l'armée américaine et n'a été restitué à la Bavière qu'après son départ, en 1996.
Dokumentation Obersalzberg (centre de documentation Obersalzberg) – *Salzbergstr. 41 - ✆ 08 652 94 79 60 - www.obersalzberg.de - fermé pour extension et réorganisation de l'exposition jusqu'en 2023).* Consacrée à l'histoire du site de l'Obersalzberg et de la dictature nazie, l'exposition permanente est en partie installée dans les bunkers souterrains. Elle est d'autant plus intéressante que quasi toutes les traces du passé nazi de la zone ont été effacées. Un hôtel cinq étoiles, l'Intercontinental, a même été construit à l'emplacement de l'ancienne villa de Göring.
★★ **Kehlstein** – On parcourt en autobus l'impressionnante petite **route★★★**, chef-d'œuvre du génie civil, ouverte à la mine dans l'éperon rocheux du Kehlstein (1834 m). À l'arrivée *(s'inscrire pour le retour)*, un ascenseur épargne les derniers cent mètres de montée. Au sommet, le bâtiment surnommé le « Nid d'aigle » (Kehlsteinhaus), offert à Hitler en cadeau pour son 50e anniversaire par le Parti ouvrier allemand national-socialiste, devait tenir lieu de salon de thé pour recevoir les hôtes de marque. Il abrite aujourd'hui un restaurant.
Le **panorama★★** *(prendre un peu de hauteur sur la crête)* se déploie sur les sommets environnants et, au-delà de Salzbourg, sur les Préalpes du Salzkammergut, butant contre le massif du Dachstein, où brillent de petits glaciers.

★★ Königssee D3

5 km au sud - ✆ 086 52 9 63 60 - www.seenschifffahrt.de - croisières tte l'année sf le 24 déc. - départ ttes les 30mn ; compter 1h50 de bateau, plus 1h pour les petites randonnées possibles aux escales (hors saison, les croisières s'arrêtent à St-Bartholomä) - 20/25 € AR (6-17 ans 10/12,50 €).
Tel un fjord couvert d'une sauvage végétation alpine, le lac allongé du Königssee est dominé par les escarpements gigantesques (jusqu'à 1800 m) du Watzmann et de la Steinernes Meer. À l'endroit où le lac se resserre, apparaît la **chapelle**

St-Bartholomä, avec sa triple abside. Une escale permet d'admirer le **site★** et de visiter les bâtiments historiques. Du ponton de Salet, au bout du lac, on gagne *(15mn de marche)* l'**Obersee**, au pied du Teufelshörner d'où dévale, d'une hauteur de 400 m, la cascade du Röthbach.
Vous pouvez également emprunter le téléphérique du Jenner à Königssee pour profiter d'une **vue** imprenable sur le lac et les sommets environnants. Nombreuses possibilités de randonnées à l'arrivée du téléphérique.

Circuit conseillé

CARTE P. 32-33

★★ Roßfeldpanoramastraße D3

Circuit de 17 km (à parcourir dans le sens inverse des aiguilles d'une montre) - env. 1h30 - prendre la 319 en direction de l'Obersalzberg, puis tourner à droite dans la 999 - ☏ 086 52 28 08 - www.rossfeldpanoramastrasse.de - péage : 8 € par voiture (automates à l'entrée, sur la droite de la route) - nombreux parkings le long de la route pour admirer le paysage.
Construite entre 1937 et 1940, la route du Roßfeld, qui suit en partie la frontière autrichienne, atteint le tranchant de la crête, au-dessus de la vallée autrichienne de la Salzach, et offre un beau panorama sur le Dachstein, reconnaissable à ses petits glaciers. De l'autre côté, vue imprenable sur le Hoher Göll, le Kehlstein, l'Untersberg, la région de Berchtesgaden et Salzbourg. L'hiver, petite station de ski *(www.rossfeld.info)*. Après la Roßfeldhütte, la route sinue dans la jolie région vallonnée et boisée d'Oberau.

Carnet pratique

S'informer

Office de tourisme – *Maximilianstr. 9 - Berchtesgaden - ☏ 08652 65650 0 - www.berchtesgadener-land.com.*

Arriver/Partir

En train – Nombreuses liaisons quotidiennes entre Berchtesgaden et Freilassing (50mn env.), d'où des trains partent vers Munich.

Nos adresses

Restauration

Premier prix

Goldener Bär – *Weihnachtsschützenplatz 4 - ☏ 08652 2590 - www.gasthof-goldener-baer.de - plats 12,90/35 €.*
Cuisine bavaroise simple et savoureuse, servie à l'intérieur et en terrasse.

Spiesberger's Alpenküche – *dans la Haus der Berge (voir p. 108) - ☏ 08652 9787575 - www.spiesberger-alpenkueche.de - fermé le soir - plats 13,30/17,90 €.*
Ne vous fiez pas à l'aspect cafétéria du lieu : niché dans la Maison de la Montagne, ce restaurant décline un autre aspect de la montagne, sa cuisine ! La carte est élaborée à partir de produits locaux, et l'on s'y régale de röstis, truite fumée...

En toile de fond, un beau panorama sur les sommets.

À proximité

Premier prix

Oberstein Gasthaus – *Scheffauer Str. 19 - Marktschellenberg - ✆ 08650 257 - www.gasthof-oberstein.de - fermé lun.-mar. et le midi sf dim. - plats 12,50/20,50 €.* C'est un peu l'aventure pour accéder à ce restaurant caché dans la forêt (préférez la Reckensbergstr. au Lindenweg, très étroit), mais cela vaut le détour ! Sa carte de spécialités régionales s'autorise quelques fantaisies (coup de cœur pour le carpaccio de Knödel).

Graflhöhe – *Scharitzkehlstr. 8 - accès par le téléphérique de l'Obersalzberg, puis 30mn à pied ou en voiture dir. Obersalzberg puis Hinterbrand - ✆ 08652 2577 - www.windbeutelbaron.de - fermé mar.-merc. - ferme à 18h - plats 16,40/32,50 €.* Un panorama époustouflant, surtout au coucher du soleil, et des goûters divins en savourant un *Windbeutel*, double chou à la crème.

Shopping

Berchtesgadener Handwerkskunst – *Am Schlossplatz 1 - ✆ 08652 979790 - www.berchtesgadener-handwerkskunst.de - lun.-vend. 9h-12h, 14h-18h, sam. 9h-13h - fermé dim.* Objets en bois dans la plus belle tradition régionale : boîtes peintes et diverses figurines décoratives...

Activités

Rupertus Therme – *Freidrich-Ebert Allee 21 - Bad Reichenhall - ✆ 08651 7622200 - www.rupertustherme.de - 10h-22h - 29 €/j (7-16 ans 24 €).* Sources salées et bassins extérieurs avec vue sur les montagnes.

Hébergement

Pour se faire plaisir

Alpenhotel Fischer – *Königsseerstr. 51 - ✆ 08652 9550 - www.alpenhotel-fischer.de - P - fermé en nov. - 46 ch. 192/244 €.* Situé à 500 m de la gare, cet hôtel constitue un point de départ pratique pour les activités de loisirs les plus diverses. Ses chambres sont simples et soignées, la plupart disposant d'un balcon ou d'une terrasse. Spa.

Une folie

Hotel Edelweiss – *Maximilianstr. 2 - ✆ 08652 97990 - www.edelweiss-berchtesgaden.com - P payant - - 130 ch. 280/460 € - .* À deux pas du cœur de village, ce quatre-étoiles moderne a été pensé comme un centre de vacances. Spacieuses chambres, six espaces de restauration, aire de jeux pour enfants (service de garde gratuit), vélos, salle de sport, animations, piscine panoramique et Spa !

À proximité

Budget moyen

Alpenhotel Denninglehen – *Am Priesterstein 7 - 7 km à l'est - ✆ 08652 97890 - www.denninglehen.de - P - fermé de déb. nov. à mi-déc. - 25 ch. à partir de 240 € - plats 18 €.* Cet hôtel à flanc de montagne se distingue par sa situation isolée. Décor intérieur champêtre. Vous pourrez pratiquer les sports d'hiver à proximité immédiate.

Une folie

Berghotel Rehlegg – *Holzengasse 16 - Ramsau - 10 km au sud-ouest - ✆ 08657 98840 - www.rehlegg.de - P - 87 ch. à partir de 305 € 1/2 pension - .* Panorama de rêve dans cet hôtel de grand confort, climatiquement positif et servant de la viande bio. Certaines chambres dans une maison à l'écart disposent d'un jardinet.

Passau ★★

Il suffit de prendre un peu de hauteur pour que Passau vous apparaisse dans toute sa splendeur, avec les tours baroques de sa cathédrale dressées sur l'étroite presqu'île bâtie entre Inn et Danube, juste avant la confluence avec l'Ilz. Cette ville, aux trois fleuves et au centre si vivant, voit se côtoyer les étudiants de son université et les touristes en croisière sur le Danube. À la frontière avec l'Autriche et à seulement 50 km de la République tchèque, Passau donne aussi envie de partir en escapade vers les forêts de Bohême et la Haute-Autriche.

Se repérer

CARTE P. 32-33 (D1)
53 093 hab. – Bavière.
À 119 km au sud-est de Ratisbonne, 192 km à l'est de Munich.

À ne pas manquer

Le musée du Verre de Passau, une montée nocturne à la forteresse Oberhaus.

Organiser son temps

Comptez une journée pour la visite de la ville avec le musée du Verre et une croisière en bateau.

En famille

Le sentier des Cimes à Neuschönau et la ferme-refuge à Deggendorf.

Carnet pratique p. 115

Nos adresses p. 115

Se promener

Dans la vieille ville

★ Dom St. Stephan (CATHÉDRALE ST-ÉTIENNE)
Domplatz. De l'édifice original gothique flamboyant, incendié au 17e s., il ne reste que le chœur est et le transept. Lors de sa reconstruction, la cathédrale St-Étienne fut transformée en église baroque d'influence italienne. La majestueuse façade ouest est d'une grande sévérité ; une note de fantaisie est apportée par l'étage octogonal (fin 19e s.) des deux tours de façade. L'intérieur, vaste, est abondamment décoré de fresques et de stucs. Quatre des **autels latéraux** aménagés en chapelles contiennent des tableaux de l'Autrichien J. M. Rottmayr (1654-1730). L'**orgue** refait en 1928, avec ses 17 774 tuyaux et 233 registres, passe pour être le plus grand du monde.
De la place de la Résidence, admirez le **chevet★★** très élancé de la cathédrale, chef-d'œuvre du gothique flamboyant (1407-1530).

Une ville, trois fleuves

À Passau, le débit du Danube est presque doublé par l'Inn. Déjà, au Moyen Âge, la **navigation fluviale** était une importante source de revenus, tout comme le commerce du sel. Aujourd'hui, la ville aux trois fleuves s'est imposée dans le transport de voyageurs *(www.donauschiffahrt.eu - juin-oct. : découverte des trois fleuves en 45mn - 11 €).*

Residenzplatz (PLACE DE LA RÉSIDENCE)

Elle est bordée au sud par la **Nouvelle Résidence**, du début de la période néoclassique. Dans les ruelles avoisinantes se cachent des demeures anciennes pleines de charme à arcades, encorbellement ou « toit en fossé » masqué par un pignon.

Dackelmuseum (MUSÉE DU TECKEL)

Große Messergasse 1 - ✆ 0851 30 439 - www.dackelmuseum.de - 10h-16h - 5 € (-12 ans gratuit).

Ce musée fondé par deux amoureux des teckels possède une collection délirante de chiens en verre, peluche ou porcelaine, mise en scène de manière humoristique.

Rathausplatz (PLACE DE L'HÔTEL-DE-VILLE)

La façade peinte de l'**hôtel de ville**, dont on peut visiter deux salles de style baroque et néo-baroque ornées de fresques représentant l'histoire de Passau *(visite : se rens. à l'office de tourisme)*, date du 14e s. La tour de l'hôtel de ville, qui abrite l'office de tourisme, fut édifiée à la fin du 18e s. Sur les façades, remarquez les repères qui rappellent les hauteurs des inondations.

★★ Glasmuseum (MUSÉE DU VERRE)

Am Rathausplatz ; entrée hôtel Wilder Mann - ✆ 0851 35 071 - www.glasmuseum.de - 9h-17h - 7 €.

1

Quatre demeures du 14e s., dont l'ancien tribunal et l'hôtel de prestige Wilder Mann, ont fait l'objet d'une restauration exemplaire avant d'accueillir ce musée, la « plus belle maison du verre », selon l'écrivain suisse Friedrich Dürrenmatt. Perdez-vous parmi les quatre étages et les 35 salles de ce palais des *Mille et une nuits*. Quelque 20 000 pièces réunies par un collectionneur, Georg Höltl, évoquent 250 ans d'histoire du verre, à partir du 18e s., lorsque les régions de Bohême, de Silésie et de la Forêt bavaroise ravirent à Venise la place de leader pour la fabrication et le commerce du précieux matériau. La collection de **verres de Bohême**, du 19e s. au début du 20e s., est d'une exceptionnelle diversité et de grande qualité.

★ MMK (MUSÉE D'ART MODERNE)

Bräugasse 17 - ✆ 0851 38 38 790 - www.mmk-passau.de - tlj sf lun. 10h-18h - 8 €.

Cette belle demeure abrite un petit musée d'art moderne et contemporain fondé autour de la collection personnelle du peintre Georg Philipp Wörlen, qui fut notamment membre de la Nouvelle Objectivité. On y verra des œuvres de nombreux peintres et sculpteurs allemands et autrichiens de renommée internationale. Les expositions temporaires sont de grande qualité.

★ Dreiflußeck (PROMENADE DU CONFLUENT)

De l'église St-Michel, descendez jusqu'au quai de l'Inn et prenez à gauche. Le flot rapide de l'Inn passe au pied de la **Schaiblingsturm** (1481), qui servait autrefois de dépôt de sel. Une terrasse aménagée au confluent permet de voir comment les eaux vertes de l'Inn se mêlent aux eaux brunes du Danube et aux eaux noires de l'Ilz. Depuis la rive du Danube, beau **point de vue** sur le Georgsberg avec la forteresse d'Oberhaus. De même, en remontant jusqu'à la passerelle piétonne Fünferlsteg puis en passant sur la rive droite, la vue sur Passau est admirable.

Sur la rive gauche du Danube

Veste Oberhaus (FORTERESSE D'OBERHAUS)

Accès à pied en 20mn par le pont suspendu ou navettes de bus au départ de la place de l'Hôtel-de-Ville.

Cette imposante **forteresse**, édifiée à partir de 1219, servait de refuge aux évêques lors des rébellions des bourgeois. Elle est reliée à la **forteresse de Niederhaus** par un chemin fortifié sur la langue de terre séparant le Danube de l'Ilz.
Oberhausmuseum – *✆ 0851 396 800 - www.oberhausmuseum.de - de mi-mars à mi-nov. : lun.-vend. 9h-17h, w.-end et j. fériés 10h-18h ; 25 déc.-6 janv. : 10h-16h - 5 €.* À l'intérieur, le musée propose de découvrir l'histoire de l'artisanat, l'art populaire, la vie religieuse et l'histoire de la ville.
Du belvédère près du parc de stationnement ou de la tour *(142 marches)* à l'intérieur de l'enceinte, des **vues★★** magnifiques s'offrent sur la vieille ville entre le Danube et l'Inn. Nombre de maisons sont encore couvertes de toits en fossé (cachés par des frontons rectilignes), traditionnels dans la vallée de l'Inn.

À proximité

CARTE P. 32-33

★ Nationalparkregion Bayerischer Wald

(PARC NATIONAL DE LA FORÊT BAVAROISE) CD1

www.nationalpark-bayerischer-wald.de

Au nord du Danube, entre Passau et Ratisbonne, la Forêt bavaroise offre un paysage de moyenne montagne, aux éperons rocheux sauvages, où des gorges profondes alternent avec de doux vallons. Il s'agit de l'une des montagnes les plus anciennes du monde. Le **Pfahl** (pieu), long ruban de quartz de 50 à 100 m de large et 150 km de long, est une curiosité géologique. Au sud, le Parc national protège, depuis 1970, près de 25 000 ha de forêts. Avec celle de Bohême (Parc national de Sumava en République tchèque), elle forme un ensemble forestier appelé le « toit vert de l'Europe ». Les 320 km de sentiers du parc permettent d'approcher la faune. Parmi les sites majeurs : les sommets du Großer Rachel, Lusen, Große Falkenstein et le Rachelsee.

La région est traversée par la **route touristique du Verre (Glasstraße)**. À **Zwiesel**, le Centre de formation aux métiers du verre et les ateliers de souffleurs de verre sont réputés dans toute l'Europe.

★ Baumwipfelpfad (SENTIER DES CIMES) à Neuschönau D1

À 50 km au nord de Passau, à Neuschönau, Böhmstr. 43 - ✆ 08 558 73 89 10 - www.baumwipfelpfade.de/bayerischer-wald - mai-sept. : 9h30-19h ; avr. et oct. : 9h30-18h ; nov.-mars : 9h30-16h - 11 € (6-14 ans 9 €).

Panoramique ! Perché entre huit et 25 m du sol, ce sentier (1,3 km) chemine à la cime des hêtres, sapins et épicéas, pour une découverte originale de la richesse naturelle du Parc national de la Forêt bavaroise. Des ponts suspendus, des trapèzes et des filets ajoutent au sentiment d'aventure, en toute sécurité.

Gut Aiderbichl (FERME-REFUGE) à Deggendorf D1

53 km au nord-ouest de Passau - Eichberg 26 - ✆ 0990190 32 98 - www.gut-aiderbichl.com- 9h-18h - 8 € (4-14 ans 4,50 €) - nourrissage des animaux à 12h30 - restauration sur place.

Aux confins de la Bavière, cette ancienne ferme de 25 ha accueille près de 300 chevaux, ânes, vaches, moutons, porcs, lapins, poulets, chiens, chats (ces derniers ont leur propre maison !). Rescapés de mauvais traitements ou abandonnés, ils coulent ici des jours heureux. La plupart du temps en liberté, ils se laissent volontiers câliner par les visiteurs, qui ont la possibilité de les parrainer.

Carnet pratique

S'informer

Office de tourisme – *Rathausplatz 2 - Passau - ✆ 0851 396-610 - tourism.passau.de.*

Arriver/partir

En train – Liaisons fréquentes avec Munich (2h15, changement à Mühldorf ou Ratisbonne), Nuremberg (2h) et Ratisbonne (1h). La gare, proche de la vieille ville, est reliée à l'Altstadt par le CityBus *(ttes les 15mn en saison - 2,20 €).*

Se garer – La vieille ville est presque totalement interdite aux voitures. Parkings P1 à P6 près de la gare, à 10mn à pied du centre ancien.

Nos adresses

Restauration

Budget moyen

Heilig-Geist-Stiftschenke – *Heiliggeistgasse 4 - ✆ 0851 2607 - www.stiftskeller-passau.de - fermé merc.-jeu. - plats 17,90/26,90 €.* Restaurant historique avec beau plafond voûté et lambrissé, cave millénaire (vins à déguster à partir de 18h) et charmant jardin couvert de vignes.

Das Oberhaus – *Oberhaus 1 - ✆ 0851 37930657 - www.dasoberhaus.com - plats 14,90/24,90 €.* Dominant la ville, cette terrasse de rêve est très courue! On y déguste une cuisine bourgeoise et bavaroise comme le jarret de porc sur salade de pommes de terre ou le goulash aux champignons.

Petite pause

Diwan – *Nibelungenplatz 1 - ✆ 0851 4903280 - www.greindl-passau.de - lun.-jeu. 9h-19h, vend.-sam. 9h-0h, dim. 10h-18h.* Au 9ᵉ étage de la Stadturm, vue époustouflante sur la ville. Salon de thé à l'ambiance lounge et délicieuses pâtisseries. Deux autres adresses en ville (Domplatz 2 et Wittgasse 8).

Shopping

Le **verre soufflé ou gravé** est une spécialité de la Forêt bavaroise. À **Spiegelau**, la galerie Gravur Pur, et à **Zwiesel**, les ateliers Schmid, Männerhaut et Kristall Rimpler ont des pièces exceptionnelles.

Hébergement

Premier prix

Hotel Passauer Wolf – *Untere-Donaulände 4 - ✆ 0851 931510 - www.hotel-passauer-wolf.de - 39 ch. 85/165 € - ☕ 10 €.* Hôtel charmant, au cœur de la vieille ville, dans la zone piétonne.

Spitzberg – *Neuburger Str. 29 - ✆ 0851 955480 - www.hotel-spitzberg.de - ♿ - 35 ch. 95/175 € - ☕ 10 € -* ✕. Maison d'hôtes bien tenue près de la vieille ville.

1

Burghausen ★★

Un décor de cape et d'épée ! Burghausen est d'abord un site exceptionnel : un éperon étroit et allongé entre les eaux de la rivière Salzach et celles d'un lac, le Wöhrsee, venu prendre la place d'un ancien lit du cours d'eau. Sur cette hauteur, la plus longue forteresse d'Allemagne étire sur plus d'un kilomètre son mur d'enceinte ponctué de créneaux et de tours. L'ensemble fortifié surplombe la ville médiévale et le panorama s'étend vers les contreforts boisés des Alpes, entre Allemagne et Autriche.

Se repérer

CARTE P. 32-33 (D2)
18862 hab. - Bavière.
À 83 km au sud-ouest de Passau, 75 km au sud-est de Landshut, 76 km au nord de Berchtesgaden.

À ne pas manquer

Le panorama du château, une baignade dans le Wöhrsee.

Organiser son temps

Au moins une demi-journée.

Carnet pratique p. 118

Nos adresses p. 118

Se promener

Avant d'accéder à la ville médiévale, vous traversez des faubourgs modernes sans grâce : il s'agit de l'autre visage de Burghausen, une ville nouvelle créée lors de l'implantation en 1915 des usines Wacker. Le bourg médiéval est alors tombé en désuétude, ce qui lui a paradoxalement valu de ne pas être dénaturé, avant sa réhabilitation dans les années 1970. Poumon économique de Burghausen, le géant mondial de la chimie est toujours en activité.

★★ Burg Burghausen (CHÂTEAU FORT)

Comptez environ 2h30 de marche et de visite. Accès possible en voiture (parking).
Les **ducs de Bavière** – seigneurs du château depuis le 12e s. – firent de Burghausen la plus grande forteresse d'Allemagne. Son système de défense, encore renforcé à la fin du 15e s. face à la menace d'une invasion turque, s'étend sur près de 1100 m. Dans sa forme actuelle depuis 1490, le château présente six cours que l'on peut parcourir successivement.

À partir de la Stadtplatz, dans la ville basse, contournez la falaise à l'extrémité sud de l'éperon, passez sous le **Wöhrseeturm** et longez un instant le plan d'eau du Wöhrsee. Par un chemin en pente raide, on gagne rapidement le premier mur d'enceinte, d'où l'on a une belle vue sur les fortifications qui montent sur l'autre versant à l'assaut de la colline de l'Eggenberg.

La **porte St-Georges** donne accès à l'enceinte intérieure, qui protège la dernière petite cour étroite restée à l'époque médiévale. Une centaine d'habitants logent toujours dans la forteresse, dont le site exceptionnel sert aussi parfois de cadre aux tournages historiques. Deux musées sont installés dans le bâtiment principal.

Staatliches Burgmuseum (musée du Château) – *www.burg-burghausen.de - avr.-sept. : 9h-18h ; oct.-mars : 10h-16h - 5 € (-18 ans gratuit).* Les anciens appartements du duc abritent des meubles d'époque du 15e au 17e s., ainsi qu'une intéressante collection de peintures de l'école bavaroise. À partir du 2e étage, on accède à la **plate-forme** d'observation depuis laquelle on jouit d'un large **panorama★** sur Burghausen, la vallée de la Salzach et les collines environnantes. La **chapelle** gothique (dans la même aile) possède une élégante voûte en étoile.

Musée municipal (Stadtmuseum) - *✆ 08677 887 0 - www.burghausen.de/stadtmuseum - de déb. avr. à déb. oct. : 9h-18h ; de déb. oct. à déb. nov. : 10h-16h ; reste de l'année fermé - 4 €.* Dans les anciens appartements de la duchesse *(côté ouest du château principal)* sont présentées l'histoire de la ville de Burghausen et des collections d'artisanat et d'art populaire.

Stadtplatz

En descendant directement sur la Stadtplatz par le **Burgsteig** (rampe entre la porte du château et la porte St-Georges), on a une très belle **vue** sur la vieille ville. Remarquablement conservées, les ruelles qui en démarrent déroulent de nombreux bâtiments aux façades baroques, églises ou palais officiels, certains à l'ornementation rococo. Dans le prolongement de la Brückgasse, un pont donne accès à la rive autrichienne.

Wörhsee

Au pied de la forteresse, ce site est populaire pour la baignade aux beaux jours *(surveillée de mai à sept.)*, avec vue sur le château. L'hiver, le lac se transforme en patinoire.

1

À proximité

CARTE P. 32-33

Altötting C2

▶ *21 km au nord-ouest.*

Ce lieu de pèlerinage consacré à la Vierge, l'un des plus anciens de Bavière, attire chaque année 700 000 personnes. La statue vénérée de la **Vierge noire** est exposée dans une niche d'argent sur l'autel de la chapelle octogonale de la chapelle de Grâce (Gnadenkapelle).

Dans la **collégiale St-Philippe-et-St-Jacques (Stiftskirche St. Philipp und Jakob)**, de style gothique tardif, le **trésor** possède une très belle pièce d'orfèvrerie (vers 1400) : le **Goldenes Rössl** (Cheval d'or), que le roi de France Charles VI avait reçu de son épouse Isabeau de Bavière. Cette composition pyramidale montre, au niveau supérieur, une Vierge en majesté, et au niveau inférieur un petit cheval richement harnaché, le tout en or et or émaillé.

Le jazz à Burghausen

Quel site pour un festival de jazz ! Pendant une semaine, mi-mars, les ruelles médiévales de Burghausen accueillent depuis 1970 l'un des plus grands festivals du genre en Europe. Ella Fitzgerald, Michel Petrucciani, Chet Baker ou Dizzy Gillespie sont venus s'y produire, ce dont témoignent les plaques de cuivre apposées au sol dans la ruelle principale *(In den Grüben)*, une sorte de *Hall of Fame* local. Les principaux concerts ont lieu au Wacker Hall, une salle de 1 000 places située dans la ville nouvelle. D'autres se déroulent dans les bars et restaurants de la vieille ville. L'événement a pris tellement d'ampleur qu'il a même un train dédié, le *Jazz Express*, affrété pour faciliter l'arrivée et le retour des spectateurs des concerts du vendredi et du samedi !

Carnet pratique

S'informer

Office de tourisme – *Dans le Rathaus, Stadtplatz 99 - Burghausen - ✆ 08677 887140 - www.visit-burghausen.com.* Promenades sur la Salzach en *Plätten* (anciennes barges à sel).

Agenda

Semaine internationale du jazz – *1 sem. mi-mars - www.b-jazz.com.* L'un des plus grands festivals du genre en Europe.

Fête du château – *2e w.-end de juil.* 1500 figurants costumés prennent d'assaut la forteresse. Marché, tournois, etc.

Nos adresses

Restauration

Premier prix

Weißbierbrauerei Auer – *In den Grüben 179 - ✆ 08677 4466 - weissbierbrauerei-auer.business.site - fermé sam. soir et dim.-lun., ouvre à 16h mar. et vend. et à 10h merc., jeu. et sam. - plats 10/20 €.* Voilà une taverne traditionnelle, surtout fréquentée par les locaux qui s'y attablent sans façon autour des grandes tables partagées. La cuisine est bavaroise et familiale, comme le service, en costume pour les serveuses. La patronne-cuisinière vient en fin de service s'asseoir avec les habitués, pour bavarder.

Pour se faire plaisir

Restaurant|271 – *Mauthnerstr. 271 - ✆ 08677 917 99 49 - www.restaurant271.de - fermé dim.-lun. et le midi mar.-jeu. - menus 55/85 €.* Situé au cœur de la vieille ville, cet établissement annonce dans son intérieur contemporain épuré, où le bois prédomine, une carte régionale moderne, centrée sur des produits de qualité qui se suffisent à eux-mêmes (tout est utilisé au maximum). Une cuisine d'une grande fraîcheur créative et des assiettes dressées avec goût.

Boire un verre

Burgcafe – *Burg 46 - ✆ 08677 877340 - www.burgcafe-burghausen.de - merc.-dim. 10h-20h - fermé janv.-fév.* C'est surtout pour la magnifique terrasse panoramique que nous vous conseillons cette adresse par ailleurs fort touristique.

Hébergement

Pour se faire plaisir

Hotel Post – *Stadtplatz 39 - ✆ 08677 9650 - www.altstadthotels.net - P ♿ - 24 ch. 139/250 € ☕ - ✕.* Ouvrant sur la superbe place de la vieille ville, cet hôtel-restaurant vaut autant pour sa table traditionnelle que ses chambres confortables, qui reprennent le souffle baroque présent dans les ruelles. Attentif, le service en costume traditionnel ajoute au charme. Belle terrasse.

Glöcklhofer – *Ludwigsberg 4 - ✆ 08677 916400 - www.hotel-gloecklhofer.de - P - 50 ch. 139/195 € ☕.* Cet hôtel d'affaires bénéficie d'une situation centrale et dispose de chambres très bien aménagées. Des soins de beauté et des massages sont également proposés. Agréable jardin d'hiver aménagé dans un esprit moderne.

Landshut ★

Ancienne capitale de la Basse-Bavière, Landshut renferme un centre médiéval, l'un des mieux préservés d'Allemagne. Riche de plus de huit siècles d'histoire, elle garde un souvenir très vivant des ducs Wittelsbach, qui surpassèrent souvent en faste leurs cousins de Munich. Tous les quatre ans, le « Landshuter Fürstenhochzeit », fresque historique parmi les plus importantes d'Europe, fait revivre le Moyen Âge.

Se repérer

CARTE P. 32-33 (C2)
73150 hab. – Bavière.
À 75 km au sud de Ratisbonne, 77 km au nord-est de Munich.

À ne pas manquer

Une promenade dans la vieille ville.

Organiser son temps

Une demi-journée.

Carnet pratique p. 120

Nos adresses p. 120

1

Se promener

★ Altstadt

Ce nom désigne une vaste esplanade où bat le cœur de la vieille ville, en fait une large artère légèrement sinueuse, bordée de maisons à arcades des 15e et 16e s. Entre l'église St-Martin et le Rathaus se concentrent les principaux monuments. Remarquez la fantaisie et la variété des pignons que l'on retrouve dans l'artère parallèle, plus récente, dite Neustadt, aux façades souvent « baroquisées ».

★ Stiftsbasilika St. Martinskirche (BASILIQUE ST-MARTIN)

Kirchgasse 232 - www.stadtkirche-landshut.de - lun. 8h30-11h30, 14h-17h, mar., merc., vend. 8h30-11h30, jeu. 14h-17h.

Élevée aux 14e-15e s. par le maître Hans von Burghausen, l'église en brique rose frappe surtout par l'imposante **tour★★** qui la couronne. Carrée à la base, elle s'affine en octogone et représente, avec près de 131 m de haut, le plus grand édifice en brique du monde. Des pierres tombales décorent les murs extérieurs de l'église. Les cinq portails flamboyants sont richement ornés.

À l'intérieur, les piliers octogonaux d'aspect fragile portent d'un seul élan les voûtes à 29 m de hauteur. À noter sur l'autel du bas-côté droit, une *Vierge à l'Enfant* de Hans Leinberger (1518), qui a aussi réalisé le chœur.

Stadtresidenz (LA RÉSIDENCE)

Altstadt 79 - ✆ 0871 96 59 490 - www.schloesser.bayern.de - fermé pour travaux de rénovation jusqu'en 2026.

Premier édifice Renaissance construit en Allemagne (1536-1543), le palais de la Résidence comprend deux corps de bâtiment. La partie allemande donne sur l'Altstadt (mobilier et décoration en grande partie du 18e s.), où furent retrouvés, lors d'une rénovation, de très beaux papiers peints d'époque fabriqués en France ; la partie Renaissance italienne (16e s.), sur la cour (plafonds à caissons peints).

À l'étage, petit musée gratuit sur le travail de la terre à Landshut et sur des fouilles archéologiques locales, le tout en allemand uniquement.

Burg Trausnitz (CHÂTEAU DE TRAUSNITZ)
✆ 0871 92 41 10 - www.burg-trausnitz.de - visite guidée uniquement - avr.-sept. : 9h-18h ; oct.-mars : 10h-16h - 5,50 €.
De la forteresse initiale du 13e s., il subsiste le donjon, la chapelle St-Georges, remarquable pour ses statues, et la halle gothique dite Alte Dürnitz. Le reste du château fut remanié à la Renaissance. À noter, les belles galeries à arcades et l'escalier des Bouffons peint de scènes de la *commedia dell'arte*. D'une loggia, **vue** exceptionnelle sur la ville.

Carnet pratique

S'informer

Office de tourisme – *Dans le Rathaus - Altstadt 315 - Landshut - ✆ 08 71-88 0 - www.landshut.de.*

Arriver/partir

Se garer – Centre historique quasi piéton ; garez-vous dans l'un des parkings en périphérie.
En train – Gare au nord-ouest de la vieille ville. Trains ttes les 30mn pour Munich.

Agenda

Les Noces de Landshut *(Landshuter Hochzeit) – Tous les 4 ans, prochaine édition en 2023 - de fin juin à fin-juil. - www.landshuter-hochzeit.de.* Une des plus grandes fêtes médiévales d'Europe. Les habitants de Landshut rejouent les festivités organisées en 1475 pour le mariage princier entre le duc de Bavière Georges le Riche et Hedwige Jagellon, la fille du roi de Pologne.

Nos adresses

Restauration

Pour se faire plaisir
Bellini – *Papiererstr. 12 - ✆ 0871 630303 - www.bellini-landshut.de - fermé sam. midi - plats 25,90/28,90 € - menu gourmet 69,90 €.* Un restaurant aux couleurs méditerranéennes où déguster une cuisine italienne accompagnée de crus italiens et français. L'été, terrasse dans la cour.

Une folie
Fürstenzimmer und Herzogstüberl – *Stethaimer Str. 3 - ✆ 0871 92550 - www.hotel-fuerstenhof-landshut.de - fermé midi et dim.-lun. - plats 32/44 € - menus 62/93 €.* Cuisine classique au Herzogstüberl avec une ambiance bavaroise et chaleureuse ou au Fürstenzimmer, plus raffiné et élégant. Personnel accueillant.

Hébergement

Pour se faire plaisir
Goldene Sonne – *Neustadt 520 - ✆ 0871 92530 - www.goldenesonne.de - 49 ch. à partir de 139 € ☕ - ✕.* Ce bâtiment de la vieille ville abrite des chambres élégantes et confortables. Salle à manger rustique et cuisine bourgeoise. Plaisante brasserie dans la cour.

Ratisbonne ★★★

Regensburg

Victime de son succès, Ratisbonne est prise d'assaut par les groupes de visiteurs aux beaux jours. Privilégiez l'arrière-saison pour profiter de cette merveilleuse machine à remonter le temps, épargnée par les destructions de la Seconde Guerre mondiale. Le centre ancien semble tout droit sorti des 12e et 13e s., âge d'or de la ville qui faisait alors commerce des denrées venues d'Orient autour de son port fluvial et de son pont de pierre, toujours aussi solide sur le Danube. Une cathédrale gothique et des tours de maisons patriciennes à chaque coin de ruelle complètent un tableau médiéval unique et authentique, récompensé par l'inscription au Patrimoine mondial de l'Unesco.

Pont de pierre sur le Danube et cathédrale St-Pierre.
bbsferrari/Getty Images Plus

Se repérer

CARTE P. 32-33 (C1) ET PLAN P. 122

153 542 hab. – Bavière.
À 124 km au nord de Munich, 123 km au nord-ouest de Passau.

À ne pas manquer

Les ruelles médiévales, la vue superbe depuis l'autre rive du Danube.

Organiser son temps

Au moins une nuit pour profiter de l'ambiance nocturne et des bâtiments illuminés, et une journée pour la visite de la ville.

Carnet pratique p. 128

Nos adresses p. 128

SE RESTAURER

Dicker Mann 3
Historische Wurstkuchl 7

SE LOGER

Am Peterstor 1
Hotel Goldenes Kreuz 4
Hotel Kaiserhof 7
Hotel Jakob Regensburg 8

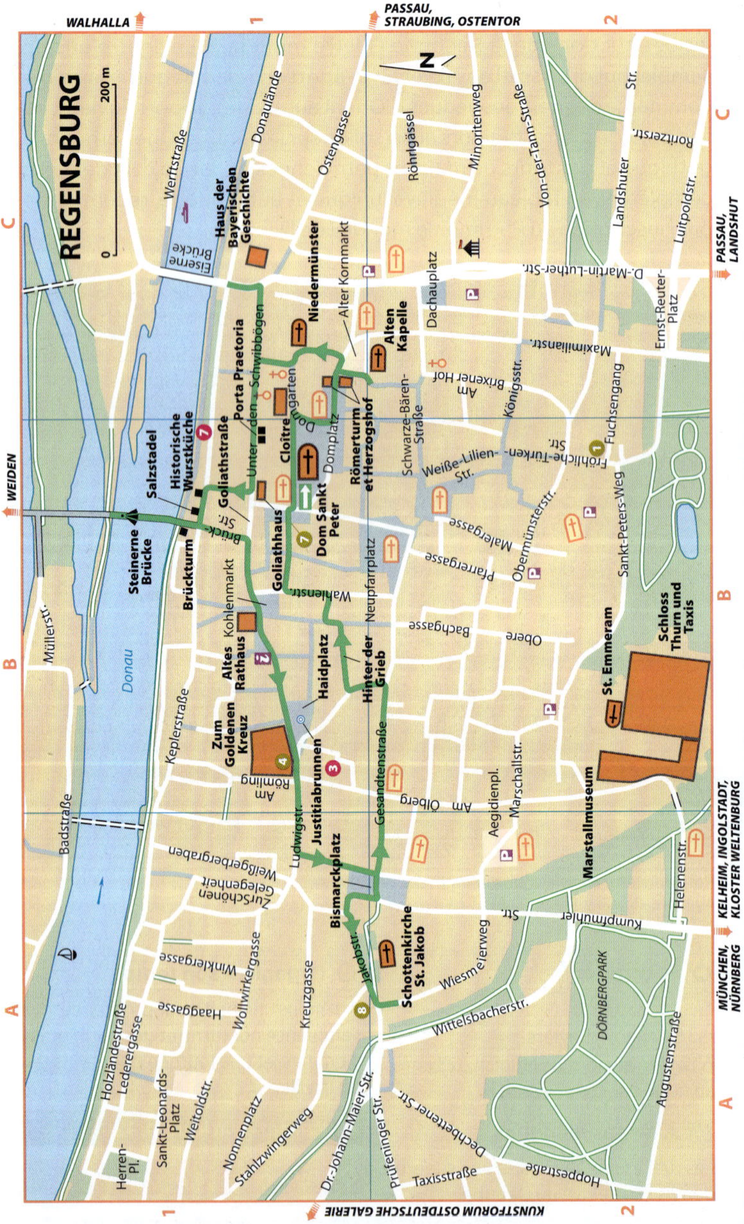

Se promener

PLAN CI-CONTRE

★★★ Le quartier ancien

Itinéraire tracé sur le plan.

★★ Dom St. Peter (CATHÉDRALE ST-PIERRE) B1

Domplatz 5 - ✆ 0941 597 1662 - www.domplatz-5.de - avr.-mai et oct. : 6h30-18h (13h-18h dim. et j. fériés) ; juin-sept. : 6h30-19h (13h-19h dim. et j. fériés) ; nov.-mars : 6h30-17h (13h-17h dim. et j. fériés) - entrée libre, 6 € visite guidée 10h30 (sauf dim.) et 14h30.

La construction de la cathédrale St-Pierre commença après 1270, sur le modèle des cathédrales gothiques françaises. L'édifice fut achevé vers 1525, mais les flèches ne furent ajoutées qu'au 19e s. De l'ancienne église romane située à cet emplacement subsiste encore la **tour de l'Âne (Eselsturm)**, sur la partie nord du transept. La **façade principale**, richement décorée, est l'œuvre des Roritzer, famille de sculpteurs de Ratisbonne. Le portail principal, sous les deux flèches néogothiques, possède un porche original, triangulaire et en saillie, présentant une statue de saint Pierre sur le trumeau (pilier central). D'autres statues remarquables occupent les niches, parmi lesquelles une gracieuse *Rencontre de la Vierge et de sainte Élisabeth*.

1

L'intérieur impressionne par ses dimensions : 85 m de longueur et 32 m de hauteur. Les bas-côtés sont entourés d'une galerie qui, sur le côté sud *(à droite)*, repose sur des consoles finement ciselées. Sur les piliers ouest du transept, on peut voir l'ange de l'Annonciation Gabriel – appelé « l'Ange au sourire » – et la Vierge Marie – deux chefs-d'œuvre de l'art gothique dus au maître d'Erminold (vers 1280). Les **vitraux★★** qui ferment le chœur et ceux du transept sud (14e s.) sont les plus remarquables, de même que le maître-autel baroque, en argent et cuivre doré.

La cathédrale abrite la plus ancienne chorale de garçons au monde, le **Regensburger Domspatzen** (Les Moineaux de Ratisbonne). Quand elle n'est pas en tournée aux quatre coins du monde, cette célèbre formation chante tous les dimanches à 10h pendant l'office *(sf pdt les vac. scol. d'été)*. Georg Ratzinger, le frère du pape Benoît XVI, l'a longtemps dirigée.

Trésor *(Domschatz) – Krauterermarkt 3 - ✆ 0941 597 25 75 - www.bistumsmuseen-regensburg.de - lun.-sam. 11h-17h, dim. et j. fériés 12h-17h - 3 €.* Objets culturels, reliquaires et parements d'autel du 11e au 18e s. Remarquez la croix d'Ottokar (1261) et l'autel Schaumberg (1534-1540) dans la chapelle des Douze Messagers.

Cloître – *Sortez de la cathédrale par une porte latérale, à droite du chœur - fermé pour rénovation pour une durée indéterminée.* À droite de la galerie centrale pavée de pierres tombales se trouve la **chapelle de Tous-les-Saints (Allerheiligenkapelle)**, romane, dont les murs portent des traces de fresques.

Un pape et une ville

Il est né en 1927 à Maktl am Inn, un village proche de l'Autriche, à 130 km au sud de Ratisbonne. N'empêche : la cité sur le Danube considère **Joseph Ratzinger**, alias **Benoît XVI**, le premier pape allemand depuis le 11e s., comme « son » pape. Il faut dire que les liens entre Ratisbonne et la famille Ratzinger sont nombreux. Ses parents y sont enterrés et, surtout, son frère aîné Georg y vit encore après avoir été le *Domkapellmeister* (maître de chants) de la prestigieuse chorale de la cathédrale.

Une galerie conduit à la **chapelle St-Étienne** (l'« ancienne cathédrale ») datant du 11e s., qui renferme un autel pourvu d'une confession (sépulcre de saint) s'ouvrant à l'extérieur par de très petits orifices et qui aurait vu le jour entre le 5e et le 8e s. Passez au pied de la **Tour romaine (Römerturm)** reliée à la résidence ducale de style roman (aujourd'hui un restaurant), pour arriver sur le vieux **marché aux grains (Alter Kornmarkt)**.

★ Alte Kapelle (ANCIENNE CHAPELLE) C1-2

Ancienne basilique Notre-Dame de l'époque carolingienne, la chapelle située sur le côté sud de l'Alter Kornmarkt fut complètement transformée au 18e s. dans le style rococo : les deux doubles oratoires du chœur, le splendide retable, les peintures du plafond et les stucs dorés dus à Anton Landes, un des maîtres de Wessobrunn, se conjuguent en un ensemble harmonieux.
Quittez la place par la Niedermünstergasse, ruelle opposée à l'ancienne chapelle.

Niedermünster C1

Cette basilique romane à deux tours était autrefois l'église d'un couvent de nonnes. L'intérieur a été entièrement « baroquisé » aux 17e et 18e s.
Dirigez-vous vers le fleuve et prenez à droite à hauteur de la rue Unter den Schwibbögen.

Haus der Bayerischen Geschichte (MAISON D'HISTOIRE DE LA BAVIÈRE) C1

Donaumarkt 1 - ✆ 0941 59 85 10 - museum.bayern - tlj sf lun. 9h-18h - 7 € (-18 ans gratuit).
Ouvert en juin 2019, ce musée posé sur les rives du fleuve comme un vaisseau futuriste présente l'histoire de la Bavière grâce à une mise en scène moderne et attractive. Dans le grand hall d'accueil *(accès gratuit)*, un film panoramique de 20mn raconte les 2000 ans d'histoire de Ratisbonne, de sa fondation par les Romains à son intégration au nouveau royaume de Bavière, créé par Napoléon. À l'étage, l'exposition permanente poursuit cette histoire, du 19e s. à nos jours, à travers mille objets et des animations multimédias. En fin de parcours, une baie vitrée de 80 m² offre un panorama spectaculaire sur le Danube et la vieille ville.
Revenez sur vos pas et tournez à gauche dans la rue Unter den Schwibbögen, située sur le tracé de l'enceinte du camp romain.

La cité des diètes

Ratisbonne, ville libre dès 1245 et jouissant d'une position centrale, devient aux 13e et 14e s. une importante cité commerciale. Des tours sont érigées à la mode italienne par des marchands ambitieux, et de nombreux édifices romans puis gothiques se construisent. Dès le haut Moyen Âge se tiennent à Ratisbonne des diètes impériales *(Reichstag)* et des assemblées princières, chargées de délibérer sur les questions importantes de la paix intérieure et de la sécurité extérieure, dans un empire aux proportions gigantesques et de plus en plus morcelé.
De 1663 à 1806, la ville est le siège de la **Diète perpétuelle**, assemblée permanente des États du Saint Empire romain germanique. Cette même diète, installée à l'hôtel de ville, sanctionne en 1803 la réorganisation territoriale de l'Allemagne imposée par Napoléon. Cet acte annonce la dissolution de l'ancien Empire, devenue effective lors de l'abdication de François II en 1806.

Porta Praetoria B1

À gauche, vestiges de l'ancienne muraille et de la porte nord du camp romain du 2e s. (arche ouest et tour d'angle), qui couvrait près de 25 ha.

Goliathhaus (MAISON GOLIATH) B1

Un peu plus loin, la maison Goliath est décorée de fresques monumentales du 16e s. *Descendez à droite vers le Danube.*
Sur le quai se trouve la **Historische Wurstkuchl** *(voir « Restauration » dans « Nos adresses »)*, qui serait la plus ancienne rôtisserie de saucisses d'Allemagne ; elle aurait nourri les ouvriers construisant la cathédrale et le pont de pierre. Désormais fort touristique, elle n'en constitue pas moins une halte privilégiée pour tester les petites saucisses blanches de Ratisbonne, traditionnellement servies avec de la choucroute et un petit pain. À côté, le **grenier à sel** (**Salzstadel** – début du 17e s.) est reconnaissable à son grand toit ; abritant un Point information de l'Unesco *(voir p. 128)*, il est flanqué de la **tour du Pont (Brückenturm)** datant du 14e s.

Steinerne Brücke (PONT DE PIERRE) B1

Construit entre 1135 et 1146, ce pont long de 310 m et reposant sur 16 arches est un tour de force architectonique. Depuis son centre, la **vue★** sur la vieille ville est magnifique : les flèches de la cathédrale dominent les toits des maisons bourgeoises.
Revenez au centre par la Brückstraße, puis prenez à droite la Goliathstraße.

1

Goliathstraße (RUE GOLIATH) B1

On trouve au no 4 Watmarkt un exemple de demeure patricienne médiévale : tour gothique du 13e s. avec chapelle privée au rez-de-chaussée – aujourd'hui un restaurant *(voir « Nos adresses » : Beim Dampfnudel-Uli)* –, loggia au 1er étage autrefois entièrement ouverte et bâtiment d'habitation accolé.

★ Altes Rathaus (ANCIEN HÔTEL DE VILLE) B1

La tour de huit étages a été construite vers 1250. La partie ouest du bâtiment date de 1360 environ ; sa façade présente un charmant oriel posé sur un socle surélevé. Beau portail à gâble (pignon très pointu, début 15e s.).
Reichstagsmuseum (musée du Reichstag) – *Altes Rathaus - ✆ 0941 507 34 40 - www.regensburg.de - visite guidée (1h) avr.-oct. : ttes les 30mn 10h-16h ; 7 janv.-fév. : 10h, 11h30, 13h30 et 15h ; nov.-6 janv. et mars : 10h, 11h30, 13h30, 14h, 15h et 15h30 - 7,50 €.* Le musée comprend la fameuse salle impériale, de style gothique, où se réunissait la Diète perpétuelle. Le Reichsstädtische Kollegium abrite une exposition retraçant l'histoire des diètes de Ratisbonne. Au rez-de-chaussée, on peut visiter la salle des interrogatoires et les cachots.

★ Haidplatz B1

Cette place, où bat le cœur de la ville, est entourée de bâtiments historiques, parmi lesquels l'auberge au fronton crénelé, **Zum Goldenen Kreuz** *(voir « Hébergement » dans « Nos adresses »)*. Le palais Thon-Ditter *(Haidplatz 8)*, bâti sur la base de plusieurs maisons gothiques, présente une façade néoclassique et cache une cour Renaissance. Au centre, la **fontaine de la Justice (Justitiabrunnen)** date de 1655.
Suivez la Ludwigstraße et tournez à gauche dans Drei-Mohrenstraße pour rejoindre la place Bismarck, puis l'église St-Jacques.

Schottenkirche St. Jakob (ÉGLISE ST-JACQUES) A2

Le **portail★** de l'église dite « des Écossais » – fondée par des moines bénédictins irlandais en 1090 – est un chef-d'œuvre de l'art roman (1183). Sa signification reste en partie énigmatique, même si l'on reconnaît des scènes du Jugement dernier avec la représentation du Bien *(à gauche)* et du Mal *(à droite)*.

Bismarckplatz A1

À la limite de la ville médiévale, cette place si vivante en été illustre les 18e et 19e s. de Ratisbonne avec plusieurs résidences pour les représentants des princes-électeurs en poste à cette époque. Face au **théâtre de la ville (Stadttheater)**, le palais présidentiel, avec son portique à colonnes, fut construit en 1805 pour la légation française de la diète d'Empire. À l'angle de la Gesandtenstraße, ou « rue des Plénipotentiaires », se tient l'ancienne ambassade du Wurtemberg et, dans cette même rue, autour de l'**église de la Trinité (Dreieinigkeitskirche)**, on pourra voir les étonnantes pierres tombales baroques de ces ambassadeurs.
Dans la Gesandtenstraße, prenez à gauche la Rote-Hahnengasse, puis à droite Hinter der Grieb.

Hinter der Grieb B1

Cette ruelle et les suivantes, avec leurs vieilles maisons bourgeoises, nous ramènent au Moyen Âge. Au fond, belle vue sur l'une des flèches de la cathédrale.
Une fois arrivé dans la Untere Bachgasse, empruntez à gauche un passage au no 7 qui débouche au 16 Wahlenstraße, où l'on tourne à gauche pour rejoindre la Kramgasse, étroite ruelle qui ramène à la cathédrale.

Autour de la place St-Emmeram

St. Emmeram Kirche (BASILIQUE ST-EMMERAM) B2

Sur l'Emmeramplatz, un portail gothique conduit à un enclos qui rejoint l'église.
Ancienne abbatiale d'un monastère bénédictin fondé au 8e s., la basilique conserve un vaste **porche roman** (12e s.) menant à un double portail dont les **sculptures** (le Christ, saint Emmeram et Dionysos) comptent parmi les plus anciennes d'Allemagne (11e s.). À l'intérieur, l'aspect roman d'origine est à peine reconnaissable depuis sa « baroquisation » par les frères Asam.

Schloss Thurn und Taxis (CHÂTEAU DES THURN UND TAXIS) B2

✆ 0941 504 81 33 - www.thurnundtaxis.de - visite guidée (90mn) : lun.-vend. : 10h30, 12h30, 14h30 ; w.-end et j. fériés : 10h30, 11h30, 12h30, 13h30, 14h30 - audioguide en français - 16 € (14 € pour la visite réduite).
Franz von Taxis avait établi le système postal européen au 15e s., et ses descendants en conservèrent le monopole jusqu'en 1812. Lorsqu'il leur fut retiré, ils reçurent entre autres compensations les bâtiments de l'ancienne abbaye St-Emmeram, qu'ils transformèrent dans le style de l'époque pour en faire leur résidence. On peut voir les salles d'apparat (dont la salle de bal et celle du trône), qui laissent imaginer le luxe des réceptions organisées au château. Celui-ci est toujours habité par la famille princière Thurn und Taxis, l'une des plus grandes fortunes d'Allemagne.
Le **cloître** romano-gothique, construit en différentes phases du 11e au 14e s., présente le magnifique portail de St-Benoît, de la première moitié du 13e s.

Marstallmuseum (MUSÉE DES ÉCURIES) B2

Dans le château des Thurn und Taxis - ✆ 0941 504 81 33 - www.thurnundtaxis.de - ♿ - jeu.-dim. et j. fériés 11h-16h - audioguide en français - 4,50 €.
Belle collection de carrosses et diligences, de traîneaux et chaises à porteurs, mais aussi de harnais de gala et d'accessoires d'équitation.

Hors de la vieille ville

★ Kunstforum Ostdeutsche Galerie (MUSÉE GALERIE EST-ALLEMANDE)

HORS PLAN PAR A1

Dr Johann-Maier-Str. 5 - ✆ 0941 29 71 40 - www.kunstforum.net - tlj sf lun. 10h-17h (jeu. 20h) - 6 €.

Réputé pour ses belles expositions temporaires, le lieu présente en outre une collection balayant une histoire de la peinture d'Europe de l'Est, du romantisme jusqu'à la fin du 20e s. Citons au passage : Lovis Corinth, représentant de l'impressionnisme allemand, des expressionnistes, des artistes de la Sécession, Otto Dix, Kokoschka, des bronzes émouvants de Käthe Kollwitz.

À proximité

CARTE P. 32-33

★ Walhalla C1

▶ 11 km à l'est. Franchissez le Danube (B 16-B 15) et prenez tout de suite à droite (fléchage). Walhallastr. 48 - 93093 Donaustauf - ✆ 09403 961680 - www.walhalla-regensburg.de - ♿ - avr.-oct. : 9h-18h ; nov.-mars : 10h-12h, 13h-16h - 4,50 €.

Comme égaré dans la vallée du Danube, ce surprenant temple dorique fut construit sur le modèle du Parthénon entre 1830 et 1842 par Louis Ier de Bavière. Il commémore les grands hommes qui avaient marqué la culture germanique. On voit à l'intérieur 124 bustes de personnalités « de langue allemande ».

1

★ Kloster Weltenburg (ABBAYE DE WELTENBURG) B1

▶ 28 km au sud-ouest. Asamstr. 32 - 93309 Kelheim - ✆ 0944 12 040 - www.kloster-weltenburg.de - visite guidée (30mn – en français sur demande) : 9h-11h, 12h30-16h30 (dim. 12h30-16h30) - 3 € (enf. 1,50 €).

À l'entrée de la « percée du Danube », l'abbaye de Weltenburg trône majestueusement en bordure du fleuve. L'**église** (1718), œuvre de Cosmas Damian Asam, présente une avant-nef et une nef principale formées toutes sur un plan ovale. L'attention est immédiatement attirée sur la statue de saint Georges terrassant le dragon qu'un « jour céleste » éclaire de façon théâtrale. Par l'orifice de la coupole apparaît la calotte supérieure, recouverte d'une peinture d'Asam en trompe-l'œil sur le thème de l'Église triomphante. La plus grande partie de la décoration est due au frère de Cosmas Damian, le stucateur Egid Quirin Asam. Le site abrite également la plus vieille **brasserie** d'abbaye du monde, où l'on brasse la même bière brune depuis 1050.

Carnet pratique

S'informer

Office de tourisme – *Altes Rathaus - Rathausplatz 4 - Regensburg - ✆ 0941 507-4410 - www.tourismus.regensburg.de.* Nombreuses visites guidées thématiques, certaines en français.

Point info Unesco – *Salzstadel - Weiße-Lamm-Gasse 1 - www.regensburg.de - 10h-17h.* Dans l'ancien grenier à sel municipal, exposition sur la ville, sous l'angle de son classement à l'Unesco.

Arriver/partir

En train – Gare au sud du centre-ville par la Maximilianstr. (C2). Liaisons quotidiennes avec Munich, dont 2 directes (trajet 1h40).

Agenda

Bayerisches Jazzweekend – *mi. juil. - www.bayerisches-jazzweekend.de.* Plus de 30 ans que le jazz est à l'honneur le temps d'un week-end.

Festival Thurn und Taxis – *10 jours mi-juil. - www.schlossfestspiele-regensburg.de.* Série de concerts en plein air dans le jardin du château princier. Opéra, variété, rock…

Dult – Deux fois par an *(mai et sept.)*, grande fête populaire et familiale de deux semaines. Buvettes, restaurants, manèges et marché en plein air.

Marché de l'Enfant Jésus et marché de Noël – Dans le centre ancien et au château.

Nos adresses

PLAN P. 122.

Restauration

Premier prix

7 Historische Wurstkuchl – B1 - *Thundorferstr. 3 - ✆ 0941 466210 - www.wurstkuchl.de - ferme à 19h - plats 10,50/23 €.* Une institution au bord du Danube ! On patiente devant la baraque où cuisent les saucisses maison accompagnées de choucroute et de moutarde. Service en terrasse et à l'intérieur.

Budget moyen

3 Dicker Mann – B1 - *Krebsgasse 6 - ✆ 0941 57370 - www.dicker-mann.de - plats 13,90/23 €.* Caché dans une étroite ruelle du centre-ville, ce restaurant aux airs de taverne, très fréquenté le soir, propose de succulentes spécialités bavaroises et autrichiennes. Service chaleureux et efficace.

Petite pause

Alte Linde – *Müllerstr. 1 - ✆ 0941 88080 - www.altelinde-regensburg.de - avr.-oct. : 11h-23h ; reste de l'année : 15h-23h - plats 11,90/24,90 €.* Sur une île du Danube accessible par le pont de pierre, un *Biergarten* agréable, avec une vue imprenable sur les façades colorées de la ville.

Anna – *Gesandtenstr. 5 - ✆ 0941 2060230 - www.anna-cafe.de - 9h-19h.* Dans les bâtiments rénovés de l'ancienne manufacture de tabac à priser, sous les voûtes gothiques, café gourmet où l'on peut déguster une tranche de gâteau ou une délicieuse glace maison.

En soirée

Orphée – *Untere-Bachgasse 8 - ✆ 0941 5952977 - www.hotel-orphee.de - 8h-1h - 2 hôtels : das Kleine Haus - 15 ch. à partir de 95 € ; das Große Haus - 33 ch. à* *partir de 155 €.* Un bistrot parisien quasi authentique à la décoration datant de 1896. On vient y boire un verre ou manger tard. Les deux hôtels, sur place et dans la rue voisine, possèdent des chambres époustouflantes.

Spitalgarten – *St. Katharinenplatz 1 - ✆ 0941 84774 - www.spitalgarten.de - lun.-jeu. 11h30-22h, vend. 11h30-23h, sam. 11h-23h, dim. 11h-22h.* Franchissez le pont de pierre et, sur cette île du Danube, installez-vous à l'une des tables du *Biergarten* pour savourer une bière fraîche et le panorama.

Hébergement

Premier prix

1 **Am Peterstor** – B2 - *Fröhliche-Türken-Str. 12 - ✆ 0941 54545 - www.hotel-am-peterstor.de - 36 ch. à partir de 50 € - ☕ 9 €.* Des prix très raisonnables pour un confort très correct, proche de la cathédrale.

Budget moyen

7 **Hotel Kaiserhof** – B1 - *Kramgasse 10-12 - ✆ 0941 585350 - www.kaiserhof-am-dom.de - ♿ - 20 ch. à partir de 115 € ☕.* Les chambres de cet hôtel sont accueillantes et donnent toutes sur les tours jumelles de la cathédrale. Un haut plafond voûté surplombe la salle du petit-déjeuner, aménagée dans l'ancienne chapelle du 14e s.

Pour se faire plaisir

4 **Hotel Goldenes Kreuz** – B1 - *Haidplatz 7 - ✆ 0941 55812 - www.hotel-goldeneskreuz.com - ♿ - 10 ch. 110/160 € ☕ - salon de thé à partir de 8h.* Reconnaissable avec sa tour et sa façade grise, la résidence des princes et des empereurs au 16e s. est l'établissement le plus réputé de la ville. Les chambres se distinguent par leur élégance On prend le petit-déjeuner dans le salon de thé au rez-de-chaussée, l'ancienne chapelle du lieu.

8 **Hotel Jakob Regensburg** – A1 - *Jakobstr. 14 - ✆ 0941 6009290 - www.hotel-jakob-regensburg.de - P - 56 ch. à partir de 170 € ☕.* Bien situé, au calme tout en étant à quelques minutes à pied de la vieille ville, cet hôtel a installé ses chambres, spacieuses et lumineuses, dans un édifice de 1781 rénové. Le parking à l'arrière facilite aussi la vie de ceux qui viennent en voiture, dans une ville où la circulation est quasi interdite au centre.

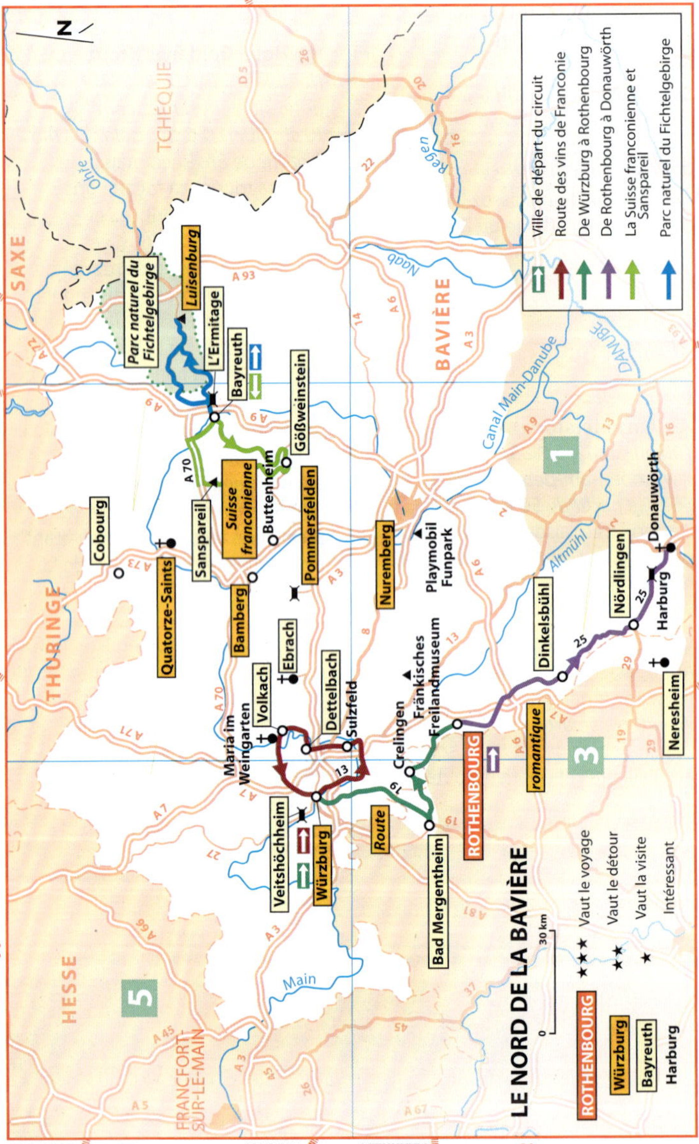
LE NORD DE LA BAVIÈRE
ROTHENBOURG ★★★ Vaut le voyage
Würzburg ★★ Vaut le détour
Bayreuth ★ Vaut la visite
Harburg Intéressant
0 30 km
Ville de départ du circuit
Route des vins de Franconie
De Würzburg à Rothenbourg
De Rothenbourg à Donauwörth
La Suisse franconienne et Sanspareil
Parc naturel du Fichtelgebirge
HESSE
THURINGE
SAXE
TCHÉQUIE
BAVIÈRE
FRANCFORT-SUR-LE-MAIN
DORTMUND
MAYENCE
MANNHEIM
ERFURT
LEIPZIG
CHEMNITZ
PLZEŇ
ULM
AUGSBOURG
MUNICH
Cobourg
Quatorze-Saints
Bamberg
Sanspareil
Suisse franconienne
Buttenheim
Pommersfelden
Gößweinstein
Bayreuth
L'Ermitage
Luisenburg
Parc naturel du Fichtelgebirge
Nuremberg
Playmobil Funpark
Ebrach
Volkach
Maria im Weingarten
Dettelbach
Sulzfeld
Veitshöchheim
Würzburg
Route romantique
Bad Mergentheim
Creglingen
Fränkisches Freilandmuseum
ROTHENBOURG
Dinkelsbühl
Nördlingen
Harburg
Donauwörth
Neresheim
Main
Naab
Regen
Altmühl
Canal Main-Danube
DANUBE
Ohře
A B C
1 2
N

2

Le nord de la Bavière

CARTE MICHELIN RÉGIONAL 546 – BAVIÈRE

Würzburg ★★

Du haut de la forteresse de Marienberg sur la rive est du Main, la vue sur Würzburg, son vieux pont et ses clochers ne laisse pas imaginer qu'une grande partie de la ville fut détruite à la fin de la Seconde Guerre mondiale. Sa grandeur passée, liée à trois princes-évêques de la famille de Schönborn (18e s.), se retrouve dans les églises baroques et le splendide palais de la Résidence, classé au Patrimoine mondial de l'Unesco. Pôle universitaire réputé, où furent notamment découverts les rayons X en 1895, Würzburg est restée très vivante, en partie grâce à ses milliers d'étudiants, dont la jeunesse égaie les ruelles pavées.

Würzburg.
SCStock/Getty Images Plus

Se repérer

CARTE P. 130 (A1) ET PLANS P. 134 ET 136
126 933 hab. – Bavière.
À 116 km à l'est de Francfort.

À ne pas manquer

La Résidence, sa cave, la forteresse Marienberg et sa vue sur la ville, la route des vins de Franconie.

Organiser son temps

Une journée pour la ville et la citadelle suivant l'itinéraire proposé.

Carnet pratique p. 140

Nos adresses p. 140

Se promener

PLAN P. 134

★★ La vieille ville et la forteresse de Marienberg

Itinéraire au départ de la Residenzplatz tracé sur le plan.

★★ Residenz (LA RÉSIDENCE) D1-2

Residenzplatz 2 - ✆ 0931 355 170 - www.residenz-wuerzburg.de - visite guidée (1h) avr.-oct. : 9h-18h ; nov.-mars : 10h-16h30 - visite en allemand ttes les 20mn avr.-oct. (ttes les 30mn le reste de l'année) ; en anglais à 11h et 15h (et 13h30 et 16h30 avr.-oct.) - 9 € (- 18 ans gratuit) - accès libre au jardin et à l'église.

Considérée comme l'un des principaux fleurons du baroque germanique, la Résidence fut construite entre 1720 et 1744. Fait rare pour un bâtiment de cette ampleur, elle est l'œuvre d'un seul homme, le génial **Balthasar Neumann** (1687-1783), considéré comme l'un des grands architectes baroques. La Résidence devint la résidence des évêques, en remplacement de l'ancienne forteresse de Marienberg.

★★ **Palais** – Le monumental **escalier d'honneur**★★ est un chef-d'œuvre de Neumann ; il occupe toute la partie nord du vestibule. La gigantesque **fresque**★★ (600 m²) décorant les voûtes est l'œuvre du Vénitien **Tiepolo** (1752-1753) ; elle représente l'hommage des quatre continents alors connus au prince-évêque von Greiffenclau *(voir encadré ci-dessous)*.

À l'étage – Dans la salle blanche *(entre l'escalier d'honneur et la salle impériale)*, les éclatants **stucs** sont dus à l'Italien Antonio Bossi.

La **salle impériale**★, de forme ovale *(1er étage)*, est également décorée de **fresques de Tiepolo**. Les éléments en relief (corniches, sculptures, stucs) se mêlent admirablement aux peintures sculpturales inscrites dans des éléments d'architecture en trompe-l'œil, suivant une mode baroque. La visite guidée se poursuit dans les **appartements d'apparat** restaurés dans toute leur splendeur rococo. Le musée comporte aussi une **galerie de peinture** où l'on trouve de belles œuvres italiennes des 17e et 18e s., dont des *vedutte* (vues de Venise) par Antonio Canaletto.

★ **Hofkirche** *(église)* – L'architecte Balthasar Neumann a fait preuve dans cette construction de son originalité habituelle ; les courbes des lignes de force qui soutiennent la voûte, comme celles qui guident la balustrade surplombant le maître-autel, présentent une structure aussi complexe qu'agréable à l'œil. Les différentes variétés de marbre, les dorures d'abord discrètes au premier niveau

2

Le chef-d'œuvre de la Résidence

Le prince-évêque Carl Philipp von Greiffenclau avait confié la réalisation des peintures de la Résidence à un artiste milanais, mais ce dernier peignait si mal qu'il décida d'engager le meilleur fresquiste de l'époque, **Giambattista Tiepolo**. Arrivé en 1750 avec ses deux fils, l'artiste fut reçu avec honneur. Il était prévu de lui verser 10 000 florins, soit trois fois plus que ce qu'il gagnait à Venise. Lors de son séjour à Würzburg, Tiepolo réalisa les fresques de la salle impériale et de l'escalier d'honneur – considérées comme son œuvre majeure –, deux retables pour la Hofkirche et un retable pour l'abbaye de Schwarzach (aujourd'hui dans l'Ancienne Pinacothèque de Munich). Il lui fallut 210 jours pour exécuter la gigantesque **fresque** (32 x 19 m) de l'escalier d'honneur, caractérisée par une profusion de personnages, d'allégories et de *putti* – créant en quelque sorte un théâtre du monde.

SE RESTAURER		SE LOGER	
Alte Mainmühle	3	Würzburger Hof	1
Backöfele	5	Hotel Amberger	2
Weinhaus zum Stachel	7	Best Western Premier Hotel Rebstock	4

puis omniprésentes au plafond, les couleurs chaudes des fresques de Rudolf Byss, peintre de la cour, s'allient pour donner une composition de couleurs riche en contrastes. Au-dessus des autels latéraux, on peut voir deux tableaux de **Tiepolo** : *L'Assomption* et *La Chute des anges*.

★ **Hofkeller (cave)** – *✆ 0931 30 50 931 - www.hofkeller.de - visite guidée uniquement sur réserv. (1h, en allemand) - 10 €.* Capitale des vins de Franconie, Würzburg s'enorgueillit d'abriter la seule cave au monde classée à l'Unesco. À la lueur des bougies, la visite chemine sous les voûtes en pierre du 18e s. Plus d'un million de litres de vin y sont produits chaque année par des vignerons fonctionnaires, employés par l'État de Bavière propriétaire de cette cave !

★ **Hofgarten (jardin)** – L'utilisation habile des anciens bastions a permis d'aménager, à l'est du parc, les terrasses des jardins et leurs rampes majestueuses. Depuis les jardins est, vue sur toute la façade de la Résidence (167 m). Les stucs sont l'œuvre de Johann Peter Wagner.

★ **Martin-von-Wagner-Museum (musée de la Résidence)** – *Entrée près de la chapelle dans l'aile sud - ✆ 0931 318 22 88 - www.martinvonwagner-museum.com -*

♿ - *galerie : mar.-sam. 10h-13h30 - Antikensammlung : mar.-sam. 13h30-17h, dim. 10h-13h30 (galerie de peinture et collection d'antiques ouvertes en alternance le dim., se rens.) - gratuit.* La **galerie de peinture★** *(2ᵉ étage)* présente l'art allemand et européen du 14ᵉ au 20ᵉ s. Parmi les pièces les plus intéressantes, on compte les tableaux d'autel des maîtres de Würzburg du 14ᵉ au 16ᵉ s. et la sculpture franconienne, en particulier celle de Riemenschneider *(voir encadré ci-dessous)*. Collections de peintures hollandaise et italienne du 16ᵉ au 18ᵉ s. La **collection d'antiques** *(3ᵉ étage)* comporte une intéressante série de **vases grecs peints★★** (surtout du 6ᵉ au 4ᵉ s. av. J.-C.), des sculptures grecques et romaines en marbre, mais aussi des antiquités étrusques, de l'ancien Orient et de l'ancienne Égypte. Le cabinet graphique n'est pas moins intéressant puisqu'il rivalise en qualité avec ceux de Berlin ou de Munich : outre 11 000 dessins et 14 000 estampes, il abrite une importante collection du peintre et graveur italien Federico Barocci (1528-1612).
De Pâques à fin octobre, le **bus 9** relie la Résidence (arrêt sur la Residenzplatz) à la forteresse de Marienberg *(voir p. 137)*. Pour vous y rendre à pied, suivez la Hofstrasse jusqu'à la cathédrale.

Dom St. Kilian (CATHÉDRALE ST-KILIAN) CD1-2

☎ 0931 386 62 900 - www.dom-wuerzburg.de - Dom Info : tlj sf dim. 9h30-17h30 - brochure en français à l'entrée.

Celle qui était l'une des plus grandes églises romanes d'Allemagne fut détruite, comme la quasi-totalité de la ville, par les bombardements de la Seconde Guerre mondiale. Chef-d'œuvre de l'architecture allemande des 11ᵉ et 12ᵉ s., elle fut reconstruite à l'identique en 1945. Emmurées par précaution lors de la Seconde Guerre mondiale, de nombreuses œuvres d'art ont échappé au désastre du bombardement du 16 mars 1945 *(voir le Rathaus p. 137)*.

2

Superposant les empreintes d'une dizaine de siècles, l'intérieur dégage une atmosphère hétéroclite : les stucs baroques du chœur contrastent avec la nef romane plafonnée ; l'**autel des apôtres** moderne *(côté droit du transept)* fut créé par H. Weber en 1967 pour recevoir les trois **sculptures de grès★** de **Riemenschneider**, représentant les trois missionnaires qui ont christianisé la Franconie. Ce célèbre sculpteur médiéval avait son atelier à Wurztbourg *(voir l'encadré ci-dessous)*. Contre les piliers de la grande nef : **tombeaux des princes-évêques★** (du 12ᵉ au 17ᵉ s.) ; les monuments des 7ᵉ et 8ᵉ piliers *(côté gauche)* sont aussi de Riemenschneider (*Rudolf von Scherenberg* et *Lorenz von Bibra*). La crypte *(accès par le bras gauche du transept)* abrite le tombeau (13ᵉ s.) du fondateur de la cathédrale, l'archevêque Bruno. La **chapelle Schönborn**, dans le croisillon gauche, édifiée entre 1721 et 1736 par B. Neumann et l'architecte Maximilian von Welsch, accueille les tombeaux des princes-évêques de la maison de Schönborn. Le côté droit de la cathédrale jouxte le **cloître** gothique (15ᵉ s.) et l'exposition du trésor.

Le maître de Würzburg

Grand sculpteur du gothique flamboyant, **Tilman Riemenschneider** (1460-1531) s'installa en 1483 à Würzburg. Ses œuvres n'ont jamais une valeur purement décorative : tout l'intérêt se fixe sur les personnages ; visages, mains, vêtements sont les supports essentiels de l'expression et de la sensibilité et dénotent souvent une gravité un peu mélancolique. Les retables de Creglingen *(voir p. 143)* et de Rothenbourg *(voir p. 150)*, les statues du musée de Franconie *(voir p. 138)* et le tombeau d'Henri II dans la cathédrale de Bamberg *(voir p. 168)* font partie des plus précieux trésors de l'art franconien.

Museum am Dom (MUSÉE DE LA CATHÉDRALE) C1

Kiliansplatz 1 - ✆ 0931 38 66 56 00 - www.museum-am-dom.de - tlj sf lun. 10h-17h - 4 € (-18 ans gratuit).

Il présente surtout des œuvres d'art modernes (Joseph Beuys, Otto Dix) mais aussi, dans une surprenante juxtaposition, quelques travaux de maîtres de l'art roman, gothique et baroque (T. Riemenschneider, Georg Anton Urlaub).

En sortant du musée, tournez à droite, empruntez le petit passage couvert qui mène à la grande rue Domstrasse, puis tournez à droite dans la Kürschnerhof.

Neumünsterkirche (NOUVELLE CATHÉDRALE) C1

www.neumuenster-wuerzburg.de - lun.-sam. 9h30-17h30 - fermé dim. et j. fériés.

L'impressionnante **façade ouest** (1710-1716) de style baroque est attribuée à Johann Dientzenhofer *(voir p. 416)*. L'intérieur, remanié au début du 18e s., n'est coloré que sous la **voûte**. Sous la coupole, dans des niches : une *Vierge à l'Enfant* de Riemenschneider et un curieux Christ aux bras repliés sous la poitrine (14e s.). Dans la crypte ouest : le **tombeau de saint Kilian**, apôtre et patron de la Franconie, exécuté à Würzburg en 689. Riche ornementation à l'intérieur, dont une madone et la pierre tombale d'un abbé, l'érudit Trithemius, sculptés par Riemenschneider. Par la gauche du chœur, jardinet de Lusam, où serait enterré le trouvère Walther von der Vogelweide, un poète du 13e s. relativement célèbre en Allemagne. La tradition qui veut que l'on dépose un

bouquet sur sa tombe lors d'un chagrin d'amour, semble toujours d'actualité au vu des fleurs en place.
Continuez sur la Kürschnerhof jusqu'à la Marktplatz (place du Marché), à gauche.

Falkenhaus (MAISON DU FAUCON) C1

Avant l'église, passez devant la maison la plus riche de la ville, à la façade rococo de 1752 (reconstruite). Elle abrite l'office de tourisme.
Traversez la place du Marché (Marktplatz) et empruntez la Schustergasse ; au bout, tournez à droite dans la Domstraße.

Rathaus (HÔTEL DE VILLE) C1

À l'origine siège d'un administrateur de l'évêque, le bâtiment, construit au 13e s., devint hôtel de ville en 1316. À l'intérieur, la salle Wenzel est l'une des plus belles du haut Moyen Âge allemand à usage laïc. Une petite **salle d'exposition** *(9h-20h)* revient sur le **bombardement du 16 mars 1945**. Faute d'industrie de guerre, Würzburg pensait sortir épargnée du conflit. Mais la petite ville sera victime de l'un des derniers grands bombardements de la Seconde Guerre mondiale. Entre 21h25 et 21h42 ce jour-là, 1207 tonnes de bombes incendiaires tombent sur la vieille ville, tuant 5 000 civils. Une maquette montre l'ampleur du désastre : un champ de ruines tellement vaste que les autorités pensent dans un premier temps le laisser en l'état, comme un rappel du drame pour les générations futures. Würzburg sera finalement reconstruite. Chaque année, à l'heure exacte du bombardement, les églises de la ville font résonner leurs cloches. Würzburg n'oublie pas.
Pénétrez dans la cour intérieure qui, à la belle saison, accueille les clients de la brasserie Ratskeller. Le Bâtiment rouge (*Roter Bau*, partie ouest) témoigne de l'architecture de la fin de la Renaissance (1659). Sur la place, la **fontaine baroque** date de 1765.
Continuez tout droit jusqu'au pont.

★ **Alte Mainbrücke** (VIEUX PONT) C2

Le Vieux Pont, construit sur le Main entre 1473 et 1543, a été enrichi vers 1730 de 12 monumentales statues de saints en grès. Les soirs d'été, il fait office de promenade en plein air, animé par des groupes de musique et des grappes d'étudiants venus profiter de l'ambiance. Du pont, vue sur l'**Ancienne Grue (Alter Kranen)** en bordure de Main, caractéristique de la ville (vers 1770). Elle a été remise en service après le bombardement du 16 mars 1945, pour déblayer les ruines.
Au bout du pont, le chemin le plus direct vers la forteresse est fléché, tout droit.
Un autre sentier, qui part vers la gauche, propose de traverser les vignes (Weinwanderweg), sur les coteaux de la forteresse, une promenade agréable (*env. 30mn*) offrant de jolis points de vue, notamment sur la chapelle.

★ **Festung Marienberg** (FORTERESSE DE MARIENBERG) PLAN I A2

0931 35 51 70 - www.schloesser.bayern.de - avr.-oct. : 9h-18h ; reste de l'année : 10h-16h - fermé lun.
Avant de s'installer à la Résidence, c'est dans cette citadelle en position dominante sur la rive gauche du Main qu'ont résidé les princes-évêques, de 1253 à 1719. Le château médiéval (début du 13e s.) fut transformé sous Julius Echter, vers 1600, en château Renaissance. C'est sous les évêques de Schönborn qu'il devint forteresse d'Empire (à partir de 1650). Dans la cour rectangulaire s'élèvent le donjon rond (13e s.), le bâtiment d'un puits Renaissance (profond de 104 m) et la **chapelle ronde de la Vierge (Marienkirche)**. Surmontée d'une coupole décorée de stucs baroques, elle fut consacrée en 706 et abrite de nombreuses pierres tombales de princes-évêques de Würzburg.

Au pays des Bocksbeutel

Au pays de la bière, le **vin** fait de la résistance ! La preuve avec ces bouteilles plates et ventrues, les *Bocksbeutel*, emblématiques du vignoble franconien. Introduite au 17e s. par des moines, la culture de la vigne s'y est tout de suite épanouie grâce à la douceur du microclimat, aux étés chauds et secs. Produisant surtout des blancs secs à la saveur fruitée, ce terroir n'a jamais eu la réputation mondiale des grands vignobles du Rhin mais il a ses amateurs, à commencer par Goethe en son temps. Aujourd'hui, 7 000 vignerons produisent ces vins, dont les principaux cépages sont le müller-thurgau et le traditionnel sylvaner (vins blancs), mais aussi le kerner, le bacchus et le riesling.
À Würzburg, il existe de nombreux caveaux de dégustation. Ne manquez pas la visite de la **cave de la Résidence** (1720), toujours en activité *(voir p. 134)* et, de mars à novembre, les **Fêtes du vin** *(Weinfeste - www.weinland-franken.de)* à Würzburg et dans les villages viticoles.

★★ **Museum für Franken (musée de Franconie)** – *Entrée à droite dans la première cour du château - ✆ 0931 20 59 40 - museum-franken.de - avr.-oct. : tlj sf lun. 10h-17h ; nov.-mars : tlj sf lun. 10h-16h - 5 € (- 17 ans gratuit) - ticket donnant accès au Fürstenbaumuseum.* Dans les salles de l'ancien arsenal (1702-1712) sont exposés l'art et l'artisanat de la région ; au 1er étage, collection de **sculptures de Riemenschneider** *(voir encadré p. 135)*, la plus importante au monde (80 œuvres). Les splendides salles voûtées de l'**Echterbastei** montrent statues, orfèvrerie religieuse, peintures de chevalet gothiques et collections d'art populaire franconien. L'ancien cellier, qui abrite de vieux pressoirs, est remarquable.

Käppele (CHAPELLE) PLAN I A2

www.kaeppele-wuerzburg.de - nov.-mars : 8h-16h ; avr.-oct. : 8h-18h.
Situé au sommet d'un chemin de croix monumental avec des statues grandeur nature de Wagner (1767-1778), ce sanctuaire de pèlerinage baroque aux curieuses coupoles bulbeuses fut également construit par l'architecte de la Résidence, Balthasar Neumann, en 1748. L'intérieur est somptueusement décoré.
De la terrasse, **vue**★★ splendide sur Würzburg et le Main ; au premier plan, la forteresse de Marienberg.

À proximité

CARTE P. 130

★ Château de Veitshöchheim A1

▶ 7 km au nord-ouest par la Veitshöchheimer Straße. Echterstr. 10 - ✆ 0931 91582 - de mi-avr. à mi-oct. : tlj sf lun. 9h-18h - visite guidée uniquement, ttes les heures de 10h à 16h45 - 5 € - audioguide pour la visite du parc : 2,50 €.
☺ Une idée pour s'y rendre : une **excursions en bateau-mouche** *(✆ 0931 556 33 - www.vpsherbert.de - de déb. avr. à mi-oct. - durée 40mn - aller simple 14 €, AR 14 € ; - 12 ans 6/8 €).*
Le château, érigé à la fin du 17e s. et agrandi vers 1750 selon les plans de B. Neumann, contient de beaux meubles rococo et Empire. Le **parc**★, surtout, bénéficia d'une attention particulière des princes-évêques, qui le firent constamment embellir au cours du 18e s. dans le style rococo. Au milieu du **lac** se dresse le superbe groupe du Parnasse (Pégase, les Muses et Apollon).

Circuits conseillés

CARTE P. 130

★ Route des vins de Franconie AD1-2

Circuit de 87 km tracé en rouge sur la carte. Sortez de Würzburg par la B 13, direction Ansbach ou Ochsenfurt (plan I).

Würzburg est la « capitale » des vins de Franconie, l'un des treize vignobles allemands *(voir encadré ci-contre)*, dont les coteaux escarpés tapissent les berges de la rive sud du Main. Moins connue, donc moins fréquentée que d'autres, cette route dégage un parfum bucolique.

Sommerhausen

Hauptstr. 15 - 09333 8256 - www.sommerhausen.de.

Ce joli village viticole a conservé son aspect médiéval, où les pignons de l'hôtel de ville (16e s.) et du château dominent la rue principale.

Pour les germanophones, de mai à octobre, chaque samedi à 10h, l'office de tourisme propose des visites guidées de la ville *(RV devant le Rathaus - 5 €)*. Autrement, vous pourrez demander la brochure gratuite sur les randonnées dans les vignes.

Ochsenfurt

Ceint de vieux **remparts★** percés de six portes, le cœur de la cité est ourlé de vieilles maisons à colombages et d'auberges aux enseignes en fer forgé. Même si les nombreuses terrasses de cafés appellent à la pause, prenez le temps d'admirer l'horloge à jacquemart du nouvel hôtel de ville (fin 15e s.) et la riche décoration de l'**église St-André** (**Stadtpfarrkirche St. Andreas** - 13e-15e s.).

2

Marktbreit

La porte au débouché du pont forme avec l'hôtel de ville (1579) un bel **ensemble Renaissance★**, tableau complété par deux maisons baroques à oriels d'angle.

Passez sur la rive droite du Main.

Sulzfeld

Piéton, le centre historique et fortifié est un puzzle de tours, portes et maisons à colombages, dont la pièce maîtresse est l'**hôtel de ville** Renaissance au pignon décoré de volutes en saillie.

Traversez Kitzingen et Mainstockheim en direction de Dettelbach.

★ Dettelbach

Rathausplatz 6 - 093 24 35 60.

Conservé sous les voûtes de pierre que domine l'église paroissiale, un gigantesque **pressoir à vin** (1728) rappelle la vocation de cette petite cité fortifiée. Passez devant l'hôtel de ville gothique pour rejoindre l'office de tourisme, dans un bâtiment contemporain abritant aussi un espace dégustation de vins locaux et un petit musée sur les pèlerins *(2 €)*. Une bonne introduction à la visite de l'**église de pèlerinage « Maria im Sand »** (1608-1613), au nord-est de la ville haute. Transition entre le gothique flamboyant et le style Renaissance déjà mâtiné de baroque, son **portail Renaissance★** (1623) et la **chaire★** (1626) en grès et en albâtre sont l'œuvre de Michael Kern, prolifique producteur de tombeaux, autels et chaires de cette époque.

★ Volkach

Marktplatz 1 - dans l'hôtel de ville - 093 81 40 112 - www.volkach.de.

Coquette petite cité de vignerons située sur la bordure est du Main. De l'enceinte médiévale, il ne reste que deux portes, **Gaibacher Tor** et **Sommeracher Tor**.

La Marktplatz est bordée par l'**hôtel de ville Renaissance**, du milieu du 16e s., avec son escalier extérieur à double volée et sa tourelle d'angle. La maison dite **Schelfenhaus**, de style baroque, érigée vers 1720 *(dans la Schelfengasse, au nord de la place du Marché)*, mérite une visite pour ses décorations intérieures *(sur réserv. à l'office de tourisme)*, tout comme l'**église de pèlerinage « Maria im Weingarten »** (15e s.), isolée au milieu des vignes, au nord-ouest de la ville sur le Kirchberg *(env. 1 km, en direction de Fahr)*. Elle abrite une **Vierge au chapelet★**, œuvre tardive (1521-1524) de T. Riemenschneider, l'important sculpteur de Würzburg *(voir l'encadré p. 135)*.

Depuis le Kirchberg, admirez le **panorama** sur Volkach et la vallée du Main.

Rentrez à Würzburg par Prosselsheim, puis à gauche la B 19.

La Route romantique : de Würzburg à Rothenbourg AB1-2

▶ *Circuit de 100 km tracé en vert sur la carte.*
Voir p. 142.

Carnet pratique

S'informer

Office de tourisme – *Falkenhaus am Markt - Würzburg - ✆ 0931 37 23 98 - www.wuerzburg.de.*

Pass touristique

Welcome Card Würtzburg – *En vente à l'office de tourisme - 3 €.* Pour des réductions (visites guidées, musées, bateau...).

Arriver/partir

En train – De la gare de Würzburg (PLAN I B1), trains quotidiens pour Nuremberg, Bamberg, Munich et Berlin.

Agenda

Africa Festival – *4 j. déb. juin - www.africafestival.org.* Le plus grand festival de culture africaine en Europe.

Würzburger Mozartfest – *De fin mai à déb. juil. - www.mozartfest.de.* Concerts, notamment dans la Résidence.

Nos adresses

PLAN II P. 134

Restauration

Budget moyen

5 **Backöfele** – C2 - *Ursulinergasse 2 - ✆ 0931 59059 - www.backoefele.de - plats 12,60/26 €.* Maison de ville historique (1580), connue pour son atmosphère chaleureuse et sa cuisine rustique, aux accents franconiens. Une quasi-institution !

Pour se faire plaisir

3 **Alte Mainmühle** – C1-2 - *Mainkai 1 - ✆ 0931 16777 - www.alte-mainmuehle.de - plats 17/33 € - menus 47,20/54,60 €.* Un restaurant rustique à l'entrée du Vieux Pont, avec de belles vues sur le Main. Cuisine régionale de saison, à accompagner de bières et vins de Franconie.

7 **Weinhaus zum Stachel** – C1 - *Gressengasse 1 - près de Marktplatz - ✆ 0931 52770 - www.weinhaus-stachel.de - fermé dim. et lun. - réserv. conseillée - plats 16,50/50,50 € - menu 59 €.* Weinstube traditionnelle, remontant au 15ᵉ s. Dans un cadre rustique, cuisine raffinée à l'accent régional et excellents vins, surtout de Franconie.

Boire un verre

Bürgerspital Weinbar – *Theaterstr. 19 - ✆ 0931 352880 - www.buergerspital-weinstuben.de - 10h-0h - plats 16,90/24,90 €.* La décoration de ce bar à vins est contemporaine mais vous êtes ici dans le fief de l'un des plus grands domaines viticoles franconiens, un hospice créé voilà sept siècles. Dans la belle cour pavée, vous trouverez aussi un restaurant franconien et un caveau de dégustation.

Vinothek – *Residenzplatz 3 - Rosenbachpalais - ✆ 0931 3050923 - www.hofkeller.de/hofkeller/vinothek - lun.-vend. 10h-18h, sam. 10h-16h avr.-déc. (10h-14h reste de l'année).* Installé dans un palais baroque adjacent à la Résidence, le caveau du domaine de l'État bavarois (Hofkeller) abrite un coin bar à vins. Son côté ultra-contemporain contraste avec les caves voûtées de la Résidence, où sont fabriqués les vins. Nombreuses informations sur le domaine.

Hébergement

Budget moyen

1 **Würzburger Hof** – D1 - *Barbarossapl. 2 - ✆ 0931 53814 - www.hotel-wuerzburgerhof.de - P - 34 ch. 135/209 € ☕.* Tenu depuis 1911 par la même famille, cet hôtel central se distingue par son atmosphère, une sorte de boudoir baroque à la déco un peu kitsch, où l'on se sent cependant vite à l'aise grâce à un accueil attentif. Les chambres sont confortables et spacieuses.

2 **Hotel Amberger** – D1 - *Ludwigstr. 17-19 - ✆ 0931 35100 - hotel-amberger.de - P 9 €/j - 70 ch. 132/166 € - ☕ 9,50 €.* À 5mn à pied de la Résidence, cet hôtel central se repère de loin à sa façade rouge vif. Il est tenu depuis quatre générations par la même famille. L'accueil est aimable, les chambres impeccables et la literie très confortable. Certaines offrent des vues sur la Résidence.

Une folie

4 **Best Western Premier Hotel Rebstock** – C2 - *Neubaustr. 7 - ✆ 0931 30930 - www.rebstock.com - P - 71 ch. 237/369 € - ☕ 36 € - ✕ menus 112/168 €.* Derrière sa façade rococo de 1737, chambres élégantes, modernes ou rustiques.

2

La Route romantique

★★

Romantische Straße

Voilà sans doute l'un des itinéraires touristiques parmi les plus populaires d'Allemagne. Le long des vallées fluviales, bordées de collines verdoyantes, ce parcours de 350 km peut s'effectuer en voiture, à vélo ou en bus. Il explore les sites emblématiques du passé germanique : grandes heures des vieilles cités médiévales (Rothenbourg, Nördlingen, Dinkelsbühl), prestige de la chevalerie teutonique (Bad Mergentheim) ou encore faste baroque des cours épiscopales ou des villes impériales à Würzburg...

Le château de Harburg.
JTB Photo/UIG/age fotostock

Se repérer

CARTE P. 130 (AB1-2)
Bavière.
La Route romantique s'étend de la vallée du Main au pied des Alpes bavaroises. Le parcours est signalé par des panneaux « Romantische Straße ».

À ne pas manquer

Les cités médiévales qui jalonnent cette route, en particulier Dinkelsbühl et Nördlingen.

Carnet pratique p. 145

Nos adresses p. 145

Circuits conseillés

CARTE P. 130

De Wurtzbourg à Rothenbourg

Circuit de [illegible] km tracé en vert sur la carte. Quittez Würzburg (voir p. 132) par le sud en suivant la B 19.

★ Bad Mergentheim A2

Marktplatz 1 - ✆ 079 315748 15 - www.bad-mergentheim.de.

La vieille ville de Bad Mergentheim fut choisie comme résidence par les chevaliers de l'ordre Teutonique au 16e s. Son château, son musée et son centre thermal en font une étape de choix, sans oublier les maisons à colombages, l'hôtel de ville, les demeures baroques et la cathédrale St-Jean.

Deutschordensschloss (château des Chevaliers de l'ordre Teutonique) – *✆ 079 31 123 06 640 - www.deutschordensmuseum.de - avr.-oct. : merc.-dim. 10h30-17h ; nov.-mars : merc.-sam. 14h-17h, dim. et j. fériés 10h30-17h - 7 €.* Édifié au 12e s. et entouré de douves, puis agrandi au milieu du 16e s. pour abriter la résidence du grand maître de l'ordre, il subit par la suite de nombreuses transformations. Au-dessus du portail de l'entrée principale se détachent les armes du grand maître Maximilien d'Autriche (1590-1618). Les tours de la cour intérieure sont occupées par des escaliers à vis Renaissance.

Le **musée de l'ordre Teutonique (Dseutschordensmuseum)** est réparti sur trois étages. Au 2e étage, les deux appartements princiers, aux plafonds baroques en stuc, et la salle du chapitre classique présentent l'histoire de l'ordre *(voir encadré ci-dessous)*. Il propose également un département d'histoire locale, une collection d'antiquités et une importante collection de maisons de poupées regroupant 40 modèles des 19e et 20e s.

2

Crelingen A2

Ce paisible bourg mérite une halte pour l'église **Herrgottskirche** et son précieux **retable de la Vierge★** (env. 1505), une œuvre en bois du grand sculpteur du gothique tardif, Tilman Riemenschneider *(voir encadré p. 135)*. Haut de 9,20 m, le retable fait partie des plus précieux trésors de l'art franconien. *✆ 079 33 338 - fév.-mars et nov.-déc. : tlj sf lun. 13h-16h ; avr.-oct. : tlj sf lun. 9h15-18h (18h30 de mi-août à fin août) - 4 €.*

L'ordre Teutonique

Il a pour origine une communauté hospitalière germanique de Terre sainte, devenue, après l'effondrement du royaume de Jérusalem, ordre religieux en 1190 et ordre militaire en 1198. Les chevaliers furent alors employés à la conquête de la Prusse et des pays baltes. En 1525, le grand maître de l'ordre, Albert de Brandenbourg-Ansbach, adoptant les recommandations de Luther, quitta l'état religieux et transforma le patrimoine de sa communauté en une principauté qui devint le berceau de l'État prussien. Les chevaliers restés fidèles au catholicisme se regroupèrent sous la dépendance du siège de Mergentheim. Cette situation dura jusqu'à la dépossession de l'ordre, décrétée par Napoléon en 1809. L'ordre a repris aujourd'hui sa vocation d'institut religieux dédié aux œuvres caritatives, le grand maître étant désormais un ecclésiastique et le siège se trouvant à Vienne.

★★★ Rothenbourg

Voir p. 147.

De Rothenbourg à Donauwörth B2

Circuit de 105 km tracé en violet sur la carte p. 130.

★ Dinkelsbühl

Altrathausplatz 14 - 09 851 902 440 - www.dinkelsbuehl.de.

Idyllique, cette ville moyenâgeuse, entourée de remparts et de tours, s'anime chaque été, à la mi-juillet, au cours de la célèbre *Kinderzeche*, fête des enfants qui commémore le salut de la ville pendant la guerre de Trente Ans. La **cathédrale St-Georges★**, une des plus belles églises-halles allemandes en style gothique flamboyant, a gardé sa tour romane.

Parmi les très nombreuses maisons anciennes, arrêtez-vous devant la **Deutsches Haus★** *(sur la Weinmarkt)*, à la riche façade de style Renaissance, et le **Hezelhof** *(Segringer Str. 7)*, avec sa cour intérieure aux longs balcons doubles fleuris.

Continuez le long de la B 25.

Le paysage ondulé caractérisant la région de Feuchtwangen et de Dinkelsbühl fait place, en arrivant à Nördlingen, aux vastes étendues du bassin du Ries. Cette dépression presque dépourvue d'arbres dessine au milieu des hauteurs du Jura souabe une cuvette régulière de 20 km de diamètre et de 240 m de profondeur qui, selon certains géologues, serait due à la chute d'une météorite.

★ Nördlingen

Marktplatz 2 - 090 81 84 116 - www.noerdlingen.de.

Le tracé des rues et la ceinture de fortifications témoignent de l'extension concentrique de cette ancienne ville impériale, mentionnée pour la première fois en 898. Ses maisons médiévales, très bien conservées, présentent des formes variées, parfois de guingois. Occupant une position commerciale importante, la cité a vu entre 1796 et 1800 les engagements victorieux des Français sur les Autrichiens.

★ St. Georgskirche (église St-Georges) – Église à trois nefs d'égale hauteur (de type « halle »), bâtie en pierre volcanique à la fin du 15e s., St-Georges est surmontée d'un majestueux clocher de 90 m au décor flamboyant, baptisé « Daniel ». La montée de ses 350 marches vous permettra d'embrasser du regard le cratère du Ries. À l'intérieur, magnifique voûte en réseau. La chaire (1499) présente un gracieux escalier à encorbellement. Un curieux petit **orgue** repose sur un baldaquin ouvragé *(sur le côté droit)*. Le retable baroque a conservé le groupe de la Crucifixion et les statues de saint Georges et de **sainte Madeleine★**, œuvres de Nicolas-Gerhaert de Leyde.

★ Remparts – Seul mur d'enceinte parfaitement conservé et totalement accessible en Allemagne. Pour pénétrer dans la vieille ville, empruntez l'une des cinq portes fortifiées. En suivant le chemin de ronde, en grande partie couvert, on dénombre 11 tours de défense ; les plus remarquables se dressent entre la Berger Tor, l'Alte Bastei et la Reimlinger Tor.

★ Rieskrater-Museum (musée du Cratère du Ries) – *Eugene-Shoemaker-Platz 1 - 09 081 84 710 - www.rieskrater-museum.de - ♿ - avr.-oct. : 10h-16h30 ; nov.-avr. : 10h-12h, 13h30-16h30 - fermé lun. - 5 € (-18 ans 2 €).* Voilà 15 millions d'années, une météorite de 1 km de diamètre s'est écrasée sur un site voisin de Nördlingen. Vous trouverez ici toutes les explications permettant d'entrevoir la puissance de l'événement, qui a déployé une énergie équivalente à 250 000 bombes de Hiroshima ! La chaleur de l'impact a provoqué la disparition de la météorite,

formant un cratère géant de 14 km de diamètre. Profitez-en pour jeter un œil sur l'une des pièces phares du musée : une pierre de lune de 165 g, prêtée par la NASA.
★ **Abbaye de Neresheim** – *18 km au sud-ouest, par la B 466*. L'**église**, dont les travaux ont débuté en 1745 sous la direction de B. Neumann, est sa dernière œuvre. À l'intérieur, décoration peinte de Martin Knoller (1755), très aérée, s'accordant avec l'ampleur exceptionnelle de l'édifice.

Château de Harburg

☏ 09 080 96 860 - www.burg-harburg.de - de mi-mars à déb. oct. : 10h-17h - accès : 3 € (enf. 2 €) ; visite guidée ttes les heures (1h) 4 € (enf. 2 €).
Cet imposant château fort, considérablement agrandi et remanié au 18e s., domine un pittoresque village serré au bord de la Wörnitz.
Sortez par la Mündlingerstraße, sur la gauche, et écartez-vous de la Route romantique en direction de Mündling pour atteindre Kaisheim.
L'étranglement final de la vallée de la Wörnitz, que gardait le château de Harburg, fait communiquer le Ries avec la vallée du Danube.

Donauwörth

ℹ *Rathausgasse 1 - ☏ 0906 789 151 - www.donauwoerth.de.*
Ancienne ville impériale libre, ses bâtiments historiques, aux façades à pignons et colorées de tons pastel, bordent surtout la montée de la Reichsstraße ; admirez l'hôtel de ville et la **Fuggerhaus** (1543). L'église abbatiale et de pèlerinage Ste-Croix (construite de 1717 à 1722), de style baroque tardif, est enrichie de stucs de Wessobrunn. La **cathédrale Notre-Dame**, de style gothique et richement décorée (fresques du 15e s.), suit la déclivité du terrain. Fortifications en partie préservées.

ℹ Carnet pratique

S'informer

www.romantischestrasse.de

Arriver/partir

Romantische Straße Bus – *Touring Tours & Travel - ☏ 09851 551387 (lun.-vend. 9h-18h) - www.romantischestrasse.de.* D'avril à octobre, ce bus touristique relie les villes de la Route romantique dans les deux sens une fois par jour au départ de Francfort et Füssen *(dép. à 8h)* et de Munich *(dép. à 10h30)*. Vous pouvez monter/descendre à chaque étape et attendre le suivant.

Nos adresses

Restauration

Premier prix

Zum Falken – *Haus 41 - Tauberzell - 6 km à l'est de Creglingen - ☏ 09865 941940 - www.landhaus-zum-falken.de - fermé lun. et mar. - plats 10/25 € - 6 ch. d'hôtes dans une maison à 70 m du restaurant - à partir de 70 € la ch. double - ☕ 8,50 €.* Confortable établissement rustique proposant une cuisine régionale. Confitures, saucisses et eaux-de-vie maison. Terrasse.

Budget moyen

Bundschu – *Milchlingstr. 24 - Bad Mergentheim - ✆ 07931 9330 - www.hotel-bundschu.de - fermé lun. - plats 18,90/29,90 € - 60 ch. 116/154 €.* Dans un grand bâtiment moderne, ce restaurant propose une cuisine de brasserie internationale nuancée de spécialités du sud de l'Allemagne. Terrasse côté jardin.

Pour se faire plaisir

Altdeutsches Restaurant – *Weinmarkt 3 - Dinkelsbühl - ✆ 09851 6058 - www.deutsches-haus-dkb.de - menus 33,90/54,90 €.* Florian Kellerbauer a divisé sa carte en deux parties : « Unsere Heimat » (notre patrie) et « Unsere Leidenschaft » (notre passion), définissant ainsi son style culinaire entre enracinement gastronomique et plats plus sophistiqués. En tout cas, la saveur est incomparable et la sélection des produits locaux soignée.

Greifen-Post – *Marktplatz 8 - Feuchtwangen - ✆ 09852 6800 - www.hotel-greifen.de - fermé dim.-lun. et le midi mar.-vend. - plats 18,90/25,90 € - menu 89 €.* Les trois salles sont confortables et accueillantes. Des influences internationales émanent de la cuisine régionale de saison. Le canard accommodé de multiples façons est la spécialité et ce, tout au long de l'année. Sélection de plats végétariens à la demande.

Une folie

Wirtshaus Meyers Keller – *Marienhöhe 8 - Nördlingen - ✆ 09081 4493 - jockl-kaiser.de - fermé lun.-mar. et le midi merc. - menus régionaux 79 € et cuisine créative 75/168 €.* Plancher en bois, murs en pierre naturelle, bois de cerf... ici, la décoration mêle moderne et rustique, et le cadre ne manque pas de charme ! Les mets régionaux sont toujours méticuleusement préparés et de saison. Le jambon fait maison est affiné dans l'ancienne brasserie à la manière du Culatello ! Également un *Biergarten* aux beaux jours.

Hébergement

Premier prix

Jufa Nördlingen im Ries – *Bleichgraben 3a - Nördlingen - ✆ 09081 2908390 - www.jufa.eu - P ♿ - 53 ch. à partir de 85 € ☕.* Derrière le mur d'enceinte de la ville, cette auberge de jeunesse - et familiale - organisée autour d'un jardin intérieur offre confort et espace à prix doux. Chambres pouvant aller jusqu'à 6 lits.

Budget moyen

Hotel Sonne – *Marktplatz 3 - Nördlingen - ✆ 09081 5067 - www.kaiserhof-hotel-sonne.de - P - 31 ch. 99 € ☕.* Cet hôtel traditionnel, de 1477, se situe au cœur de la ville. Déclinant un décor champêtre, les chambres sont confortables, reliées par des couloirs et escaliers de guingois, au charme d'origine.

Hotel Kunst-Stuben – *Segringer Str. 52 - Dinkelsbühl - ✆ 09851 6750 - www.kunst-stuben.de - P - 5 ch. et 1 suite à partir de 100 € ☕.* Une adresse originale dirigée par deux artistes qui abrite, outre un petit hôtel à l'ambiance intime, des presses historiques et un atelier de poterie. Chambres coquettes et bibliothèque pour un séjour reposant.

Pour se faire plaisir

Laurentius – *Marktplatz 5 - Weikersheim - ✆ 07934 91080 - www.hotel-laurentius.de - P - 13 ch. à partir de 115 € - ☕ 15 € - ✕ menus 69/136 €.* Établissement familial, situé sur la place du Marché. Chambres impeccables au mobilier contemporain, certaines avec spa privé et vue sur le château. Restaurant avec cuisine vitrée dans une belle cave voûtée. Terrasse sur la place.

Rothenbourg ★★★

Rothenburg ob der Tauber

À l'abri de ses remparts, Rothenbourg domine le cours sinueux de la Tauber. Particulièrement bien préservée, elle concentre un nombre impressionnant de bâtisses médiévales sur un site spectaculaire en bordure de falaise. Rançon du succès, des flux de visiteurs arrivent du monde entier pour admirer ce bout de Moyen Âge surgi quasi intact du passé. Préférez les soirées d'été, ou la saison creuse, pour profiter du charme un peu magique des ruelles étroites bordées de maisons à pignons pointus, fontaines et édifices à colombage, et, un peu plus loin, des remparts qui dominent la Tauber, en bordure des vignes. Une étape de choix sur la Route romantique.

Le Plönlein, dans la Vieille Ville de Rothenburg.
SCStock/Getty Images Plus

Se repérer

CARTE P. 130 (B2) ET PLAN P. 149
11238 hab. – Bavière.
À 70 km au sud de Würzburg.

À ne pas manquer

La vieille ville médiévale, les remparts et le retable du Saint-Sang à l'église St-Jacques.

En famille

Le Musée de plein air de Franconie à Bad Windsheim

Carnet pratique p. 151

Nos adresses p. 151

Se promener

PLAN CI-CONTRE

★★★ La vieille ville

Itinéraire tracé sur le plan. Au départ de la Marktplatz.

★ Rathaus (HÔTEL DE VILLE) B1

Avec son pignon coiffé d'un beffroi de 60 m, la partie gothique de l'hôtel de ville date du 14e s., tandis que le bâtiment en façade sur la Marktplatz est pourvu, avec sa tourelle d'escalier octogonale Renaissance, d'un portique à bossage du 18e s. On peut visiter les salles voûtées *(sur la gauche)* et, depuis la tour, admirer la **vue★** sur les toits et l'enceinte de Rothenbourg - *9h30-12h30, 13h-17h - 2,50 €.*
Au nord de la Marktplatz se dresse le pignon de la **Ratstrinkstube**, auberge autrefois réservée aux notables, abritant aujourd'hui l'office de tourisme, dont l'horloge principale à tableaux animés illustre la fameuse rasade *(voir l'encadré p. 150)* toutes les heures, de 11h à 15h.

Baumeisterhaus B1

Les redans (parties saillantes) du pignon de cette maison Renaissance (1596) sont amortis par des motifs en forme de dragon. Au 1er étage, statues des sept Vertus cardinales ; au 2e étage, les sept Péchés capitaux.
Continuez sur la Obere Schmiedgasse, puis prenez à droite dans la Burggasse.

Mittelalterliches Kriminalmuseum

(MUSÉE DE LA JUSTICE AU MOYEN ÂGE) B2

09861 53 59 - www.kriminalmuseum.eu - mai.-oct. : 10h-18h ; nov. : 13h-16h ; déc.-janv. : 11h-17h ; janv.-avr. : 13h-16h - 8 € (6-18 ans 4 €).
Dans l'ancienne commanderie des chevaliers de l'ordre de St-Jean-de-Jérusalem, ce musée (l'un des plus visités d'Allemagne !) propose un retour passionnant sur l'histoire du droit, de la société face à la criminalité et à la marginalité. Sont exposés des instruments d'humiliation publique, de torture, d'exécution, des livres de droit, des sceaux et de nombreuses gravures.

Plönlein B2

Immortalisé par les photographes du monde entier, ce coin pittoresque est formé par la fourche de deux rues, l'une à niveau menant à la **tour Siebers (Siebersturm** – 14e s.), l'autre descendant vers la vallée de la Tauber et le **pont double (Doppelbrücke)**. Toutes deux aboutissent à une autre porte fortifiée au sud. La fontaine servait à alimenter les deux réserves à poissons dédiées au commerce des pêcheurs de la Tauber.
Traversez la Siebersturm et empruntez la Spitalgasse. La rue doit son nom à l'ancien hôpital du bout de la rue. Entrez dans l'ensemble de bâtiments sur votre droite.

★ Spital (HÔTEL-DIEU) B2

Les bâtiments de l'hôtel-Dieu – pour la plupart des 16e et 17e s. – occupent, au sud, l'excroissance de l'enceinte appelée la « pointe du bonnet ». Arrêtez-vous devant les œuvres d'art de la **chapelle gothique (Spitalkirche)** et, au centre de la cour, remarquez la silhouette du **Hegereiterhaus**, pavillon à toit pointu et tourelle-escalier garnie d'un toit en forme de lanterne, abritant autrefois les cuisines et le domicile de l'intendant.
Montez au **Kalkturm** *(accessible aussi par l'extérieur)*, **belvédère★** sur la ville, et accédez au chemin de ronde reliant les tours Stöberleinsturm et Sauturm.
Revenez à l'hôtel-Dieu.

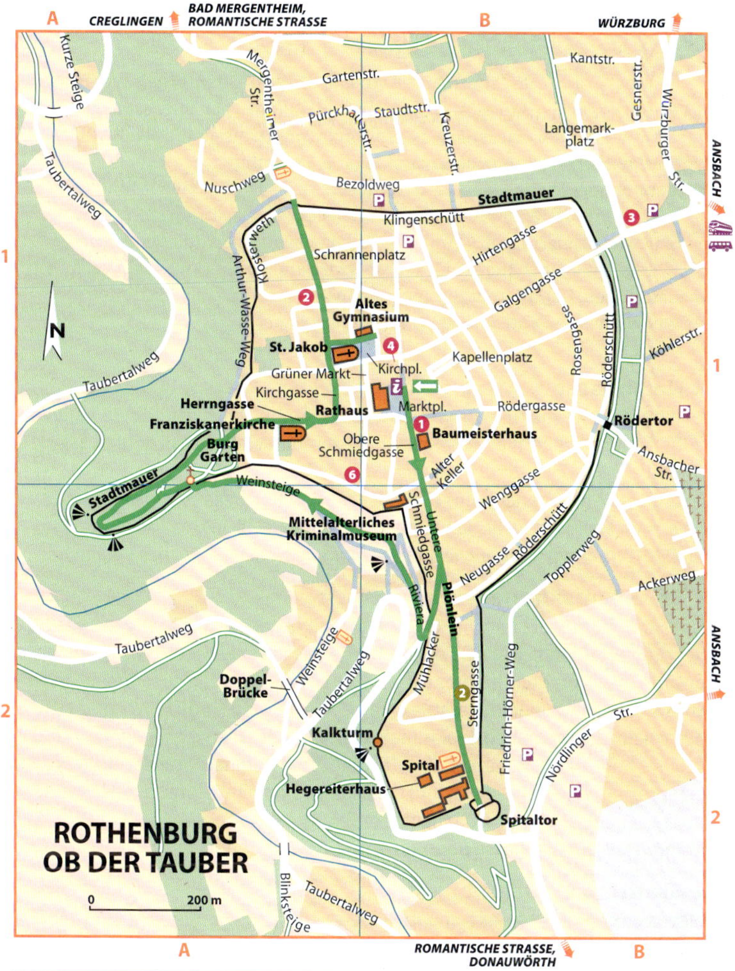

SE RESTAURER		SE LOGER
Baumeisterhaus 1	In Mittermeiers 3	Gerberhaus 2
Altfränkische Weinstube 2	Reichs-Küchenmeister 4	
	Zur Höll 6	

L'entrée sud de la ville est défendue par la **porte de l'Hôpital★ (Spitaltor)**, puissant bastion du 17e s. englobant deux cours intérieures ovales. Faites-en le tour en empruntant le profond fossé ou le chemin de ronde sur la droite, mais aussi par l'intérieur des remparts.

L'itinéraire repart sur la Spitalgasse jusqu'à Plönlein. Tournez à gauche, sortez de la ville par la porte de Koboldzell, à droite, et tournez dans le chemin qui suit de loin le pied des murailles (Stadtmauer).

Au fond de la vallée se dresse le viaduc à deux étages sur la Tauber. Après avoir fait un tour dans le **parc du château (Burg Garten)**, aujourd'hui disparu, rentrez dans la ville par la Burgtor. Au-dessus de la deuxième porte, remarquez le masque grimaçant destiné à l'assaillant, qui risquait de recevoir ici un flot d'huile bouillante.

La rasade du bourgmestre

Pendant la guerre de Trente Ans, Rothenbourg, protestante, ne peut résister au siège de l'armée impériale catholique commandée par Tilly et ouvre ses portes aux 40 000 mercenaires victorieux. Après trois mois d'occupation et de pillage, le général décide de raser la ville. Là commence la légende : toutes les suppliques ayant échoué, le bourgmestre propose d'offrir au vainqueur une coupe du meilleur vin du pays. Tilly sent la générosité lui monter au cœur : il épargnera la cité si un notable parvient à vider d'une seule rasade *(Meistertrunk)* un hanap (3 1 1/4) de ce vin. L'ancien bourgmestre Nusch releva le défi. Depuis, tout Rothenbourg participe à une reconstitution de l'événement à la Pentecôte *(www.meistertrunk.de)*.

★ Herrngasse A1

Le long de cette rue très commerçante s'alignent d'anciens hôtels de notables. Vous pouvez visiter quelques cours, par exemple celle du n° 15 dont la galerie à colombages repose sur des colonnes de bois à bossages.

Dans l'**église des Franciscains (Franziskanerkirche)**, belles sculptures des 15e et 16e s. ; voir aussi, à gauche, la Vierge de Creglingen (1400).

Prenez la Kirchgasse à gauche après la fontaine circulaire dite des Seigneurs.

★ St. Jakobskirche (ÉGLISE ST-JACQUES) AB1

Lun.-sam. 10h-18h30, dim. 11h-18h30 - notice en français - 2,50 € (-12 ans gratuit).

Ses origines remontent à 1311, mais la partie ouest *(sur la gauche)* ne fut achevée qu'en 1471. À l'intérieur, montez sur la gauche après l'entrée pour admirer, dans le chœur ouest, le splendide **retable★★** dit du Saint-Sang (1504), un chef-d'œuvre du fameux sculpteur médiéval Tilman Riemenschneider *(voir encadré p. 135)*. Le groupe principal, la Cène, est d'une composition originale : Judas, au centre de la représentation, regarde le Christ, qui lui tend du pain. Notez aussi les vitraux de 17 m (1350-1400) qui illuminent le maître-autel.

Remontez la Klingengasse pour suivre le chemin de ronde par la Klingentor.

★ Stadtmauer (FORTIFICATIONS) AB1

Élevés aux 13e et 14e s., les remparts et leurs tours sont entièrement conservés, et près des trois quarts du chemin de ronde sont ouverts au public *(2,5 km)*, offrant des promenades très agréables.

Le chemin conduit à la **porte Röder (Rödertor)**, surmontée d'une tour en bois dans laquelle il est possible de monter, pour un beau point de vue sur la cité en guise de conclusion à votre visite *(vac.scol. et w.-end : 11h-14h - 2 €)*.

À proximité

CARTE P. 130

Fränkisches Freilandmuseum (MUSÉE DE PLEIN AIR DE FRANCONIE) à Bad Windsheim B2

26 km au nord-est, sortir par la A7 - Eisweiherweg 1 - 09841 66800 - www.freilandmuseum.de - mars-oct. : tlj 9h-18h (dernière entrée 17h) ; de nov. à mi-déc. : tlj sf lun. 10h30-16h, dim. et j. fériés 10h-16h30 - fermé le reste de l'année - 7 € (-6 ans gratuit) - ateliers pour les enf. le dim. 14h-16h ; participation demandée.

Entourés de prés où paissent les animaux, de vergers, de potagers et de cours d'eau, 90 bâtiments (moulins à huile et à grain, cabanes de bergers, brasseries, houblonnières, briqueteries, maison de teinturier...) dénichés dans toute la

Franconie ont été reconstruits dans cet incroyable musée de plein air, présentant un aperçu réaliste de la vie rurale du 14e au 20e s. Chaque jour *(mai-oct. : 13h30-15h30)*, les visiteurs assistent à une ou plusieurs démonstrations : tissage sur le métier à main, filage de la laine, vannerie, tonnellerie, forge, fabrication du pain ou du cidre... et peuvent parfois travailler avec l'équipe du musée. De nombreux festivals, organisés tout au long de l'année, permettent d'assister à l'ensemble des démonstrations.

Circuit conseillé

CARTE P. 130

La Route romantique : de Rothenbourg à Donauwörth B2

Circuit de 105 km tracé sur la carte.
Voir p. 144.

Carnet pratique

S'informer

Office de tourisme – *Marktplatz 2 - Rothenburg ob der Tauber - ☎ 098 61404 800 - www.rothenburg-tourismus.de.*
Visites thématiques. Celle avec le gardien de nuit à la tombée du jour est conseillée *(1h - dép. place du Marché à 20h en anglais ou à 21h30 en allemand - 9 €, 12-18 ans 4 €.*

Arriver/partir

Romantische Straße Bus – *Voir p. 145.*

Agenda

Meistertrunk – *Voir encadré ci-contre.*

Fête de la ville (Reichsstadt-Festtage) – Le premier week-end de septembre, des troupes costumées font revivre la vieille ville au temps du Moyen Âge. Les festivités commencent le vendredi soir par une procession au flambeau.

Marché de Noël (Reiterlesmarkt) – *De fin nov. au 23 déc.* L'un des marchés de Noël les plus romantiques d'Allemagne, autour de la Grand-Place.

Nos adresses

PLAN P. 149

Restauration

Budget moyen

1 **Baumeisterhaus** – B1 - *Obere-Schmiedgasse 3 - ☎ 09861 94700 - www.baumeisterhaus-rothenburg.de - plats 13,80/22,50 €.* Quel privilège de pouvoir déguster une bonne cuisine dans un joyau de la Renaissance, en admirant les peintures anciennes et la cour entourée de galeries à colombages.

2 **Altfränkische Weinstube** – A1 - *Klosterhof 7 - ☎ 09861 6404 - www.altfraenkische.de - dîner uniquement sur réserv. par tél. -*

2

fermé lun.-mar. - plats 19/29 €. Ce restaurant propose une honnête cuisine traditionnelle dans une bâtisse âgée de 650 ans !

4 **Reichs-Küchenmeister** – B1 - *Kirchplatz 8 - ✆ 09861 970506 - www.hotel-reichskuechenmeister-rothenburg.de - plats 12,80/29,80 € - menus 34/36 €.* Derrière sa façade moyenâgeuse, cet hôtel abrite un restaurant où l'on sert spécialités franconiennes et cuisine internationale. Jardin et *Biergarten* agréables à la belle saison.

6 **Zur Höll** – A1 - *Burggasse 8 - ✆ 09861 4229 - www.hoell-rothenburg.de - fermé dim. et le midi - plats 13,50/21,50 €.* Dans cette vieille demeure décorée avec goût, on sert des plats de saison qui revisitent les classiques de la cuisine allemande. Imposante carte des vins. Au fond, minuscule cave en pierre voûtée. Bel accueil.

Une folie

3 **In Mittermeiers** – B1 - *Vorm Würzburger Tor 7 - ✆ 09861 94540 - www.villamittermeier.de - fermé en août, dim.-lun. le midi - menus 99/159 €.* Délicieuse cuisine internationale servie dans des caves voûtées.

Petite pause

Café Uhl – *Plönlein 8 - ✆ 09861 4895 - www.hotel-uhl.de - 8h-20h.* De délicieuses Schneeballen et une belle carte de gâteaux dans ce salon de thé traditionnel avec terrasse.

Boire un verre

Alter Keller – *Alter Keller 8 - ✆ 09861 2268 - www.rothenburg-restaurant.de - mer.-vend. 17h30-22h, sam.-dim. 11h30-13h30, 17h30-22h - fermé 24 et 31 déc.* Dans une belle demeure de 1763, petit café-restaurant à l'intérieur plaqué de bois. Agréable terrasse.

Shopping

Schneeballen –Pâtisserie de la région à base de pâte brisée. À l'origine, les *Schneeballen* (boules de neige) étaient uniquement couvertes de sucre glace ou de cannelle. Vous trouverez leur version traditionnelle chez **Bäckerei Striffler** *(Untere Schmiedgasse 1).*

Käthe Wohlfahrt – *Herrngasse 1 - ✆ 09861 4090 - kaethe-wohlfahrt.com - lun.-sam. 10h-18h, dim. 12h-17h - à l'étage, musée allemand de Noël : mai-déc. : 10h30-16h30 ; fermé dim. de janv. à avr. et quelques j. en janv. - 5 € (enf. 2 €).* Spécialiste de la décoration de Noël, cet immense magasin aux allures de parc d'attractions propose de jolies décorations à l'ancienne en bois.

Terich Trumpp – *Obere Schmiedgasse 18 - ✆ 09861 3478 - tlj sf dim. 7h30-18h (13h sam.).* Petite charcuterie pittoresque, aux murs tapissés de délicieuses saucisses à déguster froides.

Hébergement

Budget moyen

2 **Gerberhaus** – B2 - *Spitalgasse 25 - ✆ 09861 94900 - www.hotelgerberhaus.com - P 10 €/j - 20 ch. 98/140 €.* Un établissement fort sympathique, de la jolie façade jusqu'au jardin en fleurs ! Les chambres, ainsi que la salle du petit-déjeuner, sont meublées en bois naturel.

Pour se faire plaisir

Hotel Rappen – HORS PLAN - *Vorm Würzburger Tor 6-10 - ✆ 09861 95710 - www.hotel-rappen-rothenburg.com - P ♿ - 150 ch. 120/170 €.* Hôtel à deux pas de la vieille ville. Chambres fonctionnelles et soignées. L'hôtel possède son restaurant et un *Biergarten* aux beaux jours, le Rappen Garden.

Nuremberg ★★

Nürnberg

Son nom est associé à l'un des plus sombres procès de l'Histoire. Pourtant, la capitale de la Franconie évoque à première vue plutôt Dürer que Hitler, avec ses maisons bourgeoises à colombages et à pignons historiés, derrière ses remparts et ses portes. Mais c'est ce caractère médiéval, typiquement germanique, qui lui valut d'être choisie comme théâtre des grands rassemblements du Parti national-socialiste, et de subir en retour un déluge de bombardements à la fin de la Seconde Guerre mondiale. Reconstruite avec énergie, Nuremberg rayonne comme capitale culturelle, fière de son patrimoine et de son marché de Noël, considéré comme l'un des plus jolis d'Allemagne.

Se repérer

CARTE P. 130 (B2) ET PLAN P. 156-157
510 632 hab. – Bavière.
À 166 km au nord de Munich.

À ne pas manquer

Le Musée national germanique, le tribunal de Nuremberg et les anciens sites nazis ; le marché de Noël.

Organiser son temps

Comptez une demi-journée pour le Deutsches Museum, une autre pour le tribunal de Nuremberg et les anciens sites nazis.

En famille

Le musée du Jouet, le zoo.

Carnet pratique p. 162

Nos adresses p. 163

2

Se promener

PLAN P. 156-157

★★ La vieille ville

Itinéraire tracé sur le plan.

★★★ Germanisches Nationalmuseum

(MUSÉE NATIONAL GERMANIQUE) B2

Kartäusergasse 1 - 0911 1331 0 - www.gnm.de - ♿ - tlj sf lun. 10h-18h (20h30 merc.) - 8 € (enf. 5 €). Le musée fermera pour travaux en 2024 jusqu'en 2030.
Le Louvre allemand : avec 20 000 pièces exposées sur les millions qu'il possède, le Musée national germanique, fondé en 1852, constitue la plus importante collection d'objets d'art et d'antiquités du pays. Le centre de la collection occupe un ancien cloître de chartreux du 14e s. ; le musée s'est étendu par la suite au couvent voisin des augustins, puis au-delà de la Kartäusergasse.
Plusieurs jours ne suffiraient pas à épuiser la richesse des collections : nous vous conseillons de choisir un itinéraire thématique ou de suivre l'une des visites guidées *(3 € en plus du billet, en allemand, 2 dim./mois en anglais - horaires sur Internet)*. Audioguide également *(2 €, en allemand ou anglais)*.
Étages supérieurs – La **galerie de peinture** *(1er étage, section B)* présente les cinq seules œuvres d'**Albrecht Dürer** encore à Nuremberg aujourd'hui, parmi lesquelles les célèbres portraits de Charlemagne (1511) et de son maître Michael

L'âge d'or

La ville connaît son apogée aux 15e et 16e s. Carrefour d'axes commerciaux et vitrine de l'artisanat franconien, elle rivalise en importance avec Augsburg *(voir p. 70)*. Le rayonnement particulier de Nuremberg s'est appuyé sur les arts et les sciences : le serrurier Peter Henlein fabrique en 1510 des montres de gousset ; les audacieux sculpteurs **Veit Stoß** (vers 1445-1533) et **Adam Kraft** *(voir l'encadré p. 158)*, le fondeur-bronzier de talent **Peter Vischer** (1460-1529), le peintre de nombreux retables **Michael Wolgemut** (1434-1519) et surtout son disciple **Albrecht Dürer** ont marqué l'art allemand. **Hans Sachs** et les *Meistersinger* (maîtres chanteurs) donnent dès le 13e s. un nouvel essor à la poésie allemande ; ils inspireront Wagner pour son opéra de 1868, *Les Maîtres chanteurs de Nuremberg*.

Wolgemut (1516). Notez aussi les œuvres de Lucas Cranach l'Ancien (portrait de *Martin Luther*, *Vénus* et *L'Amour piqué par une abeille*), mais aussi Hans Baldung Grien (scènes religieuses), Hans Holbein l'Ancien (portraits) et Albrecht Altdorfer. On trouve également des œuvres plus tardives, tel un *Autoportrait* de Rembrandt (1629). Dans la **collection de sculptures**, voir les œuvres du plus célèbre sculpteur allemand médiéval, **Tilman Riemenschneider** *(Déploration du Christ)*, de l'un des sculpteurs majeurs du gothique tardif **Veit Stoß** *(L'Archange Raphaël et le jeune Tobie)*, et d'Ignaz Günther, l'un des maîtres du rococo en Allemagne du Sud. Parmi les innombrables **instruments scientifiques** *(section A)*, citons le **globe terrestre de Behaim** réalisé en 1492-1494, représentation la plus ancienne de la Terre sous forme sphérique que l'on connaisse ; la **montre dite de « Henlein »** (1530), la première horloge transportable. Le musée expose également des officines d'apothicaire d'autrefois et des instruments de médecine anciens *(section C)*, une collection de jouets et de maisons de poupées (dont l'une date de 1639), et une autre consacrée au folklore *(section D)* qui surprend par le nombre des costumes et la qualité des habitations paysannes reconstituées.

Rez-de-chaussée – L'impressionnante collection d'objets d'**art sacré du Moyen Âge** *(section C)* illustre les travaux des artisans, des Carolingiens au début de la Renaissance. Les **arts décoratifs** sont évoqués par une présentation de verres, de céramiques, de meubles, de textiles et surtout de pièces d'orfèvrerie. Parmi les **instruments de musique anciens** *(section D)* se trouve la plus grande collection du monde de pianos-forte. Outre une collection d'armes et de matériel de chasse anciens *(section E)*, le musée possède une section consacrée à la **préhistoire** *(section B)*, où trône le **cône en or d'Ezelsdorf**, datant d'environ 1100 av. J.-C. Le cabinet des gravures et le cabinet des monnaies *(section F)* sont d'une exceptionnelle richesse.

Au Musée national germanique est rattaché le **musée des Arts et Métiers** *(section D)* dépendant de la Chambre des métiers de Bavière. Arts décoratifs, artisanat et art contemporain illustrent la créativité des artistes de l'Antiquité jusqu'au 20e s.

Neues Museum (NOUVEAU MUSÉE) B2

Luitpoldstr. 5 - ✆ 0911 240 20 69 - www.nmn.de - ♿ - tlj sf lun. 10h-18h (jeu. 20h) - 7 € (- 18 ans gratuit).

Ce bâtiment contemporain imaginé par l'architecte berlinois Volker Staab abrite une collection d'art moderne et de design, en particulier de l'ex-RDA et d'Europe orientale. Les salles lumineuses ouvrent de belles perspectives sur les remparts en grès rose de la vieille ville. Intéressantes expositions temporaires.

Remontez la Pfannenschmiedsgasse en direction de l'église St-Laurent.

Le jaquemart de la Frauenkirche.
tupungato/Getty Images Plus

Arrêtez-vous en chemin entre la Hallplatz et la Königstraße pour admirer le **Mauthalle**, grenier à blé et à sel construit de 1498 à 1502, qui servit, à partir de 1572, de bureau de pesage et d'octroi pour la ville impériale.

★ St. Lorenzkirche (ÉGLISE ST-LAURENT) B2

La façade ouest de l'église gothique St-Laurent (13e-14e s.) est ornée d'une magnifique rosace, qui couronne le tympan du portail retraçant la vie de Jésus. L'imposant chœur en « halle » fut ajouté au 15e s. Entrez par le côté droit. Dans la nef, admirez *le Crucifix de la poutre de gloire* (1400) et, dans le chœur, le **Salut de l'Ange★★**, sculpture sur bois de Veit Stoß (1517-1518), un important sculpteur du gothique tardif : l'Annonciation faite à Marie par l'archange Gabriel s'inscrit dans une couronne de 55 roses évoquant le chapelet de cinq séries de dix *Ave Maria* et un *Pater*. À gauche du maître-autel se trouve le **tabernacle★★** gothique de Adam Kraft (1493-1496 – *voir p. 158*) dont les statues évoquent la Passion du Christ. En bas, saurez-vous repérer le sculpteur qui s'est représenté grandeur nature ? Indice : il supporte la balustrade ! Dans le déambulatoire, attardez-vous devant les vitraux colorés, notamment celui de l'Arbre de Jessé (1487) de l'atelier alsacien de Peter Hemmel d'Andlau *(2e à droite en partant du vitrail central)*.
Contournez l'église par le chevet pour atteindre un rond-point et empruntez la Peter-Vischer-Straße à gauche.

Katharinenkirche (ÉGLISE STE-CATHERINE) C2

Peter-Vischer-Str. Cet ancien couvent de dominicaines devint plus tard école de chant des maîtres chanteurs. Il fut incendié en 1945. Il n'en reste que les ruines, cadres d'un festival de plein air en été. Ce lieu symbolique montre l'ampleur des bombardements de 1945 et permet ainsi de mieux mesurer les efforts de reconstruction entrepris par les habitants de Nuremberg.
Revenez à l'église St-Laurent et empruntez la Königstraße vers le nord.

Reconstruite en hâte après-guerre, Nuremberg était trop pauvre pour s'offrir le bois nécessaire aux maisons à colombages. Celles que vous verrez sont donc sorties intactes de la Seconde Guerre mondiale. La **Nassauer Haus** (B2), qui fait l'angle avec la Karolinenstraße, représente la forme la plus ancienne de l'habitat nurembourgeois, avec sa tour fortifiée.

Heilig-Geist-Spital (HÔTEL-DIEU) B1-2

L'hôtel-Dieu (14e-15e s.) enjambe, tel un pont supporté par deux voûtes basses, un bras de la Pegnitz. Du côté du Museumsbrücke, un oriel orne la façade. La partie couverte du pont *(accès depuis l'île en amont derrière le bâtiment)*, ou **« cour de la Crucifixion »** en raison du groupe de la Crucifixion d'A. Kraft au nord, présente des arcades de grès surmontées d'une galerie en bois, qui accueillait les personnes âgées.

Continuez tout droit après le pont, pour arriver sur la place Hauptmarkt.

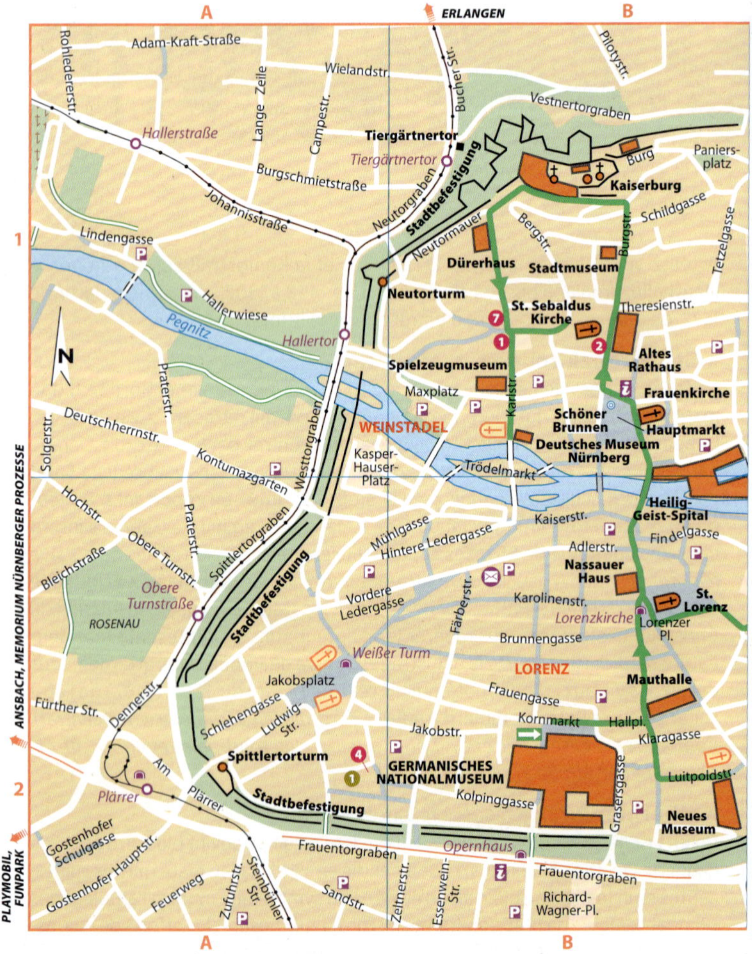

SE RESTAURER

- Essigbrätlein 1
- Bratwursthäusle 2
- Bratwurstglöcklein 3
- Historische Bratwurstküche Zum Gulden Stern 4
- Sebald 7

★ **Frauenkirche** (ÉGLISE NOTRE-DAME) B1

Cette église gothique se dresse sur le côté est de la place, à l'emplacement de la synagogue détruite suite à un pogrom en 1349 ; don de Charles IV, elle fut construite de 1350 à 1358. Le pignon orné de niches et de pinacles, dû à A. Kraft (début du 16e s.), couronne la façade, l'une des seules parties d'origine. Le **jaquemart** (automates de l'horloge) au-dessus du balcon date de 1509 : souvenir de l'octroi de la Bulle d'or par Charles IV (1356), l'horloge montre le défilé des sept princes-électeurs devant l'empereur *(tlj à 12h)*. À l'intérieur, le hall est soutenu par quatre piles massives. Sur le mur gauche se trouve le **tombeau des Peringsdörffer** *(Madone au manteau)* d'A. Kraft (1498). L'**autel de Tucher**, dans le chœur décoré de personnages, est un chef-d'œuvre de l'école des peintres

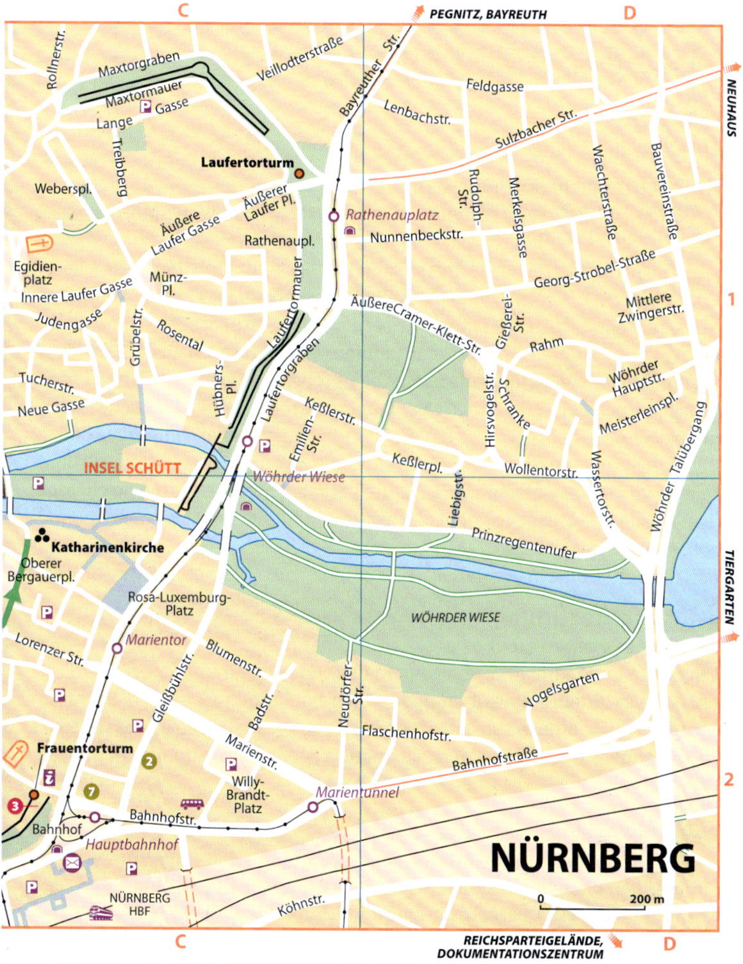

SE LOGER

Hotel Am Jakobsmarkt...... 1 | Art & Business Hotel........ 2 | Le Méridien Grand-Hotel.... 7

de Nuremberg ; le triptyque (Crucifixion, Annonciation, Résurrection) date de 1440 environ. Remarquez, à la clef de voûte du chœur, une représentation de Jésus allant à l'école.

Hauptmarkt (PLACE DU MARCHÉ) et ★ Schöner Brunnen (BELLE FONTAINE) B1

L'animation de la place, surtout lors du marché de Noël, cache l'horreur de son origine : le quartier juif qui s'étendait là jusqu'en 1349 fut rasé et ses occupants brûlés. La fontaine gothique (14e s.) et ses 40 figures sur quatre étages (copies) dominent la place du Marché. Tout en haut de la pyramide (19 m), on reconnaît Moïse et les prophètes, en dessous les sept princes-électeurs et une série de neuf héros : trois antiques, trois juifs et trois chrétiens. Un anneau d'or sans soudure est prisonnier de la grille, où l'aurait placé un apprenti serrurier au 17e s.
Au bout de la place, prenez à droite vers la montée.

Altes Rathaus (HÔTEL DE VILLE) B1

La partie la plus ancienne date du 14e s. Visite des cachots et de la chambre des tortures.
Continuez sur la Burgstraße qui mène au Château impérial.

Kaiserburg (CHÂTEAU IMPÉRIAL) B1

✆ 0911 244 65 90 - www.kaiserburg-nuernberg.de - avr.-sept. : 9h-18h ; oct.-mars : 10h-16h - 5,50 € (-18 ans gratuit) - audioguide en français.
Le château de Nuremberg se dresse sur un rocher de grès au nord de la ville. L'e Burggrafenburg, ancien château des Burgraves, presque totalement détruit en 1420, a été complété au 12e s. par le Kaiserburg, dont l'aspect actuel remonte aux 15e et 16e s. De la cour extérieure et du **donjon (Sinwellturm)**, haut de 30 m, **vue★** exceptionnelle sur les toits très pentus et les tours de la vieille ville. Dans la cour voisine, le puits profond *(dans le bâtiment)* fut creusé à même la roche jusqu'à 50 m de profondeur. Parmi les bâtiments, admirez la **chapelle impériale** dans le Kaiserburg, double chapelle romane avec une galerie qui permettait à l'empereur de voir sa suite assemblée. Un autre bâtiment abrite le **musée du château**, une antenne de Musée national germanique, dédié à l'histoire du bâtiment et son importance militaire.
Sortez de l'enceinte du Kaiserburg, puis dirigez-vous en contrebas vers la droite.

★ Stadtbefestigung (FORTIFICATIONS) ABC1-2

Terminées au milieu du 15e s., elles sont restées pratiquement intactes depuis. L'enceinte intérieure, avec son chemin de ronde couvert, est précédée d'une enceinte extérieure devant laquelle s'ouvre un large fossé à sec. Soixante-sept tours de défense subsistent, parmi lesquelles les quatre **grosses tours** (16e s.) garnies d'une chape de maçonnerie à l'épreuve des boulets et pouvant

Adam Kraft

Ce sculpteur (vers 1460-1508) de génie a marqué de son empreinte toutes les églises de Nuremberg, où il vécut presque toute sa vie. Le style de ses débuts, caractéristique du gothique tardif, se reconnaît à des figures très expressives aux draperies tumultueuses, enluminées de reliefs décoratifs luxuriants. Il évolua vers davantage de clarté, et ses œuvres tardives, plus monumentales, marquent des poses arrondies et mesurées.

présenter jusqu'à 6 m d'épaisseur : **Neutorturm**, **Spittlertorturm**, **Frauentorturm** et **Laufertorturm**. La promenade des fortifications offre de jolis points de vue. La partie la plus intéressante se situe entre le Kaiserburg et la Spittlertor *(côté ouest)*. La **promenade** depuis le jardin du château *(Burggarten – à l'extérieur, en contrebas du Kaiserburg)* mène à la galerie de défense, que l'on peut suivre jusqu'au Neutorzwinger *(poursuivre ensuite sur le côté intérieur)*. On traverse la Pegnitz sur la passerelle suspendue à côté des fortifications du pont, avant d'achever la promenade par le côté extérieur avec jolie une vue sur le château.

Beim Tiergärtnertor B1

C'est autour de la pittoresque place Tiergärtnertor que les maisons à colombages ont le moins soufferte de la Seconde Guerre mondiale. La statue de St-Georges orne la **maison de Pilate**. Juste en face, de l'autre côté de la place, se trouve la maison de Dürer (15e s.), avec un pignon à auvent.

★ Dürerhaus (MAISON DE DÜRER) B1

Albrecht-Dürer-Str. 39 - ✆ 0911 231 25 68 - www.museen.nuernberg.de - tlj sf lun. 10h-17h, w.-end 10h-18h - juil.-sept. et marché de Noël : tlj 10h-17h - 6 € - audio-guide en français.

Restée intacte depuis que **Dürer** l'acquit en 1509, cette belle maison à colombage abrita le peintre et graveur jusqu'à sa mort (1528). L'intérieur, sobrement meublé, instruit sur sa vie et son œuvre grâce à des projections, à des démonstrations d'impression de gravures sur une presse d'époque et à des reproductions de travaux de l'artiste et de ses disciples d'hier et d'aujourd'hui.

Chaque samedi à 14h a lieu une visite guidée en anglais, avec une comédienne déguisée en Agnes Dürer, la femme du peintre.

Prenez la rue Albrecht-Dürer-Straße, en pente, puis la rue Weinmarkt à gauche.

★ St. Sebaldus Kirche (ÉGLISE ST-SÉBALD) B1

Cette église à double chœur fut construite au 13e s. et agrandie au 14e s. en l'honneur d'un ecclésiastique de Nuremberg canonisé en 1425. La sobriété de la façade ouest romane contraste avec la masse du chœur est gothique, richement orné de pinacles et de statues.

À l'intérieur, on distingue nettement les éléments romans et ceux du début du gothique (nefs médiane et latérale, du 13e s.) des éléments de style gothique rayonnant (chœur en « halle » et déambulatoire, du 14e s.).

Au centre, la **cuve baptismale★** gothique richement décorée, avec foyer de chauffage (vers 1430), est le plus ancien ouvrage de bronze fondu à Nuremberg. Le centre du chœur ouest sert d'écrin au **tombeau de saint Sébald★★**. La châsse gothique se trouve dans un présentoir en laiton de Peter Vischer (1519), supporté par des colimaçons et des dauphins.

Dans le déambulatoire, un bas-relief en grès *(La Cène, le Jardin des oliviers et l'Arrestation du Christ)* de **Veit Stoß** et de superbes **vitraux** (14e-15e s.).

À l'extérieur, sur le côté du chœur est, A. Kraft a sculpté un admirable bas-relief représentant la Passion et la Résurrection sur le **monument funéraire des Schreyer★**.

En sortant de l'église, prenez tout droit la rue Weinmarkt, puis la deuxième à gauche, la Kalrstraße, qui descend.

★ Spielzeugmuseum (MUSÉE DU JOUET) B1

Karlstr. 13-15 - ✆ 0911 231 31 64 - www.museen.nuernberg.de - ♿ - mar.-vend. 10h-17h, w.-end 10h-18h - fermé lun. - 6 € - billet famille 6,50 €.

Le procès de Nuremberg

C'est Nuremberg, promue par Hitler « capitale idéologique » du IIIe Reich, et où avaient été promulguées en 1935 les lois raciales, que les Alliés choisirent pour y juger, devant un tribunal militaire international, 24 hauts responsables et huit organisations du régime nazi (dont la Gestapo et les SS). Ces hommes étaient accusés de crimes de guerre, de crimes contre la paix et contre l'humanité. Le procès se déroula entre le 20 novembre 1945 et le 1er octobre 1946 au palais de justice au bord de la Fürther Straße, aujourd'hui tribunal de grande instance. Dix mille journalistes vinrent du monde entier suivre ce procès, qui fut aussi la première mise en œuvre d'une juridiction pénale internationale.

Incontournable avec des enfants (qui adorent particulièrement l'aire de jeux surveillée !), ce musée rappelle que Nuremberg est un centre de fabrication de jouets depuis le Moyen Âge. Jouets anciens et modernes sont rassemblés sur deux niveaux.

Deutsches Museum Nürnberg

Augustinerhof 4 - ✆ 0 911 21548 0 - www.deutsches-museum.de - tlj sf lun. 10h-18h - 9,50 € (-18 ans 6 €), ticket famille 20 € - audioguide en français - déconseillé aux moins de 12 ans.

Le Deutsches Museum a ouvert en 2021 sa nouvelle entité à Nuremberg, axée sur le futur et les technologies de demain. Comment vivrons-nous dans dix, vingt ou cinquante ans, quelle place l'électronique prendra-t-elle dans nos vies ? À quoi ressembleront nos maisons intelligentes ? L'homme « augmenté » saura-t-il préserver son environnement et voyager dans l'espace ? Autant d'interrogations auxquelles le visiteur cherchera les réponses sur les 3 000 m² et les trois étages de ce bâtiment futuriste implanté en plein centre historique. Vie quotidienne, Corps et esprit, Cité du futur, Terre, Temps et espace : en cinq thématiques ponctuées d'écrans et d'animations interactives, vous découvrez le résultat des plus récentes recherches scientifiques, manipulez des bras télécommandés, discutez avec des robots… Vous pouvez même transmettre vos questions et réflexions aux équipes de recherche via le forum DMN !

Hors de la vieille ville

★★ Reichsparteitagsgelände, Dokumentationszentrum

(ANCIEN SITE DES CONGRÈS DU PARTI NAZI) HORS PLAN PAR D2

Bayernstr. 110 (à Luitpoldhain) - Ⓢ 2, station Dutzendteich Bahnhof - en voiture : sortez de Nuremberg par la B4 direction Fischbach - ✆ 0 911 231 75 38 - www.museen.nuernberg.de - ♿ - 10h-18h - 6 € (enf. 1,50 €) - déconseillé aux moins de 14 ans.

Rares sont les villes allemandes à être autant confrontées que Nuremberg à l'héritage historique de l'ère du national-socialisme *(voir encadré ci-dessus)*. Porté par sa folie des grandeurs, Hitler avait fait bâtir à la lisière de la ville, sur 11 km², d'immenses structures destinées aux rassemblements du parti du Reich *(Reichsparteitagsgelände)*. Une partie des édifices a été détruite, l'autre réutilisée (en stade, site de concerts…) et surtout, un **Centre de documentation** y a pris place éclairant avec intelligence et recul, l'histoire du site et les raisons qui ont conduit la ville à en préserver une partie dont témoignent les anciens films de propagande. En attendant la fin de la rénovation prévue en 2025 et la nouvelle exposition enrichie et modernisée, une présentation temporaire donne un aperçu complet de l'histoire du site et des rassemblements du parti nazi *(notices en allemand et anglais)*.

★★ Memorium Nürnberger Prozesse

(MÉMORIAL DU PROCÈS DE NUREMBERG) HORS PLAN PAR A2

Bärenschanzstr. 72 - U 1, station Bärenschanze - 0 911 231 28 614 - www.museen.nuernberg.de - ♿ - avr.-oct. : merc.-lun. 9h-18h (w.-end à partir de 10h) ; reste de l'année se rens. - dernière entrée 1h av. la fermeture - 6 € (tarif réduit 1,50 €), audioguide en français compris. Comptez 1h.

La « salle 600 » du **tribunal de grande instance** reste célèbre dans le monde entier pour avoir abrité le procès des principaux chefs nazis *(voir encadré ci-dessus)*. Hors audience (le tribunal est toujours en activité), on peut s'y asseoir quelques instants avant de grimper à l'étage supérieur, où une exposition didactique décrypte le contexte historique du procès, son déroulement et son impact sur les fondements du droit international de La Haye.

Tiergarten (ZOO) HORS PLAN PAR D2

Am Tiergarten 30 - en voiture : sortez de la ville par la Bahnhofstr., à hauteur de la gare, puis prenez la Kressengartenstr. et la Ostendstr. - Tram 5, dir. Tiergarten (terminus), env. 30mn - 0 911 54 546 - www.tiergarten.nuernberg.de - ♿ - avr.-sept. : 8h-19h30 (dernière entrée 18h30) ; oct.-mars : 9h-17h (dernière entrée 16h) - 18 € (17-14 ans 13,50 €, 13-4 ans 8,50 €, réductions famille).

Pensé pour les balades en famille, avec ou sans poussette, cet agréable zoo est facilement accessible depuis le centre. Pas de cages, mais des enclos paysagers le long des sentiers en grès rose qui cheminent dans la forêt. La faune mondiale défile, avec aussi une lagune aux dauphins *(spectacles à heures fixes)* et une halle aux papillons. De Pâques à octobre, promenade en petit train « Adler », réplique réduite du premier train allemand.

2

À proximité

CARTE P. 130

Playmobil Funpark à Zirndorf B2

10 km à l'ouest - Brandstätterstr. 2-10 - 0911 966 61 455 - www.playmobil-funpark.de - de mai à mi-sept. : 9h-19h ; reste de l'année : 10h-18h - 15,90 € (-3 ans gratuit) - achat des tickets d'entrée uniquement sur le site Internet.

Quelques grammes de plastique

Qui est né près de Nuremberg en 1974 et mesure 72 mm ? Le **Playmobil**, évidemment ! Premier marché à l'export de la firme allemande, la France en est particulièrement friande, depuis son invention par Hans Beck (1929-2009), dans une usine proche de Nuremberg. Sur fond de crise du pétrole, celui-ci a l'idée de fabriquer un petit jouet en plastique, à la fois économique en matière première et adapté à la main de l'enfant. Il teste les prototypes sur ses neveux et nièces, qui adorent. Après leur lancement officiel au fameux Salon du jouet de Nuremberg, en 1974, les ventes décollent. Le succès ne s'est plus jamais démenti, avec près de 3 milliards de figurines vendues depuis sa création !

Surfant sur le succès de la petite figurine en plastique inventée près de Nuremberg, ce parc à thème est entièrement dédié au Playmobil : reconstitution d'une ville géante au format Playmobil, attractions thématiques, aires de jeux... Comme dans tous les parcs du genre, le plus dur est de slalomer entre les séduisantes boutiques aux couleurs de la marque.

Carnet pratique

S'informer

Office de tourisme – *Hauptmarkt 18 - Nürnberg - ✆ 0911 23 360 - www.tourismus.nuernberg.de.*

Pass touristique

Nürnberg Card – *À l'office de tourisme - 33 €/2 j (6-11 ans 11 €).* Carte donnant la gratuité dans les transports en commun et la plupart des musées de la ville.

Arriver/partir

Aéroport – *À 7 km au nord du centre-ville - ✆ 0911 93700 - www.airport-nuernberg.de.* La ligne 2 du métro relie à la gare centrale en 12mn *(départ ttes 10-15mn - 3,20 €, enf. 1,60 €; billet famille 12,30 €).* En taxi, comptez 25mn de trajet pour rejoindre le centre-ville *(env. 22 €).*

Gare centrale – *www.bahnhof.de.* Liaisons quotidiennes entre la gare de Nuremberg (C2) et Munich (1h20 env. de trajet).

Se déplacer

Transports en commun – *✆ 0911 27 075 99 - www.vgn.de.* Outre le métro, le S-Bahn et le tram, le **bus 36** fait le tour des curiosités de la ville. Tickets en vente aux machines automatiques et dans de nombreux lieux de la ville : 3,20 € le ticket simple (valable 90mn), 1,70 € pour un « trajet court » (« Kusztrecke », 3 à 5 arrêts, 60mn) et ticket à la journée (8,30 € pour 1 pers., 12,30 € pour 1 à 6 pers., dont 2 adultes), valable le dim. aussi s'il est acheté le sam.

Agenda

Bardentreffen (Rencontres des bardes) – *1er w.-end des vac. d'été (fin juil.- déb. août) - www.bardentreffen.de.* Festival de musiques du monde le plus important d'Allemagne. Scènes en plein air dans la vieille ville.

Klassik Open Air – *Juil.-août - www.klassikopenair.de.* Festival grandiose de musique classique, en plein air avec feux d'artifice.

Rock im Park – *Déb. juin, sur les anciens sites nazis de Luitpoldhain - www.rock-im-park.com.* Pied de nez à l'histoire, ce festival fait revivre à sa manière l'un des sites les plus sombres de l'histoire. Rock'n roll !

Marché de Noël (Christkindlesmarkt) – *www.christkindlesmarkt.de - du vend. précédant le 1er dim. de l'Avent à la veille de Noël 10h-21h.* Fondé en 1628, le plus fameux marché de Noël d'Allemagne se tient sur la Hauptmarkt.

Nos adresses

PLAN P. 156-157

Restauration

La spécialité culinaire de la ville est la saucisse grillée, la **Nürnberger Rostbratwurst**, que l'on peut déguster dans les échoppes du centre-ville (souvent selon la formule *Drei im Weckla* : trois saucisses dans un petit pain), mais aussi dans la plupart des restaurants qui servent une cuisine traditionnelle. Le **bretzel** de Nüremberg est aussi réputé.

Premier prix

3 **Bratwurstglöcklein** – C2 - *Handwerkerhof 11 - ✆ 0911 227625 - die-nuernberger-bratwurst.de - fermé dim. soir - plats 9,40/15,90 € - menus 22,95/54 €.* Petite maison à colombages dans une jolie cour d'atelier. En costume traditionnel local, serveuses et serveurs apportent la bière ou du vin de Franconie, des schmankerl (gâteaux) et des saucisses grillées.

4 **Historische Bratwurstküche Zum Gulden Stern** – A2 - *Zirkelschmiedsgasse 26 - ✆ 0911 2059288 - www.bratwurstkueche.de - plats 8,80/13,40 €.* Cette maison s'enorgueillit d'avoir été bâtie en 1375, et d'avoir abrité la réunion de la confrérie de la saucisse de Nuremberg, qui a décidé de son poids et de sa taille officielle. Bref, l'endroit idéal pour la déguster, grillée au bois de hêtre, avec choucroute ou salade de pommes de terre.

2 **Bratwursthäusle** – B1 - *Rathaus-Platz 1 - ✆ 0911 227695 - www.bratwursthaeusle.de - plats 9,50/16,10 €.* Derrière la façade en briques de ce bistrot de campagne très fréquenté, vous passerez un moment agréable en dégustant la fameuse saucisse blanche grillée accompagnée de choucroute.

Pour se faire plaisir

7 **Sebald** – B1 - *Weinmarkt 14 - ✆ 0911 381303 - www.restaurant-sebald.de - fermé lun. (sf j. fériés) et dim. et le midi mar.-jeu. - plats 20,80/36,50 € - menu 68 €.* Charmante maison de la vieille ville abritant un bar et un restaurant ambiance bistro chic. Cuisine internationale. Belle terrasse.

Une folie

1 **Essigbrätlein** – B1 - *Weinmarkt 3 - ✆ 0911 225131 - www.essigbraetlein.de - fermé dim.-lun. - menus 110/120 € (midi) et 165/195 € (soir) - réserv. conseillée.* Cette auberge de 1550 est installée dans un ancien bâtiment en grès franconien. Andree Köthe sert des plats de sa composition mettant à l'honneur les produits de saison des agriculteurs locaux, avec un goût prononcé pour le végétal.

Petite pause

Brezen Kolb – *Äußerer Laufer Platz 25 - ✆ 0911 66955640 - www.brezen-kolb.de - lun.-vend. 6h30-14h, sam. 7h30-13h.* Cuits à la pierre chaude, les bretzels de cette enseigne passent pour les meilleurs de la ville. Tout chauds sortis du four, ils sont effectivement d'un moelleux réconfortant, ce qui explique la queue dès l'aube !

Konditorei-Café Beer – *Breite-Gasse 79 - ✆ 0911 2308420 - www.cafebeer.de - 9h-18h - fermé dim. et j. fériés.* Salon de thé classique avec terrasse dans l'une des rues commerçantes. Fondé en 1864 et toujours dirigé par la même famille, la garantie de savoureux « Kuchen und Torten » (gâteaux et tartes) !

Shopping

Les principales rues commerçantes sont Karolinenstr., Breite Gasse et Königstr.
Pour rapporter un petit cadeau, pensez aux *Lebkuchen*, les pains

d'épice traditionnels de la ville, qui étaient fabriqués lors de l'Avent et sont aujourd'hui disponibles toute l'année – souvent emballés dans de jolies boîtes en métal. On en trouve notamment au magasin **Lebkuchen Schmidt** à l'angle sud-est du Hauptmarkt/Plobenhofstr. 6.

Handwerkerhof – *Königstr. 82 - face à la gare centrale - ✆ 0911 32179831 - www.handwerkerhof.de - lun.-sam. 8h-22h30, dim. 10h-22h30 (restaurants : se rens.).* Cour pittoresque entourée de remparts abritant petites boutiques d'artisanat et restaurants traditionnels.

En soirée

Programme des manifestations – Distribution gratuite du calendrier mensuel *Doppelpunkt (www.doppelpunkt.de)* dans les bars, cinémas et boutiques.

Altstadthof - Braustüberl « Schwarzer Bauer » – *Bergstr. 19 - ✆ 0911 2449859 - www.hausbrauerei-altstadthof.de - 11h-0h.* Différentes sortes de bières brassées sur place (selon des recettes traditionnelles) et eaux-de-vie faites maison. À déguster dans la petite salle ou dans le *Biergarten*.

Hébergement

Durant la **Spielwarenmesse** (Salon du jouet, réservé aux professionnels), 5 jours fin janvier et début février, les prix des hôtels dans la ville explosent.

Budget moyen

2 Art & Business Hotel – C2 - *Gleißbühlstr. 15 - ✆ 0911 23210 - www.art-business-hotel.com - P - 49 ch. 102/279 €.* Les atouts de cet hôtel situé sur un boulevard sans charme proche de la gare : sa situation à quelques minutes à pied de la vieille ville, une décoration arty qui égaie les espaces communs, et les chambres, confortables et bien insonorisées. Petit-déjeuner buffet, à la touche gastronomique. Une excellente adresse dans sa catégorie.

Pour se faire plaisir

1 Hotel Am Jakobsmarkt – A2 - *Schottengasse 5 - ✆ 0911 20070 - www.hotel-am-jakobsmarkt.de - P - 62 ch. 140/250 €.* Les chambres sont réparties en deux bâtiments : le corps principal et une annexe à colombages du 16e s. Toutes possèdent un équipement fonctionnel et moderne. Le petit-déjeuner est servi dans une agréable salle à la façade en verre.

Une folie

7 Le Méridien Grand-Hotel – C2 - *Bahnhofstr. 1-3 - ✆ 0911 23220 - www.lemeridiennuernberg.com - P ♿ - 192 ch. 358/538 €.* C'est ici que logèrent de nombreux journalistes, témoins et juges du procès de Nuremberg au sortir de la guerre. À côté de la gare centrale et à deux pas de la vieille ville, il propose un cadre luxueux et des chambres raffinées d'esprit Art nouveau, avec salles de bains en marbre et climatisation.

Bamberg ★★★

Du passé glorieux de Bamberg émane une incontestable magie. Inscrite au Patrimoine mondial de l'Unesco, cette ville édifiée sur sept collines est née au Moyen Âge. Transformée aux 17e et 18e s. en cité baroque par les princes-évêques et épargnée par les bombardements de la Seconde Guerre mondiale, elle compte près de 2300 monuments historiques. Un décor de rêve pour les nombreux étudiants qui donnent leur vitalité aux ruelles pavées, ourlées d'églises et de maisons bourgeoises. Sur l'une des collines, vous découvrirez la ville haute, centre ancien avec ses petites rues bordées d'antiquaires et sa cathédrale impériale aux quatre clochers, qui constitue encore le cœur de la cité et le plus important chef-d'œuvre architectural de la région.

Le centre historique de Bamberg.
vale_t/Getty Images Plus

Se repérer

CARTE P. 130 (B1) ET PLAN P. 166
77 749 hab. – Bavière.
À 60 km au nord de Nuremberg par l'A 73.

À ne pas manquer

La vue depuis le pont de la Regnitz ; à Noël, le parcours des crèches ; les saucisses franconiennes et la « bière fumée » *(Rauchbier)*.

Organiser son temps

Une demi-journée pour découvrir la vieille ville (beaucoup d'escaliers !).

En famille

Le chemin des Crèches.

Carnet pratique p. 173

Nos adresses p. 173

SE RESTAURER
Historischer Brauereiausschank Schlenkerla 1
La Vita 3
Romantik Hotel Weinhaus Messerschmitt 4
Klosterbräu Bamberg 6
Gasthaus Zum Sternla....... 8

SE LOGER
Brauerei Fässla 5
Wilde Rose.................. 9

Se promener

PLAN CI-DESSUS

★★ La vieille ville

Itinéraire tracé sur le plan. Au départ du pont Obere Brücke qui relie la vieille ville au centre-ville moderne.

★ Altes Rathaus (ANCIEN HÔTEL DE VILLE) B2

Obere Brücke 1 - Collection Ludwig - ✆ 0951 87 18 71 - tlj sf lun. 10h-16h30 - 6 €.
Cet édifice du 14e s. perché sur son rocher, un minuscule îlot artificiel de la Regnitz, est à la frontière entre ville bourgeoise et ville épiscopale. Transformé au 18e s., le bâtiment comprend à gauche l'hôtel de ville lui-même, aux façades peintes de fresques, une porte à voûte gothique à cheval sur le pont, surmontée d'un balcon rococo, et la Rottmeisterhaus, maison à colombage en équilibre sur un avant-bec du pont. L'intérieur abrite la **collection Ludwig** (porcelaines anciennes).

Montez par la Karolinenstraße jusqu'à la Domplatz. Quelques détours par les rues attenantes, notamment du côté de la Judenstraße, vous dévoileront de belles façades (palais Böttingerhaus, n° 14) et, aux angles des maisons, des statues de la Vierge.

★★ Kaiserdom (CATHÉDRALE) A2

La cathédrale St-Pierre-et-St-Georges, achevée en 1237, appartient au style romano-gothique de transition et se caractérise par ses deux absides : la plus ancienne *(sur l'avancée)* s'orne d'une fine balustrade et de corniches travaillées en damier ; l'autre *(à l'arrière, non visible)* est entièrement gothique. Quatre tours élancées flanquent les deux chœurs. Ce plan, hérité d'un ancien **édifice ottonien** *(voir p. 414)*, matérialise la réticence des puissantes institutions ecclésiastiques de l'Empire face aux innovations du gothique français.

S'ouvrant sur la Domplatz, le **portail des Princes (Fürstenportal)**, le plus beau de la cathédrale, compte dix voussures cannelées venant s'appuyer sur des colonnes alternées avec des statues qui représentent les prophètes portant les apôtres sur leurs épaules. On pénètre dans l'édifice par le portail d'Adam, à la décoration en pointes de diamant et dents de scie. Les statues qui l'ornaient sont au **Diözesanmuseum**. Au fil de l'avancée apparaît l'évolution du roman au gothique. Deux chœurs, fortement surélevés, encadrent une nef dont les murs dépourvus de galeries trahissent le conservatisme du style. Sous chacun des chœurs s'ouvre une crypte : la première *(près de l'entrée)* comporte trois nefs aux vastes proportions ; la seconde *(au fond de l'église)*, réalisée à l'époque de l'empereur Henri II, sert de sépulture aux archevêques de Bamberg.

Parmi les chefs-d'œuvre de la sculpture gothique allemande abrités par l'église *(la numérotation est reportée sur le plan de la cathédrale)* :

1) Statue équestre du **cavalier de Bamberg★★★ (Bamberger Reiter)**, du 13e s., qui représenterait saint Étienne (969-1038), premier souverain de Hongrie et beau-frère d'Henri II.

2

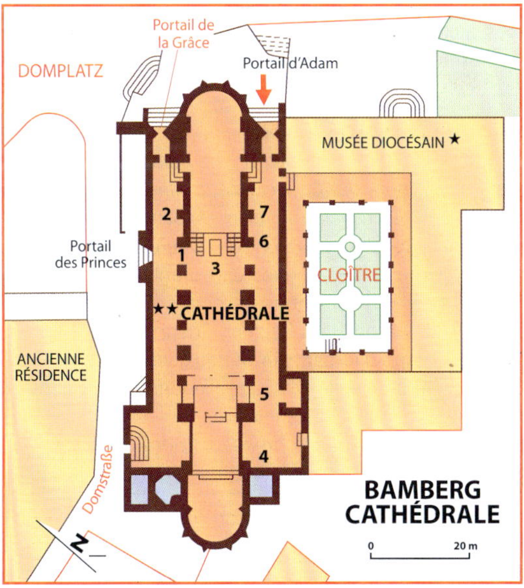

Les crèches de Bamberg

Ce sont des jésuites qui, les premiers, dressèrent une crèche à Bamberg, au 17e s. La ville a gardé depuis une tradition d'exposition de crèches sur les places publiques, dans les églises ou les musées, du premier samedi de l'Avent jusqu'au 6 janvier (vous en verrez encore dans les églises et les musées au mois de février). Près de 35 crèches sont réparties dans la ville. On les découvre en suivant le « **chemin des Crèches** » *(Krippenweg)*. Plan et brochures disponibles auprès de l'office de tourisme.

2) Célèbre **groupe de la Visitation**. Comme le cavalier de Bamberg, il est l'œuvre d'un artiste fortement influencé par l'école française, en particulier celle de Reims.
3) À l'entrée du chœur, **tombeau★★★** de Henri II le Saint et de son épouse Cunégonde *(St. Heinrichs-Grab)*. L'œuvre nécessita quatorze années de travail à Tilman Riemenschneider *(voir encadré p. 135)*.
En faisant le tour du tombeau *(par la droite)*, on reconnaît les scènes suivantes : ordalie de Cunégonde, lavée par le feu du soupçon d'adultère ; rétribution, par Cunégonde, d'ouvriers à l'église St-Stéphane ; mort de l'empereur Henri II ; pesée de l'âme d'Henri II en présence de saint Laurent ; l'empereur guéri de la pierre par saint Benoît.
4) **Retable de la Nativité★** (1523) par le sculpteur Veit Stoß.
5) Statue funéraire d'évêque.
6) Statue représentant l'Église.
7) Admirable statue de la Synagogue, au regard voilé.

Alte Hofhaltung (ANCIENNE RÉSIDENCE) A2

Domplatz 7 - ✆ 0951 87 11 42 - www.schloesser.bayern.de - mai-oct. : tlj sf lun. 9h-17h ; le reste de l'année : seult lors d'expositions spéciales - 5 €. La cour ferme à la tombée de la nuit.
L'ancien palais épiscopal fut édifié sur les fondations du palais impérial des 10e-11e s. Sa façade à pignons sculptés, oriel, tourelle d'angle et son portail datent de la Renaissance. La très jolie **cour intérieure★★** est entourée de bâtiments gothiques à colombages, aux toits en forte pente et aux très pittoresques galeries de bois. Elle abrite le **Musée historique** (art et culture dans l'histoire de la ville).
Traversez la place.

Neue Residenz (NOUVELLE RÉSIDENCE) A2

Domplatz 8 - ✆ 0951 51 93 90 - www.residenz-bamberg.de - visite guidée uniquement (45mn) avr.-sept. : 9h-18h ; oct.-mars : 10h-16h - 6 € (- 18 ans gratuit).
La Nouvelle Résidence, le plus vaste des palais de Bamberg, réunit quatre corps de bâtiment : deux corps Renaissance le long de l'Obere Karolinenstraße, construits au début du 17e s., et deux ailes baroques, encadrant la Domplatz, entreprises en 1695. Au 1er étage, collection de peintures, avec des œuvres de maîtres allemands (maître de la Vie de la Vierge, Hans Baldung Grien, etc.).
Au 2e étage, dans les **appartements impériaux**, voir en particulier la salle des Empereurs *(Kaisersaal)*, ornée de fresques allégoriques et de portraits.
De la roseraie du palais, belle **vue★** sur la ville.
En sortant de la Nouvelle Résidence, prenez à droite l'Obere Karolinenstr.

St. Michael Kirche (ABBAYE ST-MICHEL) A1

Franziskanergasse 2 - fermé pour rénovation jusqu'en 2025.
Sur la colline Michaelsberg se trouve l'ancienne abbaye bénédictine (1015), remaniée en style baroque au 18e s. Admirez les fresques du plafond, « Herbarium

divin » ou « Jardin du ciel » avec ses 578 fleurs et plantes. De la terrasse derrière l'église, vue magnifique sur la ville.

Fränkisches Brauereimuseum (MUSÉE FRANCONIEN DE LA BRASSERIE) A1
Michelsberg 10f - ✆ 0951 530 16 - www.brauereimuseum.de - avr.-oct. : merc.-vend. 13h-17h, w.-end et j. fériés 11h-17h - 4 €, billet famille 7 €.
Avec une dizaine de brasseries dans la ville, et une soixantaine aux alentours, Bamberg est la capitale de la bière en Franconie. Ce musée en présente les outils et les processus de fabrication.
À travers les jardins en terrasse, redescendez vers la ville. Au pied de la Nouvelle Résidence, rejoignez la Dominikanerstraße qui conduit au pont Untere Brücke.
De l'**Untere Brücke**, pont jeté à la pointe aval de l'île, belle **vue★** sur les maisons à colombages du quartier des pêcheurs des bords de la Regnitz, surnommé la « Petite Venise » *(Klein Venedig)* par le roi de Bavière Maximilien II.
Avec leurs balcons et leurs jardinets auxquels sont amarrées des barques, ces maisons constituent un ensemble romantique et offrent, tous les ans en août, un décor féerique à la grande fête populaire **Sandkerwa** *(www.sandkerwa.de)*, avec sa nuit italienne lors de laquelle ont lieu des joutes nautiques à bord de gondoles.

E. T. A. Hoffmann Haus (MAISON E. T. A. HOFFMANN) B2
Schillerplatz 26 - ✆ 0951 29 76 200 - etahg.de/bamberg/hoffmann-haus - mai-oct. : tlj sf lun. 13h-17h - 5 €.
Maison-musée où vécut entre 1809 et 1813 l'écrivain et compositeur romantique **Ernst Theodor Amadeus Hoffmann**, rendu célèbre par ses contes et romans qui ont inspiré de nombreux artistes européens.

2

À proximité

CARTE P. 130

★★ Wallfahrtskirche Vierzehnheiligen

(ÉGLISE DES QUATORZE-SAINTS) B1
30 km au nord-est (Bad Staffelstein) - ✆ 095 7195 080 - www.vierzehnheiligen.de - mai-sept. : 6h30-19h ; oct.-avr. : 7h30-17h.
Chef-d'œuvre de l'architecture baroque construit en 1772, l'église de pèlerinage magnifiquement décorée est consacrée aux saints intercesseurs. Située au pied du mont Staffelberg, face à l'abbaye de Banz, dans la région supérieure du Main, dénommée en Bavière le « Jardin de Dieu », elle accueille de nombreux pèlerins sur le chemin de Compostelle.
Le pèlerinage – En 1445 et 1446, un pâtre est favorisé, en ce lieu, de plusieurs apparitions, dont la dernière est identifiée comme celle de l'Enfant Jésus parmi les « quatorze intercesseurs ». Le culte de cette pieuse cohorte de saints, vivement préconisé alors par les dominicains et les cisterciens d'Allemagne, doit être replacé dans l'atmosphère mystique du début du 15e s., durant lequel les visions sont nombreuses. Restée longtemps vivace parmi le peuple, cette dévotion envers les saints secourables entraîne la foule des pèlerins vers une chapelle qui, au 18e s., fait place à une somptueuse église rococo.
★★ **Église** – Construite de 1743 à 1772 en belle pierre ocre, elle dresse une façade encadrée de tours à bulbe remarquablement hautes pour un édifice baroque. Le fronton brisé est surmonté de statues, jadis dorées, figurant le Christ entre celles de la Foi et de la Charité.
Intérieur – L'organisation architecturale de l'espace est déterminée par une succession de trois travées de plan ovale encadrées de colonnades et couvertes de calottes surbaissées.

La précieuse décoration rococo du sanctuaire surprendra les visiteurs par ses raffinements et son élégance.

★★ **Autel des Intercesseurs (Nothelfer-Altar)** – Tout en courbes et en contre-courbes, cette construction rococo pyramidale à baldaquin ajouré (1764) fut exécutée par des stucateurs de l'école de Wessobrunn. Elle occupe l'emplacement des apparitions et ses statues représentent les fameux intercesseurs :

Balustrade : 1) Saint Denis – 2) Saint Blaise – 3) Saint Érasme – 4) Saint Cyriaque (délivré du démon à la dernière heure).

Niches d'autel : 5) Sainte Catherine d'Alexandrie, patronne des érudits, des étudiants et des filles à marier – 6) Sainte Barbe, patronne des mineurs, des artilleurs et des prisonniers.

Contreforts : 7) Saint Acace (angoisses de la mort) – 8) Saint Gilles, le seul intercesseur non martyr – 9) Saint Eustache (converti par l'apparition d'un cerf portant une croix entre ses branches) – 10) Saint Christophe, patron des voyageurs.

Sommet du baldaquin : 11) Saint Guy (épilepsie) – 12) Sainte Marguerite (intercède pour le pardon des péchés) – 13) Saint Georges, patron des paysans et de leurs biens – 14) Saint Pantaléon.

☺ Les amateurs de prises de vues originales monteront sur les pentes dominant l'église. Ils verront alors apparaître l'abbaye de Banz encadrée par ses tours, dans le prolongement de la ligne de faîte du toit.

★ Cobourg (COBURG) B1

▶ *46 km au nord.*

ℹ *Herrngasse 4 - ✆ 09561 89 80 00 - www.coburg-tourist.de.*

Longtemps restée à l'écart des flux touristiques en raison de sa situation frontalière (sur trois côtés !) avec l'ex-RDA, Cobourg a connu une sorte de renaissance lors de la chute du Mur. L'imposante citadelle qui la coiffe en est le principal attrait, l'une des plus grandes d'Allemagne avec sa triple enceinte fortifiée. L'agréable centre ancien de la cité vous surprendra aussi : belles façades de la **place du Marché (Marktplatz)** et remarquable **lycée Casimir★** *(face à l'église St-Maurice)*, datant de 1605.

★★ **Veste Coburg** *(forteresse de Cobourg) - ✆ 09 56187 90 - www.kunstsammlungen-coburg.de - avr.-oct. : 9h30-17h ; nov.-mars : tlj sf lun. 13h-16h - fermé Mar. gras, 24-25 et 31 déc. - 9 € (enf. 2 €) - audioguide 2 €.* Comptez une demi-journée pour faire le tour de cette impressionnante forteresse, fondée au 13e s. et continuellement remaniée au cours des siècles suivants, par et pour les ducs de Saxe-Cobourg. Et si ce château vous évoque aussi le Haut-Kœnisgbourg, près de Strasbourg, bravo, c'est que vous avez reconnu le style de **Bodo Ebhardt** (1865-1945), l'architecte qui a supervisé la restauration des deux ensembles au début du 20e s. De nombreuses salles ont gardé leur aspect historique, un cadre superbe pour le riche musée qui s'y est installé, dont le fonds s'est nourri des **collections** privées des ducs de Saxe-Cobourg. Dans ce labyrinthe sur trois niveaux, ne manquez pas la **salle Luther★ (Lutherzimmer)**, où le père de la Réforme, excommunié, trouva refuge six mois en 1530. Il y amorça sa fameuse traduction de la Bible, un séjour illustré par un verre à eau du 12e s. qui lui aurait appartenu, et un portrait peint par Lucas Cranach l'Ancien (1540). D'autres tableaux de ce maître de la

Église de l'abbaye d'Ebrach.
H. JuergenKochan/ZOONAR GMBH LBRF/age fotostock

Renaissance, mais aussi de son fils (Lucas Cranach le Jeune, donc) sont exposés dans la **collection d'art★** du musée. D'envergure européenne, celle-ci compte également des tableaux d'Albrecht Dürer.
Autre temps fort, la section dédiée à la **collection de verrerie**, dans un espace rénové en 2018, pour mieux mettre en valeur des pièces en cristal de Bohême d'un luxe inouï et d'autres plus récentes signés Daum, Majorelle ou Lalique.
S'il vous reste du temps, et de l'énergie, pensez à jeter un œil sur la collection de carrosses et traîneaux, l'impressionnante collection d'**armures**, les luxueux salons du début du 20ᵉ s., l'ensemble dessinant au final le mode de vie fastueux et le goût immodéré pour l'art des Saxe-Cobourg, au cours des siècles.
Une agréable promenade sur les remparts, une cafétéria et une charmante boutique complètent le parcours.
Schloss Ehrenburg *(château d'Ehrenbourg) - ✆ 09561 80 88 32 - www.schloesser-coburg.de - visite guidée uniquement avr.-sept. : tlj sf lun. ttes les heures 9h-18h ; oct.-mars : tlj sf lun. ttes les heures 10h-16h - 5 € (-18 ans gratuit).* Ce fut la résidence des ducs de Cobourg de 1547 à 1918. L'intérieur porte la marque du baroque bien que la façade sur la place du château ait été remaniée dans le style néogothique. Salles d'apparat dotées de meubles Empire et Biedermeier. Galerie de peintures (maîtres allemands et néerlandais).

★ Kloster Ebrach (ABBAYE D'EBRACH) B1

▶ *35 km à l'ouest - Rathausplatz 2 - Ebrach - ✆ 09553 92 200 - www.ebrach.de - du dim. des Rameaux à la Toussaint - lun.-mar. 8h-12h, 13h15-16h30, merc. et vend. 8h-12h, jeu. 8h-12h, 13h15-18h.*
Le plus ancien monastère cistercien de Franconie (1127) semble surgir au milieu de nulle part, en tout cas de façon bien disproportionnée face au modeste village qui l'accueille. Imposant vaisseau de pierre, l'abbaye d'Ebrach et ses dépendances ont été créées par les moines de Morimond, en Haute-Marne (elle-même née de Cîteaux), qui feront naître bien d'autres filiales outre-Rhin aux 12ᵉ et 13ᵉ s.

L'aspect du bâtiment actuel résulte de sa transformation baroque radicale aux 17e et 18e s., sous la direction de J. L. Dientzenhofer, puis de Balthasar Neumann, deux architectes majeurs. L'importance patrimoniale du lieu n'a pas empêché sa transformation en prison en 1851, ce qu'elle est toujours. De ce fait, seule l'**église★** se visite, avec son chœur à fond plat, inspiré de celui de Cîteaux. À l'intérieur, observez la rosace de façade (7,60 m de diamètre), les belles grilles de clôture rococo et les orgues baroques dans le chœur.
Pour l'anecdote, c'est grâce à l'un des abbés d'Ebrach que la culture du sylvaner, l'un des cépages majoritaires en Allemagne, a été implantée au 17e s.

★★ Schloss Pommersfelden (CHÂTEAU DE POMMERSFELDEN) B1

21 km au sud - ✆ 09 548 98 180 - www.schlosspommersfelden.de - visite guidée uniquement (1h) avr.-oct. : tlj sf mar. 11h-17h (dernier départ 16h) - fermé le reste de l'année - 10 € (enf. 6,50 €).

Il faudra lutter pour ne pas sortir vos appareils photos, ni vos téléphones portables : ici, ils sont interdits. Oui, même les selfies !
D'une richesse insoupçonnée au regard de l'humble village agricole qui lui sert d'écrin, ce joli château, également appelé **Weissenstein**, fut élevé de 1711 à 1718 comme une résidence d'été – et de loisirs – pour l'archevêque Lothar Franz von Schönborn sur les plans de Dientzenhofer et Hildebrandt (architecte à la cour de Vienne) ; leur œuvre devint vite l'un des modèles de palais baroques les plus remarqués. Il a traversé, intact, les siècles jusqu'à nous, expliquant sans doute son grand charme.
La visite démarre dans le remarquable **escalier d'apparat★**, à trois étages de galeries, une magnificence à la hauteur des grandes fêtes de l'époque baroque. Au rez-de-chaussée, tapissée de coquillages, miroirs et galets, une étonnante **salle de rocaille★★** perpétue, avec son « décor de grotte », une tradition de la Renaissance. Exploit technique, ses colonnes sont assez solides pour supporter la salle de marbre du premier étage. On parcourt enfin les appartements de l'Électeur avec leurs cabinets de peintures (Titien et Rubens y figurent en bonne place) et leur cabinet des Glaces.
En sortant, il est agréable de faire quelques pas dans le **parc** adjacent ou d'y pique-niquer en profitant des tables qui sont installées sous les arbres *(portail d'accès automatique - 1 €)*.

Levi Strauss Museum à Buttenheim B1

19 km au sud-est - Marktstr. 31-33 - Buttenheim - ✆ 09545 44 26 02 - www.levi-strauss-museum.de - mar. et jeu. 14h-18h (17h de nov. à fév.), w.-end et j. fériés 11h-17h - 5 €, billet famille 10 € (audioguide inclus).

Tout le monde connaît la marque de vêtements, moins les origines modestes de son créateur, à l'image du musée qui lui est consacré. Hormis les murs, il ne reste rien ici de l'ancienne vie de Löb Strauss, rebaptisé Levi aux États-Unis, qui connut le succès à San Francisco grâce aux attaches rivetées (une première) de ses pantalons de travail, en coton de Nîmes (denim). Voilà vous savez à peu près tout, plus besoin d'y aller, à moins que vous teniez à voir la boutique attenante (petite sélection, aucune réduction particulière).

Carnet pratique

S'Informer

Office de tourisme – *Geyerswörthstr. 5 - Bamberg - ☎ 0951 2976-200 - www.bamberg.info.*

Visite audioguidée de Bamberg et des 7 collines – *Location de l'audioguide à l'office de tourisme - (8,50 €) ou application smartphone (4,49 €), en allemand et anglais.*

Pass touristique

BAMBERGcard – Valable 3 jours, donne accès aux musées et aux bus de la ville *(18 €)*.

Arriver/partir

En train – Gare située au nord du centre-ville. Trains quotidiens pour Nuremberg, Würzburg, Munich et Berlin.

Nos adresses

PLAN P. 166

Restauration

Premier prix

8 **Gasthaus Zum Sternla** – B2 - *Lange Str. 46 - ☎ 0951 28750 - www.sternla.de - ⊭ - fermé lun. - plats 7,80/13,50 €.* Une des plus anciennes auberges typiques de Bamberg, avec petit jardin en plein cœur de la ville. Spécialités franconiennes.

6 **Klosterbräu Bamberg** – B2 - *Oberer Muhmbrucke 1-3 - ☎ 0951 52265 - www.klosterbraeu.de - fermé lun.-mar. et le midi merc.-vend. - 12,90/14,90 €.* Nichée dans le quartier historique des moulins à eau, voici l'une des plus anciennes brasseries de la ville, où déguster de solides spécialités franconiennes arrosées de l'une des sept bières maison.

1 **Historischer Brauereiausschank Schlenkerla** – A2 - *Dominikanerstr. 6 - ☎ 0951 56050 - www.schlenkerla.de - plats 11,80/15,90 €.* L'étonnante bière fumée (Rauchbier), brassée sur place, est l'incontournable de ce beau bâtiment à colombages, au pied de la cathédrale. Goûtez-la avec les spécialités maison, oignon farci ou fromage « schlenkerla » (mixé avec beurre, mayonnaise, paprika et oignon !).

Budget moyen

3 **La Vita** – A2 - *Obere Sandstr. 34 - ☎ 0951 57397 - lavita-bamberg.de - jeu.-lun. soir - plats 13/37 €.* À proximité de la vieille ville, un restaurant à l'ambiance moderne et agréable où l'on déguste une cuisine italienne simple et savoureuse. Produits faits maison également en vente dans la boutique. Belle carte des vins.

Pour se faire plaisir

4 **Romantik Hotel Weinhaus Messerschmitt** – B2 - *Lange Str. 41 - ☎ 0951 297800 - www.hotel-messerschmitt.de - menus 35/44 €.* Dans cet hôtel-restaurant, la table se fait régionale, dans des salles historiques au confort douillet. Aux beaux jours, profitez de la terrasse et sa fontaine où nagent anguilles et poissons-chats.

Boire une bière

Dans un **Bierkeller**, vous pouvez déguster une bière ou bien vous restaurer pour moins de 10 € *(⊭)*. C'est aussi le meilleur endroit pour acheter de la bière à emporter, puisqu'elle y est conservée dans les conditions optimales et vendue dans les contenants adaptés.

Spezial-Keller – *Sternwartstr. 8 - ☎ 0951 54887 - www.spezial-keller.*

2

de - mar.-vend. 15h-22h30, sam. 14h-22h30, dim. et j. fériés 10h30-15h - fermé lun. On ne change pas une recette éprouvée : des bières maison et des plats du terroir, à l'intérieur en hiver, au *Biergarten* l'été, vue splendide sur la ville et ses clochers.

Brauerei Greifenklau – *Laurenzipl. 20 - ✆ 0951 53219 - www.greifenklau.de - mar.-vend. 15h-22h30, sam. 11h-22h30 - fermé dim.-lun.* Aux beaux jours, l'auberge possède un *Biergarten* tout ce qu'il y a de plus traditionnel, bières maison et spécialités franconiennes sous les marronniers, dans un Jardin avec belle vue sur l'Altenburg.

Petite pause

Café im Rosengarten – *Domplatz 8 - dans la Neue Residenz - ✆ 0951 5090792 - caferosengartenbamberg.de - - 11h-18h.* Au plaisir des sens ! La terrasse et le pavillon aux lignes classiques de cet élégant salon de thé ouvrent sur une magnifique roseraie. Pour des coupes glacées et gâteaux maison.

À proximité

Café Konditorei Kehl – *Eichgasse 5 - Dettelbach - au rdc de l'hôtel am Bach - ✆ 09324 97300 - www.cafe-kehl.de - lun.-sam. 6h-22h - dim. 10h-19h.* Fondé en 1686, ce pâtisserie-salon de thé a eu le temps de fignoler ses recettes. Gâteaux en tout genre, dont la spécialité, les « Muskatzinen », biscuits à la noix de muscade. Pour une grosse faim, la taverne adjacente sert une cuisine franconienne.

Hébergement

Premier prix

(5) **Brauerei Fässla** – B1 - *Obere Königsstr. 19-21 - ✆ 0951 26516 - www.faessla.de - P - 26 ch. 70/75 € - 7,50 €.* Pour être au cœur du pays de la bière ! Cette petite brasserie artisanale propose aussi des chambres simples et correctes.

Budget moyen

(9) **Wilde Rose** – B1 - *Kesselerstr. 7 - zone piétonne - ✆ 0951 981820 - www.hotel-wilde-rose.de - P - 29 ch. à partir de 93 €.* Un hôtel familial, en plein cœur de la ville, dans une maison aux rebords de fenêtres fleuris, aussi pimpante que les chambres.

À proximité

Budget moyen

Hotel Gasthof Grüner Baum – *Hauptstr. 18 - Pommersfelden - ✆ 09548 92270 - www.hotel-gruener-baum.de - 16 ch. et 5 appart. - 95/129 € - fermé le midi, sf dim. - plats 15/25 €.* Au calme à l'écart du village, à 600 m du château de Pommersfelden, cette auberge familiale dispose de chambres simples mais impeccables, certaines avec des vues sur la campagne environnante. Bon restaurant.

Bayreuth ★

Connue mondialement pour son festival wagnérien, Bayreuth attire chaque été des passionnés du « Ring », ce cycle de quatre opéras créé par Richard Wagner, musicien de génie mais personnalité controversée. Aujourd'hui, le chef-lieu de la Haute-Franconie est également devenu une importante ville universitaire et un centre économique de référence en matière de haute technologie. La proximité de la Suisse franconienne en fait aussi un point de départ idéal pour des excursions, à pied ou en voiture.

Se repérer

CARTES P. 130 (B1), LA SUISSE FRANCONIENNE P. 178 ET PLAN P. 176

73 909 hab. – Bavière.

Bayreuth est à 240 km au nord de Munich.

À ne pas manquer

L'opéra des Margraves, le Château neuf, le parc du château de l'Ermitage, le palais des Festivals.

Carnet pratique p. 180

Nos adresses p. 181

Se promener

PLAN P. 176

Festspielhaus (PALAIS DES FESTIVALS) HORS PLAN PAR AB1

Festspielhügel 1-2 (accès par Karl-Marx-Str.) - ☏ 0 921 78 780 - www.bayreuther-festspiele.de - mai, sept. et oct. : visite guidée à 10h, 11h, 14h et 15h ; nov.-avr. : visite guidée 14h. ; fermé les j. de répétition et pendant le festival (fin juil.-déb. août) - 7 €.

Le palais des Festivals sur la *Grüner Hügel* (Colline verte) est, aujourd'hui encore, l'une des scènes d'opéra les plus prestigieuses au monde. Il a été spécialement conçu par Richard Wagner lui-même. Financé par Louis II de Bavière et inauguré en 1876, ce théâtre devait être temporaire, comme l'atteste sa structure de brique et de bois. L'édifice apporte des changements révolutionnaires : le public ne voit plus l'orchestre, dissimulé sous la scène, et peut se concentrer entièrement sur le spectacle ; par ailleurs, dans un souci d'égalité entre spectateurs, la salle est organisée en amphithéâtre. Plus de loges et de théâtre à l'italienne. De cette conception et des matériaux résultent une acoustique exceptionnelle. Ses sièges de bois sont célèbres pour leur inconfort, une particularité du Festival !

★ Markgräfliches Opernhaus (OPÉRA DES MARGRAVES) B1

Opernstr. 14 - ☏ 0921 759 69 22 - www.schloesser.bayern.de - ♿ - avr.-sept. : 9h-18h ; oct.-mars : 10h-16h - film d'introduction de 45mn puis visite libre - 8 €.

Théâtre baroque le plus beau et le mieux conservé d'Europe (il est à juste titre classé au Patrimoine mondial de l'Unesco), cet opéra a été édifié en 1748 à la demande de la princesse Wilhelmine de Prusse pour accueillir les opéras et les ballets de la troupe qu'elle entretenait. On ne soupçonne pas la richesse de la décoration intérieure derrière la sévère façade, enclavée entre des maisons bourgeoises du 18e s. Pourtant, cet opéra demeura le plus grand d'Allemagne jusqu'en 1871. La scène et l'avant-scène forment un ensemble plus profond que le parterre. Dépourvu de sièges, celui-ci était à l'origine réservé à la danse.

L'**ornementation**, due à Giuseppe Galli Bibiena, brillant décorateur bolonais de l'époque, est d'une richesse exubérante. Les tons rouges, verts et bruns s'harmonisent avec les nombreux stucs dorés qui s'enroulent autour des colonnes, entourent les médaillons et les chandeliers, surplombant chaque loge.

Neues Schloss (CHÂTEAU NEUF) AB2

Ludwigstr. 21 - ✆ 0921 759 69 21 - www.schloesser.bayern.de - ♿ - avr.-sept. : 9h-18h ; oct.-mars : 10h-16h - 5,50 €.

Wilhelmine, voulant faire de Bayreuth un autre Potsdam, fit construire le Château neuf en 1753-1754. La décoration des **appartements**★ doit son charme au rococo fleuri et léger cher à la princesse. Elle fit appel au stucateur Pedrozzi et inspira notamment l'ornementation du cabinet des Glaces, de la Chambre japonaise et de l'ancien salon de musique.

Le rez-de-chaussée de l'aile nord abrite le **musée des Faïences de Bayreuth (Museum Bayreuther Fayencen)**.

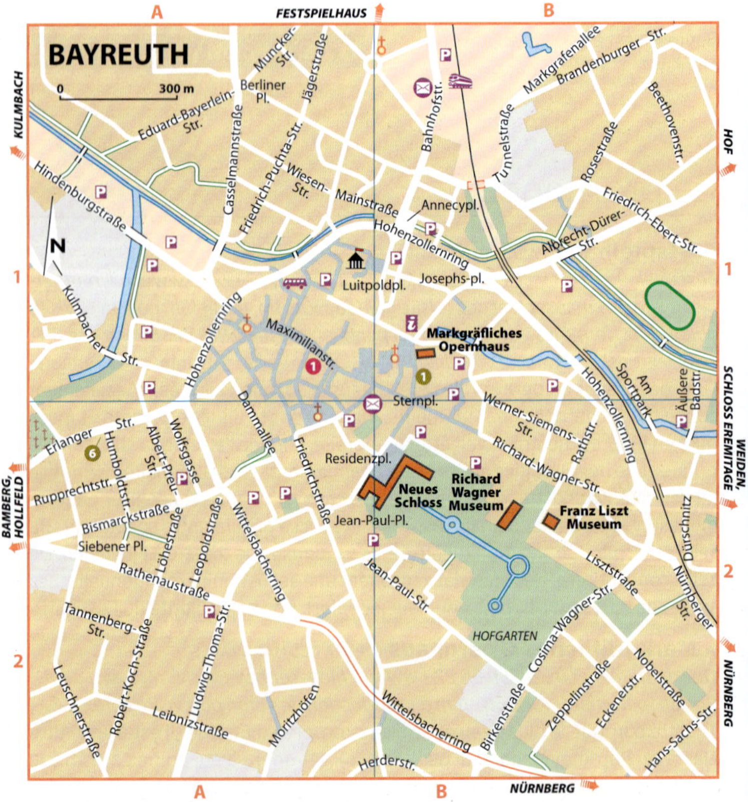

SE RESTAURE
Oskar - Das Wirtshaus am Markt 1

SE LOGER
Goldener Anker 1
H4 Hotel Residenzschloss ... 6

Le Festival de Bayreuth

Une mécène au 18e s.

Fille du roi de Prusse Frédéric-Guillaume Ier, la princesse **Wilhelmine** devait devenir reine d'Angleterre par le jeu des mariages entre grandes familles. Mais l'affaire traîne, et elle est contrainte par son père d'épouser le margrave Frédéric de Brandebourg-Bayreuth. La princesse est l'une des femmes les plus intelligentes et les plus sensibles du 18e s. ; elle s'entoure des esprits les plus cultivés de son époque, parmi lesquels Voltaire, qui fut souvent son hôte. Sa vie (1709-1758) marque la période la plus brillante de l'histoire de la ville, jusqu'alors assez paisible. Artiste de talent, écrivain, compositeur et mécène, elle donne l'essor au « rococo de Bayreuth », forme très personnelle et originale du style de l'époque, où la décoration se garnit de fleurs et de guirlandes. C'est elle qui fait construire l'opéra.

Wagner et le festival

Attiré à Bayreuth par la renommée de l'opéra qu'avait fait bâtir la princesse Wilhelmine, **Wagner** s'y installe en 1872 avec sa femme Cosima, fille du Hongrois Franz Liszt. En dix ans, l'auteur et compositeur de *Parsifal* et de *L'Anneau des Nibelungen* établit les conditions les plus propices à la représentation de ses œuvres. Il fait construire un deuxième opéra, le **Palais des festivals** *(Festspielhaus)*, financé par son protecteur Louis II ; sa conception est à l'époque une révolution tant par la place donnée aux spectateurs que pour son acoustique hors du commun. C'est ici que Wagner fait donner le premier festival de ses œuvres lyriques en 1876. Après sa disparition en 1883, la tradition se poursuit sous la direction de Cosima puis de ses descendants, jusqu'à aujourd'hui avec Eva et Katharina Wagner, ses arrière-petites-filles.
En 1945, la ville paya très cher le rôle qu'elle avait joué au cours du IIIe Reich en recevant régulièrement Adolf Hitler. Pendant les dernières semaines de la guerre, elle fut lourdement bombardée. Le festival s'arrêta et ne reprit qu'en 1951, promouvant une esthétique résolument moderne.

Opéra des Margraves de Bayreuth.
E. Wrba/mauritius images/age fotostock

★ Richard Wagner Museum (MUSÉE RICHARD-WAGNER) B2

Richard Wagner Str. 48 - ✆ 0921 757 28 16 - www.wagnermuseum.de - sept.-juin : mar.-dim. 10h-17h ; juil.-août : tlj 10h-18h - 8 € (6 € après 16h de sept. à juin, -18 ans gratuit) - audioguide en français compris - café.

Étape incontournable pour les mélomanes, qui y viennent en pèlerinage durant le festival, la **villa Wahnfried** (la Paix suprême) fut construite pour Richard Wagner, qui l'habita à partir de 1874. Elle appartint à la famille jusqu'en 1966, puis fut transformée en musée. Elle fut lourdement endommagée durant la guerre ; seule la façade est d'origine. Après trois ans de travaux, la villa a rouvert en 2015 avec un espace d'exposition doublé et une muséographie dernier cri, qui rend la visite agréable et didactique, et surtout adaptée à tous, mélomanes avertis ou néophytes. Le parcours démarre dans l'extension contemporaine, où est présentée l'histoire du festival (costumes, programmes...). Aménagé face à un jardin zen, un petit salon permet d'écouter les extraits des éditions passées. Un tunnel puis un ascenseur mènent à la villa, où un lacis de pièces évoquent la vie et l'œuvre du compositeur, mais aussi, et ce pour la première fois, son antisémitisme et les liens troubles entretenus par sa famille avec Hitler durant la Seconde Guerre mondiale. La belle-fille de Wagner, Winifred, fut particulièrement proche du dictateur, au point que ses quatre enfants l'appelaient « oncle Wolff ». Située dans le jardin, la maison qu'elle habita avec son mari, Siegfried, se visite également, restée en l'état depuis sa mort en 1980.

Dans le jardin reposent Richard et Cosima Wagner, son épouse. La tombe du grand ami et beau-père, Liszt (le père de Cosima), mort au cours de l'un des premiers festivals (1886), se trouve pour sa part au cimetière *(Stadtfriedhof – accès par l'Erlanger Straße)*.

Franz Liszt Museum (MUSÉE FRANZ-LISZT) B2

Wahnfriedstr. 9 - ✆ 0921 5166 488 - www.bayreuth.de - juil.-août : tlj 10h-17h, reste de l'année : mar.-dim. 10h-12h, 14h-17h - 2 €.

La maison dans laquelle le pianiste hongrois virtuose – et le père de Cosima Wagner – passa la fin de son existence est devenue un musée consacré à sa vie et à son œuvre (portraits, lettres, piano, etc.).

À proximité

CARTE P. 130

★ Altes Schloss Eremitage (CHÂTEAU DE L'ERMITAGE) B1

4 km à l'est, sortir par la Wieland-Wagner Straße - ✆ 0921 759 69 37 - www.schloesser.bayern.de - ♿ - avr.-sept. : 9h-18h ; 1er-15 oct. : 10h-16h - fermé le reste de l'année - 4,50 € (enf. 3,50 €) - jeux d'eau ttes les heures de mai à oct. : grand bassin 10h-17h, grotte 10h15-17h15.

L'Ermitage était le château de plaisance des margraves de Bayreuth et fut offert par son mari à Wilhelmine, qui s'empressa de le transformer. Le **Château ancien**, élevé en 1715 et modifié par la margrave en 1736, est entouré de parterres géométriques. C'est dans le **cabinet des Glaces chinois (Chinesisches Spiegelkabinett)** que Wilhelmine écrivit ses Mémoires. Le **parc★** est aménagé dans le style des jardins anglais. Ne manquez pas la curieuse grotte qui s'ouvre sur la cour intérieure, l'ermitage du margrave Frédéric et, un peu plus loin, les fausses ruines d'un théâtre construit en 1743.

Circuits conseillés

CARTE CI-CONTRE

2

★★ La Suisse franconienne et Sanspareil

Circuit de 105 km tracé en vert clair sur la carte.

Au sud-ouest de Bayreuth, à l'écart des grandes voies de communication, un plateau ondulé entaillé par de profondes vallées, appelé Suisse franconienne, forme l'extrémité septentrionale du Jura franconien. Le sol, composé de calcaires poreux, a subi une érosion intense qui est à l'origine de plusieurs grottes et de reliefs dolomitiques. La région comporte de nombreux sentiers de randonnée. À la période de Pâques, ses villages s'ornent de fontaines savamment décorées.

Tüchersfeld

Le village disperse ses maisons dans un étonnant décor d'aiguilles rocheuses.

Pottenstein

Le château, ancienne résidence des princes-évêques de Bamberg, domine le bourg. Dans les environs, nombreuses curiosités naturelles (gorges, grottes).

Teufelshöhle (GROTTES DU DIABLE)

Certaines cavités des grottes du Diable sont assez grandes pour y loger une église ! Les concrétions (stalactites et stalagmites) peuvent être impressionnantes, particulièrement dans la « cathédrale de Barberousse ». La sortie, à travers un dédale de gros rochers entassés en chaos, est pittoresque.

★ Gößweinstein

Le circuit des **Marienfelsen** (*45mn, suivre à partir du château le jalonnement : Marienfels-Schmitt-Anlagen)* conduit à travers les sous-bois parsemés de beaux rochers où plusieurs **belvédères★★** dominent la vallée profonde de la Wiesen.

Dans le bourg, l'**église de pèlerinage (Wallfahrtskirche)**, construite de 1730 à 1739 par B. Neumann, conserve sur la partie supérieure du maître-autel un groupe gothique (début 16e s.) de la Trinité.

★ Sanspareil

À Wonsees - ✆ 092 74 80 89 09 11 - www.bayreuth-wilhelmine.de - entrée libre.
Après avoir achevé l'Ermitage à Bayreuth, Wilhelmine et son mari acquirent un ancien terrain de chasse qu'ils transformèrent en **jardin de rocaille★ (Felsengarten)** et baptisèrent « Sanspareil ». À l'orée du bois s'élève la **maison du Levant (Morgenländischer Bau)**, construite dans le style rococo de Bayreuth, un bel exemple de l'art franconien.
Château de Zwernitz – *Sanspareil 29 (au nord du jardin).* Le château fut pour la première fois mentionné en 1156; acquis par les Hohenzollern à partir de 1338, il tomba aux mains de la Bavière en 1810. Mobilier, armes des 16e, 17e et 18e s. Le donjon offre une très belle **vue**.

★ Parc naturel du Fichtelgebirge

Circuit de 92 km tracé en bleu sur la carte p. 178.
La **route panoramique★** emprunte la vallée de la Steinach pour s'enfoncer dans le parc naturel du Fichtelgebirge, dernier massif couvert de sapins avant les plaines de la République tchèque. Au-dessus de Fleckl, un téléphérique conduit à l'**Ochsenkopf** (1024 m), l'un des points culminants du massif, surmonté d'une tour de télévision.

★★ Luisenburg

Ce labyrinthe d'énormes blocs de granit, en place ou basculés, de rochers érodés en boule ou superposés, peut être parcouru suivant un itinéraire accidenté, desservant au passage quelques belvédères sur le Fichtelgebirge. **Goethe**, alors ministre du gouvernement de Weimar et passionné de géologie, fut le premier à l'explorer scientifiquement en 1785.
Revenez à Bayreuth par la route n° 303 qui traverse la petite station de Bad Berneck.

Carnet pratique

S'informer

Office de tourisme – *Opernstr. 22 - Bayreuth - ✆ 0921 885 88 - www.bayreuth-tourismus.de.*

Arriver/partir

En train – Gare située au nord du centre-ville. Trains quotidiens pour Bamberg, Nuremberg et Munich.

Agenda

Festival de Bayreuth – *fin juil.-fin août - www.bayreuther-festspiele.de.* Le nombre de places étant inférieur à la demande, attendez-vous à patienter ! Les réservations se font uniquement par Internet ou par courrier *via* un « bon de commande ». Il faut préalablement se créer un compte client. Lors de l'achat en ligne, activez la « file d'attente ». Durant le festival, quelques tickets sont vendus le jour de la représentation *(10h-12h et 2h av. la représentation).*

Nos adresses

PLAN P. 176

Restauration

Premier prix

1 **Oskar - Das Wirtshaus am Markt** – A1 - *Maximilianstr. 33 - ✆ 0921 5160553 - www.oskar-bayreuth.de - plats 12,40/16,90 €.* Une adresse aux nombreux fidèles, c'est toujours un bon signe. Spécialités typiques de la Bavière, servies dans l'ancienne mairie, avec un joli jardin d'hiver et une terrasse.

Budget moyen

Zur Sudpfanne – HORS PLAN - *Oberkonnersreuther Str. 6 - 3 km au sud-est par la Nürnberger Str. - ✆ 0921 52883 - www.sudpfanne.com - fermé mar. et dim. soir, et merc. - plats 25/36 €.* Trois adresses en une : un restaurant à l'excellente cuisine régionale, une brasserie aux spécialités plus simples, et, aux beaux jours, un *Biergarten* sous les tilleuls !

Bürgerreuth – HORS PLAN - *An der Bürgerreuth 20 - ✆ 0921 78400 - www.buergerreuth.de - fermé lun. - formule déj. en sem. 11,80 € - plats 24,80/32 €.* Excellente cuisine italienne classique et familiale. En semaine, la formule déjeuner est imbattable.

Hébergement

Étonnamment, Bayreuth n'est pas aussi bien fournie en hôtels de charme que l'audience de son festival ne pourrait le laisser présager.

Budget moyen

6 **H4 Hotel Residenzschloss** – A1 - *Erlanger Str. 37 - ✆ 0921 75850 - www.h-hotels.com - P - 105 ch. à partir de 109 € ☕ - ✕.* Sur une grande artère à une dizaine de minutes à pied du cœur historique, cet hôtel de chaîne procure tous les avantages du genre : vastes chambres, confort standard, bar-restaurant au rez-de-chaussée, parking souterrain sous l'hôtel, réception 24h/24… Peu de charme mais très fonctionnel.

Grunau Hotel – HORS PLAN - *Kemnather Str. 27 - dans le prolongement de Wieland-Wagner Str. et Königsallee vers l'est - ✆ 0921 79800 - www.grunau-hotel.de - P ♿ - 60 ch. 101/193 € ☕.* Il faudra avoir une voiture pour rejoindre cette adresse, dans un complexe commercial sans âme ; à l'est du centre-ville. Chambres modernes, spacieuses et confortables. Une adresse fort pratique.

Une folie

1 **Goldener Anker** – B1 - *Opernstr. 6 - ✆ 0921 7877740 - www.anker-bayreuth.de - P - 35 ch. 218/448 € ☕.* Magnifique ! À la manière d'une maison bourgeoise et cosy , cet hôtel déploie de vastes chambres tendues de tissus et papiers peints plus beaux les uns que les autres, chacune avec sa décoration. Restaurant dans la même veine.

2

Durbach, paysage de la route badoise du Vin.
Jon Arnold Images/hemis.fr

3

Le Bade-Wurtemberg

CARTES MICHELIN RÉGIONAL 545 ET 546 – BADE-WURTEMBERG

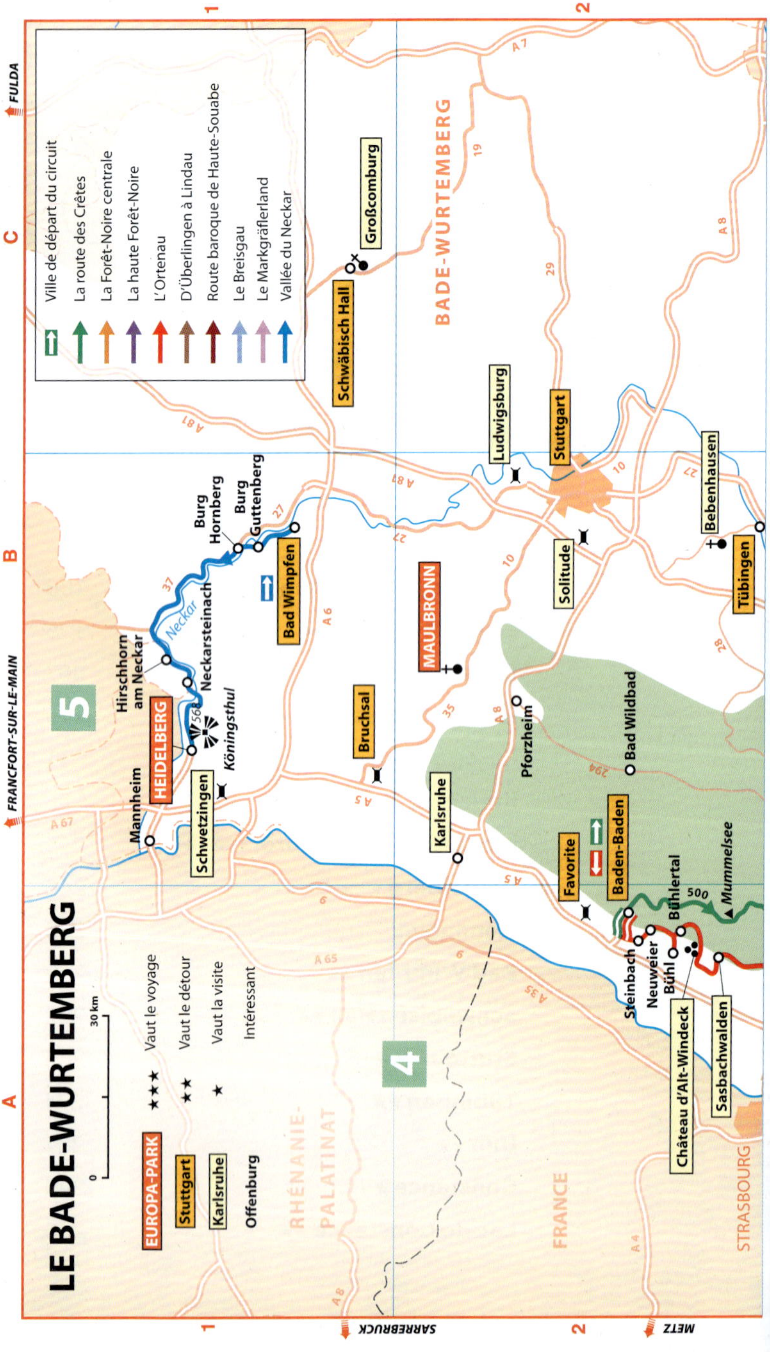
LE BADE-WURTEMBERG
EUROPA-PARK
Stuttgart
Karlsruhe
Offenburg
★★★ Vaut le voyage
★★ Vaut le détour
★ Vaut la visite
Intéressant
0
30 km
Ville de départ du circuit
La route des Crêtes
La Forêt-Noire centrale
La haute Forêt-Noire
L'Ortenau
D'Überlingen à Lindau
Route baroque de Haute-Souabe
Le Breisgau
Le Markgräflerland
Vallée du Neckar
FULDA
FRANCFORT-SUR-LE-MAIN
SARREBRUCK
METZ
STRASBOURG
RHÉNANIE-PALATINAT
FRANCE
BADE-WURTEMBERG
Mannheim
HEIDELBERG
Schwetzingen
Königsthul
Hirschhorn am Neckar
Neckarsteinach
Neckar
Burg Hornberg
Burg Guttenberg
Bad Wimpfen
Bruchsal
MAULBRONN
Karlsruhe
Pforzheim
Bad Wildbad
Favorite
Baden-Baden
Bühlertal
Mummelsee
Steinbach
Neuweier
Bühl
Château d'Alt-Windeck
Sasbachwalden
Solitude
Ludwigsburg
Stuttgart
Bebenhausen
Tübingen
Schwäbisch Hall
Großcomburg
A 67
A 6
A 5
A 8
A 65
A 35
A 81
A 7
A 4
A
B
C
1
2
4
5

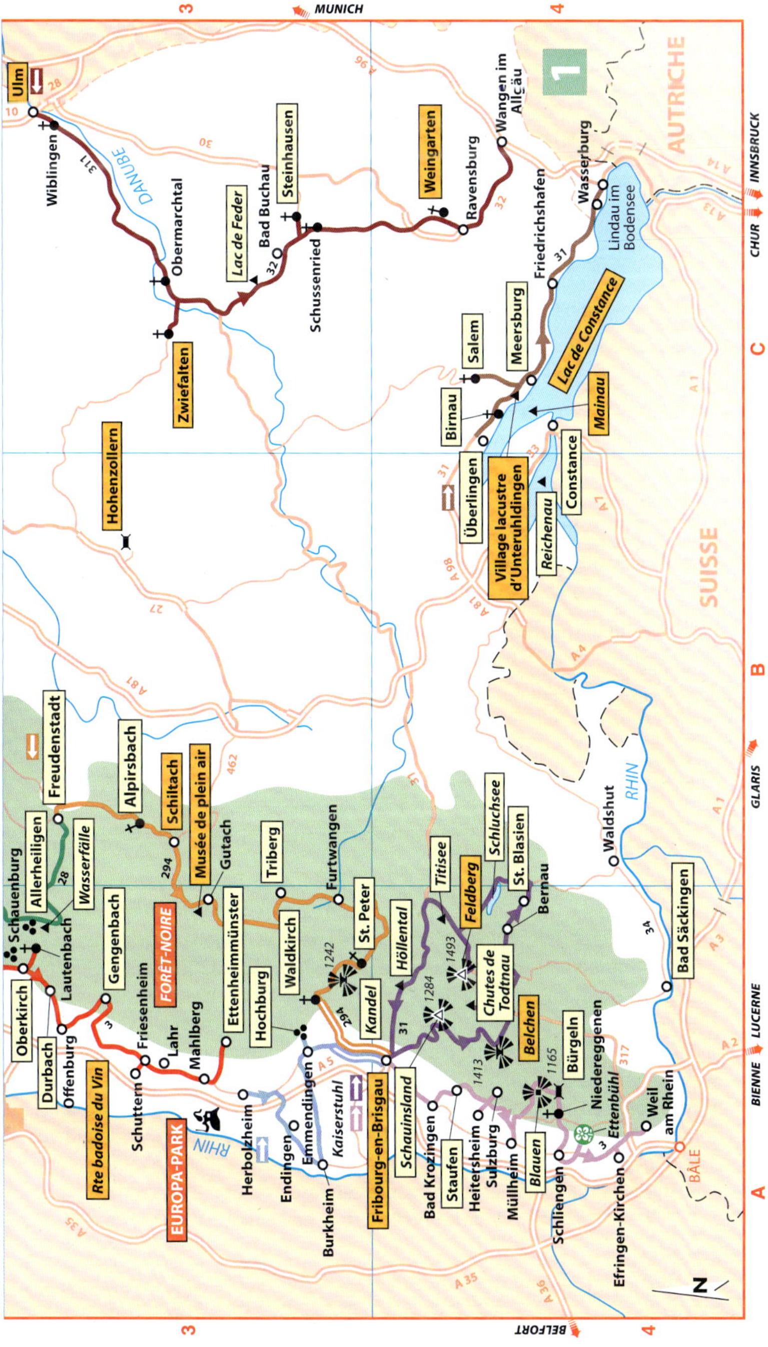
MUNICH
BELFORT
BIENNE
LUCERNE
GLARIS
CHUR
INNSBRUCK
A
B
C
3
4
1
AUTRICHE
SUISSE
Ulm
Wiblingen
DANUBE
Obermarchtal
Zwiefalten
Lac de Feder
Bad Buchau
Steinhausen
Schussenried
Weingarten
Ravensburg
Wangen im Allgäu
Hohenzollern
Friedrichshafen
Wasserburg
Lindau im Bodensee
Meersburg
Salem
Birnau
Überlingen
Lac de Constance
Mainau
Village lacustre d'Unteruhldingen
Reichenau
Constance
Freudenstadt
Alpirsbach
Schiltach
Musée de plein air
Gutach
Triberg
Furtwangen
Schauenburg
Allerheiligen
Wasserfälle
Oberkirch
Lautenbach
Durbach
Offenburg
Gengenbach
Friesenheim
Lahr
Mahlberg
Schuttern
FORÊT-NOIRE
Ettenheimmünster
Hochburg
Waldkirch
Kandel
St. Peter
Höllental
Titisee
Feldberg
Schluchsee
St. Blasien
Bernau
Chutes de Todtnau
Belchen
Bürgeln
Niedereggenen
Ettenbühl
Weil am Rhein
BÂLE
Efringen-Kirchen
Schliengen
Blauen
Müllheim
Sulzburg
Heitersheim
Staufen
Bad Krozingen
Schauinsland
Fribourg-en-Brisgau
Kaiserstuhl
Burkheim
Emmendingen
Endingen
Herbolzheim
EUROPA-PARK
Rte badoise du Vin
RHIN
Waldshut
Bad Säckingen
1242
1284
1493
1413
1165

Fribourg-en-Brisgau ★★

Freiburg im Breisgau

Au pied du vignoble badois et de la Forêt-Noire, Fribourg distille une douceur de vivre unique, avec ses airs de village aux ruelles pavées dans le centre ancien. Les guerres successives ont épargné sa superbe cathédrale, miraculeusement préservée des bombardements de la Seconde Guerre mondiale. Quant à la reconstruction minutieuse des bâtiments historiques, elle a rendu à la ville son charme d'autrefois. Capitale de l'écologie, Fribourg s'affiche pionnière en matière d'énergie solaire et d'architecture économe en énergie.

Se repérer

CARTE P. 184-185 (A4) ET PLAN P. 190
231848 hab. – Bade-Wurtemberg. À 62 km au nord-est de Mulhouse et 73 km au nord de Bâle.

À ne pas manquer

La cathédrale et le riche musée des Augustins, notamment pour sa section consacrée au Moyen Âge.

Organiser son temps

Comptez une demi-journée pour le centre historique de Fribourg.

Carnet pratique p. 193

Nos adresses p. 193

Se promener

PLAN P. 190

★★ Münster (CATHÉDRALE) B1

Münsterladen - centre d'information et de documentation - Herrenstr. 30 (derrière la cathédrale) - ✆ 0761 285 37 11 - www.freiburgermuenster.info - lun.-sam. 10h-18h, dim. et j. fériés 10h-14h - brochure en français disponible à l'entrée - 5 €.

De l'église paroissiale romane primitive, commencée vers 1200, subsiste la croisée du transept, flanquée de deux tours octogonales, les « tours des Coqs », dont le couronnement est gothique. La construction se poursuivit vers l'ouest, en tenant compte de l'évolution de l'art de bâtir à l'époque gothique. Cette étape s'acheva par l'édification de la splendide tour de façade dont les multiples pans se recoupent en arêtes vives. C'est l'une des rares tours d'Allemagne à avoir été entièrement achevée au Moyen Âge. En 1354 fut ouvert le chantier ambitieux d'un nouveau chœur qui s'acheva en 1513. Ce vaste vaisseau à déambulatoire est d'allure germanique, avec ses voûtes en réseau propres au style gothique tardif. L'édifice en grès rose de la Forêt Noire ne deviendra cathédrale qu'en 1827.

Extérieur

Portail nord du chœur – Au tympan, exécuté vers 1350, est illustré l'épisode du péché originel. L'archivolte (ensemble des arcs sculptés encadrant le portail) montre la création du monde selon la Genèse ; à droite, on remarque la représentation assez rare du Créateur au repos, le septième jour.

Flanc sud – Particulièrement riche, il présente, aux contreforts, de nombreuses statues de rois de l'Ancien Testament et d'apôtres. Le **portail sud** est abrité par un porche Renaissance.

★★ **Porche de la tour** – La présence de ce porche a permis de garder quasiment intactes (la dernière restauration date de 2018) les statues du **portail de façade** (portail ouest) : 418 statues de pierre peintes de la fin du 13e s. Sur la paroi de gauche, on aperçoit une représentation de Satan, sous l'apparence séduisante du « Prince de ce monde » et de sa victime, sommairement vêtue d'une peau de bouc. Des personnages bibliques et les vierges sages leur font suite. Sur la paroi de droite se succèdent les vierges folles au visage amer, les statues des Arts libéraux, celles de sainte Marguerite et de sainte Catherine, patronnes de la sagesse chrétienne. Le tympan, flanqué des statues de l'Église à gauche et de la Synagogue aux yeux bandés à droite, est entièrement consacré au mystère de la Rédemption : détail assez rare, le tympan juxtapose des scènes de la vie terrestre du Christ et un intéressant Jugement dernier.

★★★ **Tour** – Elle est composée d'une souche carrée, très sobre, qui forme le soubassement du clocher octogonal ajouré, autour duquel court une galerie en étoile aux belles gargouilles. Il est possible d'y monter *(accès par l'extérieur, côté sud - merc.-sam. : 11h-16h - 5 €)*, puis d'atteindre la plate-forme supérieure, coiffée par l'admirable flèche en dentelle de pierre. **Vues★** sur Fribourg, le Schlossberg et, au loin, sur le Kaiserstuhl et les Vosges.

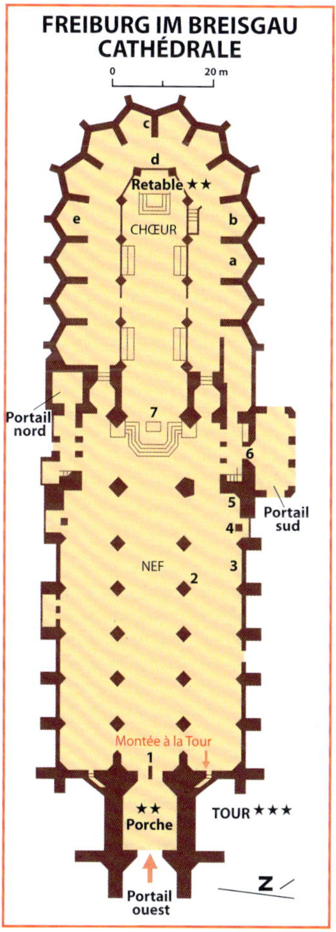

Intérieur

La **nef** est ornée d'une gracieuse galerie à arcades trilobées courant le long du mur des bas-côtés. Les **vitraux** des 13e et 14e s. sont absolument remarquables, œuvre de verriers de la région de Strasbourg. On reconnaît sur certains les blasons des corporations donatrices : botte des cordonniers, ciseaux des tailleurs, bretzel et miche de pain des boulangers. Le mobilier et la statuaire comprennent en particulier : une Vierge au pilier (fin du 13e s.) vénérée par deux anges **(1)** ; une chaire **(2)** du gothique tardif (1560) où le sculpteur s'est représenté dans une lucarne sous l'escalier. La statue du gisant **(3)**, refaite au 17e s., est celle de Berthold V, le dernier duc de Zähringen. Derrière une claire-voie gothique **(4)**, remarquez le saint-sépulcre (autour de 1330). En **(5)**, autel avec une l'Adoration des Mages (1505).

Aux trois fenêtres du croisillon sud **(6)**, les vitraux à médaillons, qui représentent un arbre de Jessé, sont les plus anciens de l'édifice (autour de 1220) ; ils proviennent de l'ancien chœur roman.

Chœur – *Voir illustration p. 421. Lun.-vend. 10h-11h30, 12h30-16h (13h-16h merc.), sam. 10h-11h, 12h30-15h30, dim. et j. fériés 13h30-16h - 2 €.* De style gothique rayonnant, a été bâti entre le 14e et le 16e s. Le crucifix (**7**) suspendu à l'entrée du chœur, œuvre romane en argent repoussé, mesure 3 m de hauteur. Au maître-autel, admirez le **retable★★** réalisé de 1512 à 1516 par l'artiste strasbourgeois **Hans Baldung Grien**. Le panneau central représente le Couronnement de la Vierge. En période de Carême, il est recouvert par une tenture de Carême datant de 1612 (tenture de toile peinte représentant les scènes de la Passion). Tout autour, le déambulatoire ouvre sur une série de chapelles rayonnantes. Dans la chapelle Stürzel **(a)**, les fonts baptismaux rococo ont été dessinés par Wenzinger. La chapelle voisine, celle de l'Université **(b)**, présente un retable d'Oberried (1521). Les deux panneaux (la Nativité et l'Adoration des Mages) sont de Hans Holbein le Jeune. Au revers du grand retable **(d)**, peinture de la Crucifixion. Dans la deuxième chapelle impériale **(c)**, le retable sculpté de Schnewlin, par Hans Wydyz, représente le Repos de la sainte Famille. Les peintures sont de l'atelier de Baldung Grien. Enfin, la chapelle Locherer **(e)** abrite un retable (1521-1524) de Sixt von Staufen avec une Vierge en manteau protégeant l'humanité.

Altstadt (VIEILLE VILLE) AB1-2

▶ *Itinéraire tracé sur le plan p. 190. Départ de l'office de tourisme.*

★ Rathausplatz (PLACE DE L'HÔTEL-DE-VILLE) AB1

Cette place avec ses balcons fleuris et son bouquet de marronniers encadre la statue de Berthold Schwarz, moine franciscain qui aurait inventé la poudre à canon vers 1350. À gauche de l'**ancien hôtel de ville (Altes Rathaus)**, peint au badigeon rouge vif, le **nouvel hôtel de ville★ (Neues Rathaus)** est composé de deux maisons bourgeoises du 16e s., noyau de l'ancienne université de Fribourg, qui furent raccordées en 1901 par un corps central à arcades. La fenêtre avancée, ou oriel, qui marque l'angle de la place et de l'Eisenbahn-straße, a gardé son décor sculpté, représentant la Dame à la Licorne.

Haus zum Walfisch (MAISON À LA BALEINE) B1

Au nº 3 de la Franziskanerstraße, cette maison (1516) offre un portail richement orné dans le goût de la fin du gothique et surmonté d'un oriel. Elle servit de refuge au philosophe humaniste Érasme lorsqu'il fuyait les foudres de la Réforme.

Bächle

Ces caniveaux à ciel ouvert, qui bordent les rues de la vieille ville, étaient autrefois destinés à alimenter en eau les jardins, ou les rues en cas d'incendie. Cette tradition reste vivace et même les nouveaux quartiers en sont dotés. Les enfants y font flotter leur petit bateau en bois (*Bächleboot* – en vente sur un stand place de la Cathédrale) et on y trempe volontiers ses pieds les jours de grosse chaleur. Mais attention à celle ou celui qui y met le pied par mégarde : elle/il devra épouser un/e Fribourgeois/e dans l'année ! On remarquera aussi les élégants trottoirs pavés. Depuis environ 1 500 ans, selon une technique venue d'Europe du Sud, des galets du Rhin sont agencés afin de dessiner des blasons devant les échoppes..

Fribourg-en-Brisgau, place de la Cathédrale.
bluejayphoto/Getty Images Plus

Münsterplatz (PLACE DE LA CATHÉDRALE) B1
Un marché de producteurs locaux s'y tient tous les jours. Face au flanc sud de l'église se dressent des différents bâtiments de prestige.
Erzbischöfliches Palais (Palais archiépiscopal) – Construit en 1756 pour accueillir l'ordre de la Chevalerie, ce palais possède un beau balcon de fer forgé.
★ **Historisches Kaufhaus (Maison des marchands)** – Centre de la vie commerciale de Fribourg au Moyen Âge, ce bâtiment gothique crépi de rouge, défendu par des échauguettes (guérites placées aux angles) au toit aigu, est couvert de tuiles vernissées et repose sur une galerie à arcades. Les grandes statues des empereurs (1530), qui ornent la façade au 1er étage, rappellent l'allégeance de la ville aux Habsbourg.
Les événements qui s'y tiennent régulièrement (concerts, conférences...) permettent d'admirer l'impressionnant intérieur.
Wentzingerhaus – *Münsterplatz 30 - ✆ 0761 201 25 15 - www.freiburg.de - mar.-dim. 10h-17h - 3 €.* L'hôtel que se fit construire en 1761 le grand peintre et sculpteur fribourgeois Christian Wentzinger complète dignement l'ordonnance de la place. Il abrite le **Musée historique de la ville (Museum für Stadtgeschichte)**. À l'intérieur, admirez l'escalier et le plafond baroques, ainsi que la cour ornée des statues des quatre saisons. Les expositions temporaires se révèlent intéressantes.
À côté du musée, prenez l'étroit Präsenzgasse (« passage des Prêtres »).

Erzbischöfliche Ordinariat (ORDINARIAT DE L'ARCHEVÊQUE) B1

Siège administratif de l'archidiocèse de Fribourg, cet immense bâtiment occupe une large partie de l'Herrenstraße et de la Schoferstraße *(longez cette dernière)* relève du style historiciste, très en vogue à la fin du 19e s., avec son mélange d'éléments romans et byzantins.

Konviktstraße B1-2

C'est l'une des rues les plus charmantes – et calmes – de Fribourg. Au printemps, elle se pare du mauve des glycines qui encadrent les entrées des boutiques.

SE RESTAURER
MarktHalle.................. 1
Drexlers..................... 2
Grosser Meyerhof........... 3
Lichtblick.................. 5

SE LOGER
Central....................... 1
Park Hotel Post.............. 2
Schwarzwälder Hof........... 5

★ Schlossberg B2

Derrière la **Swabentor**, un chemin escarpé vous mène à la Kanonenplatz, avec un premier panorama sur la ville. Mais il faudra encore grimper pour atteindre le sommet du Schlossberg, littéralement la « colline du château ». Détruit au 18e s. par les Français malgré ses fortifications édifiées par Vauban, le château des Zähringen appartient au passé, mais la vue, fantastique, est toujours là : la vieille ville avec la cathédrale et les Vosges en toile de fond. Si vos mollets en réclament encore, vous pourrez monter les marches de la **Schlossbergturm**, fantastique belvédère à 360 °. L'été, un **Biergarten** appelle à la détente au sommet !
Vous pouvez aussi vous éviter la moitié de la montée à pied en prenant le train à crémaillère (**Schlossberg-Bahn** – *www.schlossberg-bahn.de - merc.-dim. 9h-22h, lun.-mar. 10h-18h - fermé mar. en nov.-fév. - aller 3,30 €, 6-14 ans 2,80 €*) depuis le Jardin public (Stadtgarten). Vous atteindrez en 3mn une première plateforme, où se trouve le restaurant Dattler, avant de monter à pied jusqu'à la tour (15mn).
Fin juillet, les différents « niveaux » du Schlossberg accueillent cinq scènes gigantesques, avec concerts et DJ *(www.schlossbergfestivalfreiburg.de)*.

Schwabentor (PORTE SOUABE) B2
De la porte Souabe, vestige des fortifications du Moyen Âge, on peut descendre sur les quais bordant le **Gewerbekanal** : c'est le pittoresque quartier de l'**Insel**, où se groupaient jadis les poissonniers, les bouchers et les tanneurs.

Museum für Neue Kunst (MUSÉE D'ART MODERNE ET CONTEMPORAIN) B2
Marienstr. 10a - ✆ 0761 201 25 83 - www.freiburg.de - mar.-sam. 10h-17h, dim. 10h-19h - 7 €.
La plupart des grands courants de l'art moderne (20e s.) en Allemagne y sont représentés (expressionnisme, nouvelle objectivité, abstraction). Vous découvrirez des œuvres de Carl Hofer, Otto Dix, Rudolf Dischinger ou encore Max Ackermann et Karl Otto Götz. Une salle est dédiée à l'enfant du pays, le peintre Julius Bissier (1893-1965), figure de l'abstraction des années 1950-60.
Traversez à nouveau le canal pour prendre à gauche Gerberau que l'on suit jusqu'au bout. Cette rue est bordée de boutiques d'antiquaires.

Martinstor (PORTE ST-MARTIN) A2
C'est la deuxième porte restante de l'enceinte médiévale.
En prenant la petite rue à droite juste à côté, on pourra pénétrer dans le **Markthalle**, ancien marché couvert, aujourd'hui véritable temple de la nourriture avec ses stands de cuisine du monde entier *(voir « Restauration » dans « Nos adresses »)*.
Ressortez par la Grünwälderstraße que l'on prend à droite.

★★ **Augustinermuseum** (MUSÉE DES AUGUSTINS) B2
Augustinerplatz - ✆ 0761 201 25 31 - www.freiburg.de - mar.-sam. 10h-17h, dim. 10h-19h - 8 €.
Installé dans l'église de l'ancien couvent des augustins, le musée présente une **section d'art du Moyen Âge★★**. C'est ici que sont conservés les originaux des statues et vitraux de la cathédrale de Fribourg. Parmi ses trésors, on compte un volet du retable de Grünewald (miracle de sainte Marie-des-Neiges, 1519), des œuvres de Lucas Cranach et Hans Baldung Grien, ainsi qu'un impressionnant **crucifix★** du 14e s. La statuaire est représentée par des œuvres admirables des 14e et 15e s. Dans les combles, on découvre des peintures du 19e s. dont celles d'Anselm Feuerbach, Hans Thoma et Franz Xaver Winterhalter. Accès à l'ancien cloître.
La promenade continue à travers les petites rues pavées, très commerçantes, de la Vieille Ville : Augustinerstraße, Schuterstraße et Rathausgasse, avant de rejoindre la Rathausplatz. En passant entre le Neues et l'Altes Rathaus, on rejoint le bâtiment blanc du tout premier **édifice municipal** (**Gerichtslaube** – 1303) ; joli escalier couvert d'une galerie.
En continuant tout droit, on sort de la Vieille Ville pour rejoindre le Colombipark.

Des traditions modernisées

Fondée au début du 12e s. par les ducs de Zähringen qui la gratifient d'un statut privilégié, comme l'indique son nom (*frei* : libre), Fribourg passe en 1388 sous la souveraineté des Habsbourg et devient un bastion du catholicisme après la Réforme (aucun protestant ne s'y installera). Elle reste propriété de l'Autriche jusqu'en 1805 malgré diverses incursions françaises, comme celle de Louis XIV de 1677 à 1697, qui y fit construire des fortifications par Vauban (il n'en reste plus rien). Les parties historiques, très détruites par les bombardements de 1944, ont été bien restaurées.

Fribourg, laboratoire écologique

Surnommée la « cité solaire » grâce à son parc photovoltaïque, la ville, maintes fois primée pour son engagement écologique, possède plus de 400 km de pistes cyclables – la part des déplacements à vélo équivaut aujourd'hui à celle des voitures, soit 30 % chacun –, et la moitié du territoire communal est classée en zone naturelle protégée. Son écoquartier **Vauban** (5 500 hab., 2000 logements), le deuxième de la ville après **Rieselfeld** (10 000 hab., 4800 logements), est un modèle du genre. Un troisième, **Dietenbach**, avec 6900 logements pour 15 000 hab., est prévu pour fin 2024 et sera neutre pour le climat. D'ailleurs la ville dans son ensemble, s'est fixée d'atteindre la neutralité climatique en termes de CO2 pour 2050 !

Colombischlössle (VILLA COLOMBI) A1

0761 201 25 74 - www.freiburg.de - mar.-sam. 10h-17h, dim. 10h-19h - 5 €.
Ce manoir de style néogothique anglais situé au cœur du parc du même nom abrite un intéressant **musée d'Archéologie (Archäologisches Museum Colombischlössle)**. Recueil d'objets, des temps préhistoriques au Moyen Âge, de la région du Breisgau et du sud du Bade. Dans le parc tout autour, des cépages locaux ont été plantés.

★ Quartier Vauban HORS PLAN PAR A2

Tram ligne 3, arrêt Paula-Modersohn-Platz ou Vauban-Mitte.
Pour découvrir cet écoquartier réputé où vivent environ 5 500 personnes, il faut quitter la grande artère qui le traverse, la Merzhauserstraße, et emprunter les allées perpendiculaires. Le charme agit immédiatement. Avec ses bâtiments rectangulaires croulant sous la végétation, ses terrasses, balcons et jardinets, ses carrés potagers et ses vélos, le quartier Vauban incarne la transition écologique réussie à l'échelle urbaine. Sur 34 ha de terrains militaires occupés par les Français jusqu'en 1992, la ville, en concertation avec un forum citoyen, a érigé à partir de 1996 des logements de quatre étages au plus, en basse consommation (65kWh/m^2 par an), trois fois moins énergivores qu'un bâtiment classique, voire à énergie positive pour certains (le surplus est réinjecté dans le réseau). La plupart des toitures sont équipées de capteurs solaires pour l'eau chaude sanitaire et de panneaux photovoltaïques, et une grande partie des 2 000 logements est chauffée par une centrale au bois. Autre point fort de ce quartier desservi par le tram, la quasi-absence de voitures (vitesse autorisée : 5 km/h !). Les emplacements de parking sont cantonnés à l'extérieur et ont été prévus pour... un quart des résidents. Au final, pour les habitants, un cadre de vie exceptionnel dont viennent s'inspirer architectes, urbanistes, étudiants et élus du monde entier.

Circuits conseillés

CARTE P. 184-185

★★★ La haute Forêt-Noire (HOCHSCHWARZWALD) A4

Circuit de 142 km tracé en violet sur la carte « Forêt-Noire ».
Voir p. 200.

Le Markgräflerland A4

Circuit tracé en rose sur la carte « Route badoise du Vin ».
Voir p. 223.

Carnet pratique

S'informer

Office de tourisme – *Am Rathausplatz - Freiburg im Breisgau - ✆ 0761 3881880 - visit.freiburg.de/fr.*

Arriver/partir

En train – Le TGV relie Paris-Gare de Lyon à Fribourg en 3h50, à raison de 1 train quotidien (sf sam.). La ligne dessert par ailleurs Dijon (2h10), Besançon Franche-Comté (1h31), Belfort-Montbéliard (1h07) et Mulhouse (41mn).

Se garer – Vieille Ville interdite aux voitures. Parkings payants autour.

Agenda

Fête du vin – *Déb. juil. - www.weinfest.freiburg.de.*

Fasnet – *Autour de Mar. gras.* Un mélange de carnaval alémanique (1930) et traditionnel du Rhin, fêté depuis la fin du 19e s.

Zelt-Musik- Festival – *3 sem. en juil.-août - www.zmf.de.* Grand rendez-vous de la vie culturelle fribourgeoise, concerts (rock, pop, jazz, classique, variétés) sous chapiteaux.

Schlossberg Festival – *Fin juil.-déb. août - www.schlossbergfestivalfreiburg.de. Voir p. 190.*

Marché de Noël – *Nov.-déc.*

Nos adresses

PLAN P. 190

Restauration

Premier prix

1 MarktHalle – B2 - *Grünwälderst. 4 - ✆ 0761 2117180 - www.markthalle-freiburg.de - fermé dim. et j. fériés - plats 5/15 €.* Une adresse attachante. Dans ce marché couvert, les spécialités badoises se mêlent à d'autres saveurs plus exotiques (Chine, Brésil, Iran, Italie, Inde...). Possibilité de s'attabler.

Süden – HORS PLAN PAR A2 - *Alfred-Döblin-Platz 1 - ✆ 0761 88792600 - www.restaurantsüden.de - formules déj. 9,30/10,70 € - plats 15,90/27,90 €.* C'est le QG du quartier Vauban, installé dans une ancienne caserne française. Dans l'une des deux grandes pièces avec moulures et lustres anciens, on déguste de savoureux plats végétariens ou traditionnels. Grande terrasse aux beaux jours.

3 Grosser Meyerhof – B1-2 - *Grünwälderstr. 1 - ✆ 0761 3837397 - www.grosser-meyerhof.de - fermé dim. et j. fériés - plats 10,90/22,90 €.* On se régale de recettes simples et régionales dans une ambiance conviviale. Spectacles littéraires et concerts réguliers.

Budget moyen

2 Drexlers – A1 - *Rosastr. 9 - ✆ 0761 5957203 - www.drexlers-restaurant.de - fermé dim. et j. fériés, le soir lun.-merc., le midi jeu.-sam. - formules déj. 23/30 € - menus soir 75/102 €.* Derrière la villa Colombi, le cadre est élégant et branché. Cuisine de marché de bon rapport qualité-prix le midi. Plats de saison généreux et raffinés en soirée. Belle carte des vins (le propriétaire possède aussi un magasin de vins et spiritueux).

5 Lichtblick – B2 - *Konviktstr. 41 - ✆ 0761 29280940 - www.lichtblick-freiburg.de - fermé dim. et à midi les j. fériés - formules déj. 14/16 € et dîner 18,50/36,50 € - menus 48/56 €.* Cuisine fraîche et d'inspiration italienne dans ce restaurant coquet, lumineux et reposant. Petite terrasse sur les pavés.

3

À proximité

Pour se faire plaisir

Gasthaus Hirschen – *Breisgauer Str. 47 - Freiburg-Lehen - ✆ 0761 8977690 - www.hirschen-freiburg.de - P - réserv. conseillée - plats déj. 24/38,80 € - menu soir 59 € - ch. 120/433 €.* Au sein d'un hôtel quatre étoiles, cette table offre deux ambiances (l'une traditionnelle, l'autre aux accents méditerranéens) mais une même carte, d'inspiration française, pour une cuisine très soignée.

Petite pause

Marché – *Münsterplatz - autour de la cathédrale - ✆ 0761 202 36 83 - www.muenstermarkt.freiburg.de - 7h30-13h30 (14h sam.) - fermé dim. et j. fériés.* Il est agréable de venir ici, de bon matin, manger une saucisse *(Lange Rote)* dans un petit pain, en regardant les Fribourgeois faire leur marché.

Café Vikrego – *Salzstr. 45 - ✆ 0172 6618057 - www.vikrego-cafe-freiburg.de - lun.-sam. 8h30-18h, fermé dim. et j. fériés.* Un salon de thé parfait pour prendre un (bon) café et lire le journal.

Boire une bière

Hausbrauerei Feierling – *Gerberau 46 - ✆ 0761 243480 - www.feierling.de - 11h-0h (1h vend.-sam.) - autour de 10 €.* Cette microbrasserie fabrique sa bière bio. Pour l'accompagner, une cuisine régionale est servie en salle et dans le *Biergarten*.

En soirée

Hemingway Bar – *Eisenbahnstr. 54 - ✆ 0761 20734501 - www.hemingway-freiburg.de - été : merc.-dim. à partir de 20h (fermé juil.), reste de l'année : à partir de 18h.* À l'intérieur de l'hôtel Victoria, bar cosy-intimiste où l'on sert des cocktails, classiques comme audacieux.

Activités

Historix-Tours – *www.historix-tours.de.* Cette société propose des visites guidées thématiques en allemand et anglais.

Hébergement

Centrale de réservation – *www.freiburg.de.*

Budget moyen

1 **Central** – B1 - *Wasserstr. 6 - ✆ 0761 31970 - www.central-freiburg.de - P - 48 ch. 139/149 €.* Au bord de la zone piétonne, cet établissement familial propose des chambres fonctionnelles et bien tenues.

2 **Park Hotel Post** – A1 - *Eisenbahnstr. 35-37 - ✆ 0761 385480 - www.park-hotel-post.de - P - 44 ch. 159/179 €.* À mi-chemin entre la gare et la Vieille Ville, un hôtel très bien tenu où la littérature tient une place privilégiée : chaque chambre a son auteur, dont les ouvrages en allemand sont à disposition.

5 **Schwarzwälder Hof** – B2 - *Herrenstr. 43 - ✆ 0761 38030 - www.schwarzwaelder-hof.com - 40 ch. 120/135 € - ✕ (fermé lun.) plats 12,50/18,50 €.* Cet hôtel occupe un emplacement central dans la vieille ville. Les chambres, sobrement aménagées, sont pour la plupart dotées de sols parquetés et de meubles traditionnels.

Pour se faire plaisir

V7 Boutique Appartements – HORS PLAN PAR A2 - *Merzhauser Str. 146 - ✆ 0761 60046650 - www.v7-freiburg.de - P - 31 appart. de 2 à 6 pers. 189/249 €, tarifs plus intéressants à partir de 2 nuits.* Dans un immeuble design primé, au cœur du quartier Vauban et à 10mn en tram de la vieille ville, ces appartements sont d'un excellent rapport qualité-prix. Belle vue sur les coteaux, mais pour plus de calme, préférez le côté cour.

La Forêt-Noire ★★★

Schwarzwald

Son nom évoque les sombres forêts de conifères et un pays de légendes. La Forêt-Noire surprend par la diversité de ses paysages. Au nord, les épicéas bordent des routes escarpées; au centre, les vignes des coteaux cèdent la place aux pâturages et à de superbes fermes-auberges; au sud, les lacs et les hauts sommets se partagent la vedette. La Forêt-Noire séduira les marcheurs – elle compte 23000 km de sentiers pédestres – mais aussi les gourmands. Rien d'étonnant à ce qu'elle figure à la première place des destinations touristiques en Allemagne et qu'elle attire les touristes français, qui n'ont qu'à franchir le Rhin pour profiter eux aussi du tourisme thermal ou des sports d'hiver.

Se repérer

CARTES P. 184-185 (AB2-4) ET P. 197

Bade-Wurtemberg.
50 km à l'ouest de Stuttgart, 30 km à l'est de Strasbourg. À l'extrémité sud-ouest de l'Allemagne, la Forêt-Noire s'étend sur 170 km, de Karlsruhe au nord à Bâle au sud.

À ne pas manquer

Une part de forêt-noire dans un salon de thé, la route des Crêtes, les points de vue au sommet du Feldberg et du mont Belchen.

Organiser son temps

Comptez au moins trois jours, plus si vous envisagez aussi de découvrir les villes aux portes du massif (Karlsruhe, Baden-Baden, Fribourg).

En famille

Les chutes d'Allerheiligen, le musée de plein-air de la Forêt-Noire à Gutach, la promenade des Cascades à Triberg, une baignade au Titisee.

Carnet pratique p. 204

Nos adresses p. 204

3

Circuits conseillés

CARTE P. 197

★ La route des Crêtes (SCHWARZWALDHOCHSTRASSE)

Circuit de 80 km de Baden-Baden à Freudenstadt, tracé en vert sur la carte.
Tracée à des altitudes voisines de 1000 m, cette route est jalonnée de belvédères.

★★ Baden-Baden

Voir p. 207.
Suivez les panneaux Schwarzwald-Hochstraße/B 500.
Au fur et à mesure que la route s'élève, on traverse de tranquilles stations climatiques, comme **Bühlerhöhe**, à 750 m d'altitude.

Mummelsee

Petit lac glaciaire aux eaux sombres, au pied du **Hornisgrinde** (1164 m), point culminant de la Forêt-Noire du nord.
Au **Ruhestein**, quittez la route des Crêtes pour plonger vers la **combe★** d'Allerheiligen et remontez, à partir d'Oppenau, vers **Zuflucht** en grimpant au flanc de versants très raides.

★ Allerheiligen

Parmi les ruines de l'église de la seconde moitié du 13e s., on reconnaît le porche et les murs du transept, d'où fait saillie une chapelle gothique. Un sentier conduit le long du torrent jusqu'au pied des chutes.

★ **Wasserfälle (chutes d'Allerheiligen)** – *45mn AR, au départ du parking situé au pied des chutes, 2 km après l'abbaye.* Sur un dénivelé total de 90 m, sept cascades s'enchaînent le long d'un sentier coupé d'escaliers au milieu de parois escarpées.

Poursuivez sur la Hochstraße en direction de Freudenstadt.

De Zuflucht à **Kniebis**, la route traverse une région de plateaux à l'aspect de lande marécageuse, caractéristique des Grinde.

Au village de Kniebis, tournez à gauche dans Alte Passtraße, puis suivez la direction Ellbachsee-Aussichtsplattform jusqu'au parking.

★ Ellbachseeblick

20mn à pied AR. À 921 m d'altitude, ce belvédère offre une vue vertigineuse sur le lac-tourbière d'origine glaciaire (alt. 770 m) de l'Ellbachsee, ainsi que sur le Hornisgrinde, au dernier plan. L'aménagement de la **passerelle en bois** qui s'avance dans le vide se fond remarquablement dans ce site naturel d'une grande pureté.

★ Freudenstadt

Au croisement de plusieurs routes touristiques, Freudenstadt, bâtie à partir de 1599 et brûlée en 1945, s'est relevée suivant un plan quadrillé autour de la vaste **Marktplatz★** (la plus grande d'Allemagne). Des arcades abritant commerces et restaurants en font tout le tour. L'**église** évangéliste (17e s.) est composée de deux nefs en équerre formant un angle de la Marktplatz : cette curieuse disposition permettait aux hommes et aux femmes de suivre l'office chacun de leur côté. À l'intérieur, de facture très moderne, on observera néanmoins le beau plafond à nervures, les quatre évangélistes, du 12e s., plaqués sur le lutrin. À noter, les **fonts baptismaux**, réalisés vers 1100, ornés de masques et de représentations d'animaux.

★★ La Forêt-Noire centrale

Circuit de 152 km de Freudenstadt à Fribourg, tracé en orange sur la carte.

L'itinéraire suit le fond des vallées de la Kinzig et de l'Elz, traversant de petites localités actives, avant d'atteindre, au mont Kandel, la haute Forêt-Noire.

★ Église d'Alpirsbach

07444 51061 - mai-oct. : mar.-sam. 10h-17h30, dim. et j. fériés 11h-17h30 ; nov.-mars : jeu.-dim. et j. fériés 13h-15h ; avr. se rens. - 7 €.

L'église de l'ancienne abbaye bénédictine, en grès rose, est le plus ancien monument roman (début 12e s.) de Forêt-Noire. L'extérieur présente une curieuse ordonnance : le socle roman supporte un chœur gothique dont les contreforts n'atteignent pas le sol mais reposent sur des colonnes libres. Un narthex précède le portail occidental. L'intérieur présente un aspect plus austère et monumental, avec ses larges colonnes hautes de plus de 4 m ; les deux colonnes orientales sont ornées de figures symbolisant le bien et le mal. La niche la plus profonde après l'autel est décorée de peintures murales du 13e s. Le **cloître** est de style gothique flamboyant de la fin du 15e s. Un **musée** exposant des objets du quotidien (fin 15e s.-début 16e s.) découverts lors de restaurations, dont des vêtements bien conservés, occupe l'appartement de l'abbé.

KARLSRUHE
FRANCE
★★ Baden-Baden
Badisches Rebland
A 4
A 35
RHIN
A 5
462
500
Murg
Hornisgrinde
1164
Mummelsee
STRASBOURG
Rench
Ruhestein
28
★Chutes d'Allerheiligen
Allerheiligen ★
Zuflucht
Ellbachseeblick ★
Offenburg
Kniebis
Freudenstadt ★
STUTTGART
Kinzig
A 5
33
Wolfach
★Alpirsbach
Kinzig
294
Schiltach ★★
★★ Musée de plein air de la Forêt-Noire
Gutach
Niederwasser
Gutach
294
Elz
Triberg ★
N
33
★ Waldkirch
500
Promenade des Cascades ★
Schwenningen
★Kandel
1242
Furtwangen
Villingen
St. Märgen
★St. Peter
Hexenloch
500
Breg
Brigach
31
BÂLE
★★ Fribourg-en-Brisgau
Höllental ★
Hirschsprung
Donaueschingen
CONSTANCE
★Schauinsland
1284
Titisee -
- Neustadt
Hinterzarten
★★ Feldberg
1493
Titisee ★
500
31
★Chutes de Todtnau
Lenzkirch
500
317
1414
★Schluchsee
Schluchsee
Todtnau
★★ Belchen
Bernau
★St. Blasien
FORÊT-NOIRE
0
10 km
BÂLE
BAD SÄCKINGEN
WALDSHUT

3

★★ Schiltach

Cette petite ville se niche au confluent de la Schiltach et de la Kinzig. Un très bel ensemble de maisons à colombages du 16e s. entourant la **Marktplatz★** en pente abrupte lui donnent son caractère idyllique. On peut visiter le **musée de la Pharmacie (Apotheken Museum)**.

★★ Musée de plein air de la Forêt-Noire

(SCHWARZWÄLDER FREILICHTMUSEUM VOGTSBAUERNHOF) **à Gutach**

07831 46 79 3500 - www.vogtsbauernhof.de - ♿ - avr.-oct. : 9h-18h (19h août), dernière entrée 1h av. fermeture - 10 € (6-17 ans 5,50 €), billet famille 23 €.

Au cœur de la vallée de la Gutach, ce musée témoigne de l'habileté des habitants de la région en matière de construction rurale, d'artisanat et d'agriculture. Six fermes meublées de Forêt-Noire datant entre le 16e et le 19e s., ont été construites ou reconstituées, ainsi que des moulins, greniers, scieries, chapelles. Dernier bâtiment à avoir été réaménagé, le « petit château » d'Effringen (nord de la Forêt-Noire), édifié au 14e s., est la première demeure seigneuriale du musée. Nombreux ateliers, démonstrations et animations autour des traditions.

Continuez en direction de Triberg.

Vous vous arrêterez certainement à **Niederwasser** où une Kuckuckuhr (horloge à coucou) géante se met en marche moyennant une petite pièce...

★ Triberg

Centre d'industrie horlogère, Triberg est également une station climatique réputée.

La **promenade des Cascades★** (*1h30 AR - 8 € avec l'entrée du musée*) longe les chutes de la Gutach, qui tombent de 163 m dans un décor de rochers et d'arbres immenses. Le soir, elles sont illuminées jusqu'à 22h.

Schwarzwaldmuseum (Musée de la Forêt-Noire) – *Wallfahrtstr. 4 - 07722 44 34 - www.schwarzwaldmuseum.de - ♿ - Pâques-sept. : 10h-18h ; oct.-Pâques : tlj sf lun. 10h-17h - 8 € avec les cascades.* Il expose des costumes traditionnels et la production artisanale locale (horlogerie notamment), ainsi que l'une des plus vastes collections d'orgues de Barbarie d'Europe. Reconstitutions d'ateliers (peintre horloger, tisseuse de paille, sculpteur) et d'un tunnel minier illustrant l'extraction de minéraux en Forêt-Noire.

★ Salle de la mairie – *Hauptstr. 57 - 07722 9530 - lun.-jeu. 9h-12h, 14h-16h, vend. 9h-12h - fermé w.-end - gratuit.* Tout en bois sculpté, elle en impose par son style « forestier » et l'accumulation de détails pittoresques décrivant la vie en Forêt-Noire. La frise aux animaux, qui court sur un côté de la salle, suggère le drame quotidien du monde sauvage, en lutte pour sa survie. L'ensemble a été réalisé en 1926 par le sculpteur Karl Joseph Fortwängler (œuvres de l'artiste également visibles au musée de la Forêt-Noire).

Wallfahrtskirche Maria in der Tannen (église de pèlerinage N.-D.-des-Sapins) – *À la sortie de Triberg, en direction de Schönwald.* Sanctuaire de pèlerinage parmi les plus populaires de la Forêt-Noire, il conserve un **mobilier★** baroque sculpté.

Furtwangen

★ Deutsches Uhrenmuseum (musée allemand de l'Horlogerie) – *Robert-Gerwig-Platz 1 - 07723 920 28 00 - www.deutsches-uhrenmuseum.de - ♿ - avr.-oct. : 9h-18h ; nov.-mars : 10h-17h - fermé lun. - 7 € (enf. 5 €), billet famille 14 €.* Ce musée abrite la plus grande collection d'horloges de la Forêt-Noire au monde. L'exposition présente l'histoire, l'art et la technique des horloges et

Les cascades de Triberg.
Leonid Andronov/Getty Images Plus

expose montres, chronomètres et horloges de tous les pays et de toutes les époques. Une section est consacrée aux instruments mécaniques (orgues de Barbarie, orchestrions), dont une horloge internationale de la fin du 19e s. où l'heure est donnée pour différentes villes d'Allemagne et du monde (l'utilisation des fuseaux horaires n'étant pas effective).

Trois kilomètres après Furtwangen, prenez à droite vers Hexenloch.

L'**Hexenloch** est une gorge profonde et boisée, agrémentée de cascades. Entre St. Märgen et St. Peter, la route offre des **vues★★** très dégagées sur la Forêt-Noire centrale.

★ Sankt Peter

Geistliches Zentrum St. Peter - Klosterhof 2 - 07 660 910 112 - www.geistliches-zentrum.org - - visite guidée (1h) mar. 11h, jeu. 15h, dim. et j. fériés 11h30 - 6 €.

Signalée par les deux tours coiffées d'un bulbe de son **église★**, l'abbaye bénédictine de St. Peter, dans le village du même nom, fut élevée de 1724 à 1754 sur les plans de Peter Thumb. L'abbaye est bâtie sur la nécropole (11e s.) des fondateurs de Fribourg. La **bibliothèque rococo★**, à la décoration caractéristique de l'art baroque en Brisgau, présente à mi-hauteur une galerie tout en courbes ponctuées de statues et un plafond peint.

Des randonnées pédestres de tout niveau partent des différents parkings.

★ Mont Kandel

De la table d'orientation (*30mn AR*), le **panorama★** est magnifique sur les Vosges, le massif isolé du Kaiserstuhl, le Feldberg et le Belchen.

★ Waldkirch

Autour de l'église Ste-Marguerite (ancienne collégiale) subsistent de jolies demeures du 18e s. L'**intérieur★** de l'église a conservé un riche mobilier.

★★ Fribourg-en-Brisgau

Voir p. 186.

★★★ La haute Forêt-Noire (HOCHSCHWARZWALD)

Circuit de 142 km tracé en violet sur la carte p. 197. Départ de Fribourg.
Ce parcours, à caractère montagnard dans sa première partie, passe par les trois principaux sommets de la Forêt-Noire (Schauinsland, Belchen et Feldberg), puis par les deux lacs les plus connus du massif (Schluchsee et Titisee). La région étant en grande partie un parc naturel, les sentiers permettent souvent de rencontrer des espèces rares de fleurs sauvages, et parfois des chamois.

★ Schauinsland

La route conduit à la station supérieure du téléphérique.
30mn AR. Du parking, gagnez la tour-belvédère *(91 marches)* en suivant les panneaux « Rundweg » et « Schauinsland Turm ». La **vue★** s'étend au-delà des pâturages sur le Feldberg.
On peut également monter au Schauinsland par le **téléphérique**, qui permet une balade de 3,6 km dans les airs, au-dessus de la forêt. *Accès par la station inférieure (dir. de Horben en venant de Fribourg) - ✆ 761 4511 777 - www.schauinslandbahn.de - 13,50 € AR (6-14 ans 9 €) ; 10 € aller simple (6-14 ans 7 €).*
Une mine d'argent a été exploitée ici pendant 800 ans : vous pourrez en découvrir une partie en suivant la visite du **musée de la Mine (Museum Bergwerk Schauinsland)** – *www.schauinsland.de - de déb. juil. à mi-sept. : visite guidée 45mn : 11h30, 12h30, 13h30, 14h30 et 15h30 ; visite guidée 1h30 ou 2h30 : 11h et 14h ; reste de l'année se rens. - 7, 15 ou 22 € (enf. 4-12 ans 5 €).*
Poursuivez la route sur 1 km et prenez à droite vers Münstertal.
La route déroule ses lacets au milieu des pâturages avant de pénétrer dans la forêt.
À la fin de la route, tournez à gauche vers le mont Belchen et suivez « Belchenbahn ».

★★ Mont Belchen

Accès en téléphérique uniquement - ✆ 07 673 888 280 - www.belchen-seilbahn.de - 9h15-18h - 8,50 € AR (enf. 6 €), billet famille 23 €.
Ce ballon (1 414 m - table d'orientation) domine de façon impressionnante la Wiesental et les vallées qui, comme la Münstertal, entaillent le flanc ouest de la Forêt-Noire. Par très bonnes conditions de visibilité, il constitue un magnifique **observatoire★★** sur la plaine du Rhin, les ballons des hautes Vosges et les Alpes, du Säntis (Alpes suisses d'Appenzell) au Mont Blanc.

★ Chutes de Todtnau

1,5 km de Todtnau, par la route de Todtnauberg - 2 € demandés pour l'entretien du site. Remontant une combe boisée, un sentier (*30mn AR)* conduit aux chutes *(Wasserfall)* qui dévalent sur 97 m de hauteur. Des circuits pédestres sont proposés pour descendre ou remonter les cascades.
Prenez la direction de Todtmoos, puis Bernau.

Bernau

Dans une combe de pâturages, de belles fermes sont regroupées en plusieurs hameaux. À Bernau-Dorf, tournez vers Innerlehen, dont la mairie abrite le **musée Hans-Thoma** : rétrospective de l'œuvre du peintre impressionniste, enfant du pays, qui dirigea le musée des Beaux-Arts de Karlsruhe entre 1899 et 1920 *(voir p. 238)*. *www.hans-thoma-museum.de - merc.-vend. 10h30-12h, 14h-17h, w.-end et j. fériés 11h30-17h - 5 € (enf. 2 €).*

★ Sankt Blasien

Am Kurgarten 11 - ✆ 07672 414 0 - www.stblasien.de.

La Forêt-Noire en cinq mots

Avec une altitude oscillant entre 700 et 1500 m, la bien nommée Schwarzwald présente un visage résolument montagnard. Plantée de conifères dont la hauteur atteint parfois 65 m, elle s'est longtemps appuyée sur le bois (matériau de construction et base de l'artisanat) pour bâtir son économie. L'horlogerie reste aussi un secteur très actif.

Les montagnes

Les massifs des Vosges et de la Forêt-Noire ont en commun leur socle cristallin et des sommets d'altitudes proches (1 493 m au Feldberg, 1 424 m au Grand Ballon). Ils partagent un contraste identique entre le versant abrupt s'abaissant vers la plaine du Rhin, et les pentes moins inclinées qui se fondent dans les plateaux souabes d'une part, lorrain de l'autre. À quelques kilomètres de distance, le contraste est étonnant entre les coteaux de vignobles et de vergers qui s'épanouissent au sud de Baden-Baden, et les hauts pâturages de la lande que traverse la route des Crêtes. La forêt primitive rassemble ses conifères au nord et au centre du massif. Partout le relief a donné naissance à des lacs, des rivières, et les vallées profondément entaillées de la haute Forêt-Noire, au sud, forment un paysage presque alpestre.

Le coucou

L'artisanat horloger de la Forêt-Noire prend son essor dans la première moitié du 18e s. et les premières horloges à coucou datent de cette époque. Mais c'est vers 1850 que **Friedrich Eisenlohr** conçoit des boîtiers rappelant les maisonnettes de garde-barrière *(Bahnhaüsele)*, bientôt ornés de feuillages, et dont la forme originelle est presque restée inchangée. La **route allemande de l'Horlogerie** *(Deutsche Uhrenstraße - www.deutscheuhrenstrasse.de/fr)* propose de découvrir, sur environ 320 km, musées, fabriques ouvertes à la visite et coucous *(Kuckucksuhren)*.

Le jambon fumé

La Forêt-Noire tire de son terroir et de sa vocation agricole un excellent jambon fumé. Pour être fabriqué de manière traditionnelle, le *Schwarzwälder Schinken* doit être d'abord frotté d'un mélange de sel et d'épices dont chaque fabricant a le secret (ail, laurier, coriandre, poivre, genièvre). On le laisse ensuite macérer en saumure avant de le fumer avec du bois de sapin. La dernière étape, celle du séchage, peut durer plusieurs semaines.

La forêt-noire

Cette pâtisserie, qui tient son nom de la région même où elle est née, serait le dessert le plus apprécié d'Allemagne. Avec sa génoise au cacao garnie de crème, ses cerises et ses copeaux de chocolat, le tout parfumé au kirsch, la *Schwarzwälder Kirschtorte* est un incontournable de la gastronomie régionale.

Le Bollenhut

Ce chapeau à pompons accompagne le costume traditionnel. Les boules de laine sont rouges pour les jeunes filles, noires pour les femmes mariées. Devenu le symbole régional, il n'était porté au moment de son apparition (17e s.) que par trois communes : Gutach, Kirn Bach et Reichenbach.

Un dôme digne de St-Pierre de Rome ou des Invalides dans une petite station thermale du sud-est de la Forêt-Noire ! La majestueuse église baroque, élevée sur l'emplacement d'un monastère médiéval dont la communauté rayonna sur toute l'Allemagne du Sud, a de quoi surprendre.

★★ **Église** – Elle est enclavée, suivant un plan très en faveur à l'époque baroque, au milieu du quadrilatère des anciens bâtiments abbatiaux. L'ampleur du monument est liée à l'influence de l'abbaye bénédictine, fondée au 9e s. et qui atteignit son apogée au 18e s. Les plans furent conçus par l'architecte français Pierre-Michel d'Ixnard (1726-1795), qui fit élever, à 64 m du sol, la coupole centrale derrière un péristyle. Par ses dimensions (33,5 m de diamètre), le **dôme** est le troisième d'Europe après St-Pierre de Rome et les Invalides à Paris. À l'intérieur, que la pierre blanche rend particulièrement lumineux, la calotte éclairée par des fenêtres à pénétrations est une fausse coupole suspendue au dôme ; elle ne prend donc appui qu'en apparence sur les vingt colonnes de la rotonde centrale. Derrière le maître-autel s'enfonce le chœur, voûté en berceau.

★ Schluchsee

Ce lac, modeste à l'origine, est devenu, grâce à l'édification d'un barrage, le plus vaste plan d'eau de Forêt-Noire. Sur ses rives est édifiée une charmante station thermale, qui porte le nom du lac.

★★ Massif du Feldberg

www.feldbergbahn.de - 9h-16h30 - 12 € (6-15 ans 7 €).

Un télésiège aboutit au mont Seebuck (1448 m), couronné par un monument dédié à Bismarck : **vue★** sur la vasque parfaite du Feldsee, petit lac au creux d'un cirque glaciaire. On peut se rendre au sommet déboisé du Feldberg, à 1493 m (*1h30 AR*), pour jouir d'un vaste **panorama★★** s'étendant jusqu'aux Alpes.

★ Titisee

Au carrefour de plusieurs routes touristiques, ce joli lac glaciaire est devenu un centre touristique important, à la fois station climatique – **Titisee-Neustadt** et **Hinterzarten** – et point de départ d'excursions en Forêt-Noire.

On revient à Fribourg par la vallée de **Höllental★ (val d'Enfer)**, qui ne justifie son nom que dans le défilé du **Hirschsprung**.

Au sud de la Forêt-Noire CARTE (P. 184-185)

Deux villes intéressantes bordent le Rhin, en marge du massif de la Forêt-Noire.

★ Bad Säckingen A4

Waldshuter Str. 20 - 07 761 568 30 - www.bad-saeckingen-tourismus.de.

★ **Fridolinsmünster (cathédrale St-Fridolin)** – Dédiée à l'évangélisateur des Alamans qui fonda ici une cellule de missionnaires vers 552, la cathédrale gothique St-Fridolin date du 14e s. Elle offre un bon exemple de « baroquisation » : arcs brisés des arcades passant à l'arc en plein cintre, voûtes rabaissées pour constituer un berceau facile à décorer (stucs rocaille de l'école de Wessobrunn), fenêtres hautes transformées en baies arrondies. Le **trésor** conserve la châsse de saint Fridolin, magnifique travail augsbourgeois du 18e s., en forme de caisse de carrosse.

★ **Pont couvert** – Jeté sur le Rhin à la fin du 16e s., cet ouvrage est le plus ancien pont couvert en bois d'Europe, et également le plus long (200 m). Il repose sur des piliers en pierre.

Schlosspark – Ce joli parc entoure le château dit des « trompettistes » (Trompeterschloss), qui fut édifié pour l'essentiel vers 1600 par les seigneurs de

Massif du Feldberg.
Andreas_Zerndl/Getty Images Plus

Schönau, régisseurs du couvent depuis 1360. Le château abrite un musée qui possède la plus riche **collection de trompettes** d'Europe. L'angle du parc, où se trouve le minigolf, offre une belle vue sur le vieux pont de bois.

Waldshut B4

La ville se blottit sur le flanc d'un hémicycle boisé au pied duquel coule le Rhin. Waldshut a conservé ses deux portes fortifiées. Le **centre historique★** se groupe autour de la **Kaiserstraße**, dont le tracé régulier n'est interrompu que par les pignons à auvent. Elle débouche à l'ouest sur la tour inférieure ou tour de Bâle et, à l'est, sur la tour supérieure ou tour de Schaffhausen.

L'**hôtel de ville**, du baroque tardif, a été érigé en 1770, probablement sur les plans de Johann Caspar Bagnato. Un splendide portail avec cartouche et une petite tour à cadran solaire viennent agrémenter ce bel édifice. Parmi les maisons cossues de la Kaiserstraße, mentionnons l'« Homme sauvage » *(Wilder Mann)*, une villa patricienne du 16e s. arborant un pignon à auvent. L'*Alte Metzig (Metzgertörle)*, de 1588, héberge aujourd'hui un **musée des Arts et Traditions populaires (Heimatmuseum)**.

Carnet pratique

S'informer

Schwarzwald Tourismus – *0761 896460 - www.schwarzwald-tourismus.info.*

Hochschwarzwald Tourismus – *Freiburger Str. 1 - Hinterzarten - 07652 12 060 - www.hochschwarzwald.de.*

Pass touristiques

En Forêt-Noire, la **carte d'hôte Konus**, délivrée par l'hébergeur, offre les transports gratuits sur les lignes de trains et bus régionaux *(www.schwarzwald-tourismus.info).* Et à partir de 2 nuitées, la carte **Hochschwarzwald** offre la gratuité ou des réductions auprès de musées et parc d'attractions *(www.hochschwarzwald.de).*

SchwarzwaldCard – *www.schwarzwald-tourismus.info - valable 3 j. - 45 €, 4-11 ans 33 €, famille 5 pers. 135 €.* Elle donne accès à 200 sites et attractions.

Nos adresses

Restauration

Sur la route des Crêtes

Pour se faire plaisir

Schatzhauser (Traube Tonbach) – *Tonbachstr. 237 - Baiersbronn - 07442 492622 - www.traube-tonbach.de - fermé dim. soir-lun. - plats 16,50 €/29,50 €.* Dans ce décor minimaliste en béton avec ses grandes baies ouvertes sur la forêt, les couleurs des plats (raviolis souabes, ragoût de chevreuil, quenelles de brochet...) et des vins sont du plus bel effet. Grande terrasse.

En Forêt-Noire centrale

Budget moyen

Café Goldene Krone – *Wagensteigstr. 10 - St. Märgen - en face du musée du cloître - 07669 939 99 88 - www.cafe-goldene-krone.de - fermé lun. et mar.* Cet ancien monastère restauré déploie une belle terrasse en été et un intérieur à la fois rustique et élégant pour l'hiver. Petits plats campagnards préparés avec des produits du cru, gâteaux et tartes, tous excellents, sont élaborés selon des recettes anciennes et préparés maison, dans le cadre d'une action sociale en faveur de l'embauche des femmes en milieu rural. Petite boutique de produits locaux, certains bio, également utilisés en cuisine.

Rössle – *Aischbachstr. 5 - Alpirsbach - 07444 956040 - www.roessle-alpirsbach.de - fermé merc. et jeu. - plats 21/29 € - menu 25 €.* Dans cette auberge traditionnelle où l'on sert des produits frais et exquis, on ne peut que recommander les plats d'influence régionale, comme la poitrine de veau farcie ou le jarret d'agneau.

Pour se faire plaisir

Zur Sonne – *Zähringer Str. 2 - St.-Peter - à deux pas de l'église - 07660 94010 - www.sonne-schwarzwald.de - fermé lun. - plats 18,50/34 € - menus 59/94 €.* Cette table renommée en Forêt-Noire sait mettre en valeur les produits régionaux sélectionnés avec soin et de préférence biologiques. Le chef Hanspeter Rombach connaît ses classiques, qu'il maîtrise et harmonise au goût du jour.

La forêt-noire, gâteau typique de la région.
LauriPatterson/Getty Images Plus

Shopping

Sur la route des Crêtes

Krieg – *Straßburger Str. 2 - Freudenstadt - ✆ 07441 2225 - www.antik-uhr.de - 9h-12h30, 13h30-18h, sam. 9h-13h - fermé dim.* Cet horloger-joaillier s'est spécialisé dans la réparation et la vente de coucous antiques. Certains jours de l'année, l'entreprise ouvre les portes de son musée de l'Horlogerie. Une vraie découverte de cet artisanat.

En haute Forêt-Noire

Ospelehof – *Windeck 2 - Hinterzarten - à droite après l'hôtel de ville, continuez pendant 1 km ; ferme indiquée à gauche - ✆ 07652 5482 - www.ospelehof.de - mai-oct. : mar.-vend. 10h-13h, 15h-17h, sam. 10h-13h ; reste de l'année : jeu.-vend. 10h-13h, 15h-17h, sam. 10h-13h - fermé nov.* Ne manquez pas de vous fournir en fromages du cru. Dans cette ferme, tous sont faits sur place, à partir du lait des vaches de l'exploitation, de même que les produits cosmétiques. Vend également du miel bio et du jambon de la Forêt-Noire des fermes alentour.

Hébergement

Sur la route des Crêtes

Budget moyen

Kohlenbacher Hof – *Kohlenbach 8 - Waldkirch-Kollnau - ✆ 07681 8828 - www.kohlenbacherhof.de - 17 ch. 110 € - ✕ fermé lun.-mar. - plats 17,90/22,90 €.* Dans la vallée de Kohlenbach, agréable hôtel familial traditionnel proposant une cuisine régionale. Une sympathique adresse champêtre.

Adler – *Forststr. 15-17 - Freudenstadt - ✆ 07441 91520 - www.adler-fds.de - fermé de fin oct. à mi-nov. - 21 ch. 125/150 € - ✕.* Simple mais très soignée, cette auberge s'enorgueillit d'une longue tradition et d'une grande expérience ; les chambres, récemment rénovées, disposent de tout le nécessaire. Le benjamin de la famille s'affirme aux fourneaux avec ses plats du terroir convaincants.

3

Pour se faire plaisir

Belchenhotel Jägerstüble – *Obermulten 3 - Aitern-Belchen - ✆ 07673 888180 - www.belchenhotel.de - 🅿 🏊 - fermé de mi-nov. à mi-déc. - 25 ch. 210/280 € en 1/2 pension - 🍴 fermé lun.-mar. sf pour les clients de l'hôtel - plats 19/34 € - menu 42 €.* Situé sur le flanc du mont Belchen, cet hôtel abrite des chambres spacieuses et chaleureuses. Terrasse avec vue panoramique. Cuisine badoise. Centre de bien-être avec piscine.

Waldblick Hotel – *Eichelbachstr. 47 - Freudenstadt-Kniebis - ✆ 07442 8340 - www.waldblick-kniebis.de - 🅿 🏊 - fermé 3 sem. en nov. et 3 sem. en mars/avr. - 30 ch. 264/324 € ☕ en 1/2 pension - spa - 🍴 menus 45/55 €.* Tout le confort d'un quatre-étoiles (sauna, spa, piscine), perdu au milieu des épicéas odorants de la Forêt-Noire. Sa situation est idéale : remonte-pente à deux pas, chemin de randonnée traversant le jardin, le tout à seulement 55 km de Strasbourg.

En haute Forêt-Noire

Premier prix

Straub – *Neustädter Str. 3 - Lenzkirch-Kappel - ✆ 07653 222 - www.hotel-straub.de - 🅿 - 30 ch. 68/78 €, + 17,50 € en 1/2 pension.* Dans la ville thermale de Kappel, près de Titisee et du lac Schluchsee. Chambres avec balcons privés ouvrant sur la forêt.

Budget moyen

Peterle – *Schuppenhörnlestr. 18 - Feldberg-Falkau - ✆ 07655 677 - www.hotel-peterle.de - fermé de mi-nov. à déb. déc. - 14 ch. 90/115 € ☕ - 🍴 fermé jeu - plats 19/24 €.* Situé près du village, cet établissement sympathique et soigné jouit d'un emplacement ensoleillé. Vous serez logé dans des chambres personnalisées avec balcon ou terrasse donnant sur un joli jardin ; parquet en bois dans presque toutes les chambres. Ambiance conviviale et rustique au restaurant.

Schwarzwaldhaus – *Am Kurpark 26 - Bernau - ✆ 07675 365 - www.schwarzwaldhaus-bernau.de - 🅿 - fermé nov. - 18 ch. 124/158 € ☕ - 🍴 plats 22,50/34 €.* Cette ferme revêtue de bardeaux est un lieu soigné. Chambres à la décoration rustique. L'ancienne écurie abrite le restaurant, dont la cuisine est avant tout régionale.

Jostalstüble – *Jostalstr. 60 - Titisee-Neustadt - sur la route 500 vers Triberg, tournez à droite en direction de Jostal ; l'auberge est à 4 km sur la gauche - ✆ 07651 918160 - www.jostalstueble.de - fermé janv. - 14 ch. 125/140 € ☕ - 🍴 plats 21/35,50 € - menu 45 €.* Superbe chalet perdu dans la vallée de Jostal. Chambres et studios sont spacieux. Carte faisant la part belle au terroir. Espace bien-être.

Une folie

Erfurths Bergfried – *Sickinger Str. 28 - Hinterzarten - ✆ 07652 1280 - www.bergfried.de - 🅿 🏊 - 40 ch. 318/358 € ☕ en 1/2 pension - 🍴 pour les résidents.* À l'écart de la station et à l'orée de la forêt, l'Erfurths Bergfried mise tout sur le calme et le bien-être. Pari gagné ! Silence absolu, piscines extérieure et intérieure, sauna et espace fitness, tout est à disposition pour un séjour de repos et de détente. Confort et accueil à la hauteur des prestations haut de gamme. Restauration gastronomique et conseils avisés du sommelier.

Baden-Baden ★★

De son passé de ville mondaine fréquentée par tout ce que l'Europe comptait de têtes couronnées et de personnalités en vue, Baden-Baden conserve l'empreinte de la Belle Époque. Palaces et villas au bord de la rivière Oos composent la vitrine de la cité thermale. Le casino attire la vie nocturne, tandis que le parc de la Lichtentaler Allee se transforme en salon vert les après-midi de promenade. Retraités fortunés et nouveaux riches venus de Russie ou du Moyen-Orient forment la clientèle touristique la plus visible. Mais peu importe que vous ne soyez ni l'un ni l'autre. Le charme de Baden-Baden et les vertus bienfaisantes de ses thermes agissent sur chacun de ses visiteurs.

La Trinkhalle de Baden-Baden.
Jwackenhut/Getty Images Plus

Se repérer

CARTE A2 (P. 184-185) ET PLAN P. 210
55 527 hab. – Bade-Wurtemberg.
À 43 km au sud de Karlsruhe, 65 km au nord de Strasbourg.

À ne pas manquer

La Lichtentaler Allee (LA promenade de Baden-Baden), l'église collégiale, l'allumage des réverbères chaque soir devant le Kurhaus et, incontournable, le château de la Favorite.

Organiser son temps

Cédez à l'atmosphère du lieu, allez au casino (on n'est pas obligé de jouer), installez-vous dans une des pâtisseries de la ville, flânez…

Carnet pratique p. 213

Nos adresses p. 213

Se promener

PLAN P. 210

Sur les bords de l'Oos

Itinéraire de 6 à 7 km AR (jusqu'à l'abbaye de Lichtenthal) tracé sur le plan. Départ du cœur du quartier mondain.

★ Kurhaus (MAISON DES THERMES) A1-2

www.casino-baden-baden.de - visite guidée du casino en allemand (en français sur réserv. - durée 40mn), document en français -10h, 11h, 12h, 13h - 10 €.

Réalisation néoclassique (1821 à 1824) due à Friedrich Weinbrenner, elle était la « maison de conversation », le lieu de rendez-vous de la haute société qui organisait là bals et concerts. Le **casino**, le plus ancien et le plus prestigieux d'Allemagne, occupe l'aile droite. Les quatre **salles de jeu★** furent aménagées par Bénazet en 1855 dans l'esprit des pièces d'apparat des châteaux royaux français.

En face, le kiosque à musique. Prenez à gauche.

Trinkhalle (BUVETTE D'EAU THERMALE) A1

Aujourd'hui bureau d'information, grâce à l'office de tourisme qui s'y est installé, la Trinkhalle fut édifiée de 1839 à 1842. Elle s'ouvre par une longue galerie ornée de peintures murales évoquant les légendes locales. Les curistes y buvaient un verre d'eau thermale, ou du petit-lait de vache, chèvre ou jument.

Derrière, quelques chemins se déploient à travers le **parc du Kurhaus**, ourlé de massifs de rhododendrons et d'azalées. La **chapelle Stourdza**, roumaine orthodoxe et dont le vocable provient de princes moldaves, s'élève sur les hauteurs du parc. De là, jolie vue sur le **Vieux Château (Altes Schloss)**, « Hohenbaden » des margraves (équivalent de nos marquis) de Bade.

Traversez l'Oos par un des ponts pour rejoindre la vieille ville et la Marktplatz.

Neues Schloss (CHÂTEAU NEUF) AB1

Ancienne résidence des margraves de Bade bâtie à la Renaissance, le château est privé.

Stiftskirche (ÉGLISE COLLÉGIALE) A1

Le chœur de la collégiale contient plusieurs monuments funéraires parmi lesquels ceux des margraves Léopold-Guillaume (*à gauche* – fin du 17e s.) et **Louis le Turc** (*à droite* – 1753). Dans le chœur, le **crucifix en grès★**, réalisé par Nicolas Gerhaert de Leyden en 1467, constitue un remarquable témoignage de la sculpture de la fin du Moyen Âge et attire aujourd'hui encore les regards vers le chœur. Ne pas manquer le tabernacle tout en filigrane, du gothique tardif, à l'entrée du chœur.

★ Römische Badruinen (BAINS ROMAINS) B1

Römerplatz 1 - ✆ 07221 27 59 34 - www.carasana.de - 16 mars-15 nov. : 11h-12h, 15h-16h ; fermé reste de l'année - 5 € (7-14 ans 2 €) ; visite guidée avr.-nov. : 2e sam. du mois sur réserv. - 7,50 € - audioguide en français.

Des fouilles ont mis au jour les vestiges de ces bains pour soldats romains sous l'actuel établissement thermal **Friedrichsbad**. On remarque particulièrement l'hypocauste, système de chauffage par le sol, et les murs très bien conservés. Des animations numériques restituent l'architecture complète d'origine.

Fabergé Museum (MUSÉE FABERGÉ) B1

Sophienstr. 30 - ✆ 07221 97 08 90 - www.faberge-museum.de - 10h-18h - 20 € (14-18 ans 8 €), billet famille 35 €.

Un vent de nostalgie sur Baden-Baden

Les bains

De l'Antiquité... – Les vertus curatives des eaux de Baden-Baden étaient déjà connues à l'époque romaine. Habitée par les Celtes, la vallée de l'Oos était occupée aussi par les Romains, qui stationnaient à Strasbourg. De nombreux établissements de bains étaient alors en activité.

... aux Temps modernes – À partir du 12e s., la ville devient la résidence des margraves de Bade (princes du Saint Empire), de la lignée des Zähringen. En 1514, le margrave Christophe Ier la dote de fortifications et introduit, en même temps qu'un nouveau statut pour la cité, une sorte de taxe thermale. À cette époque, des médecins et écrivains visitent déjà Baden-Baden, qui compte 12 auberges. Cette double dénomination (« les Bains dans le pays de Bade ») serait utilisée depuis 1535 afin de différencier la ville des communes de Baden-Durlach, située aux environs, Baden près de Vienne et Baden en Suisse.

Mais les épidémies, la guerre de Trente Ans et les conflits économiques vont entraîner une diminution de l'activité thermale.

Capitale mondaine à la Belle Époque

Il faut attendre le 19e s. pour que Baden-Baden prenne un nouvel essor, avec le lancement du casino. Celui-ci est géré par le Français Jacques Bénazet, surnommé « le roi de Bade ». Les diplomates et chefs d'État de toute l'Europe, comme le roi Guillaume de Prusse, Napoléon III ou le tsar Alexandre de Russie, s'y croisent. La ville attire aussi les artistes tels que Hector Berlioz, Johannes Brahms, Eugène Delacroix, Fedor Dostoïevski, Alfred de Musset ou Clara Schumann. Les vitrines de grandes marques s'installent, le golf et le tennis se répandent. Les joueurs se succèdent à la roulette ou à l'hippodrome.

Les bains sont modernisés, comme en témoigne le Friedrichsbad, un palais de style néo-Renaissance construit en 1877. Seules les guerres (1870, 1914-1918, 1939-1945) ralentissent cette frénésie.

Un peu de France à Baden-Baden

En 1945, le commandement en chef des Forces françaises en Allemagne (FFA) est installé à Baden-Baden. Dans « la cité française », le quartier qui entoure la caserne, vivent environ 5 000 personnes. Le site se videra à la fin des années 1990. Sur son emplacement, un centre commercial a maintenant pris place.

Sous le sceau du secret – Le 29 mai 1968, après un mois de crise politique et sociale dans toute la France, le général de Gaulle « disparaît » de l'Élysée et se rend à Baden-Baden afin d'y rencontrer le général Massu, alors commandant des FFA. La version officielle veut qu'il vienne pour s'assurer du soutien de l'armée si les émeutes dégénèrent... Il rentre le lendemain, dissout l'Assemblée et affirme : « Je me suis mis d'accord avec mes arrière-pensées. » Massu écrira pourtant dans ses mémoires que, ce jour-là, de Gaulle était « dégonflé » et prêt à abdiquer.

Depuis les années 1950, la ville, reine de la musardise organisée, accueille de nombreux festivals, prix et opéras. Cette humeur fantasmée aurait inspiré son nom de scène au groupe de musiciens français *Baden Baden*, qui joue une pop mélodique, doucement folk et mélancolique.

Musée privé tenu par le milliardaire et collectionneur russe Alexander Ivanov, il rassemble 700 pièces signées du bijoutier et orfèvre russe Pierre-Karl Fabergé (1846-1920) : vases, diadèmes, étuis à cigarettes, animaux miniatures... et deux des fameux **œufs impériaux** par lequel Fabergé s'était fait connaître de la famille impériale russe.

Franchissez de nouveau la rivière. Face à vous, le théâtre et l'allée dite des « Colonnades », bordée d'arbres et de boutiques de luxe.

★★ Lichtentaler Allee A2

Tracée le long de l'Oos, elle constitue la plus belle promenade de Baden-Baden. Sous ses ombrages, on vit passer Napoléon III et Eugénie, la reine Victoria ainsi que Bismarck; c'est aussi là qu'eut lieu en 1861 l'attentat contre le roi de Prusse, le futur empereur Guillaume Ier. On y croise les bustes de célébrités de l'époque : Coubertin, Tourgueniev ou Clara Schumann. Plantée d'abord de chênes il y a plus de trois cents ans, elle s'est enrichie d'arbres et d'arbustes ornementaux du monde entier.

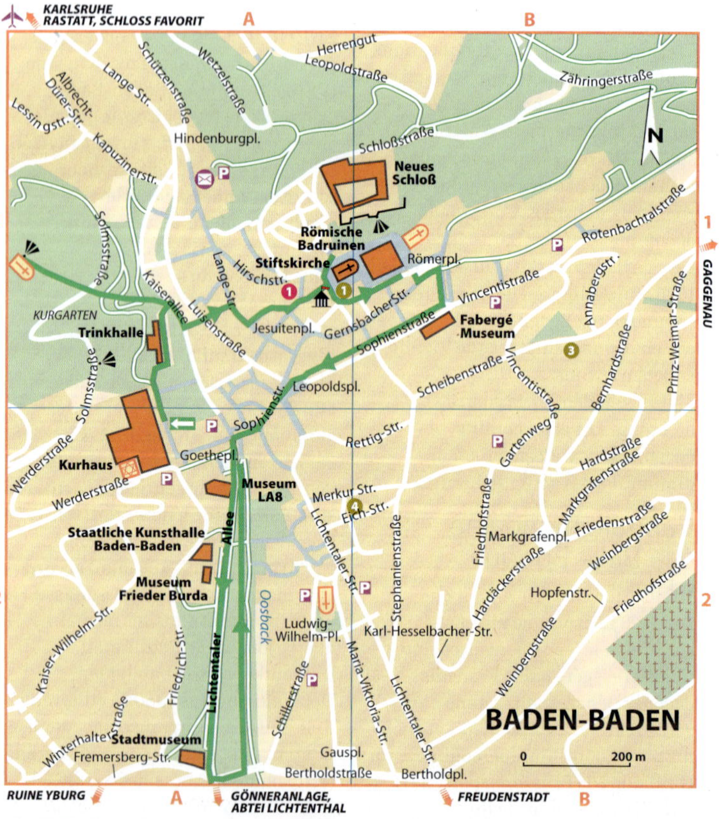

SE RESTAURER
Weinstube Baldreit.......... 1

SE LOGER
Am Markt.................... 1
Hotel Magnetberg.......... 3
Merkur...................... 4

La magie des bains

Les thermes de Friedrich, inaugurés en 1877, restent l'un des plus beaux établissements thermaux au monde. De style néo-Renaissance, doté d'une coupole au-dessus du bassin central, le bâtiment a conservé ses cuivres, ses stucs, ses fresques et ses carreaux de faïence peints. Pour découvrir cette architecture unique, on goûtera aux bienfaits d'un bain romano-irlandais, choyé par un personnel attentif *(voir « Nos adresses »)*. « Au Friedrichsbad, vous oubliez le temps au bout de dix minutes ; et au bout de vingt, c'est le monde que vous oubliez... », écrivit Mark Twain après son passage.

Museum LA8 - Museum für Kunst und Technik des 19. Jahrhunderts (MUSÉE DE L'ART ET DE LA TECHNIQUE DU 19e S.) A2

Lichtentaler Allee 8 - ✆ 07221 973976-90 - www.la8.de - horaires se rens.

Au sein du centre culturel LA8, l'objectif de ce musée est ici de combiner l'art et les techniques du 19e s. dans une approche réfléchie et didactique. Pour chaque exposition temporaire, des liens sont établis entre un artiste et l'essor technologique de l'époque : développement du tramway, invention du téléphone, révolutions industrielles, vie urbaine...

Staatliche Kunsthalle Baden-Baden (GALERIE D'ART NATIONALE) A2

Lichtentaler Allee 8a - ✆ 07221 30 076 400 - www.kunsthalle-baden-baden.de - tlj sf lun. 10h-18h - 7 € (enf. 3 €), billet famille 11 €.

Musée public établi dans la galerie construite par l'architecte Hermann Billing en 1909, qui fit scandale à l'époque par la sobriété de son architecture. Une demi-douzaine de salles mettent très bien en valeur les œuvres. Pas de collection permanente, mais plusieurs expositions temporaires par an dédiées à des mouvements ou figures internationales de l'art contemporain. Café design.

3

★★ **Museum Frieder Burda** (MUSÉE FRIEDER-BURDA) A2

Lichtentaler Allee 8b - ✆ 07221 39 89 80 - www.museum-frieder-burda.de - tlj sf lun. 10h-18h - fermé 24 et 31 déc. - 14 € (-9 ans gratuit), billet famille 27 €.

Les collections d'œuvres d'art de Frieder Burda, l'un des héritiers du groupe de presse allemand, font l'objet de trois expositions par an depuis 2004, année d'inauguration du musée. Des toiles de Picasso, d'artistes américains (Pollock, Rothko, de Kooning) ou allemands de l'après-guerre (Georg Baselitz) s'installent dans le lumineux bâtiment conçu par le New-Yorkais Richard Meier. L'architecte a créé ses propres tableaux en ménageant des ouvertures et des perspectives sur la nature environnante. La façade d'aluminium couleur blanc cassé s'intègre avec réussite dans le parc, à côté de la Galerie d'art nationale de style néoclassique.

Poursuivez sur la Lichtentaler Allee jusqu'au Musée municipal.

★ **Stadtmuseum** (MUSÉE MUNICIPAL) A2

Lichtentaler Allee 10 - ✆ 07221 93 22 72 - www.baden-baden.de - notices en allemand - tlj sf lun. 11h-18h - fermé 24, 25, 31 déc. et 1er janv. - 5 € (-7 ans gratuit), billet famille 9 €.

Installé dans une belle demeure de 1892, le musée retrace l'histoire locale, des origines romaines à nos jours, en passant par la société mondaine et les cures au 19e s. Outre de nombreux objets, reproductions et reconstitutions, vous découvrirez des antiquités romaines et des sculptures gothiques de l'église collégiale dans le pavillon de verre.

Continuez sur la Lichtentaler Allee. Sur la gauche, après la piscine et les courts de tennis, franchissez un pont qui amène dans un joli jardin de roses, la **Gönneranlage**. *Nombreux bancs pour se reposer.*

★ **Abtei Lichtenthal** (ABBAYE DE LICHTENTHAL) HORS PLAN PAR A2

Hauptstr. 40 - ✆ 07221 50 49 10 - www.abtei-lichtenthal.de - visite guidée en allemand les merc. et w.-end à 15h - 5 €.

Fondée en 1245, cette abbaye abrite depuis plus de 760 ans une communauté de sœurs cisterciennes. On accède librement à la cour du monastère et à l'abbatiale. Visible uniquement lors des visites guidées, la chapelle des Princes abrite les sépultures des margraves de Bade.

Rejoignez le centre par le même chemin.

À proximité

CARTE P. 184-185

★★ **Schloss Favorite** (CHÂTEAU DE LA FAVORITE) A2

À 8,5 km au nord de Baden-Baden – ✆ 07222 412 07 - www.schloss-favorite-rastatt.de - visite guidée uniquement en allemand (1h), document d'accompagnement en français - tlj sf lun. 10h-18h (16h de déb. oct. à mi-nov.) - dernière entrée 1h av. fermeture - fermé de mi-nov. à mi-mars - 9 € (enf. 4,50 €), billet famille 22,50 €.

Ravissante réalisation baroque, le **château de la Favorite** fut construit entre 1710 et 1712 par **Rohrer** pour la margrave Sibylla Augusta. Véritable résidence de chasse et de plaisance, le château accueillait la cour pour des concerts et des banquets. La façade est recouverte d'un crépi original fait de gravillons et de petits morceaux de granit, caractéristique de l'époque. Le vaste parc paysager à l'anglaise, aménagé en 1780, invite à la flânerie. L'**intérieur**★★ est particulièrement précieux : **sols en scagliola** brillant (stuc imitant le marbre avec incrustations), effets de glaces, chinoiseries. Remarquez notamment la **chambre florentine**, décorée de portraits miniatures et de travaux en pierre dure, les appartements de la margrave, le **cabinet des Glaces** (313 miroirs et un lustre splendide), la luxueuse cuisine avec collection de faïences (Francfort, Delft, Strasbourg) et enfin les porcelaines (Meißen, Nymphenburg, Chelsea).

Circuits conseillés

CARTE P. 184-185

★ La route des Crêtes (SCHWARZWALDHOCHSTRASSE) AB2-3

Circuit de 80 km tracé en vert la carte « Forêt-Noire ».
Voir p. 195.

L'Ortenau A2-3

Circuit tracé en rouge sur la carte « Route badoise du Vin ».
Voir p. 217.

Carnet pratique

S'informer

Office de tourisme – *Kaiserallee 1 - Baden-Baden - ✆ 07221 27 52 00 (ou 01) - www.baden-baden.com.*

Arriver/partir

Aéroport – HORS PLAN PAR A1 - *À 15 km du centre, accès par l'A 5, sortie Baden-Baden « Baden-Airpark » - www.baden-airpark.de.* L'aéroport de Karlsruhe/Baden-Baden est relié à plusieurs villes d'Europe (Londres, Rome...).

Gare – Située dans le quartier d'Oos, à 7 km au nord-ouest du centre-ville (HORS PLAN PAR A1), elle est desservie par les transports en commun de Baden-Baden.

En voiture – Circulation automobile dans le centre en partie interdite de 11h à 19h. Empruntez le tunnel qui passe sous la ville.

Agenda

Courses hippiques – En mai, fin août et fin octobre sur l'hippodrome d'Iffezheim.

Nos adresses

PLAN P. 210

Restauration

Budget moyen

1 Weinstube Baldreit – A1 - *Küferstr. 3 - ✆ 07221 23136 - fermé dim. - plats 15,20/25 €.* Ce joli petit bar à vin un peu en retrait mérite une halte, tout particulièrement l'été, lorsque sa cour intérieure déploie ses charmes verdoyants, mais la salle voûtée n'en est pas moins agréable. Ici on fait simple et généreux. La *flammekueche* figure toujours à la carte parmi les plats traditionnels.

À proximité

Budget moyen

Auerhahn – *Geroldsauerstr. 160 - Baden-Baden-Geroldsau - 5 km au sud par la 500 - ✆ 07221 7435 - www.gasthaus-auerhahn.de - plats 10,90/25,90 € - 18 ch. 89/119 € ☕.* Cette auberge rustique propose de bons petits plats du terroir et des chambres confortables, aménagées dans un style champêtre et agréable. Accueil attentif et *Biergarten* sympathique.

Faire une pause

Café König – *Lichtentaler Str. 12 - ✆ 07221 23573 - www.chocolatier.de - 8h30-18h30 (dim. 9h30).* Un incontournable, tant pour les locaux que les touristes. Ce café, qui sert aussi des en-cas à midi, doit surtout son succès à ses succulentes pâtisseries maison, dont le fameux Apfelstrudel et sa crème vanille...

Capri – A1 - *Sophienstr. 1b - ✆ 07221 23751 - 9h-23h.* En plein quartier piétonnier, ce café dispose d'une superbe terrasse où déguster une boisson chaude, accompagnée d'une des nombreuses pâtisseries ou glaces, le tout maison.

En soirée

Café Bar Trinkhalle – *Kaiserallee 3 - ✆ 07221 302905 - www.in-der-trinkhalle.de - mar.-jeu. 11h-18h, vend. 11h-1h, sam. 10h-1h, dim. 10h-18h.* Au cœur des jardins thermaux, cet agréable café-bar aux fauteuils en cuir et belle terrasse propose une large sélection de boissons et d'en-cas.

Casino Baden-Baden – A1 - *Kaiserallee 1 - ✆ 07221 30240 - www.casino-baden-baden.de -*

3

à partir de 11h-2h (3h vend.-sam.) - fermé certains j. fériés - entrée : gratuit (machines à sous), 5 € (jeux de table). Laissez-vous tenter par le démon du jeu sous toutes ses formes.

Shopping

Weingut Nägelsförst – *Nägelsförst 1 - ✆ 07221 35550 - www.naegelsfoerst.de - 9h-18h, sam. 10h-16h - fermé dim. et j. fériés.* On fera bien volontiers les 7 km qui séparent le domaine Nägelsförst du centre-ville, pour ses vins qui figurent parmi les plus réputés d'Allemagne. Également de bons crémants, des alcools forts, du kirsch...

Activités

Train touristique – *✆ 07221 99 19 98 - www.citybahn.de - de mi-mars à fin oct. : 9h25-16h25 - commentaires en français - 9,50 € (5-15 ans 6 €), billet famille 26 €.* Grand tour de ville (50mn) avec le City-Bahn (dessert la gare du funiculaire du mont Merkur).

Thermes

Friedrichsbad – *Römerplatz 1 - ✆ 07221 275920 - www.carasana.de - 8h-22h (dernière entrée 19h) - fermé 24-25 déc. - espace aquatique : à partir de 17,50 € (2h), espace aquatique + sauna (+ 14 ans) : à partir de 22,50 € - on entre nu dans les saunas - serviettes et sandales fournies.* Dans un cadre somptueux, ces thermes perpétuent une tradition de 1877. Le parcours « bien-être » déroule 17 stations : bains traditionnels ou vapeur, massages...

Thermes Caracalla – *Römerplatz 1 - ✆ 07221 275940 - www.carasana.de - 8h-22h (dernière entrée 20h30) - fermé 24-25 déc. - à partir de 17,50 €.* Ces thermes modernes affichent un charme antique revisité. Superbes bassins à eau froide ou chaude (entre 18 °C et 38 °C) incluant bains à remous, saunas romains, finlandais et bains de vapeur classiques.

Hébergement

Budget moyen

(1) **Am Markt** – A1 - *Marktplatz 18 - ✆ 07221 27040 - www.hotel-am-markt-baden.de - P - 21 ch. 128/137 € ☕.* Cette vieille maison de ville datant de 1718 abrite aujourd'hui un petit hôtel soigné et propre, tenu par deux sœurs et leur maman.

Schweizer Hof – HORS PLAN - *Lange Str. 73 - ✆ 07221 30460 - www.schweizerhof.de - P - 40 ch. 135/235 € ☕.* Voisin du Festspielhaus, cet hôtel de tradition propose des chambres simples mais confortables, certaines avec balcon ou même terrasse.

Pour se faire plaisir

(4) **Merkur** – B2 - *Merkurstr. 8-10 - ✆ 07221 3030 - www.hotel-merkur.com - P - 40 ch. 115/269 € ☕.* Cet hôtel central abrite des chambres confortables et modernes, décorées dans des teintes sereines.

(3) **Hotel Magnetberg** – B1 - *Scheibenstr. 18 - ✆ 07221 3640 - www.hotel-magnetberg.de - P 7 €/j - 76 ch. 155/200 € ☕ - ✕ 13,50/27 €.* À 10mn à pied du centre, chambres douillettes aux tons clairs et à l'aménagement contemporain. Certaines possèdent une jolie vue sur la ville.

Route badoise du Vin

★★

Badische Weinstraße

Robe rouge rubis du pinot noir, bouquet fruité du riesling, arôme épicé du pinot gris, pointe de muscat et d'acidité du müller-thurgau... La diversité des vins du Bade, troisième région viticole d'Allemagne, n'est plus à prouver! Sur 400 km, de Heidelberg à la frontière suisse, s'étendent neuf régions viticoles. L'itinéraire décrit ici traverse l'Ortenau, où les vignes enserrent de charmants villages de vignerons, à l'abri des sommets de la Forêt-Noire. Vous y trouverez doux climat, ensoleillement, vues sur la plaine du Rhin et imposantes ruines de châteaux.

Les vignobles de Durbach.
rsester/Getty Images Plus

Se repérer

CARTE P. 184-185 (A2-4) ET ROUTE BADOISE DU VIN P. 216
Bade-Wurtemberg.

À ne pas manquer

Sasbachwalden, Oberkirch, Durbach, Gengenbach, Ettenheim, l'église St-Landelin, Staufen et le Vitra Design Museum à Weil.

En famille

Les musées du Carnaval à Kenzingen ou à Gengenbach.

Carnet pratique p. 228

Nos adresses p. 228

ROUTE BADOISE DU VIN
0
20 km
N
MANNHEIM
KARLSRUHE
PFORZHEIM
TÜBINGEN
VILLINGEN-SCHWENNINGEN
TUTTLINGEN
SINGEN
ZÜRICH
BELFORT
SAINT-DIÉ-DES-VOSGES
SAVERNE
Canal de la Marne au Rhin
Baden-Baden ★★
Steinbach
Neuweier
Bühl
Bühlertal
Château d'Alt-Windeck ★
Sasbach
★ Sasbachwalden
Kappelrodeck
★ Oberkirch
Schauenburg
Lautenbach
Staufenberg
Durbach ★
Offenburg
Ortenberg
Gengenbach ★
Schuttern
Friesenheim
FORÊT-
NOIRE
Europa-Park
Mahlberg
Ettenheimmünster ★
Herbolzheim
Ettenheim
Kenzingen
Endingen
Château de Hochburg ★
Kaiserstuhl
Emmendingen
Burkheim
Fribourg-en-Brisgau ★★
STRASBOURG
FRANCE
RHIN
RHEIN
COLMAR
MULHOUSE
Bad Krozingen
St-Ulrich
Staufen ★
Heitersheim
Sulzburg
Müllheim
Badenweiler
Blauen ★
1165
Bürgeln ★
Schliengen
Niedereggenen
Bad Bellingen
Ettenbühl
Efringen-Kirchen
Weil am Rhein
DEUTSCHLAND
BÂLE
SUISSE
A 4
A 35
A 5
A 351
A 36
A 2
D 1063
D 4
D 1340
D 1004
D 1083
D 415
N 353
500
462
294
28
33
31
315
317
36
3

Circuits conseillés

CARTE CI-CONTRE

L'Ortenau

Circuit tracé en rouge sur la carte.
Quittez Baden-Baden par la route 3 en direction d'Offenburg.
Les derniers coteaux gréseux de la Forêt-Noire du Nord, au sud de Baden-Baden, et les 1700 heures d'ensoleillement par an permettent aux vignobles, aux jardins maraîchers et aux vergers de s'épanouir.

Steinbach

Charmant village au pied des collines que dominent les ruines d'Yburg. Un monument célèbre la mémoire d'Erwin von Steinbach, l'un des architectes de la cathédrale de Strasbourg.

Neuweier

Planté au pied du château, le vignoble produit un cru réputé, le **mauerwein** (riesling). Les châtelains étant membres de la noblesse française, une autorisation historique spéciale du prince-archevêque de Würzburg permet la mise en bouteille du vin sur place, ainsi qu'à Steinbach, Umweg et Varnhalt. On emploie pour cela des *Bocksbeutel* (bouteilles à col court et à panse ventrue).
Au village d'Altschweier, quittez la route du Vin pour visiter le petit centre de Bühl.

Bühl

Cette petite ville commerçante est célèbre pour ses quetsches et le vin d'Affental. La Fête de la quetsche *(Zwetschgenfest)* a lieu chaque mois de septembre (dégustation de tartes). La collégiale néogothique St-Pierre-et-Paul présente dans son chœur de beaux vitraux modernes (1955-1958) d'Albert Burkart.
De retour à Altschweier, poursuivez jusqu'à Bühlertal.

Bühlertal

Le vignoble et les forêts forment le cadre romantique de cette petite station climatique appréciée pour la douceur de son climat.
La route s'élève jusqu'à Hof (quartier résidentiel de la commune de Bühlertal). Prenez à droite en direction de Neusatz et son château de Waldsteg du 13e s., puis vers Waldmatt jusqu'à Alt-Windeck.

★ Château d'Alt-Windeck

Ce vieux château, de plan circulaire, fut construit en 1200. Tombé en ruine au 16e s., il est aujourd'hui transformé en hôtel-restaurant. Subsistent deux beffrois, deux habitations et une enceinte. De ses abords, la **vue★** est bien dégagée sur la plaine du Rhin. À côté du parking, beau jardin de jeux.
Rejoignez la route 3.

Sasbach

15mn à pied AR. Laissez la voiture pour pénétrer dans le parc.
Un obélisque et une stèle aux inscriptions française, allemande et latine marquent l'endroit où, en 1675, un boulet frappa mortellement le maréchal de Turenne, que Louis XIV avait chargé de protéger l'Alsace contre les Impériaux pendant la conquête de la Franche-Comté.
L'église paroissiale, dédiée à sainte Brigitte, est de style baroque, mais conserve quelques parties d'un ancien bâtiment gothique.

3

Le vignoble badois

Couvrant sept régions viticoles, le Land du Bade-Wurtemberg est dans le top du classement concernant les vins en Allemagne. Sur la route badoise, on trouve principalement du **riesling**. Localement, on parle de *Klingelberger*. Produit dans la région depuis plus de 220 ans, il se révèle à la fois sec ou demi-sec. Peu acide, le **traminer** fait aussi partie des cépages installés. Le **chasselas** ou *Gutedel* est davantage utilisé entre Bâle et Fribourg. Très influencés par le climat, le type de sol et l'emplacement, ces raisins donnent des vins légers. Le **pinot noir** constitue l'essentiel des cépages rouges. Sur la route des Vins, il est dénommé *Spätburgender*. Corsé et cependant caractérisé par un arôme sucré, ce vin se marie bien avec les rôtis aux oignons que l'on déguste dans le coin. Vous aurez peut-être aussi l'occasion de goûter au **trollinger**. Couleur rubis, ce vin fruité libère des notes de cerise, groseille et muscade. Les tavernes à vins, *Weinstuben*, tout comme les coopératives, vous donnent la possibilité de les goûter, en ville ou sur les routes de campagne.

★ Sasbachwalden

Ce village viticole et fleuri s'est taillé une réputation comme vainqueur national du concours « Notre village doit s'embellir ». Son centre ancien aux coquettes maisons à colombages fait l'objet de soins attentionnés.

Des sentiers permettent de gagner le **Mummelsee** et le **Hornisgrinde** *(voir p. 195)*.

Revenez sur vos pas, puis prenez la L 86a vers le sud.

Kappelrodeck

Le **château de Rodeck** édifié au 11e s., remanié à la Renaissance et ultérieurement, domine le village. En contrebas de ses murs croît la « sorcière de Dasenstein » *(Hex vom Dasenstein)*, sorte de bourgogne tardif. Le vin rouge de Waldulm *(Waldulmer Spätburgunder)* connaît aussi une certaine notoriété.

Poursuivez le long de la L 86a vers le sud sur 10 km.

★ Oberkirch

Bahnhofstr. 16 - 07802 82 600 - www.renchtal-tourismus.de.

Cette ravissante ville, possession des évêques de Strasbourg de 1303 à 1803, est entourée de vergers, de vignes et de forêts. Elle conserve, le long du Mühlbach, des maisons à colombages, dont les plus anciennes datent du 17e s. Oberkirch détient deux records : celui du plus grand marché de fraises d'Allemagne et celui du nombre de bouilleurs de cru. La ville est dominée par les **ruines du Schauenburg**, fondé au 11e s. par les ducs de Zähringen ; du château, vue étendue sur la plaine du Rhin jusqu'à Strasbourg.

Les littéraires feront un saut à l'auberge Zum Silbernen Stern, à Oberkirch-Gaisbach. Toujours ouverte, elle fut construite par l'écrivain **Grimmelshausen**, auteur du plus célèbre roman allemand du 17e s., *Simplicius Simplicissimus*, une chronique – largement autobiographique – des tribulations absurdes d'un homme lors de la guerre de Trente ans.

Poursuivez sur la B 28 vers l'est, sur 3,5 km.

Lautenbach

La bourgade, qui occupe un site de prairies, de vignobles et de forêts dans la vallée de la Rench, est connue pour ses différentes variétés de fruits à noyau et ses fraises. De nombreux points de vue offrent un panorama magnifique sur les vallées de la Rench et du Rhin.

L'**église de pèlerinage Mariä Himmelfahrt**, de style gothique tardif, recèle l'un des rares jubés conservés en Allemagne et un superbe **maître-autel★**, formant l'un des plus beaux triptyques gothiques de la région. Créé à la fin du 15e s., il est attribué à l'école de Strasbourg et représente une symbiose magistrale de la sculpture et de la peinture.

Revenez sur vos pas vers Oberkirch, puis prenez au sud par la K 5369.

★ Durbach

Cette commune pratique la culture de la vigne, et notamment de la variété « traminer » depuis le Moyen Âge. Dès 1836, on y cultive également du sauvignon à la suite d'un échange avec le propriétaire du Château-Yquem. Grâce à son joli **site★** au milieu des vignes s'étalant à perte de vue sur les vallons et à son centre pittoresque, Durbach, dominé par le **château de Staufenberg** (11e s.), est devenu un village très apprécié des touristes.

Offenburg

Érigée au rang de ville d'Empire en 1240 par l'empereur Frédéric II, son développement fut interrompu en 1689 lorsque les troupes de Louis XIV l'incendièrent durant la guerre de la Ligue d'Augsbourg. Aujourd'hui centre administratif et industriel de la région de l'Ortenau, son architecture est étonnamment variée. Rien qu'en parcourant le centre piétonnier, on trouve la **pharmacie à la Licorne (Einhornapotheke)**, édifice baroque de 1720 avec sa façade à volutes sur laquelle trône une licorne ; la fontaine de Neptune datant de 1783 ; sur le pittoresque **Fischmarkt (marché aux poissons)**, la **pharmacie au Cerf (Hirschapotheke)** de 1698 avec, devant, une **fontaine au Lion (Löwenbrunnen)** de 1599 ; la **maison Beck (Beck'sches Haus)**, de style baroque flamboyant, et la maison Jenewein, bâtiment à colombages du 19e s. ; la maison Battiany, grande bâtisse bourgeoise décorée de motifs au sgraffite. Dans la Spitalstraße, près du marché aux poissons, l'**hôpital St-André (Sankt-Andreas-Hospital)** est un complexe du 18e s. On peut apercevoir, à l'extérieur de l'église attenante aux bâtiments, une madone gothique du 14e s. L'**hôtel de ville (Rathaus)**, enfin, séduit par ses belles proportions (1741). Les armes de la ville et le double aigle au-dessus du balcon témoignent du passé de la cité. Elle fut possession de l'Autriche du milieu du 16e s. jusqu'en 1706 et de 1771 à 1805. Le carillon, constitué de 25 cloches de bronze, dispose d'un répertoire de 100 mélodies. Sur la Pfarrstraße, l'**église baroque de la Sainte-Croix (Heilig-Kreuz-Kirche)** abrite une remarquable chaire néoclassique en marbre et stuc, et une grille rococo (tribune d'orgue), sculptée avec virtuosité.

Ritterhaus Museum (musée de la Ritterhaus) – *Ritterstr. 10 - ✆ 0781 82 2577 - www.museum-offenburg.de - mar.-dim. 10h-17h (22h 1er jeu. du mois) - 4,50 € (- 21 ans gratuit) - audioguide en français.* Installé dans la résidence d'un ancien dignitaire de l'empire, il abrite près de 10 000 objets mêlant archéologie, géologie, histoire naturelle locale (chasse, pêche), art religieux, etc.

Continuez au sud-est par la L 99.

Ortenberg

Le « village du vin, des fleurs et des fontaines » est dominé par le **château d'Ortenberg**. Érigé au 12e s. par les ducs de Zähringen pour condamner l'accès à la vallée de la Kinzig, il fut détruit en 1678 par les Français et « ressuscité » en 1838 par Friedrich Eisenlohr, qui réalisa un édifice néogothique au goût de l'époque. À présent, le château d'Ortenberg abrite une auberge de jeunesse.

La **chapelle Mariä Ruh (Bühlwegkapelle Mariä Ruh)**, située à Ortenberg-Käferberg, date de 1497. Elle est renommée pour ses fresques murales (début du 15e s.), remarquable témoignage de la peinture gothique flamboyante.
Poursuivez sur la L 99 sur 7,5 km.

★ Gengenbach

Im Winzerhof - ✆ 07803 930143 - www.gengenbach.info.
Sise au bord de la Kinzig, au cœur de l'Ortenau, Gengenbach offre le charme d'une bourgade ancienne à l'architecture préservée. Le médiéval y côtoie avec bonheur le baroque, dont la petite cité se para après les destructions de la guerre de Trente Ans. Élevée au rang de ville libre en 1360, elle passa à la Réforme dès 1525. Mais dès 1547, elle embrassa à nouveau la foi catholique à la suite de son entrée sous juridiction autrichienne.
Les rues de la **vieille ville★** sont bordées de maisons à colombages ou à pignons baroques. La porte de la Kinzig et la Porte haute sont deux vestiges des anciennes fortifications. L'hôtel de ville de la fin du 18e s. se dresse sur la place du Marché. Aux abords de la vieille ville, le vaste couvent du 18e s. cache une très ancienne fondation bénédictine, remontant au 8e s. L'**église Ste-Marie** reste le témoin architectural de cette époque. Ce vaste édifice roman, dont le chœur fut rebâti à l'époque gothique (14e et 15e s.), est surmonté d'une élégante tour baroque due à Jakob Rischer. L'intérieur fut remanié dans le style néoroman. Près de cette église conventuelle, on peut visiter l'ancien moulin de l'abbaye. Remarquez le bief aérien qui traverse la rue pour l'alimenter.
Flösserei und Verkehrsmuseum (musée du Flottage et du Transport) – *Grünstr. 1 - ✆ 07803 1767 - www.floesserei-museum.de - de mi-mai à fin oct. : w.-end 14h-17h - 3 € (enf. 2 €) - audioguide en français.* Dans l'ancienne maison de garde-barrière, à l'entrée de la ville, il retrace l'histoire locale d'une activité économique notable, le flottage. Le bois des environs était transporté sous forme de longs radeaux sur les rivières jusqu'aux portes de Strasbourg et même aux Pays-Bas, où le matériau était vendu. Une pratique qui a persisté à Gengenbach jusqu'en 1896.
Narrenmuseum Niggelturm (Musée du Carnaval) – *Hauptstr. 39 - ✆ 07803 930143 - www.narrenmuseum-niggelturm.de - avr.-oct. : merc. et vend.-sam. 14h-17h, dim. et j. fériés 11h-17h ; pdt l'Avent : lun.-sam. 15h-18h, dim. 12h-18h - 3 € (6-14 ans 1,50 €).* Aménagé au fil des six étages de la tour de Niggel, ancienne prison, il décrypte la longue tradition du carnaval rhénan, ses costumes et la confection des masques en bois. Au sommet, panorama sur les toits de la ville et les alentours.
Palais Löwenberg – *Hauptstr. 13 - ✆ 07803 930141 - www.museum-haus-loewenberg.de - ♿ - pdt les expositions : mar.-vend. 11h-17h, w.-end et j. fériés 13h-18h - 5 € (6-18 ans 2,50 €).* Vous pourrez pénétrer dans cette maison patricienne du 18e s. à l'occasion des expositions qui s'y tiennent, certaines renommées.
À la sortie sud de Gengenbach, rejoignez la route 33 et reprenez la direction d'Offenburg. La route du Vin quitte la route 33 à la hauteur de Zunsweier.

Friesenheim

Petit centre aux belles maisons à colombages. Entre Friesenheim et Schuttern se trouvent à découvert les vestiges d'une cité romaine *(chemin fléché)*.

Schuttern

Ce village abritait au Moyen Âge le très riche monastère d'**Offoniscella** ; créé en 603, il a été complètement détruit au 19e s. Le site a fait l'objet de fouilles qui ont permis de mettre au jour la plus ancienne **mosaïque** allemande. Datée du 11e s.,

elle présente la forme d'un médaillon de plus de 3 m de diamètre (qui recouvrait la tombe du fondateur de l'abbaye, le moine irlando-écossais Offo). On visitera l'église conventuelle Mariä Himmelfahrt.
Poursuivez le long de la B 3 vers le sud.

Mahlberg

Cette petite ville abrite un château élevé au 13e s., une chapelle baroque dédiée à sainte Catherine, mais aussi un très intéressant **musée du Tabac** (**Oberrheinisches Tabakmuseum** - *Kirchstr. 4 - 07825 843812 - www.tabakmuseum-mahlberg.de - mai-sept. : dim. et j. fériés 10h-17h - 3,50 €).*
Quittez la route du Vin et prenez la route L 103 vers la gauche.

Ettenheim

Ettenheim, qui doit son nom au duc d'Alsace Étichon II, fit partie jusqu'en 1803 des domaines de l'évêché de Strasbourg. La cité garde le souvenir du cardinal de Rohan et de l'infortuné duc d'Enghien.
La **vieille ville**, séparée du reste de l'agglomération par deux portes du 18e s., se groupe au pied de la grande église paroissiale. En face de l'hôtel de ville s'élève le pignon de l'ancien palais du **cardinal de Rohan**, longue bâtisse où le trop fameux héros de l'affaire du Collier acheva fort dignement, dans l'exil (de 1790 à 1803), son existence mouvementée. L'église conserve, sous le chœur, le caveau du cardinal de Rohan.
Plus haut, à l'endroit où la rampe de Rohanstraße se coude vers l'église, on voit la maison *(armes au-dessus de la porte)* où logeait le duc d'Enghien. C'est là que ce dernier, fiancé à Charlotte de Rohan, nièce du prince-évêque, fut appréhendé dans la nuit du 14 au 15 mars 1804, au cours d'un raid organisé sur ordre de Napoléon, en violation de la souveraineté de l'État de Bade. Six nuits plus tard, le duc était exécuté à Vincennes.
Prenez la L 103 en direction de l'est sur 6 km.

★ Ettenheimmünster

Cette commune était autrefois le siège d'un monastère de bénédictins sécularisé en 1803, dont il ne reste que l'église de pèlerinage. Bâtie entre 1687 et 1689, l'église **St-Landelin** fut agrandie au 18e s. La tour néogothique a été édifiée au milieu du 19e s. L'intérieur se distingue par des ornements abondants : maître-autel richement décoré, sculptures virtuoses, stucs, fresques de plafond. Au nombre de ses pièces les plus précieuses, le trésor compte le **buste de Landelin★**, travail d'orfèvrerie strasbourgeoise datant de 1506. Il contient une relique crânienne du missionnaire et martyr irlando- écossais, qui fut assassiné ici vers 640, près de la source Landelin. Transporté du monastère à l'église, l'**orgue★** somptueux, fabriqué en 1769 par **Johann Andreas Silbermann**, passe pour être le mieux conservé sur la rive droite du Rhin *(concerts durant les mois d'été)*.

Le Breisgau

Circuit au départ d'Herbolzheim tracé en bleu clair sur la carte p. 216.
Le circuit longe la Forêt-Noire centrale par l'ouest. Une fois que votre regard se sera acclimaté, vous distinguerez les superbes nuances de vert qui composent le massif forestier.

Kenzingen

La fondation de la ville par les seigneurs d'Uesenberg remonte à l'an 1259. À l'instar des villes créées au 12e s. par la dynastie des Zähringen, comme Fribourg ou

Villingen, la ville fut construite selon un plan en quadrillage. En 1564, elle revint à l'Autriche, puis en 1806 au grand-duché de Bade.
La **Schwabentor**, avec ses colombages, est l'unique vestige des fortifications médiévales. L'axe nord-sud, l'actuelle rue du Marché, est bordé de vieilles maisons dont les plus anciennes datent de la fin de la période gothique, d'autres présentant des éléments de décor Renaissance ou rococo. L'**hôtel de ville**★ (milieu du 16e s.) présente, à l'étage supérieur de sa façade, un décor architectural très proche de celui de l'hôtel de ville d'Ensisheim, en Alsace. L'**église St-Laurent** *(Laurentiuskirche)* était, lors de sa construction en 1275, une basilique à trois nefs. Sa transformation en église-halle au 16e s. n'affecta pas sa façade occidentale, qui reçut en 1734 une statue de la Vierge attribuée à l'artiste fribourgeois **Johann Christian Wentzinger**.
Oberrheinische Narrenschau (Musée du Carnaval) – *✆ 07644 900 131 - w.-end et j. fériés 14h-17h - fermé déc. - 4 € (-16 ans 1 €).* Il présente près de 300 personnages grandeur nature, parés de leurs habits de fête, rassemblés par la « Fédération des confréries de fous du Sud rhénan ». L'exposition permet de découvrir les coutumes du carnaval alémanique.

Kaiserstuhl

Ce petit massif volcanique (557 m), dénommé « trône de l'empereur » en l'honneur d'Othon III, est célèbre pour son ensoleillement. Par répercussion, il est devenu une terre d'élection pour les arbres fruitiers et la vigne. Les crus d'Ihringen, Bickensohl et Oberrotweil comptent parmi les plus réputés. **Endingen**, avec son ancienne et belle place du Marché, et la pittoresque localité de **Burkheim**, sur le versant sud-ouest du Kaiserstuhl, sont de coquets villages de vignerons. Les flancs du Kaiserstuhl promettent en toute saison de belles promenades *(randonnées pédestres ou pistes cyclables avec circuit touristique de 64 km).*

Emmendingen

ℹ *Bahnhofstr. 8 - ✆ 07641 194 33 - tourismus.emmendingen.de.*
Emmendingen, vieille cité des margraves, porte du Kaiserstuhl et de la Forêt-Noire, devint place de marché en 1418, puis ville affranchie en 1590. Aujourd'hui chef-lieu de circonscription, elle s'enorgueillit d'un héritage architectural restauré avec goût. La **place du Marché (Marktplatz)**, entourée de belles maisons bourgeoises, est, avec sa fontaine jaillissante, le cœur de la ville. Côté est de la place, l'**ancien hôtel de ville (Altes Rathaus)**, édifice baroque surmonté d'une tour à horloge, fut élevé en 1729. Le superbe balcon en fer forgé porte les armoiries des margraves de Bade et de Hachberg. L'ancien hôtel de ville abrite aujourd'hui le **musée allemand des journaux intimes** (**Tagebucharchiv** - *✆ 07641 574 659 - tagebucharchiv.de*), fort d'un fond de 14 500 documents en provenance de tout le pays, les plus anciens du 18e s.
En empruntant l'idyllique Lammstraße et la rue Westend à l'atmosphère médiévale, on parvient au **nouvel hôtel de ville (Neues Rathaus)**, inauguré en 1992. À droite, la **Schlosserhaus**, actuelle bibliothèque municipale, fut la résidence de Cornelia Goethe (sœur du poète) de 1774 à sa mort, en 1777 ; elle était mariée au chef de l'administration locale. Cette bâtisse baroque accueillit les grands esprits de l'époque.
Sur la Schlossplatz se dresse le **château des Margraves (Markgrafenschloss)**, un édifice Renaissance qui abrite le **Musée historique de la ville** et le **musée de la Photographie** *(✆ 07641 452 324 - merc. et dim. 14h-17h - 2 €).* Le premier, bien aménagé, relate les dates marquantes de la ville, son commerce, ses industries,

son passé nazi. Le deuxième reconstitue, avec originalité et finesse, la boutique et l'atelier de la famille Hirsmüller, photographes à Emmendingen de 1851 à 1993. On découvre avec curiosité les appareils photo, les bobines de pellicules et une amusante collection de portraits en studio de 1900 à 1980.

En sortant, sur la place, remarquez les pavés noirs, symbolisant l'emplacement de la synagogue détruite en 1938.

L'**église St-Boniface (Pfarrkirche St. Bonifatius)**, de style gothique flamboyant, renferme un joyau exceptionnel de la peinture primitive allemande, le **triptyque★** datant de 1473, attribué au maître Friedrich Herlin de Nördlingen. Il relate la Nativité : sont représentés sur le volet gauche la Naissance du Christ, sur le panneau central l'Adoration des Mages et sur le volet droit Jésus au Temple.

Porte monumentale, érigée au début du 17e s., la **Stadttor** est surmontée d'une « tête de démon » destinée à railler l'ennemi lors de l'attaque.

★ Château-fort de Hochburg

3 km à l'est d'Emmendingen. Garez-vous sur le parking, puis marchez 400 m en légère pente.

Ces ruines, qui comptent parmi les plus imposantes du pays de Bade, occupent un promontoire rocheux dominant la plaine rhénane. Le château, construit au Moyen Âge, fut transformé en place forte aux 16e et 17e s., avant d'être détruit par les troupes françaises en 1689.

★★ Fribourg-en-Brisgau

Voir p. 186.

Le Markgräflerland

Circuit tracé sur la carte p. 216. La route du Vin quitte Fribourg au sud et se poursuit en direction de Bâle.

Surnommé la « Toscane d'Allemagne » pour son climat doux et ensoleillé, le Markgräflerland embrasse la Forêt-Noire du Sud qui s'incline progressivement vers le cours du Rhin.

Le **Wiiwegli**, le chemin des vignes, permet de parcourir le Markgräflerland à pied. Il conduit à Weil am Rhein à travers vignobles et collines *(90 km)*.

Bad Krozingen

Herbert-Hellmann Allee 12 - 07633 4008 163 - www.bad-krozingen.info.

Fondée à l'époque de la colonisation romaine, la cité est devenue station thermale au début du 20e s. grâce à la découverte de sources chargées en acide carbonique, utilisées pour améliorer la circulation du sang. Le parc thermal couvre une superficie de 4 ha. Le château, construit en 1679 et « baroquisé » au milieu du 18e s., abrite une intéressante collection d'instruments de musique.

Surtout, à 2 km au nord-est, près du Glöcklehof à Oberkrozingen, visitez la **chapelle St-Ulrich**, qui renferme les **fresques★** romanes les plus anciennes de la région (9e s.), représentant le Christ dans une mandorle.

★ Staufen im Breisgau

La ville est située à la lisière de la Forêt-Noire méridionale, au milieu des vignobles du Markgräflerland, et dominée par les ruines du château de Staufenburg. Le quartier médiéval, aux ruelles tortueuses, est particulièrement pittoresque. La Marktplatz, avec sa fontaine du 17e s., et l'hôtel de ville (1546) en constituent le cœur. Staufen est surnommée la « ville de Faust » *(Faustsstadt)*, car d'après la légende, c'est ici qu'en 1529 le diable enleva le docteur Faust, appelé auparavant par les châtelains pour fabriquer de l'or. La scène se serait déroulée dans la chambre n° 5 de l'**Hôtel du Lion (Gasthaus zum Löwen)**. Le musée installé dans la Stubenhaus (15e s.) est consacré à l'histoire de la ville.

Keramikmuseum (Musée de la Céramique) – *Wettelbrunner Str. 3 - ✆ 07633 6721 - www.keramikmuseum-staufen.de - merc.-sam. 14h-17h, dim. 12h-17h - fermé déc.-janv. - 2,50 €.* La maison du maître potier Josef Maier, où ce dernier a travaillé de 1898 à 1940, a été transformée en musée de la Céramique ; son atelier est visible au sous-sol. À l'étage sont exposées les céramiques d'Egon Bregger, qui prit la succession en 1948. Bel aperçu de cette production traditionnelle dans le Rhin supérieur. Expositions temporaires de qualité.

Heitersheim

Les chevaliers de Malte résidèrent longtemps dans cette ville de la plaine du Rhin. On peut y découvrir les vestiges d'un château coloré et un musée dédié à l'Ordre.

Sulzburg

Entre le 10e s. et la guerre de Trente Ans, on exploita le sous-sol riche en argent, plomb, cobalt et antimoine. Jusqu'en 1830, on y a également extrait le sel. C'est de cette activité que la localité tire son nom.

Landesbergbaumuseum – *✆ 07634 560040 - www.sulzburg.de - mar.-dim. 14h-17h - notices en allemand - 2 € (6-16 ans 1 €).* Le musée de la Mine du Bade-Wurtemberg, installé, comme l'office de tourisme, dans l'ancienne église évangélique, présente l'histoire de l'extraction du sel et des différents minerais de la région au fil du temps. Très riche collection de minéraux (pyrite, argent, quartz, hématite, etc.).

Sulzburg regroupait autrefois une très grande partie de la bourgeoisie juive, qui représentait encore un quart de la population au 19e s. En témoignent aujourd'hui encore le cimetière juif, qui date du 16e s. *(direction Bad Sulzburg)*, ainsi que la **synagogue** de style classique/fin du baroque (19e s.). *Gustav-Weil-Str. 20 - 1er et dernier dim. du mois 16h-18h.*

L'**église St-Cyriaque (Kirche St. Cyriak)**, fondée en l'an 993, est un témoignage intéressant de l'architecture religieuse de la période ottonienne.

Müllheim

ⓘ *Wilhelmstr. 14 - ✆ 07631 801 500 - www.muellheim-touristik.de.*

Le centre historique de cette petite ville est piéton.

Markgräfler Museum Müllheim – *Wilhelmstr. 7 - ✆ 07631 801 523 - www.markgraefler-museum.de - merc.-sam. 14h-18h, dim. 11h-18h - 3 €.* Le musée local, installé dans l'ancienne Auberge de la Couronne *(Zur Krone)*, belle demeure du début du classicisme, est consacré à la préhistoire, la protohistoire et l'histoire de la ville. Des intérieurs d'habitations de grands bourgeois aux 18e et 19e s. ont été reconstitués. Le dernier étage présente la culture et le mode de vie dans les campagnes viticoles de la région.

Badenweiler

ⓘ *Schlossplatz 2 - ✆ 07632 799 300 - www.badenweiler-tourismus.de.*

Posée à flanc de coteau, au milieu des vergers et des vignobles, cette station thermale très Belle Époque est une étape reposante en Forêt-Noire. Principal intérêt : ses thermes, bien exposés au sud et réputés depuis l'Antiquité pour ses sources d'eau chaude aux vertus apaisantes. Vous pourrez en faire l'expérience en allant aux Thermes Cassiopeia *(voir « Activités » dans « Nos adresses »).*

★ **Römischen Badruine (Bains romains)** – *Avr.-oct. : 10h-19h ; nov.-mars : 10h-17h - visite guidée en allemand mars-oct. : mar. 16h et dim. 11h - 3 € (caisse automatique).*

Staufen im Breisgau, au pied des ruines du château de Staufenburg.
H. Payelle/Michelin

Situés dans le verdoyant **parc thermal (Kurpark)**, ces vestiges sont parmi les mieux conservés et les plus vastes au nord des Alpes. Protégés par un vaste tunnel en verre, ils impressionnent par leurs dimensions (93 m de long pour 33 m de large) et la symétrie des deux bassins, dont les spécialistes pensent que l'un était réservé aux femmes, l'autre aux hommes.
Depuis le parc thermal, un sentier escarpé mène aux ruines du château *(accès libre)*, pour une belle **vue★** sur la station, la plaine du Rhin et les Vosges.
Prenez la route L 140 à l'est.

3

★ Blauen

De la tour-belvédère, le **panorama★★** est remarquable sur la plaine du Rhin (on reconnaît les deux rubans parallèles du fleuve et du grand canal d'Alsace) et sur les ballons des Vosges. Au nord-est, on aperçoit le sommet dénudé du Belchen et, par beau temps, les Alpes suisses au sud.
Revenez à Badenweiler et prenez au sud la L 132.

★ Château de Bürgeln

Parking puis 300 m à pied, en côte - ✆ 07626 237 - www.schlossbuergeln.de - visite guidée (50mn) de déb. mars à mi-nov. : 11h, 12h, 14h, 15h, 16h ; de mi-nov. à fin fév. : w.-end 14h, 15h, 16h - 6 € (6-12 ans 3 €).
Dans un cadre soigné de jardins en terrasses, cette imposante bâtisse baroque, construite en 1762 pour les abbés de St-Blasien, domine les dernières ondulations de la Forêt-Noire. Les grilles de fer forgé et doré sont remarquables. L'intérieur simple se distingue par de jolis stucs dans le goût rococo, un cabinet vert et une séduisante bibliothèque. De la terrasse, entretenue par les jardiniers bénévoles de l'association qui gère le château, jolie vue sur la Forêt-Noire.

Niedereggenen

À 7 km à l'est, ce village possède une **église** paroissiale protestante dont la tour est de style roman, le chœur et la nef de style gothique. Dans la nef, remarquez les peintures murales du milieu du 15e s. montrant la Rédemption du monde. Dans le chœur, on découvre le Couronnement de Marie et l'épisode des vierges sages et des vierges folles. La prédelle de l'autel (1500) représente le Christ au milieu des apôtres (école de Schongauer).

Schliengen

Quelle mairie ! Celle-ci s'est installée au milieu d'un vaste parc à l'anglaise, dans le **château d'Entenstein (Wasserschloss Entenstein)**, ceint de douves. Sa construction remonte à l'an 1000, mais il fut remanié de nombreuses fois par ses propriétaires successifs.
Édifiée en 1753, l'église paroissiale de **St-Leodegar** possède deux autels latéraux remarquables. Celui de droite présente un tableau de saint Sébastien, réalisé par Johann Pfunner en 1760, et deux très belles statues de sainte Catherine et sainte Barbe, dues à Johann Michael Winterhalder.

Bad Bellingen

Installée le long du Rhin, non loin de zones industrielles, Bad Bellingen doit sa vocation moderne à un forage de recherche pétrolifère, qui, en 1955, révéla...des eaux minérales et thermales ! Enfouies à 629 m sous terre, d'une température de 36 °C, celles-ci soulagent ceux qui souffrent de douleurs aux articulations et à la colonne vertébrale.
Oberrheinisches Bädermuseum (Musée thermal du Rhin supérieur) – *À Bamlach - 2 km au sud - Alte Weinstr. 25 - ✆ 07635 822 160 - www.bad-bellingen.de - merc. et dim. 14h-17h - gratuit - notices en français.* Une demeure à pignon crénelé érigée vers 1600 abrite l'unique musée du Sud de l'Allemagne consacré à l'histoire du thermalisme sur les rives du cours supérieur du Rhin – pays voisins compris –, de Rome jusqu'à nos jours. Y sont évoqués le monde des thermes au Moyen Âge, tout comme les voyages des curistes au 16e s., ainsi que la vie mondaine dans les stations thermales aux 19e et 20e s. Le sous-sol et les combles abritent le **musée d'Histoire locale (Heimatmuseum)** dont le principal attrait est la forge Berger de Hertingen : datant de 1880 et reconstruite à l'identique, elle est encore en parfait état de marche.
Les amateurs de jardins apprécieront une halte au **Jardin anglais d'Ettenbühl**, au sud de la commune de Hertingen.

Efringen-Kirchen

Le territoire de cette commune regroupe neuf villages disséminés sur les collines de piémont du sud-ouest de la Forêt-Noire. Cette zone rurale et agricole est principalement marquée par la viticulture.
Les vins issus de la **cave viticole du Markgräflerland** (**Bezirkskellerei Markgräflerland** - *Winzertr. 2 - 9h-12h30, 13h30-18h, sam. 9h-13h)* à Efringen-Kirchen proviennent des vignobles les plus au sud de toute l'Allemagne. La cave est le plus grand producteur du Markgräflerland, avec une capacité de 20 millions de litres.

Weil am Rhein

ⓘ Hauptstr. 290/1 - ✆ 07621 422 04 40 - www.w-wt.de.
Toute proche de la frontière suisse, la ville, d'origine romaine et chef-lieu de canton, est plutôt connue comme cité viticole. Les vignobles produisent du bourgogne blanc et gris et du gutedel, ou chasselas, cépage emblématique du Markgräflerland. Elle conserve quelques bâtiments intéressants comme le Stapflehus, ancien siège du bailli (aujourd'hui galerie municipale).

La physionomie actuelle de la ville est façonnée par la présence de l'entreprise **Vitra**, fondée en 1950 et spécialisée dans la réalisation de meubles. Au début des années 1980, les bâtiments de production sont incendiés. Quelques années plus tard, un musée et un ensemble architectural, appelé campus, voient le jour. Une stratégie d'entreprise intéressante qui apporte au grand public une médiation nécessaire entre les fruits de l'imagination des designers, les architectes et la vie des réalisations.

★★ **Vitra Design Museum** – *Charles-Eames Str. 2 - ✆ 7621 702 32 00 - ♿ - www.design-museum.de - 10h-18h (14h le 24 déc.) - 13 € (-12 ans gratuit), 19 € avec les expositions temporaires - visite guidée du parc architectural en français 1er w.-end du mois à 14h30.* Il ne s'agit pas d'un simple musée, mais d'un vaste campus aménagé sur le thème du design. Un véritable **parc architectural★ (Architekturpark)** présente plusieurs bâtiments réalisés par de célèbres architectes contemporains : l'Irakienne Zaha Hadid s'est chargée du poste d'incendie, Jean Prouvé de la station essence, le Japonais Tadao Ando a réalisé le pavillon des conférences. D'autres bâtiments ou sculptures ont été conçus par des architectes aussi renommés que Nicholas Grimshaw, Álvaro Siza, Renzo Piano, Kazuyo Sejima et Ryue Nishizawa (Sanaa)...

Trois bâtiments retiendront plus particulièrement votre attention. Le **Vitra Schaudepot**, par Herzog & de Meuron (2016), abrite la collection de design à proprement parler : sur les 20 000 objets, quelque 400 pièces (mobilier et luminaires) représentatives du design de 1800 à aujourd'hui sont exposées ; une grande partie est consacrée aux designers Charles et Ray Eames, dont les chaises ont fait le tour du monde ; on peut voir la reconstitution du bureau de Charles Eames au sous-sol du bâtiment.

La **VitraHaus**, également de Herzog & de Meuron (2010), est une sorte de showroom de l'entreprise Vitra, dans lequel sont exposés sur quatre étages des rééditions ou créations récentes de meubles et objets que l'on peut ensuite acheter.

Enfin le **Vitra Design Museum**, édifice de style « déconstructiviste », première œuvre européenne (1989) de l'architecte Frank Gehry, organise deux importantes expositions temporaires par an. Elles sont consacrées à l'histoire et aux tendances actuelles du mobilier industriel de style « design » ainsi qu'à l'architecture.

Autres suggestions de visites à Weil am Rhein – *Rens. à l'office de tourisme.* Le musée du Patrimoine local (Dorfstube Ötlingen) présente l'habitat rural au 19e s. ; le Musée agricole (Landwirtschaftsmuseum) permet de découvrir l'outillage et les techniques anciennes ; le musée du Textile, dans le centre culturel du Kesselhaus, met en scène un siècle d'histoire du textile à Weil am Rhein ; enfin, le musée am Lindenplatz permet de revenir aux sources romaines de la ville.

Sentier balisé *(4 km - 2h)*, le **Weiler Weinweg** permet une promenade dans le vignoble environnant, au départ de la Röhriggasse et en direction du joli village d'Ötlingen.

Carnet pratique

Agenda

Fête de la Markgräfler – *Début août.* À Staufen, l'une des grandes fêtes régionales du vin.

Nos adresses

Restauration

Dans l'Ortenau

Budget moyen

Haus am Berg – *Am Rebhof 5 - Oberkirch - ✆ 07802 4701 - www.haus-am-berg-oberkirch.de - P - fermé mar. et à midi sf sam. (sur réserv.) et dim. - plats 20/38 € - menu du mois 38 €.* Dans une atmosphère familiale, savoureuse cuisine internationale aux accents badois. En été, belle terrasse où l'on profite de la vue qui s'étend jusqu'à Strasbourg.

Pfeffermühle – *Victor-Kretz Str. 17 - Gengenbach - ✆ 07803 93350 - www.stadthotel-gengenbach.de - fermé jeu. - plats 19,80/36 € - ch. à partir de 100 € ☕.* Charmante ambiance rustique dans ce restaurant. Profitez des plats régionaux à l'accent du sud. Et laissez-vous tenter par les raviolis faits maison ou l'oie rôtie.

Pour se faire plaisir

Boardinghouse Sonne – *Hauptstr. 94 - Offenburg - ✆ 0781 93682165 - www.sonne-offenburg.de - fermé dim.-lun. - P - plats 20,50/37,50 €.* Cadre élégant, cerné de boiseries, où l'on déguste une cuisine régionale et traditionnelle de qualité.

Traube – *Mauerbergstr. 107 - Neuweier - ✆ 01520 2522622 - www.hotel-restaurant-traube.de - fermé lun. - plats 20/35 € - ch. à partir de 100 € - ☕ 12,50 €.* Le Traube est réputé pour sa bonne cuisine : rôti de bœuf mariné au vinaigre, paupiettes de bœuf ou encore gâteau aux pommes.

Grüner Baum – *Burgheimer Str. 105 - Lahr - ✆ 07821 22282 - www.gruenerbaum-lahr.de - P - fermé dim.-lun. - plats 23/27 € - menus 49/59 € - 17 ch. 95/140 € - ☕ 11 €.* Auberge rurale traditionnelle. Cuisine fraîche, régionale et internationale. Terrasse dans la cour. Chambres simples mais personnalisées dans le bâtiment principal et la maison d'hôtes.

Die Reichsstadt – *Engelgasse 33 - Gengenbach - ✆ 07803 96630 - www.die-reichsstadt.de - fermé dim.-lun. - plats 16,50/48 € - menus 74/96 € - 23 ch. 210/300 €.* Cette charmante maison de ville dissimule un restaurant convivial et moderne. À table, spécialités régionales ou plats internationaux plus sophistiqués. Terrasse idyllique pour les repas d'été.

Dans le Breisgau

Budget moyen

Schieble – *Offenburger Str. 6 - Kenzingen - ✆ 07644 269990 - www.hotel-schieble.de - fermé lun. et dim. soir - plats 15,90/19,80 € - menu 36,50 €.* La cuisine est savoureuse et le restaurant charmant avec son style champêtre moderne. Tous les plats sont frais et délicieux, les portions sont généreuses et le service chaleureux.

Dans le Markgräflerland

Premier prix

Gasthaus Zur Krone – *Müllheimer Str. 6 - Schliengen-Mauchen - ✆ 07635 9899 - www.*

krone-mauchen.de - fermé lun.-mar. - plats 21,50/34,90 €. Natif de Chemnitz, Jan Kronfeld a repris l'ancienne maison mère du vignoble Lämmlin-Schindler après quelques années passées à Müllheim. Il propose ici une cuisine bourgeoise du Markgräflerland. Ambiance rustique, jolie terrasse et vins maison sont autant de bonnes raisons pour faire un détour par cette adresse.

Budget moyen

Schwanen – *Hauptstr. 121 - Weil am Rhein - ✆ 07621 97860 - www.schwanen-weil.de - fermé merc. - menu déj. en sem. 21,50 € - plats 39,50/41 €.* L'ambiance champêtre et raffinée séduit. Quant à l'assiette, elle ne triche pas. La cuisine régionale est goûteuse.

Petite pause

Dans l'Ortenau

Gmeiner Confiserie – *Steinstr. 2 - Offenburg - ✆ 0781 70302 - www.chocolatier.de - lun.et merc.-vend. 9h-18h, mar. 8h30-18h, sam. 8h-18h - fermé dim. et j. fériés.* Une belle chocolaterie avec son agréable salon de thé, et un large choix de gourmandises.

Dans le Markgräflerland

Café Decker – *Hauptstr. 70 - Staufen im Breisgau - ✆ 07633 5316 - www.cafe-decker.de - mar.-sam. 6h30-18h, dim.et j. fériés 13h30-18h - fermé lun.* Réputé dans toute la région, ce salon de thé-pâtisserie sert, entre autres douceurs, le Staufener Forest Taler, spécialité maison ressemblant à la forêt-noire... Succulent.

Lilien-Café in der Staudengärtnerei – *Weinstr. 2 - Sulzburg-Laufen - ✆ 07634 550390 - www.graefin-von-zeppelin.de - mars-oct. : 9h-18h ; reste de l'année se rens.* Ce plaisant salon de thé charme par sa situation, dans... une pépinière ! Celle-ci fut créée dans les années 1920 par la comtesse Helen von Zeppelin, nièce du fameux inventeur, qui se lança dans les iris après des études de jardinage.

Shopping

Dans l'Ortenau

Durbacher Winzergenossenschaft – *Nachtweide 2 - Durbach - ✆ 0781 93660 - www.durbacher.de - 9h-18h (13h w.-end).* Boiseries et armoiries régionales forment un écrin de choix pour les flacons maison, où repérer de superbes cuvées, dont le Kochberg Spätburgunder en rouge et le Steinberg Klingelberger en blanc. Dégustation sur place.

Weingut Alexander Laible – *Unterweiler 48 - Durbach - ✆ 0781 2842380 - www.weingut-alexanderlaible.de - lun.-vend. 14h-18h, sam. 9h-16h - fermé dim.* Dans la famille Laible, le travail de la vigne remonterait à 1672. Alexander cultive surtout des vins blancs (riesling et chardonnay).

Dans le Breisgau

Weingut Andreas Bieselin – *Im Pfaffenbach 61 - Ettenheim - ✆ 07822 446319 - www.andreas-bieselin.com - mar.-merc. 9h-12h, 14h-18h, sam. 9h-12h - fermé dim.-lun.* Ce jeune vigneron cultive 60 % de cépages blancs et le reste en rouge. Ses riesling sont délicats et ses pinots noirs, très convaincants.

Dans le Markgräflerland

Schladerer – *Alfred-Schladerer-Platz 1 - Staufen im Breisgau - Pour les GPS : Am Schießrain 1 - ✆ 07633 8320 - www.schladerer.de - lun.-vend. 10h-13h, 14h-18h, sam. 10h-16h - fermé dim.* Fondée en 1844, voici l'une des distilleries d'eaux-de-vie les plus renommées d'Allemagne, où trouver, entre autres liqueurs nobles, la fameuse Kirschwasser de la Forêt-Noire ou

3

la Williamsbirne, non moins célèbre poire Williams.

Activités

Thermes Cassiopeia – *Ernst-Eisenlohr-Str. 1 - Badenweiler - ✆ 07632 799200 - www.badenweiler.de - 9h-20h (22h jeu.-dim.) - 21/26 €.* Grand centre thermal (température de l'eau entre 30 et 34 °C) ouvert à tout public. Bains romano-irlandais (naturiste), espace sauna, bassin de nage extérieur, espace de soins thermaux et fitness.

Hébergement

Dans l'Ortenau

Premier prix

Sternen – *Hauptstr. 32 - Bühl - ✆ 07223 98650 - www.sternen-buehl.de - P - 16 ch. à partir de 90 € - fermé mar.-merc. - plats 12/30 €.* Cette petite auberge simple dirigée en famille se situe dans le centre-ville. Chambres rustiques et soignées.

Pour se faire plaisir

Obere Linde – *Hauptstr. 25-27 - Oberkirch - ✆ 07802 8020 - www.obere-linde.de - P - 29 ch. 119/184 € - fermé jeu. - plats 15,80/24,50 €.* Derrière ces colombages et volets verts se cachent des chambres spacieuses au mobilier de caractère. Cuisine de terroir généreuse et bien présentée. Agréable jardin.

Dans le Markgräflerland

Budget moyen

Die Krone – *Hauptstr. 30 - Staufen im Breisgau - ✆ 07633 5840 - www.die-krone-staufen.de - 9 ch. 120 € - fermé sam. - plats 21/34 € - menus 35/48 €.* Cette adorable auberge datant du 16e s. est un établissement familial sympathique, aux chambres tranquilles et bien situées, certaines avec balcon et vue sur le Schlossberg. Succulents plats régionaux, à base de bons produits, servis dans le restaurant.

Pour se faire plaisir

Go2bed – *Pfädlistr. 15/17 - Weil am Rhein - ✆ 07621 9867510 - www.go2bed.biz - 27 ch. 143 €.* Avec sa décoration design et épurée, ses couleurs dans l'air du temps, ce petit hôtel familial tranche sur les habituelles auberges rustiques de la région. En prime : un excellent équipement technologique, des rafraîchissements en libre-service et un délicieux petit-déjeuner.

Europa-Park ★★★

Europa-Park a construit sa réussite autour du thème de l'Europe. Plus d'une centaine d'attractions et de spectacles emmènent les visiteurs en voyage à travers 15 pays du Vieux Continent. En quelques heures, vous pouvez passer d'une piazza italienne aux fjords scandinaves, *via* le pays de Socrate. Architecture, décoration, végétation, univers sonore ou gastronomie : tout y est, dans le moindre détail. Spécialiste des grands 8, ce parc familial propose une variété de sensations adaptées à chaque membre de la famille.

Se repérer

CARTE P. 184-185 (A3)

Bade-Wurtemberg.

À 40 km au nord de Fribourg, 50 km environ au sud de Strasbourg. Situé sur la commune de Rust. Accès par l'autoroute A 5 (sortie 57B Europa-Park) ou par la D 468 (Erstein), la D 5 (bac à Rhinau) ou la D 424 (Marckolsheim).

À ne pas manquer

Parmi les grands 8, le Silver Star, blue fire, Wodan et Eurosat - CanCan Coaster. Pour vous rafraîchir, faites un tour à l'Atlantica Supersplash ou au Poséidon. Les amateurs de spectacles apprécieront les cascades équestres et le show de patinage artistique.

Organiser son temps

Comptez une journée complète, voire plus, en passant la nuit sur place. Le pique-nique est autorisé. Pensez à tenir compte des horaires des spectacles et animations du jour *(dépliant à l'entrée ou application mobile Europa-Park & Rulantica)*. Attention aux dates d'ouverture : le parc est saisonnier. L'affluence est à son comble en été et en octobre. Pour éviter la foule, visitez le parc en sens inverse, en commençant par l'Espagne.

En famille

Pour les tout-petits : le quartier de l'Irlande et la forêt enchantée Grimm.

Carnet pratique p. 234

Nos adresses p. 234

Toute l'Europe en un parc

Europa-Park-Str. 2 - 77977 Rust - ☎ 03 88 22 68 07 - www.europapark.com - ♿ - été : 9h-18h ; hiver : 11h-19h - fermeture parfois plus tardive, calendrier sur le site Internet - fermé de mi-janv. à mi-mars et 24-25 déc. - 1 j. : dès 55 € (4-11 ans dès 47 €). Boutiques, restaurants et snacks, relais-bébé. Accès aux chiens autorisé si tenus en laisse. Parking : 8 € (gratuit pour les résidents des hôtels du parc).

En période d'affluence, prévoyez des files d'attente. L'hiver, les attractions aquatiques sont fermées. Les questions de taille, âge et poids sont surveillées avec rigueur.

Le plan distribué à l'entrée vous sera bien utile pour vous repérer dans le parc, car l'implantation des quartiers thématiques, illustrations d'une dizaine de pays européens et de la Russie, ne respecte pas la géographie du continent. Pour vous faire une idée d'ensemble ou pour gagner l'autre bout du parc, vous pourrez emprunter le **train panoramique ou l'EP-Express**, dont les principales gares se situent en Allemagne, en Angleterre, en Grèce, en Russie et en Espagne. Le cadre boisé et les différents plans d'eau contribuent à l'agrément général du parc.

Allemagne

Le pays hôte du parc ouvre le bal des quartiers thématiques ; peut-être y serez-vous accueilli par la souris Ed Euromaus, mascotte du site, dans l'allée illustrant l'architecture des différentes régions d'Allemagne, du pays de Saxe à la Bavière. Les alentours du château médiéval **Balthasar** fournissent l'occasion de profiter de la verdure dans une agréable roseraie.

Italie

L'un des quartiers « historiques » du parc, construit en 1982, avec, entre les colonnes, arcades et autres fontaines, le **Teatro dell'Arte** (spectacle de variétés), le **Château hanté** et le manège **Volo da Vinci** où il fait bon pédaler.

France

Afin de profiter d'une vue panoramique sur le parc et sur la plaine du Rhin jusqu'à l'orée des Vosges et de la Forêt-Noire, montez à l'**Euro-Tower** (75 m). Avec le **Silver Star★★**, l'un des plus hauts (73 m) et plus rapides des grands 8 d'Europe, les émotions sont garanties. Tout en fluidité, le bolide vous propulse à 130 km/h sur des pentes à 70°. La grande boule grise que l'on voit de partout abrite **Eurosat-CanCan Coaster★**, un grand 8 qui, en collaboration avec le Moulin Rouge, propose une escapade dans Paris by night. En sus du parcours classique, les visiteurs peuvent vivre une expérience en réalité virtuelle avec Eurosat Coastiality. Enfin, le **Magic Cinéma 4D★** projette régulièrement un film d'animation de 10mn. Laissez-vous surprendre par les effets tactiles, sonores et même olfactifs.

Suisse

Les petits chalets qui donnent au quartier son cachet sont d'authentiques constructions du Valais. L'**Éclair du Cervin★** met en œuvre ingénieusement un enchaînement de virages plats en épingle à cheveux qui donnent l'impression que le wagon va quitter les rails. Puis, glissez en **bobsleigh** : la glace a laissé place à un canal en acier sur lequel le train descend librement.

Grèce

L'attraction **À la découverte d'Atlantis** emmène des équipages armés de pistolets infrarouges à bord de sous-marins, à la découverte de la légendaire cité engloutie. Au milieu d'un décor antique, le **Poséidon★** conjugue le mouvement d'un grand 8 au plaisir rafraîchissant de la descente d'un torrent. Le Pégasus reste, lui, un grand 8 familial, accessible aux enfants dès l'âge de 4 ans. Entre deux attractions, assistez au spectacle de **patinage artistique sur glace★**, vivant et très coloré.

Russie

Deux options s'offrent à vous pour pénétrer au pays des coupoles dorées. Côté tradition, le manège **Flocon de neige** invite à flâner dans un paysage hivernal enchanteur. Pour prolonger le voyage, les amateurs de sensations fortes essaieront l'**Euro-Mir★** avec sa belle descente finale. Les nacelles de ce grand 8 ne cessent de pivoter sur elles-mêmes, tandis que le train zigzague entre les cinq grandes tours à miroirs.

Autriche

Pour une ambiance familiale, la descente des **Rapides du Tyrol** dans une embarcation en forme de tronc d'arbre, le manège classique des **Chaises volantes de Vienne** ou la promenade en bateau Josefina et son voyage magique charment.

Islande

Amateurs d'adrénaline et d'expériences saisissantes, ce coin est pour vous, avec deux grands 8 impressionnants. **blue Fire Megacoaster★★** vous propulse en 2,5 secondes à la vitesse de 100 km/h, puis vous emmène dans son looping vertical et ses vrilles. Quant au **Wodan Timburcoaster★★**, il enflamme votre pouls, tout en vous berçant avec les cliquetis du bois de la structure.

Ceux qui ne craignent pas les éclaboussures embarqueront, de leur côté, à bord des chalutiers de **Whale Adventures** pour un joli tour.

Espagne

À voir absolument dans le quartier : le spectacle **El Baron**, mis en scène par le dresseur français Mario Luraschi. Au milieu d'une arène, des cavaliers s'affrontent à l'aide d'épées et enchaînent des cascades à cheval. Quant au spectacle de **flamenco**, il vous mettra sans retard à l'heure espagnole !

Portugal

Sur le thème des grands explorateurs, tentez le grand 8 aquatique **Atlantica SuperSplash★**. Votre barque effectue des descentes en marches arrière et avant, tout en vous promettant tous les embruns souhaités.

À deux pas, un spectacle de plongeon estival **Retorno dos Piratas** étonne.

Irlande - Univers des enfants

Métamorphosé en 2016 aux couleurs de l'île émeraude, le quartier dédié aux petits figure un petit port de pêche verdoyant. Les enfants apprécieront sa vaste aire de jeu indoor, son labyrinthe de toboggans géants, son bateau-balançoire et son grand 8 adapté aux chères têtes blondes.

Pays-Bas

En compagnie des **Pirates de Batavia**, les apprentis flibustiers traversent les paysages de l'Indonésie du 18e s. à la recherche d'une dague légendaire. Près de 80 personnages animés dotés d'une technologie de pointe donnent vie à ce monde imaginaire.

Sachez que les autres pays méritent eux aussi une petite visite : en **Angleterre**, plusieurs haltes évoquent le football ; et pour une pause fraîcheur, les **pays scandinaves** proposent le fjord-rafting et un grand bateau balançoire.

La forêt enchantée Grimm

Dans un cadre ombragé, ce quartier ménage de joyeuses surprises à hauteur d'enfants. Maisonnettes animées autour de Raiponce, Le Vaillant Petit Tailleur, Hansel et Gretel... Les maillots de bain peuvent servir l'été.

Arthur au royaume des Minimoys

Inspirée des livres (puis des films d'animation de Luc Besson), cette attraction abrite ses wagons suspendus sous un dôme de 15 m de haut, au milieu d'effets spéciaux saisissants.

Et aussi...

Rulantica A3

À 1 km d'Europa-Park (navettes ttes les 15mn) – Roland-Mack Ring 1 - Rust - 07822 77 6655 - www.rulantica.com - 10h-22h - fermé 24-25 déc. - 42 € (4-11 ans 39 €). Boutiques, restaurants et snacks.

Rulantica, l'univers aquatique d'Europa-Park propose des plaisirs de baignade en toute saison. Faisant la part belle aux trolls, sirènes et dragons issus de la mythologie scandinave, plusieurs espaces thématisés indoor et outdoor proposent de nombreuses attractions pour petits et grands comme des toboggans, une piscine à vague géante, une rivière de détente de 250 m et une rivière sauvage.

Carnet pratique

Arriver/partir

En train – *Gare de Ringsheim - 4 km d'Europa-Park.* Le **TGV** dessert la gare de Ringsheim en provenance de Paris-Est, Champagne-Ardenne TGV, Lorraine TGV, Strasbourg, Offenburg et Fribourg. Également, liaison TGV depuis Bordeaux, via Angoulême, Poitiers, Massy, Aéroport Charles-de-Gaule. Ensuite, de la gare de Ringsheim, bus navette (10mn)

En car – *www.ctbr67.fr.* Navettes CTBR (1h) depuis Strasbourg (ligne 271) et Sélestat (ligne 531).

Nos adresses

Restauration

Plusieurs aires de pique-nique, en particulier près du lac. Mais l'intérêt du parc est aussi de présenter des spécialités culinaires de chaque pays : « poffertjes » (petites crêpes néerlandaises) au **Molencafé**, saucisse de Munich au **Biergaten Badois-Bavarois**, poisson à la scandinave au **Fjord Restaurant** et au **Fiskhuset Meermaid**, tapas à la **Bodega**, spécialités grecques à la **Taverna Mykonos** ou casseroles qui virevoltent dans des loopings avant d'atterrir directement sur les tables au **FoodLoop**.

Hébergement

Réservation recommandée. Le parc lui-même propose six hôtels et un camping. Aux alentours, à Rust et dans les villages voisins, l'offre s'est développée en parallèle.

Dans le parc

Budget moyen

Camp Resort – *Europa-Park Str. 4-6 - ✆ 07822 8605566 - www.europapark.com - Tipi 4 lits dès 112,50 €; roulotte 4 lits dès 132,50 €.* Roulottes, maisons en rondins ou tipis, et un coin feu de bois pour une alternative originale.

À Rust

Budget moyen

Pension Kern – *Franz-Sales-Str. 30 - ✆ 07822 61278 - www.pensionkern.de - 7 ch. 90 € ☕.* Voisine du parc d'attractions, cette agréable maison fleurie vous séduira par son calme et le confort de ses sept chambres. Petit-déjeuner servi sous forme de buffet. Chambres familiales disponibles (jusqu'à six lits).

Karlsruhe ★

Le margrave Karl Wilhelm (Charles-Guillaume) ne se trompa pas lorsqu'il choisit ce coin de la forêt du Hardt pour y bâtir sa résidence et, dans la foulée, une ville : Karlsruhe est bien, selon sa traduction en français, « le repos de Charles ». Ici, depuis 1715, chaque rue part du château selon un plan en forme d'éventail ; Charles l'a voulu ainsi, on ne discute pas les choix d'un margrave dont le modèle est le Roi-Soleil ! Derrière le château, un immense parc sert de jardin aux Karlsruher, apparemment heureux de vivre dans cette paisible ville, comme le margrave Karl il y a trois siècles. Avec trois musées de premier ordre, toute visite pourra conjuguer nature, culture et architecture.

Le château de Karlsruhe.
Mauritius/hemis.fr

Se repérer

CARTE P. 184-185 (B2) ET PLAN P. 236
306 502 hab. – Bade-Wurtemberg. 79 km à l'ouest de Stuttgart, 88 km au nord de Strasbourg.

À ne pas manquer

La Staatliche Kunsthalle ; le château ; le ZKM.

En famille

Le ZKM, mais aussi les automates à musique du château de Bruchsal.

Carnet pratique p. 241

Nos adresses p. 241

Se promener

PLAN CI-DESSOUS

La ville éventail

Karlsruhe fait partie de ces villes au plan géométrique édifiées au 18e s. par les princes bâtisseurs de l'Allemagne du Sud. Après les dévastations de 1689 et la destruction de sa résidence de Durlach, le margrave Charles-Guillaume de Bade-Durlach décida de se faire édifier un château un peu plus à l'ouest. La construction, qui débuta en 1715 par la tour octogonale, fut conçue comme le centre d'un réseau de voiès rayonnantes. Ce plan de **« ville en éventail »** trouva son épanouissement au 19e s., lorsque Karlsruhe devint la capitale du grand-duché de Bade (1806). C'est l'architecte **Friedrich Weinbrenner** (1766-1826), natif de Karlsruhe, qui donna à la ville son empreinte néoclassique. De cette époque datent la **Marktplatz** avec l'hôtel de ville (un carillon de 42 cloches y sonne quatre fois par jour), l'église protestante et la petite **pyramide** du mausolée du fondateur, devenue le symbole de la ville. La **Kaiserstraße** *(zone piétonne)*, axe est-ouest parallèle au château et également tracé par Weinbrenner, est actuellement le centre de la vie citadine.

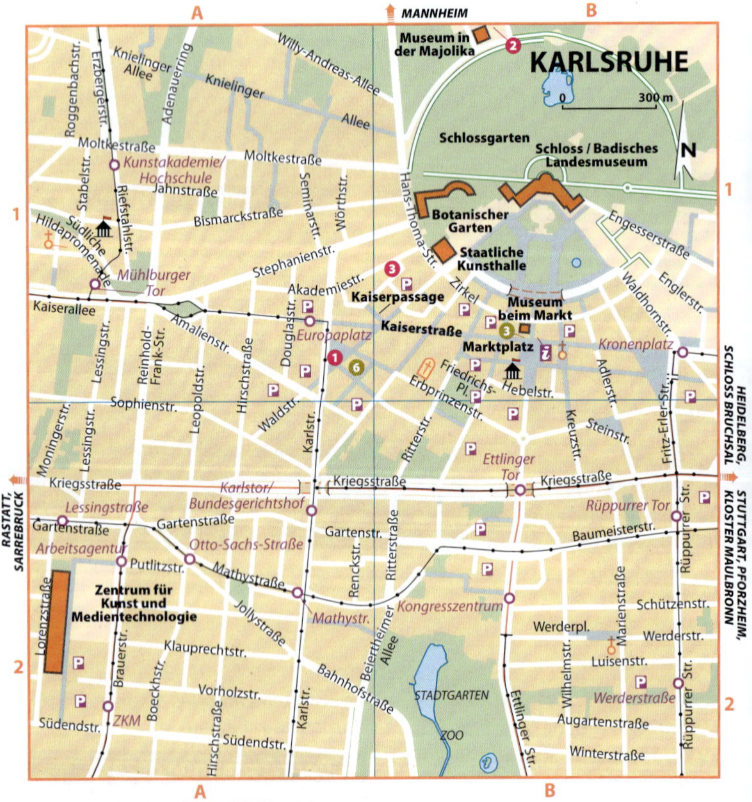

SE RESTAURER
- Lehners Wirtshaus 1
- Cantina Majolika 2
- Oberländer Weinstube 3

SE LOGER
- Am Markt 3
- Alfa 6

★ Schloss (CHÂTEAU) B1

Le château, qui abrite aujourd'hui le Musée régional badois, fut la résidence des grands-ducs jusqu'en 1918. De la première construction aux proportions modestes, il subsiste encore aujourd'hui la haute tour octogonale qui marque le centre du système rayonnant de Karlsruhe. Le château a été détruit par les bombardements de la Seconde Guerre mondiale, puis reconstruit à l'identique pour rouvrir au public en 1966. Du sommet de la **tour** *(accessible par un escalier depuis le musée)*, vue panoramique sur la région.

★ **Badisches Landesmuseum (Musée régional badois)** – B1 - *✆ 0721 926 6514 - landesmuseum.de - ♿ - tlj sf lun. 10h-17h (18h vend. et w.-end) - 8 € (-18 ans gratuit) - gratuit vend. 14h-18h.* Installé dans le château depuis 1918, ce musée réunit les collections des souverains margraves de Bade-Durlach et de Baden-Baden (branche rattachée à la mort de son dernier descendant). On y trouve d'importants et riches fonds sur la préhistoire et la protohistoire de la région, les cultures antiques du Bassin méditerranéen (des Cyclades à Byzance) et sur l'histoire, l'habitat, l'art et la culture du pays de Bade du haut Moyen Âge à nos jours. Parmi les témoignages de la vie de cour au 18e s. dans le Bade, ne manquez pas le cabinet de curiosités de Caroline-Louise, épouse du grand-duc Charles-Frédéric. Cette dernière entretint une correspondance avec les grands noms du siècle des Lumières (dont Linné et Voltaire), s'intéressant à des domaines aussi divers que la philosophie, l'art, les sciences ou l'histoire naturelle. Autre collection surprenante : le « trésor » turc rapporté des campagnes militaires contre l'armée turque par le margrave Louis-Guillaume, surnommé Türkenlouis (Louis le Turc).

Schlossgarten (parc du château) – B1 - Derrière le château, le parc de style anglais se poursuit en un vaste domaine boisé agrémenté d'un petit lac artificiel. C'est l'un des plus grands parcs d'Allemagne en plein cœur de la ville.

Botanischer Garten (jardin botanique) – *✆ 0721 926 3008 - botanischer-garten-karlsruhe.de - serres : w.-end et j. fériés 10h-17h45 - 3 €, billet famille 7,50 €.* Sur le côté ouest du château, ses grandes **serres★** datent du début du 19e s.

3

Museum in der Majolika B1

Au nord du parc du château - Ahaweg 6 - ✆ 0721 926 6514 - www.landesmuseum.de - vend.-dim. et j. fériés 11h-17h - gratuit.

La manufacture de céramique de Karlsruhe a été créée en 1901 par le peintre Hans Thoma. Le site est toujours en activité, comme vous pourrez le voir dans la galerie-boutique attenante. Le musée donne un bon aperçu des objets d'art produits depuis 1901 et des différents courants artistiques qu'ils ont suivis : Jugendstil (Art nouveau), expressionnisme, art national-socialiste, jusqu'aux années 1950, 1960 et aujourd'hui. On y trouve la statuette créée en 1936 par Else Bach, *Bambi*, qui sert de récompense au Prix des médias en Allemagne.

★★ Staatliche Kunsthalle (MUSÉE NATIONAL DES BEAUX-ARTS) B1

Hans-Thoma-Str. 2-6 - ✆ 0721 926 3359 - kunsthalle-karlsruhe.de - ♿ - fermé pour travaux de rénovation jusqu'en 2025.

Ce bâtiment, datant du milieu du 19e s., abrite une remarquable collection de **primitifs allemands★★**, parmi lesquels de nombreuses œuvres de Grünewald *(La Crucifixion)* et *La Passion de Karlsruhe*, réalisée vers 1450. L'âge d'or de la peinture flamande et hollandaise est représenté par des œuvres de Rubens, Rembrandt et Jordaens. La **collection Hans Thoma★** (directeur du musée de 1899 à 1920) occupe une place privilégiée dans la peinture allemande du 19e s.

L'ensemble constitue l'une des présentations les plus complètes de la peinture de Caspar David Friedrich aux impressionnistes (Monet, Pissarro, Cézanne pour les Français). En sous-sol, la **chapelle Thoma** présente des œuvres de cet artiste qui compta beaucoup à Karlsruhe.
L'**orangerie** voisine (qui, à l'origine, faisait partie du jardin botanique) renferme une **collection★** représentative des années 1880 à l'art contemporain, faisant un parallèle entre artistes allemands et artistes français. Outre les sculptures de Rodin, Barlach, Lehmbruck et Henry Moore sont exposées des toiles d'expressionnistes allemands (Franz Marc, Macke, Kandinsky, Kirchner), d'artistes influencés par le cubisme (Léger, Delaunay), et des œuvres Dada (Kurt Schwitters, Max Ernst), Bauhaus (Lyonel Feininger) et de la Nouvelle Objectivité (Otto Dix et *Les Sept Péchés capitaux*). De la seconde moitié du 20e s., on verra, entre autres, des œuvres de Dubuffet, Yves Klein, Josef Albers et Georg Baselitz.

★ Museum beim Markt (MUSÉE « PRÈS DU MARCHÉ ») B1

Karl-Friedrich-Str. 6 - ✆ 0721 926 6514 - landesmuseum.de - ♿ - merc.-vend. 12h-20h, w.-end et j. fériés 11h-17h - gratuit.
Cette annexe du Musée régional badois est consacrée aux arts appliqués, de l'Art nouveau au design contemporain : meubles, vases, objets d'artisanat, arts de la table, vêtements et objets utilitaires. La période **Art nouveau** est particulièrement bien représentée avec des courants qui ont émergé un peu partout en Europe à la même époque : Art nouveau en France avec Gallé, Daum, Majorelle et Mucha (buste *La Nature*) ; en Angleterre avec William Morris, Mackintosh et Tiffany ; en Belgique avec Henry van de Velde ; Jugendstil en Allemagne avec Hans Thoma, Max Laeuger et Hermann Billing ; Sécession en Autriche avec Joseph Hoffman et en Hongrie avec les faïences de Zsolnay. Le mouvement Art déco, Bauhaus ainsi que le design des années 1950 à nos jours enrichissent cette vision presque complète des arts décoratifs en Europe.

★★ ZKM (ZENTRUM FÜR KUNST UND MEDIENTECHNOLOGIE) A2

Lorenzstr. 19 - ✆ 0721 8100 0 - zkm.de - tlj sf lun. et mar. 10h-18h, w.-end. 11h-18h - ♿ - 7 € (-18 ans gratuit), gratuit vend. à partir de 14h.
Unique en son genre, ce centre d'art et de technologie des médias s'est installé dans une ancienne usine de munitions du début du 20e s., comprenant au total dix cours recouvertes d'une verrière.
Museum für Neue Kunst (musée d'Art contemporain) – Consacré à l'art européen et américain depuis 1960 (peinture, graphisme, sculpture, photographie).
★★ **Medienmuseum (musée des Médias)** – Dans ce musée, le visiteur s'immerge dans un univers numérique. La présentation interactive permet une approche ludique des formes et effets propres aux nouvelles technologies.
Également des expositions temporaires.

À proximité

CARTE P. 184-185

★★ Schloss Bruchsal (CHÂTEAU DE BRUCHSAL) B1

À 30 km au nord par la A 5. Accès en tramway par les S31 et S32 depuis la gare de Karlsruhe (arrêt Bruchsal Schloßgarten).
Bruchsal, résidence des quatre derniers princes-évêques de Spire au 18e s., a hérité d'un fastueux château bâti en 1722 par l'architecte Maximilian von Welsch sur l'ordre du prince-évêque Damian Hugo von Schönborn, et entièrement rebâti

Le château baroque de Bruchsal.
G. Abele/imageBROKER/age fotostock

après sa destruction en mars 1945. Édifié en bordure des collines du Kraichgau, ce vaste ensemble regroupe une cinquantaine de bâtiments, des jardins à la française et, outre le musée de la ville, un étonnant musée consacré aux instruments de musique mécaniques.

Corps central – *Voir illustration p. 422. ✆ 0725 174 2661 - www.schloss-bruchsal.de - ♿ - tlj sf lun. 10h-17h - ouv. lun. fériés - 8 €, billet famille 20 € (château et musée) - audioguide 2 €.* Il est la pièce maîtresse de cet ensemble que l'on découvre sitôt franchie l'imposante porte St-Damian. Ce bâtiment, qui nous plonge merveilleusement dans l'univers d'une cour du 18e s., s'articule autour d'un magnifique **escalier★★** à cage ovale, créé en 1731 par Balthasar Neumann, le plus renommé des architectes du baroque allemand, auteur de la résidence de Wurtzbourg. La coupole est décorée de stucs rococo. Autour des **salles d'apparat** sont exposés des objets qui faisaient autrefois partie de l'ameublement du château, comme de la vaisselle en porcelaine et en argent, des meubles d'époque et des tableaux représentant les princes. De la Gartensaal, salle voûtée et dallée de marbre, on peut embrasser du regard le parc à la française qui, à son heure de gloire, possédait une allée de 16 km de long conduisant au Rhin.

★★ **Deutsches Musikautomaten Museum (musée allemand des Automates à musique)** – *Dans le bâtiment principal - ✆ 0725 174 2652 - www.dmm-bruchsal.de - ♿ - tlj sf lun. 10h-17h - 8 € (-18 ans gratuit), visite du château incluse.* Ce musée compte parmi les plus grandes collections d'automates musicaux au monde. Avec ses quelque 500 pièces, il retrace l'historique de la musique mécanique, depuis les premiers coucous musicaux jusqu'aux volumineux accordéons, tambours et cymbales. Vous verrez aussi l'orgue construit pour le *Titanic*, miraculeusement épargné pour ne pas avoir été prêté à temps.

Pforzheim B2

À 33 km au sud-est de Karlsruhe par la A 5. Accès en train (R5) depuis la gare de Karlsruhe (arrêt Pforzheim Hbf).

Porte nord de la Forêt-Noire, Pforzheim, point de départ des trois principaux sentiers de randonnée qui traversent le massif, est surnommée la **Goldstadt** (Ville de l'or) : la cité a en effet fêté en 2017 les 250 ans de l'implantation du premier atelier de montres, dans un monastère dominicain, implantation qui donnera à la ville sa vocation bijoutière. Pforzheim possède depuis 1877 une école de bijouterie réputée.

Fondée par les Romains, la ville fut rasée par un bombardement en février 1945. Elle présente aujourd'hui d'agréables berges le long de ses deux rivières, l'Enz et la Nagold, convergeant près de la moderne Stadtkirche. La massive **église du château (Schlosskirche)** évoque l'ancienne résidence où habitait autrefois le margrave, aujourd'hui disparue.

★ **Schmuckmuseum (musée de la Joaillerie)** – *Jahnstr. 42 - 07231 39 2126 - schmuckmuseum.de - tlj sf lun. 10h-17h - 4,50 € (-14 ans gratuit), billet famille 7,50 €.* Comptant un fond de plusieurs milliers de pièces, le musée occupe un édifice (1961) construit dans le pur style International, signé Manfred Lehmbruck, qui comprend une façade en damier et un gracieux **escalier** dans le hall d'entrée. Point d'orgue de la visite, les **collections historiques**★ conservent un superbe ensemble de bagues (bague double romaine datant de 312) et de montres (appréciez la finesse du travail de la montre scarabée), dont les plus anciennes remontent au 17e s. Les collections des 20e-21e s. présentent d'intéressantes pièces Art nouveau (René Lalique, Georges Fouquet) et Art déco, ainsi qu'un panorama de la **création contemporaine** : remarquez le somptueux collier intitulé *Frozen*, réalisé par le créateur local d'origine vietnamienne Sam Tho Duong. Le musée comprend également la collection de bijoux ethnographiques signés Eva et Peter Herion, et une salle consacrée à la production de bijoux à Pforzheim, dont des pièces de Wellendorff, compagnie florissante ayant son siège dans la ville, et un œuf de Fabergé, réalisé sur place en 2003. Expositions temporaires.

Bad Wildbad : Baumwipfelpfad Schwarzwald

(CHEMIN DES CIMES) B2

43 km au sud par la AL564 - Peter-Liebig-Weg 16 - 7081 92 50 940 - www.baumwipfelpfade.de - mai-sept. : 9h30-19h (18h avr. et oct. et 16h nov.-mars) - dernière entrée 1h av. fermeture - 11,50 € (6-14 ans 9,50 €) - snack à 300 m (fermé lun.).

D'une longueur totale de 1250 m, le sentier serpente à 20 m du sol parmi les hêtres, sapins et épicéas, puis grimpe en douceur le long d'une grande tour (40 m) en spirale. Des stations à sensations – plancher oscillant, barres d'équilibre... – procurent un sentiment d'aventure supplémentaire. Par temps dégagé, la vue s'étend jusqu'à la tour de télévision de Stuttgart et le Jura Souabe. Un toboggan de 55 m de long *(2 €, interdit -6 ans)* permet de retrouver en un éclair le plancher des vaches !

Carnet pratique

S'informer

Office de tourisme – *Kaiserstr. 72-74 - Karlsruhe - ✆ 0721 602 997 580 - www.karlsruhe-erleben.de.*

Arriver/partir

En voiture – Attention, centre-ville en partie piétonnier.

Trains – La gare se trouve au sud de la ville (HORS PLAN PAR B2). Liaisons avec la France et avec Stuttgart par le TGV. On rejoint le centre-ville (Marktplatz) par les lignes de tram S1, S4 et S5.

Tram – *fr.kvv.de.* Très complet, le réseau de trams se prolonge à l'extérieur de la ville, pratique pour aller au château de Bruchsal, ou même jusqu'en Forêt-Noire, à Baden-Baden ou Heidelberg.

Agenda

Das Fest – *Avant-dernier w.-end de juil. - dasfest.de.* Grand festival de musique en plein air, dans le Günther-Klotz Park.

Bierbörse – *Dernier w.-end d'août - bierboerse.com.* Plus de 1000 variétés de bières à découvrir dans le parc du château !

Marchés de Noël – *De fin nov. au 24 déc.* Attraction du grand marché de Friedrichsplatz : sa pyramide de vin chaud (17 m de haut) ! Devant le Karlsburg, celui du quartier de Durlach (15mn en tram) remonte le temps jusqu'au Moyen Âge.

Nos adresses

PLAN P. 236

Restauration

Premier prix

1 **Lehners Wirtshaus** – A1 - *Karlstr. 21a - ✆ 0721 2495720 - karlsruhe.lehners-wirtshaus.de - plats 12,80/28 €.* Cette grande brasserie conviviale sert des spécialités bavaroises et des Flammkuechen. Cocktails au bar et l'été, *Biergarten* de 300 places.

Gasthaus Gutenberg – HORS PLAN - *Nelkenstr. 27 - ✆ 0721 9851516 - www.gasthaus-gutenberg.de - fermé dim.-lun. - plats 15,90/25,90 €.* Dans une ambiance « Forêt-Noire », avec coucous aux murs et décoration montagnarde discrète, on vous servira des spécialités régionales de saison. *Biergarten.*

Pour se faire plaisir

2 **Cantina Majolika** – B1 - *Ahaweg 6-8 - ✆ 0721 1611492 - www.cantinamajolika.de - fermé dim.-lun. et à midi sam. - plats 23/35 €.* On produit ici de la porcelaine depuis 1909, mais pas seulement : on y déguste aussi de bons plats internationaux et méditerranéens dans une ambiance d'usine moderne.

3 **Oberländer Weinstube** – B1 - *Akademiestr. 7 - ✆ 0721 25066 - www.oberlaender-weinstube.de - fermé dim.-lun. - plats 23,50/34,50 € - menus midi 37,50 €, soir 61/101 €.* Bonne cuisine et bon vin sont indissociables dans cette maison de ville de 1826, à l'intérieur confortable et élégant, avec une jolie cour. Ceci sous la direction de l'hôte et chef Jörg Hammer, qui concocte une cuisine de saison savoureuse et nourrissante.

Kesselhaus3 – HORS PLAN - *Griesbachstr. 10c - ✆ 0721 669 9269 - www.kesselhaus-ka.de - fermé lun.-dim. et à midi sam. - plats 34/45 € - menus 68/92 €.* Le chef, sa femme et son frère ont repris les rênes de cet établissement logé dans une

3

ancienne chaufferie en brique classée, magnifiquement restaurée. Le concept : une cuisine moderne révélant des idées et des saveurs originales. Une carte de bistrot plus simple est proposée le midi. Produits de qualité et partenariat avec slowmeat ©.

À Pforzheim

Budget moyen

Stegsieben – *Am Schoßgatter 7 - Pforzheim - ✆ 07231 154 0586 - www.stegsieben.com - fermé dim. - burgers 12,90/20,90 € - plats 15,90/26,90 €.* Sur les berges piétonnes et verdoyantes de l'Enz, un agréable grill-bar proposant de belles pièces de bœuf et des burgers gargantuesques. Petite terrasse le long de la rivière et, à l'intérieur, deux jolies salles parquetées, dont une sous une verrière et décorée de tableaux contemporains.

Petite pause

Eiscafé Capri – *Kaiserpassage 2 - ✆ 0721 20984 - 10h-22h (13h dim.).* Des glaces savoureuses dans une petite boutique familiale.

BLM Schlosscafé – *Im Schloss - Schloßbezirk 10 - ✆ 0721 9664571 - www.landesmuseum.de - 12h-18h - fermé lun.* Derrière le château, à l'orée du parc, agréable terrasse pour un verre ou un petit-déjeuner. L'expresso y est excellent ; les gérants, Italiens, savent de quoi ils parlent...

Cafe Endle – *Kaiserstr. 241a - ✆ 0721 24678 - www.endle.de - lun.-sam. 8h-16h, dim. et j. fériés 10h-16h.* Le paradis des gourmands : élégantes pâtisseries, chocolats maison et glaces artisanales. Petits en-cas salés également.

Hébergement

Budget moyen

6 **Alfa** – A1 - *Bürgerstr. 4 - ✆ 0721 29926 - www.alfa-karlsruhe.com - P 10 € - 36 ch. 98/125 € - ☕ 12 €.* Hôtel citadin, très central. Le style ne fait pas dans la fioriture mais dans l'efficacité. Assez spacieuses pour la plupart, les chambres meublées en merisier sont pour certaines équipées d'un sofa.

3 **Am Markt** – B1 - *Kaiserstr. 76 - ✆ 0721 919980 - www.hotelammarkt.de - 38 ch. 114/133 € ☕.* Hôtel situé sur la place du marché d'où l'on a une jolie vue panoramique sur la ville. Chambres simples, élégantes, aux équipements modernes. Terrasse panoramique accessible aux hôtes extérieurs par beau temps uniquement *(12h-19h)*.

Pour se faire plaisir

Der Blaue Reiter – HORS PLAN - *Amalienbadstr. 16 - Karlsruhe-Durlach - ✆ 0721 942660 - www.hotelderblauereiter.de - P 9/24 € - 88 ch. 160/350 € ☕.* Des répliques d'œuvres des peintres du groupe Der Blaue Reiter donnent tout son cachet à cet hôtel accueillant, proposant des chambres de catégorie supérieure au style moderne, ainsi que des chambres spacieuses dans l'annexe Kubus.

Monastère de Maulbronn ★★★

Kloster Maulbronn

Il apparaît comme un mirage, en contrebas de la vallée de la Salzach : le monastère de Maulbronn ressemble à un petit village fortifié, comme sorti intact du Moyen Âge, avec son église et son cloître, bien sûr, mais aussi sa forge, sa boulangerie, ses entrepôts ou encore son moulin, autant de bâtiments nécessaires à la vie de la communauté cistercienne qui s'installa ici au 12e s. À l'abri de ses remparts, de ses tours défensives et de son chemin de ronde en partie couvert, le lieu constitue l'ensemble monastique le mieux conservé au nord des Alpes.

Le cloître de Maulbronn.
Jon Arnold Images/hemis.fr

Se repérer

CARTE P. 184-185 (B2)
Bade-Wurtemberg.
À 37 km à l'est de Karlsruhe.

À ne pas manquer

Le village fortifié, le cloître et le réfectoire des moines, la fontaine de la Brunnenhaus.

Organiser son temps

2h pour la visite du monastère.
Aux beaux jours, déjeuner sur place en terrasse, vue sur le village fortifié.

★★★ Le monastère

Klosterhof 5 - ✆ 070 43 92 66 10 - www.kloster-maulbronn.de - ♿ - centre d'accueil des visiteurs : mars : 10h-17h ; avr.-oct. : 9h30-17h30 ; nov.-fév. : tlj sf lun. 10h-16h - visites guidées : 11h15 et 15h (sf lun. de nov. à fév.), en allemand (en français sur RV) - dernière entrée 45mn av. fermeture - 9 €, billet famille 22,50 € - audioguide en français 3 €.

Construit en grès jaune de Maulbronn, il eut une influence déterminante sur la diffusion de l'architecture gothique dans le centre et le nord de l'Europe, et fut par la suite épargné par la « baroquisation ». Autant de raisons qui justifient son inscription au Patrimoine mondial de l'Unesco en 1993.

Autre fait exceptionnel, l'ensemble continue de vivre au rythme d'une école protestante, installée dans une partie des bâtiments depuis la Réforme (1556). Toujours en activité, elle a accueilli d'illustres étudiants parmi lesquels l'astronome Johannes Kepler (1571-1630), le poète Friedrich Hölderlin (1770-1843) et l'écrivain Hermann Hesse (1877-1962), ce dernier consacrant même quelques lignes à la beauté des lieux dans plusieurs de ses romans.

★ Église

Elle fut consacrée en 1178. Le porche (Paradies – **1**), du début du 13e s., est le premier témoignage allemand de la transition entre le roman et le gothique ; ainsi, on remarque que les piliers se décomposent en lignes de force et voient leur fonction mise en évidence.

Les **voûtes en réseau** de la nef et du bas-côté droit, ajoutées au 15e s., allègent l'impression massive qu'offre l'intérieur, doté à l'origine d'un plafond plat. La nef est séparée en deux parties – un chœur réservé aux moines et la nef centrale, où se tenaient les frères convers – par un **jubé** *(***2***)* de style roman, couronné d'une corniche en damier, devant lequel se dresse un **crucifix** particulièrement réaliste sculpté en 1473 dans une seule pierre.

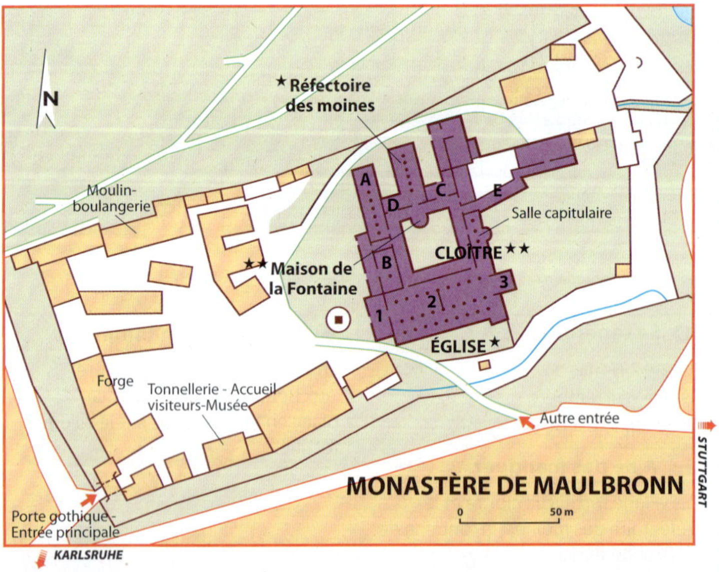

À sa gauche, dans la nef latérale nord, s'alignent **23 stalles** du début du 15e s., plus anciennes mais moins riches que les 92 autres réservées aux moines *(derrière le jubé)* dont les fines ciselures montrent l'influence de l'école d'Ulm. Remarquez une belle **Vierge** *(**3**)* de style gothique rayonnant *(à gauche du maître-autel)* datant du 14e s., provenant probablement de l'école de Cologne.

★★ Cloître

L'accès se fait par un passage sous les arcades qui mène à la galerie ouest. On peut pénétrer dans le **réfectoire des convers** *(**A**)* (restauré en 1869-1870), dont la rangée de piliers doubles et les oculi (ouvertures rondes) surmontant les fenêtres annoncent le gothique, et dans le **cellier** *(**B**)* aux voûtes présentant des nervures de section carrée.

Sur le côté nord, le **réfectoire des moines★** est flanqué par le chauffoir *(**C**)* et la cuisine *(**D**)*. Avec ses hautes colonnes baguées à mi-hauteur et sa voûte du gothique primitif, cette salle – conçue par le maître du Paradis vers 1220-1230 – est l'une des plus impressionnantes du monastère. Les dessins à la craie rouge que l'on voit çà et là sur les voûtes du réfectoire des moines sont des esquisses pour une fresque qui ne fut jamais peinte. En effet, leur auteur, le peintre Jörg Ratgeb, fut écartelé en 1526 pour avoir mené une révolte de paysans.

Face à la porte d'entrée, la charmante **maison de la Fontaine★★** édifiée vers 1350, servait aux ablutions et à la tonsure. Cette célèbre fontaine vous semblera peut-être familière : elle orne en effet l'une des pièces allemandes de 2 €.

Glissez-vous ensuite dans le **jardin** serein *(accès par l'aile est)*, pour bien apprécier l'étage à colombages qui surmonte la chapelle saillante et les baies à réseau de style gothique rayonnant, dont les vitraux ont été perdus.

Sur la galerie est s'ouvrent la **salle capitulaire**, du 14e s., dont les nervures s'épanouissent en trois faisceaux à partir de piliers centraux, et la **salle des moines★** *(**E**)*, aux superbes voûtes réticulées ornées de motifs floraux du 15e s. ; elle servait vraisemblablement de parloir.

★ Bâtiments conventuels

À l'arrière du cloître *(faire le tour par le nord)* se trouve un **château** à trois étages construit à la Renaissance, mais encore dans le style gothique, pour le duc Ludwig von Wurtemberg qui voulait avoir ici un pavillon de chasse. Au coin sud-est des fortifications médiévales *(à droite après l'auberge des Nobles, qui fait face au château)* domine la tour pittoresque dite **Faustturm**, avec un étage à pans de bois au toit incurvé ; elle servait de pavillon de plaisance au château ducal et aurait accueilli **Johann Faust**. Ce fameux docteur – qui inspira Goethe, Wagner, Gounod, René Clair et bien d'autres – serait venu sur commande de l'abbé en 1516 pour des expériences d'alchimie.

De retour dans la cour, on peut visiter le petit espace **musée**, abrité avec le centre d'accueil dans l'ancienne tonnellerie. Ne manquez pas les grands édifices à colombages qui lui font face, le **grenier à avoine** et, un peu plus loin *(contre les fortifications nord)*, l'ancien moulin en pierre de taille et la **boulangerie** adjacente *(aujourd'hui un café)*.

À 500 m de l'abbaye se trouve le **Tiefer See**, un lac aménagé par les moines pour l'approvisionnement en eau et en poisson. C'est aujourd'hui un lieu de baignade apprécié aux beaux jours.

Heidelberg ★★★

Goethe, le héros national, mais aussi Victor Hugo, Mark Twain, William Turner... Haut lieu du romantisme allemand, Heidelberg a inspiré poètes et artistes, séduits par la beauté naturelle du site et les ruines de son château, dont les remparts de grès rouge émergent du vert de la forêt. Aujourd'hui ultratouristique, la perle du Neckar est une cité universitaire réputée et animée, bouillonnant d'une intense vie culturelle.

Heidelberg, la ville et le château.
Firn/Getty Images Plus

Se repérer

CARTE P. 184-185 (B1) ET PLAN P. 250
159 245 hab. – Bade-Wurtemberg. À 90 km au sud de Francfort.

À ne pas manquer

La vue sur la ville au coucher de soleil depuis le chemin des Philosophes.

Organiser son temps

Comptez une demi-journée pour le château, visite intérieure comprise, et une journée avec la ville. L'ambiance et la vie nocturne de Heidelberg en font une bonne base pour découvrir les environs. D'un autre côté, en s'éloignant, les prix et la pression touristique baissent aussi.

Carnet pratique p. 253

Nos adresses p. 253

★★★ Le château (SCHLOSS)

PLAN P. 250 B2

Plan du château p. 248, ✆ 06221 658 880 - www.schloss-heidelberg.de - 9h-18h (dernière entrée 17h30) - intérieur du château : visite guidée uniquement - entrée 9 € (billet famille 15 €), suppl. de 6 € pour la visite guidée de l'intérieur, audio-guide 6 €.

Soyez préparés à la foule : chaque année, plus d'un million de visiteurs viennent admirer le saisissant contraste qu'offrent ses pierres rouges avec la verdure qui l'environne, grimpant soit en voiture par la Neue Schlossstraße, soit à pied par l'escalier du Kurzer Buckel, soit par deux funiculaires *(Bergbahn)* qui partent du Marché aux grains (Kornmarkt) ou du Molkenkur.

Dès l'entrée, tournez à gauche comme indiqué sur le plan pour arriver au **Rondell**, saillant qui occupe une position de batterie et offre une belle **vue**★ sur la ville, la vallée du Neckar et la plaine du Rhin. Pour entrer dans le château, revenez sur vos pas et passez par la **porte Élisabeth** de 1615, que Frédéric V fit monter en une nuit pour faire une surprise à son épouse, Élisabeth Stuart.

Deux portes séparées par un fossé doivent être franchies avant d'atteindre la cour intérieure ; celle de la **maison du Pont** construite en 1541, puis celle de la **tour du Portail** (**1**). Du pont fortifié qui les relie, on peut voir la **Tour rompue** (**2**) à l'angle sud-est du château. Une mine posée par les sapeurs français en 1693 l'éventra sur un côté et mit au jour ses casemates, dont les voûtes prennent appui sur un solide pilier central.

Les **jardins**★ furent aménagés en terrasses sous Frédéric V, de 1616 à 1619, au prix de gigantesques travaux de remblai. De la terrasse de Scheffel, on découvre la face est du château avec ses trois tours.

La cour et ses bâtiments

Aussitôt à droite après la tour du Portail, se trouve la halle gothique du **pavillon du Puits (Brunnenhalle)**, dont les colonnes romaines en granit proviennent du palais de Charlemagne à Ingelheim (près de Mayence). En face, un bâtiment d'habitation simple, le **Ruprecht**, construit par le prince- électeur Ruprecht III, devenu roi des Allemands en 1400, abrite deux petits anges tenant une couronne de fleurs en haut de la clé de voûte. La légende veut que ce soient les jumeaux de l'architecte, décédés accidentellement juste avant la fin des travaux.

Bibliothèque (3)

Cette construction gothique, très en retrait par rapport à l'aile ouest du château, reçoit ainsi la lumière de tous les côtés. Elle abritait autrefois la « librairie » de la famille princière, les collections d'objets d'art et le trésor. Jolie loggia.

★★ Aile de Frédéric (4)

L'ordonnance de la façade de ce palais, avec ses deux pignons festonnés, respecte encore l'étagement antique des colonnes (dorique, ionique et corinthien), redécouvert durant la Renaissance. Mais la composition de pilastres et de corniches, qui crée des contrastes d'ombre et de lumière, trahit déjà le goût baroque. Les **statues** (copies) représentent les ancêtres de Frédéric IV, parmi eux des princes de la maison de Wittelsbach.

L'arrière du bâtiment est la seule façade ornementée donnant sur la ville. On peut l'observer depuis la **grande terrasse**, à laquelle on accède en empruntant le passage voûté, à droite de l'aile de Frédéric, et qui domine la vieille ville.

Aile de la salle des Glaces (5)
Ce corps de bâtiment, réduit à sa carcasse par un incendie, montre un étagement de galeries inspiré de la Renaissance italienne, figurant les Vertus et les principaux dieux antiques.

Aile d'Otton-Henri (6)
Elle fut édifiée sous Otton-Henri, l'un des souverains les plus éclairés de la Renaissance. Pendant les trois années de son règne (1556-1559), ce prince ouvrit son territoire aux idées nouvelles, surtout en matière religieuse et artistique. Cet édifice inaugura la période féconde de la Renaissance tardive dans l'architecture allemande.
Les lignes horizontales dominent dans la composition de la façade. Suivant le goût de l'époque, la décoration mêle les symboles mythologiques et bibliques. Le portail en forme d'arc de triomphe, auquel collabora le grand sculpteur Alexandre Colin de Malines (1526-1612), présente les armes des électeurs : le lion du Palatinat et les losanges des Wittelsbach encadrant un globe surmonté de la croix, symbole de l'Empire.

L'intérieur
Visites guidées seulement (allemand, anglais) - horaires sur le site, selon la langue.
Deux maquettes permettent de comparer l'état actuel du château avec celui du 17e s. Pour la décoration Renaissance de l'aile de Frédéric, il s'agit en grande partie d'une reconstitution du début du siècle ; dans les couloirs se trouvent des statues originales de la façade. La chapelle fut « baroquisée » vers 1720.

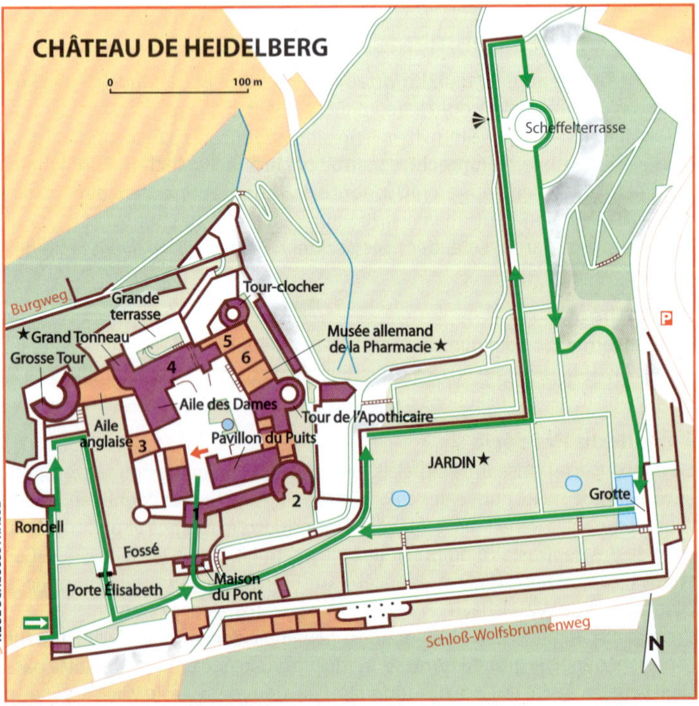

La capitale historique du Palatinat

Le Palatinat du Rhin, dont Heidelberg fut le centre politique (la ville ne fait partie du Bade-Wurtemberg que depuis 1957), doit son nom au titre de « palatins » donné à de grands officiers du Saint Empire investis de la confiance la plus étroite du monarque. Au 14e s., ces fonctions et dignités n'existent plus, exception faite pour la dynastie héréditaire des territoires dont le confluent du Neckar et du Rhin marquait à peu près le centre. Grâce à la sage administration de ses princes-électeurs – appelés à la cour de France **électeurs palatins** –, le « Palatinat électoral » devient l'un des États les plus cohérents d'Europe. Au 16e s., ces électeurs, qui ont adopté la Réforme, ne cessent de renforcer et d'embellir leur château. L'électeur Charles-Louis restaure ses États de façon exemplaire après les ravages de la guerre de Trente Ans. Tolérant et pacifique, ce prince calviniste aux idées larges croit pouvoir mener, dans l'Empire, une politique étrangère personnelle. Dans l'espoir d'assurer la paix sur le Rhin et d'étendre l'influence de sa maison, il marie sa fille **Élisabeth-Charlotte** à « Monsieur » (Philippe d'Orléans), frère de Louis XIV. La **princesse palatine**, qui a le verbe haut et dru, et ne cache pas son animosité envers Mme de Maintenon, l'épouse secrète de Louis XIV, ne passe pas inaperçue à la cour de France. Lorsque le fils de Charles-Louis meurt, en 1685, sans héritier direct, Louis XIV invoque cette union pour revendiquer le Palatinat au nom de sa belle-sœur. La **guerre du Palatinat**, que les Allemands appellent guerre d'Orléans (1688-1697), et qui ouvre la guerre de la ligue d'Augsbourg, se révèle funeste pour le pays et surtout pour Heidelberg. Lors de l'affreuse campagne de 1689, la ville est dévastée, le château détruit. Le désastre est total, en 1693, après que la ville eut été totalement incendiée. L'agglomération est alors rebâtie, sur les mêmes fondations et sans percées nouvelles, dans un style baroque sans éclat. Les électeurs délaissent bientôt les ruines du château et consacrent tous leurs soins à leurs résidences de Mannheim et de Schwetzingen.

★ Grand Tonneau

Ce gigantesque foudre réalisé à partir de 130 troncs de chêne (capacité : 221 726 l) fut installé sous Charles-Théodore à la fin du 18e s. Une pompe permettait de tirer du vin à partir de la salle royale (dans l'aile des Dames). L'estrade surmontant le tonneau pouvait servir à la dégustation et à la danse. Le gardien de ce symbole bachique – au centre de la vie folklorique locale – était le nain bouffon **Perkeo**, célèbre pour sa stupéfiante capacité d'absorption, d'où son surnom créé à partir de l'expression italienne *« Perché no ? »*, « pourquoi pas ? » en français, lorsqu'on lui demandait s'il voulait reprendre une gorgée. Une sculpture en bois et l'horloge qu'il avait inventée, avec un système à effet de surprise, rappellent le personnage.

★ Deutsches Apotheken Museum

(MUSÉE ALLEMAND DE LA PHARMACIE)

Entrée sous le perron de l'aile d'Otton-Henri - ✆ 062 21 25 88 0 - www.deutsches-apotheken-museum.de - entrée (9 €) inclue dans le billet du château.

Ce musée présente des ustensiles d'apothicaire des 18e et 19e s., une collection d'anciennes préparations pharmaceutiques, une salle des poisons et un laboratoire réunissant des instruments datant du 17e s., dans la tour de l'Apothicaire.

En suivant le Molkenkurweg ou en prenant le funiculaire, on atteint le **Molkenkur**, restaurant situé à l'emplacement d'une ancienne fortification : belle **vue★** sur le château.

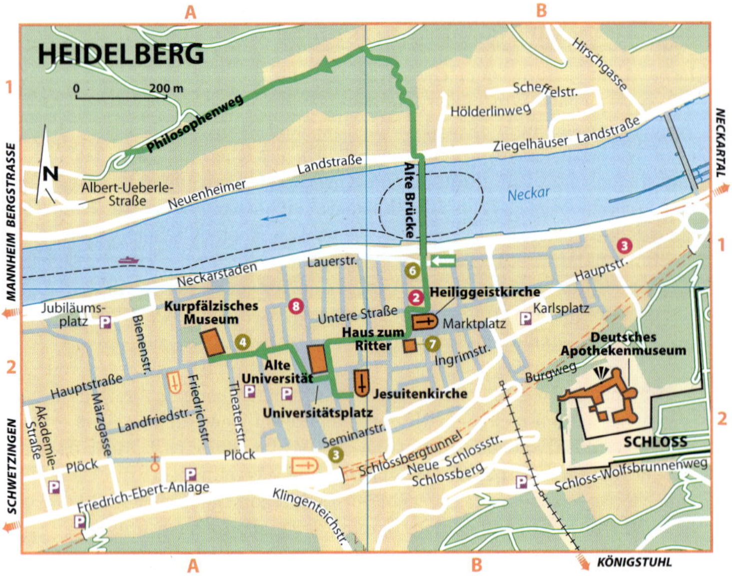

SE RESTAURER	SE LOGER	
Oskar 2	Arthotel 3	Hotel Zum Ritter St. Georg 7
Herrenmühle 3	Hotel Backmulde........... 4	
Weisser Bock................ 8	Holländer Hof............... 6	

Se promener

PLAN CI-DESSUS

Itinéraire tracé sur le plan. De l'autre côté du pont Alte Brücke, sur la gauche, part un sentier assez abrupt qui mène au chemin des Philosophes.

★ Philosophenweg (CHEMIN DES PHILOSOPHES) A1

Commencez la visite de la ville par l'ascension de la colline jusqu'à ce chemin d'où l'on jouit d'une vue spectaculaire sur Heidelberg et son château. N'hésitez pas à y revenir en fin de journée pour profiter du coucher de soleil, quand la lumière donne à la ville des couleurs flamboyantes.

Revenez sur vos pas jusqu'au Vieux Pont.

★ Alte Brücke (VIEUX PONT) B1

Ce pont de la fin du 18e s. est encadré côté ville par deux tours qui datent de la fortification de Heidelberg au Moyen Âge ; la tour ouest abrite trois cellules d'arrestation.

Remontez le long de la Steingasse jusqu'à la Marktplatz.

Heiliggeistkirche (ÉGLISE DU ST-ESPRIT) B2

Elle est un témoin de l'architecture gothique tardive. Des échoppes se blottissent entre ses contreforts, comme aux siècles passés. Le vaisseau et le chœur sont du type « halle » *(voir illustration p. 420)*, mais des tribunes ont réduit, en hauteur, les bas-côtés de la nef. Le chœur, très lumineux, est le lieu de sépulture des électeurs palatins. Seules subsistent les pierres tombales de Robert III, qui fut empereur de 1400 à 1410 sous le nom de Robert Ier, et de son épouse, Élisabeth de Hohenzollern.

★ Haus zum Ritter (MAISON DU CHEVALIER) B2

Cette magnifique maison bourgeoise doit son nom au buste de saint Georges, en costume de chevalier, qui orne le fronton à volutes. Construite en 1592 pour le drapier huguenot Charles Bélier, elle est la seule maison de la fin de la Renaissance à avoir été épargnée lors des ravages de 1689-1693.
Engagez-vous dans la Hauptstraße jusqu'à la place de l'Université.

Universitätplatz (PLACE DE L'UNIVERSITÉ) A2

La place de l'Université occupe l'emplacement de l'ancien cloître de St-Augustin où **Martin Luther** dut soutenir sa fameuse doctrine en avril 1518, devant les supérieurs de son ordre.

Alte Universität (ANCIENNE UNIVERSITÉ) A2

Grabengasse 1 - ✆ 062 21 419012 - www.uni-heidelberg.de - jeu.-sam. 10h30-16h - 4 € ticket combiné avec le Cachot des étudiants
Siège du rectorat, elle l'occupe le bâtiment baroque à trois étages (1712-1728) qui ferme la place au nord : au rez-de-chaussée, un musée conte l'histoire de l'université, la plus ancienne d'Allemagne, fondée en 1386. La pièce la plus intéressante est située au 1er étage, à savoir l'ancienne Aula, salle d'apparat néo-Renaissance aménagée en 1886 à l'occasion des 500 ans de cette institution. Sur les murs de l'escalier, remarquez les noms des 11 professeurs de l'Université ayant obtenu le prix Nobel.

Studentenkarzer (CACHOT DES ÉTUDIANTS) A2

Augustinergasse 2 - ✆ 06221 54 35 54 - www.uni-heidelberg.de - mar.-sam. 10h30-16h - 4 € ticket combiné avec le musée de l'Université.
Dans l'enceinte de l'Ancienne Université, ce cachot reçut, de 1712 à 1914, les étudiants trop tapageurs. Beaucoup d'entre eux laissèrent des inscriptions sur les murs, des silhouettes (noircies à la suie) ou des blasons, pour rappeler aux générations futures ce qu'ils considéraient comme un épisode particulièrement glorieux de leur carrière.

Jesuitenkirche (ÉGLISE DES JÉSUITES) A2

De style baroque (début du 18e s.), l'église des Jésuites fut construite d'après les plans de J. A. Breunig, architecte né à Heidelberg. La façade principale, élevée sur le modèle de l'église des Jésuites à Rome, est l'œuvre de l'architecte de la cour palatine, F. W. Rabaliatti (1716-1782). Le lumineux vaisseau à trois nefs est soutenu par de solides piliers dont les chapiteaux sont ornés de stucs rococo.
Par cette église, on atteint le **musée d'Art sacré et liturgique** (**Museum für Sakrale Kunst und Liturgie** – *✆ 062 21 16 63 91 - www.heidelberg-marketing.de - juin-oct. : tlj sf lun. 10h-17h, dim. et j. fériés 13h-17h ; nov.-mai : sam. 10h-17h, dim. et j. fériés 13h-17h - 3 €*), où sont exposés des objets d'art religieux du 17e au 19e s. Le **trésor** du musée abrite des objets d'orfèvrerie en or et en argent (calices, ostensoirs...).
Reprenez la Hauptstraße vers l'ouest. Un peu plus loin sur la droite se trouve le palais Moraz, qui abrite le musée du Palatinat électoral.

★ Kurpfälzisches Museum (MUSÉE DU PALATINAT ÉLECTORAL) A2

Hauptstr. 97 - ✆ 06221 583 40 20 - www.museum-heidelberg.de - tlj sf lun. 10h-18h - 3 € (dim. et j. fériés 1,80 €).
Une partie des collections du musée du Palatinat électoral est aménagée dans le palais baroque érigé par J. A. Breunig. La section consacrée à l'histoire du Palatinat électoral possède un moulage de la mâchoire de l'homme préhistorique « de Heidelberg » (600 000 ans av. J.-C.). Le département des primitifs allemands

conserve le **retable des Douze Apôtres★★** (1509) de Tilman Riemenschneider *(voir encadré p. 135)*. La collection des **œuvres de l'époque romantique★★** présente essentiellement des vues de la ville et du château.

À proximité

CARTE P. 184-185

Königstuhl B1

5 km au sud-est par la Neue Schlossstraße, le Molkenkurweg, puis le Gaiberger Weg ; ou funiculaire, stations Stadt (près du Kornmarkt), Schloss, Molkenkur, Königstuhl. Funiculaire : 06221 513 21 50 - www.bergbahn-heidelberg.de - avr.-oct. : 9h-20h ; reste de l'année : 9h-17h - tarif depuis Molkenkur : 6 € (AR 9 €) - depuis Schloss : 9 € (AR 14 €), incluant l'entrée au château.
Une tour de télévision marque le sommet (568 m). D'en haut, large **panorama** sur la vallée du Neckar, de l'Odenwald jusqu'à la plaine du Rhin.

Schwetzingen B1

10 km à l'ouest par la Friedrich-Ebert-Anlage.
Dreikönigstr. 3 - 06202 87 400 - www.visit-schwetzingen.de.
Située dans la vallée du Rhin, Schwetzingen jouit d'un climat particulièrement clément. La ville est surtout célèbre en tant qu'ancienne résidence d'été des électeurs palatins. Le château et son magnifique parc sont aujourd'hui encore les témoins de cette glorieuse époque.
★ **Schloss (château)** – *06221 65 888 0 - www.schloss-schwetzingen.de - ♿ - jardin : de fin mars à fin oct. : 9h-20h (dernière entrée 19h30) ; reste de l'année : 9h-17h - intérieur du château : visite guidée en allemand de fin mars à fin oct. : lun.-vend. ttes les h. de 11h à 16h, w.-end et j. fériés ttes les 30mn de 10h30 à 17h ; reste de l'année : se rens. ; visite guidée en anglais de fin mars à fin oct. : w.-end et j. fériés 14h15 et 15h45 - entrée : été 11 € (accès jardin et visite guidée du château), billet famille 27,50 € ; hiver 9 € (visite guidée du château uniquement).* Détruit au 17e s., le château fut rebâti entre 1700 et 1717 dans le style baroque. Lors des séjours estivaux qu'y firent l'électeur Charles-Théodore et son épouse Élisabeth-Auguste, entre 1742 et 1778, il connut son âge d'or. En 1803, le domaine revint au pays de Bade. Quarante pièces meublées (18e- déb. 19e s.) sont ouvertes à la visite mais c'est surtout le ravissant **théâtre rococo★ (Rokokotheater)**, construit au milieu du 18e s. par Nicolas de Pigage, qui retient l'attention. Ouvert à la visite en été, il sert de cadre aux manifestations théâtrales et musicales du festival.
★★ **Schlossgarten (jardin du château)** – Si vous n'avez que peu de temps, privilégiez la découverte du magnifique jardin, aménagé entre 1758 et 1796 par l'architecte lorrain Nicolas de Pigage (1725-1796). Couvrant 72 ha, il joint la rigueur d'un jardin à la française (perspective principale) à la fraîcheur des jardins de la fin du 18e s., inspirés par le goût des « spectacles de la nature » et par la mode des monuments symboliques dits « fabriques » (fausses ruines, temples...).

Circuit conseillé

CARTE P. 184-185

Vallée du Neckar (NECKARTAL) B1

Circuit de 78 km de Bad Wimpfen à Heidelberg.
Voir. p. 260.

Carnet pratique

S'informer

Office du tourisme – *Willy-Brandt-Platz 1 (gare centrale) - Heildelberg - ✆ 062 21 58 444 44 - www.heidelberg-marketing.de.*

Pass touristique

Heidelberg Card – *1 j. 21 €, 2 j. 23 € ou 4 j. 25 €, et carte familiale 2 j. 49 €.* Carte de transports en commun incluant des entrées gratuites (château, funiculaire...) et des réductions (excursions...).

Arriver/partir

En train – De la gare (HORS PLAN PAR A2), liaisons régulières avec Mannheim (10mn). Cette dernière étant elle-même reliée directement avec la France par la ligne du TGV Est (Paris en 3h).

Agenda

Festival de Schwetzingen – *Avr.-mai - www.visit-schwetzingen.de.* Dans le cadre du château, festival de musique classique et d'opéra.

Festival du château de Heidelberg – *De déb. juin à fin août - www.theaterheidelberg.de.* Festival de théâtre, opéra et concerts classiques en plein air, dans la cour du château.

Nos adresses

PLAN P. 250

Restauration

Pour se faire plaisir

2 **Oskar** – B2 - *Haspelgasse 5 - ✆ 06221 4319034 - www.oskar-hd.de - 18h-22h30 - fermé dim. et mar. - plats 24/28,60 € - menus 38,90/72,50 €.* Esprit bistro pour cette élégante adresse à deux pas de la Marktplatz, avec son beau parquet, sa verrière et ses tables espacées. Cuisine soignée mettant en valeur les produits régionaux. Belle sélection de vins de la région et du monde.

3 **Herrenmühle** – B1 - *Hauptstr. 239 - ✆ 06221 602909 - www.herrenmuehle.net - fermé lun.-mar. et à midi merc.-sam.. - réserv. conseillée - plats 32,50/38,50 € - menus 70/88 €.* Dans une rue pavée de la vie ille ville, cette auberge de bon standing propose un séduisant mélange de décor rustique et de couleurs chaudes. Les tables sur la terrasse couverte de glycine sont idéales pour un dîner romantique.

8 **Weisser Bock** – A2 - *Große-Mantelgasse 24 - ✆ 06221 90000 - www.weisserbock.de - fermé dim.-lun. et à midi - plats 28,90/41 €.* Une des meilleures tables de la région, qui sert une cuisine locale et quelques spécialités françaises. Belle carte des vins. Essayez de dîner dans le décor somptueux de la Festsaal, vieille de 300 ans.

Petite pause

Chocolaterie Yilliy – *Haspelgasse 7 - ✆ 01578 4884090 - www.chocolaterie-heidelberg.de - 10h-20h (0h vend.-sam.).* Les banquettes garnies de coussins de ce petit café-chocolaterie cosy invitent à la détente. Le week-end, on y sert un délicieux chocolat chaud espagnol très cacaoté.

Boire une bière

Gasthausbrauerei Vetter – *Steingasse 9 - ✆ 06221 165850 - www.brauhaus-vetter.de -*

3

lun.-jeu. 11h30-0h, vend.-sam. 11h30-1h30, dim. 11h-0h - plats 10,90/22,90 €. Grande salle aux allures de taverne avec de vastes tables en bois. La maison brasse sa propre bière sur place et propose une cuisine simple du terroir.

Kulturbrauerei Heidelberg – *Leyergasse 6 - (entre Hauptstr. et Hachteufel) - ✆ 06221 502980 - www.heidelberger-kulturbrauerei.de - ♿ - lun.-jeu. 12h-21h30, vend.-sam. 12h-22h30 - fermé dim. - plats 10/20 €.* Cette brasserie a gardé son charme d'antan : piliers centraux, plafond ancien à caissons et lustres en fonte décorent la grande salle. Pour accompagner la bière brassée sur place, spécialités régionales.

Shopping

Chocolaterie Knösel – *Haspelgasse 16 - ✆ 06221 22345 - www.studentenkuss.com - 10h-18h.* Cette adresse est réputée pour ses *Studentenkuß*, gâteaux au chocolat en forme de cœur, créés par la maison en 1863 et devenus la plus célèbre douceur d'Heidelberg.

En soirée

Un café et restaurant sont concentrés dans la **Untere Straße** (A2), qui s'anime dès le soir venu.

Sonderbar – *Untere Str. 13 - ✆ 06221 25200 - 14h-2h (3h vend.-sam.).* Joyeuse ambiance rockabilly dans ce bar étroit à la déco rétro qui ne désemplit pas le soir. Carte des whiskys à donner le tournis.

Zum Roten Ochsen – *Hauptstr. 217 - ✆ 06221 20977 - www.roterochsen.de - mar.-sam. à partir de 17h - fermé dim.* Autrefois fréquenté par des célébrités comme Bismarck, Marc Twain ou Marylin Monroe, ce café-restaurant est le lieu de prédilection des étudiants. Piano-bar les jeudis et vendredis soir, à partir de 19h.

Activités

Promenades en bateau – *Neckarstaden 25 - Rhein-Neckar Fahrgastschifffahrt - ✆ 06221 20181 - www.weisse-flotte-heidelberg.de.* La compagnie RNF propose des croisières et des liaisons avec Worms, Speyer, Rüdesheim et St.-Goar.

Location de vélos - Eldorado – *Felix-Wankel Str. 1 - ✆ 06221 166707 - www.eldorado-hd.de - lun.-vend. 8h30-19h, sam. 10h-16h - fermé dim.*

Hébergement

Pour se faire plaisir

3 **Arthotel** – A2 - *Grabengasse 7 - ✆ 06221 650060 - www.arthotel.de - P 13,50 €/j - 24 ch.142/390 € - ☕ 15,90 € - ✕ menus 50/72 €.* Hôtel design, à l'atmosphère élégante. Le restaurant Romer propose aussi un salon à cocktails. Cour intérieure ensoleillée avec voûtes.

4 **Hotel Backmulde** – A2 - *Schiffgasse 11 - ✆ 06221 53660 - www.gasthaus-backmulde.de - P ♿ - 27 ch. 100/165 € ☕.* Cet ancien gîte de matelots propose des chambres agréables.

6 **Holländer Hof** – B1 - *Neckarstaden 66 - ✆ 06221 60500 - www.hollaender-hof.de - 39 ch. 144/219 € - ☕ 7/17 €.* Cette superbe maison hollandaise idéalement située au pied de l'Alte Brücke abrite un petit hôtel plein de cachet. Certaines chambres ont un balcon, avec vue sur le Neckar.

7 **Hotel Zum Ritter St. Georg** – B2 - *Hauptstr. 178 - ✆ 06221 705050 - www.zum-ritter-heidelberg.de/en - 37 ch. 175/190 € ☕.* Superbe maison de style Renaissance de 1592. Sa façade de grès est typique de la région.

Mannheim

Ici, point de rues, mais des blocs inscrits dans un cercle presque parfait, entre Rhin et Neckar : voici le centre de Mannheim et sa géométrie urbaine unique au monde. Ville portuaire commerçante et cosmopolite, avec son « Klein Istanbul » autour de la Marktplatz, Mannheim est aussi une cité d'inventeurs : c'est ici notamment que fut créée la première bicyclette par Karl Drais (en 1817) et que Carl Benz, natif de la ville, mit au point la première automobile (1885). Et si Mannheim a été presque entièrement reconstruite, vous serez surpris par son impressionnant château d'eau, entouré par un jardin Art nouveau, et par son château baroque, le plus grand d'Allemagne.

La Wasserturm de Mannheim.
taranchic/Getty Images Plus

Se repérer

CARTE P. 184-185 (B1)
311 831 hab. – Bade-Wurtemberg.
À 12 km au nord-ouest de Heidelberg par la A 656.

À ne pas manquer

Déambuler dans le centre-ville en damier et faire un tour au musée des Beaux-Arts.

Organiser son temps

Comptez au minimum une demi-journée pour découvrir la ville.

Carnet pratique p. 257

Nos adresses p. 257

Se promener

Quadratestadt

Fondée en 1606 par l'électeur palatin Frédéric IV, qui en fit une place forte, Mannheim se développa en un bourg marchand qui connut un essor rapide. Reconstruit après guerre, le centre-ville, appelé Quadratestadt, a ceci de surprenant qu'il est constitué de 144 blocs d'habitation agencés en damier, et désignés uniquement par des lettres et des chiffres, suivant leurs coordonnées (de A1 à U7). De forme circulaire, il est ceinturé de boulevards le long desquels se trouvent le château *(voir ci-dessous)* et le **château d'eau★ (Wasserturm)**. Construit en grès en 1886 et emblème de la ville, ce dernier s'élève à 60 m de hauteur et servait de réservoir d'eau potable ; il est bordé d'un jardin à l'élégant mobilier Jugendstil, **Friedrichsplatz**, dont les fontaines sont illuminées la nuit.

★★ Kunsthalle Mannheim (MUSÉE MUNICIPAL DES BEAUX-ARTS)

Friedrichsplatz 4 - ✆ 0621 293 6423 - www.kunsthalle-mannheim.de - ♿ - tlj sf lun. 11h-18h (merc. 20h) - 1er merc. du mois : 10h-22h - 12 €.

Installé dans un bâtiment Jugendstil, ce musée est réputé pour ses expositions temporaires consacrées à l'art moderne et contemporain. Les collections permanentes couvrent l'art des 19e et 20e s. La **collection de sculptures** est particulièrement riche (œuvres de Rodin, Henry Moore, Brancusi, Giacometti). La peinture rassemble des œuvres importantes, dont *L'Exécution de l'empereur Maximilien* de Manet et *Le Fumeur accoudé* de Cézanne. Les peintres du mouvement sécessionniste allemand sont représentés par Slevogt et Corinth, ceux de l'école expressionniste par Emil Nolde, Heckel, Kokoschka et le Belge James Ensor. Arman, César, Yves Klein... illustrent le Nouveau Réalisme.

Schloss (CHÂTEAU)

✆ 0621 292 2891 - www.schloss-mannheim.de - tlj sf lun. 10h-17h (dernière entrée 16h30) - 9 € (avec audioguide en français), billet famille 22,50 €.

Il fallut quarante ans (1720-1760) pour bâtir ce gigantesque château baroque (plus de 400 pièces et 2 000 fenêtres !). Reconstruit après les lourds dommages subis au cours de la Seconde Guerre mondiale, il est occupé en grande partie par l'université. Son plan s'ordonne selon celui de Versailles. Vous apprécierez, en particulier, le **cabinet-bibliothèque rococo★**, vert et rose, orné de lambris, de stucs et de peintures en camaïeu, situé dans l'aile de l'université.

★ Jesuitenkirche (ÉGLISE DES JÉSUITES)

Ce bâtiment massif, construit entre 1733 et 1769 et qui passe pour être la plus importante église baroque du Rhin supérieur, n'a pas eu l'honneur d'entendre jouer Mozart, comme la légende l'affirme, mais le génie l'a honoré de sa présence, en 1777. À l'intérieur, remarquez le **maître-autel à baldaquin★**, le grand orgue et les fenêtres des deux loges, tous richement ornés de dorures.

★ REM (Reiss-Engelhorn-Museen) – Museum Zeughaus

Zeughaus C5 - ✆ 0621 293 37 71 - www.rem-mannheim.de - tlj sf lun. 11h-18h - 3 € (-18 ans gratuit).

Zeughaus, le principal musée de ce complexe municipal, compte une intéressante section des beaux-arts (sculptures et peintures du 18e s., meubles baroques et rococo) et, surtout, une riche **collection de faïences et porcelaines européennes★**.

Carnet pratique

S'informer

Office du tourisme – *Willy-Brandt-Platz 5 - Mannheim - ✆ 0621 49307960 - www.visit-mannheim.de.*

Arriver/partir

En train – Jusqu'à 6 TGV directs/j de Paris-Est à Mannheim (3h30). Trains réguliers avec Heidelberg (10mn), Karlsruhe (25mn) et Stuttgart (40mn).

Nos adresses

Restauration

Premier prix

Goldene Gans – *Bismarckplatz 7 - ✆ 0621 422020 - www.goldenegans-mannheim.de - fermé dim.-lun. et à midi mar.-sam. - plats 10/20 € - ch. à partir de 75 € - ☕ 8 €.* Près de la gare, une Weinstube typique, sollicitée par les habitants du coin. Goûtez à la boulette de foie (Leberknödel), une spécialité de la région.

Meydan – *H1, 16/17 - ✆ 0621 86241177 - 10/15 €.* Sur la Marktplatz, la plus célèbre brasserie turque de Mannheim est animée à toute heure du jour et de la nuit. Vaste terrasse s'ouvrant sur la Planken Straße et grande salle.

Petite pause

Eis Fontanella – *04, 5 - ✆ 0621 18191616 - www.fontanella.de - 10h-20h (à partir de 13h dim.).* Un petit coin d'Italie, avec son personnel à l'accent transalpin et son café *ristretto*, comme il se doit ! Cet établissement est célèbre pour avoir inventé la Spaghetti Eis en 1967, coupe glacée imitant parfaitement un plat de spaghetti !

Shopping

Mannheim est idéale pour le shopping. Les artères du centre qui se croisent sur la Paradeplatz, la Kurpfalzstraße et la Planken Straße, en grande partie piétonnes, concentrent magasins de mode et delicatessen ; les boutiques spécialisées occupent les passages couverts et les rues adjacentes aux deux axes principaux.

Herrdegen Kaffee – *E2, 8 - ✆ 0621 20185 - www.cafe-herrdegen.de - mar.-vend. 9h-16h, sam. 8h30-16h30 - fermé dim.-lun. - la partie café est momentanément fermée ; gâteaux en vente au comptoir.* Le plus vieux café de la ville, ancienne pâtisserie de la cour fondée au début du 18e s., est célèbre pour son Mannemer Dreck, à base de pain d'épice et sa Karl-Theodor Torte, à la pâte d'amande.

Hébergement

Budget moyen

Kurpfalzstuben – *L 14, 15 - ✆ 0621 1503920 - www.kurpfalzstuben.de - 17 ch. à partir de 90 € ☕.* Mère et fille dirigent ce petit hôtel logé près de la gare. Les clients apprécient les chambres douillettes et l'atmosphère familiale régnant dans ce joli établissement du début du siècle.

Pour se faire plaisir

Speicher 7 – *Rheinvorlar. 7 - ✆ 0621 1226680 - www.speicher7.com - 20 ch. 165/390 € - ☕ 25 €.* Cet ancien grenier à grains situé sur le port est devenu un très bel hôtel. Les vastes chambres à l'ambiance loft mêlent éléments modernes et détails cultes des années 1950-60 – c'est stylé, tendance et superbe ! Il en va de même du bar, qui sert quelques plats simples.

3

Bad Wimpfen ★★

Un voyage dans le temps ! Cette petite cité fortifiée dominant le Neckar fut au 13e s. résidence impériale des Hohenstaufe. Leur souvenir flotte dans les ruelles tortueuses, avec leur remarquable ensemble de maisons à colombages. En contrebas, l'atmosphère est plus laborieuse, autour des salines de Ludwigshalle qui firent la richesse de la région. Cité jumelle plus moderne, Bad Wimpfen im Tal (dans la vallée) se niche autour de sa collégiale. En 2021, le siège mondial de Lidl s'est installé dans un complexe immobilier à la pointe de la technologie, tout près du site où la chaîne a ouvert son premier supermarché de hard-discount, en 1972.

Se repérer

CARTE P. 184-185 (B1) ET PLAN P. CI-CONTRE
7286 hab. – Bade-Wurtemberg.
À 68 km au sud de Stuttgart, 57 km au nord-ouest de Heidelberg et 70 km au nord-ouest de Mannheim.

À ne pas manquer

La promenade dans les ruelles, le cloître de la collégiale gothique, le marché de Noël.

Carnet pratique p. 261

Nos adresses p. 261

Se promener

PLAN CI-CONTRE

★★ La ville haute (BAD WIMPFEN AM BERG)

Itinéraire tracé sur le plan. Départ de la Marktplatz.

Blauer Turm (TOUR BLEUE) A1

8h-18h - fermé lun. et j. fériés - 4 €.

Cette tour construite au 11e s. domine la ville. Son couronnement néoféodal (19e s.) lui confère des airs de château de conte de fées. Du sommet, beau panorama sur la ville et sur la vallée. La tour est habitée depuis plus de six siècles par un veilleur. En 1996, elle a accueilli la première veilleuse de son histoire, une vedette locale que vous croiserez peut-être dans les rues !

Steinhaus B1

De Pâques à mi-oct. : tlj sf lun. 10h-12h, 14h-16h30 - 4,50 € (enf. 2 €).

Cette maison passe pour être la plus grande habitation de style roman en Allemagne. Elle se distingue par son pignon à redans (15e s.). À l'intérieur, un **musée** retrace l'histoire de la ville depuis l'occupation romaine. Elle fut longtemps la seule maison chauffée de la cité.

Arcatures du Palais impérial B1

De la terrasse panoramique dominant la Steinhaus, descendez huit marches et suivez le pied de la muraille pour découvrir, à droite, les arcatures romanes à colonnes jumelées par lesquelles prenait jour une galerie de l'ancien palais. La recherche décorative qui s'y manifeste évoque le génie bâtisseur des Hohenstaufen, sous lesquels l'architecture romane atteignit son apogée.

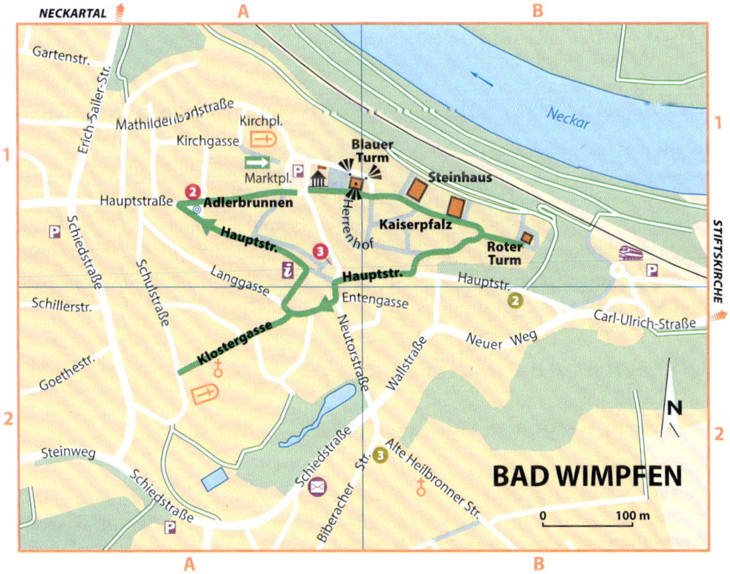

SE RESTAURER		SE LOGER	
Weinstube Feyerabend	2	Herberge zur Traube	2
Zum Kräuterweible	3	Neues Tor	3

Rentrez dans la ville haute par la porte en bois ouverte sur la façade, puis continuez jusqu'au pied de la Tour rouge.

Roter Turm (TOUR ROUGE) B1

De Pâques à mi-oct. : w.-end et j. fériés 12h-17h - 2 € (enf. 0,50 €).

La dernière défense de la forteresse abrite aujourd'hui un mini musée d'histoire, qui vaut surtout pour la vue sur la vallée qu'il procure au sommet.

Revenez vers le centre et passez sous la porte de Hohenstaufen (Hohenstaufentor) pour rejoindre la Klostergasse.

Klostergasse A2

Nombreuses maisons à colombages entourées de jardins ; on remarque sur la gauche les anciennes étuves et leur fontaine.

Revenez au carrefour de la Langgasse et empruntez à droite une venelle très étroite, qui débouche sur la Hauptstraße.

★ Hauptstraße AB1

Au n° 45 s'ouvre la cour d'un ancien hospice, l'un des plus vieux bâtiments de Wimpfen. Il abrite désormais l'office du tourisme, et, au 1er étage, un **musée d'histoire locale** (**Reichsstädtisches Museum** - *10h-12h, 14h-17h - 4 € (enf. 2 €)*. Au dernier étage, ultime curiosité : la **collection Helfrich**, et ses 400 appareils photos en illustre l'histoire, des débuts au numérique.

Remontez la rue, aux enseignes joliment ouvragées, et passez devant la **fontaine de l'Aigle** (**Adlerbrunnen** - *A1*), réalisée en 1576, avant de regagner la Marktplatz par la Salzgasse.

Vous pouvez prolonger la promenade en arpentant **Langgasse** (*A1-2*) et **Badgasse** (*A1*), deux autres rues piétonnes au charme médiéval.

Dans la vallée (BAD WIMPFEN IM TAL)

Stiftskirche (COLLÉGIALE) HORS PLAN PAR B2

À Bad Wimpfen im Tal par la Carl-Ulrich-Str. - ☎ 07 063 97 040 - 8h-19h (18h en hiver) ; cloître de Pâques à mi-oct. : mar.-vend. et dim. 15h-17h - 1 € (enf. 0,50 €).

La collégiale gothique dédiée à saint Pierre a conservé, d'un édifice roman antérieur, un ouvrage ouest d'une grande simplicité. Le **cloître★★** montre la progression du style gothique vers une plus grande austérité. La galerie est, de la fin du 13e s., témoigne de la « pleine époque » par la pureté des lignes de ses fenestrages à trois ou quatre lobes et son décor sculpté. La galerie nord (vers 1350), plus anguleuse, fait transition avec la galerie ouest (fin 15e s.).

Circuit conseillé

CARTE P. 184-185

Vallée du Neckar (Neckartal) B1

Circuit de 78 km tracé en bleu sur la carte.

Quittez Bad Wimpfen au nord, par Hohenstädter Straße.

En aval de Bad Wimpfen, le parcours coule agréablement le long du Neckar, entre des versants boisés, parfois peignés de vignes, où pointent quelques châteaux aux allures de conte de fées. Apprécié des deux-roues, ce lieu est aussi fréquenté sur le fleuve, un affluent du Rhin ouvert à la grande batellerie.

Burg Guttenberg

☎ 06 266 388 - burg-guttenberg.de - avr.-oct. : 10h-18h ; mars et nov. (selon la météo) : w.-end 10h-17h - fermé déc.-fév. - 6 € (enf. 4 €), billet famille 16 € - restaurant.

Caché derrière son impressionnant mur de défense, ce château possède un donjon (belle vue) et un petit musée d'histoire locale.

Spectacles de fauconnerie dans la cour du château *(avr. oct. : 11h et 15h - 15 €, enf. 11 € avec l'entrée au musée).*

Traversez le fleuve pour rejoindre la B 27 et suivez-la vers le nord, en direction de Neckarzimmern.

Burg Hornberg

Centre d'information (au caveau) - ☎ 06 261 50 01 - www.burg-hornberg.de - ♿ - avr.-sept. : 10h-18h ; oct.-mars : 11h-16h - 7 € (enf. 5 €).

Au sommet d'un coteau, le château (13e-17e s.) vaut le coup d'œil, pour sa position en vigie sur la vallée et sa terrasse panoramique *(hôtel-restaurant)*. Le mini-musée attenant au caveau viticole évoque le plus célèbre habitant du lieu, le chevalier **Götz von Berlichingen** (1480-1562), dont les mémoires ont connu un certain succès en Europe. Goethe, puis Sartre (dans *Le Diable et le Bon Dieu*, 1951) en ont fait un personnage de roman.

Poursuivez sur la B 27 qui longe le fleuve.

Hirschhorn am Neckar

Cette agréable cité d'étape se love dans une boucle du fleuve, dont on admire le dessin quasi parfait depuis le château, posé 1 km plus loin, sur un éperon fortifié entouré de forêt. La **vue★** sur le méandre et la vallée boisée du Neckar est majestueuse.

Suivez la B 37 vers le sud-est, sur 8 km le long du Neckar.

Neckarsteinach

Quatre châteaux, situés sur une étroite crête, veillent sur ce gros bourg, très touristique en saison : le **Vorderburg** et le **Mittelburg** appartiennent à des particuliers ; le plus ancien, l'**Hinterburg**, construit peu après l'an 1100 et aujourd'hui en ruine, fut le siège des chevaliers de Steinach ; également en ruine, un petit château du 13e s., le **Burg Schadeck**, est surnommé « nid d'hirondelles » en raison de sa situation. Le circuit s'achève avec une superbe arrivée à **Heidelberg**★★★ *(voir p. 246)* par la rive droite, face au château.

Carnet pratique

S'informer

Office de tourisme – *Hauptstr. 45 - Bad Wimpfen - ✆ 07063 972 00 - www.badwimpfen.de.*

Arriver/partir

En train – La ville est reliée à Heidelberg *via* Sinsheim et à Stuttgart *via* Heilbronn.

Se garer – Centre réservé aux piétons ; nombreux parkings aux abords immédiats de la vieille ville.

Nos adresses

PLAN P. 259

Restauration

Premier prix

3 Zum Kräuterweible – A1 - *Marktrain 5 - ✆ 07063 470 - www.kraeuterweible-badwimpfen.de - fermé jeu. - plats 8,70/15,80 €.* Un restaurant sans prétention, où manger à des prix défiant toute concurrence la spécialité de l'établissement : le poulet grillé !

2 Weinstube Feyerabend – A1 - *Hauptstr. 74 - ✆ 07063 950566 - www.friedrich-feyerabend.de - fermé lun.-mar. - plats 10,50/15 €.* De délicieuses spécialités régionales sont servies dans cette magnifique Weinstube centenaire. Les pâtisseries sont une grande réussite ! L'après-midi, le lieu fait aussi salon de thé et pâtisserie à emporter.

Activités

Avec sa centaine de chalets, le **marché de Noël** *(de fin nov. à mi-déc., les vend. sam. et dim.)* est souvent cité comme l'un des plus beaux d'Allemagne.

Hébergement

Budget moyen

2 Herberge zur Traube – B2 - *Hauptstr. 1 - ✆ 07063 934343 - herberge-zur-traube.de - 18 ch. 90/125 € ☕.* Un B & B bien situé dans le village, au pied de la muraille, dans une maison typique.

Pour se faire plaisir

3 Neues Tor – B2 - *Alte Heilbronner Str. 2 - ✆ 07063 93000 - www.neuestor.de - 50 ch. 165/325 € ☕ - garage 8 €/j - 2 rest. (dont 1 traditionnel), bar, terrasse.* Le haut de gamme à des prix raisonnables au vu des prestations. Design et épuré, le lieu reste chaleureux.

3

Schwäbisch Hall ★★

Avec ses ruelles sinueuses s'étirant sur les flancs abrupts de la vallée de la Kocher, Schwäbisch Hall a grandi autour de sources salines que vénéraient et exploitaient les Celtes. La frappe de la monnaie impériale, au Moyen Âge, la rendit célèbre. Ses maisons à colombages superbement restaurées et sa quiétude en font une cité authentique, plus discrète que ses prestigieuses voisines, Heidelberg ou Rothenbourg. Sans oublier l'implantation des collections d'art de l'industriel Würth, qui ont insufflé un air de renouveau au patrimoine de la ville.

Se repérer

CARTE P. 184-185 (DC1)
41141 hab. – Bade-Wurtemberg.
La ville est desservie par l'A 6 (Mannheim-Nuremberg) ; elle est reliée avec Stuttgart par la route B 14 (95 km au sud - 1h env.).

À ne pas manquer

La vue sur la vieille ville de la galerie Würth, les bords de la Kocher.

Carnet pratique p. 264

Nos adresses p. 264

Se promener

★★ Marktplatz (PLACE DU MARCHÉ)

Aménagée sur un terrain en pente, la belle place est dominée par l'escalier monumental de l'église St-Michel (54 marches). Autour de la place se succèdent des maisons de tous styles architecturaux, du gothique au baroque.
Face à l'église se dresse l'élégant bâtiment de l'**hôtel de ville**★, de style baroque tardif (1730 à 1735), avec une saillie centrale légèrement élancée et une belle tour d'horloge.
Les deux rues parallèles de l'**Obere Herrngasse** et de l'**Untere Herrngasse**, reliées par des escaliers, ont gardé des maisons à colombages des 15e et 16e s.

Michaelskirche (ÉGLISE ST-MICHEL)

La tour romane à couronnement Renaissance qui donne sur le grand escalier abrite une statue de St-Michel terrassant le dragon (1290). L'**intérieur**★, d'ordonnance romane, fut transformé au 15e s. en halle gothique et reçut au 16e s. son chœur flamboyant. De la décoration, particulièrement riche, se détachent un crucifix du sculpteur Michel Erhard d'Ulm (1494) et *(à gauche de l'autel)* un tabernacle en dentelle de pierre haut de 15 m.

Hällisch-Fränkisches Museum (MUSÉE HISTORIQUE)

Im Keckenhof - ✆ 0791 75 12 89 - www.schwaebischhall.de - ♿ en partie - tlj sf lun. 10h-17h - gratuit.
Il est aménagé dans sept bâtiments historiques, dont une tour de huit étages (1240) et un ancien moulin. Outre la géologie et la préhistoire en Franconie, il évoque l'histoire de Hall depuis le Moyen Âge jusqu'à la fin de son époque impériale, en 1802. On y découvre l'histoire du Heller, du commerce du sel dans la région, du grand incendie de 1728 qui ravagea la ville. Vous pourrez aussi admirer les figurines d'ivoire de Leonhard Kern, un sculpteur du 17e s. inspiré par ses souvenirs de voyage en Italie et en Afrique.

★ Berges de la Kocher

Du pont Henkersbrücke et surtout du débouché de la rue Am Spitalbach sur le quai *(Salinenstr.)*, jolie **vue** sur les constructions à colombages en face et sur le chevet de l'ancienne église St-Jean. La Mauerstraße *(quais rive gauche)* et l'île d'Unterwöhrd offrent une belle **vue d'ensemble★** sur le vieux quartier, dont les toits s'enchevêtrent au pied de l'église St-Michel et de l'imposante construction du **Büchsenhaus** (1527) ou *Neubau*, l'ancien arsenal.

★★ Kunsthalle Würth (GALERIE WÜRTH)

Lange Str. 35 - ✆ 0791 946 720 - www.kunst.wuerth.com - 10h-18h - gratuit - audioguide en anglais 6 € - cafétéria, boutique.

La prodigieuse collection (18 000 œuvres) réunie par Reinhold Würth est exposée ici par roulement, à l'occasion de grandes expositions temporaires. Axée sculpture, peinture et graphisme, cette riche collection privée réunit principalement des œuvres d'art moderne et contemporain, d'Edvard Munch à David Hockney, en passant par Eduardo Chillida, Emil Nolde, Christo et Jeanne-Claude, Georg Baselitz...

L'architecture même du bâtiment vaut le coup d'œil, exemplaire du point de vue de son intégration dans une ancienne brasserie de 1903. Conçu par l'architecte danois Henning Larsen, il offre une fenêtre sur la ville jusqu'à l'abbaye de Großcomburg.

★ Johanniterkirche

Im Weiler 1 - ✆ 079 194 672 330 - www.kunst.wuerth.com - tlj sf lun. 11h-17h - gratuit - audioguide en anglais 6 €.

Cette église du 12ᵉ s. abrite l'autre visage de la collection Würth, celle, fort rare, consacrée aux maîtres anciens du sud-ouest de l'Allemagne, du lac de Constance et du nord-est de la Suisse. Parmi les chefs-d'œuvre à ne pas manquer : la **Vierge avec la famille du bourgmestre Meyer★★** (1526-1528) de Hans Holbein le Jeune.

À proximité

CARTE P. 184-185

★ Benediktinerkloster Großcomburg (ABBAYE DE GROSSCOMBURG) C1

3 km au sud - Comburg 5 - 74523 Schwäbisch Hall – ✆ 0791 93 02 082 - www.kloster-grosscomburg.de - tlj sf lun. 8h-18h - visite guidée (45mn) avr.-oct. : tlj sf lun. à 11h, 13h, 14h et 15h, w.-end et j. fériés à 14h et 15h - 5 €, billet famille 12,50 €.

L'ancienne abbaye bénédictine fondée en 1078 est protégée par une enceinte circulaire ponctuée de tourelles. L'église a gardé ses trois tours romanes ; le reste de l'édifice fut rebâti en 1715 dans un style baroque assez sobre.

Le **lustre★★★** roman en forme de couronne (1130), exécuté en fer recouvert de cuivre doré, est l'un des plus précieux d'Occident avec ceux d'Aix-la-Chapelle et de Hildesheim. Il représente la « Jérusalem céleste » qu'habitent saints, martyrs, anges et philosophes détaillés à travers 412 figures.

Carnet pratique

S'informer

Office de tourisme – *Hafenmarkt 3 - Schwäbisch Hall - ✆ 0791 751 600 - www.schwaebischhall.de.* Plan de visite de la ville en français.

Arriver/partir

En train – Liaisons avec Stuttgart (1h env.).

Agenda

Fête du gâteau et des fontaines *(Kuchen und Brunnenfest)* – Pentecôte. Spectacle historique des sauniers qui ont sauvé la cité d'un incendie.

Fête des nuits d'été *(Sommernachtsfest)* – Fin août. Concerts au bord de la Kocher à la lumière de 20 000 lampions.

Nos adresses

Restauration

Premier prix

Markthalle Kornhausscheunen – *Kornhausstr. 6 - ✆ 0791 93290888 - fermé dim. et le soir - autour de 10 €.* Ce petit bout de marché couvert accueille des stands de plats traiteur à manger sur place (terrasse en saison) ou à emporter. En matinée, également de copieux petits-déjeuners. Bien aussi pour des emplettes de produits du terroir (conserves, moutardes, miels).

Schuhbäck – *Untere Herrngasse 1 - ✆ 0791 85470 - www.schuhbaeck.de - fermé à midi lun. et merc.-vend. - plats 13,50/20,50 €.* Ce restaurant plébiscité par les locaux et situé à deux pas de la Marktplatz propose une cuisine souabe roborative. Demandez le menu en anglais, très bien traduit.

Sudhaus – *Lange Str. 35/1 - à côté de la galerie Würth - ✆ 0791 9467270 - www.sudhaus-sha.de - fermé lun. - plats du jour 8,50/9,50 € - plats 19,90/28,90 €.* Un restaurant-café installé dans une ancienne brasserie (microbrasserie en activité) et une terrasse au sommet d'une tour. Savoureuse cuisine internationale.

Boire une bière

Zum Löwen – *Mauerstr. 17 - ✆ 0791 2041622 - www.brauereiausschank-zum-loewen-schwaebischhall.de - 11h30-14h, 17h30-23h - fermé merc.-jeu. - plats 15/20 €.* Posée au bord de l'eau, cette brasserie produit une bière maison, légère et minérale, d'excellente qualité. Possibilité de manger sur place (choix interminable de spécialités locales, régionales et nationales).

Hébergement

Budget moyen

Hotel Scholl – *Klosterstr. 2-4 - ✆ 0791 97550 - www.hotel-scholl.de - P 8 €/j - 27 ch. à partir de 91 €.* Excellente situation pour cet hôtel qui a investi une belle bâtisse au cœur de la ville haute. Les poutres apparentes et les colombages forment un beau mariage avec le mobilier contemporain et le confort moderne.

Stuttgart ★★

On connaît Stuttgart pour être le berceau de l'industrie automobile : Mercedes-Benz et Porsches y ont encore leur usine et leur musée. Mais se limiter à cette facette serait bien dommage. Basée au cœur d'une des plus grandes régions viticoles d'Allemagne, la métropole économique fait la part belle aux piétons et renoue avec les collines boisées et couvertes de vignobles qui l'entourent. Ville d'architectes, elle témoigne de tous les styles du 20e s., et ses fabuleux musées renouvellent l'image de la capitale du Land de Bade-Wurtemberg. Grâce au TGV, elle est à moins de 4h de Paris. Une raison de plus pour se laisser surprendre !

Se repérer

CARTE P. 184-185 (B2) ET PLAN P. 266
626 275 hab. – Bade-Wurtemberg.
À 79 km à l'est de Karlsruhe, 182 km au nord de Fribourg.

À ne pas manquer

L'époustouflant musée Mercedes-Benz, l'éclairage nocturne du musée d'Art (Kunstmuseum), l'ambiance gourmande du marché couvert.

Organiser son temps

L'importante offre culturelle invite à rester deux jours et à prendre le temps de découvrir les vignobles situés en centre-ville et les jardins.

En famille

Le jardin Wilhelma, le château de Ludwigsburg pour le Kiderreich et le jardin des Contes de fées.

Carnet pratique p. 272

Nos adresses p. 272

3

Se promener

PLAN P. 266

De la gare à la place du château

Itinéraire tracé sur le plan.

Hauptbahnhof (GARE) B1
Le long de la Schillerstraße, la gare de Stuttgart a été construite entre 1917 et 1924. À l'extrémité est, une tour surmontée de l'étoile de Mercedes *(accès gratuit)* regarde la longue perspective de la Königstraße.

Schlossgarten (JARDINS DU CHÂTEAU) B1-2
Agréable lieu de pique-nique et de repos, les jardins s'ouvrent sur le vaste « U » de verdure qui s'étire sur 8 km de promenade piétonne (ponts et passerelles enjambent les rues). C'est ici que se situait le « jardin des Juments » *(Stutengarten)*, haras seigneurial du 10e s. aux origines de la ville qui devint au 14e s. la résidence des ducs et des rois de Wurtemberg
Passez devant le Théâtre national, puis prenez à gauche après l'Opéra pour emprunter un passage souterrain.

Konrad-Adenauer-Straße B1-2
Les habitants l'appellent **Kulturmeile**, « l'avenue de la Culture ». La construction de ce complexe architectural, œuvre majeure du postmodernisme conçue par

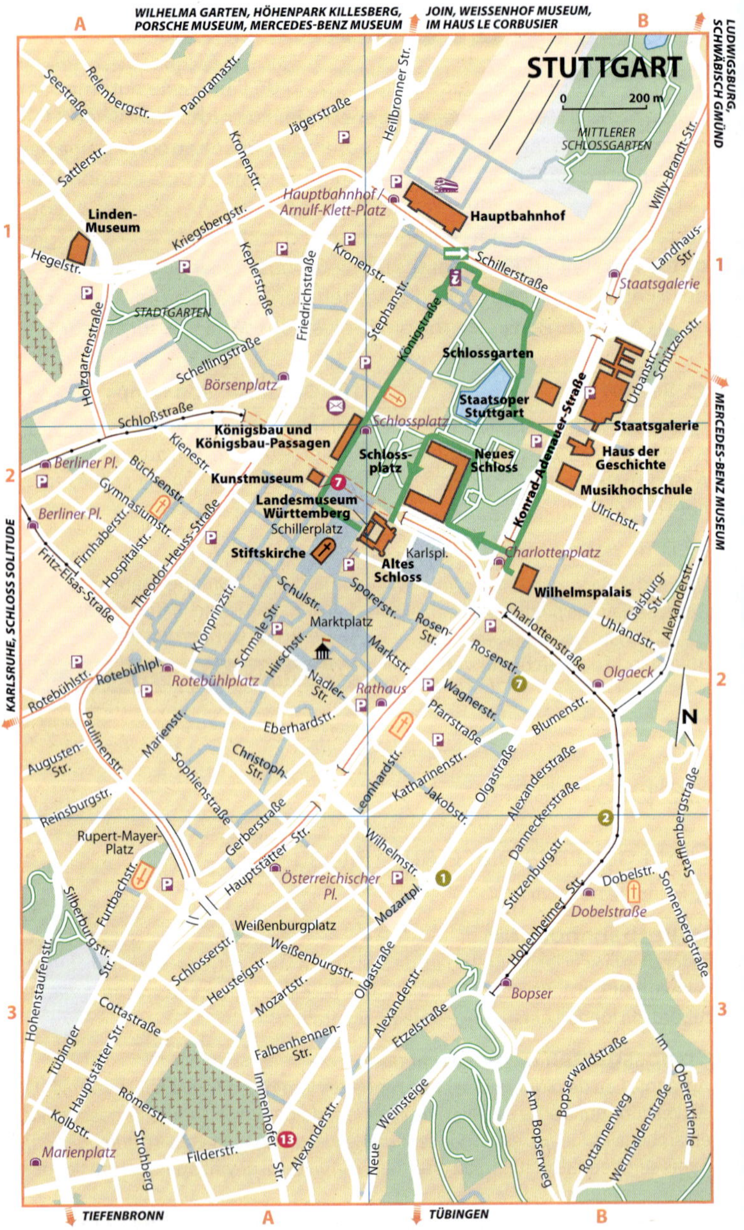

SE RESTAURER

Cube 7

Weinstube Kochenbas 13

SE LOGER

Hotel Abalon 1

Zur Weinsteige 2

Der Zauberlehrling 7

James Stirling et Michael Wilford, s'est étalée sur plus de vingt ans (1979-2002). De la **Staatsgalerie (Galerie nationale)** à la **Musikhochschule (Conservatoire de musique et d'art dramatique** – *accès libre au sommet de la tour)*, en passant par la **Haus der Geschichte (Maison de l'histoire)**, rotondes, tuyaux colorés, façades de grès et encadrements de fenêtres jaunes s'affichent le long de cette avenue.

★★ Staatsgalerie Stuttgart (GALERIE NATIONALE) B1

Konrad-Adenauer-Str. 30-32 - ✆ 0711 470 400 - www.staatsgalerie.de - ♿ - mar.-dim. 10h-17h (20h jeu.) - 7 € (gratuit merc. et -20 ans) - audioguide en français.
Cette galerie fut fondée en 1838-1843 par le roi Guillaume Ier de Wurtemberg. Le bâtiment primitif est consacré à la peinture et à la sculpture, du Moyen Âge aux impressionnistes. Voir surtout la section des **maîtres anciens★★** (dont Lucas Cranach l'Ancien et Hans Holbein), où la peinture souabe du 14e au 16e s. occupe une place de choix. L'un des chefs-d'œuvre exposés est l'**autel de Herrenberg** de Jerg Ratgeb (1519), sur lequel sont représentés la Cène, le martyre, la Crucifixion du Christ et sa Résurrection.
La **section italienne** comprend une belle collection de peintres florentins et vénitiens du 14e s. Parmi les **maîtres hollandais**, on trouve Hans Memling, Rembrandt, Ruysdael et Rubens. La section consacrée au 19e s. présente des œuvres du « classicisme souabe », mais aussi un éventail de toiles allant du romantisme (Caspar D. Friedrich) à l'impressionnisme (Lovis Corinth, Max Liebermann, Max Slevogt) en passant par des préraphaélites anglais (Burne-Jones).
L'annexe, conçue par James Stirling (1984), abrite la section d'**art moderne**. Les collections présentent, entre autres, des peintures des mouvements « Die Brücke » (Kirchner) et « Der Blaue Reiter » (Franz Marc, Kandinsky), des tableaux de fauves et cubistes français (Matisse, Gris, Braque), des œuvres Dada (Max Ernst, Yves Tanguy, Kurt Schwitters), d'expressionnistes et de la Nouvelle Objectivité (Dix, Grosz), ainsi que le Bauhaus. Une place particulière est faite à l'œuvre de Willi Baumeister (1889-1955) et Oskar Schlemmer, natifs de Stuttgart ; du second, voir les six figures du *Ballet triadique* et les monumentales esquisses pour peintures murales (1929). Un autre temps fort est constitué par 12 œuvres de Picasso, représentatives de ses différentes périodes de création, parmi lesquelles *Les Baigneuses* (sculptures). La section d'art contemporain couvre la période allant de l'immédiat après-guerre avec Dubuffet et Giacometti jusqu'aux derniers travaux de Baselitz et Kiefer.
Allez tout au bout de la Konrad-Adenauer-Straße.
Là se tient le **Wilhelmspalais** (B2), ultime demeure du dernier roi du Wurtemberg, Guillaume II, jusqu'à son abdication en 1918. La statue du monarque et de son petit chien se dresse devant le bâtiment néoclassique.
Traversez la Konrad-Adenauer-Straße, puis contournez le Nouveau Château par la droite.

Schlossplatz (PLACE DU CHÂTEAU) AB2

Espace vert et cœur battant de la ville, cette place s'ouvre devant le **Nouveau Château** *(Neues Schloss)*, demeure royale construite entre 1746 et 1807, qui abrite désormais certains ministères du Land.

Altes Schloss (ANCIEN CHÂTEAU) AB2

En grande partie du 16e s., ce château à quatre ailes flanqué de tours rondes possède une **cour Renaissance★** *(accès à la chapelle du château)* entourée de trois niveaux de galeries à arcades. Il abrite le musée régional du Wurtemberg.

★ Landesmuseum Württemberg (MUSÉE RÉGIONAL DU WURTEMBERG) B2

Schillerplatz 6 - ✆ 0711 89 53 51 11 - www.landesmuseum-stuttgart.de - tlj sf lun. 10h-17h - 6 € - audioguide en anglais.

Il présente l'histoire et la culture du Wurtemberg à partir du néolithique. À noter le tombeau princier celte du milieu du 6e s. av. J.-C. et une section très intéressante de **statuaire religieuse★** d'Allemagne du Sud. On trouvera également un cabinet de médailles et une collection de meubles et d'horloges. La tour du Trésor abrite une collection d'armes, des objets provenant de « la chambre ducale des arts et des merveilles » (du 15e au 18e s.) et le **trésor de la couronne** des rois du Wurtemberg. Une importante collection d'instruments de musique est exposée dans son propre bâtiment, le Grenier d'abondance (Fruchtkasten), sur la Schillerplatz.

Ressortez du château par la porte centrale, sur l'élégante Schillerplatz.

Stiftskirche (COLLÉGIALE) A2

Mêlant des parties de style roman (étage inférieur de la tour sud, 12e s.), gothique primitif (chœur, 14e s.) et gothique flamboyant (nef ajoutée entre 1436 et 1455, dont il ne reste aujourd'hui que le mur nord), la collégiale subit d'importants dommages en 1944. La dernière travée gauche de la nef abrite un manteau du Christ d'une grande rareté (gothique flamboyant, vers 1500). Les **tombeaux★** des comtes de Wurtemberg, dans le chœur, ont été réalisés par le sculpteur Sem Schlör (1576). Les 11 figurines engainées représentant les ancêtres du duc en tenue d'époque sont placées devant un décor d'arcades dans le style Renaissance.

Empruntez un passage couvert, à l'angle de la Schillerplatz.

★★ Kunstmuseum (MUSÉE DES BEAUX-ARTS) A2

Kleiner Schlossplatz 1 - ✆ 0711 216 196 00 - www.kunstmuseum-stuttgart.de - tlj sf lun. 10h-18h (21h vend.) - 6 € (-18 ans gratuit).

Un grand cube de cristal abrite les collections de ce musée réputé pour les 250 œuvres du chef de file de la Nouvelle Objectivité, **Otto Dix**, surtout connu pour sa critique virulente de la société (entre autres, le triptyque *Großstadt* et le tableau contre la guerre *Grabenkrieg*). L'art abstrait allemand est bien représenté avec notamment des tableaux de Willi Baumeister, natif de Stuttgart. Le musée poursuit un dialogue fécond avec des artistes dont les installations permettent d'expérimenter les grandes tendances de l'art contemporain. Au dernier étage du musée, coup d'œil surprenant sur la place du Château.

À gauche du musée en sortant, derrière les colonnes classiques, le **Königsbau** cache une vaste galerie marchande doublée d'une construction récente, les **Königsbau-Passagen** (A2).

Redescendez la Königstraße pour rejoindre le point de départ.

Hors du centre-ville

★★ Linden-Museum (MUSÉE LINDEN) A1

▶ De la gare : bus 40 (dir. Vogelsang) ou 42 (dir. Erwin-Schoettle- Platz), arrêt « Linden-Museum/Olga-Hospital » - Hegelplatz 1 - ✆ 0711 2022 3 - www.linden museum.de - ♿ - tlj sf lun. 10h-17h (18h dim. et j. fériés) - 4 € (-18 ans gratuit) - audioguide en anglais.

Les riches collections de ce **musée d'Ethnographie**, l'un des plus grands d'Europe, sont réparties en cinq sections géographiques : l'**Amérique** *(fermé pour travaux)*, l'**Afrique** (palais royal, masques), l'**Orient** (culture et histoire islamiques), l'**Asie du Sud et de l'Est** (Japon et Chine, Inde, Népal et Tibet) et l'**Océanie**. Certaines mises en scène, comme la réplique d'un atelier de laque ou d'un salon de thé japonais,

Le Kunstmuseum de Stuttgart, conçu par le cabinet Hascher Jehle Architektur.
tichr/Getty Images Plus

sont particulièrement réussies. On découvrira aussi la créativité foisonnante des artistes africains, un comparatif entre l'artisanat chinois et japonais, ou encore la subtilité du travail du métal au Moyen-Orient... En tout, plus de 160 000 objets s'attachent à montrer la beauté et la diversité de la culture des hommes, soulignant ce qui les distingue, mais aussi ce qui les relie.

★ Weissenhof Museum - Haus Le Corbusier

(MUSÉE WEISSENHOF - MAISON LE CORBUSIER) HORS PLAN PAR B1

De la gare : U5 et U12 jusqu'à Killesberg ou bus 44 jusqu'à Kunstakademie - Rathenaustr. 1 (près du parc du Killesberg) - ✆ 0711 2579187 - www.weissenhof.de - tlj sf lun. 11h-18h, w.-end et j. fériés 10h-18h - 5 € (-11 ans gratuit).

Ce musée, installé dans la maison Le Corbusier, retrace l'épopée de la construction en 1927 de la cité expérimentale du Weissenhof *(Weißenhofsiedlung)*, qui allait marquer l'histoire de l'architecture moderne. Dix-sept jeunes architectes talentueux (dont Mies van der Rohe, Walter Gropius, Le Corbusier et Hans Scharoun), bâtirent, selon les principes du courant du Bauhaus (décor minimal, fonctionnalité, lignes géométriques...) et dans le cadre d'une exposition, 21 habitations à toit plat sur cette colline de Stuttgart. La maison jumelle *(Doppelhaus)* conçue par Le Corbusier et Pierre Jeanneret a été restaurée à l'identique. Dix autres bâtiments sauvés de la destruction, mais seulement visibles de l'extérieur, permettent de comprendre l'importance de la cité du Weissenhof dans l'histoire de l'architecture *(plan disponible au musée)*.

Höhenpark Killesberg (PARC DU KILLESBERG) HORS PLAN PAR B1

4 km au nord du centre. Sortez par la Heilbronner Straße. De la gare : U5 et U12 jusqu'à Killesberg ou bus 44.

Le parc du Killesberg est situé sur une hauteur au nord de la ville, où il s'intègre parfaitement aux mouvements du terrain. Des jeux d'eau aménagés en terrasses et des parterres aux splendides couleurs invitent au repos, tandis qu'un **train miniature** permet de faire le tour du parc.

Aux sources de l'automobile

Gottfried Daimler (1834-1900), ingénieur installé à Bad Cannstatt, quartier de Stuttgart sur la rive droite du Neckar, fut l'un des pionniers du moteur à essence adapté à l'entraînement des véhicules. La collaboration de Wilhelm Maybach, un mécanicien génial, lui permit d'aboutir à un moteur vertical, breveté en 1883. Né et formé à Karlsruhe, **Carl Benz** (1844-1929) mit au point, à Mannheim, un véhicule automobile qui fit de lui le premier à passer à la production en série. En 1899, Benz livrait son 2 000e véhicule et était ainsi le premier constructeur automobile du monde. En 1901, la firme Daimler mit sur le marché un modèle baptisé **Mercedes**, prénom de la fille de son concessionnaire le plus important à l'étranger. En 1926, les deux entreprises s'unissaient pour fonder la société **Mercedez-Benz**.

★ Jardin Wilhelma HORS PLAN PAR B1

4 km au nord-est du centre. Sortir par la Heilbronner Straße. Depuis la gare : U14 jusqu'à Wilhelma - 0711 54 020 - www.wilhelma.de - ♿ - 10h-18h - 17/20 € selon la saison et l'heure (6-17 ans 6,50/8 €).

Ce jardin zoologique et botanique, aménagé au milieu du 19e s. sur l'ordre du roi Guillaume Ier, est considéré comme l'un des plus beaux d'Europe. Ses jardins et sa villa mauresques lui donnent un air unique d'Alhambra. Plus de 9 000 animaux de 1000 espèces différentes y sont réunis. Ne manquez pas l'**aquarium-terrarium** et la **maison d'Amazonie**.

★★ Musée Mercedes-Benz HORS PLAN PAR B1

Depuis la gare : S1 jusqu'à NeckarPark, puis 8mn à pied, ou S2 et S3 jusqu'à Bad Cannstatt, puis bus 56 (arrêt Mercedes-Benz Welt) - Mercedesstr. 100 (6 km à l'est, côté Cannstatt) - 0711 17 30 000 - www.mercedes-benz.com - ♿ - tlj sf lun. 9h-18h - 10 € (5 € à partir de 16h30 et -14 ans gratuit) - audioguide en français inclus.

Les amateurs d'architecture apprécieront à sa juste mesure le bâtiment à la façade de verre et d'aluminium dessiné par le cabinet néerlandais UN Studio (2006). À l'intérieur, une double spirale se déroule en pente douce autour d'un atrium époustouflant, haut de 42 m. C'est ce chemin que suit le visiteur pour revivre 120 ans d'une histoire unique de l'industrie automobile, du premier modèle de Carl Benz, breveté le 29 janvier 1886, jusqu'à nos jours. Le design architectural et une scénographie très soignée servent d'écrin à plus de 160 modèles. Dans les salles thématiques sont rassemblées des collections autour des voyages, des véhicules utilitaires et des voitures de célébrités.

À proximité

★ Porsche Museum (MUSÉE PORSCHE)

À Zuffenhausen, 8 km au nord. Depuis la gare : S6 jusqu'à Neuwirtshaus, puis 2mn à pied - Porscheplatz 1 - 0 800 356-0911 - www.porsche.com/museum - ♿ - tlj sf lun. 9h-18h - 10 €, 5 € à partir de 17h (-14 ans gratuit), billet famille 24 € - audioguide en français.

Vous pouvez coupler la visite du musée avec la découverte de l'usine voisine *(sur réserv. préalable par téléphone).*

En 1934, **Ferdinand Porsche** (1875-1951), qui s'était auparavant distingué chez Daimler, mit au point le prototype de la célèbre Volkswagen. À partir de 1948, il se consacra à la voiture de sport Porsche, fabriquée depuis lors à Zuffenhausen.

C'est à proximité de l'usine que le nouveau bâtiment, futuriste et aérien, présente plus de 80 modèles de la marque.

★ Schloss Solitude (CHÂTEAU DE LA SOLITUDE)

9 km au sud-ouest. Sortir par la Rotebühlstr. En train depuis Stuttgart : S1 à S6 jusqu'à Feuersee, puis bus 92 (arrêt Solitude) - 07141 18 64 00 - www.schloss-solitude.de - visite guidée en allemand (30-45mn - en français sur réserv.) avr.-oct. : 10h-17h ; reste de l'année se rens. - fermé lun. - 5 €.

Quel nom ! Ancienne résidence d'été de la cour de Wurtemberg, le château de la Solitude occupe le rebord d'un plateau. Le pavillon ovale, surmonté d'une coupole, et les ailes latérales s'élèvent majestueusement sur un soubassement percé d'arcades. Ce petit château rococo fut édifié entre 1763 et 1769 sous la direction de l'architecte français La Guépière. Les aménagements intérieurs de la salle centrale en rotonde (Weißer Saal) et de la petite salle de marbre sont traités dans le goût néoclassique. Les autres pièces, revêtues de boiseries, ont un décor rococo à la française. Remarquez le bureau du roi Frédéric Ier de Wurtemberg, évidé en raison de l'obésité de son possesseur.

★ Schloss Ludwigsburg (CHÂTEAU DE LUDWIGSBURG)

15 km au nord. En train depuis Stuttgart : S4 et 5 - 07141 18 64 00 - www.schloss-ludwigsburg.de - ♿ - château : visite guidée (en anglais) de mi-mars à mi-nov. : 10h-17h ; de mi-nov. à mi-mars : 11h-15h30 - château 8,50 €. En raison de travaux de restauration, certaines parties sont fermées à la visite.

Construit par le duc Eberhard Ludwig de Wurtemberg en 1704, puis agrandi de 1718 à 1733 sur le modèle de Versailles, le monumental quadrilatère compte 452 pièces, 18 bâtiments et trois cours. L'ancienne résidence des ducs et rois du Wurtembourg est le plus grand château baroque conservé en Allemagne.

★ **Appartements** – *Pendant les travaux, deux visites sont proposées : les appartements du duc (Herzog) et ceux de la duchesse (Herzogin).* Dans ces incroyables enfilades de pièces, où l'on passe du baroque au rococo et au néoclassicisme, on retiendra la galerie des Ancêtres, le théâtre baroque, qui conserve ses décors et sa machinerie en état de fonctionnement, l'église catholique décorée de stucs plantureux, le cabinet des Miroirs (144, de Murano) et enfin la chapelle des Ordres.

Musées – *Fermé pour travaux.* Plusieurs salles du château abritent de belles collections de céramiques et de costumes (18e-20e s.). Les enfants ont leur place dans le **Kinderreich**, avec des pièces meublées comme à l'époque, des déguisements et des jeux leur permettant de découvrir la vie au 18e s.

★ **Parc** – *www.ludwigsburg.de - ♿ - 7h30-20h30 ; jardin féerique de mi-mars à oct. : 9h-18h - 10 € (4-15 ans 4,80 €).* Au sud, devant le nouveau corps de logis, ont été reconstitués des parterres de broderies en fleurs et des cabinets de verdure à la mode baroque. Au nord et à l'est, le terrain, plus accidenté, est planté dans le goût anglais. Le **jardin des Contes de fées** voit s'animer les légendes populaires du folklore allemand ou étranger à l'aide de personnages.

Château Favorite – *À gauche du château résidentiel - visite guidée (20mn). - 5 € (enf. 2,50 €).* À deux pas du château résidentiel, ce charmant pavillon de chasse baroque a été construit pour la maîtresse du duc Eberhard Ludwig entre 1713 et 1723. La décoration intérieure est de style Empire.

Château Monrepos – *5 km au nord-ouest du château résidentiel par la B 27, ou 30mn à pied par un chemin piétonnier depuis le château. Ne se visite pas.* Autre pavillon de chasse baroque des ducs de Wurtemberg, cette fois au bord d'un petit lac romantique. Concerts en plein air l'été.

Carnet pratique

S'informer

Office de tourisme – *Königstr. 1a - Stuttgart - ☏ 0711 22 280 - www.stuttgart-tourist.de.*

Arriver/partir

Aéroport – *À 14 km au sud - www.flughafen-stuttgart.de.* Liaisons S-Bahn S2 ou S3 *(27mn - départ du terminal 1 ttes les 10 à 20mn de 4h55 à 0h25).*

Gare centrale – *Hauptbahnhof - Arnulf-Klett-Platz 2 - B1 - www.bahnhof.de.* Jusqu'à 5 TGV directs/j de Paris-Est à Stuttgart. Liaisons avec les grandes villes d'Europe.

Se déplacer

Transports en commun – *www.vvs.de - ticket simple (2h) 2,80 €; VVS 3-Days-Ticket (sur présentation de la réservation d'hôtel, valable pour 1 adulte et 2 enf. 14,40 €, 20 € ensemble du réseau).* Le **VVS** unifie le S-Bahn (équivalent du RER), le U-Bahn (métro), les tramways et les bus. Bureau d'information à l'office de tourisme.

Location de vélos – *www.callabike.de - 9 €/24h, vélos électriques (12,50 €/24h).* 45 stations de vélos Call a Bike (Deutsche Bahn) en libre-service.

Agenda

Stuttgarter Weindorf (Fête du vin) – *Fin août, déb. sept.*

Venezianische Messe Ludwigsburg (Carnaval vénitien de Ludwigsburg) – *Déb. sept.* Défilés et spectacles sur le mode baroque.

Cannstatter Volkfest – *www.cannstatter-volksfest.de - fin sept.* Fête de la bière pendant 17 jours.

Marché de Noël de Stuttgart – *www.stuttgarter-weihnachtsmarkt.de - de fin nov. au 23 déc.* Dans la cour de l'ancien château.

Marché de Noël baroque de Ludwigsburg – *www.ludwigsburg.de - de fin nov. au 22 déc.*

Nos adresses

PLAN P. 266

Restauration

Premier prix

13 **Weinstube Kochenbas** – *A3 - Immenhofer Str. 33 - ☏ 0711 602704 - www.kochenbas.de - fermé lun. - plats 10/26 €.* Deuxième plus vieux bar à vin de la ville. Ambiance souabe. Plats régionaux.

Budget moyen

Augustenstüble – HORS PLAN - *Augustenstr. 104 - ☏ 0711 621248 - www.augustenstüble.de - fermé dim.-lun. et à midi mar.-sam. - menus 58/75 €.* Restaurant de cuisine française « bourgeoise », avec une belle carte de vins. Atmosphère chaleureuse sur fond de boiseries.

Pour se faire plaisir

7 **Cube** – *A2 - Kleiner Schlossplatz 1 - ☏ 0711 2804441 - www.cube-restaurant.de - ♿ - réserv. conseillée - plats 24,90/44,90 €.* Salle aérienne et lumineuse au dernier étage du Kunstmuseum. Cuisine d'un bon rapport qualité-prix à midi.

À Ludwigsburg

Pour se faire plaisir

Post-Cantz – *Eberhar. 6 - ☏ 07141 923563 - www.post-cantz.de - fermé merc.-jeu. - plats 14,50/28,90 €.* Cuisine souabe et de saison servie sur des tables joliment dressées.

Petite pause

Markthalle – *Dorotheenstr. 4 - ✆ 0711 480410 - www.markthalle-stuttgart.de - lun.-mar. 7h30-18h30, sam. 7h-17h - fermé dim.* Un des plus beaux marchés couverts d'Allemagne, de style Art déco, et plus de 40 étals pour savourer produits du terroir et du monde.

En soirée

Le **Bohnenviertel** (B2 - *entre Charlottenstr. et Pfarrstr.)* est un quartier charmant avec ses bars et restaurants. Bars de nuit et discothèques sont alignés sur la **Theodor-Heuss-Straße** (A2), surnommée la « Theo ».

Staatsoper Stuttgart – *Oberer Schloßgarten 6 - ✆ 0711 202090 - www.staatsoper-stuttgart.de.* Spectacles d'opéra et concerts à tarif réduit pour les familles *(-18 ans 10 €).*

JOiN (Jungen Oper im Nord) – *Löwentorstr. 68 - ✆ 0711 202090 - www.staatsoper-stuttgart.de/join.* Le Jeune opéra de Stuttgart programme concerts, spectacles et opéras pour les 2-18 ans.

Shopping

Les commerces se concentrent autour de la **Königstraße**, la rue commerçante piétonne (1 km), et des rues adjacentes. Le grand magasin par excellence est **Breuninger** *(Marktplatz).* Artisans et antiquaires sont rassemblés dans le **Bohnenviertel** *(voir ci-dessus).* Pour les boutiques de luxe, se rendre dans le **Calwer Passage**, près de Rotebühlplatz.

Activités

Stuttgart City Tour – *www.stuttgart-citytour.de - 18 € - valable 24h - achat en ligne, dans le bus ou à l'office de tourisme.* Bus à impériale avec audioguide et possibilité de monter et descendre aux arrêts de son choix.

Hébergement

Budget moyen

1 **Hotel Abalon** – B3 - *Zimmermannstr. 7-9 - accès en voiture par le n° 79 de la Olgastraße - ✆ 0711 21710 - www.abalon.de - P 9,50 €/j - 42 ch. 144/191 €* ☕. Cet édifice moderne, avec sa terrasse couverte, abrite des chambres spacieuses. À l'écart de l'agitation de la ville, tout en restant proche du centre.

Pour se faire plaisir

2 **Zur Weinsteige** – B2-3 - *Hohenheimer Str. 28-30 - ✆ 0711 2367000 - www.zur-weinsteige.de - 28 ch. 150/360 € - ☕ 12 €.* Ici, vous séjournerez chez deux frères très investis dans leur travail. L'un d'eux élève des carpes koïs, que l'on peut admirer dans l'aquarium sur la terrasse. Les chambres de la dépendance sont plus confortables et élégantes.

7 **Der Zauberlehrling** – B2 - *Rosenstr. 38 - ✆ 0711 2377770 - www.zauberlehrling.de - 17 ch. 240/430 € - ☕ 19 € - ✕ menus 119/198 €.* Chambres vastes et modernes, toutes décorées avec soin, chacune selon un thème différent.

3

Tübingen ★★

Dans les ruelles étroites menant à la place du Marché, vous croiserez certainement des étudiants (ils représentent un tiers de la population !), qui donnent à la cité son caractère animé. Son université est l'une des plus anciennes d'Europe (fin 15e s.), jadis fréquentée par Hölderlin, Melanchthon ou Hegel, et encore aujourd'hui l'une des plus réputées d'Allemagne. Le Neckar trace une paisible ligne bordée de vert au pied de la cité. La vieille ville, ravissante avec ses maisons à pans de bois et ses rues en pente, est encadrée par les deux collines du Schlossberg et de l'Österberg, à la verdure reposante.

L'hôtel de ville de Tübingen.
Teka77/Getty Images Plus

Se repérer

CARTE P. 184-185 (B2) ET PLAN P. 276
91877 hab. – Bade-Wurtemberg.
40 km au sud de Stuttgart, 130 km à l'est de Strasbourg.

Carnet pratique p. 279

Nos adresses p. 279

Se promener

PLAN P. 276

★★ La vieille ville

Itinéraire tracé sur le plan. Au départ de l'office de tourisme, engagez-vous sur le pont.

Eberhardsbrücke B1-2

Ce pont offre une **vue★** pittoresque sur le Neckar : derrière les feuillages épars des saules pleureurs surgissent les toits des maisons et la tour de Hölderlin, facilement repérable par sa couleur jaune et son toit pointu ; on peut également admirer le front du Neckar avec ses maisons du 16ᵉ s. en parcourant la **Platanenallee** (B2), belle promenade créée au 19ᵉ s. sur la Neckarinsel. Dès les beaux jours, vous verrez passer quelques barques mues au moyen de longues perches, les *Stocherkahn*. Une course, la **Stockerkahnrennen**, a lieu chaque année en juin, mettant en compétition une cinquantaine d'équipes.

Sitôt franchi le pont, descendez sur les berges par un escalier à gauche.

Hölderlinturm (TOUR HÖLDERLIN) B1

www.hoelderlinturm.de - jeu.-lun. 11h-17h - entrée gratuite.

Construite à la fin du 18ᵉ s. sur les vestiges d'anciennes fortifications, la tour dominant le Neckar porte le nom du poète **Friedrich Hölderlin** (1770-1843) qui vécut ici la deuxième partie de sa vie. Le site, devenu musée, a rouvert ses portes après d'importants travaux de rénovation. Sur les trois étages, l'exposition permanente est consacrée à la vie du poète et à son œuvre, à travers laquelle il expérimenta les limites du langage littéraire. De nombreux exemples illustrent à quel point il a inspiré la littérature, la musique et l'art modernes. L'exposition se poursuit dans le jardin ; on dit que Hölderlin a développé le rythme de ses poèmes en marchant. Sur un parcours spécialement conçu, les visiteurs peuvent tester par eux-mêmes...

Prenez à droite devant la tour, puis à gauche dans la Bursagasse.

Burse B1

Ce grand bâtiment, avec son double escalier, fut successivement « faculté des artistes » (sorte de préparation à l'université pour les élèves de 14 à 16 ans), hôpital universitaire (début 19ᵉ s. – Hölderlin y fut soigné), puis séminaire de philosophie et Institut d'histoire de l'art, ce qu'il est encore aujourd'hui.

L'université

Tout commence en 1477, lorsque le comte Eberhard le Barbu décide de fonder un enseignement dans la petite ville de 3 000 âmes. Les 300 premières inscriptions sont le début d'une histoire à succès qui se prolonge jusqu'à nos jours. L'université et le séminaire protestant *(Stift)* fondé en 1536 ont accueilli les poètes **Hölderlin**, **Mörike** et **Uhland** ; c'est également ici qu'étudièrent l'astronome **Kepler** et l'humaniste **Melanchthon**. **Wilhelm Schickard** a inventé en 1623 à Tübingen la première machine à calculer mécanique. **Friedrich Miescher** découvrit ici en 1869, à l'âge de 25 ans, l'acide désoxyribonucléique (ADN). Et **Christine Nüsslein-Volhard** obtint en 1995 le prix Nobel de médecine pour ses travaux sur le développement embryonnaire. L'université est aussi un berceau de la philosophie idéaliste avec **Hegel** et **Schelling**, tous deux formés à Tübingen.

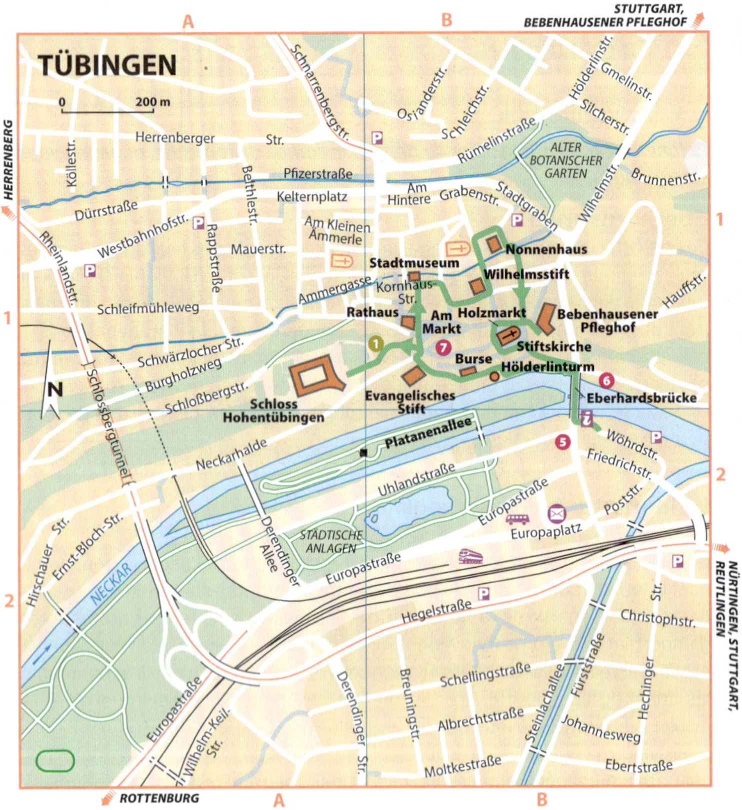

SE RESTAURER		SE LOGER
Uhlandstube 5	Gasthausbrauerei Neckarmüller 6	Hotel Am Schloss 1
	Weinstube Forelle........... 7	

Evangelisches Stift (SÉMINAIRE PROTESTANT) B1

Le monastère des augustins (13e s.), dissous en 1534 par l'introduction de la Réforme dans le Wurtemberg, fut transformé en séminaire protestant. Il était ouvert aux élèves les plus méritants de la région, qui bénéficiaient d'une bourse. Hegel, Hölderlin et Schelling en firent partie. Dans la cour intérieure, on peut voir l'ancien cloître du monastère.

Monter ensuite au château par la Burgsteige.

Schloss Hohentübingen (CHÂTEAU DE HOHENTÜBINGEN) A1

L'édifice, bâti sur les fondations du château élevé au milieu du 11e s. par le comte de Tübingen, date de la Renaissance. On y entre par un beau **portail Renaissance** (1606) construit dans le style d'un arc de triomphe romain. Délaissé au 18e s., le château fut investi par l'université ; restauré de 1979 à 1984, il abrite aujourd'hui les instituts des sciences et d'archéologie ainsi que leurs collections, dont celle d'archéologie *(voir ci-dessous)* et l'intéressante collection de plâtres de statues antiques hébergée dans la salle des Chevaliers, dont l'oriel d'apparat, datant de 1537, est orné d'une splendide voûte en étoile.

★ **Musée de l'Université de Tübingen - Civilisations anciennes** *(Museum Alte Kulturen) - ✆ 07071 29 77579 - www.unimuseum.uni-tuebingen.de - merc.-dim. 10h-17h (jeu. 19h) - 5 € (enf. 3 €), billet famille 12 €.* Dans le département de préhistoire et de protohistoire sont exposées des pièces d'une rareté exceptionnelle, tel le **petit cheval en ivoire de mammouth★** trouvé dans la grotte du Vogelherd, datant de plus de 40 000 ans, l'un des plus anciens objets d'art du paléolithique inférieur. Les départements d'antiquités classiques, d'égyptologie et d'antiquités orientales disposent également de pièces de grande valeur, notamment la **chambre d'offrande de sépulture★** datant de l'Ancien Empire (3e millénaire av. J.-C.), entièrement couverte de peintures, dans laquelle on peut entrer.

La **terrasse** du château offre des vues saisissantes sur le Neckar et les toits de la vieille ville.

Redescendez par la même rue, puis tournez à gauche dans la Wienergäßle pour déboucher sur la place du Marché.

★ Am Markt (PLACE DU MARCHÉ) B1

La vieille place du Marché, occupée au centre par la fontaine de Neptune décorée de statues des quatre saisons de style Renaissance, fourmille d'activités les jours de **marché** *(lun., merc., vend.)*. Son charme doit beaucoup aux maisons anciennes à colombages qui l'encadrent.

Sur la façade de l'**hôtel de ville★ (Rathaus)** du 15e s., les *sgraffites* (décorations murales obtenues par grattage) datent de 1876 ; ils représentent des allégories de la justice, de l'agriculture et des sciences, ainsi que des célébrités de la ville. L'horloge astronomique (1511) accrochée au pignon est due à Johann Stöfler, premier professeur de mathématiques et d'astronomie de Tübingen.

La charmante **Marktgasse**, ruelle en pente, mène au **musée de la Ville (Stadtmuseum)**, ancienne halle aux grains du 15e s.

Prenez à droite dans Kornhausstraße, puis Hirschgasse et Collegiumgasse.

Wilhelmsstift B1

Au n° 7, ce bâtiment en pierre de la fin du 16e s. abritait une académie réputée pour les jeunes nobles catholiques de l'Europe entière. Remarquez le blason du Wurtemberg au-dessus du portail.

Tournez à gauche dans Lange Gasse, puis à droite dans Nonnengasse.

Nonnenhaus B1

Cet établissement de religieuses (15e s.) logea, à partir de 1635, le professeur de médecine Leonhard Fuchs, qui y créa le fuchsia. Sur le côté de la maison se trouve le canal de l'Ammer, qui alimentait en eau les tanneurs et les bouchers du quartier. Le petit bâtiment en surplomb rattaché à la Nonnenhaus servait de toilettes : pas besoin de chasse d'eau, tout allait directement dans le canal !

Descendez la Neue Straße jusqu'à la Holzmarkt, la place du Marché au bois.

Holzmarkt B1

Cette place doit beaucoup de son attrait à la fontaine St-Georges. Dans la librairie Heckenhauer *(maison rouge au n° 5)*, l'écrivain Hermann Hesse passa ses années d'apprentissage, de 1895 à 1898. Au chevet de l'église, le motif sculpté de saint Georges martyr sur la roue inspira l'artiste John Heartfield pour son photomontage de 1934 dénonçant le nazisme (un homme nu sur une croix gammée).

Stiftskirche (COLLÉGIALE) B1

La collégiale gothique à trois nefs d'égale hauteur fut construite au 15e s. Le jubé et la **chaire★** à baldaquin sont de style flamboyant. Le chœur constitue la

Le berceau des Hohenzollern

La famille des comtes issus de Zollern prend une influence grandissante à partir du 11e s., et donne naissance à la dynastie des Hohenzollern qui va se ramifier en plusieurs branches au cours des siècles. En 1415, l'empereur Sigismond offre aux Hohenzollern de Franconie la marche de Brandebourg et les fait ainsi princes-électeurs. En 1618, ils héritent du duché de Prusse, qui devient sous leur direction une grande puissance européenne au 18e s. En 1871, profitant d'un front commun des États de la confédération contre la France, le roi de Prusse Guillaume Ier fonde l'Empire allemand et en devient empereur. Mais à peine un demi-siècle plus tard, la défaite et la révolution qui suivent la Première Guerre mondiale mettent un terme à la domination des Hohenzollern : le 9 novembre 1918, Guillaume II doit abdiquer.

nécropole des princes de Wurtemberg. On peut y voir le monument funéraire d'Eberhard le Barbu, fondateur de l'université de Tübingen, et les **tombeaux★★** Renaissance du duc Louis II et de son épouse, ornés de fins reliefs d'albâtre. On retrouve Eberhard le Barbu sur les vitraux du chœur (15e s.), accompagné de son épouse, tenant un livre. Remarquez le retable d'un élève de Dürer (1520), le jubé parfaitement conservé et les stalles polychromes ornées de personnages bibliques. Du haut de la tour, la **vue★** porte sur le Neckar, le promontoire du château et, au loin, le Jura souabe.

Bebenhausener Pfleghof (HOSPICE DE BEBENHAUSEN) B1

Élevé au 15e s., il servait à entreposer les dîmes de l'abbaye de Bebenhausen. Du grand toit fait saillie une lucarne à trois étages par où étaient introduits les grains. *Redescendez vers le Neckar par les escaliers à droite de la collégiale.*

À proximité

CARTE P. 184-185

★ Monastère et château de Bebenhausen B2

6 km au nord par la Wilhelmstraße - bus 754, 826 et 828 de la gare de Tübingen (trajet 15mn). ✆ 070 7160 28 02 - www.kloster-bebenhausen.de - monastère avr.-oct. : 9h-17h ; nov.-mars : tlj sf lun. 10h-12h, 13h-17h - château : visite guidée uniquement en allemand ttes les h - monastère 6 €, château 8 €, billet combiné 10 €.

★ Kloster Bebenhausen – L'ancien monastère cistercien fondé en 1180 dans la solitude de la forêt de Schönbuch est un exemple intéressant de l'architecture romano-gothique allemande. Quelques éléments romans sont encore visibles dans l'église très restaurée. Au 15e s., Bebenhausen était réputé être le plus riche des monastères du Wurtemberg ; il possédait alors plus de 30 000 ha de terres. C'est de cette époque prospère que date le **lanterneau★** (1407-1409), marque distinctive du lieu et dont l'ouvrage en filigrane, véritable broderie dans la pierre, constitue un chef-d'œuvre d'architecture gothique. Le **cloître**, de style flamboyant (1475-1500), présente de belles voûtes en réseau. En face du lavabo s'ouvre le **réfectoire d'été★** (vers 1335), lumineux et orné de fines peintures.

Schloss Bebenhausen – L'ancien presbytère du monastère a été transformé en château au début du 20e s. pour le dernier roi du Wurtemberg, Guillaume II *(voir l'encadré ci-dessus)*, qui s'y réfugia à partir de 1918, après sa destitution. La visite vaut surtout pour l'étonnante adaptation à la vie moderne de cet ensemble néogothique : électricité dans chaque pièce, cuisine « équipée », salle de bains avec eau chaude courante... La décoration très kitsch apporte un charme supplémentaire.

★★ Château de Hohenzollern B3

32,5 km au sud de la longue falaise du Neckar, par la B 27. ✆ 074 71 24 28 - www.burg-hohenzollern.com - visite guidée (45mn) de mi-mars à fin oct. : 10h-18h ; de nov. à mi-mars : 10h-16h30 - 22 € (12-17 ans 10 €), billet famille 45 €.

De quelque côté qu'on le découvre, le château de Hohenzollern, élancé et hérissé de tours, apparaît sur sa colline détachée du Jura souabe, comme surgi d'une légende. Le **site★★★** et l'histoire de la dynastie qui y est née, plus que le bâtiment lui-même, justifient sa célébrité.

De l'ancien château élevé entre les 11e et 15e s., tombé en ruine au 18e s., il subsiste encore les casemates et la **chapelle catholique St-Michel (Michaeliskapelle)**, dont les vitraux passent pour être les plus anciens d'Allemagne du Sud. En 1850, les Hohenzollern firent appel aux architectes prussiens von Prittwitz et Stüler pour reconstruire en style néogothique le berceau de leur famille, sans fonction défensive mais d'après les plans originaux.

La **chapelle évangélique**, dans l'aile nord, abrita de 1952 à 1991 les tombeaux de Frédéric-Guillaume Ier et de Frédéric le Grand, qui ont depuis retrouvé leurs sépultures à Potsdam. Frédéric le Grand est aussi évoqué par les collections du **trésor (Schatzkammer)** : décorations, flûtes, tabatières, vêtements. Le trésor conserve également la couronne du roi Guillaume II, sertie de 142 diamants et d'un impressionnant saphir.

Le tour des remparts *(à gauche après le pont-levis)* offre un beau **panorama★** sur la dépression du haut Neckar et le Jura souabe.

Carnet pratique

S'informer

Office de tourisme – *An der Neckarbrücke 1 - Tübingen - ✆ 070 71 91 360 - www.tuebingen-info.de.*

Arriver/partir

En train – Liaisons fréquentes entre la gare de Tübingen (B2) et celle de Stuttgart (1h).

3

Nos adresses

PLAN P. 276

Restauration

Premier prix

Schwärzlocher Hof – HORS PLAN - *Schwärzloch 1 - 12,5 km à l'ouest de la ville, quittez Tübingen par Schwärzlocher Str. entre Schleifmühleweg et Burgholzweg - ✆ 07071 43362 - www.hofgut-schwaerzloch.de - - fermé lun.-mar. - plats 13,30/23,70 € - menus 24,40/38,60 €.* Chœur d'une église du 12e s. intégré dans une ferme-auberge située en pleine campagne. De la terrasse, vue splendide sur les environs. Most (cidre brut) et plats traditionnels.

Budget moyen

7 **Weinstube Forelle** – B1 - *Kronenstr. 8 - ✆ 07071 5668980 - www.weinstube-forelle.de - fermé dim.-lun. - formules déj. 11,90/13,90 € - plats 14,90/28,90 €.*

Très fréquenté le soir par les étudiants et les touristes. Dans un cadre soigné, un personnel accueillant sert des plats typiquement souabes.

6 **Gasthausbrauerei Neckarmüller** – B1 - *Gartenstr. 4 - 07071 27848 - www.neckarmueller.de - plats 15/23,90 €.* Une agréable brasserie, avec terrasse au-dessus du Neckar. On y mange des plats traditionnels accompagnés de la bière brassée ici. De mai à septembre, un *Biergarten* s'installe sous les arbres.

Pour se faire plaisir

5 **Uhlandstube** – B2 - *Uhlandstr. 1 - 07071 13310 - www.krone-tuebingen.de - plats 16,50/35,50 € - menus 43/90 €.* Ce bistro a été baptisé d'après Ludwig Uhland, un poète de Tübingen. Les murs lambrissés et les tables joliment mises créent une hospitalité soignée.

À Bebenhausen

Pour se faire plaisir

Schranners Waldhorn – *Schönbuchstr. 49 - 07071 61270 - waldhorn-bebenhausen.de - fermé lun.-mar. - plats 28/38 € - menus déj. en sem. 29/34 €, soir 65/89 € -.* Cuisine tout en finesse à partir de plats du terroir, servie dans un décor plein d'élégance, proche de l'abbaye et du château de Bebenhausen.

À Hohenzollern

Pour se faire plaisir

Gasthof Adler – *Schloss Str. 1 - Bisingen-Zimmern - entre Hohenzollern et Lochenstein, à 4 km au nord de Balingen par la B27 - 07471 16975 - www.gasthof-adler-bisingen.com - fermé lun.-mar. - plats 15,20/26,90 €.* Un jeune binôme a repris l'établissement en conservant l'esprit d'une cuisine régionale à base de produits locaux, que les habitués apprécient en salle ou en terrasse.

Petite pause

Hanseatica – *Hafengasse 2 - 07071 51784 - www.hanse-tuebingen.de - 8h30-18h30 - fermé dim.* Une institution de la ville depuis 1959, où l'on vient boire un café debout dans les odeurs de grains torréfiés.

Hébergement

Budget moyen

Hotel Metropol – HORS PLAN - *Reutlinger Str. 7 - 07071 91010 - hotel-metropol-garni.de - - 12 ch. 124 €.* Petit hôtel en périphérie de la ville, qui domine les toits de Tübingen. Chambres propres, modernes. La vieille ville est accessible à pied.

Pour se faire plaisir

1 **Hotel Am Schloss** – B1 - *Burgsteige 18 - 07071 92940 - www.hotelamschloss.de - P 7/10 €/j - 24 ch. 148/168 € - plats 14,80/28,50 €.* Un hôtel soigné en contrebas du château. Cuisine souabe au restaurant et jolie terrasse de petit-déjeuner.

Domizil – HORS PLAN - *Wöhrdstr. 5-9 - 07071 1390 - www.hotel-domizil.de - P 15 €/j - 79 ch. 162/206 €.* En bord de Neckar, des chambres élégantes et modernes, bien équipées, et une équipe chaleureuse. Petit restaurant avec une vue magnifique sur la rivière.

Ulm ★★

Alanguie au bord du Danube depuis le Moyen Âge, son âge d'or, cette agréable bourgade respire la douceur de vivre. Le fleuve, qui lui assurait jadis sa prospérité, irrigue les canaux donnant son charmant cachet au quartier des Pêcheurs, ponctué de maisons à colombages, placettes pavées et terrasses fleuries. Les ruelles semblent toutes ramener vers l'exceptionnelle cathédrale, l'un des rares édifices épargné par le bombardement de 1944, qui a presque entièrement rasé la cité où naquit Albert Einstein en 1879. La ville envisage d'ailleurs de consacrer un musée à son plus célèbre enfant. À suivre…

Se repérer

CARTE P. 184-185 (C3) ET PLAN P. 282

126 949 hab. – Bade-Wurtemberg. À 154 km à l'ouest de Munich, 119 km au nord du lac de Constance, 92 km à l'est de Stuttgart. La cité d'Ulm (Land du Bade-Wurtemberg) est séparée de sa jumelle bavaroise Neu Ulm *(la Nouvelle Ulm)* par le Danube.

À ne pas manquer

La montée au sommet de la flèche de la cathédrale, la plus haute du monde.

Carnet pratique p. 288

Nos adresses p. 288

Se promener

PLAN P. 282

Itinéraire tracé sur le plan.

★★★ Münster (CATHÉDRALE) A1

www.ulmer-muenster.de - avr.-sept. : 9h-18h ; oct.-mars : 10h-17h ; marché de Noël (Weihnachtsmarkt) : 10h-18h - flèche : 5 € (7-17 ans 3,50 €).

La **flèche**, la plus haute du monde, semble arracher la cathédrale gothique vers le ciel dans l'élan de ses 161 m. La perspective fuyante de ses lignes verticales et la légèreté de l'architecture ajourée sont admirables. Si la première pierre fut posée en 1377, les deux tours du chœur et la flèche ne furent élevées qu'en 1890, selon les plans originaux. Protestante depuis 1530, la cathédrale est aujourd'hui le plus vaste édifice réformé d'Allemagne.

Un porche à trois arcades, d'une très belle élévation, précède les deux portes Renaissance. Au trumeau, l'émouvante statue de Hans Multscher, *L'Homme de douleur* (1429), d'une facture réaliste propre au gothique tardif, est une copie *(original à l'intérieur, à droite de l'arc du chœur).*

Juste après l'entrée, une maquette en Lego (2015) et ses 112 000 pièces représente l'édifice. On y remarque un moineau posé sur le toit, une statue effectivement installée à cet endroit depuis le 15e s.

L'absence de transept concentre l'intérêt sur le chœur et accentue l'élan de la nef principale aux arcades très aiguës, pouvant accueillir jusqu'à 20 000 personnes. L'arc triomphal porte la plus grande **fresque** existant au nord des Alpes. Elle représente le *Jugement dernier* (1471). Les statues accolées aux piliers de la nef centrale sont du 19e s. ; en revanche, les **consoles** qui les supportent datent du début du 15e s. La chaire est surmontée d'un admirable **abat-voix★** en bois (1510) de Jörg Syrlin le Jeune, dans lequel un minuscule escalier en colimaçon mène à une seconde chaire, celle de l'Esprit saint. Sous l'arc triomphal se trouve une chaise à trois places, réalisée par Jörg Syrlin l'Ancien (le père du précédent) en 1468. Il s'agissait de tester le talent de celui à qui on commanda, par la suite, les stalles du chœur.

★ **Tabernacle** – *À gauche de l'entrée du chœur.* Avec ses 26 m, c'est le tabernacle le plus haut d'Allemagne. Ce chef-d'œuvre ciselé dans le calcaire et le grès a été réalisé entre 1460 et 1480. Les personnages disposés en trois rangées représentent les Prophètes et les Porteurs de la Loi. Sur la rampe de la balustrade, les petits sujets figurant des hommes et des animaux témoignent de la créativité de l'artiste.

★★★ **Stalles** – Ce splendide ensemble de 89 sièges en bois sculpté (1469-1474), dû à Jörg Syrlin l'Ancien, met face à face trois séries de personnages appartenant à l'histoire chrétienne *(en haut, bustes des baldaquins)*, à l'Ancien Testament *(au centre, bas-reliefs au-dessus des dossiers)* et à l'Antiquité païenne *(au bout des pupitres, bustes grandeur nature, par paires)*. Les hommes sont groupés à gauche, les femmes à droite. Les sculptures les plus expressives ornent les pupitres : à gauche, les bustes de philosophes et d'écrivains grecs ou latins (Pythagore, Cicéron, etc.) ; à droite, les Sibylles.

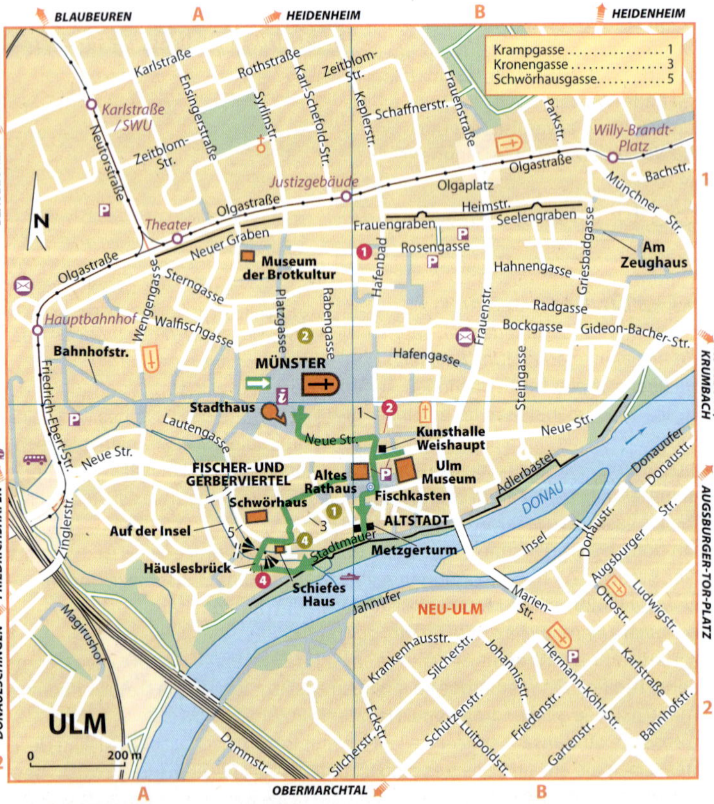

SE RESTAURER
Drei Kannen 1
Barfüsser die Hausbrauerei .. 2
Zur Forelle 4

SE LOGER
Hotel Am Rathaus et Hotel Reblaus 1
Hotel zum Bäumle 2
Schiefes Haus 4

Les premières effigies, du côté de la nef, seraient celles du sculpteur et de son épouse. Le maître-autel de Martin Schaffner, les **vitraux** du chœur (14e-15e s.) et ceux de la chapelle Besserer (1430) méritent également un coup d'œil

★★★ **Montée à la flèche** – *768 marches - avr.-sept. : 9h-17h ; oct.-mars : 10h-16h - 5 € (7-17 ans 3,50 €).* À éviter si vous souffrez du vertige, la montée est en soi une expérience unique ; la structure, au fil de l'ascension, prend l'aspect d'une dentelle de pierre. De la plate-forme de la tour ou de la corbeille de la flèche, le **panorama★★★** est extraordinaire sur la ville et le Danube, les plateaux du Jura souabe et les Alpes.

Concerts d'orgues – *Mai-sept. : tous les dim. 12h - 4 €.* Une autre façon de profiter du cadre grandiose de la cathédrale. Mozart en joua en 1763.

Stadthaus (MAISON MUNICIPALE) A2

Abritant l'office de tourisme, des espaces d'exposition/spectacles et un café, cet édifice blanc fut construit entre 1991 et 1993 par l'architecte américain **Richard Meier** tout près de la cathédrale. Bien que bâti à la place de l'ancienne quatre-voies qui défigurait le centre-ville, son architecture d'avant-garde suscita bien des controverses en juxtaposant édifices ancien et moderne.

Kunsthalle Weishaupt B2

Hans-und-Sophie-Scholl-Platz 1 - ✆ 0731 1614360 - www.kunsthalle-weishaupt.de - tlj sf lun. 11h-17h (18h w.-end) - 6 € (-18 ans gratuit), ticket combiné avec Ulm Museum 12 €.

Collection privée inaugurée en 2007 et dédiée aux courants du 20e s. Elle compte des toiles de Vasarely, Haring, Lichtenstein, Klein, Basquiat… ainsi que des œuvres d'artistes allemands contemporains (groupe Zéro, Sigmar Polke, Imi Knoebel).

★ Ulm Museum (MUSÉE MUNICIPAL) B2

Marktplatz 9 - ✆ 0731 161 43 30 - museumulm.de - tlj sf lun. 11h-17h (18h w.-end) - 8 € (-18 ans gratuit), ticket combiné avec Kunsthalle Weishaupt 12 €.

Aménagé dans quatre maisons adjacentes, ce musée est surtout connu en Allemagne pour sa statuette de l'**homme-lion★★★**, en ivoire de mammouth, (section Archéologie). C'est l'une des plus vieilles représentations connues d'un homme (environ 40 000 ans).

D'autres salles abritent de remarquables œuvres des Maîtres d'Ulm (*Vierge de Bihlafingen* de Hans Multscher), ou la peinture en bleu et or de *Marie en deuil* due à un Maître originaire de Haute-Souabe (début du 13e s.). Au 2e étage, magnifique **plafond à caissons** Renaissance. Plusieurs salles sont consacrées aux corporations, très importantes dans une ville prospère comme Ulm. Enfin, la **collection Kurt Fried** rassemble des travaux d'artistes du 20e s. (Klee, Kandinsky, Kirchner, Rothko).

Altstadt (VIEILLE VILLE) AB2

L'**ancien hôtel de ville (Altes Rathaus)** mêle à la fois des éléments gothiques et Renaissance. Les murs peints de sa façade ouest représentent les vertus et portent une horloge astronomique (16e s.) réalisée par le même artisan que celle de la cathédrale de Strasbourg. Sur les pignons ajourés, on distingue les blasons des villes avec lesquelles Ulm commerçait, ainsi que la représentation d'un *Ulmer Schachtel* (« boîte d'Ulm »), un bateau à fond plat utilisé sur le Danube.

Sur la **place du Marché (Marktplatz)**, devant l'hôtel de ville, se dresse le **Fischkasten**, fontaine ainsi appelée parce que les pêcheurs y rafraîchissaient leur marchandise. Le fût torsadé est attribué à Jörg Syrlin l'Ancien (1482).

En descendant vers le Danube, remarquez la **tour des Bouchers (Metzgerturm)**, de 1349, inclinée à 2,05 m de la verticale. En face, une maison médiévale magnifiquement restaurée présente un système de volets tel qu'il existait au Moyen Âge.

3

Sur les traces d'Einstein

Difficile de savoir qu'**Albert Einstein** est né à Ulm en 1879. Il faut dire que le savant n'y a vécu qu'un an avant que sa famille n'emménage à Munich. Mais les choses vont changer car la municipalité travaille à la création d'un musée dans l'ancienne maison des grands-parents d'Einstein *(Weinhof 19)*. En outre, un projet de centre de découverte autour du mathématicien pourrait voir le jour dans les prochaines années *(einstein.center)*. En attendant, on peut suivre l'astrophysicien à la trace en commençant par la place Albert-Einstein, où une stèle commémorative en granit signale qu'il est né tout près, au **20 Bahnhofstraße** (A1), dans une maison détruite pendant la guerre mais indiquée par des marquages au sol. Rendez-vous ensuite à la cathédrale. À droite en entrant dans la nef, un vitrail de Valentin Feuerstein (1917-1999) représente Einstein, accompagné d'autres grands savants. Enfin, de l'autre côté du centre historique, **Am Zeughaus** (B1), une **sculpture** en bronze de J. Goertz lui est dédiée. Fontaine et mémorial, elle joue sur les symboles : le corps de la fusée représente la technologie et la menace atomique. La coquille d'escargot incarne la nature, la sagesse et le scepticisme face à la folie de l'homme. La tête d'Einstein, avec ses yeux malicieux et sa langue tirée, rappelle la célèbre photographie d'Arthur Sasse prise le 14 mars 1951, lors du 72e anniversaire d'Einstein au Club de Princeton. Quittant la soirée, le savant avait tiré la langue aux journalistes.

Sur la même façade, le propriétaire a fait installer un cadran qui donne l'alternance du jour et de la nuit dans les grandes villes du monde.

Passez sous les remparts et prenez à droite le long du Danube.

Des **remparts**, belle vue sur les pignons des vieilles maisons. De l'autre côté du Danube, qui marque la « frontière » avec la Bavière, on aperçoit Neu Ulm, fondée par Napoléon en 1805.

Revenez dans la ville en prenant à droite la Fischergasse.

★ Fischer- und Gerberviertel (QUARTIER DES PÊCHEURS ET DES TANNEURS)

A2

Pittoresques, les ruelles qui longent le canal Blau, aux maisons à colombages bien préservées, sont prisées des touristes. De la Fischerplätzle, petite place ombragée d'un tilleul, tournez à gauche dans une ruelle et franchissez le ponceau menant à la **Schiefes Haus** (« Maison penchée », datant du milieu du 15e s. – *voir « Hébergement » dans « Nos adresses »*) en bordure du Blau. Le minuscule passage en face s'appelle la Kußgasse (« ruelle du Baiser »), car les toits des maisons se touchent. Ne manquez pas la **vue** du pont **Häuslesbrück**, avec son peuplier qui tombe dans l'eau et le charmant ensemble de maisons à colombages.

L'île-rue **Auf der Insel**, coincée entre deux bras du canal Blau, correspond à l'ancien quartier des Tanneurs. Les devantures en bois permettaient d'accrocher les peaux colorées sans altérer les façades des habitations.

Remontez vers l'ancien hôtel de ville.

Chaque année, dans la **Schwörhaus** (1613 - *Weinhof 12*), le maire rend ses comptes et renouvelle son serment, sur fond de festivités dans toute la ville durant une semaine en juillet. Le rez-de-chaussée abrite une petite **exposition** sur l'histoire de la ville, de la fondation en 854 à nos jours *(mar.-dim. 11h-17h - gratuit - brochure en anglais 1 €)*. Vous y apprendrez, entre autres, qu'Albert Einstein est né à Ulm *(voir l'encadré ci-contre)*.

★ Museum der Brotkultur (MUSÉE DU PAIN) A1

Salzstadelgasse 10 - ☏ 0731 14009 0 - www.museum-brotkultur.de - lun. 10h-15h, mar. et jeu.-dim. 10h-17h, merc. 10h-19h - audioguide en français (1h) - 6 €, billet famille 8 €, gratuit 1er vend. du mois.

Unique en Allemagne, le musée du Pain abrite, dans un bâtiment Renaissance (1592), une importante collection sur 8 000 ans d'histoire culturelle et sociale autour du pain. Tous les objets exposés (fours, moules, emblèmes de corporation, monnaies, timbres), ainsi que les œuvres d'art (Bruegel, Corinth, Kollwitz, Picasso) ont une relation avec le pain ou les céréales.

Circuit conseillé

CARTE P. 184-185

Route baroque de Haute-Souabe (Oberschwaben)

C3-4

Circuit de 170 km tracé en bordeaux sur la carte.
Quittez Ulm en direction du sud, par la B 28.

Entre Ulm et le lac de Constance, traversez les douces collines inondées de lumière de Haute-Souabe. Sur ce plateau, les églises baroques aux ornements éblouissants et à l'architecture lumineuse s'accordent délicieusement au paysage.

Monastère de Wiblingen C3

Schlossstr. 38 - ☏ 0731 502 89 75 - kloster-wiblingen.de - basilique : 9h-18h (17h en hiver), accès libre - bibliothèque : mars-oct. : mar.-dim. et j. fériés 10h-17h ; nov.-fév. : w.-end et j. fériés 13h-17h - 5,50 € avec audioguide en français, billet famille 13,80 €.

L'imposante basilique St-Martin (baroque tardif) surgit comme une surprise derrière le portail d'entrée de l'immense complexe monacal. À gauche de la basilique, l'aile nord abrite, au 1er étage, une spectaculaire **bibliothèque rococo★**, dont l'entrée est précédée de quelques salles dédiées à l'histoire du monastère.

Quittez Wiblingen vers le sud. Suivez la L 240, puis la B 311 à partir d'Erbach.

Église d'Obermarchtal C3

L'église de l'**ancienne abbaye**, dont l'édification débuta en 1686, est l'une des premières réalisations de l'école du Vorarlberg. La rigidité de cette architecture baroque, accentuée par la lourdeur du mobilier, est toutefois allégée par la décoration de stucs de Wessobrunn.

Suivez la B 311 et bifurquez à droite sur la B 312 vers Zwiefalten.

★★ Église de Zwiefalten C3

Comme dans la plupart des édifices baroques de Haute-Souabe, la façade de l'église de Zwiefalten est sobre et ne laisse rien deviner de la somptuosité de la décoration intérieure. L'intérieur de l'édifice élevé par **Johann Michael Fischer** entre 1739 et 1753 est remarquable par la profusion des couleurs, l'exubérance de la décoration et la virtuosité des stucateurs. L'œil, d'abord désorienté par ce déluge de peintures, stucs et statues, s'arrête ensuite aux détails : les belles peintures de la voûte consacrées à la Vierge de Franz Joseph Spiegler (1691-1757), la chaire décorée par Johann Michael Feuchtmayer (l'oncle du sculpteur et stucateur Joseph Anton Feuchtmayer). Partout, anges et angelots, mêlés aux spirales de nuages dans des attitudes diverses, semblent s'adresser aux pèlerins. Le chœur est séparé de la nef par l'autel de la Vierge, encadré de superbes grilles (1757). Il possède des stalles richement sculptées par Joseph Christian. Remarquez les extraordinaires confessionnaux en forme de grotte.

Reprenez la B 312 vers le sud. Après 26 km, prenez à droite la K 7585, en direction de Bad Buchau/Seekirch.

Federsee (LAC FEDER) C3

Si l'envie d'une pause nature vous prend entre deux églises, sachez qu'aux portes du village de **Bad Buchau** s'étend une sorte de « Camargue allemande », une réserve naturelle et ornithologique où nichent 250 espèces d'oiseaux au milieu des roseaux. Surtout, des fouilles ont révélé les traces de « palaffites », autrement dit des maisons sur pilotis de villages lacustres préhistoriques. Le site est aujourd'hui classé au patrimoine mondial de l'Unesco, comme celui d'Unteruhldingen, sur le lac de Contance *(voir p. 298)*.

★ **Musée du Federsee** – *August-Gröber-Platz - Bad-Buchau - parking payant (prévoyez de la monnaie pour les horodateurs) - ℘ 07582 83 50 - www.federseemuseum.de - avr.-oct. : 10h-18h ; nov.-mars : dim. 10h-16h - 6 € (enf. 2,50 €), billet famille 15 € - brochure en français gratuite à l'accueil.* Installé dans un remarquable bâtiment en bois sur pilotis, avec de grandes baies vitrées regardant le marais, ce musée présente les vestiges de plus de 200 maisons gisant dans les lacs et tourbières depuis des millénaires. Restes humains, outils, armes, pièces de bateaux primitifs, objets sacrés et bijoux racontent le quotidien de cette civilisation lacustre (1050 à 850 av. J.-C.). À l'extérieur, plusieurs huttes reconstituées prolongent le voyage dans le temps.

Federseesteg (sentier du lac) – *2,50 €, (enf. 1,50 €), billet famille 5 €.* Longue d'1,5 km, cette jetée en bois mène aux rives du lac Feder, invisible depuis le village à cause des marais qui en empêchent l'accès. Les ornithologues amateurs n'oublieront pas leurs jumelles. Les autres reviendront sans avoir vu grand-chose, à part de l'eau, des roseaux et des canards.

En sortant de Bad Buchau, prenez la direction de Biberach an der Riß (1,9 km) puis continuez sur la K 7529 en direction de Bad Schussenried.

★ Église de Steinhausen C3

Cette église, « la plus belle église villageoise », œuvre de Dominikus Zimmermann, se compose d'une nef unique et d'un petit chœur, tous deux de forme ovale. Une couronne de piliers supporte la calotte de la voûte et délimite autour du vaisseau une galerie en anneau. Le décor sculpté et coloré des chapiteaux, des corniches et des embrasures de fenêtres, peuplés d'oiseaux ou fleuris de lourdes corolles, est impressionnant. Remarquez également la Pietà de 1415 au-dessus de l'autel.

Rejoignez Bad Schussenried à 4 km au sud-ouest.

Monastère de Schussenried C3

Neues Kloster 1 - ℘ 07583 92 69 140 - www.kloster-schussenried.de - avr.-oct. : mar.-vend. 10h-13h, 14h-17h, w.-end et j. fériés 10h-17h ; de déb. nov. à mi-déc. et mars : w.-end et j. fériés 13h-17h ; de mi-déc. à déb. mars : tlj sf lun. 10h-17h - 5,50 € avec audioguide en allemand, musée inclus (familles 13,80 €).

Les bâtiments (transformés en lieu de congrès et de manifestation) et l'église de l'**ancienne abbaye** doivent leurs aménagements baroques fastueux aux prémontrés. Dans le chœur de l'église s'alignent des stalles très décorées (1717) ; 28 statuettes de fondateurs d'ordres religieux séparent les panneaux des dossiers hauts. La **bibliothèque★** s'orne d'un vaste plafond peint par Franz Georg Hermann, peintre à la cour du prince-abbé de Kempten.

Continuez sur la L 275 jusqu'à Bad Waldsee et prenez ensuite la B 30. Suivez les panneaux de la Route baroque de Haute-Souabe (Oberschwäbische Barockstraße, itinéraire fléché).

L'église de Zwiefalten.
R. Knöll/mauritius images/age fotostock

★★ Abbaye de Weingarten C4

Par ses dimensions impressionnantes (102 m de long, transept de 44 m), l'abbatiale bénédictine de Weingarten, construite entre 1715 et 1724, dispute à Ottobeuren le premier rang parmi les églises baroques d'Allemagne. La façade encadrée par deux courtes tours et la présence au carré du transept d'un dôme élevé sur un tambour percé de larges fenêtres trahissent une influence italienne transmise par Salzbourg.

Les perspectives intérieures sont amplifiées par l'élan des tribunes passant à mi-hauteur dans les ouvertures des piles-cloisons, caractéristique de l'école du Vorarlberg. Le décor en stuc, rehaussé par endroits d'un fond de peinture argentée, reste discret. Cosmas Damian Asam a peint sur les voûtes des scènes pleines de virtuosité : le *Triomphe de Benoît de Nursie* et la *Gloire du Saint-Sang*. Remarquez la **chaire** tout en légèreté portée par des anges, la **grille** du chœur formant une coupole et deux nefs en perspective, ainsi que les **stalles★** de Joseph Anton Feuchtmayer. Le superbe **orgue★★** dû à Joseph Gabler (1700-1771) s'intègre parfaitement à la décoration : ses 6 666 tuyaux épousent la forme des fenêtres et se mêlent aux colonnes de marbre rose.

Revenez sur la B 30, direction Ravensburg.

3

Ravensburg C4

Marienplatz 35 (dans la Lederhaus) - ✆ 0751 828 00 - www.ravensburg.de.

Associée au mondialement célèbre fabricant de jeux **Ravensburger** – fondé ici en 1883 et qui possède un musée et le parc d'attractions Ravensburger Spieleland –, Ravensburg conserve, à l'intérieur de son centre fortifié, un bel îlot de bâtiments anciens, au bout de la Marktstraße : remarquez en particulier l'hôtel de ville (Rathaus), datant des 14e-15e s., et la **Blaserturm**, tour d'horloge carrée (15e-16e s.). Pour mieux surveiller les agissements des châtelains du Veitsburg, les bourgeois élevèrent sur la colline une **tour** de 50 m surnommée le « sac de farine » *(Mehlsack)*. Du sommet *(240 marches)*, la **vue** s'étend jusqu'à l'église de Weingarten.

Au sein de l'**église Notre-Dame (Liebfrauenkirche)** se trouve une **copie de la Vierge de Ravensburg★★** (l'original est à la Galerie de peinture à Berlin), émouvante sculpture de la Vierge au manteau du 15e s., à l'autel latéral droit. Remarquez également un triptyque en émail datant de la seconde moitié du 15e s.
Prenez la B 30, direction Wangen im Allgäu (24 km à l'est).

Wangen im Allgäu C4

Prospère durant le Haut Moyen Âge, cette ancienne cité marchande a conservé un cachet historique, qui en fait une agréable étape. Flânez dans la vieille ville, de la place du Marché dominée par la façade baroque du **Rathaus** (hôtel de ville – 1721), jusqu'à Herrenstraße, jolie rue piétonne aux façades peintes. À son extrémité nord, la **Frauentor** (ou Ravensburger Tor), une haute tour ornée de fresques.

Carnet pratique

S'informer

Office de tourisme – *Münsterplatz 50 (Stadthaus) - Ulm - ✆ 0731 161 28 30 - www.tourismus.ulm.de.*

Pass touristiques

UlmCard – *17 € 1 j., 22 € 2 j.* En vente à l'office de tourisme, elle offre divers avantages : gratuité dans 8 musées et flèche de la cathédrale, 1 j. de location de vélo…

Arriver/partir

En train – Liaison en ICE entre la gare d'Ulm (HORS PLAN PAR A2) et celles de Stuttgart (53mn), Munich (1h13) et Tübingen (1h40).

Agenda

Marché des brasseurs – *Un w.-end en mai, pl. de la cathédrale - kleinbrauer.de.* Les brasseurs de la région présentent leur savoir-faire et leurs bières. Concerts et spécialités souabes.

International Danube festival – *10 j. déb. juil. - www.donaufest.de.* Tous les deux ans, festival des cultures du Danube. Prochaine édition en 2024.

Schwörwoche (Semaine du serment) – *3e lun. de juil.* Le maire rend compte de son activité devant les citoyens tandis que les festivités vont bon train (dont une parade nautique sur le Danube).

Nos adresses

PLAN P. 282

Restauration

À Ulm

Premier prix

1 Drei Krannen – B1 - *Hafenbad 31/1 - ✆ 0731 67717 - www.dreikannen.de - fermé lun. - plats 11,90/25,50 €.* Spécialités souabes de « grand-mère » bien faites et copieuses, ainsi que des plats bavarois. La taverne brasse sa propre bière, à déguster, l'été, dans le *Biergarten* maison. Une adresse sûre.

2 Barfüsser die Hausbrauerei – B2 - *Neue Str. 87-89 - ✆ 0731 60265615 - www.barfuesser-brauhaus.de/ulm.* L'équipe de cette vaste brasserie, aussi jeune et branchée que la clientèle, est parfois un peu expéditive mais la bière brassée sur place est bonne et les prix doux, du petit-déjeuner au dîner. Alors...

Budget moyen

4 **Zur Forelle** – A2 - *Fischergasse 25 - ✆ 0731 63924 - www.ulmer-forelle.de - plats 19,50/29,80 € - menu 39,90 €.* Grand succès pour ce restaurant fréquenté aussi bien par les locaux que les touristes. Un endroit romantique, avec pont et terrasse en balcon sur la rivière. Dans l'assiette, misez sur le poisson accompagné de légumes frais.

Route baroque de Haute-Souabe

Premier prix

Zum Hirsch – *Osterstr. 3 - 6 km au nord-est d'Obermarchtal par la B 311 - ✆ 07393 95010 - www.hotel-hirsch-ehingen.de - fermé lun. - formule déj. 9,80 € - plats 16,80/19,80 € - ch. 98-125 € ☕.* Une auberge de village dans un cadre riant. Excellentes spécialités régionales et quelques plats internationaux. Chambres modernes bien tenues.

Activités

Route baroque de Haute-Souabe

Adelindis Therme – *Bad Buchau - à proximité du Federsee - ✆ 07582 8001395 - www.adelindistherme.de - 10h-21h - à partir de 10,50 € les 4h (15/17 € la journée).* À la fois hôtel, thermes et spa, ces vastes bains ont su marier l'architecture contemporaine et les origines palafittes de la région.

Hébergement

À Ulm

Budget moyen

1 **Hotel Am Rathaus et Hotel Reblaus** – A2 - *Kronengasse 10 - ✆ 0731 968490 - www.rathausulm.de - P 10 €/j - 30 ch. 100/140 € ☕.* Coup de cœur pour cet hôtel en plein centre, posé dans deux batiments adjacents aux styles différents (traditionnel pour l'un, moderne classique pour l'autre) mais avec un même sens de l'accueil. Petit-déjeuner succulent, bon rapport qualité-prix.

2 **Hotel zum Bäumle** – A1 - *Kohlgasse 6 - ✆ 0731 62287 - www.hotel-baeumle.de - P - 15 ch. 98/118 € ☕.* Cette maison pimpante surprend par son allure méditerranéenne dans une rue piétonne du vieux Ulm. Certaines chambres disposent d'un balcon avec vue sur la cathédrale.

Pour se faire plaisir

4 **Schiefes Haus** – A2 - *Schwörhausgasse 6 - ✆ 0731 967930 - www.hotelschiefeshausulm.de - 11 ch. à partir de 159 € ☕.* L'établissement a été inscrit au Guinness des Records comme étant l'hôtel le plus penché du monde! Cela dit, cette maison médiévale restaurée est équipée de meubles au design chic.

Route baroque de Haute-Souabe

Pour se faire plaisir

Obertor – *Marktstr. 67 - Ravensburg - ✆ 0751 36670 - www.hotelobertor.de - P - 30 ch. 136/146 €.* Ouvert depuis des générations, l'hôtel est installé dans l'un des quartiers les plus beaux et les plus traditionnels de la vieille cité de Ravensburg.

Constance ★

Konstanz

Enclave allemande sur la rive suisse du Bodensee, Constance est tout entière tournée vers son lac. Des cafés animent les alentours du port, dont l'embarcadère a retrouvé une nouvelle jeunesse. Côté ville, le centre ancien né au Moyen Âge sur les rives du Rhin a lui aussi été mis en valeur. L'ensemble, animé par une importante population étudiante, contraste avec les deux îles voisines, Mainau et Reichenau, qui vivent dans une étonnante tranquillité.

Le centre-ville de Constance.
Leonid Andronov/Getty Images Plus

Se repérer

CARTE P. 184-185 (C4) ET PLAN P. 292
84 736 hab. – Bade-Wurtemberg. 126 km à l'est de Fribourg, 176 km au sud de Stuttgart.

À ne pas manquer

La vue sur la ville du sommet de la tour de la cathédrale, l'île aux Fleurs de Mainau et les églises médiévales de l'île de Reichenau.

Organiser son temps

Comptez au moins une journée pour visiter la ville et l'une des deux îles.

En famille

L'aquarium Sea Life.

Carnet pratique p. 294

Nos adresses p. 295

Se promener

PLAN P. 292

Itinéraire tracé sur le plan.

★ Münster (CATHÉDRALE) AB1

Sa construction s'étant échelonnée du 11e au 17e s., l'ancienne **cathédrale** constitue un monument dépourvu d'unité. Les **vantaux★** des portes du porche de façade sont décorés de bas-reliefs (1470) représentant des scènes de la vie du Christ. La nef centrale, voûtée au 17e s., repose sur les arcades du sanctuaire (11e s.) et dégage une harmonie toute romane. La décoration de la tribune d'orgue et du buffet de l'instrument annonce la Renaissance.
Dans le croisillon gauche se dresse la tourelle d'escalier, finement travaillée dans le style flamboyant français. *D'ici, on accède au cloître (Kreuzgang) et à la crypte.*
La **rotonde St-Maurice (Mauritius-Rotunde)** du 13e s. abrite le **Saint Sépulcre★**, remarquable ouvrage sculpté du haut Moyen Âge, en forme de dodécagone, orné de trois cycles iconographiques. Il s'apparente par sa facture à la statuaire de Bamberg et de Naumburg.
La crypte renferme quatre disques de cuivre doré, d'époques différentes (11e-13e s.) et connus sous le nom de **disques d'or de Constance★**. Ils représentent le Christ en gloire, l'aigle symbolique de saint Jean, saint Conrad et saint Pélage, patrons du diocèse.
L'accès à la **tour** *(mar.-dim. 12h30-16h - 2 €)* se fait par un escalier, à droite à l'entrée de la nef. De là, belle vue sur la ville et le lac.
Suivez la Wessenbergerstraße, rue piétonne aux façades peintes. Longez la place du Marché supérieur (Obermarkt) *avant de tourner à gauche dans la Kanzleistraße.*

Rathaus (HÔTEL DE VILLE) A2

Le bâtiment de style Renaissance est décoré de peintures se rapportant à l'histoire de la ville. La cour intérieure donne sur le remarquable corps de logis du 16e s. encadré de deux tours rondes.
Continuez tout droit jusqu'aux rives du lac.

★ Seeufer (BORDS DU LAC) B1

Sur le port de plaisance, on découvre l'ancien entrepôt du **Konzilgebäude**, élevé à la fin du 14e s. Il accueillit le conclave qui procéda à l'élection du pape Martin V en 1417, et sert aujourd'hui de salle de concert. Au bout de la jetée se dresse la statue de 18 m de l'**Imperia**, œuvre du sculpteur contemporain Peter Lenk.

Constance, capitale de la chrétienté

De 1414 à 1418, un concile réuni à Constance tente de rétablir l'unité de l'Église, compromise par les prétentions de trois dignitaires ecclésiastiques élus au siège pontifical. Après de longues négociations, deux des trois papes, Grégoire XII et Jean XXIII, acceptent de démissionner ; seul Benoît XIII, réfugié en Espagne, demeure irréductible. En 1417, l'élection de Martin V met fin provisoirement au schisme.
Réformateur religieux et recteur de l'université de Prague, **Jean Hus**, qui conteste la primauté du pape et certains rites, est cité devant le concile de Constance en 1414. Ce précurseur du protestantisme sera jugé hérétique et brûlé vif.

3

Elle représente une courtisane italienne du 16e s., que Balzac transposa à Constance dans ses *Contes drolatiques*. Elle porte dans sa main droite le roi Sigismond et dans sa main gauche le pape Martin V, élu pendant le Concile : représentés en sorte de bouffons, ils symbolisent le pouvoir usurpé. En face, dans le jardin municipal, se dresse le **monument du comte Zeppelin** (1838-1917), célèbre constructeur de dirigeables, né à Constance.

Poursuivez le long de la voie ferrée.

On atteint un petit pont qui permet de rejoindre l'Insel, île sur laquelle un hôtel *(Steigenberger Inselhotel)* occupe l'ancien monastère dominicain fondé en 1235. On arrive ensuite au pont du Rhin. En face, une rangée de villas Art nouveau borde la Seestraße jusqu'au **casino** *(Spielbank)*.

Accès à l'autre côté du pont par un passage souterrain.

On arrive au pied d'une tour de défense, la **Rheintorturm**, ancienne porte nord de la ville face au pont du Moyen Âge, suivie d'une seconde tour en aval, la **Pulverturm**.

Empruntez la Rheingasse, en face de la Rheintorturm.

Entre la cathédrale et le Rhin, serpentent les rues du **Niederburg**, le plus vieux quartier de la ville, celui des artisans au Moyen Âge.

SE RESTAURER

Barbarossa 1
La Piazza 4

SE LOGER

Hotel Hirschen 1
Steigenberger Inselhotel 4

Hors du centre-ville

★ Sea Life B2

Hafenstr 9 - ✆ 01806 66 69 01 01 - www.visitsealife.com/konstanz - aout : 10h-18h ; le reste de l'année : 10h-17h - dernière entrée 1h av. fermeture - 19,50 € (3-14 ans 13,50 €) acheté sur Internet.

Du torrent de montagne au lac de Constance, des sources du Rhin au port de Rotterdam, avec piranhas, pingouins et raies manta, cet aquarium reconstitue divers milieux et leurs poissons associés. La Méditerranée – et la Mer Rouge – sont aussi évoquées dans certains bassins et tunnels.

Archäologisches Landesmuseum (MUSÉE ARCHÉOLOGIQUE)

HORS PLAN PAR B1

Benediktinerplatz 5 - ✆ 07531 98 040 - www.konstanz.alm-bw.de - ♿ - tlj sf lun. 10h-18h - 6 € (-18 ans gratuit) - gratuit 1er sam. du mois - restaurant et boutique.

L'ancien couvent de Peterhausen prête son beau cadre à ce musée réparti sur 3 000 m² et trois étages, présentant les découvertes des fouilles archéologiques menées dans le Bade-Wurtemberg. Les pièces présentées couvrent une période s'étendant du 4e millénaire av. J.-C. (maisons palafittes) au récent passé industriel, en passant par le Moyen Âge dans les villes du Bade-Wurtemberg et la navigation maritime et fluviale d'autrefois dans le Sud-Ouest. Également des expositions temporaires.

À proximité

CARTE P. 184-185

★★ Insel Mainau (ÎLE DE MAINAU) C4

7 km au nord. Quitter Constance par la Mainaustraße - ✆ 07531 30 30 - www.mainau.de - ♿ - 9h-20h - 26 € (-12 ans gratuit), billet famille 53 € ; tarifs moins chers sur Internet- parking 6 €. Restauration possible sur place.

Un vaste **parc** fut aménagé par les grands-ducs de Bade sur cette île de 45 ha. Propriété du comte Lennart Bernadotte depuis 1932, c'est un véritable paradis pour tous les amoureux de plantes et de fleurs, d'où son surnom d'île aux Fleurs. Les parterres sont ici renouvelés trois fois par an : 1 200 variétés de roses fleurissent en juin, des milliers d'orchidées, de dahlias, de tulipes s'épanouissent et offrent un magnifique spectacle – un million de bulbes de tulipes sont en permanence en terre. Dans l'arboretum, vous admirerez des arbres spectaculaires (cèdres du Liban et de l'Himalaya, érables, hêtres, figuiers, etc.), dont certains ont été plantés au milieu du 19e s. (séquoia géant, tulipier de Virginie…). Serre aux papillons et serre tropicale.

★ Insel Reichenau (ÎLE DE REICHENAU) B4

7 km à l'ouest. Prendre la direction de Radolfzell, route 33.

Pirminstr. 145 - ✆ 07534 92 070 - www.reichenau-tourismus.de.

En 724, saint Pirmin fonda sur l'île de Reichenau la première abbaye bénédictine allemande. Elle fut à l'origine d'un centre artistique et scientifique qui rayonna pendant des siècles. Là, au cours de la période ottonienne, on réalisa de remarquables enluminures. Les trois églises, témoignages de l'architecture monastique du 9e au 11e s., constituent la principale curiosité du site, classé au Patrimoine mondial de l'Unesco. On peut voir sur leurs murs de délicates fresques de l'époque ottonienne.

Oberzell – L'église carolingienne **St-Georges**, construite à la fin du 9e s. pour y déposer le reliquaire de saint Georges, abrite des **peintures murales**★★ réalisées

L'île de Mainau et le lac de Constance.
rusm/Getty Images Plus

aux environs de l'an 1000. Préservées car recouvertes, elles ont été redécouvertes en 1869. Elles racontent les miracles du Christ (guérison des malades). Les médaillons de saints sont du 10e s. et le Jugement dernier (dans l'abside), est daté de 1708 (quelques peintures du 19e s. également).

Mittelzell – L'ancienne **abbatiale Ste-Marie-et-St-Marc★**, construite du 8e au 15e s., possède un ouvrage *(à l'ouest)* dont la forte tour est allégée par un décor de bandes romanes. La **charpente en chêne** de la nef, remarquable œuvre d'art du Moyen Âge, de facture normande, mérite une attention particulière. D'après la datation, les chênes ont été abattus vers 1236 : il s'agit donc peut-être de la plus ancienne charpente d'Allemagne. Une très belle Madone en grès (1320) orne le sanctuaire. Le **trésor★**, situé dans l'ancienne bibliothèque, conserve un reliquaire de saint Marc (vers 1305) en argent repoussé, enrichi d'émaux *(visite guidée mar. 17h - 5 €)*.

Niederzell – À l'extrémité ouest de l'île se trouve la collégiale St-Pierre-et-St-Paul (12e s.). Les peintures murales du chœur, représentant le Christ en gloire surmontant les apôtres et les prophètes, remonteraient au début du 12e s.

Carnet pratique

S'informer

Office de tourisme – *Bahnhofplatz 43 - ✆ 075 31 1330 32 - www.konstanz-tourismus.de.*

Arriver/partir

En train – De la gare de Constance (B2), liaisons avec Stuttgart *via* Singen (2h40), et Fribourg *via* Offenburg (3h10).

Se déplacer

Bodensee-Schiffsbetriebe – B2 - *Hafenstr. 6 - derrière l'office de tourisme - ✆ 07531 36400 - bsb.de.* Les bateaux font le tour du la de Constance. Trajets possibles (AR + entrée) pour rejoindre Mainau, le village d'Unteruhldingen, le musée Zeppelin, etc.

Agenda

Seenachtfest – *www.seenachtfest.de - 2e sam. d'août.* Fête de la nuit au bord du lac, avec grand feu d'artifice sur l'eau et festival de musique.

Nos adresses

PLAN P. 292

Restauration

Premier prix

4 **La Piazza** – B2 - *Marktstätte 2 - ✆ 07531 917927 - www.lapiazza-kn.de - pizza 10,50/16,20 € - plats 18,50/31,20 €.* Cadre moderne et atmosphère décontractée pour une cuisine italienne et des desserts maison gourmands.

Pour se faire plaisir

1 **Barbarossa** – A1 - *Obermarkt 8-12 - ✆ 07531 128990 - www.hotelbarbarossa.de - plats 22/36 € - 51 ch. 181/196 € ☕.* Un service attentionné et une cuisine traditionnelle délicate, servie dans la salle du 1er étage aux boiseries sombres et vitraux. Poissons du lac à la touche parfois exotique.

Petite pause

Das Voglhaus Café – *Wessenbergstr. 8 - ✆ 07531 17202 - www.das-voglhaus.de - lun.-sam. 8h-19h, dim. et j. fériés 9h-18h.* Comme une grande cage à oiseaux dorée, dans un style écolo et branché, pour déguster cafés, thés et milk-shakes.

Pano – *Marktstätte 6 - ✆ 07531 3652555 - www.pano.coop - lun.-vend. 7h30-19h, sam. 9h-20h, dim. et j. fériés 9h-19h.* Une néoboulangerie, où l'on prépare des pains classiques et fantaisie, ainsi que des bretzels et des pâtisseries, à savourer dans un fauteuil club ou sur de grandes tables communes. Une bonne option au petit-déjeuner ou pour un « brot » garni à midi.

Boire une bière

Hafenhalle – *Hafenstr. 10 - ✆ 07531 21126 - www.hafenhalle.com - à partir de 12h.* Devant l'embarcadère, face au lac, un *Biergarten*, restaurant-bar qui se transforme en salle de concerts au gré d'une programmation éclectique, particulièrement riche aux beaux jours.

Activités

Kultur-Rädle - Location de vélos – *Bahnofplatz 29 - à côté de l'office de tourisme - ✆ 07531 27310 - www.kultur-raedle.de - du w.-end de Pâques à fin sept. : 9h-12h30, 14h30-18h, sam. 10h-16h, dim. 10h-12h30 ; reste de l'année : tlj sf dim. 9h-12h30, 14h30-18h, sam. 10h-16h - 15 €/j, vélo électrique 25 €/j, enf. demi-tarif.*

Hébergement

Pour se faire plaisir

1 **Hotel Hirschen** – A2 - *Bodanplatz 9 - ✆ 07531 128260 - www.hirschen-konstanz.de - P - 33 ch. 110/180 € ☕.* Cet hôtel coquet dispose d'une belle situation, aux abords immédiats du centre-ville. Chambres de style classique. On retient le service attentionné, ainsi que le délicieux petit-déjeuner.

Une folie

4 **Steigenberger Inselhotel** – B1 - *Auf-der-Insel 1 - ✆ 07531 1250 - www.steigenberger.de - P 24 €/j - 102 ch. 355/555 € ☕.* Hôtel de luxe sur une île privée. Le cloître de l'ancien monastère est particulièrement imposant. Élégant restaurant et splendide terrasse donnant sur le lac.

3

Lac de Constance ★★

Bodensee

Les francophones l'appellent le lac de Constance; ses riverains le nomment Bodensee. Cette vaste étendue d'eau de 536 km^2 – le plus grand lac allemand, le troisième en Europe – est presque une mer souabe. Voire une mer du Sud, avec la douceur de son climat, les vignes, les arbres fruitiers de ses rives ou encore la végétation tropicale de l'île de Mainau. C'est d'ailleurs un peu la Côte d'Azur des Allemands; une « Grande Bleue » où l'on vient se baigner, partir en croisière ou flâner sur ses quais romantiques. Assis face au lac, plein sud, on ne se lasse pas de regarder la chaîne suisse de l'Alpstein culminant au Säntis (2052 m). La rive nord, elle, est bordée de joyaux comme le château médiéval de Meersburg ou l'église baroque de Birnau, posée au milieu des vignes.

Se repérer

CARTE BC4 (P. 184-185)
Bade-Wurtemberg.
À la frontière de l'Allemagne, de la Suisse et de l'Autriche : à 71 km au nord-est de Zurich (Suisse), 63 km à l'ouest de Bregenz (Autriche), 126 km à l'est de Fribourg, 176 km au sud de Stuttgart. Le lac est divisé en trois bassins : Obersee, le principal, entre Bregenz et Constance; Überlingen See, le bras nord-ouest; Untersee, le bras sud-ouest, lui-même divisé en Gnadensee et Zeller See.

À ne pas manquer

Le soleil couchant au bord du lac à Überlingen, Meersburg et le village lacustre d'Unteruhldingen.

Organiser son temps

Comptez une journée pour longer la rive nord et visiter certains sites; deux jours pour ajouter une croisière à votre programme.

En famille

Le village lacustre d'Unteruhldingen, baignade et vélo.

Carnet pratique p. 300

Nos adresses p. 300

Circuit conseillé

CARTE P. 184-185

D'Überlingen à Lindau BC4

Circuit de 56 km tracé en marron sur la carte.
Pour rejoindre la rive nord en partant de Constance, empruntez le ferry vers Meersburg (voir « Activités » dans « Nos adresses »).

★ Überlingen

Cette ancienne ville d'Empire fut fondée en 1180 par Frédéric Ier Barberousse; les produits de la vigne et le commerce de sel et de blé contribuèrent à son essor au Moyen Âge. En 1379, Überlingen acquit sa liberté vis-à-vis de l'Empire, un statut qu'elle conserva jusqu'en 1802. Dès le milieu du 19e s., le tourisme y joua un rôle économique important en raison d'un climat particulièrement clément. Située sur le bras nord-ouest du lac de Constance, elle siège au milieu des vergers.

De l'office de tourisme, côté lac, on peut emprunter l'agréable Seepromenade, vers la droite, et atteindre le jardin municipal et la verte **promenade des Fossés★ (Stadtbefestigungsanlagen)** qui monte vers le haut de la cité, sur l'ancien tracé des fortifications. À 100 m de l'office de tourisme, côté ville, sont regroupés, autour de la Münsterplatz, les bâtiments majeurs d'Überlingen.

Münsterplatz – Sur cette place s'élèvent la cathédrale gothique, la façade nord de l'hôtel de ville et le bâtiment Renaissance de l'ancienne chancellerie municipale.

Le lac en chiffres

Longueur maximale : 63,5 km.
Largeur maximale : 14 km.
Longueur du rivage : 273 km (dont 73 km en Allemagne, 72 km en Suisse et 28 km en Autriche).
Température moyenne de l'eau en juillet : 20 °C.

★ **Münster (cathédrale)** – La vaste cathédrale gothique présente cinq nefs voûtées en réseau et peintes. Son influence est mise en lumière par un grand nombre de retables du style gothique au style Renaissance, parmi lesquels le célèbre maître-autel des frères Zürn de 1616. Dans la chapelle Ste-Élisabeth *(bas-côté droit)*, la **Vierge au croissant de lune** est une œuvre souabe de 1510.

Rathaus (hôtel de ville) – *℘ 07551 990 - www.ueberlingen-bodensee.de - merc. et jeu. à 11h - gratuit.* La **salle du conseil★ (Ratssaal)** constitue un ensemble gothique d'une grande finesse avec ses parois lambrissées ornées d'arcs décoratifs en accolade, et son plafond de bois nervuré, légèrement cintré. Les statuettes sont de la fin du 15e s. *Entrez par la tourelle de droite pour accéder au 1er étage.*

Städtisches Museum (Musée municipal) – *Krummebergstr. 30 - ℘ 07551 99 10 79 - www.museum-ueberlingen.de - mar.-sam. 9h-12h30, 14h-17h, dim. et j. fériés (avr.-oct. : 10h-15h) - 5 € (-6 ans gratuit), billet famille 10 €.* Parmi les collections exposées dans une maison patricienne (Reichlin-von-Meldegg Haus) de la fin du 15e s. remaniée dans le style baroque, une attention particulière est portée à la peinture et à la sculpture d'Überlingen, du style gothique au style classique. Ne manquez pas les crèches du 18e s. et les 50 chambres de poupées, du style Renaissance au style Art nouveau.

★ Wallfahrtskirche Birnau (ÉGLISE DE PÈLERINAGE DE BIRNAU)

En contrebas de la route, sur une terrasse viticole dominant le lac de Constance, l'église actuelle fut construite de 1746 à 1750. Les cisterciens de Salem en confièrent les travaux à l'architecte du Vorarlberg, Peter Thumb, qui s'entoura de Joseph Anton Feuchtmayer pour les stucs et de Gottfried Bernhard Göz pour les fresques. Le rococo se manifeste particulièrement dans l'architecture et la décoration peinte du plafond de la nef, de la coupole aplatie du chœur et de la coupole de l'abside. À mi-hauteur court une élégante galerie à encorbellement dont les culs-de-lampe (éléments en saillie formant un cône renversé) sont décorés de cartouches rocaille. Les pèlerins vénèrent une Vierge du début du 15e s. placée au-dessus du maître-autel.

2 km après Birnau, quittez la route 31 pour vous diriger vers l'abbaye de Salem, située 6 km au nord.

★ Salem

L'abbaye de Salem, fondée par les cisterciens en 1137, fut pendant plus de 650 ans l'une des abbayes les plus importantes de cet ordre sur le territoire allemand. Directement rattachée à l'Empire, elle n'obéissait qu'à l'empereur et au pape.

Elle atteignit son apogée sous l'abbé Anselme II (1746-1778), bâtisseur de l'église de pèlerinage de Birnau. Elle est la propriété des margraves de Bade depuis 1802. De nos jours, Salem ressemble à un petit village avec son collège privé, ses artisans d'art, son café-restaurant et même sa pharmacie installée dans la **Porte basse (Untertor-Haus)**, pavillon baroque élégamment dessiné. C'est par là que l'on pénètre sur ce site de 17 ha qui offre un ensemble architectural saisissant où se côtoient les styles gothique, Renaissance, baroque et classique.

★ **Münster (cathédrale)** – De style gothique rayonnant, sa construction débuta en 1297, tandis que sa consécration eut lieu au début du concile de Constance, en 1414. L'architecture extérieure est égayée par les fines baies gothiques ajourant les pignons est et ouest. L'intérieur est caractéristique de l'architecture cistercienne, avec son grand chœur à chevet plat et ses hautes voûtes. Il doit sa splendide décoration en albâtre à l'abbé Anselme II.

★ **Schloss (château)** – *✆ 07553 9165336 - www.salem.de - ♿ - visite guidée (1h) en allemand de fin mars à déb. nov. : lun.-sam. 9h30-18h, dim. et j. fériés 10h30-18h - 9 € (billet famille 22,50 €).* Les anciens bâtiments conventuels, qui constituent aujourd'hui le château, furent construits après le terrible incendie de 1697 par un architecte de l'école du Vorarlberg, Franz Beer. Sa taille et sa décoration témoignent de la richesse de Salem au cours de son histoire.

L'ancien réfectoire d'été a conservé un beau plafond décoré de stucs, que l'on doit aux frères Schmuzer. Ces artistes ont également décoré la superbe voûte en anse de panier de la bibliothèque. La galerie Bernard, la **salle des Empereurs (Kaisersaal)** achevée en 1707 – la première grande salle de réception baroque dans une abbaye allemande – et le bureau de l'abbé Anselme II, de style rococo, méritent également une visite. Le château sert aussi de lieu d'exposition à un **musée des Sapeurs-pompiers (Feuerwehr-Museum)**.

De retour sur la route 31, prenez la direction Uhldingen et Pfahlbauten pour rejoindre le village lacustre situé au bord du lac.

★★ Pfahlbaumuseum Unteruhldingen

(MUSÉE PALAFITTE D'UNTERUHLDINGEN)

Strandpromenade 6 - Uhldingen-Mühlhofen - ✆ 07556 928900 - www.pfahlbauten.de - avr.-sept. : 10h-18h ; oct.-nov. : 10h-17h30 ; reste de l'année se rens. - visite guidée en allemand généralement à 14h - 12 € (5-15 ans 8 €) - se renseigner sur le programme des démonstrations sur le site Internet.

Ce musée en plein air, dit des « palafittes » – terme qui désigne une construction sur pilotis –, s'est installé dès 1922 à proximité d'un site de fouilles pour donner une représentation vivante d'un **village lacustre** du néolithique et de l'âge du bronze (entre 4 000 et 850 ans av. J.-C.). Le site originel de 5 ha, sous l'eau, est protégé (on peut voir des restes de pilotis). Les reconstitutions architecturales, dont les dernières datent de 2007, s'appuient sur les résultats de fouilles. Elles sont convaincantes et les mises en scène de la vie quotidienne des habitants d'une vingtaine de maisons, réalistes. La recherche de la subsistance – chasse, pêche, culture de la terre – et la taille de la pierre sont illustrées dans les différentes huttes.

★ Meersburg

Ancienne résidence des princes-évêques, Meersburg est aujourd'hui un village pittoresque qui jouit d'une situation privilégiée, sur un plateau entouré de vignobles et de vergers offrant de beaux coups d'œil sur le lac de Constance.

Pfahlbaumuseum Unteruhldingen.
Rolphus/Getty Images Plus

Le **Château vieux**, édifice médiéval imposant avec ses chemins de ronde, ses donjons et ses murs parfois épais de 3 m, domine la petite ville. La **Marktplatz★** sur laquelle débouche la **Steigstraße★**, bordée de maisons à colombages, forme le centre de la **ville haute (Oberstadt)**; ses rues étroites et piétonnes se prêtent bien à la promenade.
De la terrasse du **Château neuf** *(Neues Schloss)*, un palais baroque à façade rose, on découvre une **vue★** magnifique sur le lac et le massif du Säntis.
L'itinéraire se poursuit sur la « Grüne Straße » (la Route verte) entre les plantations de pommiers, dont les fruits sont exportés dans l'Europe entière.

3

Friedrichshafen

Ville agréable malgré son port débordant d'activité, Friedrichshafen est affectueusement surnommée outre-Rhin « la cité des foires et du Zeppelin », pour insister sur son importance en tant que pôle industriel et berceau de l'aviation. Sise directement sur le lac, elle invite à la flânerie sur l'une des plus longues et des plus belles promenades de la rive. L'**église** baroque **(Schloßkirche)** située à l'extrémité ouest de la promenade, en bordure du château (toujours habité par la famille ducale du Wurtemberg), mérite le détour. À partir de Friedrichshafen, il est possible d'effectuer des croisières jusqu'à la chute du Rhin, vers Schaffhausen, vers l'île de Mainau (« l'île aux Fleurs ») ou encore vers Uhldingen, afin d'y visiter le village lacustre et son musée (Pfahlbaumuseum Unteruhldingen).
★ **Musée Zeppelin** – *✆ 07541 38 010 - www.zeppelin-museum.de - mai-sept. : 9h-17h ; nov.-avr. : tlj sf lun. 10h-17h - dernière entrée 30mn av. fermeture - 11/12 € selon saison (-16 ans 6/6,50 €), billet famille 25/27 € - audioguide en français.* Logé dans l'ancienne gare maritime à la pointe est de la promenade, il est consacré aux dirigeables mis au point à Friedrichshafen par le comte **Ferdinand von Zeppelin** (1838-1917), dont ils portent le nom. Une partie du légendaire *Hindenburg*, qui explosa en 1937 à Lakehurst, a été reconstruite ici. Le musée abrite un département d'art présentant des œuvres datant du Moyen Âge à nos jours.

Wasserburg am Bodensee

Ce village, très visité, se presse sur une étroite langue de terre s'avançant dans les eaux du lac. La promenade jusqu'à l'extrémité du cap offre une belle vue sur les berges de part et d'autre, ainsi que sur les sommets des Alpes.

★★ Lindau im Bodensee

Voir p. 80.

Carnet pratique

S'informer

Office de tourisme d'Überlingen – *Landungsplatz 3-5 - ✆ 07551 94 71 522 - www.ueberlingen-bodensee.de.*

Se déplacer

Bac – *Entre Constance et Meersburg - ✆ 07531 803 3000 - www.stadtwerke-konstanz.de - 24h/24 et 365 j/an; ttes les 15mn de 6h à 20h - 8,40/10,10 € voiture, 3,40 € passager (enf. 1,70 €).* Un air de croisière pendant 20mn et 60 km de route économisés.

Bodensee-Schiffsbetriebe – *Voir p. 294.*

Nos adresses

Restauration

Premier prix

Gasthof Auer – *Stockacherstr. 62 - Orsingen-Nenzingen - 21 km à l'ouest d'Überlingen - ✆ 07771 2497 - www.auer-nenzingen.de - rest. fermé lun. et merc. soir - plats 13,90/24,80 € - 5 ch. 78 € - ☕ 6 €.* Ce restaurant proposant un grand choix de plats traditionnels fait aussi maison d'hôtes.

Zeppelinmuseum Restaurant – *Seestr. 22 - Friedrichshafen - ✆ 07541 9530088 - www.zeppelinmuseum-restaurant.de - fermé dim.-lun. - plats 12,90/26,80 €.* Ce restaurant moderne, face à l'embarcadère, propose une cuisine créative en soirée et à midi, une carte internationale simple.

Budget moyen

Winzerstube zum Becher – *Höllgasse 4 - Meersburg - ✆ 07532 9009 - www.winzerstube-zum-becher.de - fermé lun. et 1 sem. en janv. - 22/44 €.* En 1610, on y désaltérait déjà les visiteurs assoiffés ! Ce local rustique et agréable, au cœur du centre historique de la ville haute, appartient depuis 1887 à la même famille. Vins produits sur le domaine.

Pour se faire plaisir

Bürgerbräu – *Aufkircher Str. 20 - Überlingen - ✆ 07551 92740 - www.bb-ueb.de - ferme à 18h - plats 17,90/31 € - ch. 126/139 € ☕.* Dans une vieille maison de ville à l'atmosphère conviviale et rustique, ce restaurant propose une cuisine internationale.

Johanniter Kreuz – *Johanniterweg 11 - Überlingen - ✆ 07551 937060 - www.johanniter-kreuz.de - fermé lun. et mar. midi et 2 sem. déb. nov. - plats 19/34 €.* Cette ancienne ferme parfaitement restaurée abrite dans les écuries un agréable restaurant avec poutres et cheminée. Vous y trouverez une cuisine régionale, où les saisons sont respectées. Bonne sélection de vins.

Petite pause

Radolfzell – *Strandbadstr. 102 - Radolfzell - ✆ 07732 151 1650 - www.strandcafe-mettnau.de - lun.-mar. et vend.-dim. et j. fériés 12h-22h, jeu. 17h-22h - fermé merc.* Sa situation en bordure directe du lac fait tout l'attrait de ce bâtiment moderne à la façade de verre. De l'intérieur, tout comme depuis la splendide terrasse, on jouit d'une superbe vue sur l'eau. Idéal pour une pause déjeuner ou café.

Activités

Baignade – Plages, gratuites ou payantes, à Meersburg, Überlingen et Wasserburg.

Tour du lac à vélo – *www.bodensee-radweg.com.* Belle piste cyclable de 300 km, bien balisée dans les trois pays traversés (Allemagne, Suisse, Autriche). On pourra faire des combinaisons vélo-bateau.

Hébergement

Budget moyen

Hotel Seegarten – *Seepromenade 7 - Überlingen - ✆ 07551 9188919 - www.seegarten-ueberlingen.de - P 10 €/j - fermé nov.-mars - 21 ch. 128/280 €* ☕. Sa situation au bord même du lac, son soin et sa propreté comptent parmi les points forts de cet hôtel. Demandez une chambre avec vue sur le Überlingen See.

Seehotel Off – *Uferpromenade 51 - Meersburg - après le centre-ville en allant vers Lindau, au bord du lac - ✆ 07532 44740 - www.seehotel-off.de - P - fermé janv. - 21 ch. à partir de 220 €* ☕. Vous trouverez cet hôtel dans la ville basse, en bordure directe du lac. Des chambres modernes à l'équipement fonctionnel sont proposées aux visiteurs. Préférez celles avec vue sur le lac.

Pour se faire plaisir

Hotel Villa Rosengarten – *Bahnhofstr. 12 - Überlingen - ✆ 07551 92820 - www.hotelvillarosengarten.de - P - 15 ch. à partir de 172 €* ☕. Cette villa romantique de style Art nouveau, avec une tour et une extension moderne, est idéalement située dans le jardin municipal, à quelques pas du lac. Chambres fonctionnelles, moins charmantes que la maison elle-même.

City Krone – *Schanzstr. 7 - Friedrichshafen - ✆ 07541 7050 - www.hotel-city-krone.de - P 15 €/j - 111 ch. à partir de 189 €* ☕. Cet hôtel du centre-ville dispose d'un restaurant traditionnel au 1er étage, d'un joli jardin à l'arrière et d'un petit toit-terrasse au 5e étage. Les nouvelles chambres sont de style moderne.

Bacharach
Saiko3p/Getty Images Plus

4

Rhénanie-Palatinat et Sarre

CARTE MICHELIN RÉGIONAL 543 – RHÉNANIE-PALATINAT ET SARRE

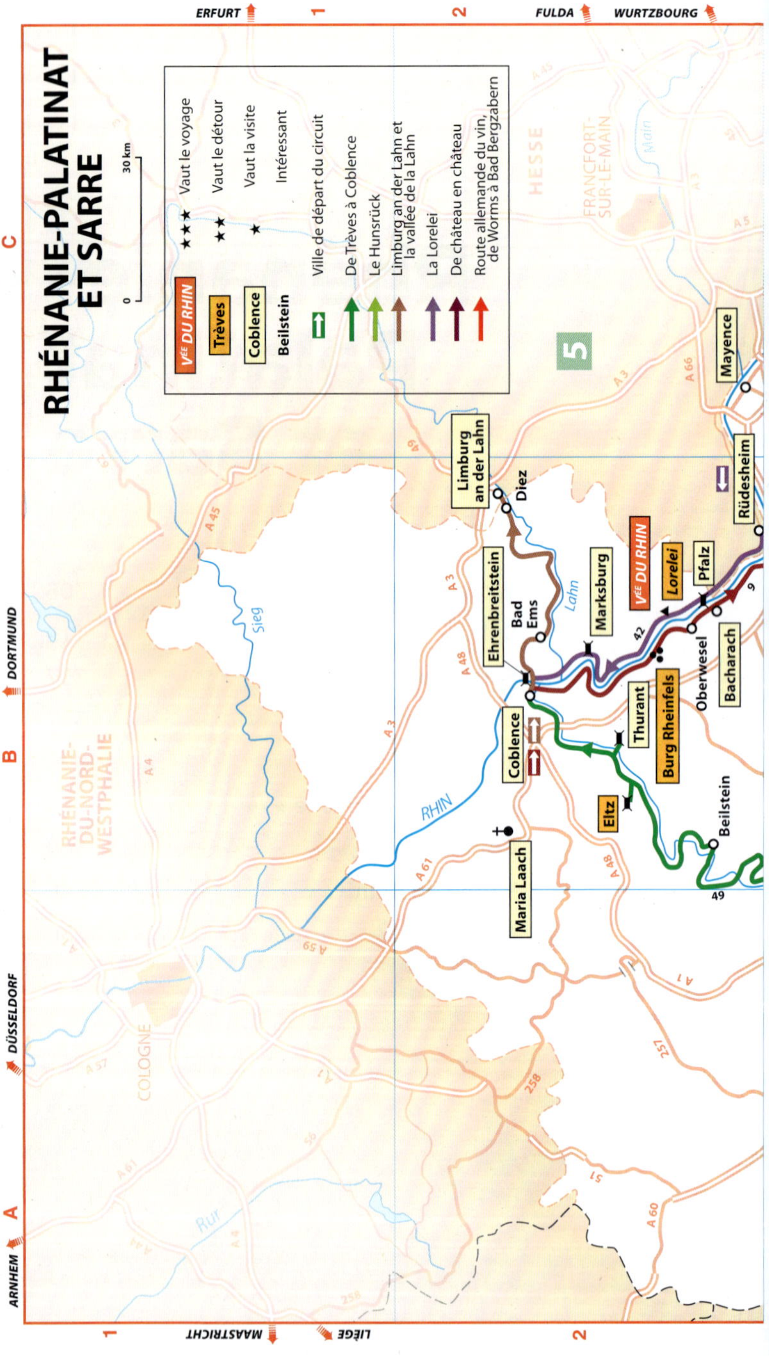
RHÉNANIE-PALATINAT ET SARRE
0
30 km
VILLE DU RHIN ★★★ Vaut le voyage
Trèves ★★ Vaut le détour
Coblence ★ Vaut la visite
Beilstein Intéressant
Ville de départ du circuit
De Trèves à Coblence
Le Hunsrück
Limburg an der Lahn et la vallée de la Lahn
La Lorelei
De château en château
Route allemande du vin, de Worms à Bad Bergzabern
ERFURT
FULDA
WURTZBOURG
DORTMUND
DÜSSELDORF
ARNHEM
MAASTRICHT
LIÈGE
A
B
C
1
2
5
HESSE
FRANCFORT-SUR-LE-MAIN
Main
Mayence
Rüdesheim
Limburg an der Lahn
Diez
Lahn
Bad Ems
Ehrenbreitstein
Marksburg
VILLE DU RHIN
Lorelei
Pfalz
Oberwesel
Bacharach
Thurant
Burg Rheinfels
Coblence
Eltz
Beilstein
Maria Laach
RHIN
Sieg
Rur
RHÉNANIE-DU-NORD-WESTPHALIE
COLOGNE
A 45
A 3
A 48
A 61
A 66
A 5
A 4
A 59
A 1
A 60
A 44
A 57
49
42
9
258
257
51
56

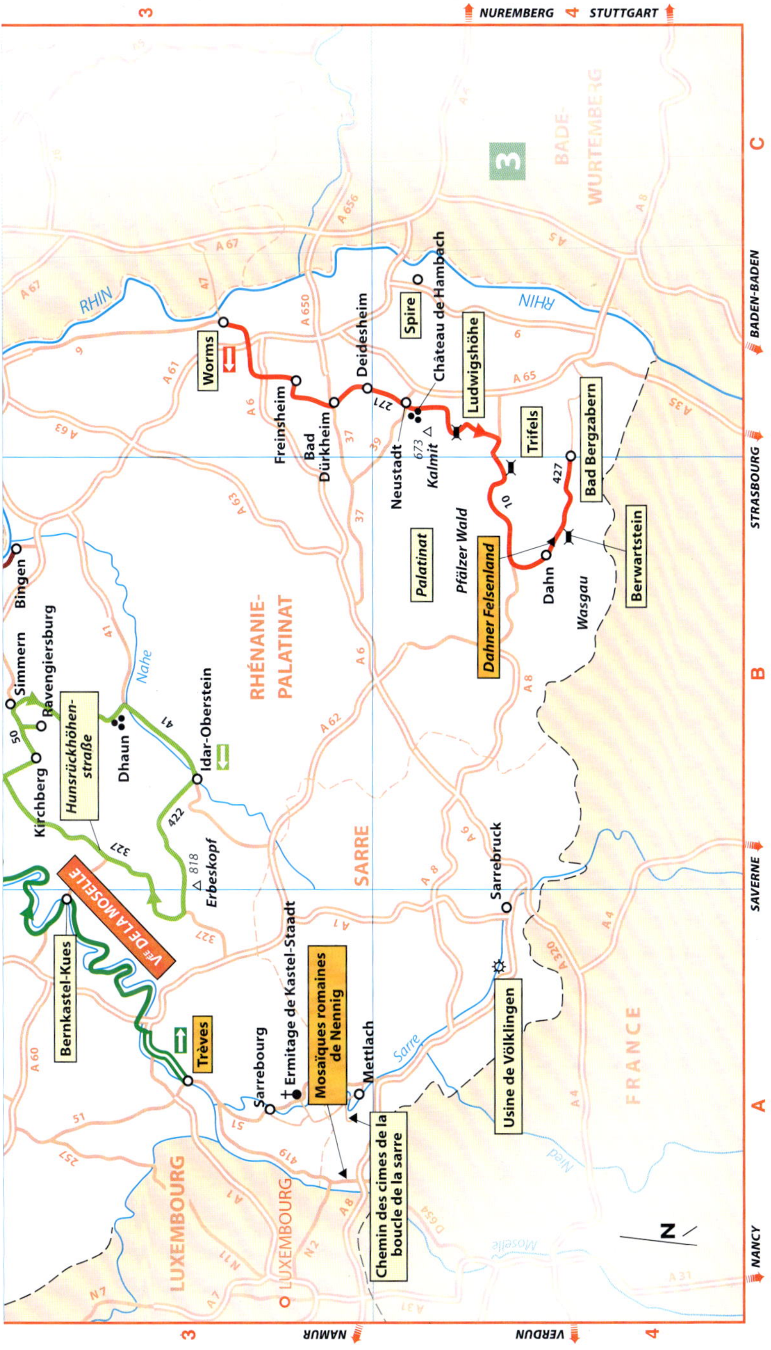

NUREMBERG
STUTTGART
BADEN-BADEN
STRASBOURG
SAVERNE
NANCY
NAMUR
VERDUN
3
BADE-WURTEMBERG
RHIN
Worms
Freinsheim
Bad Dürkheim
Deidesheim
Spire
Château de Hambach
Neustadt
673 Kalmit
Ludwigshöhe
Trifels
Bad Bergzabern
Palatinat
Pfälzer Wald
Dahner Felsenland
Dahn
Wasgau
Berwartstein
Bingen
Simmern
Ravengiersburg
Kirchberg
Hunsrückhöhen-straße
Dhaun
Nahe
Idar-Oberstein
818 Erbeskopf
RHÉNANIE-PALATINAT
SARRE
Vtée DE LA MOSELLE
Bernkastel-Kues
Trèves
Sarrebourg
Ermitage de Kastel-Staadt
Mosaïques romaines de Nennig
Mettlach
Chemin des cimes de la boucle de la sarre
Sarre
Usine de Völklingen
Sarrebruck
FRANCE
LUXEMBOURG
Moselle
Nied
N

Worms ★ et le Palatinat ★

Worms fut, avec Spire et Mayence, une résidence impériale des bords du Rhin et le siège d'une brillante communauté juive (SchUM). Ville au passé prestigieux, c'est à Worms également que se déroule une grande partie de la saga des Nibelungen. Un musée et un festival annuel lui sont d'ailleurs dédiés et la promenade, le long du Rhin, s'orne de la statue du légendaire Hagen brandissant le trésor avant de le précipiter dans le fleuve. Enfin, la petite cité est un point de départ idéal pour se lancer à la découverte du Palatinat et du vignoble de la région.

Se repérer

CARTE P. 304-305 (C3)

83 330 hab. - Rhénanie-Palatinat.
À 50 km au nord-ouest de Heidelberg.

À ne pas manquer

Le Dom St-Peter et le cimetière juif.

En famille

La statue de Hagen jetant le trésor des Nibelungen dans le Rhin (l'occasion de leur raconter l'histoire) et celle de Luther (pour raconter les débuts du protestantisme).

Organiser son temps

Comptez une journée pour toute la ville.

Carnet pratique p. 310

Nos adresses p. 311

Se promener

★★ Dom St. Peter (CATHÉDRALE ST-PIERRE)

Domplatz. Cette cathédrale, caractéristique de l'art roman rhénan, possède deux absides cantonnées chacune de deux tours rondes d'escalier. Extérieurement, le **chœur ouest★★**, terminé en 1181, constitue l'une des plus belles réalisations romanes d'Allemagne, avec ses deux galeries rhénanes naines superposées. Entrez par le portail sud, gothique, dont le tympan représente le Couronnement de la Vierge. Au revers de ce portail, splendide Christ du Jugement, du 12e s. Dans la première chapelle à droite en entrant, une sculpture très ancienne représente Daniel dans la fosse aux lions. Le chœur, voûté d'ogives, est le plus ancien ; le maître-autel est l'œuvre de Balthasar Neumann. Admirez la croisée du transept avec sa coupole rhénane montée sur trompes. Sous le chœur sont exposés neuf tombeaux de proches de l'empereur Conrad II. La nef romane comporte cinq travées voûtées sur croisées d'ogives. Le chœur ouest, le dernier construit, est très élégant avec sa frise en damier, les voussures de ses arcatures et ses roses. Dans le bas-côté nord se succèdent cinq **sculptures gothiques★** représentant l'Annonciation, la Nativité, la Mise au tombeau, la Résurrection et un arbre de Jessé.

Lutherdenkmal (MONUMENT À LA MÉMOIRE DE LUTHER)

Lutherplatz. Inauguré en 1868, ce monument commémore la comparution de Martin Luther devant la Diète de Worms convoquée en 1521 par Charles Quint.

La cathédrale de Worms.
travelview/Getty Images Plus

Entouré des précurseurs de la Réforme, Luther, au centre, montre la Bible, qu'il tient pour seule source légitime d'autorité chrétienne. Refusant de se dédire, il sera mis au ban de l'Empire. La religion chrétienne en sera à jamais transformée.

★ **Museum Heylshof** (MUSÉE HEYLSHOF)

Stephansgasse 9 - ✆ 06241 22 000 - www.heylshof.de - mars-déc. : tlj sf lun. 14h-17h, dim. et j. fériés 11h-17h - 5 € (-18 ans gratuit).

Installées dans les salons d'un palais construit après 1871, les **toiles★** du 15e au 19e s. comprennent notamment des œuvres de Rubens, Van Loo et du Tintoret. Le musée expose également des vitraux (15e et 16e s.), de précieuses porcelaines, des céramiques et des cristaux.

4

★ **Jüdischer Friedhof Heiliger Sand** (CIMETIÈRE JUIF)

Willy-Brandt 21 - avr.-oct. : 9h30-17h (dernière entrée 16h40) - fermé sam., j. fériés juifs et le vend. les précédant - les visiteurs masculins doivent porter un couvre-chef.

Avec ses 2 500 stèles, le Heiliger Sand est le plus vieux cimetière juif d'Europe. Dans la partie la plus ancienne, les tombes disséminées dans l'herbe datent du 11e au 17e s. Pas de marbre ni de mausolée, toutes les sépultures se ressemblent,

SchUM : Jérusalem sur le Rhin

En 2021, les vestiges archéologiques des communautés juives médiévales des villes de Spire, Worms et Mayence ont été inscrits sur la liste du patrimoine mondial de l'Unesco. Entre le 11e et le 14e s., les trois villes rhénanes désignées par l'acronyme SchUM (constitué à partir des initiales de leur nom hébreu Schpira, Urmaisia et Magenza) ont été à l'origine d'un intense rayonnement culturel. Pendant près de 250 ans, l'alliance des trois communautés, surnommée « la Jérusalem sur le Rhin », a façonné le judaïsme d'Europe centrale, celui des Ashkénazes, en accueillant les plus grands érudits de l'époque.

marquées d'une simple pierre gravée en hébreu à l'avant de la tombe, afin que le mort puisse se relever le jour du Jugement dernier. Dans la zone la plus récente, les tombeaux sont plus ouvragés et l'allemand remplace souvent l'hébreu. À partir de la fin du 18e s., les états germaniques accordent des droits civiques aux citoyens juifs et leur imposent des patronymes invariables (ils avaient coutume d'employer le prénom suivi du nom du père, comme « Isaac, fils d'Abraham »). Ils prennent alors des noms de lieux (Frankfurter, Bamberger...), de métiers (Einstein – maçon, Miller – meunier) ou encore d'animaux (Adler – aigle), que l'on découvre au fil des allées. En 2021, le cimetière a été classé au Patrimoine mondial de l'Unesco avec d'autres vestiges juifs des villes de Mayence et Spire *(voir encadré p. 307)*.

Musée des Nibelungen

Fischerpförtchen 10 - ✆ 06 241 853 41 20 - www.nibelungenmuseum.de - tlj sf lun. 10h-17h (18h w.-end et j. fériés) - 5,50 € (-18 ans 3,50 €).
Logé dans les anciens remparts de la ville, le musée vaut surtout pour son audioguide efficace où la chanson des Nibelungen, inspirée de mythologies plus anciennes, est racontée, en 3 379 strophes, par son auteur anonyme du 12e s. *(voir encadré ci-contre)*. Sans langue de bois, ce dernier déplore aussi la récupération de son œuvre à des fins nationalistes par Goethe, qui l'érige en bien culturel national, et Wagner, qui en fait son opéra *L'Anneau des Nibelungen*, puis plus tard par les Nazis.

Kiautschau

Fischerpförtchen 10. Au nord-ouest du centre-ville, cet ancien quartier ouvrier comporte 115 maisons à deux logements (de 35 à 50 m²) avec chacune son petit jardin potager, reliées par des rues pavées. Ces charmantes bâtisses à colombage ont été construites à l'initiative de l'entrepreneur Cornelius Wilhelm Herrnsheim (1843-1923) qui, à la tête de deux manufactures de cuir, souhaitait offrir à ses ouvriers et leur famille des conditions de logement agréables. Un havre de paix dans la cité... et un agréable lieu de promenade.

Circuit conseillé

CARTE P. 304-305

Route allemande du Vin, de Worms à Bad Bergzabern

▶ *Circuit de 158 km tracé en rouge sur la carte, au départ de Worms.*
L'itinéraire emprunte en partie la **route allemande du Vin (Deutsche Weinstraße)** qui relie Schweigen, à la frontière française, à **Bockenheim**.

Freinsheim C3

Ce gros bourg viticole entouré de remparts possède un charmant hôtel de ville installé dans une gracieuse maison baroque, dont le toit protège un escalier extérieur, à côté de l'église (15e s.).

Bad Dürkheim C3

Cette station hydrominérale, à la lisière du Pfälzer Wald, est agrémentée d'un **parc thermal** remarquable où l'on trouve des figuiers et des amandiers qui bénéficient de la douceur du climat.
À l'ouest *(4 km par la Schillerstraße et le Luitpoldweg)*, le site des ruines de l'abbaye de Limburg offre de jolies vues sur la vallée d'Isenach et les ruines de Hardenburg à l'ouest, sur la plaine du Rhin à l'est.

Mais que raconte la chanson des Nibelungen ?

Siegfried, fils du roi de Xanten, se forge une épée magique grâce à laquelle il triomphe d'un terrifiant dragon. Il se baigne dans son sang et devient presque invulnérable : il s'empare alors du trésor du peuple des nains, les Nibelungen. Auréolé de gloire, il demande la main de Kriemhild, la sœur du roi burgonde Gunther. Ce dernier accepte à condition que Siegfried parvienne à conquérir pour lui la walkyrie Brünhild, qui devra l'épouser malgré son amour pour le preux chevalier. Mais le trésor des Nibelungen porte malheur... Hagen, un vassal du roi jaloux des victoires de Siegfried, blesse mortellement le héros au cours d'une partie de chasse et s'empare de son épée. Kriemhild utilise le trésor de son époux pour recruter des barons qui acceptent de la venger. Se sentant menacé, Hagen jette le trésor dans le Rhin. Contrainte de quitter la cour des Burgondes, Kriemhild se réfugie auprès du roi des Huns et tend un guet-apens à Gunther et Hagen qu'elle assassine avec l'épée de Siegfried. S'estimant trahi, le roi des Huns ordonne la mise à mort de sa future épouse.

Deidesheim C3

Ce bourg vigneron est l'un des plus caractéristiques de la route du Vin avec sa place du Marché joliment décorée et ses maisons à colombages.

Neustadt C4

Hetzelplatz 1 - ☏ 06321 9268-92 - www.neustadt.eu.
Vous trouverez ici la plus forte concentration de maisons anciennes de tout le Palatinat, une jolie place du Marché et un hôtel de ville du 16e s. La ville est particulièrement animée lors de la Fête des vendanges, les 2 premiers week-ends de septembre.

Hambacher Schloss (CHÂTEAU DE HAMBACH) C4

1 km au départ de Hambach. ☏ 063 21 92 62 90 - www.hambacher-schloss.de - avr.-oct. : 10h-18h ; nov.-mars : 11h-17h - 6,50 € (6-18 ans 3 €).
Les ruines de ce château du 11e s. ,détruit en 1688, sont célèbres depuis la manifestation de 1832 au cours de laquelle les patriotes militant pour les idées libérales hissèrent pour la première fois le drapeau noir-rouge-or, adopté comme emblème national allemand en 1919, puis à nouveau en 1949.

4

Kalmit C4

15mn à pied AR. Avec ses 673 m, le Kalmit, point culminant du Palatinat, est le but de nombreuses promenades. De la terrasse de la Kalmithaus, formidable **panorama★★** sur la plaine du Rhin et, plein est, la cathédrale de Spire. Vous pourrez rejoindre la route du Vin par le joli village de St-Martin.

★ Schloss-Villa Ludwigshöhe (CHÂTEAU DE LUDWIGSHÖHE) C4

2 km au départ d'Edenkoben. ☏ 063 23 9 30 16 - schloss-villa-ludwigshoehe.de - fermé pour travaux de restauration.
Créé par Louis Ier de Bavière dans le goût des villas italiennes, le château de Ludwigshöhe abrite une **galerie★** consacrée au peintre impressionniste Max Slevogt (1868-1932). Admirable **parquet★** et terrasse offrant une **vue★** magique sur les vignobles rhénans.
Un télésiège monte au **Rietburg** (550 m), point de départ de promenades en forêt. La descente en télésiège offre de superbes vues plongeantes sur les coteaux.

★ Château de Trifels B4

7 km à partir d'Annweiler et 1h30 de marche et de visite - ✆ 06346 8470 - www.burgenlandschaft-pfalz.de/de/reichsburg-trifels - de mi-mars. à oct. : tlj sf lun. 10h-18h ; reste de l'année : w.-end et j. fériés 10h-17h - fermé déc.-janv. - 4,50 €.
C'est dans les murs épais de cette forteresse impériale des Hohenstaufen que l'empereur Henri VI tint emprisonné le roi d'Angleterre Richard Cœur de Lion lorsqu'il revint en 1193 de la troisième croisade. Dans un **site★★** grandiose, le château se dresse sur un éperon de grès de 145 m de longueur et seulement 40 m de largeur, avec lequel il semble ne faire qu'une seule pièce.

★★ Dahner Felsenland B4

Autour de la station climatique de **Dahn** s'étend l'une des plus belles régions de randonnée d'Allemagne, avec ses châteaux forts et ses nombreuses formations rocheuses de grès rouge. Pas moins de 47 monolithes sont ici classés monuments naturels. Les **ruines du château d'Altdahn★** dominent la silhouette de la ville. Les escaliers et postes de garde taillés dans le roc confèrent au château, dont les origines remontent aux alentours de 1100, une atmosphère profondément romantique. Des tours, jolis **aperçus★** sur le Wasgau.

★ Burg Berwartstein B4

Sur la B 427, tourner à droite vers Erlenbach - ✆ 063 98 2 10 - burgberwartstein.de - mars-oct. : 9h30-17h ; nov.-fév. : w.-end 11h-18h - 6 € (enf. 4 €).
Au point de rencontre de plusieurs vallées, cet ancien repaire de chevaliers pillards surplombe de 100 m le village d'Erlenbach. Le château du haut date du 12e s., celui du bas du 15e s. Détruit en 1591 par un incendie, il a été reconstruit à la fin du 19e s. On visite la salle des chevaliers, la galerie de chasse, un puits profond de 104 m, l'ancienne cuisine, les casemates et des tunnels creusés dans le roc. Des terrasses, une **vue★** à l'infini embrasse les paysages ondulés du Wasgau, jusqu'en France.

★ Bad Bergzabern BC4

Cette charmante station balnéaire possède de nombreuses maisons à colombages (Königstr., Marktstr.). Outre les coquettes maisons des 17e et 18e s., l'**auberge Zum Engel★** (1579) est réputée être le plus bel édifice Renaissance du Palatinat. Le **château**, avec ses tours rondes et trapues, a été construit de 1720 à 1725 à l'emplacement d'un ancien fort, dont subsiste, du côté de la cour, une tour d'escalier polygonale de 1530.

Carnet pratique

S'informer

Office de tourisme – *Neumarkt 14 - Worms - ✆ 06241 853 7306 - www.worms-erleben.de.* Visites guidées en français sur demande.

Arriver/partir

Train – Trains pour Mayence (35mn) et Mannheim (35mn).

Agenda

Nibelungenfestspiele Worms – *2e quinz. juil.* Festival de théâtre en plein air.

Jazz & Joy – *Mi-août.* Concerts de jazz et autre sur 5 scènes en plein air autour de la cathédrale.

Marché de Noël – *Du 21 nov. au 23 déc. - 11h-20h.* Illuminations, chants, chalets d'artisanat et de gastronomie, carrousel...

Nos adresses

Restauration

À Worms

Budget moyen

Die Pfälzer – *Peterstr. 16 - ✆ 0163 3934871 - fermé lun.-mar. - plats 12,20/22,90 €.* Fréquenté par les locaux, ce restaurant sert les spécialités du Palatinat, comme la *Scheiben Saumagen mit Sauerkraut und Bratkartoffeln* (tranches d'estomac de porc avec choucroute et pommes de terre sautées). Service attentionné et coupes de glace mémorables.

À proximité

Premier prix

Schloss Deidesheim – *Schlossstr. 4 - Deidesheim - ✆ 06326 96690 - www.schloss-deidesheim.de - avr.-oct. : fermé lun.-merc. et à midi jeu.-vend. ; nov.-déc. : fermé lun.-jeu. et à midi vend. - plats 15/27,50 €.* Une partie du château de Deidesheim a été transformée en restaurant et bar à vins. Terrasse donnant sur le jardin. Vins régionaux.

Budget moyen

Weinstube Bach-Mayer – *Gerberstr. 13 - Bad-Dürkheim - ✆ 06322 92120 - www.bach-mayer.de-- ⊭ --lun., jeu. et vend. soir, sam.-dim. dès 12h - fermé mar.-merc. - plats 25/45 €.* Taverne confortable, avec banquettes et joli poêle en faïence vert. Belle terrasse dans la cour intérieure. Cuisine régionale.

Prendre un verre

Einraum - Cocktail & Wein Bar – *Weckerlingplatz 1 - ✆ 06241 4961959 - www.einraum.bar - fermé dim.-mar. - cocktails 7/9 €.* À deux pas du Dom, dans une ancienne brasserie du 17e s., ce bar chic et décontracté sert de délicieux cocktails préparés en fonction de vos ingrédients préférés. Terrasse dans la cour aux beaux jours. Sur place également un bistrot, un caviste, un glacier et une épicerie proposant des produits de la région.

Shopping

Vins du Palatinat – Les vendanges tardives permettent d'obtenir des vins fruités assez alcoolisés et souples, les plus appréciés étant les blancs. Les crus les plus célèbres sont produits à Bad Dürkheim, Forst, Deidesheim et Wachenheim.

Hébergement

À Worms

Premier prix

Jugendherberge – *Dechaneigasse 1 - ✆ 06241 25780 - www.jugendherberge.de - 120 ch. de 1 à 4 pers., ttes avec douche et WC - ch. pour 2 (draps fournis) 62,80 € ☕ - ✕.* Logée dans une grande bâtisse du 18e s. reconstruite après la guerre, cette auberge de jeunesse a été complètement rénovée. Une bonne adresse pour se loger à petit prix.

Kriemhilde – *Hofgasse 2 - ✆ 06241 91150 - www.hotelkriemhilde.de - 18 ch. 92 € ☕ - ✕.* Un petit hôtel du centre-ville. Service aimable. Chambres pratiques. Une annexe, située Stephangasse 2, comprend trois appartements pour 2-4 pers. *(à partir de 110 €/nuit).*

Dans le Palatinat

Budget moyen

Hotel Zum Lam – *Winzergasse 37 - Gleiszellen-Gleishorbach - à 5 km au nord de Bad Bergzabern - ✆ 06343 939212 - www.zum-lam.de - P - 20 ch. - 128/208 € ☕ - ✕ plats 10,90/15,90 €.* Dans cette charmante station balnéaire, un hôtel qui ne déroge pas à la règle en occupant une maison à colombages. Chambres confortables.

4

Spire ★

Speyer

L'ancienne ville impériale de Spire, sur la rive gauche du Rhin, se reconnaît de loin à ses clochers. Cité historique au passé prestigieux, sa magnifique cathédrale, dont la crypte abrite les dépouilles de plusieurs empereurs, est le plus grand édifice roman d'Europe. Après une visite du monument phare de la ville, vous apprécierez de déambuler sur la Maximilianstraße, majestueux axe de parade qui conduit jusqu'à l'imposante Altpörtel, et sur les rives du Rhin, réservées ici aux piétons.

La crypte de la cathédrale de Spire.
Rudolf Ernst/Getty Images Plus

Se repérer

CARTE P. 304-305 (C4)
50 565 hab. – Rhénanie-Palatinat.
À 32 km au sud-ouest de Heidelberg,

Organiser son temps

Comptez une demi-journée.

En famille

Une visite au zoo aquatique Sea Life, le musée des Techniques.

Carnet pratique p. 316

Nos adresses p. 316

★★★ Kaiserdom (CATHÉDRALE IMPÉRIALE)

℘ 06232 1020 - www.dom-zu-speyer.de - ♿ sf crypte - avr.-oct. : 9h-19h (17h30 mar. et vend.), dim. 11h30-17h30 (cathédrale), 10h-17h, dim. 12h-17h (tour et salle impériale) ; nov.-mars : 9h-17h, dim. 11h30-17h - gratuit, audioguide 8,50 €.
La Cathédrale impériale, édifiée par Conrad II en 1030 et remaniée à la fin du 11e s., est une basilique de style roman à quatre tours et deux dômes. Bien qu'en grande partie reconstruite au 19e s., il s'agit de la plus grande construction de style roman d'Europe, classée au Patrimoine mondial de l'Unesco.

Extérieur

Voir illustration p. 421. Faites le tour de la cathédrale par le jardin.
Depuis la **Heidentürmchen** (13e s.), belle **vue★★** sur le chœur. Une galerie naine très élégante court tout autour de la nef et du transept, à la base de la toiture. Les chapiteaux de l'abside présentent une grande variété de motifs ; sur l'une des arcatures aveugles, au centre, on peut voir sur le premier tiers de la hauteur un bas-relief très fruste représentant le Royaume de la paix.
Les arcs des fenêtres de style lombard sur le transept sont présents, surtout du côté sud, une riche décoration de rinceaux et de palmettes ; ces motifs sont répétés sur la corniche à la base de la toiture.

Intérieur

On pénètre dans la cathédrale par le côté ouest, reconstruit au milieu du 19e s. Sous le porche, à droite, statue (1843) de Rodolphe de Habsbourg. Les 133 m de la nef inondée de lumière sont surmontés de voûtes d'arêtes sur doubleaux sombres. Les demi-colonnes engagées dans les maîtres piliers sont coupées à mi-hauteur d'anneaux et de chapiteaux à feuilles d'acanthe. La sobriété des bas-côtés, voûtés d'arêtes, est encore plus expressive. De l'escalier du bas-côté droit, belle perspective sur l'ensemble.
Le **transept★★** surélevé et voûté d'ogives est un chef-d'œuvre d'harmonie et d'équilibre. L'absence d'ornements et de crépi sur les murs fait d'autant plus ressortir le caractère décoratif de la construction. La nef principale (1845-1853) a été peinte sous le roi Louis Ier de Bavière.

4

Ville impériale du Rhin et centre administratif

Lieu de séjour privilégié des empereurs saliens, Spire – siège d'un évêché depuis le 4e s. – acquit une importance notable à partir du 11e s. ; elle devint ville d'Empire en 1294. Plus de 50 diètes d'Empire s'y tinrent, la dernière en 1570. De 1526 à 1688, le tribunal impérial siégea aussi à Spire. La ville fut malheureusement anéantie en 1689 par les troupes de Louis XIV, lors de la guerre de succession du Palatinat. Seuls la cathédrale impériale, les vestiges des remparts dans le parc du Domgarten et la vieille porte, l'*Altpörtel*, à l'extrémité ouest de la Maximilianstraße, témoignent encore de sa splendeur médiévale. Après un bref intermède français – la ville passa aux mains de la France en 1797 –, Spire suivit avec la partie occidentale du Palatinat (rive gauche du Rhin) les destinées du royaume de Bavière. C'est à cette époque que s'y installèrent de nombreuses administrations, mais aussi des archives et des bibliothèques, qui font aujourd'hui encore la réputation de Spire comme centre administratif.

Les « protestants »

En 1529, la **diète de Spire** confirme l'édit de Worms dans lequel l'empereur renonce à la nomination du clergé. Dans une déclaration solennelle, les États luthériens protestent contre les décisions de la diète, d'où le nom de « protestants » qui désigne les partisans de la Réforme. Sur la Bartholomäus-Weltz-Platz, une église néogothique, la Gedächtniskirche, évoque le souvenir de cette « protestation ».

La **chapelle du Saint-Sacrement (Afrakapelle)**, avant le croisillon gauche, abrite deux bas-reliefs du 15e s. : le Portement de la croix et l'Annonciation.
Au-dessus du vestibule, la **salle impériale** de la cathédrale héberge neuf fresques monumentales du peintre Jean-Baptiste Schraudolph, dont le Couronnement de la Vierge Marie, et des scènes de la vie de saint Bernard de Clairvaux, de saint Étienne et du pape Étienne 1er, dont la cathédrale abrite les reliques. Dans la tour sud-ouest *(escalier menant à la salle impériale)*, la **plateforme panoramique** construite à 60 m de haut découvre une vue circulaire sur la ville et la vallée du Rhin.

★★★ Crypte

Avr.-oct. : lun., merc.-jeu. et sam. 9h30-18h30, mar. et vend. 9h30-17h, dim. 12h-17h ; nov.-mars : lun.-sam. 9h30-16h30, dim. 12h-16h30 - 3,80 €.
Il s'agit sans doute de la plus grande et de la plus belle crypte romane d'Allemagne. Sous le chœur et le transept se développe un réseau de voûtes d'arêtes romanes. Quatre colonnes aux splendides chapiteaux en délimitent la croisée du transept. Les doubleaux ont des claveaux de grès rose et blanc alternés.
Dans la **crypte des Empereurs** reposent quatre empereurs et quatre rois allemands. L'entrée de la crypte est gardée par la pierre tombale de Rodolphe de Habsbourg (fin du 13e s.).
L'**Ölberg** (1502-1512), dans le jardin situé au sud de la cathédrale, était autrefois le centre du cloître. La grande **vasque de pierre** sur le parvis contenait du vin lors de la nomination de nouveaux évêques, et chacun pouvait y puiser à satiété.

La vieille ville

Elle s'étend à l'ouest de la cathédrale jusqu'à l'**Altpörtel★**, belle porte-tour des 12e et 13e s. La Maximilianstraße, dont le joyau est l'hôtel de ville, du baroque tardif, est très animée.
À l'angle de la Korngasse s'élève l'édifice de l'*Alte Münze*, érigé en 1748 ; son nom évoque la corporation des frappeurs de monnaie, qui avaient ici au Moyen Âge leur maison commune.

Dreifaltigkeitskirche (ÉGLISE DE LA TRINITÉ)

Große Himmelsgasse 4 - ✆ 06232 13 25 0 - www.dreifaltigkeit-speyer.de - ♿ - merc. et sam. 10h30-16h, vend. et dim. 14h-17h.
Cette église protestante, à deux pas du Kaiserdom, a été construite après le passage des troupes de Louis XIV en 1689 et la destruction de la ville. Ruinés, les habitants se contentèrent de bois à la place du marbre traditionnellement utilisé dans les décors baroques. Richement décoré de scènes bibliques courant le long des galeries et sur le plafond, ce matériau donne pourtant tout son charme et cette impression d'intimité à l'ensemble.

★ Judenbad/Mikwe (BAIN JUIF)

Accès par la Judengasse, au sud-ouest de la cathédrale - avr.-oct. : 10h-17h ; nov.-mars : tlj sf lun. 10h-16h - 4 €.

Le *mikve*, bain juif, servait aux ablutions rituelles. Il fut aménagé au 12e s. dans la cour des Juifs, le centre du quartier juif au Moyen Âge, par des ouvriers engagés pour la construction de la cathédrale. Un escalier conduit, à travers deux portails, dans une première salle voûtée d'arêtes, au vestibule, dont on devine la décoration riche et colorée d'époque romane. À côté, une niche munie d'un banc servait de vestiaire. En face, un escalier descend au niveau de la nappe phréatique à 10 m sous terre vers le bain proprement dit. La cour conserve également la façade d'une salle de prière réservée aux femmes, datant de la seconde moitié du 13e s., le mur d'une ancienne synagogue consacrée en 1104 et le musée SchPIRA, dédié à la riche histoire de la communauté juive. L'ensemble a été inscrit sur la liste du Patrimoine mondial de l'Unesco en 2021 *(voir encadré p. 307)*.

★ Historisches Museum der Pfalz (MUSÉE DU PALATINAT)

Domplatz 4 - ✆ 06232 13 25 0 - www.museum.speyer.de - ♿ - tlj sf lun. 10h-18h - 9 € (enf. 3 €).

La pièce la plus précieuse des collections préhistoriques du musée du Palatinat est le célèbre **chapeau d'or★** de Schifferstadt (12e s. av. J.-C.), cône cultuel recouvert de feuilles d'or. Les collections du 1er étage sont consacrées à l'art et à l'artisanat du 16e au 19e s., dont des porcelaines de Frankenthal.

Domschatzkammer (Trésor de la cathédrale) – La crypte des Empereurs et des Rois en constitue le principal attrait, tout comme d'autres grands symboles de l'histoire allemande, tels que la couronne mortuaire de Conrad II, le premier empereur salien, le globe impérial d'Henri III ou encore la couronne d'Henri IV (l'empereur qui se rendit à Canossa). Très beaux vêtements et objets liturgiques.

Weinmuseum (musée du Vin) – *Dans les caves.* Il retrace deux siècles d'histoire du vin. Dans la salle de la tour est conservé le **Römerwein★**, bouteille romaine contenant sous forme liquide le plus vieux vin du monde (3e s. apr. J.-C.).

★ Sea Life

Im Hafenbecken 5 - ✆ 06232 69 780 - www.sealifeeurope.com - de mi-mars à mi-oct. : 10h-17h (18h de fin juil. à déb.sept.) ; de mi-oct. à fin nov. : w.-end et j. fériés 10h-18h ; reste de l'année se rens. - 17,50 € seult en ligne.

Cet aquarium ludique est conçu avant tout pour un public jeune. Il présente avec pédagogie une grande diversité d'espèces marines dans leurs différents habitats, des mers glaciales aux mers tropicales.

★ Technik-Museum Speyer (MUSÉE DES TECHNIQUES)

✆ 06232 67 080 - speyer.technik-museum.de - lun.-vend. 9h-18h, w.-end 9h-19h - 19 €, 24 € avec une séance cinéma IMAX (5-14 ans 15 €, 19 € avec IMAX).

Le musée des Techniques, situé au sud de la cathédrale, présente, dans des hangars et en plein air, un nombre impressionnant d'avions, de locomotives et surtout de très belles voitures d'époque de tous les grands constructeurs. Outre un département consacré aux maquettes de bateaux, le musée possède une riche collection d'anciens automates à musique. À noter, un **cinéma IMAX★**, que l'on trouve ici dans sa version classique ou en forme de dôme, avec un écran de 800 m².

Carnet pratique

S'informer

Office de tourisme – *Maximilianstr. 13 - Speyer - ✆ 06232 14 2392 - www.speyer.de.*

Arriver/partir

En train – Liaisons régulières avec Mannheim (40mn, correspondance avec la ligne TGV Est), Worms (47mn), Mayence (1h10) et Francfort (1h15).

Nos adresses

Restauration

Budget moyen

Ratskeller – *Maximilianstr. 12 - ✆ 06232 78612 - www.ratskeller-speyer.de - fermé lun.-mar. et le soir dim. - fermé 3 sem. en août - plats 17/33 €.* Sous l'hôtel de ville, dans les caves voûtées du 16e s., les salles en brique ou peintes à la chaux vous accueillent dans un cadre raffiné.

Boire une bière

Alter Hammer – *Leinpfad 1c - ✆ 06232 75539 - www.alter-hammer.de - à partir de 11h.* Posée sur la paisible rive du Rhin, cette jolie maison à colombages abrite un agréable *Biergarten*. Vaste terrasse où l'on sirote un vin ou une bière en regardant les péniches défiler. Pour les petites faims, la *Wurstsalat* (salade de cervelat) est la spécialité de la maison.

Activités

Deux compagnies proposent des excursions fluviales dans un bras du Rhin classé réserve naturelle, interdit à la navigation commerciale.

MS Sea Life Speyer – *Hafenstr. 22 - ✆ 06232 291150 - www.ms-sealife.de.* Excursions axées sur la découverte de l'écosystème.

Pfälzerland – *Martinskirchweg 2 - ✆ 06232 71366 - www.personenschifffahrt-streib.de - tlj sf lun., départs à 10h30, 13h, 15h et 17h - 11/14 € selon la croisière.* Croisières sur le Rhin. Restauration à bord.

Hébergement

Budget moyen

Hotel Domhof – *Bauhof 3 - ✆ 06232 13290 - www.hoteldomhof.de - P 12,50 €/j - 49 ch. 223/523 € ☕ - ✕.* Cette adresse, idéalement située à deux pas de la cathédrale, offre confort et bon rapport qualité-prix. À la brasserie-restaurant, spécialités du Palatinat.

Hotel Goldener Engel – *Mühlturmstr.5-7 - ✆ 06232 13260 - www.goldener-engel-speyer.de - P - 44 ch. 108/152 € ☕ - ✕.* Hôtel situé au cœur du centre historique, à 50 m de la tour Altpörtel. Les chambres sont toutes très soignées.

Sarrebruck

Saarbrücken

Très endommagée pendant la Seconde Guerre mondiale, la capitale du Land de Sarre s'est ensuite développée en une métropole régionale sachant tirer profit de sa situation frontalière. De la glorieuse époque du prince Guillaume Henri de Nassau, elle conserve un bel ensemble de bâtiments baroques, malgré les vicissitudes du 20e s.

Se repérer

CARTE P. 304-305 (A4) ET PLAN P. 318

179 634 hab. – Sarre.
Sarrebruck est à proximité de la frontière française, à 100 km de Luxembourg et 120 km de Strasbourg.

Carnet pratique p. 321

Nos adresses p. 321

Se promener

PLAN P. 318

Le vieux Sarrebruck (RIVE GAUCHE DE LA SARRE)

Friedrich Joachim Stengel fut un peu le baron Haussmann de Sarrebruck. Cet architecte de la cour transforma le vieux centre en un ensemble baroque harmonieux.

Schloss (CHÂTEAU) A2

Au château fort succéda, au début du 17e s., un château de style Renaissance, démoli en 1738 pour faire place au château baroque conçu par Stengel. Les guerres et les reconstructions marquèrent profondément le château, si bien qu'en 1982, une réorganisation totale de l'édifice fut nécessaire ; elle fut confiée à **Gottfried Böhm**. L'édifice classique à trois ailes fut rénové et le pavillon central radicalement modernisé. Ainsi la salle des fêtes a-t-elle été parée d'un plafond où éclatent les couleurs du ciel : bleu, rose, jaune, sous forme de bandes qui se croisent.

Historisches Museum Saar A2

(MUSÉE D'HISTOIRE RÉGIONALE DU LAND DE SARRE)

0681 506 45 01 - www.historisches-museum.org - ♿ - tlj sf lun. 10h-18h (20h merc.) - 7 € (-18 ans gratuit).

D'un pont romain aux châteaux baroques

L'origine de Sarrebrock remonte à l'époque des Celtes et des Romains. Au cours du 1er s., les Romains érigèrent un *Vicus* (bourgade), qui se trouvait au croisement des routes Metz-Worms et Trèves-Strasbourg ; c'est là, sur la Sarre, qu'ils construisirent un pont en pierre qui servit jusqu'au Moyen Âge. La cité fut le siège des comtes de Sarrebruck et, en 1381, passa à la maison de Nassau. Le prince Guillaume Henri de Nassau (1741-1788) fit venir l'architecte **Friedrich Joachim Stengel** à la cour de Sarrebruck en 1738. Durant cette période, le château, la Ludwigskirche, la Stiftskirche dédiée à St-Johann furent construits. Influencé par Palladio, Stengel créa de magnifiques ouvrages de style baroque classique.

4

SE RESTAURER	SE LOGER
Kostbar 1	Hotel Schlosskrug 1
	Fuchs 2

Une construction de verre et d'acier s'appuie sur l'aile droite du château. Il s'agit d'une autre création de Gottfried Böhm. L'exposition permanente traite de la Première Guerre mondiale et du national-socialisme en Sarre. Elle illustre également le développement de la région pendant l'après-guerre et dans les années 1950, jusqu'à l'intégration de la Sarre à la République fédérale (1957).

Museum in der Schlosskirche (MUSÉE DE L'ÉGLISE DU CHÂTEAU)

Am Schlossberg 6 - tlj sf lun. 10h-18h (22h merc.) - gratuit.

Endommagée pendant la Seconde Guerre mondiale, cette église du 15e s. a été reconstruite dans les années 1950 et ornée de très beaux vitraux aux couleurs vives, réalisés par Georg Meistermann (1911-1990).

Museum für Vor- und Frühgeschichte A2

(MUSÉE DE LA PRÉ- ET DE LA PROTOHISTOIRE)

Schlossplatz 16 - ✆ 0681 954050 - www.kulturbesitz.de - ♿ - tlj sf lun. 10h-18h (20h merc.) - 5 €, gratuit mar. à partir de 15h.

Ce musée occupe un édifice néobaroque. À l'intérieur, remarquable rampe d'escalier en fer forgé provenant du palais Bode *(Altneugasse 25)* et réalisée par le forgeron de la cour, Höer. Au rez-de-chaussée, on peut surtout admirer des objets datant de l'époque romaine. Le **tombeau celtique de la princesse★★** de Reinheim, datant d'environ 400 ans av. J.-C., constitue la pièce maîtresse du musée. Il s'agit de l'une des plus importantes découvertes celtiques en Europe centrale. Les bijoux de la princesse et les objets l'accompagnant, tel un pichet en bronze doré, sont parfaitement conservés.

Altes Rathaus (ANCIEN HÔTEL DE VILLE) A2

À l'extrémité ouest de la place du château. Cet autre édifice (1748-1750) de Stengel, doté d'un clocher à bulbe pourvu d'une horloge (1748-1750), fait apparaître au sommet les armoiries de la ville. Le **palais** du prince héritier Louis de Nassau, construit par Stengel entre 1760 et 1766, se trouve sur le côté sud de la place. Il est aujourd'hui occupé par des services administratifs.

★★ Ludwigsplatz (PLACE LOUIS) A2

C'est ici que Stengel, entre 1762 et 1775, réalisa son chef-d'œuvre ; il s'agit d'un des ensembles baroques les plus beaux et les plus homogènes d'Allemagne. La place est bordée au nord, au sud et à l'ouest par huit palais de taille différente. Généralement composés de trois étages et d'un toit mansardé, ces palais caractérisent de façon magistrale le passage du baroque au classicisme. Leur couleur (blanc et gris argenté) met en relief la belle église St-Louis, en grès jaune rougeâtre, située au centre de la place. Le siège officiel du ministre-président se trouve également sur la Ludwigsplatz.

★★ Ludwigskirche – *✆ 0681 52 524 - www.ludwigskirche.de - mar.-sam. 11h-17h.* Une reconstruction réussie a fait renaître la magnificence de cette église protestante baroque unique, édifiée par Stengel sur un plan en croix grecque dominée par une tour à couronnement octogonal. Les fenêtres sont surmontées d'élégants oculi. Le raffinement contenu de l'**intérieur** contraste avec l'extérieur, riche en sculptures.

Quartier St. Johann (RIVE DROITE DE LA SARRE)

★ St. Johanner Markt (MARCHÉ ST-JEAN) A2

La vieille ville autour du marché St-Jean représente le cœur de Sarrebruck. La belle fontaine du marché construite en 1759-1760, avec son obélisque et sa grille en fer forgé, en forme le point central. La vie bat son plein dans les petites rues.

4

★ Basilika St. Johann (BASILIQUE ST-JEAN) B2

✆ 0681 32 964 - www.pfarrei-st-johann.de - lun., vend., sam. 9h30-19h15 ; mar., jeu., dim. 8h30-19h15, merc. 8h30-17h - gratuit.

Construite entre 1754 et 1758 par Stengel, et dédiée à saint Jean-Baptiste et à Saint Louis, cette église est un autre bijou du baroque. Les quatre **confessionnaux** reposant sur des motifs originaux de Stengel et annonçant déjà le style Louis XVI sont remarquables.

Saarlandmuseum – Moderne Galerie B2

(MUSÉE DE LA SARRE – GALERIE D'ART MODERNE)

Bismarckstr. 11-15 - ✆ 0681 99 64 0 - www.kulturbesitz.de - tlj sf lun. 10h-18h (20h merc.) - 10 €, gratuit mar. à partir de 15h - notices en français.

Cette galerie rassemble une collection d'art du 20e s., dont les points forts sont des œuvres de l'**expressionnisme★** allemand utilisant les couleurs vives, des contrastes violents, un dessin rapide livrant les émotions et la conscience subjective du peintre. On retrouve ainsi des créations de Kirchner, Nolde, Pechein,

Smidt-Rttluff, Mueller (mouvement Die Brücke, fondé à Dresde en 1905) et celles de Macke, Münter, Jawlensky ou Franz Marc, dont un de ses célèbres **Cheval bleu★** incarne le mouvement Der Blaue Reiter (fondé en 1909 à Munich). De grandes signatures comme Picasso, Léger, Tàpies, Beuys et Polke complètent l'exposition. Bordant la Sarre, le **jardin de sculptures** présente des œuvres modernes et contemporaines, dont la *Vénus sans bras* (1920) d'Aristide Maillol, *Einfalt und Ort* (2010) de Katja Strunz ou encore une sculpture murale abstraite baptisée *Marianne* de Karl Otto Götz, tournée vers la France comme une invitation au dialogue.

Saarlandmuseum – Alte Sammlung B2

(MUSÉE DE LA SARRE – COLLECTION D'ART ANCIEN)

Schlossplatz 16 - ✆ 0681 954050 - www.kulturbesitz.de - tlj sf lun. 10h-18h (20h merc.) - fermé 1er janv., 24 et 25 déc. - 5 €, gratuit mar. à partir de 15h.
Les collections d'art ancien regroupent des œuvres d'Allemagne du Sud et de Lorraine, du Moyen Âge aux Temps modernes (peinture, artisanat d'art, dont une remarquable armoire Renaissance provenant de l'abbaye de Limburg). Vaste collection de céramiques.

Quartier St-Arnual

★ Stiftskirche St. Arnual (ÉGLISE COLLÉGIALE ST-ARNUAL) HORS PLAN PAR B2

Accès par la Talstraße et la Saargemünder Straße. Cet édifice gothique fut érigé entre la fin du 13e et celle du 14e s., et fut coiffé d'une coupole baroque conçue par Stengel en 1746. L'église a été baptisée d'après l'évêque Arnuald de Metz, qui vécut au 7e s. Construite sur le plan basilical à trois nefs et transept, avec tour accolée au flanc ouest, elle figure parmi les édifices sacrés les plus remarquables du sud-ouest de l'Allemagne. Sépulcre des comtes de la lignée Nassau-Sarrebruck depuis le 15e s., la collégiale renferme près de 50 magnifiques **tombeaux★★** du 13e au 18e s. rehaussés de couleurs, dont la quantité et la qualité restent sans égales. Les **fonts baptismaux★** octogonaux (15e s.) en grès rouge représentent l'*Ecce homo* encadré de l'Ange et des instruments de supplice.

À proximité

CARTE P. 304-305

★ Weltkulturerbe Völklinger Hütte

(ANCIENNE USINE SIDÉRURGIQUE DE VÖLKLINGEN) A4

10 km à l'ouest. ✆ 06898 9100100 - www.voelklinger-huette.org - ♿ - avr.-oct. : 10h-19h ; reste de l'année : 10h-18h - 17 € (-18 ans gratuit), gratuit mar. à partir de 16h.
Établie en 1873 et reprise en 1881 par la famille Röchling, cette usine sidérurgique est devenue un grand centre industriel, assurant toutes les étapes de la production de fonte et d'acier. La ville de Völklingen a été animée pendant un siècle par la vie de cette usine, qui employait plus de 16 000 personnes. L'ensemble, unique en Europe, doté de six hauts-fourneaux et de récupérateurs de chaleur, a été inscrit en 1994 au Patrimoine mondial de l'Unesco. C'est le premier monument industriel à figurer sur cette liste. On découvre les différentes étapes de la production de fonte brute. Point d'orgue de la visite, l'immense **atelier des soufflantes à gaz★**, véritable cathédrale illustrant avec ses lourdes machines la vie industrielle au début du 20e s.

Carnet pratique

S'informer

Office de tourisme – *Rathausplatz 1 - Saarbrücken - ✆ 0681 959 092 00 - www. tourismus.saarbruecken.de/fr.*

Arriver/partir

En train – *Hauptbahnhof - www. bahnhof.de.* Jusqu'à 4 directs/j entre la gare Paris-Est celle de Sarrebruck (1h45 env.).

Nos adresses

PLAN P. 318

Restauration

Budget moyen

1 **Kostbar** – B1 - *Nauwieser Str. 19 - ✆ 0681 37 43 60 - www.cafekostbar.de - fermé dim. et midi sf sam. - plats 17,80/32,80 €.* Une adresse très agréable aux beaux jours, lorsque les tables sont dressées dans la jolie cour, sous les tilleuls et les guirlandes d'ampoules. Bons vins de Moselle et plats pour moitié végétariens ou vegan.

Pour se faire plaisir

Quack – HORS PLAN - *Gersweiler Str. 43a - ✆ 0681 52153 - www.restaurant-quack.de - fermé dim.-mar. - plats 19/38 € - menu déj. à partir de 29 €, menu soir 79 €.* Une savoureuse cuisine internationale aux influences régionales est servie dans ce restaurant au premier étage d'une villa Art nouveau. Brasserie au rez-de-chaussée.

Schlachthof Brasserie – HORS PLAN - *Str. des 13. Januar 35 - ✆ 0681 6853332 - www. schlachthof-brasserie.de - fermé w.-end - formule déj. 18 € - plats 16/34 € - menu 39 €.* Dans cette charmante brasserie située au cœur du quartier des abattoirs, la viande occupe une place de choix : les amateurs de steaks ne sauraient manquer la « Schwamm sélection » et son bœuf séché.

Petite pause

Thonet – *Tuerkenstr. 3 - page Facebook.com - fermé dim. soir - brunch 12,60 €, tartines 6,50/8,50 €.* Logé dans une maison ancienne à pans de bois, ce restaurant convivial avec son mobilier chiné sert des gâteaux maison et de bons cafés.

Hébergement

Premier prix

1 **Hotel Schlosskrug** – B1 - *Schmollerstr. 14 - ✆ 0681 36735 - www.hotel-schlosskrug.de - P 4 €/j - 20 ch. - 57/82 € - ☕ 4 € - ✕ (11h-23h - fermé w.-end) 15 €.* Hôtel à l'ambiance pension de famille. Chambres fonctionnelles, certaines avec leur propre salle de bains.

Budget moyen

Bayrischer Hof – HORS PLAN - *St.-Ingberter Str. 46 -48 - ✆ 0681 9582840 - www.bayrischerhof-sb. de - P - 22 ch. - 106/112 € ☕.* Petit hôtel de charme situé dans l'un des meilleurs quartiers résidentiels. Jolies chambres personnalisées au mobilier en bois.

2 **Fuchs** – A2 - *Kappenstr. 12 - ✆ 0681 9591101 - www.hotelfuchs. de - 8 ch. 110/135 €.* Cette maison de ville classée monument historique se trouve au cœur de la métropole de la Sarre. Intérieur aux lignes modernes et épurées et chambres agréablement spacieuses. Le Fox-Bar assure l'animation et offre une terrasse couverte.

Idar-Oberstein

Depuis le Moyen Âge, l'histoire d'Idar-Oberstein est liée à la production et au commerce de pierres précieuses. C'est l'abondance, dans les environs de la ville, de gisements d'agate, jaspe et améthyste qui détermina sa vocation pour la taille et le polissage des gemmes. Musées, ateliers, boutiques, tout ici évoque le monde des minéraux.

Se repérer

CARTE P. 304-305 (B3)
28 423 hab. – Rhénanie-Palatinat.
À 90 km au nord-est de Sarrebruck et à 65 km à l'ouest de Trèves.

À ne pas manquer

Les visites liées aux pierres précieuses, la Felsenkirche.

Organiser son temps

Comptez une journée pour la ville, une demi-journée pour le circuit.

Carnet pratique p. 324

Nos adresses p. 324

La ville des pierres précieuses

★ Deutsches Edelsteinmuseum

(MUSÉE ALLEMAND DES PIERRES PRÉCIEUSES)

Hauptstr. 118 (centre-ville) - ☎ 067 81 90 09 80 - www.edelsteinmuseum.de - ♿ - mai-oct. : 9h30-17h30 ; nov.-avr. : 10h-17h - 8 € (-14 ans 4 €).

Ce musée réunit des milliers de pierres provenant de toutes les parties du monde. La glyptothèque est un étonnant survol de 6 000 ans d'histoire de façonnage des pierres et de l'art de la gravure tel qu'on le pratique aujourd'hui.

Deutsches Mineralienmuseum (MUSÉE ALLEMAND DES MINÉRAUX)

Hauptstr. 436 (centre-ville) - ☎ 067 81 2 46 19 - www.deutsches-mineralienmuseum.de - 11h-17h - 7 € (6-18 ans 4 €).

Le musée municipal abonde aussi en minéraux et pierres fines. On peut y voir des lames d'agate très minces présentant en transparence des paysages fantasmagoriques, des cristaux et pierres fluorescents et des bijoux issus des ateliers locaux.

★ Industriedenkmal Jakob Bengel

(FABRIQUE DE BIJOUX JAKOB BENGEL)

Wilhelmstr. 42a (Oberstein) - ☎ 067 81 27 030 - www.jakob-bengel.de - mars-nov. : mar.-dim. 10h-17h - fermé lun., Mar. gras et fin déc. - 9 € - visite en allemand.

Cet atelier connut son heure de gloire dans les années 1910-1920 avec ses bijoux fantaisie Art déco et Bauhaus. Les 150 ouvriers (contre 3 désormais) travaillaient notamment la galalithe, première matière plastique de synthèse obtenue à partir de la caséine et du formol. À cette époque, la maison fournissait Coco Chanel et les grands magasins parisiens. Aujourd'hui, une machine de fabrication de chaînes reprend du service lors de la visite : à partir d'un fil sort une chaîne...

★ Edelsteinminen (MINES DES PIERRES PRÉCIEUSES)

Im Stäbel (au nord-ouest du centre-ville) - ♿ - ☎ 06781 47400 - www.edelsteinminen-idar-oberstein.de - visite guidée en allemand - de mi-mars à mi-nov., uniquement sur réserv. : 10h-17h - 8 € (6-16 ans 6,50 €).

Musée allemand des Pierres précieuses d'Idar-Oberstein.
H. Tittel/dpa/age fotostock

Cette ancienne mine est la seule en Europe à être ouverte au public. Le parcours de 400 m de galeries est l'occasion de voir des pierres semi-précieuses (agates, améthystes, cristal de roche, jaspe) encore prisonnières de la roche volcanique et d'en comprendre la formation.

Historische Weiherschleife (TAILLERIE HISTORIQUE WEIHERSCHLEIFE)
Tiefensteiner Str. 87 (nord-ouest du centre-ville) - ✆ 06781 901918 - www.edelsteinminen-idar-oberstein.de - visite guidée (1h) - de mi-mars à mi-nov. : 10h-17h - 7 € (6-16 ans 6 €) - boutique.
C'est dans cette ancienne taillerie hydraulique actionnée par des roues à aubes que les pierres précieuses extraites des mines furent travaillées jusqu'en 1945. Aujourd'hui, la visite permet de comprendre les procédés de taillerie. Quelques objets précieux sont exposés et, dans une salle, les visiteurs sont autorisés à toucher les pierres précieuses : si vous y êtes sensible, les pierres vous transmettront peut-être des flux énergétiques...

4

★ **Felsenkirche** (ÉGLISE DU ROCHER)
30mn à pied AR. Accès à partir de la Marktplatz d'Oberstein par un escalier (214 marches). www.felsenkirche-oberstein.de - fermée pour travaux, se rens.
Encastrée 50 m au-dessus de la Nahe sous un surplomb de falaise, l'église protestante, restaurée à plusieurs reprises, vaut surtout pour le **retable** du maître-autel (début du 15e s.). Les scènes de la Passion expriment avec un réalisme appuyé la haine, la souffrance et l'anéantissement.

Circuit conseillé

CARTE P. 304-305

Le Hunsrück B3

Circuit de 141 km tracé en vert clair. Quittez Idar-Oberstein au nord par la B422.
Le Hunsrück forme le rebord méridional du Massif schisteux rhénan. Cette région de moyenne montagne, aux forêts giboyeuses, est entaillée par des vallées profondément encaissées et comprend le **parc naturel de Soonwald-Nahe**, créé en 2005 *(www.soonwald-nahe.de/en/)*.

Erbeskopf

Culminant à 818 m, c'est le plus haut sommet du massif. De la tour en bois, vue panoramique sur le paysage ondulé et boisé.
Après Thalfang, la **Hunsrückhöhenstraße★** offre de très belles vues sur les vallées, les collines boisées et les villages aux maisons couvertes de schiste. On passe devant la Stumpfer Turm, ancienne tour de guet romaine.

Kirchberg

Juchée sur une colline, elle conserve de jolies maisons à colombages, notamment sur la place du Marché. L'église St-Michel remonte à l'époque préromane, mais l'édifice actuel fut construit au 15e s.

Simmern

C'est le centre économique du Hunsrück. L'église St-Étienne (15e s.) abrite sous ses voûtes en étoile les **pierres tombales★** des ducs palatins, qui comptent au nombre des sculptures les plus représentatives de la Renaissance dans la région du Rhin moyen. Derrière l'église, voir le quartier ancien.

Ravengiersburg

Ce village tapi au fond d'une vallée possède, sur une éminence, une église romane. Sa façade ouest, imposante, présente une corniche sculptée et une petite galerie. Au-dessus du portail, Christ en majesté.

Dhaun

Le château occupe un **site★** remarquable sur un rocher abrupt. Sur l'esplanade, derrière la statue, un escalier conduit aux casemates.
La fin du parcours suit la vallée de la Nahe pour revenir vers Idar-Oberstein.

Carnet pratique

S'informer

Office de tourisme – *Hauptstr. 419 - Idar-Oberstein - ✆ 6781 64871 - www.edelsteinland.de.*

Le Hunsrück – *www.hunsruecktouristik.de/fr/hunsrueck*

Arriver/partir

En train – Liaisons directes avec Mayence (1h env.), Sarrebruck (1h env.) et Francfort (2h env.).

Nos adresses

Restauration/hébergement

Budget moyen

Berghotel Kristall – *Wiesenstr. 50 - ✆ 06781 96960 - www.berghotel-kristall.com - 27 ch. 80/160 € ☕ - ✕ plats 15/23 €.* Cet hôtel dirigé en famille se situe au calme, sur les hauteurs de la ville. Les chambres portent le nom de pierres précieuses, et certaines sont flanquées d'un balcon ou d'une terrasse. Le restaurant clair est agrémenté d'un poêle en faïence.

Trèves ★★

Trier

Capitale de l'Empire romain d'Occident au 3e s. de notre ère, Trèves peut revendiquer avec Worms le titre de plus ancienne ville d'Allemagne. Son remarquable ensemble de ruines romaines lui valut d'être classée au Patrimoine mondial de l'Unesco en 1992. Avec ses larges places animées, la ville est une étape très agréable et un bon point de départ pour qui veut aller à la découverte de la vallée de la Moselle ou de la vallée de la Sarre.

Se repérer

CARTE P. 304-305 (A3) ET PLAN P. 328
110 570 hab. – Rhénanie-Palatinat.
À 128 km au sud-ouest de Coblence.

Organiser son temps

Comptez une journée pour visiter la vieille ville.

Carnet pratique p. 332

Nos adresses p. 332

Se promener

PLAN P. 328

La vieille ville

★★ Porta Nigra B1

☎ 0651 4608965 - www.trier-info.de/portanigra-info - avr.-sept. : 9h-18h ; oct. et mars : 9h-17h ; nov.-fév. 9h- 16h - 4 € (6-18 ans 2,50 €).
Si vous ne deviez garder en mémoire qu'une seule image de la ville, ce serait sans doute celle de la Porta Nigra, plus grand édifice romain sur le sol allemand. Cette porte monumentale (fin du 2e s.), qui défendait la partie nord de l'enceinte, est

4

La plus ancienne ville d'Allemagne

Trèves fut très tôt le point de contact entre les civilisations celtique, germanique et romaine. Après la soumission des Trévires, tribu celtique de la Gaule orientale, l'empereur Auguste fonda sur leur territoire **Augusta Treverorum** (vers l'an 16 av. J.-C.). La cité romaine fut le lieu d'une intense activité économique, culturelle et intellectuelle, et se développa jusqu'à l'invasion des tribus germaniques en 274.
Après la réorganisation de l'Empire romain par Dioclétien (fin du 3e s.), Trèves fut élevée au rang de capitale de l'Empire occidental (Gaule, Espagne, Germanie, Bretagne). La ville connut à nouveau un formidable essor sous l'empereur Constantin, qui fit construire de magnifiques édifices. En 313, l'édit de tolérance de Milan mit un terme à la persécution des chrétiens. Un an plus tard fut créé l'archevêché de Trèves, le plus ancien d'Allemagne. Vers la fin du 4e s., la pression des tribus germaniques était telle que la résidence impériale fut transférée à Milan et la préfecture à Arles. Vers 470, Trèves tomba définitivement aux mains des Francs.

faite de pierres ajustées les unes aux autres sans mortier et retenues seulement par des crampons de fer. Deux puissantes tours flanquent la partie centrale à double arcade. Comme la porte était destinée à un usage militaire, seuls les étages supérieurs sont percés d'arcatures en forme de fenêtres. Ayant franchi les portes extérieures, les assaillants se retrouvaient dans une cour intérieure où ils recevaient des projectiles de toutes parts.
Au 11e s., la porte fortifiée fut transformée en église à deux niveaux, consacrée à saint Siméon, et dont il reste l'abside romane sur le côté est. On peut voir des traces de l'église St-Siméon, entre autres des vestiges de sculptures rococo, dans les galeries de l'étage supérieur *(côté donnant sur la cour intérieure)*. La remise en l'état original du bâtiment est due à une initiative de Napoléon (1804). Belle vue sur la ville depuis la terrasse de la tour.

Stadtmuseum Simeonstift Trier (MUSÉE DU COUVENT ST-SIMÉON) B1

✆ 0651 718 14 59 - www.museum-trier.de - ♿ - tlj sf lun. 10h-17h - 5,50 € (audio-guide en français), 1 € le 1er dim. du mois.
Le Musée municipal est installé dans le couvent St-Siméon, de style roman (11e s.), à côté de la Porta Nigra. Il accueille des collections sur l'histoire de la ville : maquettes, meubles, peintures, ainsi que des sculptures dont les figures originales, qui ornaient la fontaine du Marché, représentent les quatre Vertus et saint Pierre (fin du 16e s.). Le **cloître** roman à deux étages du couvent abrite la plus ancienne cour conventuelle d'Allemagne.
À gauche du musée en sortant, vous passerez devant la **statue de Karl Marx** (6 m de haut !), offerte par la Chine lors de la célébration du bicentenaire de la naissance du philosophe à Trèves.

★ Dreikönigenbau (MAISON DES TROIS-ROIS) B1

Maison d'habitation de style gothique primitif (vers 1230), la maison des Trois-Rois, avec ses fenêtres à arcatures, rappelle les tours patriciennes de type italien que l'on rencontre aussi à Ratisbonne.

★ Hauptmarkt AB1

C'est l'une des plus belles places anciennes d'Allemagne. Au centre se dresse la **croix du Marché★**, érigée en 958 à l'occasion de la remise du droit de marché à la ville et restaurée au 18e s. Une **fontaine**, ornée des figures des vertus cardinales et datant de la fin du 16e s., y a également trouvé sa place. Du centre de la Hauptmarkt, on peut admirer des monuments illustrant quinze siècles de l'histoire de la ville : au nord la Porta Nigra, à l'est la cathédrale romane, au sud la **St. Gangolfskirche** *(église gothique St-Gangolf)*, dont la tour (début du 16e s.) était autrefois occupée par un guetteur ; à l'ouest se trouvent quelques coquettes maisons à colombages datant de la Renaissance et de l'époque baroque. La **Steipe**, hôtel de ville médiéval (15e s.), avec son grand toit en pavillon, se dresse au-dessus d'une galerie ouverte ; à côté, la **Maison rouge (Rotes Haus)**, du 17e s., porte la fière inscription : *Mil trois cents ans avant Rome, Trèves existait.*

Département français de la Sarre

Suite à la redéfinition des structures administratives opérée pendant la Révolution française, Trèves devint chef-lieu du département français de la Sarre (de 1794 à 1814) puis, en 1815, fut annexée à la Prusse. Les Français l'occupèrent de nouveau de 1918 à 1930 et de 1945 à 1955.

La Porta Nigra à Trèves.
SCStock/Getty Images Plus

Frankenturm A1
Surmontée d'une couronne d'étain et percée de petites fenêtres, cette tour romane massive (vers 1100) doit son nom à l'un de ses anciens propriétaires, Franco von Senheim (14e s.).

★ Dom St. Petrus (CATHÉDRALE ST-PIERRE) B1
✆ 0651 9790 790 - www.dominformation.de - avr.-oct. : 6h30-18h ; nov.-mars : 6h30-17h30 - visite guidée en français sur demande au bureau Dom-Information. Vue du parvis, la cathédrale a l'aspect d'une forteresse avec ses six tours. La façade massive et sévère sur laquelle fait saillie une abside ronde est, avec ses tours carrées et trapues, un bel exemple de l'architecture romane primitive. Du flanc nord, on distingue les différentes étapes de construction de l'édifice : le corps central, avec son pignon plat et son plan rectangulaire, constitue le noyau romain (4e s.) ; à droite, du côté du parvis, la partie ouest est romane (11e s.) ; de même, à gauche, le chœur polygonal (12e s.) avec sa galerie naine ; la chapelle baroque, coiffée d'un dôme, a été ajoutée au 18e s. À proximité du portail, vous trouverez la **pierre de la cathédrale (Domstein)**, tronçon de colonne datant de l'époque romaine. L'intérieur de l'église est essentiellement baroque et contient des retables intéressants. Dans le bas-côté droit, un magnifique **tympan★** présente le Christ entre saint Pierre et la Vierge. La chapelle tapissée de stucs, à droite du chœur, possède une gracieuse Vierge du 16e s.

★ **Domschatz (trésor de la cathédrale)** – *✆ 0651 9790 790 - www.dominformation.de - avr.-oct. et de fin nov. à fin déc. : 10h-17h, dim. 12h30-17h - 1,50 € billet combiné avec le Musée épiscopal - 4 €.* Le trésor a pour cadre une chapelle baroque. Il présente des ivoires de grande valeur, des pièces d'orfèvrerie, dont l'étui du saint Clou et un autel portatif de saint André orné d'émaux, et des évangéliaires aux magnifiques enluminures.

Kreuzgan (cloître) – Une Vierge de Malberg (15e s.), à l'angle nord-est, veille sur le cloître gothique d'où l'on peut apprécier la **vue★** sur la cathédrale et l'église voisine.

★ Liebfrauenkirche (ÉGLISE NOTRE-DAME) B1

L'église Notre-Dame est l'une des premières églises gothiques d'Allemagne (1235-1260), inspirée des modèles champenois. Le plan du bâtiment forme une croix grecque. De chaque côté, deux chapelles latérales à trois pans s'intercalent entre les quatre absides, donnant à l'ensemble de l'église la forme d'une rose à douze pétales. Au **tympan** du portail ouest sont représentés la Vierge en majesté, l'Annonciation, l'Adoration des Mages, le Massacre des Innocents et la Présentation au Temple. Au portail nord, le Couronnement de la Vierge.

À l'intérieur, le baguage en rinceaux des colonnes, l'élégance de la galerie de circulation et la richesse de la voûte à la croisée du transept confèrent à l'ensemble un charme incomparable. Vous trouverez sur le sol, quelques mètres après l'entrée centrale, une étoile dorée : lorsqu'on se place dessus, elle permet d'embrasser d'un seul regard les peintures des douze apôtres sur les colonnes. Dans une chapelle à gauche se trouve le **monument funéraire★** du chanoine de Metternich (17e s.).

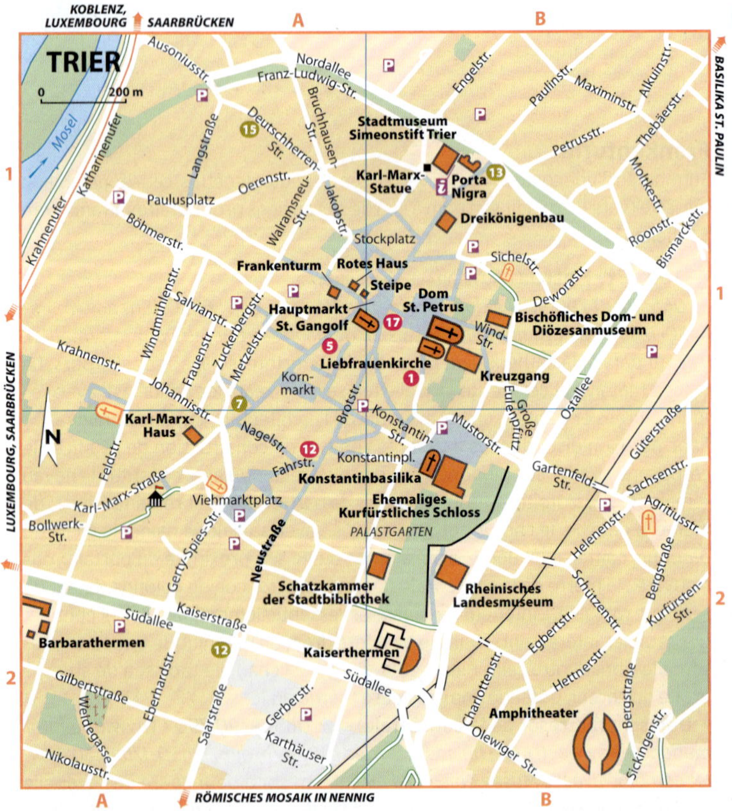

SE RESTAURER
Weinstube Kesselstatt 1
Brasserie 5
Kartoffel-Restaurant Kiste ... 12
Zum Domstein 17

SE LOGER
Hotel Aulmann 7
Hotel Deutscherhof 12
Römischer Kaiser Hotel 13
Hotel Deutschherrenhof 15

★ Bischöfliches Dom- und Diözesanmuseum (MUSÉE ÉPISCOPAL) B1

Bischof-Stein-Platz 1 - ✆ 0651 710 52 55 - www.museum-am-dom-trier.de- ♿ - mar.-dim. 10h-18h - 8 € (exposition incluse).

Les pièces les plus intéressantes du Musée épiscopal sont les fresques du 4e s. trouvées sous la cathédrale et qui ornaient le palais de Constantin. Les couleurs ont gardé tout leur éclat ; la technique témoigne d'un grand savoir-faire. Le reste du musée est surtout dédié à l'art sacré.

★★ Konstantinbasilika (BASILIQUE) B2

Weberbach/Konstantinplatz - www.ekkt.ekir.de - ✆ 0651 425 70 - avr.-oct. : 10h-18h, dim. et j. fériés 14h-18h ; nov. et janv.-mars : tlj sf lun. 10h-12h, 14h-16h, dim. et j. fériés 14h-16h ; déc. : 10h-12h, 14h-16h, dim. et j. fériés 14h-16h - gratuit.

Classé au patrimoine mondial de l'humanité par l'Unesco, ce grand bâtiment rectangulaire en brique était à l'origine la salle principale *(aula)* de la résidence impériale construite sous Constantin vers 310. Il fut plusieurs fois remanié avant de retrouver au 19e s. son aspect initial. Brûlé en 1944 et reconstruit en 1954, il abrite aujourd'hui une église protestante. L'intérieur, d'une grande sobriété, impressionne par ses dimensions.

Ehemaliges Kurfürstliches Schloss

(ANCIEN CHÂTEAU DU PRINCE-ÉLECTEUR) B2

Il reste encore les ailes nord et est de l'ancien château du prince-électeur, de style Renaissance, dont la construction débuta en 1615. L'aile rococo fut construite entre 1756 et 1762 d'après les plans de l'architecte Johannes Seitz. La virtuosité de ce dernier (il a été l'élève de Balthasar Neumann) s'exprime dans le magnifique escalier. C'est l'une des plus belles créations de ce genre en Allemagne. La façade sud de couleur tendre donne sur un **jardin à la française** orné de pièces d'eau, de parterres fleuris et de statues baroques.

★★ Rheinisches Landesmuseum (MUSÉE DE RHÉNANIE) B2

Weimarer Allee 1 - ✆ 0651 97 740 - www.landesmuseum-trier.de - tlj sf lun. 10h-17h - 8 € (-18 ans 4 €) - audioguide en français gratuit.

C'est un des plus importants musées archéologiques d'Allemagne. La collection permanente présente 200 000 ans d'histoire de Trèves et sa région.

Paléolithique : instruments de l'âge de pierre, céramiques et objets de l'âge du bronze, bijoux en or provenant de sépultures de l'âge du fer.

Époque romaine : La section d'antiquités romaines est particulièrement riche : merveilleuses mosaïques, statuettes en bronze, bas-reliefs (une scène d'école et une représentation du partage du fermage). Sculptures, parmi lesquelles le **bateau de Neumagen**, chargé de vin, descendant la Moselle, et le célèbre « gai nautonier », passé dans le folklore mosellan.

À voir aussi : des objets de tombes franques, des céramiques rhéno-mosellanes, des œuvres d'art du Moyen Âge, de style Renaissance et baroque.

★★ Kaiserthermen (THERMES IMPÉRIAUX) B2

✆ 0651 4362-550 - avr.-sept. : 9h-18h ; oct. et mars : 9h-17h ; nov.-fév. : 9h-16h - 4 €.

Les thermes impériaux remontent à Constantin. Parmi les plus importants de l'époque romaine, ils ne semblent jamais avoir été mis en service. Les murs incurvés aux larges fenêtres à arcatures entourent le *caldarium* (bain chaud) ; l'alternance de couches de briques et de moellons est typique du mode de construction des Romains. Le *caldarium* est précédé d'un *tepidarium* (salle tiède). Le *frigidarium*, est la salle réservée aux bains glacés et la cour sert à la gymnastique.

★★ Schatzkammer der Stadtbibliothek

(TRÉSOR DE LA BIBLIOTHÈQUE MUNICIPALE) B2

Weberbach 25 - ✆ 0651 718 14 27 - www.stadtbibliothek-weberbach.de - tlj sf lun. 9h-17h - 5 €, audioguide en français 2 €.

Il renferme une collection de manuscrits et d'enluminures précieuses (évangéliaires du Moyen Âge, fables...), les premiers livres illustrés (bibles, livres d'enseignement et de loi...), des vieux documents, des traités et des sauf-conduits.

Karl-Marx-Haus (MAISON DE KARL MARX) A2

Brückenstr. 10 - ✆ 0651 97 06 80 - www.fes.de/marx - 10h-18h - fermé Lundi gras - 5 € (tarif réduit 3,50 €).

La maison natale du philosophe et économiste **Karl Marx** (1818-1883) est à présent un musée. Vous y trouverez des informations sur la vie et l'œuvre du père de la doctrine marxiste, les premières éditions et les premières traductions de ses écrits majeurs (*Manifeste du parti communiste, Le Capital*), des manuscrits et des lettres.

Au nord de la Porta Nigra

★ Basilika St. Paulin (BASILIQUE ST-PAULIN) HORS PLAN PAR B1

Accès par la Thebäerstraße. Terminée en 1754, la basilique St-Paulin est l'œuvre de Balthasar Neumann. L'intérieur de cette église élancée à nef unique est éclairé par de grandes fenêtres. La nef et la voûte présentent de belles décorations en stuc. Les peintures du plafond de Christoph Thomas Scheffler, originaire d'Augsburg, illustrent le martyre de saint Paulin, citoyen de Trèves, et de la Légion thébaine (286).

Au sud de la vieille ville

Barbarathermen (THERMES DE STE-BARBE) A2

✆ 0651 460 89 65 - avr.-sept. : 10h-18h ; oct. et mars : 10h-17h ; nov.-fév. : 10h-16h.

Construits dès le 2e s., les thermes de Ste-Barbe restèrent en service pendant plusieurs siècles. Seules les fondations sont encore visibles.

Amphitheater (AMPHITHÉÂTRE) B2

✆ 0651 978 080 - avr.-sept. : 9h-18h ; oct. et mars : 9h-17h ; nov.-fév. : 9h-16h - 4 €.

Cette arène romaine située à flanc de montagne pouvait contenir vingt mille spectateurs. Au Moyen Âge, elle servit de carrière. Au 18e s., les gradins étaient en si mauvais état qu'on y pratiqua la culture de la vigne. Les souterrains servaient à entreposer les machineries et les accessoires de théâtre. Un festival antique s'y déroule désormais pendant l'été.

À proximité

CARTE P. 304-305

La basse vallée de la Sarre A3

Au sud de la vallée de la Moselle et à l'écart des grands circuits touristiques, cette région a conservé toute son authenticité. La vallée entaille le massif du Hunsrück, dont la résistance contraint la rivière à serpenter, formant de très beaux méandres.

★★ Römische Villa Nennig (VILLA ROMAINE DE NENNIG)

42 km au sud-ouest de Trèves ou 21 km au sud-ouest de Saarburg. ✆ 06866 13 29 - www.kulturbesitz.de - avr.-oct. : 10h-18h ; fév., mars et nov. : 11h-16h - 3 €.

En 1852 furent découverts les restes d'une immense villa romaine de 120 m de long, vraisemblablement construite au 2e ou 3e s. apr. J.-C. Un somptueux sol en mosaïque (16 x 10 m) a été préservé. Ce dernier se compose de huit médaillons, entourés de motifs géométriques finement travaillés, représentant des scènes de combat avec des gladiateurs et des animaux, semblables à celles qui devaient se dérouler dans les arènes de Trèves.

Saarburg (SARREBOURG)

25 km au sud de Trèves.

Cette ville pittoresque, située le long de la Sarre, est dominée par les ruines imposantes de son château. La vieille ville, surnommée « Petite Venise », ses ruelles étroites où s'alignent des maisons à colombages d'influence médiévale, ainsi qu'une extraordinaire cascade de 17 m de haut, en plein centre-ville, forment un ensemble particulièrement charmant, mais pris d'assaut aux beaux jours.

Mettlach

20 km au sud de Saarburg, par la vallée de la Sarre.

Mettlach est connue pour son ancienne abbaye, beau bâtiment de grès rouge occupé par le siège de la société de produits céramiques Villeroy & Boch depuis 1842. Le centre de découverte, où l'on suivait l'histoire de la céramique à travers les époques et les créations actuelles, fait l'objet de grands travaux de transformation. Ce nouveau pôle touristique, avec son café installé dans l'ancienne laiterie décorée de carreaux en céramique peints à la main, devrait ouvrir ses portes à l'automne 2023, à l'occasion des 275e anniversaire de l'entreprise. En attendant, vous pourrez toujours aller faire des emplettes au magasin d'usine *(voir « Shopping » dans « Nos adresses »).*

★ Baumwipfelpfad Saarschleife

(CHEMIN DES CIMES DE LA BOUCLE DE LA SARRE)

16 km au sud de Saarburg ou 7 km à l'ouest de Mettlach. Cloef-Atrium - Mettlach-Orscholz - ☎ 06865 18 64 810 - www.baumwipfelpfade.de/saarschleife - ♿ - mai-sept. : 9h30-19h ; avr. et oct. : 9h30-18h ; nov.-mars : 9h30-16h - 12,50 € (6-14 ans 10,50 €).

D'une longueur totale de 1250 m et d'une hauteur de 3 à 23 m, le Chemin des cimes serpente sur une passerelle de bois à travers des hêtres, des chênes et des sapins douglas en direction de la boucle de la Sarre (Saarschleife). La pente douce ne nécessite pas d'effort particulier. En haut de la tour (42 m), avec la vue portant sur la France et le Luxembourg, le spectacle est d'une beauté saisissante. En contrebas, la Sarre forme une boucle serrée au milieu de la forêt, quelques bateaux progressant lentement sur ses eaux paisibles. Au loin, rares sont les traces humaines, le paysage semble comme figé dans un calme perpétuel.

4

Klause Kastel Staadt (ERMITAGE DE KASTEL-STAADT)

10 km au sud de Saarburg ou 12 km au nord de Mettlach. ☎ 06581 995980 - www.saar-obermosel.de - 10h-16h (dernière entrée 15h) - fermé nov.-mars - 3,50 € (7-16 ans 1 €).

Perché sur un promontoire rocheux dominant la Sarre, avec vue sur les vignobles, ce modeste ermitage comprenant deux chambres creusées dans la roche accueillait dès le 13e s. des moines ermites qui, vers 1600, ajoutèrent une chapelle. En 1833, l'architecte Karl F. Schinkel transforma dans un style néoroman l'étage supérieur de la chapelle pour recevoir la sépulture du roi aveugle Jean de Bohème (1296-1346). À proximité, la chapelle St-Jean-Baptiste (12e s.) et son cimetière sont un lieu de commémoration des victimes de la Seconde Guerre mondiale. Derrière l'autel, belle statue en bronze du Christ ressuscité de Kurt Schwippert (1955).

Circuit conseillé

CARTE P. 304-305

★★★ Vallée de la Moselle : de Trèves à Coblence AB2-3

Circuit de 195 km tracé en vert sur la carte « Vallée de la Moselle ». Voir p. 334.

Possibilité de faire le parcours à vélo *(loueur : voir ci-dessous).*

Carnet pratique

S'informer

Office de tourisme – *Sichelstr. 34-36 - Trier - 0651 97808-0 - www.trier-info.de/francais.*

Pass touristique

Trier Card – *Valable 3 j. - 15 €/pers., 30 € 2 adultes + 3 enf.* Accès aux transports de la ville et réductions (musées et activités).

Arriver/partir

En train – Trains réguliers pour Sarrebruck (1h) et Coblence (1h30).

Fahrradstation – *Bahnhofsplatz 2 - 0651 999 890 58 - www.fahrradstation.bues-trier.de - mai-oct. : lun.-vend. 9h-18h (15h sam.) ; nov.-avr. : lun.-vend. 10h-18h (15h sam.) - à partir de 13 €/j (30 € VAE).* Loueur de vélos à côté de la gare et à proximité des rives de la Moselle. Pour partir à bicyclette et revenir… en train.

Nos adresses

PLAN P. 328

Restauration

Premier prix

1 Weinstube Kesselstatt – B1 - *Liebfrauenstr. 10 - 0651 41178 - www.weinstube-kesselstatt.de - à partir de 11h - plats 4,90-12,90 €.* Ici, on se sert au bar. La terrasse, à proximité de la cathédrale, offre un cadre idéal pour déguster un vin local ou dîner au clair de lune.

Gasthaus Mosellied – HORS PLAN - *Zurlaubener-Ufer 86 - 0651 26588 - www.gasthaus-mosellied.eu - fermé à midi mar.-vend. - plats 12,80/23,80 €.* Sur les rives de la Moselle, vous trouverez des établissements allant du snack au restaurant gastronomique. Tous ont une terrasse. Le Gasthaus Mosellied est apprécié des locaux pour ses plats régionaux copieux.

12 Kartoffel-Restaurant Kiste – A2 - *Fahrstr. 13-14 - 0651 9790066 - www.kiste-trier.de - plats 12/18,90 €.* La pomme de terre se décline ici sous toutes les formes et accompagne les viandes et les spécialités régionales.

Budget moyen

17 Zum Domstein – B1 - *Hauptmarkt 5 - 0651 74490 - www.domstein.de - plats 14,45/23,95 €.* Une expérience originale : ce restaurant, situé sur la place principale, propose des recettes de cuisine romaine (servies le soir seulement) !

5 **Brasserie** - A1 - *Fleischstr. 12 - ✆ 0651 978000 - www.brasserie-trier.de - plats 16,90/36,50 €.* Un établissement central accueillant, près de Hauptmarkt. On y sert des classiques et des plats allemands « anciens ».

Petite pause

Moselperle - *Nordbad, Zurmaiener Str. 120 - ✆ 0179 1236264 - www.moselperle-trier.de - de déb. juil. à fin sept. : lun.-mar. 13h-22h, vend. 13h-23h, sam. 12h-0h, dim. 12h-22h.* À 20mn à pied de la Porta Nigra, ce café-snack d'été est implanté dans un décor de carte postale. Les pieds dans le sable, on se détend en contemplant la Sarre bordée de vignes.

Shopping

Idéale pour faire du shopping, la **Neustrasse** (A2 - 400 m de long), préservée des grandes chaînes, abrite une flopée de créateurs et d'artisans : céramistes, bijoutiers, vêtements pour enfants, antiquités... De délicieux petits cafés, restaurants et pâtisseries font aussi partie du lot.

À Mettlach

Villeroy & Boch Mettlach Outlet Center - *Freiherr-Vom-Stein Str. 4-6 - ✆ 06864 2031 - www.villeroy-boch.de - 9h30-19h, sam. 9h30-18h.* Le magasin d'usine de la célèbre marque de céramique fait des prix sur ses collections, sauf celles de l'année en cours.

Activités

Forêt d´Aventure Saarschleife - *À l'entrée du chemin des Cîmes - Mettlach-Orscholz - ✆ 06865 18 64 810 - www.abenteuerwald-saarschleife.de - 10h-19h (18h avr. et oct.) - fermé nov.-mi-avr. - 7 € (billet famille 20 €).* Plus de 20 stations de jeu et d'apprentissage construites en matériaux naturels se fondent dans la forêt environnante.

Hébergement

Premier prix

Berghotel Kockelsberg - HORS PLAN - *Auf-dem-Kockelsberg - ✆ 0651 82480 - www.kockelsberg.de - P - 30 ch. 75/138 € ☕ - ✕.* Cet hôtel fin 19e s. surmonté d'une tour offre une belle vue sur Trèves. Il abrite des chambres soignées.

Budget moyen

12 **Hotel Deutscher Hof** - A2 - *Südallee 25 - ✆ 0651 97780 - www.hotel-deutscher-hof.de - P - 100 ch. 113/277 € - ☕ 12 € - ✕.* Accueil professionnel et chambres spacieuses dans cet hôtel au sud du centre-ville. Sauna et jacuzzi.

15 **Hotel Deutschherrenhof** - A1 - *Deutschherrenstr. 32 - ✆ 0651 6055001 - www.hotel-deutschherrenhof-trier.de - P - 13 ch. 90/105 € ☕.* À deux pas de la zone piétonne, cet hôtel propose des chambres simples et bien tenues.

13 **Römischer Kaiser Hotel** - B1 - *Porta-Nigra Platz 6 - ✆ 0651 9770100 - P - 43 ch. 125 € ☕.* Une bonne option à deux pas de la Porta Nigra, dans un immeuble centenaire.

À Mettlach

Pour se faire plaisir

Gästehaus Schloss Saareck - *Im Saareckpark - Mettlach - ✆ 068 64 811711 - www.schloss-saareck.de - P - 22 ch. 117/129 € ☕ - ✕.* Bienvenue dans l'ancienne maison des Villeroy & Boch ! Dans un parc bordant la Sarre, ce château a été bâti en 1902 dans un style historiciste par Luitwin et Adeline von Boch. Il a été habité par la famille jusqu'à sa transformation en maison d'hôtes, en 1954. La plupart des meubles et décorations sont d'origine, conférant chaleur et authenticité au lieu.

Vallée de la Moselle

★★★

Moseltal

Émaillée de villages pittoresques et réputée pour ses vins, la vallée de la Moselle est une région enchanteresse. De Trèves à Coblence, entre les massifs rhénans de l'Eifel et du Hunsrück, le fleuve déroule ses méandres au pied de nombreux châteaux et traverse des vignobles dont les origines remontent aux Romains.

Se repérer

CARTE P. 304-305 (AB2-3)
Rhénanie-Palatinat.

À ne pas manquer

Une excursion en bateau ou une promenade à vélo.

Organiser son temps

Comptez au moins une journée, mais la richesse de ce parcours et le charme de cette vallée méritent que l'on s'y attarde.

En famille

Profitez de la piste cyclable qui double la route *(voir ci-après)*.

Nos adresses p. 338

★★★ De Trèves à Coblence

CARTE CI-CONTRE

en.visitmosel.de

Circuit de 195 km tracé en vert sur la carte.

La **piste cyclable de la Moselle** au départ de Perl, qui totalise 248 km, est ponctuée de bornes audio. Les 8 étapes entre Trèves et Coblence *(de 18 km à 31,5 km, sans difficulté particulière - loueurs de vélos, voir « Activités » dans « Nos adresses »)* offrent de belles échappées.

★★ Trèves

Voir p. 325.

Neumagen-Dhron

Ce village est connu pour ses vestiges romains, transférés au musée de Rhénanie à Trèves. Près d'une chapelle, presque en face de la terrasse très agréable du Warsberger Weinhof & Gästehaus, copie du *Vaisseau chargé de vin.*

Des vins de caractère

Les versants de la vallée de la Moselle font une large place aux vignobles produisant des vins blancs secs, dont le cépage principal est le **riesling**. Le terrain schisteux joue un rôle important dans la maturation des grappes : les schistes broyés absorbent la chaleur pendant le jour et la restituent la nuit aux ceps. La récolte, tardive, peut être reportée jusqu'à la Saint-Nicolas (6 décembre). Légers, un peu âpres, mais au bouquet délicat, les vins de Moselle se font plus secs à mesure que l'on progresse vers le nord.

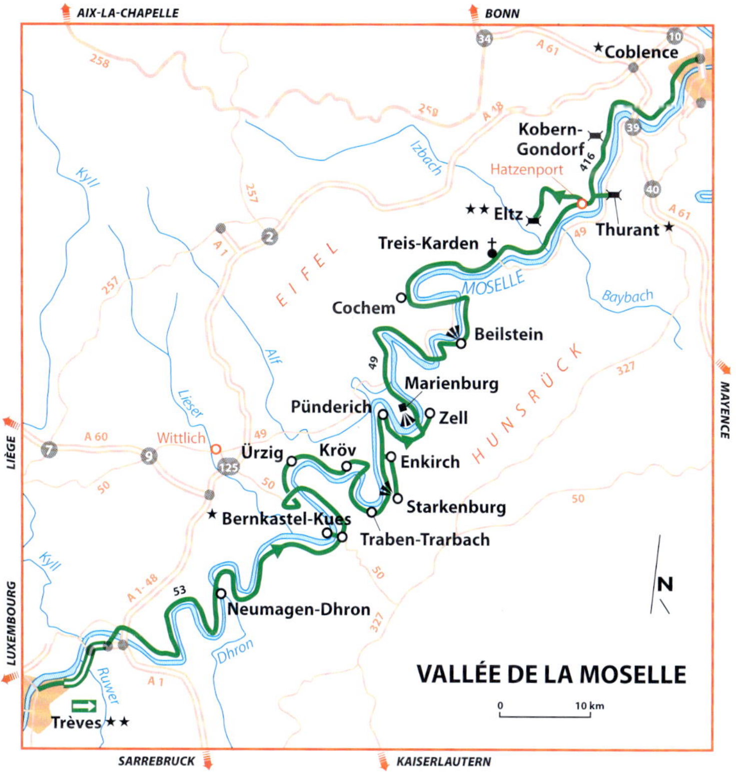

★ Bernkastel-Kues

Gestade 6 - ☎ 06531 500 190 - www.bernkastel.de.

Cité de la vigne et du vin, Bernkastel-Kues est formée de villes jumelles situées de part et d'autre de la Moselle. Son vignoble – le plus grand d'Allemagne qui soit d'un seul tenant – englobe les coteaux de la boucle de la Moselle et se prolonge par les clos de Graach et de Zeltlingen. Il est planté à 95 % de riesling. La ville connaît une véritable effervescence à l'occasion de la Fête des vignerons, qui se déroule pendant la première semaine de septembre.

★ **Markt (place du Marché)** – Des maisons anciennes, pour la plupart à colombages, entourent cette petite place en pente, au centre de laquelle se trouve la **fontaine St-Michel**, du 17e s.

Cusanusstift (hôpital St-Nicolas) – *À Kues. ☎ 06531 22 60 - www.cusanus.de - dim.-vend. 9h-18h, sam. 9h-15h - gratuit (visite guidée avr.-oct. : mar. 10h30, vend. 15h et sam. 10h - 7 €).* L'hôpital St-Nicolas est une fondation (1447) du **cardinal Nikolaus Cusanus** (1401-1464), humaniste et théologien né à Kues. Il fut construit pour héberger des vieillards nécessiteux au nombre de trente-trois – chiffre correspondant à l'âge du Christ à sa mort – et il répond encore aujourd'hui à sa destination première. Le cloître gothique (époque tardive) est particulièrement intéressant. La chapelle possède un beau retable du 15e s., une copie en bronze de la pierre tombale du cardinal (l'original se trouve à San Pietro in Vincoli, à Rome), une fresque représentant le Jugement dernier *(à gauche de l'entrée)* et

la pierre tombale de Clara Cryftz, sœur du prélat. La **bibliothèque** *(visite guidée uniquement)* abrite environ 400 manuscrits et incunables, ainsi que les instruments astronomiques du fondateur.
Burg Landshut – *6 km AR au sud-est de Bernkastel-Kues.* Le **château de Landshut**, situé sur un éperon rocheux, devint la propriété des archevêques de Trèves au 11e s. Il est en ruine depuis la guerre de succession du Palatinat.
Après Bernkastel-Kues, large **panorama★★** sur la boucle de la Moselle, où même les pentes les plus raides sont utilisées pour la culture de la vigne. Ponctuant de magnifiques vignobles, des cadrans solaires, plaqués sur les rochers, ont donné leur nom à des crus illustres : Wehlen, Zeltingen...
La route traverse les villages typiquement mosellans d'**Ürzig**, de **Kröv**, d'**Enkirch**, d'où vous pourrez rejoindre **Starkenburg**, à 5 km, pour contempler la **vue★** sur le méandre du Mont-Royal depuis les ruines du château, avant de rejoindre **Pünderich** d'où un petit ferry (*Pünderich - ✆ 06542 900021 - www.puenderich.de - 2 €, vélo 1 €*) traverse la Moselle pour gagner l'ancien couvent de Marienburg *(voir encadré ci-dessous)*.

Traben-Trarbach

Am Bahnhof 5 - ✆ 06541 83 980 - www.traben-trarbach.de.
Paisible cité viticole surplombée par son château en ruine. Ses deux rives furent longtemps concurrentes : Traben sur la rive gauche, avec ses vignes au pied du **Mont-Royal**, dut longtemps payer un péage pour écouler ses marchandises par le pont qui la reliait à Trarbach, sur la rive droite connectée à la route principale... Elles se réunissent en 1904, en plein âge d'or de la vigne, époque à laquelle ont été construits la plupart des 25 km de **celliers**. La ville présente quelques édifices Jugendstil, dont les deux plus remarquables sont la **Lorettahaus**, à l'entrée du pont, et l'**ancienne gare** occupée aujourd'hui par l'office de tourisme. Du sommet de la **Stadtturm** (rive droite), datant du 14e s., jolie vue d'ensemble sur les alentours.
3,5 km après le pont de **Zell**, dont on admire de la rive opposée l'alignement des maisons au bord de l'eau, prenez à gauche vers Marienburg.

Beilstein

Le minuscule bourg fortifié, dont le chancelier de Metternich fut le dernier seigneur, se masse au pied de sa vaste église et du château.
Burgruine (ruines du château) – *✆ 026 739 36 39 - www.burg-metternich.de - 10h-18h - fermé nov.-mars - 3 €. 30mn à pied AR au départ des rives de la Moselle par la Bachstraße.* Belle **vue★** sur la courbe de la Moselle.

On vous emmène à l'endroit le plus resserré de la Moselle

Cette balade à l'intérieur du méandre réserve des vues spectaculaires. Laissez votre voiture à Zell et empruntez-le (seul) pont piétonnier au-dessus de la Moselle. Suivez le sentier Jakobweg qui serpente dans le vignoble jusqu'à l'ancien couvent de **Marienburg** et poursuivez ensuite votre chemin jusqu'à la tour panoramique en bois, **Prinzenkopf**. De ces deux sites, vous bénéficiez d'un **panorama grandiose★★** sur la boucle la plus étroite de du fleuve – que vous verrez deux fois ! – et sur les hauteurs de l'Eifel et de l'Hunsrück. Poursuivez votre balade jusqu'à Alf, où un petit ferry vous déposera à Bullay, sur l'autre rive. Un chemin bucolique longe le fleuve, avec de belles vues sur la vallée et ses vignobles, et vous ramène à Zell, en passant par Merl.
Boucle de 13,2 km - 3h30. Ferry Alf-Bullay - ✆ 06542 9698659/0175 8869724 - mai-oct. : lun.-jeu. 8h-18h, vend. 19h, sam.-dim. 9h-19h.

Cochem en bord de Moselle.
CassielMx/Getty Images Plus

Cochem

Endertplatz 1 - 02 671 60 040 - www.ferienland-cochem.de.
De la ville en contrebas se découvre le **site★★**, parmi les plus célèbres de Rhénanie : dominant le fleuve, le **château** couronne une butte plantée de vignes. Seuls le donjon et la base des murs ont résisté aux destructions de 1689. Au 19e s., on s'efforça de relever les ruines dans l'esprit du 14e s., avec force tourelles et clochetons. L'**intérieur** a été remeublé dans un style féodal cossu *(Reichsburg - 026 71 2 55 - www.reichsburg-cochem.de - visite guidée 40mn - de mi-mars à fin oct. : 9h-17h ; reste de l'année : se rens. - 7 €)*. Le bar-restaurant offre une **vue** spectaculaire sur la vallée, mais vous pouvez aussi faire étape à la buvette à mi-hauteur de la colline pour reprendre votre souffle et admirer le vignoble au pied du château.
Très belle vue également sur le château, Cochem et la Moselle du sommet du **Pinner-Kreuz** (255 m), accessible par un télésiège *(Cochemer Sesselbahn – 0267198 90 65 - www.cochemer-sesselbahn.de - fermé de mi-nov. à fin mars -; 4,90 € aller simple (4-14 ans 1,90 €)*. Bar-restaurant sur place et point de départ de plusieurs pistes de randonnée et. Possibilité de redescendre à pied en 30mn.

Église de Treis-Karden

L'église St-Castor, dans le quartier de Karden, représente l'étape de transition entre le style roman rhénan (« galerie naine » de l'abside) et le gothique (voûtes d'ogives). À l'intérieur, on verra, au maître-autel, le retable des Rois mages (1420) et, dans la chapelle gauche du chœur, la petite châsse en bois, gothique, de saint Castor (1490).

★★ Burg Eltz

10 km au départ de Hatzenport, puis 10mn de marche ou 5mn en minibus ; sentier depuis Moselkern (1h env.). 02 672 95 05 00 - www.burg-eltz.de - visite guidée (40mn, en allemand ; fiche explicative en français) avr.-oct. : 9h30-17h30 - fermé nov.-mars - 12 € (enf. 7 €) - stationnement 2 € - boutique et restauration.
Au premier virage après le parking, un promontoire permet d'avoir une vue plongeante sur le **site★★** romantique du **château** hérissé de tours et de clochetons.

Ayant survécu à toutes les guerres, son architecture et ses aménagements intérieurs reflètent neuf siècles d'histoire. L'intérieur a conservé un abondant mobilier ancien et un trésor. Les pièces les plus remarquables sont la salle basse et son plafond de bois décoré (15e s.) et la salle haute avec son décor gothique, sans oublier la salle des Chevaliers et la cuisine de la fin du Moyen Âge, encore intacte. Des tableaux exposés, on retiendra *La Madone aux raisins* de Lucas Cranach.

★ Burg Thurant

✆ 026 05 20 04 - www.thurant.de - mai-déb. oct. : 10h-18h ; oct. : 10h-17h ; de déb. nov. à mi-nov. : 10h-16h ; mars-avr. : 10h-17h ; fermé mi-nov.-fév. - 4,50 € (enf. 3 €). Privilège des ruines de ce petit château du 12e s. : on peut déambuler dans ses jardins fleuris, le long de ses coursives, et grimper tout en haut du donjon sans avoir à suivre une visite guidée. Quelques salles-musée et une buvette avec des tables dispersées le long des remparts d'où l'on domine toute la vallée.

Sur la rive se profile la silhouette à deux tours du château de Thurant.

Avant le dernier coude de la Moselle, la route traverse de part en part, à **Kobern-Gondorf**, un vaste château restauré (15e-17e s.) ; les deux tours dominant l'agglomération s'intègrent remarquablement au paysage.

★ Coblence

Voir p. 340.

Nos adresses

Restauration

Budget moyen

Rotisserie Royale – *Burgstr. 18-20 - Bernkastel-Kues - ✆ 06531 6572 - www.rotisserie-royale.de - fermé merc. - plats 17/28,50 €.* Ce petit restaurant installé dans une vieille maison à colombages reste fidèle à son caractère rustique avec sa décoration tout en bois. Les prix sont très raisonnables pour la qualité de la cuisine et du service.

Hotel Restaurant Zur Marienburg – *Hauptstr. 32 - Pünderich - ✆ 49 6542 18144-0 - www.zur-marienburg.de - plats 15/35 € - 17 ch. 100/190 €.* Depuis quatre générations, la famille Burch accueille ses hôtes dans cette grande bâtisse de 1800, fraîchement rénovée et agrandie. Au menu, de la cuisine mosellane (truite saumonée, quenelles de betteraves, crème de Riesling de Pünderich...) et des variations internationales les jours fériés. Jolies chambres soignées.

Pour se faire plaisir

Doctor Weinstube – *Hebegasse 5 - Bernkastel-Kues - ✆ 06531 96650 - www.doctor-weinstube-bernkastel.de - plats 16/27 €- menus 33/58 € - 28 ch. 98/149 €* ☕. Maison historique transformée en taverne en 1830. La salle de restaurant et la terrasse sont particulièrement authentiques. Les chambres bénéficient de tout le confort moderne.

Shopping

☺ À l'office du tourisme de Cochem, vous trouverez la liste des **producteurs régionaux** – certains sont accessibles à pied depuis le centre-ville – avec dégustations et visites des caves.

Spitzhäuschen – *Karlstr. 13 - Bernkastel-Kues - ✆ 06531*

7476 - www.spitzhaeuschen.de - tlj sf lun. à partir de 15h. Bon choix de vins dans cette maison tout droit sortie d'un conte de fées, qui appartient à une famille de vignerons.

Activités

Fahrradstation – *Voir p. 332.*
Fun Bike Team – *Schanzstr. 22 - Bernkastel-Kues - ☏ 06531 94024 - unbiketeam.de - lun.-merc. et vend. 9h-13h, 14h-18h30, jeu. 9h-13h, sam. 9h-14h - fermé dim.* Location de vélos à la journée *(13 €, VAE 27 €, enf. 9 €).*
Croisières sur la Moselle – *Bernkastel-Kues - ☏ 0221 2088318 - www.k-d.com.* À Bernkastel-Kues et à Cochem, plusieurs compagnies proposent des excursions.
Mosel Therme – *Wildsteiner-Weg 5 - Traben-Trarbach - ☏ 06541 83030 - www.moseltherme.de - 9h-21h, w.-end 9h-18h, lun. 14h-21h.* Vastes espaces de détente et plusieurs bassins à différentes températures, jacuzzi et sauna.

Hébergement

Premier prix

Alter Posthof – *Burgstr. 26 - Bernkastel-Kues - ☏ 06531 91257 - 9 ch. 85/90 €.* Accueil très convivial dans cette maison de la vieille ville. Copieux petit-déjeuner dans une jolie salle avec poutres apparentes. ☺ Nombreuses petites maisons d'hôtes dans cette rue.
Ferienweingut Port – *Weingartenstr. 57 - Bernkastel-Kues - ☏ 06531 91173 - www.ferienweingut-port.de - P - 3 ch. 100/116 € ☕ et 2 studios 140 € ☕.* Repos garanti dans cet établissement au milieu des vignobles. Chambres et appartements de vacances confortables. Vous commencerez la journée par un copieux petit-déjeuner de vigneron et vous la finirez en dégustant des vins et des Schwenkbraten (côtelettes de porc marinées et grillées).
Moselperle – *Baldesgraben 2 - Wolf - 6 km au nord-ouest de Traben-Trarbach via la B53 - ☏ 06541 9830 - www.moselperle.de - 5 ch. 97 € ☕ - ✕ plats 14,50/19,80 €.* Paisible chambre d'hôtes de charme, située en face de la Moselle et des vignes, accrochées sur les pentes de la rive opposée. Chambres simples et très bien tenues, dont trois spacieuses sous les combles. Côté restaurant, cuisine régionale.
Reichsschenke « Zum Ritter Götz » – *Robert-Schuman Str. 57 - Kröv - ☏ 06541 81660 - www.reichsschenke.de - fermé 2 sem. fin nov. et de fin déc. à la 3e sem. de janv. - 16 ch. 84/100 € ☕ - ✕ (fermé mar.-merc.).* Cette vieille auberge est installée dans un charmant petit village au cœur des vignes. Chambres soignées à l'équipement plutôt sobre. Du bois sombre, en partie sculpté, et de petites salles aux plafonds bas confèrent au restaurant son caractère rustique.

Budget moyen

Alte Thorschenke – *Brückenstr. 3 - Cochem - ☏ 02671 917941 - www.thorschenke.de - 27 ch. 95/147 € ☕.* Réservez à l'avance si vous voulez une des trois chambres meublées d'antiquités dans la partie la plus ancienne de cette maison de 1332, imbriquée dans le mur d'enceinte de la ville. Spa.
Weinhaus Gräfen – *Endertstr. 27 - Cochem - ☏ 0 2671 4453 - www.weinhaus-graefen.de - 14 ch. 110/130 € ☕- ✕.* À deux pas d'un parking aérien à étages bien pratique et du téléphérique, cet hôtel familial propose des chambres impeccables et fonctionnelles.

4

Coblence ★

Koblenz

À l'origine camp romain établi en l'an 9 av. J.-C. au confluent du Rhin et de la Moselle, Coblence (du latin « confluentia ») a su tirer parti de sa situation géographique privilégiée pour s'enrichir et se développer. Gravement endommagée au cours de la Seconde Guerre mondiale puis reconstruite, elle fait aujourd'hui figure de petite cité dynamique. Avec son festival d'été couronné par « l'embrasement du Rhin » et ses concerts en plein air, son centre-ville réservé aux piétons et truffé de bars et restaurants, Coblence est une base idéale pour la découverte de la région et pour des croisières sur le Rhin et la Moselle.

Se repérer

CARTE P. 304-305 (B2) ET PLAN P. 342-343
113 638 hab. – Rhénanie-Palatinat.
À 106 km au sud-est de Cologne.

Carnet pratique p. 344

Nos adresses p. 345

Se promener

PLAN P. 342-343

★ Deutsches Eck (« LE COIN ALLEMAND ») B1

Au confluent du Rhin et de la Moselle, un monument haut de 37 m célèbre la mémoire de Guillaume Ier, unificateur de l'Allemagne en 1871. Du sommet du socle *(107 marches)* qui supporte la statue de l'empereur, on a une belle **vue**★ sur la ville et la rive droite du Rhin, dominée par la forteresse d'Ehrenbreitstein.

Ludwig-Museum (MUSÉE LUDWIG) B1

Esther-Bejarano-Str 1 - ✆ 0261 1292406 - www.ludwigmuseum.org - tlj sf lun. 10h30-17h, dim. et j. fériés 11h-18h - 6 € (-12 ans gratuit).

Conçu pour prolonger la relation de la ville avec la France dans le domaine artistique, ce musée est dédié à l'art contemporain, français en particulier avec notamment des œuvres de Pablo Picasso et de Jean Dubuffet. Il expose aussi de grands

Un refuge pour les nobles français

Coblence fut un point de chute pour nombre de nobles fuyant la Révolution de 1789. Ils arrivèrent dans la ville avec à leur tête les comtes d'Artois et de Provence, frères de Louis XVI. De là, ils organisèrent une contre-révolution avec l'aide armée des royaumes voisins. Une guerre s'ensuivit, menant les troupes de la jeune République française sur la rive gauche du Rhin en 1794. En mai 1795, Frédéric-Guillaume II, roi de Prusse, signa le traité de Bâle dans lequel il reconnut l'occupation de la rive gauche du Rhin par les Français. En 1798, la ville devint préfecture du département de Rhin et Moselle. Ces années d'occupation française ont laissé des traces dans le paysage urbain. Ainsi la **Rheinanlage**, promenade tracée au bord du Rhin, est-elle l'œuvre du préfet Lezay-Marnésia en 1809. L'occupation dura jusqu'en 1815, date à laquelle le traité de Vienne, consécutif à la défaite de Napoléon, attribua la région au royaume de Prusse.

La forteresse de Coblence.
bbsferrari/Getty Images Plus

noms de l'art nord-américain contemporain (Jasper Johns, Willem de Kooning, Robert Rauschenberg) et d'artistes allemands (K. O. Götz). On trouvera également des nouveaux réalistes (Arman, César, Tinguely, Martial Raysse) et le fameux *Pouce* de César dans le jardin.

St. Kastor Basilika (BASILIQUE ST-CASTOR) B1
Cette église romane a pour fondation le sanctuaire où fut célébrée la conclusion du traité de Verdun (843), établissant le partage de l'Empire de Charlemagne. La nef et le chœur sont couverts d'amples voûtes en réseau. Parmi le mobilier, remarquez dans le chœur deux tombeaux d'archevêques au fond d'enfeus gothiques polychromes et, dans le croisillon droit, 16 panneaux peints sur bois (saint Castor est représenté en bas à gauche).
Empruntez la promenade le long de la Moselle, puis enfoncez-vous dans les ruelles piétonnes pour rejoindre l'église Notre-Dame, autour de laquelle s'étend la ville ancienne. On découvre ici et là de superbes maisons à colombages (la plupart reconstruites).

Liebfrauenkirche (ÉGLISE NOTRE-DAME) A1
Édifice roman remanié au 13e s., l'église Notre-Dame a été dotée d'un chœur gothique au 15e s. et de clochers baroques à petits bulbes au 17e s. Les réseaux des voûtes sont ornés de clefs sculptées. Remarquez les vitraux du chœur, conçus en 1992 par H. G. Stockhausen.

Jesuitenplatz (PLACE DES JÉSUITES) B1
Dans la cour de l'ancien collège des Jésuites (17e s.), aujourd'hui occupé par l'hôtel de ville, se trouve la **Schängelbrunnen**. Cette fontaine évoque l'espièglerie des « gavroches » de Coblence.

Mittelrhein Museum (MUSÉE DU RHIN MOYEN) A2
Zentralplatz 1 - ✆ 0261 129 25 20 - www.mittelrhein-museum.de - tlj sf lun. 10h-18h - 6 € (-12 ans gratuit).

SE RESTAURER

Einstein	3	Weinhaus Hubertus	7
Havana	5	Wirtshaus Alt Coblenz	9

Ce musée retrace le passé de la ville et des alentours à travers des tableaux, des objets religieux (statues, triptyques, icônes) et des objets de la vie courante du haut Moyen Âge.

★ Festung Ehrenbreitstein (FORTERESSE D'EHRENBREITSTEIN) C1

4,5 km sur la rive droite par Pfaffendorfer Brück. Accès en téléphérique depuis le Deutschen Eck. www.diefestungehrenbreitstein.de - avr.-oct. : 10h-18h ; nov.-mar. : 10h-17h - 8 €, 17,90 € avec le téléphérique (enf. 8 €).

Survoler le Rhin dans le téléphérique au départ du centre-ville est une expérience vivifiante. Le trajet d'une dizaine de minutes permet d'admirer la région et le confluent avec la Moselle. C'est peut-être le meilleur moment de la visite, car après, difficile de s'y retrouver dans le dédale de la forteresse (entre les maquettes présentant l'évolution des lieux, un cachot aménagé ou encore un espace dédié aux fouilles...).

Ce site stratégique fut occupé dès le 10e s. par une forteresse qui resta possession des archevêques de Trèves jusqu'en 1799, date de sa destruction par les Français. Entre 1817 et 1828, les Prussiens, qui régnaient sur la Rhénanie depuis le congrès de Vienne (1815), construisirent un nouvel ensemble fortifié. De la terrasse où l'on peut prendre un verre, la **vue★** porte sur Coblence,

SE LOGER
Hotel Kornpforte 4
Trierer Hof 8

le château de Stolzenfels *(voir p. 346)* au sud et les plateaux du Hunsrück boisé et de l'Eifel volcanique.

À proximité

CARTE P. 304-305

★ Kloster Maria Laach

(ABBAYE DE MARIA-LAACH) B2

20 km à l'ouest. 02652 590 - www.maria-laach.de - été : tlj sf lun. 9h-18h, w.-end 10h-18h ; hiver : 9h-17h30, sam. 10h-17h30, dim. 12h-17h30.

Construite au bord du vaste **maar** (lac de cratère) typique du massif de l'Eifel, l'église abbatiale (12e s.), basilique romane à trois nefs, rappelle extérieurement les cathédrales de Worms, Spire et Mayence.

L'**atrium d'entrée**★ (début du 13e s.) est décoré de chapiteaux très travaillés. L'autel est surmonté d'un étrange baldaquin hexagonal qui pourrait révéler une influence mauresque. La **crypte** est la partie la plus ancienne de l'édifice.

Circuits conseillés

CARTE P. 304-305

★ Limburg an der Lahn et la vallée de la Lahn B2

Circuit de 60 km tracé en marron sur la carte. Départ de Coblence.

Le cours inférieur de la Lahn, très sinueux, offre, avec ses plans d'eau sombres et son cadre sauvage de versants boisés, des paysages romantiques. La ville de Limburg est riche en souvenirs historiques.

Bad Ems

Cette station thermale réputée reçut à plusieurs reprises Guillaume Ier, roi de Prusse, puis empereur d'Allemagne. Une dalle portant la date du 13 juillet 1870, scellée à côté de la fontaine romaine, en face du Staatliches Kurhaus, rappelle l'entrevue au cours de laquelle Guillaume Ier refusa à l'ambassadeur de France, Benedetti, d'interdire « à tout jamais » aux Hohenzollern de prétendre au trône d'Espagne. Sa dépêche, tronquée et divulguée par Bismarck, précipitera les hostilités franco-allemandes de 1870.

Diez

Wilhelmstr. 63 - 06 432 954 3211 - www.stadt-diez.de.

Le **château d'Oranienstein** (17e s.), qui attire tous les regards dans la petite ville, a été construit de 1672 à 1684 comme château de prédilection de la cour hollandaise. Devant le refus du prince Guillaume VI, futur Guillaume Ier des Pays-Bas, d'adhérer à la confédération du Rhin, Napoléon décida en 1806 de dissoudre la principauté de Nassau-Fulda. En 1867, le château d'Oranienstein fut transformé en une école de cadets. Servant aujourd'hui de caserne, le château abrite aussi le **musée d'Orange-Nassau (Oranien-Nassau-Museum)**, consacré à l'histoire de la maison d'Orange.

★ Limburg an der Lahn

Barfüsserstr. 6 - 064 31 61 66 - www.limburg.de.

La silhouette imposante de la cathédrale qui se dresse au-dessus de la Lahn se remarque de loin. La **vieille ville★** est pour une bonne part constituée de maisons à colombages du 13e au 18e s., ornées d'admirables sculptures sur bois.

★ **Dom (cathédrale)** – Perchée sur une colline, la cathédrale St-Georges occupe un **site★★** pittoresque. C'est aussi l'exemple le plus classique du style gothique de transition répandu en Allemagne de 1210 à 1250. Son ordonnance extérieure romane l'apparente aux cathédrales du Rhin. L'intérieur présente une structure gothique inspirée de la cathédrale de Laon, avec la superposition des tribunes, du triforium et des fenêtres hautes; les chapiteaux à crochets sont typiques de la première époque gothique. La voûte est sur croisée d'ogives. Une tour-lanterne à coupole surmonte la croisée du transept. La décoration d'origine a été dégagée et restaurée. De la **terrasse du cimetière**, au flanc nord de l'église, belle **vue★** plongeante sur le cours de la Lahn, le vieux pont et le viaduc de l'autoroute.

★ **Diözesanmuseum (Musée diocésain)** – *Domstr. 12 - 06 431 29 54 82 - www.staurothek.de - ♿ - de fin mars à mi-déc. : mar.-sam. 10h-13h, 14h-17h, dim. et j. fériés 11h-17h - 3 €.* Il a pris ses quartiers, avec le trésor de la cathédrale, dans un bâtiment historique. Les pièces les plus précieuses de cette collection d'art sacré sont la staurothèque de Limbourg (un reliquaire byzantin de la Vraie Croix datant du 10e s.), ainsi que le reliquaire de la crosse de saint Pierre, exécuté en 980 à Trèves sous l'archevêque Egbert. Dans la section d'iconographie médiévale, admirez la Déploration du Christ, une sculpture en terre cuite (vers 1415).

★★★ Vallée du Rhin : de château en château B2-3

Circuit de 63 km de Coblence à Bingen. *Voir p. 346.*

Carnet pratique

S'informer

Office du tourisme – *Zentralplatz 1 - Koblenz - 0261 1291610 - www.koblenz-touristik.de.*

Arriver/partir

En train – Trains réguliers avec Mayence (48mn), Cologne (50mn), Francfort en ICE (1h25) et Mannheim (1h30).

Agenda

Marché de Noël – *De mi-nov. à déb. janv.* Un des plus beaux de la région.

Nos adresses

PLAN P. 342-343

Restauration

Premier prix

3 **Einstein** – B1 - *Firmungstr. 30 - ✆ 0261 9144999 - www.einstein-koblenz.de - plats 13/27,50 €.* Carte internationale dans ce restaurant très fréquenté de la zone piétonne. Le brunch du dimanche vaut la peine de s'y attarder.

5 **Havana** – B1 - *Kornpfortstr. 6 - ✆ 0261 1004684 - www.havana-koblenz.de - fermé lun. et à midi - plats 12/14,50 €.* Ce restaurant (également bar à cocktails) sert des snacks et des plats cubains dans une ambiance décontractée. Happy hour jusqu'à 20h.

7 **Weinhaus Hubertus** – A1 - *Florinsmarkt 6 - ✆ 0261 31177 - www.weinhaus-hubertus.de - fermé mar. et à midi - plats 13,80/22 €.* Dans la salle lambrissée de bois sombre de cette jolie maison à colombages, on savoure une cuisine régionale soignée. Une des meilleures adresses de la vieille ville.

Budget moyen

9 **Wirtshaus Alt Coblenz** – A1 - *Am Plan 13 - ✆ 0261 160656 - www.alt-coblenz.de - fermé dim.-lun. - plats 13,90/25,90 €.* On vient ici pour déguster une cuisine traditionnelle allemande ou goûter les vins régionaux.

À Limburg an der Lahn

Premier prix

Bella Citta Vecchia – *Fischmarkt 8 - ✆ 06431 210608 - www.bella-citta-vecchia.de - plats 8,50/18 €.* En plein cœur de la vieille ville, charmant restaurant italien. Outre les pâtes et pizzas, quelques plats et salades.

En soirée

Gecko Lounge – *Gemüsegasse 14a - ✆ 0261 1004334 - www.geckolounge.de - juil.-août : jeu. 18h-1h, vend.-sam. à partir de 18h ; reste de l'année : merc.-jeu. 18h-1h, vend.-sam. à partir de 18h.* Bar à cocktails branché, installé dans une belle cave voûtée en plein cœur de la vieille ville. On peut aussi y manger. Soirées thématiques et musique live tous les jeudis.

Activités

Burg & Bike – *Adolfstr. 65 - ✆ 02621 40838 - www.burg-bike.de - 9h30-13h, 16h-19h - fermé dim.* Location de vélo et options de tours guidés de 1 à 8 jours.

Hébergement

Budget moyen

4 **Hotel Kornpforte** – B1 - *Kornpfortstr. 11 - ✆ 0261 31174 - www.hotel-kornpforte.de - P 10 €/j - 14 ch. 105/150 € ☕.* Hôtel à prix raisonnable dans le centre-ville. L'accueil est sympathique et les chambres ont une belle hauteur sous plafond.

8 **Trierer Hof** – B2 - *Clemensstr. 1 - ✆ 0261 10060 - www.triererhof.de - P 10 €/j - fermé de fin déc. à déb. janv. - 34 ch. 99/140 € ☕.* Belle demeure proche du centre historique et des rives du Rhin.

Gülser Weinstube – HORS PLAN - *Moselweinstr. 3 - Koblenz-Güls - ✆ 0261 988640 - www.hotelguelserweinstube.de - P - 14 ch. à partir de 95 € ☕.* Petit hôtel familial installé dans une jolie maison à colombages au bord de la Moselle. On peut y déguster les vins de la région (restaurant-bar).

À Limburg an der Lahn

Budget moyen

Hotel Martin – *Holzheimer Str. 2-3 - ✆ 06431 94840 - www.hotel-martin.de - P - 26 ch. 90/102 € ☕.* Situé en plein centre-ville, cet hôtel tenu par une famille propose des chambres soignées.

4

Vallée du Rhin ★★★

Rheintal

Long de 1320 km et baignant quatre pays, le Rhin constitue depuis le Moyen Âge une exceptionnelle voie d'échanges commerciaux, intellectuels et artistiques, et une artère vitale de l'Occident. La beauté de ses paysages a inspiré de nombreux mythes contribuant à sa renommée. Alternant les vignobles et les affleurements rocheux, dominé par des châteaux perchés, le parcours qui s'étend de Rüdesheim ou Bingen à Coblence offre des perspectives splendides dans un cadre romantique, qui lui a valu un classement au Patrimoine mondial de l'Unesco. Entre Coblence et Mayence, où seuls des bacs permettent la traversée du Rhin, le tourisme fluvial prend toutes ses lettres de noblesse.

Se repérer

CARTE B2 (P. 304-305) ET VALLÉE DU RHIN P. 348
Rhénanie-Palatinat et Hesse.

À ne pas manquer

Le légendaire rocher de la Lorelei.

Organiser son temps

Si vous manquez de temps, sachez que la partie la plus remarquable s'étend entre Rüdesheim et Coblence.

En famille

Le musée des Instruments de musique mécaniques à Rüdesheim.

Nos adresses p. 353

Circuits conseillés

CARTE P. 348

★★★ De château en château

Circuit de 63 km de Coblence à Bingen, tracé en bordeaux sur la carte.
En sortant de la banlieue de Coblence, on découvre, à droite, le château de Stolzenfels et, sur l'autre rive, la tour de Lahneck dominant le confluent de la Lahn.

Schloss Stolzenfels (CHÂTEAU DE STOLZENFELS)
0261 516 56 - www.schloss-stolzenfels.de - visite guidée (45mn) de mi-mars à oct. : tlj sf lun. 10h-17h ; de nov. à mi-mars : sam.-dim. et j. fériés 10h-18h - dernière entrée 45mn av. fermeture - fermé déc.-janv. - 5 € (enf. 3 €).
Ce vaste château fut reconstruit à grand renfort de créneaux par Frédéric-Guillaume IV en 1842, dans un style néogothique inspiré des manoirs anglais. L'**intérieur★**, somptueux, est aménagé en musée.
De la terrasse, on a une vue sur Coblence et la citadelle d'Ehrenbreitstein.

Gedeonseck
1h AR dont 20mn de télésiège - 067 42 25 10 - sesselbahn-boppard.de - de mi-avr. à fin sept. : 10h-18h ; 1re quinz. d'oct. : 10h-17h30 ; 1re quinz. d'avr. et 2e quinz. d'oct. : 10h-17h - 9,50 € AR (6 € aller simple).
Cette promenade permet d'avoir une **vue★** sur le lobe convexe, très irrégulier, du méandre de Boppard.

Le Rhin en Allemagne

Un fleuve de légendes

Il n'est guère le long du Rhin de lieux qui n'évoquent un récit chevaleresque ou une légende. **Lohengrin**, le chevalier au cygne, apparut au pied du château de Clèves. **Roland le Preux**, rescapé de Roncevaux, arriva trop tard devant l'île de Nonnenwerth où sa fiancée inconsolable avait pris le voile, et se retira alors, désespéré, dans le château voisin de Rolandsbogen. Quant à la **Lorelei**, c'est la « roche de Lore », cette sirène enchanteresse qui provoquait la perte des bateliers envoûtés par son chant. Mais l'œuvre capitale reste la *Chanson des Nibelungen* *(voir encadré p. 309)*, la plus célèbre des épopées allemandes, inépuisable source d'inspiration dont Wagner a tiré des noms et des idées maîtresses pour sa tétralogie. La **Chanson des Nibelungen**, composée vers la fin du 12e s. et inspirée des légendes scandinaves et germaniques, raconte les splendeurs de la cour burgonde de Worms, le déchaînement des passions dans le cœur des héros connus aussi sous le nom de Nibelungen.

Des Alpes à la mer du Nord

C'est dans les Alpes suisses que le fleuve prend sa source. Déferlant le long des versants des montagnes, il arrive rapidement au lac de Constance, qu'il traverse paresseusement. Les eaux du plateau suisse collectées par son affluent, l'Aar, et la réception du Neckar à Mannheim, puis du Main à Francfort atténuent le caractère irrégulier de son débit dû à la fonte des neiges au printemps et achèvent de lui conférer un régime équilibré.
À la sortie du lac de Constance, les bancs rocheux projetés par la Forêt-Noire et les contreforts du Jura forment les fameuses chutes du Rhin, près de Schaffhausen *(voir le Guide Vert Suisse)*. Plus en aval, la présence de bancs calcaires se traduit par des rapides *(Laufen)*. Ces ruptures sont des obstacles à la navigation, mais elles ont permis de développer l'équipement hydroélectrique.
À Bâle, le Rhin oblique vers le nord pour suivre le fossé d'effondrement qui sépare les Vosges de la Forêt-Noire. Jusqu'à Breisach, un canal dérive en Alsace une partie des eaux du fleuve, puis se limite à de simples dérivations au niveau des barrages-usines, jusqu'à Strasbourg.
De Bingen à Neuwied, en aval de Coblence, le Rhin taille son lit à travers le Massif schisteux rhénan dont les roches dures, en particulier les quartzites mis à nu aux alentours de la Lorelei, provoquent des remous dangereux. Cette « trouée héroïque », alternant les vignobles et les affleurements rocheux, dominée par des châteaux accrochés aux éperons, constitue la partie la plus attrayante de la vallée. Enfin, après avoir traversé la région industrielle de Duisbourg, le Rhin se dirige lentement vers la mer du Nord en sinuant à travers la plaine.

Une concentration de châteaux

Demeures seigneuriales, châteaux défensifs, péages, protection des voyageurs, tous avaient leur utilité. Beaucoup perdirent leurs tours crénelées dans les incendies provoqués par l'armée française de Louis XIV, puis, au 18e s., lors des combats entre les révolutionnaires français et les émigrants nobles réfugiés à Coblence. C'est au 19e s., avec la création de la Confédération germanique en 1815, que nombre de châteaux furent reconstruits.

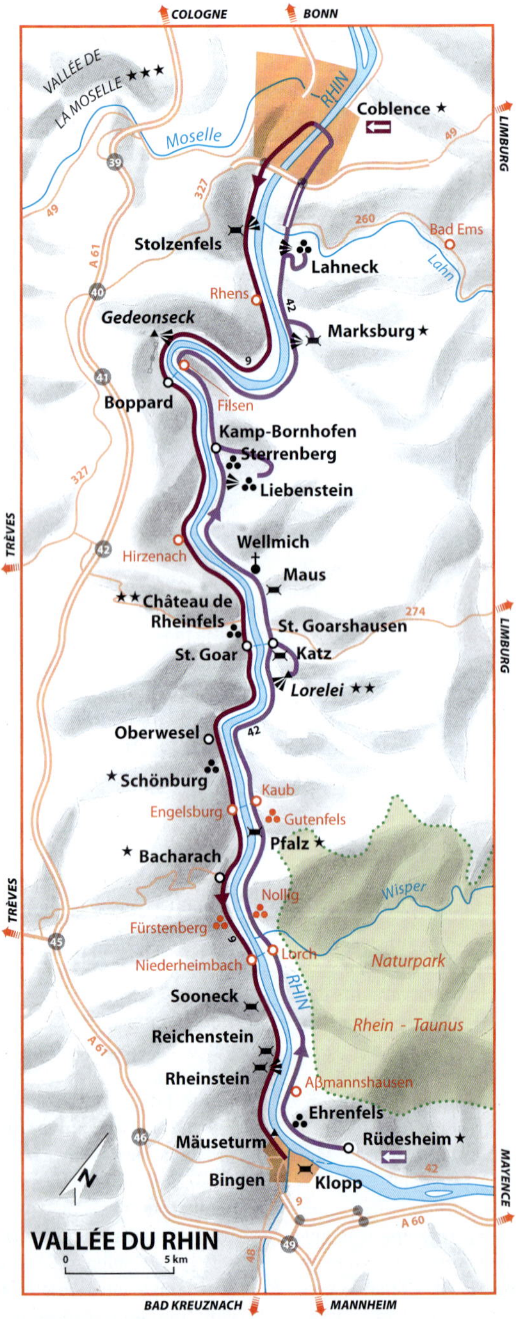
COLOGNE
BONN
VALLÉE DE LA MOSELLE ★★★
RHIN
Moselle
Coblence ★
LIMBURG
49
39
327
260
Bad Ems
Lahn
Stolzenfels
Lahneck
A 61
40
Rhens
42
Gedeonseck
Marksburg ★
9
41
Boppard
Filsen
Kamp-Bornhofen
Sterrenberg
Liebenstein
327
TRÈVES
42
Hirzenach
Wellmich
Maus
★★ Château de Rheinfels
274
St. Goarshausen
LIMBURG
St. Goar
Katz
Lorelei ★★
Oberwesel
42
★ Schönburg
Kaub
Engelsburg
Gutenfels
Pfalz ★
★ Bacharach
Nollig
Wisper
TRÈVES
Fürstenberg
45
9
Lorch
Niederheimbach
Naturpark
RHIN
Sooneck
Rhein - Taunus
Reichenstein
A 61
Rheinstein
Aßmannshausen
Ehrenfels
46
Mäuseturm
Rüdesheim ★
MAYENCE
Bingen
Klopp
42
N
9
A 60
VALLÉE DU RHIN
0
5 km
49
48
BAD KREUZNACH
MANNHEIM

Boppard

Marktplatz - ✆ 067 42 38 88 - www.boppard-tourismus.de.
Issue d'un château fort romain, Boppard était au Moyen Âge une ville impériale libre. Remarquez l'église St-Séverin, de style roman tardif, ainsi que l'**église gothique des carmélites** avec sa très belle décoration : stalles (vers 1460) et monuments funéraires de style Renaissance. Le musée aménagé dans le **château fort** de la cour de Trèves (14e s.) abrite, entre autres, du mobilier dessiné par l'industriel Michael Thonet, qui vit le jour à Boppard. Belle promenade le long du Rhin. Les deux ruines des Frères ennemis, sur la rive d'en face *(voir p. 353)* marquent le début de la section héroïque.

Sankt Goar

La ville, blottie au pied d'un château fort, commande, avec St. Goarshausen, le passage de la Lorelei.
★★ **Château de Rheinfels** – *✆ 067 41 77 53 - www.st-goar.de - de mi-mars à fin oct. : 9h-18h ; de fin oct. à mi-nov. : 9h-17h - dernière entrée 1h av. fermeture - fermé de mi-nov. à mi-mars - 6 €.* Il a résisté aux assauts de Louis XIV et fut, jusqu'à son démantèlement par les Français en 1797, la plus puissante forteresse de la vallée. Montez à la tour de l'Horloge pour découvrir l'ensemble des bâtiments et la vallée du Rhin avec, sur l'autre rive, les **châteaux du Chat (Burg Katz)** et **de la Souris (Burg Maus)**.
On voit le rocher de la Lorelei *(voir p. 352)* qui rétrécit le passage, agitant le courant de profonds remous. Remarquez les grandes signalisations lumineuses qui assistent les bateaux dans la difficile manœuvre pour passer cet engorgement. Les rives restent très abruptes et boisées jusqu'à Oberwesel.

Oberwesel

Seize tours issues des fortifications de cette petite ville viticole idyllique ont été préservées ; une partie de l'enceinte médiévale est encore accessible et offre une belle vue sur le Rhin. L'**église gothique Notre-Dame★ (Liebfrauenkirche)**, au sud de la ville, abrite un beau retable au maître-autel, un des plus anciens d'Allemagne (première moitié du 14e s.), et, dans le bas-côté gauche, un curieux triptyque (1510) représentant les quinze cataclysmes de la fin du monde.
De la terrasse du château de **Schönburg★**, bloc de trois forteresses protégées par un impressionnant mur de défense, s'offre une vue englobant Kaub et l'île fortifiée de Pfalz.
Au milieu du fleuve apparaît l'étonnante nef de pierre de la Pfalz *(voir p. 352)* dominée par le château de Gutenfels.

★ Bacharach

Oberstr. 10 - ✆ 067 43 91 93 03 - www.rhein-nahe-touristik.de.
Jadis propriété des comtes palatins, Bacharach, entourée de vignes et de vieilles tours témoignant des fortifications du Moyen Âge, reste une étape fréquentée sur la vallée du Rhin. De jolies maisons à pans de bois, souvent fleuries, égayent l'Obserstraße et la Marktplatz. L'**église St-Pierre (Peterskirche)** possède une nef romane, une des dernières construites en Allemagne, dont l'élévation à quatre étages (grandes arcades, galerie, triforium, fenêtres hautes) reflète déjà l'art gothique français. Tout près se dressent les ruines de la chapelle St-Werner et un peu plus loin, le charmant **quartier des peintres (Malerwinkel)** d'où démarre l'escalier de pierre qui mène au château Stahleck. Dans ses murs est installée une sympathique auberge de jeunesse *(voir « Nos adresses »)*.

Burg Sooneck

À Niederheimbach - ✆ 06743 60 64 - burg-sooneck.com - avr.-oct. : 10h-18h ; nov.-mars : 10h-17h - fermé déc.-janv. - 5,50 € (enf. 4 €) - livret de visite en français.

La **forteresse**, très restaurée, avec son dédale d'escaliers, de plates-formes et de jardins fleuris en terrasses, est suspendue sur une pente escarpée, à l'extrémité de la forêt de Soon. Le roi Frédéric-Guillaume IV de Prusse se consacra à l'aménagement de ce château en ruine à partir de 1842. Les pièces d'habitation récemment rénovées sont richement meublées dans le style néogothique et Biedermeier. Mine à ciel ouvert à proximité.

Burg Reichenstein

✆ 06721 61 17 - www.burg-reichenstein.com - 10h-18h - 9,50 € (enf. 4 €).

Ce **château** néoféodal (10e s.) est particulièrement bien situé, au débouché d'un vallon bucolique. Après avoir servi de péage d'Empire, il fut transformé en résidence d'été au 19e s. Aujourd'hui, le site accueille un hôtel, un restaurant et un musée avec armes et armures, une trentaine de poêles à bois et l'une des plus grandes collections de bois de cerfs d'Allemagne.

Burg Rheinstein

✆ 06721 63 48 - www.burg-rheinstein.de - de mi-mars à déb. nov. : 10h-18h ; de déb. nov. à mi-nov. : w.-end 11h-16h30 ; de mi-nov. à mi-déc. : w.-end 12h-19h - fermé de mi-déc. à déb. mars - 7 € (enf. 3,50 €). Restaurant gastronomique.

Le **château** est perché sur un à-pic dominant le Rhin ; de la tour de guet la plus avancée, on a une **vue★★** plongeante sur le fleuve. Rheinstein fut le premier château du Rhin reconstruit par les Hohenzollern (à partir de 1823). Magnifiques fenêtres à vitraux médiévales, fresques peintes, mobilier du 17e au 19e s., collection d'armes et d'armures et jardins romantiques en terrasse.

Depuis la **tour des Souris** *(voir encadré ci-dessous)*, sur son îlot, la vallée s'épanouit et se couvre, sur la rive droite, de vignobles en terrasses.

Bingen

Fondé par les Romains au confluent du Rhin et de la Nahe *(Bingium)*, ce petit port fluvial dessert aujourd'hui un arrière-pays viticole et touristique. Le **Burg Klopp**, ancienne forteresse des évêques de Mayence, fut détruit à plusieurs reprises, en particulier par les troupes de Louis XIV en 1689. De la terrasse, une large **vue★** s'ouvre sur le Binger Loch, entre le Hunsrück et les coteaux du Rheingau en amont du monument du Niederwald.

C'est ici que naquit **Hildegarde de Bingen** (1098-1179), religieuse bénédictine célèbre pour les grâces qu'elle reçut dès l'âge de 3 ans. Femme de lettres, compositrice et médecin réputée, elle fut promue en 2012 par Benoît XVI « docteur de l'Église », la plus haute distinction décernée par le Vatican.

La tour des Souris (Mäuseturm)

Selon la légende, l'archevêque de Mayence, Hatto, aurait fait construire cette tour pour faire payer un droit de péage aux bateliers. Or, la famine venant à sévir dans la région, les paysans affluèrent à Mayence pour exiger du blé. Hatto les envoya dans la grange où le blé était entreposé. Il ferma les portes derrière eux et mit le feu au bâtiment. Il ne resta bientôt plus rien. Seules quelques souris ressortirent, qui filèrent vers le palais de l'archevêque et y mangèrent tout ce qui s'y trouvait. Hatto se réfugia dans la tour du Rhin. Mais les souris montèrent avec lui dans le bateau et, une fois à terre, achevèrent de le dévorer.

Le Burg Stahleck, au-dessus de Bacharach en bord de Rhin.
irakite/Getty Images Plus

★★★ La Lorelei

Circuit de 75 km tracé en violet sur la carte. Départ de Rüdesheim.
Cette rive, la plus sauvage et la plus escarpée, offre de très belles vues sur les bourgs de la rive opposée.

★ Rüdesheim am Rhein

Rheinstr. 29a - 067 22 906 150 - www.ruedesheim.de.
Entre Rhin et montagne, Rüdesheim jouit d'une situation privilégiée. La douceur du climat, l'ensoleillement et la nature du sol conviennent merveilleusement au cépage riesling, dont Rüdesheim est la capitale. Le Rhin a permis le développement du commerce et le *Rheingau* est devenu la terre du riesling. Ses vignerons ont installé à Rüdesheim caves et œnothèques dans lesquelles on peut découvrir 160 vins différents. De mai à septembre, il règne une animation incomparable dans la célèbre **Drosselgasse**, ruelle du centre-ville bordée de bars à vins. 4
★★ Siegfrieds Mechanisches Musikkabinett (musée des Instruments de musique mécaniques) – *Oberstr. 29 - 067 22 49 217 - www.smmk.de - visite guidée, uniquement sur réserv. mars-déc. : 11h-17h - 9 € (enf. 4,50 €).* Il s'agit d'une des plus importantes collections d'instruments de musique mécaniques du 18e au 20e s. ; que le mécanisme soit manuel, à ressorts ou électromécanique, ces automates, qui vont de la simple boîte à musique au piano-orchestre-concert faisant jouer jusqu'à 15 instruments, ont été patiemment restaurés et rejouent aujourd'hui inlassablement les airs d'antan.
Niederwalddenkmal (monument du Niederwald) – *Accès par la route (2 km) ou par la télécabine 20mn - www.seilbahn-assmannshausen.de - départ sur l'Oberstr. - 9 € AR, 6 € aller simple (enf. 4,50 et 3 €).* Le monument du Niederwald fut érigé entre 1877 et 1883 pour commémorer le rétablissement de l'Empire allemand en 1871. La statue de la *Germania* pèse à elle seule 32 tonnes. À ses pieds, un bas-relief en bronze réunit, autour de l'empereur Guillaume Ier, le chancelier

Bismarck, les princes allemands et les corps d'armée. De l'esplanade, la **vue** porte sur le vignoble, Bingen et le confluent de la Nahe, et, dans le lointain, les hauteurs du Palatinat.

Du monument, un chemin mène au **Jagdschloss Niederwald**, ancien château de chasse, transformé en hôtel-restaurant. De là, un télésiège descend jusqu'à Aßmannshausen, d'où il est possible de retourner à Rüdesheim en bateau.

Après Rüdesheim, la route passe au pied des vignes en terrasses dominées par la ruine du château d'**Ehrenfels**, construit par les archevêques de Mayence en même temps que la **tour des Souris** *(voir ci-dessous)*, sur la rive d'en face, pour contrôler les péages sur le fleuve, mais aussi pour se défendre des ennemis venus du nord.

Après Aßmannshausen se succèdent, sur la rive opposée, les silhouettes des châteaux forts avec leurs tours crénelées de Rheinstein, Reichenstein et Sooneck. À hauteur de Lorch, la tour de Fürstenberg marque le début d'un passage plus épanoui, qui annonce Bacharach, avec ses vignes et ses tours. Puis apparaît, au milieu du Rhin, le château de Pfalz.

★ Pfalz

Face à Kaub - ✆ 0172 262 28 00 - www.burgen-rlp.de - de mi-mars à fin oct. : tlj sf lun. 10h-18h ; de nov. à mi-mars : w.-end et j. fériés 10h-17h - dernière entrée 1h av. fermeture - fermé déc.-janv. - 7 € avec le ferry (enf. 4 €) - les horaires du ferry correspondent à ceux du château.

Ce château de péage, également appelé **Pfalzgrafenstein**, s'élève au milieu du Rhin et dresse son donjon entouré d'une enceinte à tourelles évoquant la forme d'un navire. Sa position et l'épaisseur de ses murs le maintinrent toujours hors de l'atteinte des assaillants. À l'intérieur, un petit musée reflète les conditions de vie spartiates du 14e s.

Avant de parvenir à un coude à angle droit, on passe devant le **site d'Oberwesel** *(voir p. 349)*, dont les tours se succèdent au pied du château de Schönburg. Même l'église a une tour crénelée en guise de clocher. On atteint enfin le passage le plus farouche de la vallée.

Sankt Goarshausen

La ville, qui s'étire au bord du fleuve (agréable promenade), est dominée par le château fort du **Katz** (chat – *propriété privée, pas de visite)*. Il aurait été construit pour neutraliser celui de **Maus** (souris), élevé un peu plus en aval *(visite sur réserv. auprès de l'office de tourisme : ✆ 067 71 91 011 - se rens.)*.

★★ Lorelei

En quittant St. Goarshausen, suivre « Loreley-Burgen Straße ». En haute saison, service de navettes entre l'embarcadère de St. Goarshausen et le plateau de la Lorelei.

Ce rocher légendaire, haut de 132 m, est devenu le symbole du Rhin romantique et tient une place de choix dans la littérature allemande. Son avancée réduit d'un quart la largeur du fleuve. Selon la légende, la Lorelei était une ondine blonde (génie des Eaux dans la mythologie nordique) qui captait l'attention des bateliers par ses attraits et ses chants mélodieux, à l'endroit le plus dangereux du fleuve. Heine a fait de cette légende un célèbre poème, *Je ne sais d'où vient ma tristesse...*, que Silcher a mis en musique.

Du haut du rocher, on a des **vues★★** sur la « trouée héroïque » du Rhin romantique.

Loreley-Besucherzentrum (centre Lorelei) – *Sur le plateau - ✆ 06771 599093 - www.loreley-besucherzentrum.de - 10h-17h - fermé en hiver.* Des installations interactives (en allemand) sont consacrées à la légende de la Lorelei, ainsi qu'à la géologie, la flore et la faune de la région. Film en 3D du survol de la région.

Wellmich

Dans l'église, des vestiges de peintures murales du 15e s. ont été restaurés. On reconnaît notamment, dans la nef, la Crucifixion et le Jugement dernier, ainsi que le martyre des apôtres.

Les « Frères ennemis »

À Kamp-Bornhofen, tournez à droite vers Dahlheim, puis à nouveau à droite au panneau « Zu den Burgen ».

C'est ainsi que l'on désigne les deux châteaux qui dominent **Kamp-Bornhofen**. Des ruines de **Liebenstein**, on a un beau **panorama★★** sur le château de **Sterrenberg** et la vallée. Le paysage s'adoucit au niveau de Boppard, dont le méandre est couvert de vignes. Puis apparaît, sur son promontoire, le château de Marksburg que l'on atteint en prenant à Braubach la route de Nastätten.

★ Marksburg

✆ 0262 72 06 - www.marksburg.de - de mi-mars à fin oct. : 10h-17h ; de déb.nov. à mi-mars : 11h-16h - visite guidée uniquement (50mn) : se rens. pour les horaires de départ selon la langue - 11 € (6-17 ans 8 €).

Le **château**, le seul de la vallée qui n'ait jamais été détruit, a été rénové. Il occupe un **site★★** aérien au-dessus du fleuve. On remarque surtout la grande batterie, le jardin médiéval (170 espèces) et la salle des Armures (de 600 av. J.-C. au 15e s.). La visite guidée permet de découvrir la vie dans un château moyenâgeux.

Lahneck

3 km au départ de Lahnstein. ✆ 02 621 2765 - www.burg-lahneck.de - avr.-oct. : tlj sf lun. visite guidée (40mn) à 11h, 12h, 13h et 14h - 10 € (-14 ans 5 €).

Les ruines d'un **château** construit au 13e s. pour protéger les mines d'argent voisines ont été relevées au 19e s. dans le style néogothique. Du donjon, **vue** sur le confluent de la Lahn et le château troubadour de Stolzenfels, sur l'autre rive.

Nos adresses

Se restaurer

À Boppard

Budget moyen

Le Bristol – *Rheinallee 41 - ✆ 06742 1020 - www.bellevue-boppard.de - menus 28/32 €.* Ce joli restaurant au décor 19e s. propose des plats internationaux, traditionnels et de saison. En été, Le Jardin ouvre sa terrasse surplombant le Rhin et sert des assiettes légères.

Tannenheim – *Buchholz 3 - ✆ 06742 2281 - www.hotel-tannenheim.de - fermé lun.-mar. et à midi - menus 22,50/27,50 €.* Ce charmant restaurant est dirigé depuis quatre générations par la famille Fuchs. Il dispose aussi de quelques chambres et d'un joli jardin. La petite salle de chasse est confortable. On vous y servira des plats variés et de saison.

À Bacharach

Budget moyen

Altkölnischer Hof – *Blücherstr. 2 - ✆ 06743 947780 - www.altkoelnischer-hof.de - P - avr.-oct. - plats env. 20 € - 20 ch. 99/130 €* ☕. Cet hôtel-restaurant, situé sur la belle place de l'église, est installé dans une ancienne maison à colombages restaurée.

Les repas sont servis dans la salle de restaurant lambrissée ou dans le bar à vin de style Renaissance. Spécialités rhénanes. Coquettes chambres.

À Kaub

Pour se faire plaisir

Zum Turm – *Zollstr. 50 - ✆ 06774 92200 - www.rhein-hotel-turm.de - avr.-déc. : soir, dim. et j. fériés midi ; reste de l'année : vend.-dim. midi - fermé nov. - plats 21/36 € - menus 42/52 €.* Cette maison fondée il y a plus de 300 ans, située près de la vieille tour et abrite depuis plus d'un siècle un petit restaurant familial. Plats préparés avec soin.

FETZ – l'hôtel Loreley – *Oberstr. 19 - Dörscheid - à 4 km au nord de Kaub - ✆ 06774 267 - fetz-hotel.de - menus 39/54 € - 34 ch. 140/224 €.* Cuisine régionale savoureuse, accompagnée de la production viticole primée de la maison, à déguster sur la belle terrasse panoramique. L'établissement, agrandi et modernisé, abrite des chambres chaleureuses et paisibles.

Prendre un verre

À Bacharach

Kurpfälzische Münzer – *Oberstr. 72-74 - ✆ 06743 9090731 - www.muenze-bacharach.de - fermé lun.* De 1356 à 1506, on frappait les pièces d'or dans cette taverne restée dans son jus avec ses boiseries sombres. Si vous avez la chance de tomber sur le patron, il vous racontera tout ça. Excellent jus de pommes produit localement et, bien sûr, une belle carte de vins.

Activités

Croisières sur le Rhin

Deux petites agences locales proposent des croisières :

Croisières Bingen-Rüdesheimer – *Rheinkai 10 - Bingen am Rhein - ✆ 06721 308080 - www.bingen-ruedesheimer.de.*

Rössler Linie – *Lorcher Str. 34 - Rüdesheim - ✆ 06722 2353 - www.roesslerlinie.de.*

Excursions

Die Romantiktour - *✆ 06722 2402 - www.seilbahn-ruedesheim.de - mai : 9h30-18h ; juin et sept. : lun.-vend. 9h30-18h, w.-end 9h30-19h ; juil.-août : 9h30-19h ; oct. : lun.-vend. 9h30-17h, w.-end 9h30-18h ; ouv. pour la Foire de Noël, se rens. ; fermé reste de l'année - 20 € - prévoir un départ av. 12h30.* Depuis Rüdesheim, il combine télécabine jusqu'au Niederwalddenkmal, télésiège pour descendre à Aßmannshausen et retour en bateau après la visite du château Rheinstein, de l'autre côté du Rhin.

Œnotourisme

Georg Breuer Vinothek – *Grabenstr. 8 - Rüdesheim am Rhein - ✆ 06722 1027 - www.georg-breuer.com - se rens. pour les horaires.* La famille Breuer possède 34 ha de vignobles plantés en riesling. On peut découvrir ses vins de grande qualité, dont le Terra Montosa, dans leur vinothèque.

Location de vélos

Radkranz – *Oberstr. 42-44 - Rüdesheim am Rhein - ✆ 06722 48336 - www.gruenerkranz.com.* Carte des pistes cyclables en vente.

Hébergement

☺ Vous trouverez un grand nombre d'hôtels tout au long de la vallée, mais les voies ferrées de chaque côté du Rhin sont bruyantes et les trains se succèdent jusqu'à tard dans la nuit. En haute saison (août-sept.), mieux vaut réserver à l'avance.

À Bacharach

Premier prix

Jugendherberge Burg Stahleck – *✆ 06743 1266 - www.diejugendherbergen.de/jugendherbergen/bacharach - 178 lits 25/40 € ☕, ch. double 60 € ☕ - bistrot, snack, café-bar, salle de jeux pour enf.* Pas besoin d'un gros budget pour profiter de la vie de château ! Logée dans un édifice du 12e s. avec une vue époustouflante sur le Rhin, cette auberge de jeunesse a été complètement rénovée.

Budget moyen

Bacharacher Hof – *Marktstr. 8 - ✆ 06743 1422 - www.bacharacher-hof.de - 🅿 🏊 - de déb. mars à mi-nov. - 10 ch. à partir de 105 € ☕ - 🍴.* Chambres confortables, dont certaines offrent une vue splendide sur le Rhin. Dans la salle des Comtes palatins (Pfalzgrafen), on vous servira des spécialités régionales. Seul bémol, le bruit de la voie de chemin de fer, toute proche.

À Boppard

Premier prix

Hotel Zur Krone – *Rheinallee 36 - ✆ 06742 2220 - www.rhein-hotel-krone.de - 32 ch. 78/98 € ☕.* Dans une maison traditionnelle à colombages, sur la promenade le long du Rhin, des chambres agréables et lumineuses d'un bon rapport qualité-prix.

Budget moyen

Hotel Bellevue – *Rheinallee 41 - ✆ 06742 1020 - www.bellevue-boppard.de - 🅿 🏊 ♿ - 92 ch. 159/205 € - ☕ 12,50 €.* Cet hôtel ouvert en 1897 propose des chambres élégantes dans un cadre historique sur les bords du Rhin. Réductions hors saison.

À Rüdesheim am Rhein

Budget moyen

Hotel Trapp – *Kirchstr. 7 - ✆ 06722 91140 - www.hotel-trapp.de - 🅿 - de mi-mars à mi-déc. - 38 ch. 102/132 € ☕.* Au cœur de cette petite ville romantique, cet établissement familial bien tenu propose des chambres de caractère.

Pour se faire plaisir

Breuer's Rüdesheimer Schloss – *Steingasse 10 - ✆ 06722 90500 - www.ruedesheimer-schloss.com - 🅿 ♿ - fermé de fin déc. à mi-fév. - 25 ch. et 1 suite 129/179 € ☕ - 🍴 1/2 pension possible.* Cet ancien bâtiment (18e s.) avec sa jolie cour intérieure et son vignoble, se situe en bordure du Rhin et en plein centre-ville.

À St. Goar

Budget moyen

Hotel Zum Goldenen Löwen – *Heerstr. 82 - ✆ 06741 1674 - hotelzumgoldenenloewen.com - 🅿 - 12 ch. 90/110 € ☕ - 🍴 plats 15/25 €.* À la recherche d'une adresse pratique pour passer la nuit ? Ce petit hôtel propose des chambres soignées.

Weinhotel Landsknecht – *Aussiedlung-Landsknecht 4-6 - ✆ 06741 2011 - www.hotel-landsknecht.de - 🅿 - fermé de mi-déc. à fin fév. - 22 ch. 104/174 € ☕ - 🍴.* Chambres à l'équipement standard mais confortable. Joli jardin et restaurant au cadre rustique. Depuis sa terrasse, vue sur le Rhin.

Une folie

Romantik Hotel Schloss Rheinfels – *Schloßberg 47 - ✆ 06741 8020 - www.schloss-rheinfels.de - 🅿 🏊 - 64 ch. 180/345 € ☕ - 🍴.* Très bien situé, dans la vallée de la Lorelei, devant l'impressionnant château, l'hôtel et la villa Rheinfels disposent de chambres confortables au mobilier classique. Belle vue depuis le restaurant. Spa.

Mayence ★

Mainz

« Mayence, il faut la vivre ! » Cette devise se vérifie particulièrement à l'occasion du défilé du Lundi gras, qui attire chaque année des centaines de milliers de visiteurs. Le reste du temps, on y vient pour son admirable cathédrale, pour le magnifique musée consacré à Gutenberg, l'enfant du pays... et pour déguster les vins de la région : Mayence, première ville d'Outre-Rhin pour le commerce du vin, est en effet célèbre dans tout le pays pour ses vignobles avoisinants.

Se repérer

CARTE P. 304-305 (C2), PLANS P. 359 ET 360
217 556 hab. – Rhénanie-Palatinat. À 21 km de Wiesbaden et à 48 km de Francfort. La ville a mis au point un système de signalisation très simple : les rues inscrites en rouge et blanc mènent au Rhin, tandis que les rues en bleu et blanc lui sont parallèles.

Organiser son temps

Comptez une journée. Venez en fin d'année : le marché de Noël vaut vraiment le détour.

Carnet pratique p. 361

Nos adresses p. 361

Se promener

PLAN II P. 359 ET PLAN I P. 360

La vieille ville PLAN II

Itinéraire tracé sur le plan p. 359. Partir de la Liebfrauenplatz.

★★ **Gutenberg-Museum** (MUSÉE GUTENBERG) D1-2

Liebfrauenplatz 5 - ✆ 06131 12 26 40 - www.gutenberg-museum.de - ♿ - mar.-sam. 9h-17h, dim. 11h-17h - 5 € (8-18 ans 2 €) - atelier pour faire des impressions à l'ancienne. (séance 30mn) sam. 10h-16h, dim. 12h-16h.

La visite rend sensible la prédilection qu'ont eue à travers les siècles les hommes de goût et d'esprit pour l'art du livre, le soin qu'ils ont pris à conserver et à transmettre ce patrimoine comme l'un des plus précieux trésors de la civilisation et les efforts développés pour vulgariser l'imprimé.

La reconstitution d'un atelier d'imprimerie du 15e s. donne un aperçu de l'évolution des conditions de travail et des techniques de l'imprimerie. Dans une chambre forte, on peut admirer les deux premières **bibles de Gutenberg**★★★ (42 lignes,

La révolution de Gutenberg

Gutenberg est la gloire de Mayence. Né dans la ville vers 1395, il travailla longuement, à Strasbourg, à un procédé d'impression révolutionnaire : l'impression à caractères mobiles. Permettant d'imprimer des livres en grand nombre et à moindre coût, cette technique ne tarda pas à remplacer l'impression à partir de plaques de cuivre. Elle ne devait pourtant pas apporter la fortune à son inventeur qui, incapable de rembourser son banquier, mourut dans la misère en 1468.

La cathédrale de Mayence.
jocrebbin/Getty Images Plus

4 colonnes et sans numérotation de pages) : réalisées à Mayence entre 1452 et 1455, elles font partie d'une première édition tirée à 180 exemplaires, dont il ne reste plus que 49 ouvrages aujourd'hui dans le monde. Autres pièces à ne pas manquer : incunables (ouvrages imprimés avant 1500) et livres du 16e au 19e s., anciennes presses, techniques modernes d'imprimerie et section « papier ». Dans la section consacrée à l'Extrême-Orient sont exposées des gravures sur bois en couleurs et des imprimés japonais, chinois et coréens.

★★ Dom St. Martin (CATHÉDRALE ST-MARTIN) D2

Plan de la cathédrale p. 358. bistummainz.de/dom-mainz - fermé dim. matin.
C'est en faisant le tour de la cathédrale que l'on apprécie pleinement la richesse de celle-ci. Après avoir observé la façade depuis la Liebfrauenplatz, prenez la Domstraße jusqu'à la place Leichhof : on découvre alors l'**ensemble★★** que constituent le chœur ouest et le transept, dont les faîtages compliqués sont dominés par la puissante tour-lanterne de la croisée. Celle-ci montre, sur une souche romane témoignant d'influences lombardes, un couronnement du 18e s. où se mêlent éléments gothiques et baroques.

Entrez dans la cathédrale par le portail ouvrant sur le Markt (Marktportal). Au passage, remarquez la jolie fontaine Renaissance.

Les vastes dimensions de la cathédrale romane (reconstruite) sont liées à son plan à deux chœurs : l'un à l'ouest, précédé d'un grand transept dont la croisée est éclairée par une belle coupole rhénane ; l'autre, à l'est, d'architecture plus simple. L'église abrite un ensemble de **monuments funéraires★** d'archevêques, fixés aux robustes piliers romans.

En partant de la porte d'entrée, pénétrez dans le bas-côté à votre gauche.

Dans la deuxième chapelle *(***1***)*, vous découvrirez une Mise au tombeau de la fin du 15e s. et, au pilier *(***2***)*, un monument funéraire gothique.

Descendez dans la crypte est pour voir un **reliquaire d'or** moderne *(***3***)* des saints du diocèse de Mayence.

4

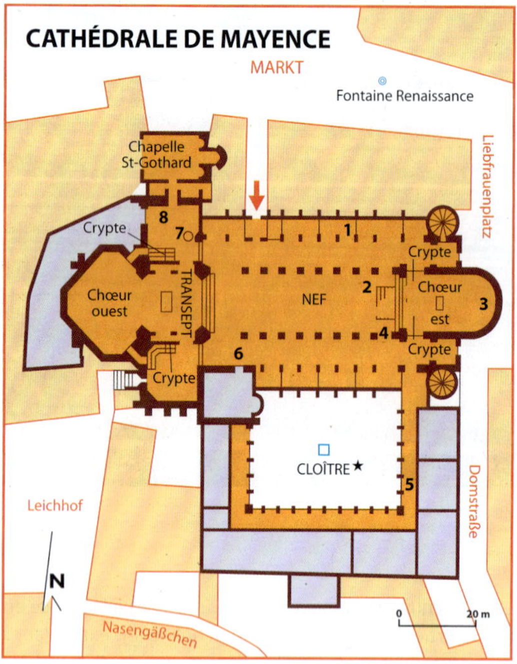

Au pilier *(***4***)*, vous verrez un monument funéraire gothique polychrome entouré de jolies statuettes de saint Benoît, saint Maurice et sainte Claire. Par la porte du bas-côté sud, on gagne le **cloître★**. Il abrite le bas-relief *(***5***)* du maître chanteur Heinrich von Meißen, dit *Frauenlob*, qui, ayant chanté la louange des femmes avec exaltation, fut porté en terre en 1323 par les bourgeoises de Mayence.

Le portail *(***6***)* de l'ancienne salle du Chapitre (15e s.), d'un élégant style rhénan, présente de belles statues. Pénétrez dans le transept et gagnez-en, à l'opposé, le bras droit en passant sous le chœur ouest. Remarquez la cuve baptismale *(***7***)* de 1328 en étain, ornée de délicates figures. Un portail roman *(***8***)* donne accès à la chapelle romane St-Gothard à double étage.

De la Liebfrauenplatz, prenez la Domstraße, puis la Grebenstraße à droite.

Au bout de la Grebenstraße, sur la place du **Kirschgarten★** (CD2), vous tombez sur les façades de maisons à colombages, dont la plus ancienne date de 1450 : cette partie de la vieille ville est en effet la seule à avoir été préservée des bombardements. Le quartier, autour de l'Augustinerstraße, regorge de ruelles aux maisons anciennes abritant parfois des artisans. La **Kapuzinerstraße** et ses quelques maisons à portail de grès et vantaux rococo conduisent à l'église St-Ignace.

St. Ignazkirche (ÉGLISE ST-IGNACE) D2

Conçue par l'architecte J. P. Jäger, l'église St-Ignace, érigée entre 1763 et 1775, illustre la transition entre le rococo et le néoclassique. À l'extérieur, sur la gauche, se dresse un groupe de la **Crucifixion★**, très expressif, conçu par Hans Backoffen (1519) pour orner son propre tombeau.

Reprenez la Kapuzinerstraße en sens inverse, traversez l'Hopfengarten et prenez en face la Weißliliengasse. Tournez à gauche dans la Willigisstraße, qui monte jusqu'à l'église St-Étienne.

SE RESTAURER		SE LOGER
Weinhaus Schreiner........ 1	Fisch Jackob 2	The Apparment Suite 1

St. Stephanskirche (ÉGLISE ST-ÉTIENNE) C2

L'église gothique St-Étienne, construite à la fin du 13e s. et sévèrement endommagée en 1945, a été presque entièrement reconstruite. Passé la porte, on pénètre dans une atmosphère bleutée. Le chœur dispose en effet d'un remarquable ensemble de **vitraux★★**. **Marc Chagall** a signé ici sa dernière œuvre, en réalisant neuf de ces vitraux (six dans le chœur et trois dans le transept) : avec une grande simplicité, il a mis en scène des thèmes empruntés aussi bien à l'Ancien qu'au Nouveau Testament.

Au mur sud est accolé un **cloître★** dont l'architecture, en particulier des voûtes, exprime toute la virtuosité du gothique finissant.

Redescendez par la Maria-Ward-Straße, puis tournez à gauche dans la Ballplatz.

Remarquez le long de la Ballplatz puis de la Schillerplatz les différentes cours *(Höfe)*, hôtels particuliers avec cour construits pour les grands du royaume.

Schillerplatz et Schillerstraße C1-2

Leurs hôtels baroques, restaurés, abritent certains ministères du Land et l'Institut français. Au centre de la place, une fontaine figure des scènes de carnaval.

Au bout de la Schillerstraße, prenez à droite la Große Bleiche.

★ Landesmuseum Mainz (MUSÉE RÉGIONAL) C1

Große Bleiche 49-51 - ✆ 06131 28570 - www.landesmuseum-mainz.de - tlj sf lun. 10h-17h (20h mar.) - 6 € (enf. 3 €).

Le Musée régional propose une vue d'ensemble de la civilisation rhénane depuis la période préhistorique. La section lapidaire abrite plus de 300 pièces datant de l'époque romaine, notamment la colonne de Jupiter, dont une copie s'élève sur la Deutschhaus-Platz, devant l'ancienne commanderie des Chevaliers teutoniques, devenue le siège du Parlement régional de Rhénanie-Palatinat.

4

SE RESTAURER

Laurenz 3
Geberts Weinstuben 4
Bastion von Schönborn 5

Ne manquez pas la section consacrée aux époques médiévale et baroque, ainsi que les importantes collections de porcelaines de la manufacture de Höchst et de verres de style Art nouveau.

Leibniz-Forschungsinstitut für Archäologie (LEIZA) PLAN I B2

Neutorstr. 2 - ✆ 06131 91240 - www.rgzm.de - ouverture prévue fin 2023.

Auparavant installé dans l'ancien palais des électeurs (15e-17e s.), le **Römisch-Germanisches Zentralmuseum** rejoint le nouveau bâtiment conçu pour accueillir le centre d'archéologie. Les collections du RGZM ayant trait à la préhistoire et à la protohistoire de l'Europe, aux brillantes civilisations du Bassin méditerranéen et à l'archéologie romaine et médiévale bénéficient ainsi d'un espace d'exposition plus important et d'une muséographie repensée sur 14 500 m² d'installations.

À côté, le **Musée de la marine antique (Museum für Antike Schifffahrt)**, abrité dans un ancien entrepôt de locomotives du 19e s., a fait peau neuve.

Carnet pratique

S'informer

Office de tourisme – *Markt 17 (Domplatz) - Mainz - ✆ 06131 242888 - www.mainz-tourismus.com.*

Pass touristique

Mainzcardplus – *www.touristik-mainz.de/mainzcard - valable 48h - 11,95 € adulte, 25 € jusqu'à 5 pers.* Accès gratuit aux transports et dans les musées.

Arriver/partir

En train – Au départ de la gare de Mayence (PLAN I B1), trains réguliers avec Wiesbaden (12mn), Francfort (30mn), Darmstadt (30mn), Mannheim (37mn, correspondance avec la France) et Coblence (48mn).

Nos adresses

PLAN II P. 359 ET PLAN I P. 360

Restauration

Premier prix

2 Fisch Jackob – PLAN II D2 - *Fischtorstr. 5-7 - ✆ 06131 231716 - www.fischjackob.de - fermé dim.-lun. et j. feriés et le soir mar.-jeu. - plat du jour 13,50 €, plats 16,50/24,50 €.* Côté Imbiss (n°5), une authentique poissonnerie proposant quelques plats du jour à petits prix; côté restaurant (n°7), une agréable salle et une carte riche en poissons de choix.

Budget moyen

1 Weinhaus Schreiner – PLAN II D2 - *Rheinstr. 38 - ✆ 06131 225720 - www.weinhausschreiner.de - ouv. mar.-vend. soirs - plats 20/30 €.* Un bar à vins typique et animé, au cadre sobre et rustique. Plats régionaux suivant les saisons.

3 Laurenz – PLAN I A1 - *Gartenfeldstr. 9 - ✆ 06131 2168660 - www.laurenz-mainz.de - mar.-sam. à partir de 17h - plats 19/29 €.* Au cœur du quartier branché de la Neuestadt, cette adresse moderne et élégante se compose d'une première salle aux murs blancs, qui fait office de bar à vins, et une seconde aux murs noirs, qui abrite le restaurant. Cuisine raffinée et goûteuse. Grand choix de vins au verre de la région.

4 Geberts Weinstuben – PLAN I A1 - *Frauenlobstr. 94 - ✆ 06131 611619 - www.geberts-weinstuben.de - fermé lun.-mar. - plats 19,50/31 €.* Agréable restaurant à l'atmosphère de bar à vins. En plus d'une riche carte de crus, cette adresse propose des spécialités régionales.

5 Bastion von Schönborn – PLAN I B1 - *Rheinufer 12 - ✆ 06134 210 860 - www.bastion-von-schoenborn.de - plats 13,50/29,50 €.* Transformé en restaurant, cet ancien bastion en bordure de Rhin, avec vue sur la vieille ville, dispose d'une grande terrasse, d'un *Biergarten* et d'un bar de plage. Magique au soleil couchant. Service sympathique, ambiance festive et plats goûteux.

Hébergement

Pour se faire plaisir

1 The Apparment Suite – PLAN II C2 - *Osteiner Hof - Schillerplatz 1 - ✆ 06131 619 6828 - www.the-apartment.info - P - 29 appart. 150/300 €.* Dans un splendide édifice baroque, des appartements grand luxe à des prix pouvant s'avérer, selon la disponibilité, très abordables. Excellent accueil.

4

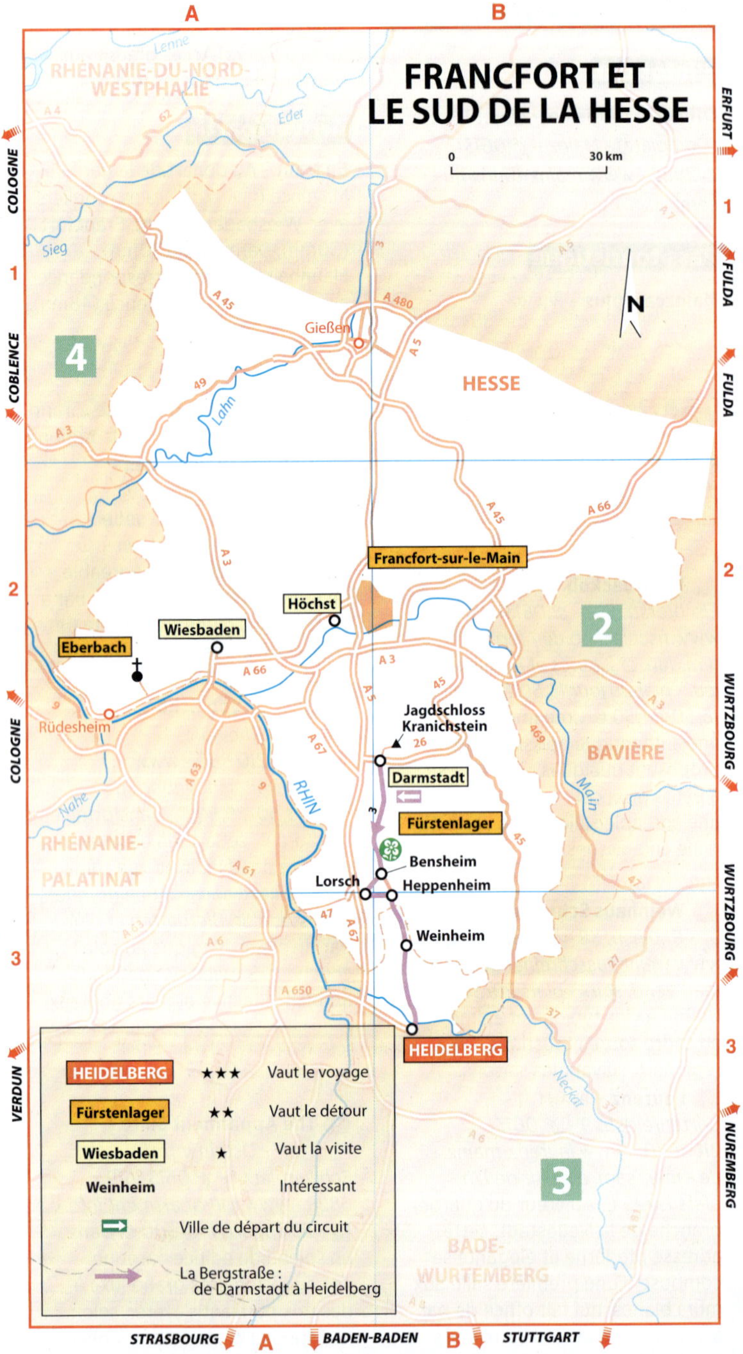

A
B
FRANCFORT ET LE SUD DE LA HESSE
0
30 km
N
RHÉNANIE-DU-NORD-WESTPHALIE
HESSE
BAVIÈRE
RHÉNANIE-PALATINAT
BADE-WURTEMBERG
Gießen
Francfort-sur-le-Main
Höchst
Wiesbaden
Eberbach
Rüdesheim
Jagdschloss Kranichstein
Darmstadt
Fürstenlager
Bensheim
Lorsch
Heppenheim
Weinheim
HEIDELBERG
Lahn
RHIN
Main
Neckar
Nahe
Sieg
Lenne
Eder
COLOGNE
COBLENCE
COLOGNE
VERDUN
ERFURT
FULDA
FULDA
WURTZBOURG
WURTZBOURG
NUREMBERG
STRASBOURG
BADEN-BADEN
STUTTGART
1
2
3
4
HEIDELBERG ★★★ Vaut le voyage
Fürstenlager ★★ Vaut le détour
Wiesbaden ★ Vaut la visite
Weinheim Intéressant
Ville de départ du circuit
La Bergstraße : de Darmstadt à Heidelberg

5

Francfort et le sud de la Hesse

CARTE MICHELIN RÉGIONAL 543 – HESSE

Francfort-sur-le-Main ★★

Frankfurt am Main

Destination souvent résumée à son rôle de ville d'affaires et de transit, la cité fondée par Charlemagne abrite pourtant bien des trésors qu'elle livre volontiers à qui prend le temps de l'explorer. Épargnée des flux touristiques, la ville qui a vu naître Goethe se révèle une destination culturelle de choix, avec de nombreux musées, dont le fameux Städel, son riche musée des beaux-arts. Reconstruite après les bombardements de 1944 qui ont rasé son centre historique, celle qui a privilégié la modernité des gratte-ciel n'oublie pas de cultiver la douceur de vivre, notamment sur les bords du Main. À l'arrivée des beaux jours, les berges verdoyantes et arborées voient fleurir guinguettes et Biergarten, des adresses éphémères dédiées au farniente.

Se repérer

CARTE P. 362 (AB2) ET PLAN P. 366

759 224 hab. – Hesse.

À 42 km au sud-ouest de Mayence.

À ne pas manquer

La Rive des Musées; la vue depuis Main Tower; le musée juif; un verre d'*Apfelwein* (« vin de pomme ») dans une taverne d'Alt-Sachsenhausen, sur la rive gauche du Main.

Organiser son temps

Reportez-vous au tableau ci-dessous.

En famille

Le Musée historique, le musée de la Communication, le musée allemand du Cinéma, Palmengarten.

Carnet pratique p. 375

Nos adresses p. 376

FRANCFORT EN 3 JOURS	
JOUR 1	Démarrez la journée sur le Römerberg, réplique du Francfort gothique détruit en 1944. À deux pas, la Domturm offre un panorama sur les gratte-ciel. Déjeunez autour du DomRömer et après un saut à Paulskirche, cap sur l'Historisches Museum Frankfurt, pour un point de vue éclairant sur la ville. En tram, rejoignez Ostend et la Banque Centrale Européenne et puis retour vers le centre, pour un dîner dans Main Tower.
JOUR 2	Expérimentez un brunch créatif à Sachsenhausen ou bobo sur Bergerstraße. Visite de l'incontournable Goethe Haus, dans le centre, qui accueille également le musée du Romantisme allemand. Ensuite une courte marche vous mène vers le Städel Museum ou tout autre musée à votre goût de Museumsufer. Rejoignez à pied Alt-Sachsenhausen pour flâner dans les ruelles, puis dîner dans une taverne à *Apfelwein*.
JOUR 3	Le matin, excursion shopping sur le Zeil, autour de Goethestraße ou dans Sachsenhausen, ou visite du Musée juif, sur ses deux sites. Déjeuner à Kleinmarkthalle. L'après-midi, arpentez le Francfort doré dans les rues de Westend, puis les allées de Palmengarten avec ses serres tropicales. Dîner à Ostend sur les bords du Main.

La place de l'Hôtel-de-Ville (Römerberg).
no_limit_pictures/Getty Images Plus

Se promener

PLAN P. 366

Fonctionnelle et verdoyante, bien desservie par un réseau dense de transports en commun, Francfort est une ville où il est aisé de se repérer. Le dessin des fortifications médiévales (rasées en 1805 et remplacées par une ceinture verte) enveloppe toujours l'**Altstadt**, autour du Römer. À deux pas, les bâtiments modernes de la **Zeil**, principale artère piétonne. De l'autre côté du Main, la **rive des musées** est proche d'**Alt-Sachsenhausen**, des ruelles médiévales réputées pour leurs tavernes à *Apfelwein*. Au nord, **Westend** et Nordend sont les quartiers chics d'époque Bismarck. À l'est, **Bergerstraße** est l'épine dorsale de l'ex-quartier alternatif devenu agréablement bobo.

★ Altstadt (VIEILLE VILLE) B2

Tout ici – ou presque – a été détruit par les bombardements de 1944 *(voir l'encadré p. 367)*, mais un noyau, symbolique, a été reconstruit à l'identique. Vous y êtes !

★ Paulskirche (ÉGLISE ST-PAUL)

Tous les manuels scolaires d'histoire allemande évoquent cette ancienne église luthérienne (18e s.), où, en 1848, a siégé la première assemblée élue par les petits états souverains de l'aire germanophone, autrement dit le premier embryon d'une démocratie allemande unifiée, comme le rappelle la petite exposition qui occupe le bâtiment circulaire. L'édifice fut l'un des premiers à être reconstruit après les bombardements de la Seconde Guerre mondiale.

★ Römer (HÔTEL DE VILLE)

Reconnaissable à ses trois pignons gothiques à redans, l'hôtel de ville, l'un des symboles de Francfort, loge depuis 1404 dans ce bloc de trois maisons bourgeoises du Moyen Âge. C'est un lieu important de l'histoire allemande, où les empereurs nouvellement élus tenaient banquet durant le Saint Empire romain germanique.

SE RESTAURER

- Kabuki 1
- Ebbelwoi Unser 2
- Kleinmarkthalle 3
- Estragon 5
- Salzkammer 8
- Fichtekränzi 9
- Heimat 15
- Wagner 22
- Medici 23
- Metropol Cafe am Dom 24

SE LOGER

- Hotel Miramar 13
- Steinberger Frankfurter Hof 24

Son nom de l'ensemble vient de la **maison Zum Römer**, la plus ancienne et la plus somptueuse, située au centre.

Kaisersaal (salle impériale) – ♿ - *10h-17h - fermé lors des réunions - gratuit.* Dans la petite cour intérieure ornée d'un beau portail Renaissance, 52 portraits d'empereurs – de Charlemagne à François II (1806) – illustrent les mille années d'histoire impériale. Peint au 19e s., mis à l'abri durant les bombardements, c'est l'ensemble originel qui est ici présenté.

★ Römerberg (PLACE DE L'HÔTEL-DE-VILLE)

L'hôtel de ville donne sur cette place où se sont tenues les premières foires de Francfort au Moyen Âge. Celles-ci étant désormais hébergées dans le quartier moderne de Messe, les touristes ont remplacé les marchands autour de la **fontaine de la Justice** (1543) au centre de la place. Dans l'angle sud-est, la façade en grès rouge de l'**Alte Nikolaikirche (ancienne église St-Nicolas** – 13e s.) est couronnée de quatre tourelles d'angle. L'ajout d'une galerie de style gothique (1476) donnait aux invités de marque une superbe vue sur la place et ses événements.

DomRömer-Quartier

Entre le Römerberg et le Dom, cette « nouvelle vieille ville » a été inaugurée en 2018. Construits à la place d'un disgracieux bâtiment municipal des années 1970, 20 bâtiments de facture moderne s'inspirent des façades anciennes tandis que 15 maisons à colombages et arcades entendent renouer avec le cachet médiéval qui caractérisait le quartier jusqu'en 1944. L'ensemble comprend boutiques, restaurants et appartements.

Haus zur Goldenen Waage (maison de la Balance dorée) – *Markt 5 - visite guidée uniquement (1h30) sam. à 14h et 16h. Inscription et départ dans le hall d'accueil du musée historique - 8 € (entrée musée) + 6 € pour le guide.* Cette maison à colombages, ouverte fin 2019, existait bel et bien à quelques mètres de son emplacement actuel, avant d'être détruite pendant la Seconde Guerre mondiale. C'était l'une des plus belles bâtisses de la ville, construite en 1618 pour Abraham van Hamel, un riche marchand d'épices (comme le signale la balance dorée accrochée à un angle) ayant fui les Pays-Bas espagnols. Propriétaire du bâtiment, le Musée historique a aménagé les deux étages supérieurs avec des meubles précieux, peintures et objets de la vie quotidienne des 17e et 18e s. Point culminant de la visite, le « pavillon de toit » offre une vue sur la cathédrale. Le rez-de-chaussée est occupé par un café de style viennois, décoré à l'ancienne.

★ Dom St. Bartholomäus (CATHÉDRALE ST-BARTHÉLEMY)

✆ 069 2970320 - www.dom-frankfurt.de - se rens. pour les horaires.

Mercredi 22 mars 1944, 21h...

Sur les 75 raids aériens alliés qui ont frappé Francfort entre 1939 et 1945, celui du 22 mars 1944 reste dans les mémoires comme le plus meurtrier, et le plus destructeur. Visant le centre ancien, 800 avions britanniques larguent une pluie de bombes incendiaires, tuant plus de mille habitants et provoquant un déluge de feu. À l'aube, les survivants découvrent une montagne de ruines, tout ce qu'il reste des 1500 maisons à colombages du centre historique. Seules rescapées, la tour de la cathédrale et une poignée de maisons épargnées par les flammes. Avec ses photographies d'époque, le site **altfrankfurt.com** donne une idée de la beauté du centre gothique d'avant-guerre.

La seconde ville de sacre

Construite au 8e s., à l'emplacement d'un ancien camp romain, Francfort devint un siècle plus tard résidence impériale et capitale de la Franconie. En 1152, Frédéric Barberousse se fit élire empereur germanique à Francfort, inaugurant ainsi une tradition que Charles IV allait consacrer par la **Bulle d'or** *(voir l'encadré p. 401)*. En 1562, la ville du Main remplaça Aix-la-Chapelle comme ville du couronnement des rois et des empereurs du Saint Empire romain germanique ; ce privilège lui resta acquis jusqu'à la dissolution du Saint Empire en 1806.

Celle que les Francfortois appellent « Dom » (cathédrale) n'en est pas vraiment une, au sens religieux du terme. Dédiée à saint Barthélemy, cette imposante église-halle gothique à trois nefs (13e-15e s.) a reçu ce titre honorifique au 18e s. en raison de son rôle historico-politique : c'est en effet ici qu'eurent lieu, dès 1356, l'élection des empereurs puis, à partir de 1562, leur couronnement. En attestent, à l'intérieur, la **Wahlkapelle**, chapelle de la 1re moitié du 15e s., où les sept princes-électeurs du Saint Empire romain germanique procédaient à leur choix final, et l'autel moderne (1993), à la croisée du transept, qui marque l'emplacement historique des couronnements. De part et d'autre du chœur, les retables, de style gothique tardif, sont remarquables.

★ **Dommuseum** – *Accès par l'entrée de la cathédrale - www.dommuseum-frankfurt.de (en all.) - merc.-vend. 10h-17h, w.-end 11h-17h - 2 € (enf. 1 €).* Installé dans les vestiges du cloître gothique, ce musée présente le trésor de la cathédrale, de précieuses pièces d'orfèvrerie et de somptueux vêtements du haut Moyen Âge, qui témoignent de la richesse de cette ville de sacre. Autre trésor, les bijoux et fragments d'objets retrouvés dans la **tombe mérovingienne** d'une riche jeune fille enterrée dans la cathédrale.

★★ **Domturm** – *☏ 069 78 08 92 55 - www.dommuseum-frankfurt.de/beitrag/domturm - été : tlj sf lun. 10h-18h (11h w.-end et j. fériés) ; reste de l'année se rens. - 3 € (enf. 2 €).* Ornée d'un couronnement polygonal à gâbles et surmontée d'un dôme à lanternon, cette tour ne fut terminée qu'en 1877. Les plus courageux grimperont les 328 marches qui conduisent au sommet, pour bénéficier d'un beau panorama sur la ville, la ceinture de remparts aujourd'hui transformée en espaces verts et la *skyline*.

Schirn Kunsthalle

Römerberg 6 - ☏ 069 299 88 20 - www.schirn.de (en anglais) - mar.-dim. 10h-19h (22h merc.-jeu.) - 10/12 € selon les expositions (-8 ans gratuit) - fermé hors exposition.

L'architecture postmoderne (1983) du bâtiment et son passage couvert forment un contraste saisissant avec la partie restaurée du vieux Francfort. Coiffée d'une imposante rotonde, cette vaste galerie d'exposition est réputée pour la qualité de ses expositions d'art moderne et contemporain.

★★ Historisches Museum Frankfurt (MUSÉE HISTORIQUE)

Saalhof 1 - ☏ 069 21 23 55 99 - www.historisches-museum-frankfurt.de - tlj sf lun. 11h-18h - 8 € (-18 ans gratuit).

Des brochures gratuites (en anglais) décrivant des visites thématiques à travers le musée sont à disposition. Choisissez la vôtre !

Retraçant l'histoire de Francfort, ce musée fondé en 1878 a été entièrement réhabilité et étendu (2017). Moderne et pédagogique, l'ensemble est vraiment plaisant.

Le parcours démarre au sous-sol du bâtiment historique, où cinq salles évoquent la **dynastie Hohenstaufen**, qui a régné sur le Saint Empire romain germanique entre 1138 à 1254. Parmi eux, Frédéric Barberousse, élu roi à Francfort en 1152. Elle se poursuit avec le **musée des Collectionneurs**, treize collections privées (17e-21e s.) exposées sur quatre étages. Mises en scène comme des cabinets de curiosités, elles rassemblent instruments scientifiques, ouvrages rares, œuvres d'art, faïences et monnaies.

Une galerie souterraine mène à l'extension contemporaine qui dresse un panorama en objets de l'histoire de Francfort. Parmi eux, ne manquez pas la pièce annoncée comme la plus précieuse des collections : le **globe de Johannes Schöner** (1515) où l'Amérique est mentionnée pour la première fois de l'histoire.

★ Innenstadt (CENTRE-VILLE) AB1-2

À partir du 14e s., le développement urbain a triplé la superficie de l'**Altstadt**. C'est aujourd'hui l'Innenstadt, autrement dit, le centre-ville, délimité à l'ouest par les hautes tours du **quartier des Banques (Bankenviertel)**, qui s'étend petit à petit vers Messe et Westend. Parmi les gratte-ciel les plus imposants : le siège de la **Commerz Bank** (259 m – A2), construit par Norman Foster et reconnaissable à sa forme triangulaire ; et la **MesseTurm** (256 m – HORS PLAN), en granit rouge, de l'architecte germano-américain Helmut Jahn.

★ Frankfurter Goethe-Haus A2

Großer Hirschgraben 23-25 - ✆ 069 138 80 0 - goethehaus-frankfurt.de - tlj sf lun. 10h-18h (21h jeu.) - fermé 1er janv., Vend. saint, 24-25 et 31 déc. - 10 € (enf. 2,50 €) incluant l'entrée au Musée du Romantisme allemand.

Inévitable pour qui s'intéresse à la culture allemande, la visite de la maison natale de **Johann Wolfgang von Goethe** (1749-1832), raconte à sa façon les débuts de cette figure incontournable des lettres : meubles d'époque, objets usuels, instruments de musique... Détruit pendant la guerre, l'ensemble a été reconstitué après 1945, au détail près (les collections avaient été mises à l'abri). Père conseiller impérial, grand-père bourgmestre de Francfort, Goethe est né dans une famille aisée, cultivée, qui a encouragé sa précoce passion littéraire. Dans sa chambre, au dernier étage, le jeune écrivain a rédigé *Les Souffrances du jeune Werther*, avant son départ pour Weimar en 1775 où il résidera jusqu'à la fin de sa vie.

★ Deutsches Romantik-Museum (MUSÉE DU ROMANTISME ALLEMAND) A2

Accès par la Maison Goethe - ✆ 069 13 88 00 - www.deutsches-romantik-museum.de - mêmes conditions de visite que la Maison Goethe (voir ci-dessus).

Il était naturel que le musée du Romantisme allemand, inauguré en septembre 2021, jouxte la maison de Goethe, le plus illustre représentant de ce mouvement littéraire... Le musée réunit des collections (peintures, manuscrits, lettres, objets du quotidien) liées à de grandes figures du romantisme allemand comme Novalis et Clemens Brentano. Pièce phare de l'exposition permanente : le manuscrit écrit au brouillon de *Wünschelrute (Baguette de sourcier)*, le célèbre poème de Joseph von Eichendorff. On peut également voir quelques tableaux emblématiques de l'école romantique allemande (Johann Heinrich Füssli, Caspar David Friedrich). L'ensemble, très didactique et interactif, permet de mieux saisir les différentes facettes de ce riche mouvement littéraire.

★ Main Tower A2

Neue Mainzer Str. 52-58 - ✆ 069 36 50 47 40 - www.maintower.de - été : dim.-jeu. 10h-19h, vend.-sam. 10h-23h ; hiver : dim.-jeu. 10h-19h, vend.-sam. 10h-21h - fermé

en cas de mauvaise météo - 9 € (6-18 ans 6 €), billet famille 20 € - restaurant et bar (53e étage).
Francfort, capitale bancaire et financière, n'en finit plus de construire des buildings. Inauguré en 1999, voici le seul ouvert au public, plus précisément sa plateforme d'observation, au 56e étage, où savourer un **panorama★** sur la ville, le Main, la forêt Stadtwald et le massif boisé du Taunus. En admirant le paysage, ayez une pensée pour les 2000 personnes qui travaillent sous vos pieds : MainTower est le siège de la Landesbank Hessen-Thüringen, l'une des grandes banques d'affaires du pays.

Alte Oper (VIEIL OPÉRA) A1

Opernpl. 1. La grandiose et éclectique façade cache un intérieur contemporain, l'opéra ayant été reconstruit dans les années 1960. C'est une des scènes les plus prestigieuses du pays.

Börse (BOURSE) A1

Börsenplatz 4 - ✆ 069 2 110 - www.deutsche-boerse.com - centre d'information : lun.-vend. 9h-17h30 - gratuit. Un plan de rénovation sur trois ans est en cours. Le centre des visiteurs sera agrandi et un espace d'expositions créé.
Symbole de la puissance financière et bancaire de Francfort, cet édifice néo-Renaissance (1879) abrite la deuxième place financière d'Europe, après Londres. À l'intérieur, complètement rénové, les visiteurs ont accès à des **expositions interactives** sur le thème de la bourse et peuvent observer, par une galerie, l'activité de la salle des marchés. Une « station selfie » permet d'immortaliser leur visite.

An der Hauptwache B1

Cette vaste place, dont le charme post-reconstruction peine à séduire, est un point névralgique du centre-ville commerçant, où convergent la plupart des lignes de U-Bahn et S-Bahn. Reconnaissable à son style baroque, incongru parmi les buildings, s'y dresse la **Hauptwache** (1730), reconstruite après-guerre. Le café qu'elle abrite est apprécié pour sa terrasse aux beaux jours. Elle est la porte d'entrée de la **Zeil**, principale avenue commerçante où s'alignent les grandes enseignes. On lui préfère l'atmosphère de **Kleinmarkthalle**, un marché couvert cher aux Francfortois, lieu de convivialité par excellence et repaire des saveurs régionales *(voir « Restauration » dans « Nos adresses »).*

★ Museum für Modern Kunst (MUSÉE D'ART MODERNE) B2

Domstr. 10 - ✆ 069 21 23 04 47 - www.mmk.art/en - ♿ - tlj sf lun. 11h-18h (19h merc.) - 12 € (-18 ans gratuit), billet combiné MUSEUM+ ZOLLAMT+ TOWER 16 €.
Surnommé « Tortenstück » (« la part de gâteau »), ce bâtiment triangulaire est la principale antenne des trois composantes du musée d'art moderne et contemporain, qui dispose de deux autres annexes au centre-ville. Au **MUSEUM^{MMK}**, les

Mémoire vive

Parce qu'ils étaient juifs, 12 000 Francfortois ont été envoyés dans les camps de concentration par les Nazis, qui ont aussi effacé tout symbole juif dans la ville. En 1987, la construction d'un bâtiment municipal sur l'ancien emplacement de la Judengasse a mis au jour les fondations de maisons du ghetto. La mairie voulait tout enfouir mais des opposants ont occupé le chantier et ont obtenu que les vestiges de cinq maisons soient préservés au sein du Museum Judengasse, tout comme les restes du cimetière juif voisin.

La skyline de Francfort.
sborisov/Getty Images Plus

pièces maîtresses du fonds sont présentées par roulement, notamment l'école de New-York (Claes Oldenburg, Andy Warhol) et l'art contemporain allemand (Joseph Beuys, Mario Merz, Katharina Frische, Gerhard Richter).
Inauguré en 2014 dans une tour du Bankenviertel, le **TOWER**MMK présente les dernières acquisitions de la collection, lors de deux expositions annuelles *(Taunustor 1 - tlj sf lun. 11h-18h, 20h merc. - 8 €, -18 ans gratuit)*. Installé dans un bâtiment des douanes (1927) rénové en 2007, le **ZOLLAMT**MMK réserve ses espaces à des artistes émergents *(Domstr. 3 - mar.-dim. 10h-18h, 20h merc. - 6 €, -18 ans gratuit)*.

★ Museum Judengasse (MUSÉE JUDENGASSE) B2

Battonnstr. 47 - ✆ 069 212 70790 - www.museumjudengasse.de - tlj sf lun. 10h-17h - 6 € (-18 ans gratuit) - billet couplé Jüdisches Museum 12 €.
Bâti sur les fondations de l'ancien ghetto juif de Francfort, ce petit musée (annexe du Musée juif – *voir ci-dessous*) est admirable par la clarté de son propos, qui nous conte la création, en 1460, de ce ghetto, l'un des plus grands d'Europe, qui comptera jusqu'à 3 000 habitants *(voir l'encadré ci-dessous)*.
Juste à côté se trouve l'**ancien cimetière juif**. Inauguré en 1996, le nouveau mur d'enceinte a été serti de 12 000 blocs en métal, un pour chacun des enfants, femmes et hommes juifs de Francfort.

★ Jüdisches Museum (MUSÉE JUIF) A2

Bertha-Pappenheim-Platz 1 - ✆ 069 212 35000 - www.juedischesmuseum.de - tlj sf lun. 10h-17h - billet couplé Museum Judengasse 12 € (-18 ans gratuit) - gratuit dernier sam. du mois.
Rouvert en 2020 après des travaux d'agrandissement, ce musée, installé dans le **palais Rothschild**, retrace l'histoire de la communauté juive de Francfort – l'une des plus importantes d'Allemagne – des années 1800 à aujourd'hui. La nouvelle exposition permanente s'articule autour d'un parcours narratif tactile et interactif très bien pensé. Une visite passionnante !

Untermainbrücke A2-3

Profitez de la **perspective★** en traversant ce pont pour rejoindre la rive des Musées : entre l'abside de l'ancienne église des carmélites et la cathédrale, on peut apercevoir successivement *(de gauche à droite)* la coupole de l'église St-Paul, les toits pointus du Römer, l'église St-Léonard en bordure du Main, le clocher élancé de l'église St-Nicolas et, enfin, à l'extrémité de l'**Eiserner Steg** (passerelle métallique datant de 1869 - E5), le Saalhof, ancien palais impérial dont il reste la tour d'angle gothique.

L'été, les rives arborées de la rivière, aménagées en promenade piétonne, se transforment en **zone balnéaire** éphémère, avec cafés, terrasses, transats et plages privées !

★★ Museumsufer (RIVE DES MUSÉES) A3 B2-3

Une série de musées s'aligne sur la rive gauche du Main, abrités dans des maisons bourgeoises du 19e s. ou de nouveaux édifices construits tout exprès. Ces derniers s'intègrent harmonieusement à l'environnement soigné d'un quartier résidentiel. Fleuve d'un côté, espaces verts de l'autre, l'ensemble dessine une jolie promenade sous les platanes, particulièrement animée durant le **Flohmarkt**, marché aux puces du samedi matin.

★★★ Städelsches Kunstinstitut (MUSÉE STÄDEL) A3

Schaumainkai 63 - ✆ 069 605 098 200 - staedelmuseum.de - ♿ - tlj sf lun. 10h-18h (21h jeu.) - 14 € (- 12 ans gratuit) - audioguide (en français) 4,50 € - librairie et café, restaurant Holbein's à l'intérieur du musée.

Avec 2700 peintures, 100 000 dessins et 600 sculptures, ce musée est l'un des plus importants et complets d'Allemagne. Né en 1815 grâce au banquier Johann Friedrich Städel qui fit don de ses collections à la ville, l'institution n'a cessé depuis de s'enrichir et abrite régulièrement de très belles expositions.

Ce haut lieu de l'art réunit une importante **collection d'anciens maîtres** illustrée par des œuvres exceptionnelles : Hans Holbein l'Ancien *(Généalogie du Christ)*, Grünewald, Altdorfer, Dürer, Van Eyck *(Madone de Lucques)*, Fra Angelico, Mantegna, Botticelli *(Portrait de Simonetta Vespucci)*. Les siècles suivants sont représentés par des tableaux de Vermeer *(Le Géographe)*, Rembrandt, Frans Hals, Rubens *(Le Mariage de sainte Catherine)*, Tiepolo, Poussin et Watteau. La peinture allemande de l'époque de Goethe est illustrée par le célèbre tableau de Johann Heinrich Tischbein : *Goethe dans la campagne romaine*, 1787. L'**art moderne** (1800-1945) offre un tour d'Europe des grands peintres. L'impressionnisme français est dominé par Renoir et Monet *(Le Déjeuner)*. À noter parmi les **expressionnistes allemands** Beckmann, Kirchner et Marc. On peut également admirer des œuvres de Degas, Matisse, Picasso ou Chagall.

À ne pas manquer, *Vue sur Francfort* (1859) de **Gustave Courbet**. Fuyant le régime du Second Empire, le peintre fut accueilli à Francfort, où il influença toute une génération de peintres locaux.

Le sous-sol, superbement aménagé (2012) sous le jardin du musée, est dédié à l'**art contemporain** international (Dubuffet, Bacon, Tàpies, Klein, Richter, Warhol) et allemand (peintures, sculptures ou photographies).

★ Liebieghaus Skulpturensammlung

(COLLECTION DE SCULPTURES DE LA MAISON LIEBIEG) A3

Schaumainkai 71 - ✆ 069 60 50 98 200 - www.liebieghaus.de - mar.-merc. 12h-18h, jeu.-dim. 10h-18h - fermé lun. - 10 € (- 12 ans gratuit) - boutique et café.

Trois mille sculptures dessinent un voyage dans le temps dans l'ancienne villa du baron von Liebieg. On admire des pièces appartenant à différentes civilisations et époques de l'Antiquité égyptienne (tête d'un dignitaire du Moyen Empire) au Moyen Âge (Vierge en majesté avec l'Enfant, Trèves, 11e s.). On peut également apprécier des œuvres de Tilman Riemenschneider, l'un des maîtres allemands de la sculpture médiévale, ainsi que des œuvres classiques.

★ Museum für Kommunikation (MUSÉE DE LA COMMUNICATION) A3

Schaumainkai 53 - ✆ 069 60 600 - www.mfk-frankfurt.de - ♿ - tlj sf lun. 10h-18h (20h merc.) - 6 € (6-18 ans 1,50 €)

Fondé en 1958, l'ancien musée de la Poste s'est étoffé jusqu'à devenir ce musée moderne, retraçant l'histoire des communications depuis les tablettes d'argile jusqu'au wifi, en passant par le télégraphe et le téléphone. Une multitude d'objets de toutes les époques rend le lieu sympathique aux enfants.

★ Deutsches Filmmuseum (MUSÉE ALLEMAND DU CINÉMA) A3

Schaumainkai 41 - ✆ 069 961 220 220 - www.deutsches-filminstitut.de - tlj sf lun. 10h-18h (20h vend.) - 6 € (enf. 3 €) - boutique et café.

Plongé dans le noir pour mettre en valeur les images et les objets qui nourrissent une muséographie soignée, cet espace sur deux niveaux présente les inventions qui ont marqué les débuts de la photographie et du cinéma (kinétoscope d'Edison, 1894). Puis le visiteur apprend à décrypter la composition d'un film (image, son, montage). D'amusantes animations vidéo permettent de se mettre en scène avec des dinosaures et autres créatures plus ou moins effrayantes.

★ Museum für Angewandte Kunst (MUSÉE DES ARTS APPLIQUÉS) B2-3

Schaumainkai 17 - ✆ 069 212 34037 - www.museumangewandtekunst.de - mar.-vend. 12h-18h (20h merc.), w.-end 10h-18h - fermé lun. - 12 € (-18 ans gratuit), gratuit dernier sam. du mois).

Le magnifique bâtiment aux lignes épurées et modernistes (1985) abrite une collection qui séduit moins : trop sobrement commentés (et uniquement en allemand), les 75 objets exposés laissent le visiteur sur sa faim. Une pièce tout de même à ne pas manquer : la cuisine de Francfort *(voir encadré ci-dessous)*. On se console avec l'une des expositions temporaires, mais aussi la salle qui éclaire le travail de l'architecte new-yorkais **Richard Meier** qui a conçu le musée, restauré en 2013. Il a relié le bâtiment à la **villa Metzler**, ancienne villa de vacances d'un pharmacien et noyau historique du musée, décoré dans différents styles d'époque (Biedermeier, Jugendstil...).

Cuisine au carré

Les marmitons de tout pays lui doivent beaucoup : **Margarete Schütte-Lihotzky** (1897-2000), première femme architecte d'Autriche, est aussi restée dans l'histoire pour avoir imaginé la première cuisine intégrée de l'histoire, en 1926. À la fois moderne et bon marché, sa « **Frankfurter Küche** » répondait aux besoins de logements sociaux construits à Francfort, d'où son nom. Petite et étroite, cette cuisine-laboratoire mesurait 1,87 m de large sur 3,44 m de long. Elle a été pensée pour être aussi fonctionnelle que possible, avec des éléments placés à portée de main et de bras, afin de rationaliser les déplacements. Fabriquée à une dizaine de milliers d'exemplaires à la fin des années 1920, la « cuisine de Francfort » devenue culte est exposée au musée des Arts appliqués et au Musée historique).

Francfort et son « Apfelwein »

Ni du cidre ni du jus de pomme, mais du « vin de pomme », cette boisson se sert dans une *Bembel*, une carafe en grès typique aux motifs bleus, et se boit dans un verre bosselé, le *Gerippte*. Avec un degré d'alcool de moins de 5 % et une valeur énergétique de 36 calories pour 10 cl (contre 70 pour le vin blanc), l'*Apfelwein* s'impose comme une boisson fraîche et désaltérante. Il peut être allongé avec de l'eau gazeuse *(Sauergespritzter Apfelwein)*, voire de la limonade *(Süßgespritzter Apfelwein)*. En hiver, il est servi chaud avec de la cannelle et des clous de girofle *(Heißen Apfelwein)*.

Alt-Sachsenhausen B3

Sur la rive gauche du Main, une poignée de ruelles pavées bordées de maisons à colombages distillent encore un vrai parfum médiéval, rare à Francfort. Les tavernes traditionnelles d'**Apfelwein** – le fameux vin de pomme produit dans les vergers de la campagne alentour – s'y sont multipliées. Bondées en soirée, l'atmosphère y est plutôt bonhomme, malgré des débordements inhérents à la consommation d'alcool. Ces dernières années, le quartier s'est aussi inventé une autre identité, avec l'arrivée de créateurs, de plus en plus nombreux autour de **Wallstraße** et **Bruckenstraße**.

Autres quartiers

Messe Frankfurt (PARC DES EXPOSITIONS) HORS PLAN PAR A2

Quartier de la gare. Ludwig-Erhard-Anlage 1 - www.messefrankfurt.com - U 4, station Festhalle/Messe.

Une ville dans la ville ! Accueillant plus d'une centaine de foires, salons et autres événements du genre chaque année, ce gigantesque parc des Expositions est la propriété du groupe du même nom, « Messe Frankfurt », l'un des plus grands organisateurs de salons professionnels au monde. Présent dans 170 pays, ce géant allemand est ici en son royaume, soit près de 600 000 m² où perdure la tradition des foires médiévales. Sans cesse agrandi depuis sa création au début du 20e s., le parc est né autour de **Festhalle** (1909), bâtiment originel repérable à sa façade en grès rouge couronnée d'un dôme. Celui-ci fait presque figure d'anachronisme au milieu des bâtiments modernes qui l'entourent, puisque le parc se veut aussi une vitrine architecturale pour Francfort.

★ Palmengarten HORS PLAN PAR A1

Westend. U 4, station Bockenheimer Warte - Siesmayerstr. 63 - ✆ 069 21233939 - www.palmengarten.de (en anglais) - fév.-oct. : 9h-19h ; nov.-janv. : 9h-16h - 7 € (6-13 ans 2 €, 13-17 ans 3 €).

Le seul parc à entrée payante de Francfort est une oasis de calme. Dessiné à la fin du 19e s., il a gardé son parfum Belle Époque. Il tire son nom de la **Palmenhaus** (1869), abritant une collection de plantes subtropicales. De petits bâtiments d'époque, des jardins thématiques et des serres modernes ajoutent au charme du lieu qui séduit les amateurs de plantes.

Skytower - Banque Centrale Européenne HORS PLAN PAR B3

Ostend. Tram 11, arrêt Ostbahnhof/Sönnemannstr - Sonnemannstr. 2 - ✆ 069 13 440 - ecb.europa.eu (en français).

Inauguré en 2015 dans Ostend, un ex-quartier industriel en mutation, la Skytower, nouveau siège de la Banque centrale européenne, est signée de l'agence d'architecture autrichienne Coop Himmelb(l)au. Les deux tours imbriquées n'en font qu'une au premier regard. La tour nord comprend 45 étages (185 m de haut) et sa jumelle 43 étages pour 165 m de haut.

Le siège de la BCE propose des **visites guidées** *(visites suspendues au moment de rédaction du guide ; se rens. : visitor.centre@ecb.europa.eu).* Des visites gratuites sont aussi organisées pour la collection d'art contemporain *(inscriptions sur le site Internet - cliquez sur « about » puis « visiting the ecb » et « arts and culture »).*

★ Höchst HORS PLAN PAR A3

À l'ouest du centre-ville - Tram 11 jusqu'au terminus.

Un voyage dans le temps ! Trente minutes en tramway suffisent à remonter les siècles, jusqu'à ce village avalé par la ville en 1928 qui a conservé son centre ancien et ses maisons à colombages en bord de Main. Accessible par la ravissante **Höchster Schlossplatz★**, recouverte de vieux pavés, l'Altes Schloss (est l'ancienne résidence des évêques de Mayence (13e-16e s.).

Installé dans le palais Kronberg du 16e s., un petit **musée de la Porcelaine** rassemble 1800 faïences et porcelaines illustrant la production locale depuis 1746, principalement de la période classique et rococo *(Bolongarostr. 152 - ☎ 069 212 35154 - www.historisches-museum-frankfurt.de - w.-end et j. fériés 11h-18h - 4 € (- 18 ans gratuit).*

Surtout agréable aux beaux jours, cette balade permet de pique-niquer dans un joli parc en bord de Main, plus au calme qu'au centre.

Carnet pratique

S'informer

Office de tourisme – *Dans le hall d'accueil de la gare centrale et dans la vieille ville, Römerberg 27 - Frankfurt am Main - ☎ 069 21 23 88 00 - www.frankfurt-tourismus.de.* Une dizaine de visites au choix, avec un guide *(français sur demande - RV devant l'antenne du Römer).*

Pass touristique

Frankfurt Card – *En vente aux offices de tourisme et sur le site www.frankfurt-tourismus.de - 11,50 €/1 j., 17 €/2 j.* Accès gratuit au réseau des transports en commun de Francfort (RMV), jusqu'à l'aéroport ; 50 % de réduction dans de nombreux musées et au Palmengarten, 20 % de réduction à la Main Tower, et sur certains circuits en bateau et en bus.

Arriver/partir

Aéroport – *À 13 km au sud-ouest du centre-ville - frankfurt-airport.com.* Le plus grand aéroport d'Allemagne ! À l'arrivée, suivre les panneaux jusqu'au S-Bahn, pratique pour rejoindre le centre *(12mn jusqu'à la gare centrale - 5,10 €, achat des billets aux machines ou avec la Frankfurt Card – voir ci-contre).*

En taxi, comptez 30/40 € en journée et 20 à 30mn de trajet selon la circulation.

Gare centrale – HORS PLAN PAR A2 - *www.bahnhof.de.* Elle est desservie par les transports en commun (métro, bus, tram). Jusqu'à 5 trains directs/j de Paris-Est *via* Forbach et Strasbourg *via* Sarrebruck et Mannheim (env. 3h50).

Se déplacer

Se garer – La visite peut aisément se faire à pied, d'autant qu'une grande partie du centre est piétonne et qu'à l'exception de Messe, seuls les véhicules affichant une vignette verte peuvent circuler *(rens. : www.tuvsud.com)*. Si vous n'avez pas le temps ou l'envie de faire les démarches, il faudra vous garer dans l'un des « P+ R » en périphérie, puis rejoindre le centre en transports en commun.

Transports en commun (RMV) – *rmv.de*. Les tramways, bus, métros, S-Bahn et trains de banlieue de la région Frankfurt Rhein-Main sont gérés par le Rhein-Main-Verkehrsbund. Tarifs selon la longueur du trajet *(2,85 € pour voyager dans Francfort)* ou forfait journée *(trajets illimités : 5,50 €, 5-15 ans 3 €)*. Billet à acheter aux distributeurs automatiques.

Entre 1h et 4h du matin, service de bus pour les noctambules : nachtbus-frankfurt.de.

En taxi – Reconnaissables à leur couleur beige, il suffit de les héler dans la rue. Avec 12/15 €, on circule facilement dans le centre.

Agenda

La Luminale – *3 j. en mars, tous les deux ans, prochaine édition en 2024 - luminale.de*. Dès la tombée de la nuit, environ 150 bâtiments publics et privés sont mis en valeur à l'aide d'installations lumineuses et sonores par des artistes de renommée internationale.

Grüne Soße Festival (Festival de la Sauce Verte) – *de fin juin à mi-juil. - gruene-sosse-festival.de*. En l'honneur de LA spécialité culinaire de Francfort *(voir ci-dessous)*.

Mainfest (Fête du Main) – *4 j. déb. août - frankfurt-tourismus.de*. Une des plus anciennes fêtes de Francfort, avec jardin d'été sur les rives du Main, manèges, joutes sur la rivière (Fischerstechen), feu d'artifice.

Frankfurter Apfelweinfestival (Festival du Vin de pomme) – *9 j. mi-août - frankfurt-tourismus.de*. Dégustations variées et marchés de producteurs sur Roßmarkt.

Museumsuferfest (Fête de la Rive des Musées) – *Dernier w.-end d'août - museumsuferfest.de*. Nocturnes, concerts, expositions...

Frankfurter Weihnachtsmarkt – *De fin nov. à mi-déc. - frankfurt-tourismus.de*. Plus de 200 chalets et l'esprit de Noël à l'allemande sur le Römerberg.

Nos adresses

PLAN P. 366

Restauration

Deux types de restauration cohabitent à Francfort ; la traditionnelle, bien sûr, avec, entre autres incontournables, le **Handkäse mit Musik** (fromage mariné dans une sauce à l'oignon) et la **Grüner Soße** (sauce à la crème et aux herbes servie avec des pommes de terre en chemise et des œufs durs encore chauds), le tout arrosé d'*Apfelwein* et servi dans les tavernes du quartier de Sachsenhausen !

Comme toute grande métropole, Francfort compte nombre de restaurants de spécialités étrangères (français et italiens en tête) et autant de petites cantines urbaines, souvent des cafés qui proposent aussi une courte carte de restauration (soupes, salades et plats du jour à prix doux).

Premier prix

3 Kleinmarkthalle – B2 - *Hasengasse 5-7 - U Römer - ☎ 069 21233696 - kleinmarkthalle.de - fermé dim. et j. fériés et le soir.* Difficile de résister aux spécialités régionales et internationales que propose la soixantaine d'étals de ce marché couvert. On grignote des nourritures cosmopolites dans une ambiance chaleureuse, sur des tables d'appoint. On peut y manger sur le pouce une focaccia de chez Teo's Delikatessen ou les meilleures saucisses de Francfort chez Metzgerei Schreiber.
À rapporter : le bouquet d'herbes prêt à l'emploi pour préparer une Grüner Soße.
On peut aussi grimper à l'étage pour trouver quelques restaurants où s'attabler.

2 Ebbelwoi Unser – B3 - *Abtsgäßchen 8 - Tram 14-18 arrêt Frankensteiner Platz - ☎ 069 15345128 - www.ebbelwoi-unser.de - - fermé à midi - plats 11,20/21,80 €.* Dans une petite rue calme de Sachsenhausen, cette adresse discrète et conviviale, à l'intérieur couvert de boiseries et garni de quelques têtes de chasse empaillées, sert l'*Apfelwein* avec les fameux verres traditionnels de 0,3 l. Cuisine roborative et savoureuse, à prix abordable, avec les *Schnitzel* en tête d'affiche.

9 Fichtekränzi – B3 - *Wallstr. 5 - U Südbahnhof - ☎ 069 612778 - www.fichtekraenzi.de - soir uniquement à partir de 17h (16h dim.) - - plats 12,90/22,80 €.* Dans cette taverne traditionnelle, on sert de l'*Apfelwein*, depuis 1849. Carte de spécialités locales à des prix raisonnables. Manger dans l'*Apfelweingarten* est bien agréable, à condition de venir tôt car les tables sont vite occupées !

22 Wagner – B3 - *Schweizer Str. 71 - U Schweizer Platz - ☎ 069 612565 - www.apfelwein-wagner.com - plats 13,50/24,50 €.* Cette taverne, certes touristique, fait figure d'institution à Sachsenhausen. Elle reste incontournable pour saisir l'importance de la culture de l'*Apfelwein* à Francfort. Bonne nouvelle, les prix restent modérés.

Lorsbacher Thal – HORS PLAN - *Große-Rittergasse 49-51 - rue qui descend de Deutschherrnufer vers le sud-est près de l'Alte Brücke - Tram 14-18 arrêt Frankensteiner Platz - ☎ 069 616459 - www.lorsbacher-thal.de - ♿ - fermé mar. et à midi sf w.-end - plats 12,90/25,90 €.* Une institution du genre, plébiscitée pour son incroyable carte d'*Apfelwein*, certainement la plus étoffée de la ville avec 250 références ! Traditionnelle et copieuse, la cuisine de Francfort est servie dans une salle chaleureuse, mais aussi sous la tonnelle aux beaux jours. Prenez rendez-vous pour visiter l'impressionnante cave, avec ses énormes tonneaux où l'*Apfelwein* maison est porté à maturité.

24 Metropol Cafe am Dom – B2 - *Weckmarkt 13-15 - U Römer - ☎ 069 288287 - www.metropolcafe.de - fermé lun. - plats 12/20 €.* Le menu est encore écrit à la main dans ce sympathique bistrot de quartier, très fréquenté, où déguster une cuisine locale à prix doux. Ambiance jeune et décontractée.

Budget moyen

8 Salzkammer – A2 - *Weißadlergasse 15 - U Römer - ☎ 069 92882885 - www.salzkammerffm.de - fermé dim.-lun. et j. fériés - plats 15/28,50 €.* Ambiance chalet alpin pour cette adresse voisine de la maison natale de Goethe, où la cuisine prend l'accent autrichien, avec l'incontournable *Wiener Schnitzel*, mais aussi le cordon-bleu et poisson du jour. Agréable terrasse et *Biergarten* aux beaux jours.

Pour se faire plaisir

5 **Estragon** – B1 - *Jahnstr. 49 - U Musterschule - ✆ 069 5978038 - www.estragon-frankfurt.de - fermé dim.-lun. et à midi - plats 23,50/34,50 € - menu 42,50 € (avec vin).* Comme son nom l'indique, vous ne serez pas dépaysé dans ce petit restaurant. Le duo de chefs propose une cuisine française mijotée maison.

15 **Heimat** – A2 - *Berliner Str. 70 - U Willy-Brandt-Platz ou Hauptwache - ✆ 069 29725994 - www.heimat-frankfurt.com - fermé dim. et à midi - réserv. conseillée - plats 20,50/34,50 €.* Joliment installée dans une ancienne station de tram au look années 1950, cette excellente adresse propose une carte réduite mais renouvelée régulièrement au fil des saisons. Le comptoir offre une vue sur la cuisine ouverte. Terrasse et bon choix de vins.

23 **Medici** – A2 - *Weißadlergasse 2 - U Hauptwache - ✆ 069 21990794 - www.restaurantmedici.de - fermé dim.-lun. et j. fériés - formule déj. 21/25 € - plats 29,50/33,50 € - menu soir 68 €.* Situé dans le centre, près de la Zeil, ce restaurant dirigé par deux frères sert une cuisine moderne, créative et soignée, en plus d'un bon rapport qualité/prix.

Oosten – HORS PLAN - *Mayfarth Str. 4 - U Frankfurt Ostbahnhof - ✆ 069 9494256814 - oosten-frankfurt.com - lun.-vend. 17h-23h, sam. 10h-23h, dim. 10h-18h - plats 20/40 €.* Honnête, sans plus, la cuisine de type brasserie moderne est ici moins bien tournée que les grandes baies vitrées, qui offrent un panorama imprenable sur la skyline et le Main. Aux beaux jours, belle terrasse, juste au pied du nouveau bâtiment de la Banque centrale européenne.

Une folie

1 **Kabuki** – A2 - *Kaiserstr. 42 - U Willy-Brandt-Platz - ✆ 069 234353 - www.kabuki-restaurant.com - fermé lun.-mar. et à midi - menus 70/165 €.* Avec ses vastes tables à cuisson sur lesquelles opèrent de main de maître plusieurs chefs japonais, ce restaurant à la façade fumée est une institution du *teppanyaki*, la célèbre cuisine sur plaque chauffante de l'archipel. Un spectacle visuel, olfactif et gustatif qui a conquis de nombreux habitués.

Petite pause

Café im Liebieghaus – *Schaumainkai 71 - dans la Liebieghaus - U Schweizer Platz - ✆ 069 605098292 - www.liebieghaus.de - 10h-18h - fermé lun.* Les Francfortois aiment tellement ce charmant café qu'ils se sont fendus d'une pétition en 2016, pour que le nouveau propriétaire ne change rien. Mission réussie : le café du musée reste aussi cosy qu'avant, avec ses voûtes, ses fauteuils et sa cheminée, joli jardin et gâteaux en prime.

Wacker's Kaffe – *Kornmarkt 9 - rue qui part du carrefour entre Kleiner Hirschgraben et Bleidenstr. vers le sud - ✆ 069 287810 - www.wackers-kaffee.com - tlj sf dim. 8h-19h.* Il y a souvent la queue devant ce modeste torréfacteur, réputé pour la qualité de ses cafés, à emporter ou à déguster debout sur les quelques tables à l'extérieur. Entre autres confiseries, d'octobre à Noël, goûtez les *Frankfurter Bethmännchen*, à base de pâte d'amande.

Iimori – *Braubachstr. 24 - U Römer - ✆ 069 97768247 - www.iimori.de - tlj sf dim. 10h-21h.* Une super adresse pour le petit-déjeuner en semaine et le brunch du samedi, dans un cadre désuet façon grand-mère, où une équipe japonaise concocte des gâteaux maison : la carte sucrée s'inspire de la cuisine française (macarons, viennoiseries, pâtisseries), les en-cas salés font plutôt japonais (tempura, maki, sushi).

Boire un verre

L'art de vivre francfortois s'est longtemps cantonné aux traditionnelles tavernes à *Apfelwein*. Avec l'arrivée de travailleurs étrangers, notamment dans le secteur financier, Francfort s'est petit à petit ouvert aux autres cultures, une mondialisation qui s'est traduite par l'ouverture d'adresses variées – bistrots chaleureux, pubs branchés...

En soirée, l'animation est garantie aux alentours de **Freßgass'**, dans les ruelles d'**Alt Sachsenhausen** et, l'été, sur les **rives du Main**.

Shopping

Les grandes enseignes internationales se trouvent sur la **Zeil**, et, en version luxe, sur **Goethestraße**. Sinon, cap sur les boutiques indépendantes d'Alt-Sachsenhausen *(voir p. 370)*.

Hessen-Shop – *Berger Str. 148 - U Höhenstraße - ✆ 069 48005355 - www.hessen-shop.com - 10h-19h (18h sam.) - fermé dim.* Ici, tous les symboles de Francfort sont réinterprétés pour en faire des souvenirs plus ou moins tendance : tee-shirts, porte-clés et parapluies où paradent Goethe, la skyline et la *Bembel* (chope en grès). Autres boutiques Leipzigerstr. 49, Diesterwegstr. 22, dans Kleinmarkthalle et à l'aéroport.

Apfelwein Handlung – *Brückenstr. 21 - Tram Frankensteiner Platz - ✆ 0176 35424235 - www.apfelweinhandlung.de - mar.-vend. 14h-18h, sam. 12h-15h - fermé dim.-lun.* Ce caviste s'est spécialisé dans la vente de vin de pomme et de cidre, ceux fabriqués par la maison (marque JB) en plus d'autres producteurs locaux. Ici, point de chope en grès traditionnelle, mais des écrins modernes et élégants.

En soirée

L'office de tourisme distribue dans ses bureaux un calendrier gratuit des spectacles : le *Veranstaltungshinweise* (consultable sur www.frankfurt-tipp.de).

Jazzkeller – *Kleine-Bockenheimer Str. 18a - U Hauptwache - ✆ 069 288537 - www.jazzkeller.com - jeu.-sam. 19h45-0h - fermé dim.-merc.* Une institution en Allemagne : un escalier en pierre de 19 marches mène au plus célèbre club du jazz du pays. Fondé en 1952, il a accueilli les plus grandes légendes du genre, de Louis Armstrong à Frank Sinatra. La jeune génération est aussi à l'affiche.

Long Island Summer Lounge – *Kaiserhofstr. 12 - entrée par Börsenstraße au niveau du n° 13, puis au 6e étage du parking Börse - ✆ 069 91396147 - www.longislandsummerlounge.de - tlj sf lun. 17h30-1h, w.-end. et j. fériés 16h-1h - fermé j. de pluie et hiver.* Spectaculaire ! Perché sur le toit du parking de la Bourse, ce toit-terrasse domine la ville et s'offre un petit parfum de Californie avec piscine et daybeds, DJ et cocktails.

Plank – *Elbestr. 15 - U Bahnhof - ✆ 069 26958666 - www.barplank.de - 10h-1h (2h vend.), sam. 11h-2h - fermé dim.* Une adresse arty pour boire un verre avant ou après le dîner, dans un cadre post-industriel volontairement désolé. Cette esthétique « luxe grunge » attire hipsters tout en noir et banquiers en costard. Ambiance électro.

Gibson – *Zeil 85-93 - U Konstablerwache - ✆ 069 94947770 - www.gibson-club.de - jeu. à partir de 21h, vend.-sam. et veille des j. fériés à partir de 23h.*

La queue s'allonge sur le Zeil pour aller danser dans cet ancien cinéma, avec DJ et concerts live selon les soirs.

Activités

Ebbelwei Express – *069 21322425 - www.ebbelwei-express.com - w.-end et j. fériés : 13h30-19h - 8 € (enf. 3,50 €).* Kitsch ou nostalgique ? Un peu des deux, certainement : dans ce tram à l'ancienne, on visite la ville (1h) au son de la musique traditionnelle.

Primus Linie – *069 133 83 70 - www.primus-linie.de - à partir de 12,50 € pour une croisière de 50mn.* Plusieurs circuits au choix au fil du Main. Également des excursions à la journée jusqu'à Heidelberg, Lorelei ou Wiesbaden.

Hébergement

La ville étant un centre pour les foires internationales, évitez ces périodes pendant lesquelles les hôtels augmentent nettement leurs tarifs.

Centrale de réservation : **www.frankfurt-tourismus.de**.

Premier prix

Hotel-Pension Gölz – HORS PLAN - *Beethovenstr. 44 - au sud de Palmengarten et au nord-ouest de la gare centrale - U Westend - 069 746735 - www.hotel-goelz.de - 12 ch. 70/145 € - 7,50 €.* À quelques pas du centre-ville, cet hôtel familial installé dans une villa du 19e s. possède des chambres doubles spacieuses et quelques chambres individuelles au confort plus simple.

Budget moyen

25hours Hotel The Trip – HORS PLAN - *Niddastr. 56-58 - U Bahnhof - 069 2566770 - www.25hours-hotels.com - P 17 €/j - 76 ch. 80/190 € - 19 €.* Un design-hôtel branché dans le quartier de la gare, qui propose un tour du monde : Afrique, Asie, Océanie... Chaque étage invite au voyage autour d'expéditions légendaires, de l'Arctique aux tropiques, dans une atmosphère calme et paisible.

Premier Inn – HORS PLAN - *Europa-Allee 44 - U Festhalle/Messe - 069 8500690 - www.premierinn.com - P - 201 ch. à partir de 76 € - 13,50 €.* À l'arrière du Messe Frankfurt (Parc des Expositions), cet hôtel dispose de chambres spacieuses et fonctionnelles, aux lits confortables, pour un prix raisonnable. Lit et petit-déjeuner gratuit pour les enfants.

Townhouse Hotel – HORS PLAN - *Münchener Str. 42 - U Bahnhof - 069 71044950 - www.townhousehotel.de - 33 ch. 89/255 €.* Établissement propre et fonctionnel dans le quartier de la gare. Préférez les chambres à l'arrière, celles sur la rue peuvent être bruyantes en été. Bel accueil du personnel.

13 **Hotel Miramar** – B2 - *Berliner Str. 31 - U Dom/Römer - 069 9203970 - www.miramar-frankfurt.de - 39 ch. à partir de 114 €.* La décoration des chambres est datée, mais ces dernières restent confortables et très propres. À conseiller à ceux qui voudraient être au cœur de la ville, sans être trop regardant sur le style.

Une folie

24 **Steigenberger Frankfurter Hof** – A2 - *Am Kaiserplatz - U Willy-Brandt-Platz - 069 21502 - www.steigenberger.de - P 25 € - - 310 ch. à partir de 550 € - 42 suites - 2 rest.* Le grand hôtel de 1876 n'est que splendeur et magnificence. Chambres élégantes et spacieuses, et spa de 1000 m². Le bar propose fauteuils en cuir et ambiance feutrée, en plus du thé et des cocktails.

Wiesbaden ★

Bénéficiant du doux climat de la vallée du Rhin, la capitale de la Hesse offre l'atmosphère soignée d'une ville de cure. Cette « ville rouge » émerge littéralement des eaux. Le site sur lequel elle est bâtie compte en effet vingt-six sources d'eau chaude.

Se repérer

CARTE P. 362 (A2) ET PLAN P. 382
278 950 hab. - Hesse.
Voisine de Mayence, Wiesbaden se trouve à 42 km à l'ouest de Francfort.

À ne pas manquer

Un bain de vapeur au Kaiser Friedrich Bad.

Carnet pratique p. 385

Nos adresses p. 385

Se promener

PLAN P. 382

La vieille ville B1

Le centre-ville, essentiellement piéton, s'organise autour de la place du Château. La **Landgasse** et la **Neugasse** sont particulièrement animées.

Schlossplatz

C'est le cœur de la ville. Élégante et bien proportionnée, bordée de beaux bâtiments, la **place du Château** accueille le marché deux fois par semaine autour d'une fontaine imposante dessinée par Johannes Barger en 1753.
Schloss (château) – Avec son toit en ardoise composé de motifs à chevrons, ses tours, ses pignons finement décorés et sa pierre rosée, ce bâtiment de trois étages contribue au charme de la place. Construit entre 1837 et 1841 pour les ducs de Nassau, le château est devenu le siège de la diète hessoise.
Altes Rathaus (ancien hôtel de ville) – Il s'agit du plus vieil édifice de la ville. Au rez-de-chaussée de style Renaissance, construit de 1609 à 1610, a été ajouté, en 1828, un étage de style romantique historié.
Rathaus (hôtel de ville) – C'est Georg Hauberisser, architecte de l'hôtel de ville de Munich, qui édifia (1886-1887) dans le style Renaissance allemande le nouvel hôtel de ville. Détruit pendant la Seconde Guerre mondiale, il a été entièrement reconstruit.
Marktkirche (église du Marché) – Première construction imitant la brique élevée sur le territoire du duché de Nassau, l'église du Marché fut édifiée au milieu du 19e s. par l'architecte Carl Boos, qui s'inspira de la Friedrichswerdersche Kirche de Berlin.

Quartier des Bains

Kaiser-Friedrich-Therme *(Langgasse 38-40 - www.mattiaqua.de)* fut construit au début du 20e s. Les fresques du hall d'entrée de style Art nouveau, sont remarquables, ainsi que le bain de vapeur avec ses faïences des manufactures de Darmstadt et de Karlsruhe.
Un peu plus loin, en direction de Taunusstraße, la **fontaine Kochbrunnen** est la réunion de 15 sources. Son eau chaude salée contient du fer, visible aux concrétions rougeâtres qui se déposent dans la vasque en granit. Les Romaines appréciaient

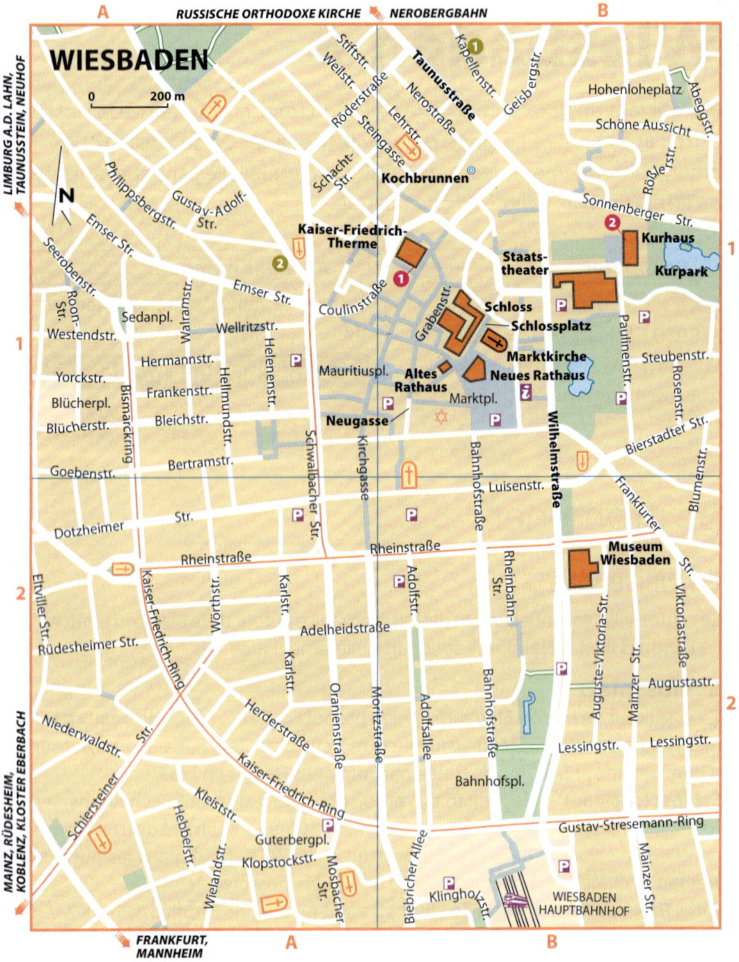

SE RESTAURER		SE LOGER	
Curry Manufaktur	1	Klemm	1
Benner's	2	Oranien	2

beaucoup cette poudre colorée, avec laquelle elles se teignaient les cheveux. Le **Kochbrunnentempel** octogonal date de 1854.

Face à la Kaiser-Friedrich Platz, le **Bowling Green**, allée bordée par les colonnes du Kurhaus et du théâtre, mène à la **Kurhaus**★, l'établissement thermal que l'empereur Guillaume II appelait « la plus belle maison de cure du monde », qui fut construite en 1907. L'inscription *« Aquis Mattiacis »* signifie qu'elle abrite des sources et qu'une tribu germanique, les Mattiaques, s'y installa à l'époque romaine. La riche décoration intérieure a été complètement restaurée en 1987 selon l'original. À moins de participer aux séances de cure, vous ne verrez pas les magnifiques salles, mais vous pourrez jeter un coup d'œil dans le foyer afin de vous faire une idée. Derrière la maison de cure s'étend le **Kurpark**★, vaste parc, aménagé en 1852.

Un « bain dans les prairies »

Wiesbaden fut mentionnée pour la première fois au 9e s. sous le nom de *Wisibada* (« bain dans les prairies »). Possession de la maison de Nassau à partir du 13e s., elle devint en 1806 le siège du gouvernement du nouveau duché de Nassau. C'est à cette période que Wiesbaden connut un bel essor se traduisant par l'aménagement de routes et du quartier des Bains *(Kurhausviertel)*, construit en style classique par Christian Zais. À l'époque où l'empereur Guillaume venait ici chaque été avec sa cour, on construisit de nouveaux quartiers comprenant des villas magnifiques et de nouvelles rues, comme la Wilhelmstraße et les Ringstraßen. Au milieu du 19e s., la renommée de Wiesbaden en tant que ville thermale était telle que toutes les têtes couronnées et la haute noblesse du monde entier s'y donnaient rendez-vous. Elle devint la **Weltkurstadt** (ville de cure mondiale), recommandée aujourd'hui pour les affections rhumatismales.

La Sonnenberger Straße *(au nord)* et la Parkstraße *(au sud)* possèdent de magnifiques villas datant de cette époque.

De la Wilhelmstraße au Neroberg

Museum Wiesbaden B2

Friedrich-Ebert-Allee 2 - ☏ 0611 335 22 50 - www.museum-wiesbaden.de - ♿ - tlj sf lun. 10h-17h (20h mar. et jeu., 18h w.-end) - 6 € exposition permanente (-18 ans gratuit), gratuit 1er sam. du mois.

Il abrite trois sections : la **collection de sciences naturelles**, la **collection d'antiquités de Nassau** et les **collections d'art**, qui comportent, entre autres, la plus grande **collection de Jawlensky★**. Cet artiste vécut à Wiesbaden de 1921 jusqu'à sa mort (1941). On y trouve d'importantes œuvres des 16e et 17e s., mais aussi des tableaux de peintres classiques du 20e s. Le musée organise des expositions temporaires.

La grande rue de Wiesbaden, la **Wilhelmstraße** (B1-2), est bordée, d'un côté, par des magasins élégants et, de l'autre, par un îlot de verdure, le *Warmer Damm*, qui se prolonge jusqu'au théâtre. Au-delà du parc thermal, la **Taunusstraße** (B1) menant à la Nerotal est la rue des antiquaires. Au cours d'une promenade dans la **Nerotal**, vous pourrez admirer les superbes villas datant de la fondation de la ville qui se dressent le long de la Wilhelminenstraße.

★ Nerobergbahn HORS PLAN PAR B1

☏ 0611 450 22 550 - www.nerobergbahn.de - juil.-oct. : 9h-19h ; reste de l'année se rens. - ttes les 15mn - AR 5 € (6-14 ans 3 €).

Ce train à crémaillère, monument technique, fonctionne toujours aussi bien qu'en 1888, année de sa construction : c'est en effet un funiculaire à contrepoids qui tire son énergie grâce au remplissage en eau du wagon descendant, hissant lui-même l'autre wagon vers le sommet. Il mène au **Neroberg**, mont de Wiesbaden d'une hauteur de 245 m, qui offre une belle vue sur la vallée du Rhin jusqu'à Mayence.

5

Russische Orthodoxe Kirche (ÉGLISE RUSSE ORTHODOXE)

HORS PLAN PAR B1

Christian-Spielmann-Weg 2 - ☏ 0611 52 84 94 - www.rok-wiesbaden.de - 10h-16h (17h avr., 18h mai-oct.).

Connue aussi sous le nom de « chapelle grecque », l'église a été construite par le duc Adolphe de Nassau de 1847 à 1855 pour son épouse Élisabeth, grande-duchesse russe, qui mourut à 19 ans. L'édifice se signale par ses cinq bulbes dorés.

L'histoire de l'abbaye

Vers 1135, alors que l'ordre cistercien rayonnait en Europe, l'archevêque de Mayence, Adalbert, demanda à Bernard de Clairvaux de venir s'installer à Eberbach où était établie une petite communauté de moines bénédictins. Clairvaux envoya aussitôt un groupe de religieux chargés d'édifier l'un des plus beaux ensembles monastiques d'Allemagne. Les moines bourguignons eurent tôt fait de mettre à profit leurs connaissances viticoles au sein de l'abbaye. La règle de saint Benoît leur dictait de se procurer par eux-mêmes leurs revenus. L'abbaye prospéra assez vite, mais les guerres des 16e et 17e s. dispersèrent les richesses d'Eberbach. Après un renouveau au 18e s., l'abbaye fut sécularisée en 1802. Le domaine viticole fut néanmoins maintenu.

À proximité

CARTE P. 362

★★ Kloster Eberbach (ABBAYE D'EBERBACH) A2

17 km au sud-ouest de Wiesbaden par la B 42.

Cette ancienne abbaye est la seule fondation directe de Clairvaux en Allemagne, avec l'abbaye de Himmerod dans le massif de l'Eifel. Le lieu retient aujourd'hui encore une grande part du silence et de l'isolement propres au mode de vie de la communauté cistercienne qui l'habita. Murs blancs, toits pentus en ardoise, jardins tracés au cordeau... C'est un monde à part où l'on produit du vin selon des techniques séculaires.

Klosterkirche (église abbatiale) – *06 723 917 81 15 - www.kloster-eberbach.de - ♿ - avr.-oct. : 10h-19h (w.-end et j. fériés à partir de 9h) ; nov.-mars : 12h-17h (w.-end à partir de 11h) - dernière entrée 30mn av. fermeture - 11 € - audioguide (en anglais) 5 €.* L'église abbatiale, à trois vaisseaux, fut édifiée en deux temps, de 1145 à 1160, puis de 1170 à 1186. Couverte de voûtes d'arêtes, au chevet plat et aux chapelles orientées rectangulaires très basses suivant la tradition cistercienne, elle dégage une impression d'austère grandeur. Entre 1310 et 1340, on a ajouté sur le flanc sud une série de chapelles gothiques, percées de fenêtres à remplage. Nombreuses **pierres tombales★** du 14e au 18e s.

Bâtiments conventuels – Ils s'ordonnent autour du **cloître★**, construit du milieu du 13e s. au milieu du 14e s. Du **réfectoire des moines** ne subsiste plus d'origine (1186) que le portail ; refait en 1720, il possède un magnifique plafond à stucs réalisé par l'artiste mayençais Daniel Schenk (1738).

Dans le réfectoire des frères convers, on peut voir une magnifique collection de **pressoirs anciens★★**, dont les colonnes sont traitées de façon décorative. Le plus ancien remonte à l'année 1668. À l'étage du bâtiment des Pères, le **dortoir des moines★**, d'une longueur de 72 m, date pour l'essentiel des années 1250-1270. Il se compose de deux vaisseaux en croix, dont le sol est légèrement incliné et les colonnes raccourcies, afin de leur donner plus de profondeur par le jeu des perspectives. La **salle capitulaire**, avec sa belle voûte en étoile de 1345 et ses rinceaux de 1500, fut construite avant 1186.

Du dortoir, on accède à l'**Abteimuseum (musée de l'Abbaye)**, à l'étage supérieur, qui retrace l'histoire de l'abbaye et de l'ordre cistercien.

★ Rüdesheim am Rhein

28 km au sud-ouest de Wiesbaden par la B 42. *Voir p. 351.*

Carnet pratique

S'informer

Office de tourisme – *Marktplatz 1 - Wiesbaden - ✆ 0611 1729 930 - tourismus.wiesbaden.de.*

Pass touristique

Wiesbaden Card Premium – *Valable 48h - 12,95 € pour un adulte, 22 € pour les groupes jusqu'à 5 pers. - en vente à l'office de tourisme.* Accès gratuit aux transports et des réductions sur des activités culturelles et de loisir.

Arriver/partir

En train – La gare centrale de Wiesbaden (B2) est à 40mn de celle de Francfort (Ⓢ 1, 8 et 9).

Agenda

Theatrium – En juin, la ville devient le cadre de festivités en plein air durant 2 jours : spectacles, marché d'artisanat, gastronomie.

Nos adresses

PLAN P. 382

Restauration

Premier prix

① **Curry Manufaktur** – B1 - *Am Römertor 3 - www.curry- tlj sf dim. 11h-19h - moins de 10 €.* Dans le cœur piéton de Wiesbaden, une adresse bien tenue et prisée des habitants où manger, assis ou sur le pouce, des saucisses au curry. Petite salle à l'étage et terrasse avec vue sur la Römertor.

Pour se faire plaisir

② **Benner's** – B1 - *Kurhausplatz 1 - ✆ 0611 536200 - benner-s.de - fermé à midi lun.-vend. - plats 19,50/42,50 € - brunch 45 €.* Le restaurant de l'établissement thermal (Kurhaus) au décor de bistro parisien Belle Époque propose une carte bistronomique avec des plats surtout français, mais aussi cosmopolites : tartare de saumon, châteaubriand (pour 2 pers.), taglierine à la truffe, etc. Son brunch dominical est aussi couru. Agréable terrasse.

Petite pause

Maldaner – B1 - *Marktstr. 34 - ✆ 0611 305214 - www.maldaner1859.de - lun.-sam. 9h-17h30, dim. et j. fériés 9h30-17h30.* Derrière sa porte à tourniquet, le salon de thé incontournable de Wiesbaden, avec ses salles à stucs, décorées de miroirs, ses lustres et ses confortables banquettes. Choix de tartes et gâteaux étourdissant.

Hébergement

Pour se faire plaisir

① **Klemm** – B1 - *Kapellenstr. 9 - ✆ 0611 5820 - hotel-klemm.de - P 15 €- 63 ch. 120/170 € ☕.* Cet hôtel occupe un beau bâtiment de 1888, décoré d'éléments Art nouveau et dotée d'une charmante cour intérieure. Les chambres sont aménagées avec goût. Délicieux petit-déjeuner et accueil très chaleureux.

② **Oranien** – A1 - *Platter Str. 2 - ✆ 0611 18820 - www.hotel-oranien.de - P 12/20 €- 76 ch. à partir de 162 € ☕.* Surplombant légèrement la ville, cet établissement à deux pas du centre historique propose des chambres confortables et spacieuses. Joli jardin-terrasse. Agréable petit-déjeuner, servi dans la salle de restaurant aux grandes baies. Service excellent.

Darmstadt ★

Cité étudiante dynamique, réputée pour ses centres de recherche et son savoir-faire scientifique, la capitale historique de la Hesse renaît après avoir été quasiment rayée de la carte durant la Seconde Guerre mondiale. Ordonné autour de la monumentale Luisenplatz et de son incroyable ballet de tramways, le centre conserve quelques beaux témoignages légués par les grands-ducs et les princes éclairés et abrite un Théâtre national avant-gardiste, qui perpétue son rayonnement intellectuel et culturel. Le plus grand trésor de Darmstadt, inscrit au Patrimoine mondial de l'Unesco, se cache à quelques pas du centre, sur la colline résidentielle de la Mathildenhöhe, où se trouvent quelques-uns des plus intéressants exemples Jugendstil du pays.

Mathildenhöhe et chapelle russe à Darmstadt.
travelview/Getty Images Plus

Se repérer

CARTE P. 362 (B2) ET PLAN P. 388
159 631 hab. – Hesse.
À 37 km au sud de Francfort.

À ne pas manquer

La Mathildenhöhe et ses bâtiments Art nouveau ; le musée de Hesse.

Organiser son temps

Comptez au moins une demi-journée pour visiter la ville.

Carnet pratique p. 391

Nos adresses p. 391

Se promener

PLAN P. 388

Schlossmuseum (MUSÉE DU CHÂTEAU) B2

Marktplatz 15 - ✆ 06151 24035 - www.schlossmuseum-darmstadt.de - visite guidée (1h30) : vend.-dim. 10h-17h - 5 €.

Aujourd'hui siège de l'université de la ville, l'ancien château des Landgraves est composé de deux bâtiments : d'une part le Château neuf (1716-1726), œuvre de Rémy Delafosse, avec sa façade régulière bordant la place du Marché ; d'autre part le Vieux Château (16e et 17e s.) avec des pignons à volutes, dont le portail décoré d'armoiries donne sur la cour. Intéressante collection d'œuvres d'art datant du 16e au 20e s. : peintures (*Vierge de Darmstadt* par Hans Holbein le Jeune), sculptures, arts décoratifs.

★ Hessisches Landesmuseum (MUSÉE DE HESSE) B2

Friedensplatz 1 - ✆ 06151 1657 000 - www.hlmd.de - ♿ - mar.-vend. 10h-18h (20h merc.), w.-end et j. fériés 11h-17h - fermé lun. - 6 € (-18 ans gratuit).

Cet édifice néo classique (1820) a retrouvé à sa fonction d'origine, celle d'un musée universel dans l'esprit encyclopédique des Lumières, avec des collections aussi variées que l'histoire naturelle – superbes **dioramas★** –, l'histoire, l'art ou la technique. Le bâtiment principal du musée abrite notamment une reproduction de villa romaine avec une mosaïque (fin 2e s.-déb. 3e s.) figurant des créatures marines, une belle collection d'Art nouveau et un espace consacré à **Joseph Beuys** (1921–1986) comprenant son célèbre *Werkkomplex*. L'annexe du bâtiment est dédiée à la peinture, avec un grand choix de **retables du Moyen Âge**, ainsi que des œuvres de Stefan Lochner et Lucas Cranach l'Ancien. La peinture allemande du 19e s. comme l'expressionnisme allemand et l'art contemporain sont bien représentés.

Traversez le Herrngarten, derrière le musée.

★ Porzellansammlung (COLLECTION DE PORCELAINE) B1

Schlossgartenstr. 10 - ✆ 06151 713233 - www.porzellanmuseum-darmstadt.de - avr.-oct. : vend.-dim. 10h-17h - fermé reste de l'année - 5 € (6-18 ans 3 €).

Le palais du prince Georges *(Prinz-Georg-Palais)*, ancienne résidence d'été des Landgraves, est un petit bâtiment baroque, construit en 1710. Il abrite aujourd'hui la remarquable **collection de porcelaines** des grands-ducs, dont presque toutes les pièces sont des cadeaux des familles royales et impériales d'Europe, formant ainsi la plus grande collection de porcelaines provenant de la manufacture grand-ducale de Kelsterbach et des manufactures allemandes et russes.

5

Prinz-Georg-Garten (JARDIN DU PRINCE GEORGES) B1

Jardin historique, unique en son genre en Hesse, il fut créé au cours de la deuxième moitié du 18e s. selon les principes du jardin à la française. D'une superficie de 2 ha environ, il est composé de massifs de plantes et de fleurs, et comporte de nombreux pavillons et bassins ainsi qu'une orangerie.

★★ Mathildenhöhe BC1-2

Depuis le Schlossmuseum, suivez l'Erich-Ollenhauer-Promenade, petite voie piétonne ombragée.

C'est sans doute l'un des endroits les plus insolites de la ville, avec ses terrasses, ses pergolas et sa chapelle russe. L'ensemble est caractéristique de l'architecture Jugendstil à la recherche de nouvelles formes d'expression. Le grand-duc Ernest-Louis avait fondé en 1899 une colonie d'artistes qui regroupait des architectes,

SE RESTAURER
Elisabeth 1
Linzer Stube 2
Shiraz Restaurant 3
Woog 4

SE LOGER
Welcome 1

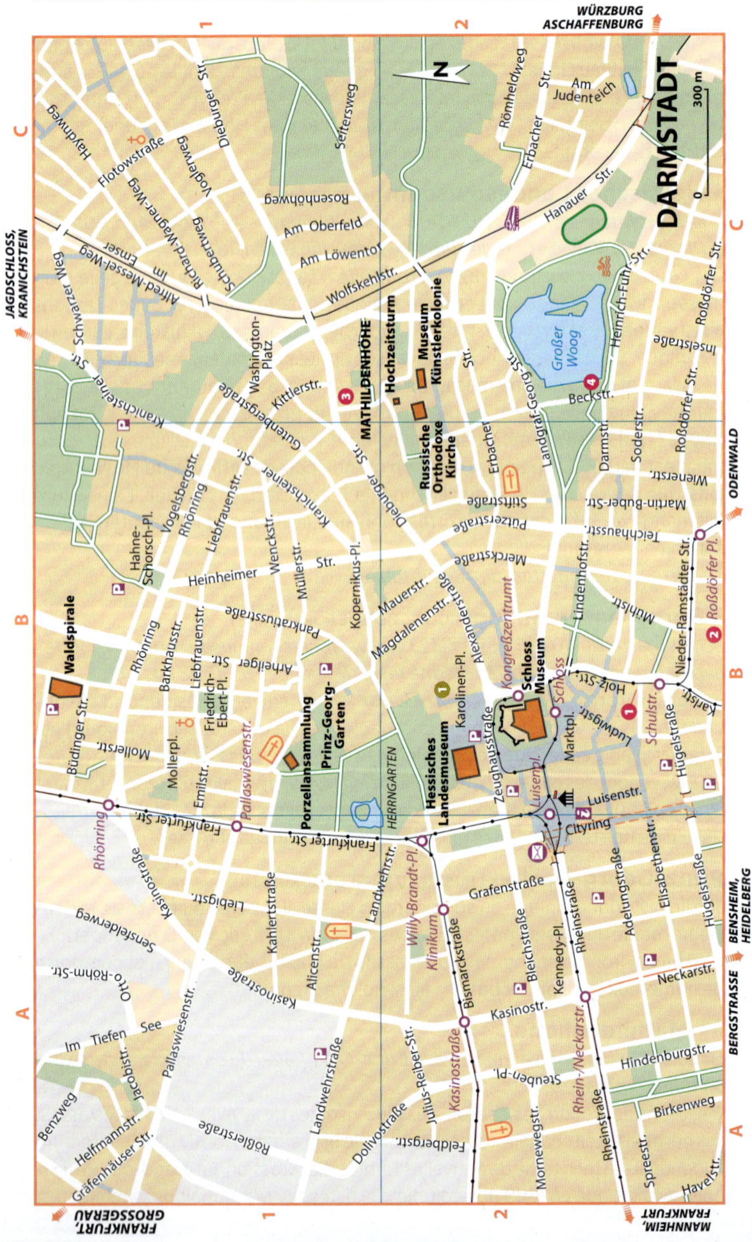

Hundertwasser : l'anticonformiste

Friedrich Stowasser (1928-2000), de son vrai nom, regrettait que la profession d'architecte soit réglementée et estimait que chacun devait pouvoir construire son habitation selon son goût. Partisan d'un retour à la nature, il considérait que l'on devait rendre à celle-ci la place prise pour la construction en la réinstallant sur le toit. Dans les années 1970, ce précurseur s'était bâti en Nouvelle-Zélande une *bottle house* (murs en bouteilles) avec capteurs solaires et station de traitement de l'eau par les plantes, lui permettant de vivre en autarcie. En collaboration avec de « vrais » architectes», il a essaimé des constructions en Allemagne, Autriche, Californie, Japon et Nouvelle-Zélande. La Waldspirale est sa dernière création.

des peintres et des sculpteurs voulant travailler ensemble au développement d'un « art total ». Joseph Olbrich, Peter Behrens et le sculpteur Bernhard Hoetger furent les représentants les plus marquants de ce groupe. Les maisons et ateliers groupés près de la **chapelle russe** (**Russische Orthodoxe Kirche** - 1897) formaient en 1901 le centre de l'exposition « Un document de l'art allemand ».

Tour des Mariés (Hochzeitsturm) – *✆ 06151 701 90 87 - mars-sept. : 10h-19h (20h vend.-dim.) ; oct. : 10h-18h ; nov.-fév. : 11h-17h - fermé lun. - accès à la tour limité les jours de mariage - 3 €.* Érigée en 1908 à l'occasion du mariage d'Ernest-Louis, Ile domine l'ensemble. À l'intérieur, deux belles mosaïques célèbrent l'Amour.

★ **Museum Künstlerkolonie** – *Olbrichweg 13a - ✆ 06151 132808 - www.mathildenhoehe.eu - mar.-dim. 11h-18h - fermé lun. - 5 € (12-17 ans 3 €, billet famille 10 €) - réserv. conseillée.* L'édifice, qui abritait les ateliers d'artistes, héberge aujourd'hui un musée consacré à l'Art nouveau. Les porcelaines de Paul Bürck, les bijoux signés Patriz Huber ou le mobilier conçu par Albin Müller valent la visite, mais la plus belle œuvre est sans conteste l'ancienne entrée du bâtiment (située à l'arrière), flanquée de deux sculptures masculine et féminine, et décorée d'élégants motifs dorés en relief.

★ Waldspirale B1

Au nord du centre-ville, au carrefour des rues Friedberger et Büdinger. Installations extérieures en accès libre.

La forêt en spirale est un étonnant complexe de logements de l'architecte autrichien Hundertwasser *(voir l'encadré ci-dessus)*, réalisé entre 1998 et 2000. Une forme irrégulière en U, l'absence de ligne droite et d'angle droit, les couleurs vives du béton de recyclage, les mille fenêtres dont aucune n'est identique et le toit constitué d'un jardin planté de tilleuls et d'érables font de cette résidence un ensemble unique.

5

À proximité

CARTE P. 362

Jagdschloss Kranichstein (PAVILLON DE CHASSE DE KRANICHSTEIN) B2

5 km au nord-est. ✆ 06151 97 111 88 - www.jagdschloss-kranichstein.de - merc.-vend. 13h-17h, w.-end et j. fériés 10h-17h - 7 € (enf. 5 €). Le pavillon est en cours de rénovation, certaines parties seront peut-être fermées lors de votre visite.

Le pavillon, qui accueillit au 18e s. de nombreuses chasses princières, abrite aujourd'hui un **musée de la Chasse**★ : tableaux de chasse, meubles de style baroque, armes et trophées. Les deux salles d'exposition du Bioversum illustrent la biodiversité à travers un grand diorama et de nombreuses bornes interactives.

Circuit conseillé

CARTE P. 362

La Bergstaße : de Darmstadt à Heidelberg B2-3

Circuit de 58 km tracé en mauve sur la carte.

À cheval sur la Hesse et le Bade-Wurtemberg, la Bergstraße court, du nord vers le sud, entre Darmstadt et Heidelberg. Cette vieille route, tracée au pied des petites montagnes bocagères et forestières de l'Odenwald, a donné son nom au liseré de coteaux ensoleillés inclinés vers la vallée du Rhin. L'excellente exposition autorise la floraison précoce des arbres fruitiers. Les nombreux châteaux forts et les petites villes anciennes composent un paysage typiquement rhénan.

Bensheim B2

La « ville des fleurs et du vin » est fière, à juste titre, de sa **vieille ville** avec ses très belles maisons à colombages sur la place du Marché, dans la rue principale et dans la Wambolterhofstraße. Dans le quartier **Auerbach**, un vallon très abrité accueille le parc du **Fürstenlager★★**, ancienne résidence d'été des landgraves de Hesse. Il est planté d'arbres exotiques et parsemé de pavillons et de monuments symboliques dans le goût du 18e s. finissant.

Lorsch A2-3

De la vaste abbaye fondée en 774 ne subsistent plus, à l'entrée est du bourg, que l'avant-nef de l'église et la **Torhalle★**. Cette porte triomphale, inscrite sur la liste du Patrimoine mondial de l'Unesco, est un rare témoin de l'architecture carolingienne.

Complexe muséographique de Lorsch (Museumszentrum Lorsch) – *☏ 06251 514 46 - www.kloster-lorsch.de - tlj sf lun. 10h-17h - Museumszentrum : 3 € - visite guidée : 6/7 € selon le lieu visité, incluant l'entrée.* Aménagé sur le site autrefois occupé par le monastère, il comprend une section sur l'histoire de l'abbaye, un espace consacré au folklore et un musée du Tabac.

Derrière l'église, une large vue s'offre sur la plaine du Rhin vers l'Odenwald.

Heppenheim an der Bergstraße B2-3

La **Marktplatz★**, ou Großer Markt, dominée par la vaste église néogothique surnommée « la cathédrale de la Bergstraße », doit surtout son charme aux deux constructions de bois à oriels d'angle de l'hôtel de ville et de la pharmacie Liebig.

Weinheim B3

Marktplatz 1 (Altes Rathaus) - ☏ 06201 82 610 - weinheim.de.

Encadrée de collines, Weinheim est la première ville de la Bergstraße à accueillir le printemps. La cité s'enorgueillit d'un grand nombre de maisons anciennes, notamment le vieil hôtel de ville (vers 1577) sur la Marktplatz, et le Büdinger Hof *(Judengasse 15-17)*, édifié en 1582. L'ancien **château**, aujourd'hui hôtel de ville, possède de beaux jardins à l'anglaise, où se dresse le plus grand cèdre d'Allemagne. Attenante, la **Forêt exotique★ (Exotenwald)** a été aménagée sur 50 ha de 1872 à 1884 et abrite des spécimens d'essences rares. Les ruines du fort de **Windeck** et le château de **Wachenburg**, érigé au début du 20e s., surveillent la ville de leurs promontoires.

★★★ Heidelberg

Voir p. 246.

Carnet pratique

S'informer

Office de tourisme – *Luisenplatz 5 - ✆ 06151 134 513 - Darmstadt - www.darmstadt-tourismus.de.*

Pass touristique

Darmstadt Card – *6 €/1 j, 9,90 €/2 j (en vente à l'office de tourisme).* Accès gratuit aux transports et des réductions sur des activités culturelles et de loisir.

Arriver/partir

En train – Liaisons régulières entre la gare de Darmstadt (HORS PLAN PAR A2) et Francfort (S 3 et lignes régionales, trajet de 20 à 30mn), Mayence (30mn) et Wiesbaden (40mn env.).

Nos adresses

PLAN P. 388

Restauration

Premier prix

4 **Woog** – C2 - *Beckstr. 44 - ✆ 06151 4294543 - www.woog.me - fermé dim. soir et lun. - plats 8,80/14,80 €.* À 10mn à pied de Mathildenhöhe, sur une terrasse surplombant un petit lac, ancien réservoir creusé au 16e s. contre les incendies, on grignote une omelette en observant les nageurs se lancer du plongeoir de 10 m juste à côté. Accueil très sympathique.

3 **Shiraz Restaurant** – C1 - *Dieburger Str. 73 - ✆ 06151 6011640 - www.shiraz-restaurant.de - buffet déj. 14,99 € - plats 16,99/28,99 €.* À deux pas de la tour des Mariés, un véritable décor des Mille et Une Nuits, version perse, feutré et élégant. Cuisine orientale où dominent les grillades iraniennes. Service soigné.

1 **Elisabeth** – B2 - *Schulstr. 14 (passage) - ✆ 06151 2787858 - www.suppkult.de - fermé dim.-lun. et le soir - 12/17 €.* Dans une ravissante cour secrète, cette adresse propose soupes, salades et tartes préparées le jour même, à partir de produits frais. Jolie salle colorée, à haut plafond, décorée de portraits-photos.

Budget moyen

2 **Linzer Stube** – B2 - *Kiesstr. 32 - ✆ 06151 422144 - www.linzer-stube.de - fermé lun.-merc. et sam. midi - plats 16/24,50 €.* Un restaurant de spécialités autrichiennes, charmant et intimiste, avec murs blancs et bois sombres, lumière tamisée et bougie sur les nappes immaculées. Table soignée et cuisine raffinée. Excellent *apfelstrudel* maison et sa sauce vanillée.

Petite pause

Café Chaos – B2 - *Mühlstr. 36 - ✆ 06151 20635 - 9h-1h.* Une adresse originale où le patron expose ses dizaines de distributeurs à tirette vintage – le plus ancien date des années 1930 –, bricolés dans sa cave et reconvertis à l'euro! La terrasse permet de prendre un café tout en surveillant ses enfants sur le terrain de jeux en face.

Hébergement

Budget moyen

1 **Welcome** – B2 - *Karolinenplatz 4 - ✆ 06151 39140 - www.welcome-hotels.com - P ♿ - 208 ch. à partir de 126 € ☕.* Situé idéalement sur une place face au château, cet hôtel fonctionnel offre des chambres lumineuses. Le généreux petit-déjeuner buffet est servi dans une salle s'ouvrant sur le parc à l'arrière.

Le quartier ancien de Ratisbonne.
Leonid Andronov/Getty Images Plus

COMPRENDRE L'ALLEMAGNE DU SUD

L'Allemagne aujourd'hui

Première puissance économique européenne, l'Allemagne est la locomotive du Vieux Continent. Mais elle est aujourd'hui confrontée à trois défis majeurs : atténuer les disparités qui, plus de trente ans après la réunification, subsistent toujours entre les nouveaux Länder de l'Est et le reste du pays, remédier au vieillissement de la population et faire face à la crise énergétique.

Un géant économique

L'Allemagne a mieux résisté que les autres pays européens aux crises économiques et financières des années 2007-2011. Elle est sortie plus rapidement de la tourmente, et les bons résultats qu'elle affiche au fil des mois – un taux de chômage inférieur à 5 % (2022), des exportations en hausse... – ne manquent jamais de faire pâlir ses voisins !

Les clés du succès ?

Les économistes expliquent ces enviables performances par la conjugaison de plusieurs facteurs : une réforme en profondeur du marché du travail, le recours au chômage partiel et aux « minijobs » à 450 €/mois (plus de 7 millions en 2021), des entreprises innovantes et un système très efficace de l'apprentissage. Ce à quoi l'on pourrait ajouter un facteur plus culturel, le **goût du consensus** : citoyens, syndicats, employeurs et partis politiques ont à cœur de toujours rechercher un compromis profitable à tous et de favoriser le dialogue social. La fameuse « discipline allemande » n'est sans doute pas étrangère à la montée en gamme de la République fédérale d'Allemagne dans le concert des puissances mondiales : l'État s'efforce de respecter scrupuleusement la règle du « frein à l'endettement » *(Schuldenbremse)*, inscrite dans la Constitution, qui interdit tout dérapage budgétaire supérieur à 0,35 % du PIB. Aujourd'hui, l'Allemagne est le seul pays du G7 à finir l'année avec un solde à l'équilibre.

Le moteur de la prospérité

Le **secteur industriel** représente à lui seul un tiers du PIB. Il se compose de nombreuses PME et de grands groupes internationaux aux activités très diversifiées, comme Siemens, Bayer, Bosch ou ThyssenKrupp qui figurent tous au palmarès des plus grandes entreprises européennes au côté de l'assureur Allianz, basé à Munich. Les principaux sites industriels sont les conurbations de Stuttgart, Munich, Francfort-sur-le-Main, Cologne, Hambourg et Leipzig. L'automobile – le secteur qui

Le symbole Euro à Francfort.
Teka77/Getty Images Plus

pèse le plus lourd – est représentée par les constructeurs Volkswagen, Audi, BMW, Daimler-Chrysler, Porsche et Opel. Viennent ensuite l'électronique, la construction et l'industrie chimique avec BASF, numéro 1 mondial, installé à Ludwigshafen. La région de Munich (« Isar Valley ») attire aussi une nébuleuse d'activités high-tech et de start-up.

Des retards et des pannes

Quelques nuages, néanmoins, viennent assombrir ce tableau. Une poignée de Länder – Brême, Berlin, la Saxe-Anhalt... – sont surendettés. Et même si le *« made in Germany »* reste une référence, le contexte géopolitique et sanitaire (Covid-19, conflit en Ukraine) pèse sur l'activité des entreprises. Plusieurs chantiers sont à la traîne, comme la pharaonique gare de Stuttgart 21 (prévu pour 2025 ?). Mais tous les espoirs sont permis car l'aéroport de Berlin-Brandenburg a finalement été inauguré en 2020 avec un retard de neuf ans. Mais il y a un retard plus profond que l'Allemagne n'a pas encore réussi à résorber : celui de la « mise à niveau » de ses régions Est et Ouest.

Des déséquilibres

Bien sûr, pour qui a connu Potsdam ou Leipzig avant la chute du Mur, les changements sont vertigineux depuis 1990 : façades repeintes, galeries commerciales flambant neuves... L'écart entre les deux parties du pays s'est considérablement réduit, mais en dépit des énormes efforts financiers consentis par les Länder de l'Ouest, d'importants déséquilibres demeurent, comme si une invisible frontière continuait de couper l'Allemagne en deux.

Un pays à deux vitesses

Même sous perfusion, l'ex-RDA reste à la traîne. Ses habitants sont moins bien rémunérés, à poste égal, que leurs concitoyens de l'Ouest (17 % de moins) et plus exposés au chômage (2 points d'écart). Par ailleurs, les médiocres perspectives d'emploi à l'Est (les grandes entreprises y sont rares) ont poussé nombre de ses habitants – les jeunes les plus qualifiés en particulier – à élire domicile dans les riches Länder du Sud, Bavière et Bade-Wurtemberg. Aujourd'hui, le phénomène tend à s'inverser en partie : des *Wessis* – des étudiants notamment – ont fait le choix de s'installer à l'Est où les loyers sont plus faibles.

Un vieillissement rapide

L'Allemagne compte plus de 83,2 millions d'habitants, ce qui fait d'elle l'État le plus peuplé de l'Union européenne. Mais depuis 1972, elle est aussi l'un des pays les plus affectés par le déclin démographique : la natalité y est inférieure à la mortalité. Le gouvernement Merkel a mis en place un congé parental, revalorisé l'allocation familiale et augmenté le nombre de places en crèche, mais rien n'y fait : le taux de natalité (1,5 enfant par femme) reste le plus bas d'Europe. Le vieillissement de la population, qui tend à s'accélérer (une personne sur cinq a plus de 65 ans), pèse sur les dépenses de santé et fragilise le financement des retraites. Selon les projections, l'Allemagne pourrait perdre entre 2 et 5 millions d'habitants d'ici 2030.

Un état pluriel

L'Allemagne contemporaine est une fédération de seize **Länder**, régions indépendantes, issues pour beaucoup d'anciens royaumes, duchés ou principautés, qui possèdent leur propre Constitution, leur propre assemblée, leur propre gouvernement, et cultivent jalousement leur identité, culturelle et linguistique : « boucher » se dit encore *Metzger* à Munich, *Fleischer* à Berlin, *Schlachter* à Hambourg. Nul centralisme donc, mais un État foncièrement pluriel qui soutient les langues de ses minorités nationales – le danois, le frison, le sorabe – ainsi que le *Plattdeutsch*, langue régionale.
Un quart de la population est issue de l'immigration. Avec eux, la RFA est passée du statut de « pays d'immigration provisoire » à celui de « pays d'immigration permanente ». Très nombreux à Berlin et dans les grandes villes de la Ruhr, les « étrangers » sont peu présents dans les campagnes bavaroises et les autres Länder de l'Est. L'un des aspects les plus frappants de cette nouvelle Allemagne est l'émergence, auprès des populations récentes, du *Kiezdeutsch*, une variante de l'allemand, qui emprunte une partie de son lexique au turc et à l'arabe, renonce à la traditionnelle inversion du sujet et oublie articles et prépositions (*isch bin Schul* : « je suis à l'école » ; *isch geh Bahnhof* : « je vais à la gare »).

Un nouveau défi

Le 31 août 2015, la chancelière allemande, Angela Merkel, a prononcé en conférence de presse trois mots héroïques et désormais célèbres au sujet de l'intégration des réfugiés : *Wir schaffen das* (« Nous y arriverons ! »).

La culture de la main tendue

Dès les premiers mois de 2015, l'afflux massif de **réfugiés** venus du Proche-Orient a suscité, à Berlin et dans les grandes villes de l'Ouest, un important élan de solidarité. Les clubs de football ont aussitôt intégré des joueurs syriens, érythréens ou irakiens dans leur équipe, les universités ont pris en charge les étudiants. Cette attitude volontariste et positive porte un nom : **Willkommenskultur** – une « culture de la main tendue » qui n'était pas nouvelle (au sortir de la Seconde Guerre mondiale, des millions d'Allemands expulsés d'Europe centrale, Silésie et Prusse orientale

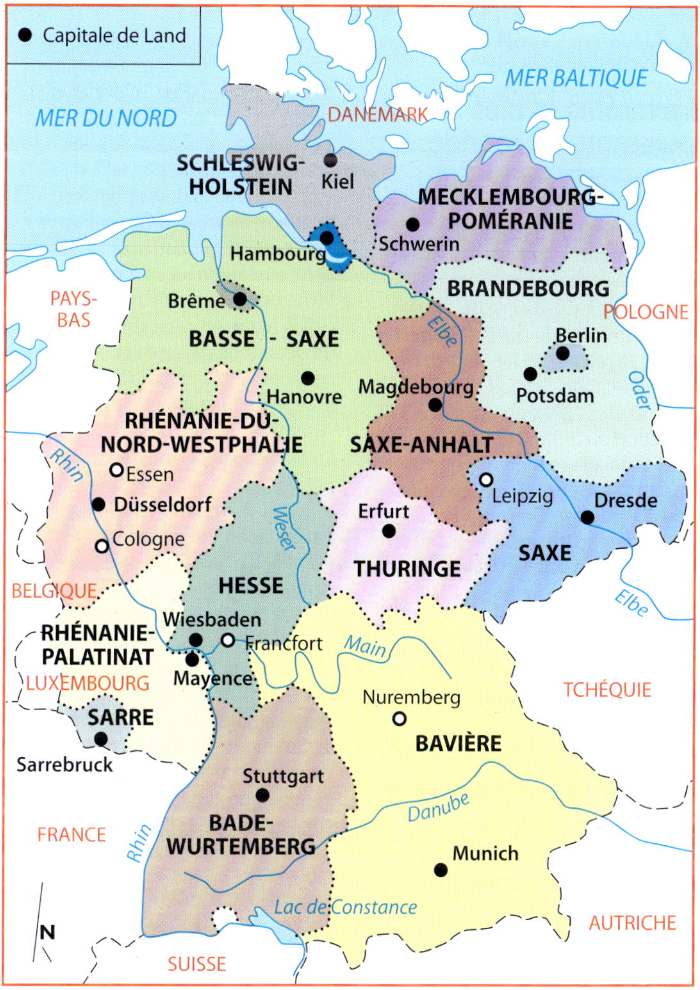

avaient trouvé refuge en Bavière, Basse-Saxe, Schleswig-Holstein...). En 2021, la moitié des réfugiés avaient trouvé un emploi, grâce à l'apprentissage et aux réseaux locaux d'entreprises. Pour le gouvernement, ce nouveau « vivier » de demandeurs d'asile représente une possible solution au déclin démographique : selon les économistes, le pays a besoin de 750 000 immigrés par an pour maintenir le niveau de vie actuel de ses habitants.

Les sirènes du populisme

Mais la *Willkommenskultur* fait grincer des dents. Surtout dans les régions affectées par le chômage : des « citoyens en colère » *(Wutbürger)* fustigent le gouvernement qui débloque d'urgence des milliards d'euros pour venir en aide aux réfugiés alors qu'il rechignait, il y a peu, à financer l'ouverture d'une simple garderie. Alternative für Deutschland (AFD) – le nouveau parti conservateur et eurosceptique, qui a fait son entrée au Bundestag – s'oppose lui aussi à cette politique migratoire.

La femme la plus puissante du monde

Au milieu de ces tempêtes, une femme s'est efforcée de garder le cap. Fille d'un pasteur du Brandebourg, diplômée en physique de l'université Karl-Marx de Leipzig et porte-parole du dernier gouvernement de la RDA, **Angela Merkel** a rejoint, au lendemain de la réunification, l'Union chrétienne-démocrate (CDU), dont elle a pris la direction en 1998. Élue sept ans plus tard chancelière fédérale, elle jouit aussitôt d'une cote de popularité sans précédent. On l'apprécie pour sa pondération, son humilité et son endurance. Son bilan est toutefois diversement apprécié : elle a instauré le chômage partiel, qui a permis de préserver l'emploi, ainsi qu'un salaire minimum, mais sous ses mandats, les inégalités entre riches et pauvres se sont creusées. Elle a fait preuve d'une très grande empathie envers les réfugiés du Proche-Orient. Elle est tout de même réélue chancelière fédérale en mars 2018. Ce quatrième mandat, marqué par une certaine usure du pouvoir, n'est pas un long fleuve tranquille : revers électoraux de son parti en Basse-Saxe et en Hesse, échauffourées antimigrants à Chemnitz, sans parler de la droite radicale qui s'installe peu à peu comme la deuxième force politique du pays. Sa gestion très prudente de la pandémie de Covid-19 lui a néanmoins valu en 2020 un formidable regain de popularité. Grâce à une efficace stratégie de dépistages massifs et de confinements ciblés, l'Allemagne a enregistré bien moins de décès que ses voisins européens.

Le 8 décembre 2021, elle quitte le pouvoir après seize ans à la tête du pays, marquant les Allemands par sa façon de gouverner, calme et réfléchie, avec des coalitions au centre, dans une période – après la réunification –, où le pays avait besoin de cette stabilité.

Après son départ, remplacée par Olaf Scholz, la guerre en Ukraine bouleverse les schémas économiques et politiques du pays. En pleine transition énergétique, l'Allemagne subit de plein fouet les conséquences de sa dépendance au gaz en provenance de la Russie.

L'esprit vert

Au Bundestag depuis 1983 et de retour au gouvernement depuis les élections fédérales de 2021, le parti écologiste *(Die Grünen)* a grandement contribué à sensibiliser citoyens et pouvoirs publics aux impacts de l'industrialisation sur l'environnement. Aujourd'hui, 30 % du territoire est placé sous « protection » (parcs naturels, réserves de biosphère, parcs nationaux et zones naturelles protégées). Avec l'urgence climatique et la nécessité de réussir la transition énergétique, les Verts allemands sont désormais des poids lourds du gouvernement de coalition. L'Allemagne s'engage à éteindre tous ses réacteurs nucléaires en 2022, mais avec la crise énergétique et la raréfaction des livraisons de gaz russe, conséquence de la guerre en Ukraine, le débat est relancé. Les Verts au pouvoir font du développement des énergies renouvelables l'une de leurs priorités. Les éoliennes couvrent actuellement 0,8 % du pays. Leur part doit passer à 1,4 % en 2026 et à 2 % d'ici la fin 2032. Pour décarboner son industrie et relancer son économie après l'épidémie de Coronavirus, l'Allemagne s'est donné pour objectif de devenir le leader mondial de la production d'hydrogène « vert ».

Chute du mur de Berlin : Berlinois de l'est et de l'ouest devant la porte de Brandebourg.
N. Michalke/imageBROKER/age fotostock

Histoire

Longtemps divisée en une multiplicité d'États autonomes, dont les limites et les régimes n'ont cessé de se modifier au cours des siècles, l'Allemagne n'a réalisé que tardivement son unité. Son cheminement vers une démocratie libérale et un système parlementaire stable a été long et parsemé d'épisodes douloureux. Mais cette nation si diverse qui maintient encore des pouvoirs régionaux forts, est devenue aujourd'hui l'un des principaux fers de lance de l'unité européenne.

Des origines à la Germanie franque

La préhistoire

Les premiers ossements humains, datés de 400 000-500 000 ans, ont été retrouvés non loin de la ville de Heidelberg, où vécut l'*Homo heidelbergensis*. Mais c'est près de Düsseldorf que fut exhumé l'homme de Neandertal, qui y vécut il y a environ 100 000 ans. La période néolithique a livré, sur les rives du lac de Constance, des traces de cités lacustres remontant à 8 000 ans. L'Allemagne est occupée par des populations celtes au cours du premier millénaire av. J.-C.

Musée du Palatinat électoral à Heidelberg.

Romains et germains

Dès le premier millénaire av. J.-C., des peuplades germaniques, venues de Scandinavie, progressent vers le sud. Ayant franchi le Rhin, elles se heurtent au monde celtique, avant d'être repoussées par les Romains. Les légions romaines tiennent en effet la ligne du Rhin et du Danube sur laquelle elles ont établi des colonies au 1er s. av. J.-C.; celles-ci

donneront naissance à Trèves, Mayence ou Cologne.
Les Germains ne tardent pas à constituer une menace sérieuse pour Rome, qui doit à plusieurs reprises réagir militairement à leurs tentatives d'expansion. Afin de défendre le territoire compris entre Rhin et Danube, les Romains bâtissent le **limes** au 2e s. Cette ligne de frontière fortifiée établit une claire partition entre la Germanie « barbare » et celle soumise à Rome. Mais à la fin du 4e s., la pression des tribus germaniques devient trop forte pour l'Empire romain affaibli. Bousculés par les Huns venus d'Asie, les Goths, les Vandales, les Francs, les Lombards et autres tribus franchissent l'Elbe. Ils déferlent bientôt sur Rome après avoir rompu le limes.
Porta Nigra et thermes à Trèves, Musée régional à Mayence.

L'empire des Francs

Au début du 6e s., **Clovis**, roi des Francs (tribu installée à l'origine à l'embouchure du Rhin), se convertit au christianisme. Il soumet, à l'est, les Alamans, et colonise le territoire qui deviendra la Franconie.
Charlemagne, après avoir vaincu les Saxons et les Bavarois, est couronné empereur à Rome par le pape, en l'an 800. Il entend ainsi prendre l'héritage légitime de l'Empire romain, dans l'ancienne Gaule et en Germanie. L'éclatement de l'Empire carolingien intervient peu après sa mort (814). Le **traité de Verdun**, en 843, donne ainsi naissance à la Francie orientale – ou royaume de Germanie – attribuée à Louis le Germanique. Cette partition consacre l'affaiblissement du pouvoir central, alors que se constituent des duchés émancipés de la tutelle impériale.
En 911, les Francs de l'Est choisissent un roi de Germanie parmi les leurs et commencent à se différencier de la nation des Francs de l'Ouest, future France.

L'Allemagne médiévale

Le Saint Empire romain germanique

Soucieux de réaliser l'unité du royaume en rassemblant ses diverses composantes politiques, Henri Ier obtient que son fils Othon soit désigné comme son successeur. **Otton Ier** (empereur de 936 à 973) rétablit alors, à Rome, l'Empire romain d'Occident comprenant les royaumes de Germanie, d'Italie puis, à partir de 1032, le royaume de Bourgogne. Animé par la volonté d'unir pouvoirs temporel et spirituel, Il fonde le **Saint Empire romain germanique**. La couronne impériale est élective, et tout candidat doit détenir une vertu dynastique par l'appartenance à une lignée souveraine. La **Diète** réunissant les ducs, comtes et hauts prélats élit le roi des Romains, qui ne devient empereur qu'une fois sacré à Rome par le pape.
Les empereurs s'efforceront de maintenir la couronne dans leurs familles respectives en faisant, de leur vivant, élire leurs fils rois des Romains, pratique qui deviendra définitive avec les Habsbourg.
Ne disposant pas d'institutions centralisées pour gérer un empire qui s'étend de la Sicile à la mer Baltique et du Rhône à la Pologne, ils s'assurent, par des donations territoriales et l'octroi de privilèges, de la fidélité des comtes et des ducs, sur qui reposent l'administration de l'Empire, sa sécurité et son expansion vers l'est. Fonctionnaires et vassaux de l'empereur, ces seigneurs disposent de puissantes prérogatives qui échappent rapidement au contrôle impérial et deviennent l'apanage de l'aristocratie laïque.
En outre, l'empereur dispose, par la tradition carolingienne et le

sacre, d'un pouvoir religieux ; il peut ainsi réunir les conciles, décider des affaires de l'Église, confirmer ou casser l'élection des papes et intervenir dans l'attribution des évêchés. Cette situation provoque donc des querelles avec la papauté.
Lors d'un séjour en Allemagne, vous entendrez parler de **« margrave »** *(Markgraf)* : il s'agit du titre donné aux princes du Saint Empire romain germanique.

La lutte du sacerdoce et de l'empire

Énergique réformateur de l'Église, le pape Grégoire VII, élu en 1073, remet en cause la tutelle impériale sur la papauté. Il entend mettre un terme à l'investiture des ecclésiastiques par les laïcs. Cette **querelle des Investitures** affaiblit considérablement l'Empire et ébranle la chrétienté. Elle prend fin avec le **concordat de Worms** (1122) par lequel l'empereur renonce à la nomination des évêques et des abbés ; les terres du Saint-Siège sont affranchies de sa suzeraineté.

Se présentant comme le successeur de Charlemagne et d'Othon Ier, **Frédéric Ier Barberousse** (1152-1190) s'emploie à renforcer le pouvoir impérial et à limiter le pouvoir pontifical au domaine spirituel.

En 1356, la **Bulle d'or** institue l'élection impériale par un collège de trois électeurs ecclésiastiques (archevêques de Mayence, Cologne et Trèves) et de quatre électeurs laïcs (duc de Saxe, margrave de Brandebourg, comte palatin, roi de Bohême). Si la lutte entre la papauté et l'Empire permet progressivement la constitution en Allemagne d'États ecclésiastiques, dans le même temps, les concessions accordées aux princes par l'empereur confortent les pouvoirs seigneuriaux dans une large autonomie *(voir encadré ci-dessous)*.

Les princes allemands profitent de la période dite du **Grand Interrègne** (1250-1273), qui voit l'élection de deux empereurs non allemands, pour accroître leur puissance.

C'est également au cours de cette période qu'est fondée la **Ligue hanséatique**, union de défense des villes commerçantes *(voir encadré p. 402)*. L'octroi de privilèges aux princes, aux grands prélats et aux villes, parallèlement à l'habitude prise par les seigneurs de partager leurs fiefs entre leurs héritiers, conduit à la formation d'un conglomérat d'États qui seront au nombre de 350 au 16e s. Parmi eux se détachent trois grandes puissances rivales qui, par leur situation géographique, créent un équilibre dans l'Empire : la Bavière, le Brandebourg et la Saxe.

La bulle d'or

Promulguée par l'empereur **Charles IV** de Luxembourg, la Bulle d'or, considérée comme l'une des premières Constitutions occidentales, jette les bases d'un État moderne. Elle définit les cadres institutionnels qui instaurent une monarchie à caractère électif, fédéral et laïc, ne laissant à l'empereur qu'un pouvoir limité. Elle restreint également l'assemblée des princes-électeurs afin de favoriser le pouvoir de certaines puissances territoriales. Pour être élu, le candidat devait appartenir à l'une des familles souveraines. Franconiens (dynastie salienne), Saxons (les Othons), Bavarois et Souabes (les Hohenstaufen) reçurent tour à tour la couronne. Mais les empereurs s'employèrent à faire des donations et à octroyer des privilèges aux ducs, comtes et hauts prélats qui appartenaient à la Diète afin de la garder dans leur famille.

Bavière, Brandebourg et Saxe au Moyen Âge

La Bavière et la Saxe ont le statut de duchés; le Brandebourg s'étend progressivement vers l'est et ne deviendra duché que lors de sa réunion avec la Prusse en 1618. Sur ces trois États s'établit un système commun : l'attribution d'un territoire à une grande dynastie – **Wittelsbach** en Bavière, **Hohenzollern** au Brandebourg et **Wettiner** en Saxe – qui s'affermit ensuite soit par des mariages, soit par des conquêtes, soit par des donations. À tour de rôle, ces trois duchés deviennent les puissances territoriales prépondérantes en Allemagne, renforçant leur autorité par l'accession momentanée à la dignité impériale.

La dynastie des Habsbourg

Héritant d'un empire ravagé par la peste noire, Albert V, duc d'Autriche et comte de Habsbourg, est élu empereur sous le nom d'**Albert II** en 1438. Il inaugure ainsi le règne des Habsbourg qui va s'étendre sur plus de trois siècles. Cette période, au cours de laquelle l'Empire est sans cesse menacé de morcellement, est aussi marquée par un intense développement économique. Ainsi voit-on se constituer, à la fin du 15e s., de puissantes dynasties de banquiers comme les Fugger, créanciers des Habsbourg.

Par son mariage avec Marie de Bourgogne (1477), le futur **Maximilien Ier** hérite de vastes territoires. Il étend plus tard sa domination aux Pays-Bas grâce au traité d'Arras (1482) et, par un jeu d'alliances tactiques, fait des Habsbourg les héritiers des Rois catholiques d'Espagne. À la mort de Maximilien, en 1519, la couronne impériale proposée au roi de France François Ier est finalement attribuée à **Charles Quint**, qui hérite du trône d'Espagne et de Bourgogne.

Les empereurs tentent des réformes afin de limiter l'hégémonie des États dynastiques; maîtres du titre impérial, les Habsbourg s'évertuent à arrondir leurs domaines par la pratique d'une fructueuse politique matrimoniale et rétablissent habilement le principe héréditaire.

À la veille de la Réforme, on distingue toujours trois étages du pouvoir dans le Saint Empire; outre la **dignité impériale**, conférée au plus puissant des États territoriaux, il faut compter avec les **princes** à la tête des États autonomes, et les **villes**

La ligue hanséatique

La Ligue hanséatique, ou Hanse (de *« hansen »*, s'associer), désigne l'union des cités commerçantes qui dominèrent les échanges de l'Europe du Nord, ainsi que l'axe commercial stratégique mer du Nord-mer Baltique. Elle naît en 1241 de l'alliance nouée entre Hambourg et Lübeck. Ces deux villes ne tardent pas à s'associer à la Flandre, en particulier à Bruges qui joua un rôle de premier plan dans le développement de la Hanse. Dirigée par une diète réunissant des représentants des cités membres, la Ligue regroupe bientôt plus de 80 villes, chacune fournissant à l'association son contingent militaire et sa contribution en argent. La Hanse connaît, jusqu'à la fin du 15e s., une remarquable prospérité, exerçant un contrôle étroit sur le commerce du nord de l'Europe. Son déclin s'amorce avec la découverte de l'Amérique et l'expansion de la puissance maritime de la Hollande et de l'Angleterre. La dernière Diète se réunit en 1669, alors que la Ligue, très affaiblie par la guerre de Trente Ans, n'est plus que l'ombre d'elle-même.

La salle Luther du château de Wartburg.
N. Neetz/imageBROKER/age fotostock

qui, en constituant des alliances du type de la Hanse, tendent à s'affranchir du pouvoir des princes.
Église Ste-Anne et cité Fuggerei à Augsburg.

Le fait religieux à l'époque moderne

Dès le 15e s., l'adhésion de grandes dynasties à la nouvelle confession établie par **Martin Luther** est à l'origine de nombreux conflits entre l'empereur et certains grands qui s'unissent dans des ligues.

Réunis à Augsburg par Charles Quint en 1530, les deux camps ne parviennent pas à s'entendre. **Melanchthon** rédige, au nom des luthériens, la *Confession d'Augsbourg* qui deviendra la charte du protestantisme. La nouvelle confession privilégie le rapport direct à Dieu dans l'Écriture, au détriment des directeurs de conscience : le salut est avant tout affaire de libre examen. Il faut attendre 1555 et la **paix d'Augsbourg** (« à tel pouvoir, telle confession ») pour que le protestantisme soit reconnu officiellement dans les États de l'Allemagne du Nord.

Bavière, Brandebourg et Saxe au 16e s.

Très vite, Brandebourg et Saxe optent pour les thèses luthériennes. Le duc de Saxe, **Frédéric le Sage**, offre son hospitalité à Luther, qui traduit la Bible en allemand, traduction considérée comme la première œuvre littéraire en allemand moderne.

La Bavière, pour sa part, reste catholique, autant par conviction religieuse que par opposition à la seconde branche des Wittelsbach, qui règne sur le Palatinat et a choisi le protestantisme. Elle se pose en championne du catholicisme, prend la tête de la Contre-Réforme et de la **Ligue catholique**, tandis que la Saxe et le Brandebourg participent à l'**Union évangélique** patronnée par l'électeur palatin.

La guerre de Trente Ans

L'affrontement de l'Union évangélique et de la Ligue catholique marque le début de la

Luther, le père de la Réforme

Né à Eisleben en 1483, Martin Luther entre en 1503 au couvent des augustins d'Erfurt. Nommé professeur de théologie, il trouve dans l'Écriture, vers 1512-1513, la réponse cherchée : « L'Homme se justifie par la Foi, sans les œuvres de la Loi. » Le salut de l'homme, qui le tourmente, est selon lui assuré par la grâce de Dieu, à laquelle il répond par la Foi. Cette position l'amène à s'attaquer au trafic des indulgences et, le 31 octobre 1517, il affiche sur les portes de l'église de Wittenberg 95 thèses condamnant ces pratiques et rappelant la place primordiale du sacrifice de la croix et de la grâce de Dieu. Invité par le pape à se rétracter, il refuse et brûle, en 1521, la bulle pontificale le menaçant d'excommunication. Luther s'en prend ensuite aux sacrements, oppose à la primauté des clercs dans le domaine spirituel le sacerdoce universel des chrétiens conféré par le baptême, et critique l'Église dans ses institutions et sa hiérarchie. Ayant refusé de se rétracter, il est mis au ban de l'Empire et ses œuvres sont brûlées. Luther meurt dans sa ville natale en 1546.

Worms, Spire, Heidelberg, forteresses de Cobourg.

guerre de Trente Ans (1618-1648) qui, par le jeu des alliances, s'étend aux grandes nations d'Europe (notamment la France, l'Angleterre et la Suède). Les victoires françaises à **Rocroi** (1643) et à **Lens** (1648) contraignent l'empereur Ferdinand III à signer la paix. Les **traités de Westphalie** (1648) règlent les différends religieux et donnent aux États protestants l'occasion d'étendre leurs territoires.

Sur fond de justifications confessionnelles, la guerre de Trente Ans a constitué une lutte intérieure contre le pouvoir impérial, doublée d'une guerre européenne contre les Habsbourg régnant à Madrid et à Vienne. Pour un pays comme la France, il était vital en effet que les Habsbourg, déjà maîtres de l'Espagne, de l'Italie et des Pays-Bas, n'aient pas la haute main sur l'Allemagne. Mené essentiellement sur le territoire allemand, le conflit a dévasté les campagnes et saccagé les grandes villes, provoquant la ruine de l'économie.

L'ascension de l'Autriche et de la Prusse

Les Habsbourg s'emploient, après la guerre de Trente Ans, à restaurer leur puissance mise à mal par le conflit. Menant une politique d'expansion active vers le sud-est, l'Autriche rattache la Hongrie à la couronne, puis la Transylvanie, la Slovénie, la Croatie, Belgrade et une partie de la Serbie.

Cette période voit aussi l'émergence d'un pouvoir politique fort et concurrent en Prusse autour de la famille des **Hohenzollern**.

Après avoir hérité en 1618 du duché de Prusse, le margrave de Brandebourg obtient aux traités de Westphalie, entre autres territoires, la Poméranie orientale : en trente ans, ses possessions ont triplé et l'État prusso-brandebourgeois est devenu la deuxième puissance territoriale de l'Empire après l'Autriche. Oscillant sans cesse entre l'alliance et l'opposition à la France, l'électeur **Frédéric-Guillaume** (1640-1688) met à profit un engagement mesuré dans les guerres avec Louis XIV pour consolider son État, l'organiser et le développer. Il favorise considérablement le développement de Berlin en donnant asile à des milliers de huguenots français poussés à l'exil par la **révocation de l'édit de Nantes** en 1685.

Second roi de Prusse, son petit-fils, **Frédéric-Guillaume Ier** (1713-1740), dit le **« Roi-Sergent »**, poursuit son œuvre. La guerre de Succession d'Autriche permet à **Frédéric II** d'acquérir la Silésie en 1742. En effet, malgré la Pragmatique Sanction, selon laquelle Marie-Thérèse doit succéder à son père Charles VI, le trône impérial est revendiqué par le duc-électeur de Bavière, soutenu par la France. Sans attendre que se déclenche le prévisible conflit général, Frédéric II envahit la Silésie, que **Marie-Thérèse** lui cède afin de se consacrer à la guerre contre la Bavière et la France. Cette cession est entérinée par le traité d'Aix-la-Chapelle en 1748. La lutte pour l'hégémonie en Allemagne va désormais se circonscrire entre la Prusse des Hohenzollern (représentée, en cette fin de 18e s., par Frédéric II, ami des philosophes et incarnation du despotisme éclairé) et l'Autriche des Habsbourg (dominée par Marie-Thérèse, peu sensible aux Lumières et catholique intransigeante) : la Saxe s'épuise à tenter de conquérir la Pologne ; la Bavière, éliminée après la guerre, prépare sa réunion avec le Palatinat ; quant à l'électeur de Hanovre, puissance montante, il se désintéresse de l'Allemagne après avoir hérité du trône anglais.

Château de Nymphenburg, à Munich.

La fin du Saint Empire

La Révolution française rencontre d'abord des échos très favorables dans la classe intellectuelle allemande. Cependant, les excès de la Terreur ne tardent pas à susciter la réprobation. Résolus à soutenir Louis XVI, les Prussiens envahissent la France mais sont défaits à Valmy (septembre 1792). Les **guerres napoléoniennes** bouleversent la structure du Saint Empire. Lors du **traité de Lunéville**, en 1801, la France acquiert la rive gauche du Rhin, dépossédant un nombre important de princes d'Empire auxquels devaient être versées des indemnités territoriales prélevées sur la rive droite. C'est pourquoi Napoléon fait établir un projet de redistribution (adopté par la Diète d'Empire en 1803) qui repose essentiellement sur la suppression de tous les États ecclésiastiques et de 46 villes libres sur 52, et réduit à 39 le nombre d'États au sein de l'Empire germanique. Ces compensations s'avèrent parfois avantageuses pour certains États : ainsi, la Prusse perd 127 000 sujets sur la rive gauche, mais en récupère 500 000 en recevant des territoires en Westphalie. Après le **traité de Presbourg**, fin 1805, qui rejette l'Autriche hors de l'Empire, la Bavière, la Saxe et le Wurtemberg sont élevés au rang de royaumes. Seize États du Sud et de l'Ouest entrent dans la **Confédération du Rhin**, créée par Napoléon en 1806 pour affaiblir l'Autriche, et s'excluent ainsi de l'Empire. Le 6 août 1806, François II renonce à sa couronne et prononce la dissolution du Saint Empire.

Vers l'unité allemande

Face à la Confédération du Rhin qui avait fini par regrouper 37 des États, la Prusse se pose en championne de la libération nationale, parvenant à rallier l'ensemble des Allemands, qui participent tous à la **bataille des Nations** et à la défaite des troupes françaises à Leipzig (1813). Mais, le souci de maintenir le morcellement de la nation conduit à la création de la Confédération germanique.

La confédération germanique

Constituée au **congrès de Vienne** (1814-1815), elle regroupe 35 États ou « villes libres » conservant leur autonomie interne et représentés par une « Diète » de 11 membres désignés par les gouvernements, siégeant à Francfort-sur-le-Main sous la présidence de l'Autriche; **Metternich**, Rhénan devenu chancelier d'Autriche, arbitre en fait cette fédération dont la formule surannée heurte les libéraux allemands. Cependant, la création en 1834 d'une union douanière *(Zollverein)* conduite par la Prusse constitue une étape vers l'unité par le biais de la solidarité économique.

L'ère Bismarck

Huit ans suffisent à **Bismarck**, nommé ministre-président de Prusse en 1862, pour imposer « par le fer et par le sang » la formation d'une Allemagne centralisée (ou **Petite Allemagne**) sous la direction de la Prusse, en écartant les tentatives autrichiennes de fédérer les divers États en une « Grande Allemagne » s'étendant de la mer du Nord à l'Adriatique.

Au cours de la campagne éclair de 1866, il vainc l'Autriche à **Sadowa**. Bismarck a alors les mains libres pour organiser l'Allemagne du Nord, rattachant à la Prusse le Hanovre, la Hesse, le Schleswig-Holstein, et formant avec tous les États situés au nord du Main la Confédération du Nord. Tirant ensuite parti de la méfiance créée en Allemagne du sud par les requêtes maladroites de Napoléon III, désireux d'obtenir le Palatinat bavarois comme prix de sa neutralité, il suscite dans l'ensemble de l'Allemagne un violent ressentiment à l'égard de la France. Exploitant l'affaire de la candidature Hohenzollern *(voir Bad Ems p. 343)*, il réussit à enflammer l'orgueil national des deux côtés de la frontière. La déclaration de guerre étant le fait de la France, les alliances défensives qu'avaient consenties les États du Sud jouent et toute l'Allemagne fait bloc autour de la Prusse.

De l'Empire à Weimar

L'Empire (1871-1918)

Après la défaite française de Sedan (2 septembre 1870), **Guillaume Ier** est proclamé empereur d'Allemagne dans la galerie des Glaces du château de Versailles, le 18 janvier 1871. Si l'Empire allemand, agrandi de l'Alsace-Lorraine, reste un État fédéral, la Prusse occupe

Le « chancelier de fer »

Né à Schönhausen, dans l'ouest du Brandebourg, **Otto von Bismarck** (1815-1898) est un Prussien dans l'âme. C'est en retournant sur ses terres en Poméranie pour les mettre en valeur qu'il commence sa carrière politique comme député au Landtag. Représentant la Prusse à la Diète fédérale de Francfort et chargé de rétablir de bonnes relations avec l'Autriche, il acquiert la conviction que « la politique de Vienne avait fait l'Allemagne trop étroite pour que la Prusse et l'Autriche puissent y vivre ensemble ». Alors ambassadeur, il est rappelé en 1862 par Guillaume Ier lorsque l'État prussien est en crise. Bismarck déclare à la tribune : « Ce n'est pas par des discours et des votes à la majorité que les grandes questions de notre époque seront résolues [...] mais par le fer et par le sang. » Il est nommé peu après ministre-président, poste qu'il occupera quasiment sans interruption jusqu'en 1890, et ministre des Affaires étrangères. Gouvernant par décrets, de façon inconstitutionnelle, au milieu de l'opposition générale, Bismarck compte sur les victoires extérieures pour justifier sa politique et construit l'unité de l'Allemagne autour de la dynastie des Hohenzollern.

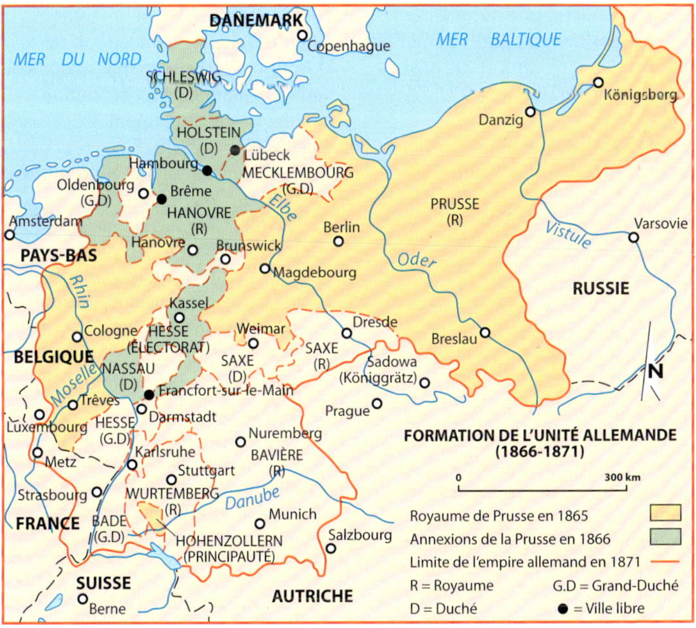

désormais en son sein une position nettement dominante. Favorisée par Bismarck, la **révolution industrielle** est marquée par le développement rapide d'activités telles que la chimie, la métallurgie et l'extraction minière. La constitution d'un pôle financier robuste apporte un soutien efficace aux industriels.

Guillaume II succède à Guillaume Ier en 1888. Deux ans plus tard, l'empereur, qui supporte mal l'autoritarisme du chancelier, pousse celui-ci à la démission. Bismarck laisse une Allemagne en pleine crise de croissance : la poussée démographique et le rapide essor industriel ont fait naître un besoin d'expansion que les **pangermanistes** élèvent au rang de doctrine. Le mécontentement social croissant assure la progression du parti social-démocrate (SPD) qui obtient en 1912 la plus large représentation au Reichstag. La politique étrangère de Guillaume II lui vaut par ailleurs l'hostilité de l'Angleterre, de la Russie et de la France.

Le premier conflit mondial

Survenant dans une atmosphère tendue, l'assassinat à Sarajevo (28 juin 1914) de l'archiduc autrichien François-Ferdinand par un nationaliste serbe déclenche le cataclysme. L'entrée en guerre de l'Autriche contre la Serbie provoque la mobilisation des armées en Europe. Le 3 août 1914, l'Allemagne déclare la guerre à la France et à la Russie. Elle espérait une victoire rapide sur le front ouest, mais son offensive se brise sur la **Marne** : la guerre de positions commence. Alors que la Russie, secouée par la révolution, demande un armistice en 1917, les États-Unis, dont la marine marchande est attaquée par les sous-marins allemands, entrent dans le conflit. Le moral de la population allemande est très affecté par le **blocus naval** imposé par les Alliés. Ceux-ci lancent en octobre 1918 une contre-attaque générale qui fait plier les Allemands, tandis qu'à l'arrière, la révolution socialiste éclate.

C'est une Allemagne dirigée par le Conseil des commissaires du peuple qui signe le 11 novembre l'**armistice de Rethondes**.

La République de Weimar

Les soviets de soldats et d'ouvriers animés par les **spartakistes** cherchent à imposer la révolution, mais n'obtiennent pas l'appui des masses populaires qui se sont soulevées pour imposer la paix immédiate. Cet isolement permet au gouvernement provisoire, dirigé par **Ebert**, de réprimer l'insurrection. Le 11 août 1919, l'Allemagne se donne une Constitution républicaine adoptée par une assemblée nationale siégeant à Weimar, et pratiquement imposée par les vainqueurs. Cette « République sans républicains » aura la lourde tâche d'assumer les conditions du **traité de Versailles** (28 juin 1919) : concessions territoriales, perte des colonies, réduction des effectifs militaires, paiement de lourdes réparations. Très vite, la crise économique, provoquée par l'impossibilité de remettre en marche l'industrie et par l'endettement de l'État, génère une inflation démentielle ; les classes moyennes sont ruinées.

En 1923, les Français, mécontents du retard pris dans le paiement des réparations, occupent la Ruhr. La résistance passive des Allemands aggrave l'état de l'économie et les extrémistes s'agitent à nouveau : à droite, ils se regroupent autour du Parti ouvrier allemand national-socialiste auquel **Adolf Hitler** avait adhéré dès 1919. Devenu leader du mouvement, ce dernier tente un putsch à Munich (8-9 novembre 1923) dont l'échec le conduira en prison. Libéré en 1924, il attendra dix ans pour prendre le pouvoir.

De 1923 à 1929, l'Allemagne connaît des années de calme relatif. Encouragée par l'échelonnement des réparations, l'évacuation de la Ruhr et l'arrivée en masse des capitaux américains, l'économie connaît un redressement spectaculaire. En 1925, le très conservateur maréchal **Hindenburg**, soutenu par les nationaux-socialistes, remplace le social-démocrate Ebert à la présidence. Sur le plan international, le ministre des Affaires étrangères, **Gustav Stresemann**, reconnaît les frontières occidentales et fait entrer l'Allemagne dans la Société des Nations. Mais le grand « krach » de 1929 frappe de plein fouet l'économie allemande : l'inflation repart et le chômage s'accroît de manière dramatique. Profitant du mécontentement des classes populaires et s'appuyant sur des organisations paramilitaires (SA, SS), les nationaux-socialistes obtiennent près de 38 % des voix aux élections de 1932. Les classes dirigeantes et les milieux d'affaires, voyant en lui un rempart contre le communisme, font accéder Hitler au poste de chancelier le 30 janvier 1933.

Hitler et le IIIe Reich

La dictature

Très vite, Hitler organise l'État totalitaire. Il profite de l'**incendie du Reichstag**, le 27 février 1933, pour faire arrêter 4000 dirigeants communistes et se faire attribuer les pleins pouvoirs. Le 1er décembre, le parti nazi devient parti unique et un plébiscite organisé dans un climat de terreur lui apporte l'« approbation populaire » (12 décembre).

La mort d'Hindenburg, en août 1934, fait de Hitler le maître absolu de l'Allemagne, le *« Führer »* (le Guide). Il a désormais les mains libres

Le « Zeppelinfeld » : ancien site des congrès du parti nazi à Nuremberg.
Goddard_Photography/Getty Images Plus

pour appliquer son programme destiné à « fixer pour mille ans la forme de vie allemande ». La résorption du chômage est obtenue par la réalisation de grands travaux, une politique de réarmement et l'embrigadement de la jeunesse dans les *Hitlerjugend* (les Jeunesses hitlériennes). La population est soumise à une propagande intense et les foyers de résistance sont impitoyablement brisés : les opposants, traqués par la Gestapo, sont internés dans des camps de concentration dès 1933 *(voir encadré p. 410)*. La persécution contre les Juifs prend, avec les **lois raciales de Nuremberg** (septembre 1935), un caractère radical et systématique : interdictions, arrestations en masse et pogroms traduisent l'idéologie antisémite. Lors de la **nuit de Cristal**, dans la nuit du 9 au 10 novembre 1938, de nombreux logements et commerces appartenant à des Juifs sont mis à sac et incendiés.
La politique étrangère de Hitler ne rencontre que peu de résistance. Il viole le traité de Locarno en occupant militairement la Rhénanie (1936), annexe l'Autriche (1938) et obtient de Paris et de Londres, à la **conférence de Munich** (septembre 1938), le rattachement des Sudètes. La marche vers la guerre s'accélère : la Tchécoslovaquie est démantelée en mars 1939 et, le 1er septembre suivant, l'agression contre la Pologne, peu après la conclusion du pacte germano-soviétique, oblige les Alliés à honorer leurs engagements.
Centre de documentation sur le national-socialisme et Musée juif à Munich, Obersalzberg et « Nid d'aigle » près de Berchtesgaden, ancien site des congrès du parti nazi à Nuremberg.

La Seconde Guerre mondiale

Débutant avec l'invasion de la Pologne, elle mettra aux prises l'Allemagne, l'Italie de Mussolini et le Japon d'une part, la France, l'Angleterre, les États-Unis et l'URSS d'autre part. Une foudroyante offensive en 1940 permet aux

Le IIIe Reich et les camps de la mort

Nommé chancelier par le président Hindenburg, Hitler met en place un système totalitaire visant à mettre hors d'état de nuire ses opposants. Il prend des mesures de discrimination envers les Juifs et crée des camps afin de « rééduquer » tous les ennemis du régime. Le premier, à Dachau, ouvre le 22 mars 1933. À partir de 1936, l'organisation de tous les camps est confiée à Himmler et aux SS *(Schutzstaffel*, « escadron de protection ») qui, dès 1939, les transforment en machines de mort.
À la veille de la Seconde Guerre mondiale, la population concentrationnaire est en grande partie utilisée comme main-d'œuvre pour les industries engagées dans l'effort d'armement. Au fur et à mesure de l'invasion des pays européens et de l'adoption de la « solution finale » de la question juive, le 20 janvier 1942, les camps prolifèrent dans les territoires occupés : Tchécoslovaquie (Theresienstadt), Pologne (Auschwitz-Birkenau, Treblinka, Maïdanek), France (Struthof), Autriche (Mauthausen) et tant d'autres, jusqu'en Scandinavie et dans les pays baltes.

Allemands, mieux préparés à la guerre que leurs adversaires, d'envahir la majeure partie de l'Europe occidentale. Seuls les Anglais résistent grâce à l'action héroïque de leur aviation. Rompant le pacte germano-soviétique de 1939, Hitler attaque la Russie le **22 juin 1941**, tandis que les Balkans sont conquis et que Rommel développe son offensive en Afrique. En 1942, le IIIe Reich est à l'apogée de sa puissance. L'année 1943 marque un tournant. Amorcée par la **victoire de Stalingrad**, la contre-offensive soviétique, sur le front est, met à mal la Wehrmacht. Les Américains, entrés dans le conflit depuis l'agression japonaise de **Pearl Harbor** (décembre 1941), débarquent en Sicile en juillet.
Après le **débarquement allié en Normandie** (6 juin 1944), le recul de l'armée allemande s'accélère. Hitler se suicide peu avant l'entrée des chars soviétiques dans Berlin (avril 1945) et le Reich capitule le 8 mai 1945. L'Allemagne n'est plus qu'un immense champ de ruines. La libération des camps de la mort révèle au monde la réalité de la politique d'extermination nazie (6 millions de morts).
Mémorial de Dachau.

L'Allemagne depuis 1945

Division et reconstruction

Les Trois Grands (États-Unis, Grande-Bretagne, URSS), réunis à la **conférence de Potsdam**, décident le 2 août 1945 la division de l'Allemagne en quatre zones d'occupation, dont une française. Le même partage s'applique à la ville de Berlin située dans la zone soviétique. Lorsque les trois zones d'occupation occidentales fusionnent en 1948, les rapports entre les Occidentaux et l'Union soviétique se sont considérablement détériorés. Le **blocus de Berlin-Ouest** imposé par les Russes en juin 1948 est contré par les États-Unis qui, dès le 25 juin, mettent au point l'opération *Vittles* (Victuailles) et établissent un pont aérien empêchant la famine.
La partition de l'Allemagne est dès lors inévitable. La République fédérale d'Allemagne **(RFA)**, comprenant les trois zones occidentales fusionnées, est créée le 23 mai 1949. La zone soviétique devient, le 7 octobre, la République

démocratique allemande **(RDA)**, État satellite de l'URSS.

Sous la direction de **Konrad Adenauer**, chancelier jusqu'en 1963, la République fédérale connaît un spectaculaire redressement économique et normalise ses relations internationales. Cependant, Berlin, avec son enclave occidentale dans la sphère soviétique, devient le symbole de la bipolarisation du monde. Réponse soviétique à l'exode qui frappe la RDA, le **mur de Berlin** est édifié le 13 août 1961.

La fin des années 1960 marque un tournant dans les relations entre les deux Allemagnes. La signature du Traité fondamental entre la RFA et la RDA, en 1972, concrétise la politique d'ouverture à l'Est *(Ostpolitik)* du chancelier **Willy Brandt** : la RFA reconnaît l'existence de « l'autre Allemagne ». Mais cette bonne volonté se heurte à la rigidité du régime de la RDA qui s'appuie sur une redoutable police politique, la Stasi ; secrétaire général du Parti socialiste unifié (SED) à partir de 1971 et président en 1976 du Conseil d'État, **Erich Honecker** reste sur une ligne brejnévienne sourde aux tendances réformatrices.

L'Allemagne réunifiée

Alors que Mikhaïl Gorbatchev mène une politique d'ouverture en Union soviétique, le fossé se creuse, en RDA, entre le gouvernement et sa population. Sous la pression populaire, le régime est-allemand doit se résoudre, le 10 novembre 1989, après la **chute du mur de Berlin** la veille, à l'ouverture de la frontière interallemande. Partisan d'une réunification rapide, le chancelier ouest-allemand **Helmut Kohl** propose, dès le 28 novembre 1989, un programme en dix points qui prévoit, dans un premier temps, la constitution d'une confédération. Le 3 octobre 1990 (aujourd'hui jour de fête nationale), le Parlement siégeant au Reichstag à Berlin ratifie le **traité de réunification**. Helmut Kohl sort victorieux des élections organisées en décembre 1990 et, en 1991, le Bundestag choisit Berlin pour capitale du pays réunifié. Avec le retrait en 1994 des dernières troupes d'occupation, l'Allemagne est désormais une nation totalement souveraine. Elle se tourne vers la construction européenne dont le couple franco-allemand doit, selon Kohl, constituer la clef de voûte. Après la présidence fédérale, le Parlement est, en 1999, la deuxième institution à s'installer à Berlin.

Les réformes Schröder

Menée avec une grande rapidité dans le domaine politique, la réunification a néanmoins pour conséquences des difficultés importantes dans les domaines économique et social : baisse de compétitivité, taux de chômage élevé dans les nouveaux Länder, pression fiscale accrue sur l'Ouest pour financer la « mise à niveau » de l'Est alimentent les mécontentements. Ces problèmes issus de l'unité retrouvée entre les deux Allemagnes expliquent en partie la sanction qui frappe la CDU-CSU (Union chrétienne-démocrate) de Helmut Kohl aux élections législatives de 1998, remportées par le SPD (Parti social-démocrate). Arrivé au pouvoir, **Gerhard Schröder** forme avec les Verts un gouvernement de coalition.

Dans un contexte socio-économique troublé et avec un bilan morose, Gerhard Schröder est cependant réélu aux élections générales de 2002, une nouvelle fois grâce à l'appui des Verts. Ce deuxième mandat est marqué d'un côté par sa ferme opposition à la guerre en Irak, et de l'autre par sa volonté de mettre en place des réformes fondamentales afin d'assainir les finances du pays.

Les années Merkel

Lors d'élections régionales organisées en 2005, le SPD, confronté à la contestation de ses réformes sociales, est sanctionné et essuie une défaite historique. Après le recul de son parti, Gerhard Schröder décide alors d'élections législatives anticipées. Cette mesure va conduire à un changement à la tête du gouvernement fédéral. En novembre 2005, **Angela Merkel** (CDU) devient chancelière d'Allemagne. Son gouvernement est soutenu par une « Grande Coalition », constituée des principaux partis : la CDU, la CSU et le SPD. Plus jeune chancelier fédéral de l'histoire, mais également première femme à occuper ce poste, Angela Merkel est aussi originaire de l'ex-RDA.

Vis-à-vis de l'Europe, Berlin entend redonner des impulsions à la Constitution de l'Union européenne et permettre à l'Allemagne d'occuper une position centrale dans les relations entre pays membres, tout en s'impliquant davantage dans le traitement des crises régionales et mondiales. Renforcer le dialogue politique avec les États-Unis après la crise irakienne est aussi l'une des volontés du gouvernement Merkel. Réélue pour un quatrième mandat en mars 2018, la chancelière, considérée par le magazine *Forbes* comme la femme la plus puissante au monde depuis déjà sept ans, doit faire face à la montée des extrémistes avec le soutien de sa coalition CDU/SPD devenue fort impopulaire, ainsi qu'à la réforme de l'Union Européenne, très ébranlée par le Brexit. Mais la crise du Covid-19 au printemps 2020 et le grand **plan de relance européen** initié en juillet 2020 par Angela Merkel et son partenaire Emmanuel Macron ont rebattu les cartes.

Relance de la défense allemande

Après 16 ans de pouvoir et fragilisée par le contexte international de crise énergétique et de tension avec la Russie, Angela Merkel ne se représente pas aux élections de fin 2021. Vice-chancelier et ministre des finances, **Olaf Scholz** remporte les élections à la tête du SPD, avec le soutien des Verts et du FDP. Face à la menace russe, suite à l'invasion de l'Ukraine en février 2022, il annonce un plan inédit de 100 milliards d'euros pour relancer la défense allemande, un revirement historique dans l'Allemagne d'après-guerre traditionnellement pacifique.

L'Allemagne aujourd'hui p. 394.

Les grandes dates

- **1er millénaire av. J.-C.** – Les Germains venus de Scandinavie franchissent le Rhin.
- **1er s. av. J.-C.** – Établissement de colonies romaines sur la ligne Rhin-Danube.
- **2e s. apr. J.-C.** – Les Romains bâtissent le limes.
- **6e s.** – Clovis, roi des Francs, colonise la Franconie.
- **Fin 7e s.** – Charlemagne soumet les Saxons et les Bavarois.
- **843** – Naissance de la Francie orientale (royaume de Germanie) sous Louis le Germanique, petit-fils de Charlemagne.
- **911** – Première scission entre Francs de l'Est et Francs de l'Ouest.
- **936-973** – Règne d'Othon Ier et fondation du Saint Empire romain germanique.
- **Septembre 1122** – Concordat de Worms.
- **1241** – Fondation de la Ligue hanséatique.
- **1356** – La Bulle d'or est promulguée par Charles IV.
- **1438** – Albert II, élu empereur, inaugure le règne des Habsbourg.
- **31 octobre 1517** – Luther affiche ses 95 thèses.
- **Septembre 1555** – Paix religieuse d'Augsburg.
- **1648** – Traités de Westphalie.
- **1740-1786** – Règne de Frédéric II (Frédéric le Grand).
- **6 août 1806** – Dissolution du Saint Empire.
- **1806-1808** – Occupation napoléonienne.
- **1870-1871** – Guerre franco-allemande.
- **18 janvier 1871** – Naissance de l'Empire allemand.
- **3 août 1914** – L'Allemagne déclare la guerre à la France et à la Russie.
- **1919-1933** – République de Weimar.
- **30 janvier 1933** – Hitler accède au poste de chancelier.
- **Septembre 1935** – Lois raciales de Nuremberg.
- **9 novembre 1938** – Nuit de Cristal.
- **1er septembre 1939** – L'Allemagne envahit la Pologne ; entrée en guerre des Alliés.
- **8 mai 1945** – Capitulation du Reich.
- **2 août 1945** – Division de l'Allemagne en quatre zones d'occupation.
- **23 mai 1949** – Création de la République fédérale d'Allemagne.
- **7 octobre 1949** – Création de la République démocratique allemande.
- **13 août 1961** – Édification du mur de Berlin.
- **9 novembre 1989** – Chute du mur de Berlin.
- **3 octobre 1990** – Réunification officielle de l'Allemagne.
- **1982 à 1998** – Helmut Kohl élu quatre fois chancelier.
- **1998 à 2005** – Gerhard Schröder chancelier.
- **22 novembre 2005** – Élection d'Angela Merkel au poste de chancelière, réélue en 2009, en 2013 et en 2018.
- **Juin 2011** – Vote de la loi prévoyant la fermeture progressive d'ici 2022 des centrales nucléaires allemandes.
- **Juillet 2014** – Vote de la loi en faveur d'un salaire minimal légal.
- **2019** – Ursula von der Leyen est élue présidente de la Commission européenne, devenant la première femme à exercer cette fonction.
- **21 juillet 2020** – Signature par les 27 d'un plan de relance historique au niveau européen, initié par Angela Merkel et Emmanuel Macron.
- **14-15 juillet 2021** – Des inondations dévastatrices font 169 morts dont 121 en Rhénanie-Palatinat.
- **8 décembre 2021** – Olaf Scholz est élu chancelier.

Art et architecture

La situation géographique et l'histoire mouvementée de l'Allemagne en général et de l'Allemagne du Sud en particulier ont favorisé la pénétration des grands courants artistiques européens, principalement français à l'époque gothique et italien à la Renaissance. Chaque style a été interprété et adapté aux goûts régionaux. Cette inventivité a permis le développement d'un art original qui a donné naissance aux décors somptueux des abbayes baroques de Bavière ou à l'expressionnisme de l'entre-deux-guerres.

L'architecture

Les remparts, places, thermes, temples et villas érigés par les Romains comptent parmi les premiers témoignages artistiques. Il faut cependant attendre le règne de Charlemagne pour que débute l'architecture allemande.

L'art roman

La période carolingienne (9e s.-début du 10e s.)

Sous l'impulsion de l'empereur et des grands prélats, l'Allemagne se dote d'édifices religieux qui adoptent les plans basilical ou centré (chapelle palatine d'Aix-la-Chapelle, 790), tous deux hérités de l'Antiquité.

L'art carolingien est marqué par l'édification de sanctuaires à deux chœurs : à l'ouest naît une forme particulière, le **Westwerk**, haute structure quadrangulaire greffée sur la nef et souvent encadrée de deux tours comme à **Maria Laach**. Le Westwerk constitue à lui seul une église réservée qui a pu accueillir l'empereur et où se développe une liturgie particulière. Il marque durablement l'architecture romane allemande.

La période ottonienne (10e s.-début du 11e s.)

La restauration de la puissance impériale par Otton Ier en 936 s'accompagne d'un renouveau de l'architecture religieuse dans les pays du Rhin inférieur et de la Meuse. Les vastes églises de cette époque, dotées de transepts très saillants et d'amples bas-côtés, possèdent des charpentes en bois généralement peintes. L'alternance des piliers et des colonnes rompt l'uniformité du vaisseau central. La recherche de perfection mise en œuvre, l'harmonie qui en découle fondée sur des proportions savantes opposent deux massifs volumineux, l'un à l'est, l'autre à l'ouest, reliés par la nef. De cette époque datent les sanctuaires de St-Michel d'Hildesheim et de St-Cyriaque de Gernrode, toujours visibles.

Le style roman-rhénan

À partir du 11e s., à Cologne et dans les alentours, plusieurs églises présentent une ordonnance particulière : elles s'achèvent par trois absides formant un trèfle. Ces absides sont décorées à l'extérieur d'arcatures aveugles et d'une « galerie naine » *(Zwerggalerie)*, motif d'origine lombarde.

Abbaye d'Ottobeuren.
Flavio Vallenari/Getty Images Plus

Sur le Rhin moyen, le style roman-rhénan atteint toute sa plénitude dans les majestueuses cathédrales « impériales », notamment de **Spire**, première église entièrement voûtée, puis de **Mayence** et **Worms**. Leur plan se caractérise par un double chœur sans déambulatoire et parfois par un double transept.

Au début du 13e s., la cathédrale de **Limburg an der Lahn** marque le passage entre deux époques. Ce style de transition associe une esthétique encore romane à des structures gothiques : triforium, voûtes sur croisées d'ogives.

L'art gothique

Une lente apparition (13e s.)

L'art gothique se défait difficilement des austères formes romanes et ne se répand en Allemagne qu'au milieu du 13e s. L'influence du gothique français se retrouve dans les cathédrales de **Ratisbonne** et de **Fribourg-en-Brisgau**.

Un autre témoignage de la prépondérance de l'art français est l'implantation de monastères cisterciens entre 1150 et 1250, caractérisés par des églises abbatiales sans tours ni clochers, dont l'intérieur sera fréquemment « baroquisé » par la suite. L'un des ensembles cisterciens les plus complets d'Europe reste celui de l'**abbaye de Maulbronn**.

L'originalité allemande

La particularité allemande qui traverse toute la période gothique est l'adoption d'un nouveau type d'agencement des volumes inspiré de l'architecture cistercienne et qui caractérise les **églises-halles** *(Hallenkirche)*. Dans ces édifices, les nefs latérales sont élevées à la hauteur de la nef centrale, de ce fait dépourvue de fenêtres hautes, et ne sont séparées de celle-ci que par des piliers. C'est le cas de l'église St-Michel à **Schwäbisch Hall**.

Le gothique tardif

Cette très longue période (14e, 15e, 16e s.) voit la multiplication des églises-halles : les cathédrales Notre-Dame de **Munich**, St-Georges de **Dinkelsbühl** et l'église St-Georges à **Nördlingen** en sont des exemples. Sur les voûtes apparaissent des nervures purement décoratives formant des réseaux en forme d'étoiles ou de fleurs qui contrastent fortement avec la sobriété des murs.

L'architecture civile à la fin du Moyen Âge

Aux 14e et 15e s., l'enrichissement des marchands et des artisans entraîne le développement des cités, où se bâtissent des hôtels de ville et des maisons à pignons et à colombages richement décorées de sculptures et de peintures. **Ratisbonne**, **Rothenbourg** et **Tübingen**, avec leur centre ancien, témoignent encore de l'architecture civile de cette époque.

La Renaissance

Elle ne constitue qu'un épisode dans l'histoire de l'architecture allemande. Tardant à s'imposer face à la persistance des formes gothiques, elle est finalement éclipsée par les troubles de la Réforme. Les édifices de style Renaissance sont rares dans les villes allemandes. À **Landshut**, le palais de la Résidence fut l'un des premiers édifices Renaissance du pays. Mentionnons aussi **Augsburg** et ses beaux hôtels particuliers bordant la Maximilianstraße, ainsi que son hôtel de ville réalisé par **Elias Holl** (1573-1646), lequel donna à la Renaissance allemande ses monuments les plus importants. L'Allemagne du Sud est très marquée par l'influence italienne : les fines arcatures florentines sont utilisées par Fugger le Riche dans la décoration de sa chapelle funéraire d'Augsburg (1518) ; les jésuites s'inspirent de leur sanctuaire du Gesù, à Rome, pour construire l'église St-Michel de **Munich** (1589) ; à Ratisbonne, les maisons-tours évoquent la Toscane.

Les splendeurs du baroque

Après les troubles de la guerre de Trente Ans (1618-1648), les principautés, profitant d'une reprise de l'activité artistique, introduisent l'art baroque en accueillant des architectes français et italiens. Dominé par l'irrégularité des contours et la diversité des formes, le style baroque recherche avant tout l'effet, le mouvement et les contrastes. Poussé à l'extrême raffinement, il est bientôt submergé par les décors rococo venus du rocaille français, style au départ profane et courtisan qui colonisera jusqu'aux édifices religieux. L'Allemagne du Sud en reçoit l'empreinte à partir du milieu du 17e s., sous l'effet des encouragements donnés par la Contre-Réforme à l'exaltation du dogme de la Présence réelle, au culte de la Vierge et des saints et, en général, à toutes les manifestations de la piété populaire.

Les maîtres du baroque germanique et danubien

Le baroque a été illustré, en Bavière, par de brillantes personnalités, comme **Johann Michael Fischer** (Dießen, Zwiefalten, Ottobeuren), les **frères Asam** (St-Jean-Népomucène à Munich) et **Dominikus Zimmermann** (Steinhausen, Wies). En Franconie, le mouvement, encouragé par les princes-évêques de la famille Schönborn siégeant à **Mayence**, **Würzburg**, **Spire** et **Bamberg**, apparaît comme étant étroitement lié à l'épanouissement du baroque en Bohême. Les **frères Dientzenhofer** ornent les palais de Prague aussi bien que ceux de Bamberg.

Les églises

Les façades s'animent d'un mouvement sinueux à dominante convexe et de la superposition de deux frontons au dessin différent. Deux tours à bulbe les dominent. À l'intérieur, de vastes tribunes surmontent les chapelles latérales. Ce schéma fait défaut dans le transept, qui acquiert ainsi plus d'envolées. Considérée comme le chef-d'œuvre de

Johann Michael Fischer, l'église abbatiale d'Ottobeuren en est l'un des exemples les plus magistraux. Un autre maître du genre est l'architecte de génie **Balthasar Neumann** (1687-1753). On lui doit, entre autres, l'**église des Quatorze-Saints**, près de Bamberg, où il est parvenu à associer le plan basilical à l'idéal du plan central.

Le retable monumental

Il devient l'élément essentiel du sanctuaire. Rappelant les arcs de triomphe et construit en bois sculpté ou en stuc poli, il encadre un grand tableau et/ou un groupe sculpté, comme dans l'**abbatiale d'Ottobeuren**. La présence de colonnes torses donne l'illusion du mouvement, cher à cette époque. L'éclairage en contre-jour, provenant d'une source lumineuse invisible, crée un contraste saisissant entre l'ombre et la lumière.

Les châteaux

La construction, à un seul étage, est souvent mise en valeur par un soubassement. Le plan s'articule sur un corps central circulaire ne présentant sa convexité que du côté des jardins, comme l'illustre l'ensemble palatial de **Schleissheim**, près de Munich.

Les escaliers monumentaux à plusieurs volées, d'un effet théâtral, sont souvent l'élément le plus représentatif des palais allemands du 18ᵉ s. La cage d'escalier, embellie de galeries à arcades et d'un plafond peint, donne accès à la salle d'honneur du 1ᵉʳ étage ou « bel étage ». Dans son élévation majestueuse, cette salle atteint sous plafond la hauteur du 2ᵉ étage : on pense ici à la cage d'escalier du château de Schleissheim *(Neue Schloss)* mais aussi au monumental escalier d'honneur de la Résidence de **Würzburg**, un chef-d'œuvre de Neumann.

On retrouve souvent dans les grandes abbayes ces aménagements pompeux, que complète une autre salle d'apparat, la bibliothèque. C'est le cas de l'**abbaye d'Ebrach**, qui subit une transformation baroque radicale aux 17ᵉ et 18ᵉ s. sous la direction de J. L. Dientzenhofer, puis de Balthasar Neumann.

Du néoclassicisme au néogothique

L'idéal d'une sobriété originelle

À partir de 1750, les travaux de Winckelmann sur l'art antique et les découvertes des fouilles de Pompéi jettent une lumière nouvelle sur l'architecture gréco-romaine. L'illustration la plus aboutie se trouve à **Munich**, dans le quartier des musées : commandés par Louis Iᵉʳ de Bavière à l'architecte **Leo von Klenze**, les bâtiments qui bordent la Königsplatz puisent leur inspiration dans les « ordres » de l'Antiquité : dorique pour les propylées, ionique pour la Glyptothèque et corinthien pour la collection des Antiquités.

Parallèlement, l'exemple de Versailles inspire en Allemagne un nouveau style de vie de cour, surtout dans les pays rhénans et dans le Berlin de Frédéric II. De nombreux architectes français sont consultés par les électeurs du Palatinat, de Mayence, de Trèves et de Cologne ; ils dessinent principalement les plans de châteaux de plaisance.

Les frontons très simples, les balustrades courant à la base des toits et les portiques à colonnes précédant l'entrée d'honneur expriment un souci d'élégance discrète. Dans le nouveau répertoire des formes, la préférence des architectes va au style dorique et à l'ordre colossal (les colonnes et pilastres d'un même « ordre » embrassent deux étages et non plus un seul).

La décoration intérieure, moins profuse, mêle les grappes de fleurs aux motifs rocaille devenus plus légers (guirlandes, frises de perles ou d'oves, vases).

Comme le démontrent élégamment les aménagements tardifs réalisés au **château de Nymphenburg**, à Munich, l'architecture répond à présent à une exigence de rationalité qui vient en réaction au baroque tardif et au rococo.

Le 19e s. et le néogothique

Le mouvement néoclassique, stérile dès avant 1830, s'efface, sauf à Munich, devant le renouveau du gothique qui devient, pour les romantiques, le symbole de la Vieille Allemagne. Parallèlement, le goût dit **Biedermeier** (meubles confortables et légers aux lignes souples, vitrines à bibelots...), qui correspond au style français Louis-Philippe, marque de son empreinte les intérieurs bourgeois entre 1815 et 1848. On peut en voir un exemple dans l'aménagement du **château d'Ehrenbourg**.

À partir de 1850 s'ouvre l'**époque des fondateurs** (*Gründerzeitstil*, « style du temps de la fondation ») avec E. Ludwig et A. Koch qui revendiquent un art plus adapté à leur temps. Mais les grandes familles enrichies par l'industrie cèdent à la tentation des pastiches prétentieux du Moyen Âge ou de la Renaissance, qui sévit également dans les palais officiels (Reichstag de Berlin).

Les mouvements du 20e s.

À la fin du 19e s., la volonté de s'affranchir des styles du passé et d'entrer dans la modernité lance les artistes dans l'exploration de nouvelles voies.

L'Art nouveau ou Jugendstil

Ce mouvement européen connaît en Allemagne une grande vogue. L'idée des architectes est de réaliser une œuvre d'art totale accessible à tous qui unirait structure, décoration et mobilier. Cet idéal doit s'appuyer sur une coopération avec l'industrie, ses modes de production et l'utilisation des nouveaux matériaux (verre, fer, ciment) qu'elle promeut. La notion d'esthétique industrielle, mise en avant par les pionniers Peter Behrens, **Mies van der Rohe** et **Walter Gropius**, devient primordiale. Cet art s'épanouit surtout à **Munich** (dans le quartier de Schwabing) et **Darmstadt** (avec le centre d'art de Mathildenhöhe). L'engagement des artistes, qui s'exprime au sein des Sécessions (Munich 1892, Berlin 1899), se double d'une revendication politique d'indépendance.

Le Bauhaus

En 1919, Walter Gropius fonde le **Bauhaus** (Weimar : 1919-1925, Dessau : 1926-1932), école d'art qui radicalise le mouvement de modernisation avec un intérêt encore plus poussé pour la production industrielle. La recherche de l'unité entre l'art et la technique est un élément fondamental. L'architecture reste, au moins en principe, la forme d'expression privilégiée puisqu'elle unit structure et décoration, et permet d'appliquer les principes de fonctionnalité et de rationalité. Le mouvement initie la réflexion contemporaine sur l'architecture et l'habitat. Divers travaux du Bauhaus sont exposés à la Pinacothèque d'art moderne de **Munich** et le musée Weissenhof-Maison Le Corbusier à **Stuttgart** illustre ce mouvement.

L'école, qui critique la société, est fermée en 1933 par les nazis, qui mettent en place une **architecture monumentale** et pompeuse, chargée de signifier la puissance du pouvoir en place. Celle-ci sera le plus souvent détruite par la suite, mais l'on peut encore voir des vestiges à **Nuremberg** (l'ancien site des congrès du parti nazi) et **Berchtesgaden** (la route qui grimpe au « Nid d'aigle » de Hitler). Leur conservation a suscité de vifs débats en Allemagne.

Le Museum Künstlerkolonie de Mathildenhoehe à Darmstadt.
Meinzahn/Getty Images Plus

L'après-guerre

Après la fin de la guerre, la reconstruction stimule la création architecturale. Des architectes comme Dominikus Böhm et Rudolf Schwartz comptent parmi les artisans du renouveau de l'art sacré, marqué par des réalisations dépouillées.

Plus près de nous, le bâtiment de la nouvelle Galerie nationale de **Stuttgart**, conçu par **James Stirling** en 1984, chef-d'œuvre postmoderne combinant abstraction géométrique et références classiques, est l'occasion d'audaces architecturales rendues possibles par des techniques de construction modernes et des matériaux nouveaux.

Réunification et 21e s.

Aujourd'hui, le paysage urbain est toujours en pleine évolution. Nouveaux quartiers, gratte-ciel inventifs, édifices industriels, équipements culturels et sportifs sortent de terre, témoignant tous d'une architecture créative, largement ouverte aux influences extérieures et aux architectes de toutes nationalités parmi les plus réputés au monde. Certaines extensions de bâtiments existants forcent l'admiration (celle de la **villa Lenbach** par les Britanniques Foster + Partners dans le quartier des musées de **Munich** ou, toujours à Munich, celle de l'**Académie des beaux-arts**, par l'agence autrichienne Coop Himmelblau).

On doit aussi à la richissime industrie automobile quelques fleurons d'architecture contemporaine, tels les **musées Mercedes-Benz** (du cabinet néerlandais UN Studio) et **Porsche**, à Stuttgart, ou encore le **musée BMW** à Munich, signé Coop Himmelblau. Dans un tout autre style, une autre vitrine mondiale de l'audace architecturale des villes allemandes est le **stade Allianz Arena**, le QG du fameux Bayern de Munich, dessiné par les architectes suisses Herzog & de Meuron. Des tours élancées, de verre et d'acier, bâties par **sir Norman Foster** ou **Helmut Jahn**, paradent au cœur du centre ultramoderne de Francfort.

Quelques termes d'architecture

Architecture religieuse

Plan d'une église

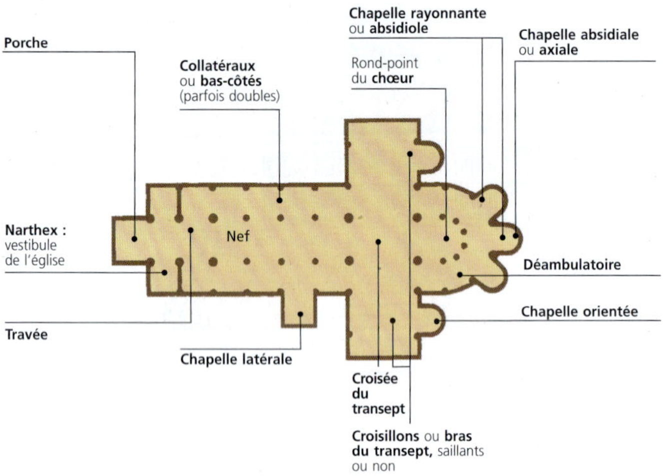

Coupe d'une église

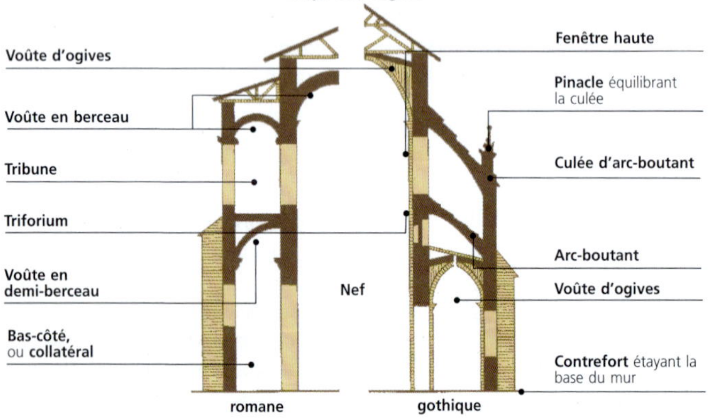

Église-halle

Contrairement à la basilique, les collatéraux ont la même hauteur que la nef centrale et sont couverts par le même toit ; leurs fenêtres éclairent l'intérieur de l'édifice.

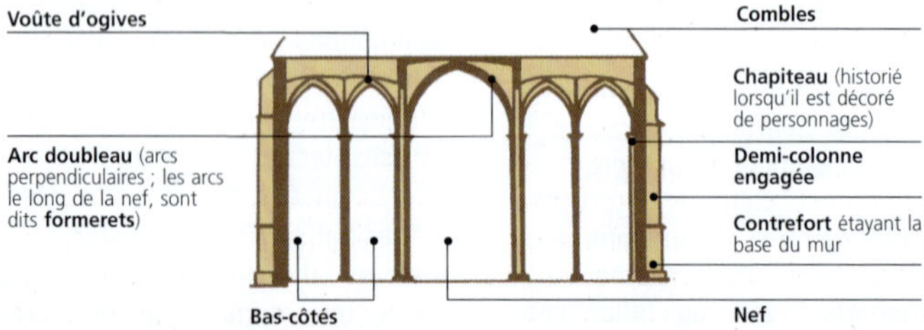

SPIRE - Façade Est de la cathédrale (11e s.)

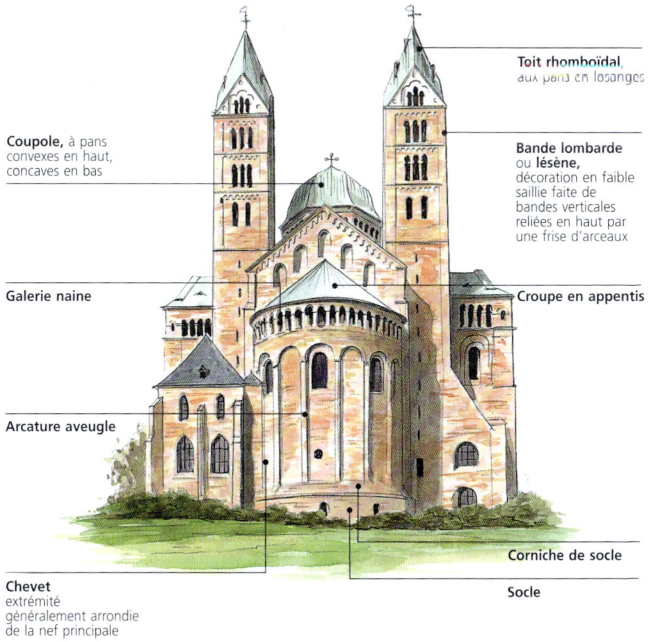

FRIBOURG - Chœur de la cathédrale (14e-16e s.)

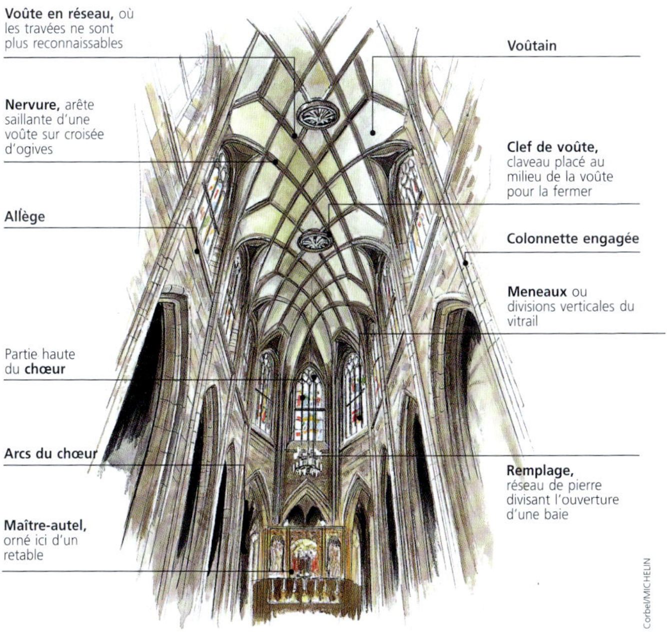

Corbel/MICHELIN

AUGSBOURG - Hôtel de ville (17e s.)

Château de BRUCHSAL - Façade sur jardin (18e s.)

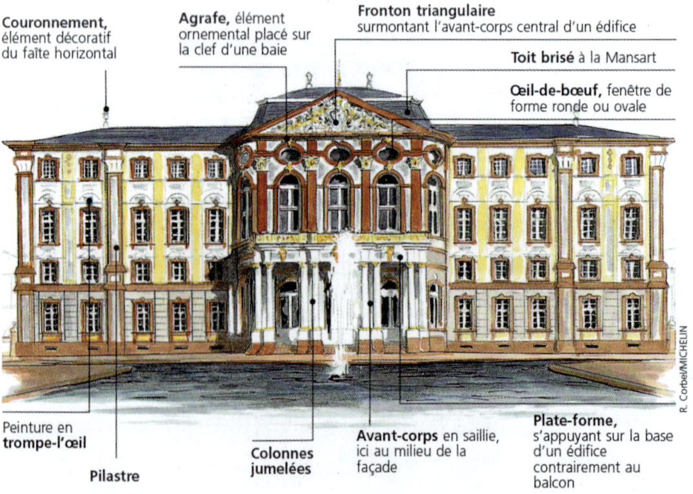

Église abbatiale baroque d'OTTOBEUREN (18e s.)

Ottobeuren est caractéristique des église de Bavière à la décoration éblouissante et à l'architecture faite de jeux de lumière et de symétrie

R. Corbel/MICHELIN

Grands peintres et sculpteurs

15e siècle

En **peinture** comme en architecture, l'Allemagne reste encore attachée à la tradition du gothique tardif qui refuse le réalisme prisé en Italie. Le pays est divisé en de multiples écoles locales sensibles à l'influence hollandaise. Le 15e s. recherche la force expressive de l'émotion et exprime les inquiétudes religieuses qui marquent la fin du Moyen Âge.

Veit Stoss (vers 1445-1533) – Sculpteur, peintre et graveur au génie tourmenté, il excella dans le travail du bois. Ses figures ont généralement un caractère pathétique (*Retable de la Nativité*, cathédrale de Bamberg).

Tilman Riemenschneider (vers 1460-1531) – Sculpteur sur albâtre et bois, il dirigea un important atelier où il exécuta de nombreux retables. Ses œuvres, au modelé délicat, sont riches d'une expression pleine de gravité *(voir encadré p. 135)*.

La gravure – Née en Allemagne vers 1400, elle devient l'activité de prédilection des plus grands maîtres allemands. Le précurseur est le **maître E. S.**, actif entre 1450 et 1467. Puis les techniques de la taille-douce se perfectionnent et servent au mieux les virtuoses comme **Martin Schongauer** (v. 1450-1491), dont Albrecht Dürer suivit par la suite les modèles (*La Sainte Famille*, Ancienne Pinacothèque de Munich).

16e siècle

La Renaissance allemande apparaît tardivement au 16e s. avec Dürer. L'observation de la nature et son idéalisation amènent à des œuvres de plus en plus précises et raffinées. L'« école du Danube » marque un nouvel intérêt pour le paysage, favorisant sa naissance en tant que genre, tandis que Holbein renouvelle l'art du portrait qu'il anime d'une vérité psychologique.

Matthias Grünewald (vers 1480-1528) – Puissant génie né du gothique tardif, il donna à ses œuvres une intensité tragique à même d'exprimer la douleur de l'humanité (*Crucifixion*, musée des Beaux-Arts de Karlsruhe).

Albrecht Dürer (1471-1528) – Artiste le plus célèbre de la Renaissance allemande, il fut fasciné par l'art antique et la Renaissance italienne, auxquels il sut associer la gravité nordique. Installé à Nuremberg, il travailla la xylographie et réussit à rendre de somptueux effets de lumière et une gamme très étendue de gris *(L'Apocalypse)*. En peinture, il exécuta des portraits et des scènes religieuses d'une extraordinaire intensité de vie (*Les Quatre Apôtres*, *Autoportrait à la pelisse*, Ancienne Pinacothèque de Munich).

Lucas Cranach l'Ancien (1472-1553) – Attaché aux princes-électeurs de Saxe et à la tête d'un important atelier, il fut le portraitiste des personnalités de la Réforme, notamment de son ami Luther (*Martin Luther*, Musée national germanique à Nuremberg). Son sens du mystère de la nature l'apparente aux artistes de l'« école du Danube ». Au service de la cour de Wittenberg, il réalisa des tableaux religieux inspirés des idées luthériennes. Ses œuvres de jeunesse, plus expressionnistes, laissèrent place à des tableaux pleins de grâce et de noblesse qui caractérisent le raffinement vers lequel se dirige l'art allemand du 16e s. La forteresse de Cobourg abrite une trentaine de ses œuvres.

Albrecht Altdorfer (vers 1480-1538) – Représentant de l'« école du Danube », il distribue à l'intérieur de ses tableaux des éclairages contrastés d'un effet pathétique. Il fut l'un des initiateurs de l'art du paysage, auquel il donna une place primordiale dans ses peintures

(*La Bataille d'Alexandre*, Ancienne Pinacothèque de Munich).

Hans Baldung Grien (1485-1545) – Dans ses compositions complexes, il rechercha les effets de lumière dramatiques, les couleurs étranges et les mouvements torturés (retable du *Couronnement de la Vierge*, cathédrale de Fribourg).

Hans Holbein le Jeune (1497-1543) – Peintre des marchands allemands, des milieux de la cour et de la haute aristocratie, il donna un nouveau souffle à l'art du portrait. Ses personnages sont décrits avec une précision illusionniste dans un décor savamment composé qui appuie leur fonction. Ses compositions, solennelles et réalistes, s'éloignent définitivement de la tradition gothique.

17e et 18e siècles

Durant ces deux siècles, l'influence italienne reste très sensible. Les milieux de la cour accueillent des artistes étrangers, italiens ou français, qui introduisent un art baroque gagné par l'exubérance.

Adam Elsheimer (1578-1610) – Par sa manière de traiter les paysages dans ses tableaux de petit format à sujets mythologiques et bibliques, il a su conjuguer les influences italiennes avec une conception du paysage propre à la peinture flamande et allemande. Il mène, parallèlement au Caravage, des recherches sur la puissance de la lumière dans l'évocation de la nature, notamment dans des paysages nocturnes aux accents dramatiques (*Fuite en Égypte*, 1609, Ancienne Pinacothèque de Munich).

Andreas Schlüter (vers 1660-1714) – Maître de la sculpture baroque en Allemagne du Nord et architecte de talent, on lui doit des œuvres pleines de vigueur, dont certaines sont conservées au Musée national germanique de Nuremberg.

Joseph Anton (1696-1770) et **Johann Michael II** (1709-1772) **Feichtmayr** – Membres d'une famille de sculpteurs et décorateurs, ils ont perpétué le style rococo dans des compositions fantaisistes (décor de l'abbaye d'Ottobeuren).

Matthäus Günther (1705-1788) – Élève de C. D. Asam, maître de la peinture rococo d'Allemagne du Sud, il a décoré de nombreuses églises de Souabe et de Bavière (Augsburg, Garmisch-Partenkirchen, Rottenbuch, Würzburg).

19e siècle

Le 19e s. est d'abord le siècle du style **Biedermeier** (1815-1848) qui exalte les valeurs bourgeoises et un certain art de vivre qu'illustrent parfaitement les scènes de genre de G. F. Kersting. Puis vient le romantisme, qui remet en cause les valeurs classiques et entame un dialogue entre raison et sentiment personnel. Enfin, le réalisme et l'impressionnisme venus de France servent aux artistes allemands à exprimer certaines idées socialistes naissantes. Ces expressions artistiques répondent toutes à la crise morale de l'Europe moderne.

Caspar David Friedrich (1774-1840) – Artiste de l'école romantique, il s'est attaché à représenter le paysage comme une manifestation divine et un lieu d'émerveillement propice à la méditation (*L'Été*, Nouvelle Pinacothèque de Munich; *Paysage bohémien* et *Croix dans la forêt* à la Galerie nationale de Stuttgart).

Friedrich Overbeck (1789-1869) – Appartenant à la fraternité de St-Luc, il fut le membre le plus important du groupe des **Nazaréens** qui s'installa dans le couvent désaffecté de San Isidoro de Rome en 1810. Avec eux, il prôna une peinture exaltant des valeurs morales, en réaction contre le néoclassicisme, et renoua avec l'art médiéval. Ils recherchèrent aussi la pureté des primitifs italiens et flamands (*Italia et Germania*, Nouvelle Pinacothèque de Munich).

Adolf von Menzel (1815-1905) – Il représente le réalisme allemand, illustrant d'abord des thèmes anecdotiques pour traiter finalement du monde industriel d'une manière puissante, adoucie par l'impressionnisme (*Le Bal*, Nouvelle Pinacothèque de Munich).

Wilhelm Leibl (1844-1900) – Maître de l'école réaliste allemande, il fut influencé par Courbet et s'attacha à des scènes villageoises (*Trois femmes à l'église*, musée des Beaux-Arts de Hambourg ; Mina Gedon, Nouvelle Pinacothèque de Munich).

Adolf von Hildebrand (1847-1921) – Établi à Munich, il montre, dans le domaine de la sculpture monumentale, un goût sûr inspiré du style grec le plus austère, qui contraste avec les excès du 19e s. (*Fontaine des Wittelsbach* à Munich).

Max Liebermann (1847-1935) – Marqué par le naturalisme français, il peint le monde paysan et ouvrier sans concession. Intégrant les leçons de l'impressionnisme, il laisse ensuite entrer la lumière dans sa palette chromatique. Il conduit la « sécession » à Berlin en 1898, qui prône la liberté et le réalisme contre les mièvreries patriotiques des artistes de cour (*Biergarten munichois*, *Autoportrait*, Nouvelle Pinacothèque de Munich).

Lovis Corinth (1858-1925) - Formé à l'Académie des beaux-arts de Munich, membre de la Sécession berlinoise initiée par Max Liebermann, il s'inspire à la fois de l'impressionnisme français et des sujets de la peinture académique (mythologie, nus et thèmes religieux) qu'il traite de manière satirique. Sa touche crue, provocante et virtuose (*Le Bœuf abattu à l'abattoir*, Kunstforum Ostdeutsche Galerie Regensburg) préfigure l'expressionnisme.

20e et 21 siècles

Le début du siècle, marqué par l'expressionnisme, laisse la place à un nouveau mode de révolte et d'exaltation du sentiment subjectif. Le choc de la Première Guerre mondiale et la crise sociale qui en découle font naître un art sombre et désabusé. La contestation politique ou sociale prend la forme de nouveaux mouvements d'avant-garde qui se succèdent. L'art a plus que jamais la volonté de changer la société et d'en dénoncer les dysfonctionnements.

L'expressionnisme – L'expressionnisme allemand introduit dans la peinture une vision du monde déformée, violente et tragique, fruit de la subjectivité de l'artiste qui s'inscrit dans la lignée de Van Gogh et du peintre norvégien Edvard Munch (1863-1944), très influent en Allemagne.

Tandis que le groupe **« Die Brücke »** (« le pont ») naît dans le Nord de l'Allemagne (Berlin et Dresde), la Bavière est marquée par le mouvement artistique **« Le Cavalier bleu »** *(Der Blaue Reiter)*. Créé en 1911 à Munich par **Franz Marc** et **Wassily Kandinsky**, auxquels s'adjoignent **August Macke** et **Paul Klee**, il réunit des artistes de diverses nationalités. Son but est de libérer l'art des contraintes réalistes, de l'ouvrir aux couleurs les plus osées et aux formes les plus éloignées de la tradition, l'engageant ainsi sur la voie de l'abstraction (musée Franz-Marc à Kochel-am-See, collection du Cavalier bleu au musée du château de Murnau, maison de Gabriele Münter à Murnau, collection du Cavalier bleu à la Lenbachhaus à Munich, *Chevreuils dans la forêt* par Franz Marc, orangerie du musée des Beaux-Arts de Karlsruhe). La guerre met fin au mouvement.

Le Bauhaus – Ce mouvement, qui regroupe tous les arts, compte de nombreux peintres et sculpteurs d'avant-garde. Outre Klee et Kandinsky, on peut citer Oskar

« Wirbelwerk » d'Olafur Eliasson, 2012 au musée Lenbachhaus (Munich).
Thilo Frank/Studio Olafur Eliasson

Schlemmer, Laszlo Moholy-Nagy, **Lyonel Feininger**, **Joseph Albers**. Des œuvres sont conservées au Musée national germanique de Nuremberg et à la Pinacothèque d'art moderne de Munich.

La Nouvelle Objectivité (Die Neue Sachlichkeit) – Ce courant, qui touche l'ensemble des arts, apparaît au début des années 1920. Il s'attache à l'illustration réaliste des faits et des phénomènes sociologiques, correspondant en cela à la prise de conscience de la situation dure et pénible de l'après-guerre. Les artistes pionniers du mouvement sont **George Grosz** et **Otto Dix** (*Autoportrait en soldat*, *Triptyque de la Grande Ville*, musée d'Art de Stuttgart).

Le mouvement dada – Présent à Cologne, Hanovre et Berlin avec **Kurt Schwitters** et **Max Ernst**, il utilise l'art à des fins politiques.

En marge de ces courants, **Max Beckmann** (1884-1950), profondément marqué lui aussi par la guerre, donne à voir une vision très sombre de l'humanité (*Autoportrait*, Pinacothèque d'art moderne de Munich).

De la seconde moitié du 20e s. à nos jours

Le nazisme met fin brutalement à ces expériences artistiques taxées d'« art dégénéré ». Il leur substitue un art néoclassique exaltant la race, la guerre et la famille. Cet « art nazi » s'éteint avec la fin du Reich.

En RDA, le **réalisme socialiste**, art officiel qui sert l'idéologie du régime, va dominer la peinture jusque dans les années 1960-1970. Les peintres, tout particulièrement ceux de Leipzig, commencent à être de plus en plus reconnus au niveau international : ainsi Bernhard Heisig, Wolfgang Mattheuer, Willi Sitte et Werner Tübke.

L'art allemand retrouve son dynamisme dans les années 1960 et voit l'émergence de nouvelles formes de création : le **groupe Zebra**, héritier de la Nouvelle Objectivité, s'oppose à l'expressionnisme abstrait ; le **groupe Zéro** (Heinz Mack, Otto Piene, Gunther Vecker) s'attache par l'art cinétique à transposer les pensées en objets visibles.

Dans les années 1970, **Joseph Beuys** et les artistes appartenant à la **Sculpture constructive** de Düsseldorf cherchent, en pratiquant une relation directe avec le public *(Happening)*, à redéfinir la place de l'art et de l'artiste dans la société contemporaine (Galerie nationale à Stuttgart). Élève de Beuys, le peintre **Imi Knoebel**, qui vit et travaille toujours à Düsseldorf, a développé un courant minimaliste.

À partir des années 1980, une nouvelle génération de peintres allemands s'affirme sur le plan international avec **Georg Baselitz** et **Markus Lüpertz**, les « nouveaux fauves », qui développent un expressionnisme revisité ; **Sigmar Polke** ; **Anselm Kiefer** qui ne cesse d'interroger l'histoire, ou encore le groupe des Berlinois **Rainer Fetting** et **Helmut Middenform**.

En 1989, la **chute du mur de Berlin** agit comme un ferment artistique et redistribue les cartes de la scène allemande. À quelques exceptions près, le sud de l'Allemagne reste en dehors des nouveaux courants qui bouillonnent, concentrés surtout au nord, autour des villes de Berlin, Dresde, Leipzig et Hambourg. Citons tout de même, parmi les représentants de la jeune peinture allemande (labellisée *« Young German Artists »*), **Franz Ackermann** (1963), « l'observateur voyageur » formé à l'Académie des beaux-arts de Munich, qui vit aujourd'hui entre Berlin et Miami. Né en 1973 à Stuttgart, **André Butzer** y a suivi les cours de l'École de beaux-arts, avant d'affirmer son style, dans la lignée des « nouveaux fauves » allemands. Originaire de Munich, **Andreas Hofer** (1963), qui signe souvent ses œuvres « Handy Hope 1930 », s'est installé à Berlin. Ses travaux évoquent ceux du jeune Cy Twombly.

Par ailleurs, **Gerhard Richter** (1932), peintre originaire de Dresde, est considéré comme l'un des grands noms de l'art contemporain allemand. Il s'inspire de ses propres photographies pour peindre paysages, natures mortes ou scènes intimes, dans des œuvres allant de l'abstraction au réalisme.

La photographie occupe aussi une place majeure avec des personnalités comme celles de **Bernd** (1931-2007) **et Hilla Becher** (1934-2015) qui apparaissent comme les chefs de file d'un important courant documentaire allemand, auquel appartiennent également **Candida Höfer** (1944), **Thomas Struth** (1954), **Andreas Gursky** (1955) et **Thomas Ruff** (1958), anciens élèves des Becher aux Beaux-Arts de Düsseldorf.

Culture

De Goethe à Nietzsche, de Bach à Wagner, en passant par Hegel, Marx, Schumann ou Beethoven, pour n'en citer que quelques-uns, l'Allemagne possède une tradition littéraire, philosophique et musicale parmi les plus riches au monde. La culture allemande n'a cessé, de Charlemagne à nos jours, de construire un édifice de portée universelle, cherchant à créer de nouvelles formes d'expression pour refléter l'évolution de la pensée et de la connaissance.

Littérature et philosophie

Le Moyen Âge

La littérature allemande s'exprime à travers une multiplicité de dialectes, drames, ballades, chansons ou épopées s'appuyant sur la tradition orale. Le *Chant de Hildebrand* (820), texte de 68 vers, constitue une œuvre fondatrice.

À partir du 12e s., la germanité littéraire cherche à s'affirmer au sein d'une double sphère d'influence, l'épopée et la littérature courtoise. L'**épopée**, inspirée des chansons de geste très en vogue à l'époque, notamment en France, trouve sa réalisation la plus accomplie dans le *Chant des Nibelungen*. Inspiré des *Eddas* scandinaves et de vieilles traditions orales germaniques, il raconte les aventures héroïques de Siegfried, sa mort tragique et la vengeance de Kriemhild, son épouse. Sept siècles plus tard, Wagner utilisera ce même thème dans sa *Tétralogie*. La **littérature courtoise** exerce son rayonnement depuis les cours françaises. L'auteur le plus talentueux, Wolfram von Eschenbach (env. 1170-env. 1220) se fait connaître en adaptant certains romans de Chrétien de Troyes : *Parsival* et *Tristan*.

Du Moyen Âge à Luther

Cette période de transition qui s'étend du 14e au 16e s. fait se côtoyer trois grandes tendances.

D'abord les mystiques, dont le plus renommé est **Maître Eckhart** (env. 1260-env. 1327) avec ses sermons sur la destinée de l'âme humaine. Ensuite les satiriques, tel **Sébastien Brant** (1458-1521), qui produisit la fameuse *Nef des fous*. Enfin la poésie lyrique, chantée par des troubadours ou *Minnesänger*.

La révolution luthérienne

Martin Luther (1483-1546) est une figure déterminante dans l'évolution de la culture allemande. Traducteur et commentateur de la Bible, il s'efforcera de concilier la liberté humaine avec l'interprétation des textes sacrés, en s'affranchissant de la tutelle de Rome *(voir encadré p. 404)*. Il pose ainsi les bases du futur **esprit de système** qui donnera à l'Allemagne ses plus grands penseurs.

Leibniz

Excellent mathématicien et homme de culture philosophique, **Leibniz** (1646-1716) prétend démontrer la pertinence d'un système voulu par Dieu afin d'assurer la destinée humaine. Son texte majeur, écrit en français, *La Monadologie*, démontre que chaque atome de vie est à la fois unique et infini.

Le Siècle des Lumières « Aufklärung »

Caractérisé par le triomphe de la Raison sur les ténèbres, il est dominé par deux personnalités incontournables, même si leurs domaines diffèrent.

Gotthold Lessing (1729-1781) incarne l'esprit des Lumières : il aime l'action, le défi, les idées nouvelles. Prônant la tolérance, Lessing s'exprime dans tous les genres : comédie, drame sentimental, critique théâtrale et polémique religieuse. Il fixe par ailleurs les principes du nouveau théâtre allemand en créant le drame bourgeois *(Emilia Galotti)*.

Son contemporain, **Emmanuel Kant** (1724-1804), s'attache à définir le champ du connaissable. Seul ce qui est déterminé par les formes pures de l'entendement fait l'objet d'une connaissance rationnelle. Ce qui échappe à cette détermination (l'âme, Dieu...) peut être « pensé » et donner lieu à une « croyance », mais ne saurait être « connu ».

« Sturm und Drang » et classicisme

Par réaction contre le rationalisme de l'Aufklärung, le **Sturm und Drang** (« tempête et élan »), mouvement qui correspond au préromantisme en France, exalte le sentiment, la nature et la liberté. Ce courant d'émancipation (1770-1785) a eu pour conséquence un renouveau de l'inspiration poétique. Il privilégie la poésie, « langue mère de l'espèce humaine », et revisite le passé germanique, portant un intérêt particulier à un genre comme la chanson populaire. Les œuvres du jeune **Goethe** (1749-1832), ainsi *Les Souffrances du jeune Werther*, témoignent de l'influence du Sturm und Drang. Toutefois, le poète et génie universel qu'est Goethe ne devait pas tarder à tempérer cet enthousiasme pour se tourner vers la tradition de l'humanisme classique. Exerçant, avant l'émergence du courant romantique, dont il se tint toujours à l'écart, une sorte de magistère sur les lettres allemandes, il est l'auteur d'une œuvre abondante. Elle comprend notamment des drames classiques (*Iphigénie en Tauride*, *Egmont*, *Torquato Tasso*), des romans *(Les Affinités électives, Les Années d'apprentissage de Wilhelm Meister*), et les deux *Faust* (1808 et 1832). Établi à Weimar à partir de 1775, Goethe fut rejoint par Herder, Wieland (1733-1813) et surtout **Schiller** (1759-1805). Poète et dramaturge de génie, ce dernier fit de ses drames historiques (*Don Carlos*, *Wallenstein*, *Guillaume Tell*) des hymnes dramatiques à la liberté.

Hölderlin et Büchner

À l'écart des grands courants du siècle, ces deux auteurs ont produit une œuvre au rayonnement considérable. **Friedrich Hölderlin** (1770-1843), auteur tragique et lyrique (*Hypérion*, *La Mort*

Le retour du « gothique »

Le terme « gothique » fut inventé au 16e s. par le peintre et théoricien italien Giorgio Vasari pour désigner dédaigneusement un art « barbare » supposé ne pouvoir appartenir qu'aux Goths et que la Renaissance se devait d'oublier. Vasari ne se doutait pas alors que ce terme s'ennoblirait au moment de la redécouverte au 19e s. du « temps des cathédrales ».

Goethe dans la campagne romaine, 1787, collection du musée Städel à Francfort.
Fine Art Images/Heritage Image/age fotostock

d'Empédocle), passionné par la Grèce ancienne, s'exprime dans de nombreuses odes dans lesquelles les possibilités métriques se marient idéalement aux sonorités de la langue allemande ; **Georg Büchner** (1813-1837), d'une originalité étonnamment moderne, offre une œuvre d'une rare intensité. Citons *La Mort de Danton*, *Woyzeck* et surtout *Lenz*, témoignage poignant sur la folie poétique.

Le 19e s. romantique

Période foisonnante, ce siècle offre à l'imagination une matière inépuisable. Les romantiques vont se nourrir tout au long du siècle de quelques sources communes. D'abord, la redécouverte d'un Moyen Âge imaginaire, le **gothique** *(voir encadré ci-contre)* ; ensuite, la revitalisation de la Grèce antique ; puis les contes et légendes populaires, surtout lorsqu'ils sont fantastiques ; les méandres des sentiments humains (amour, solitude, errance, désespoir et mort) ; et enfin la nature, qui peut refléter ces états d'âme.

Les grandes figures du mouvement romantique seront tout d'abord le Berlinois **Arnim** (1781-1831) et **Brentano** (1778-1842), qui publièrent un recueil de légendes populaires, *Des Knaben Wunderhorn* (« Le Cor merveilleux de l'enfant »), qui eut un succès retentissant. Dans le même esprit, on peut citer les contes des **frères Grimm** (Jacob, 785-1863, et Wilhelm, 1786-1859) et ceux d'**E.T.A. Hoffmann** (1776-1822).

La poésie allemande, outre Goethe (1749-1832), s'épanouit avec des auteurs comme **Novalis** (1772-1801), **Eichendorff** (1788-1857), **Heinrich Heine** (1797-1856) ou **Mörike** (1804-1875).

Un peu en retrait de la scène romantique, le dramaturge **Heinrich von Kleist** (1777-1811) donne au théâtre des pièces remarquables, en particulier *Le Prince de Homburg* (1810), drame de l'homme d'action plongé dans ses rêves. Sa nouvelle *La Marquise d'O* (1808) sera adaptée au cinéma par Éric Rohmer.

Dans le domaine **philosophique**, la pensée allemande domine alors l'Europe. **Hegel** (1770-1831), avec

La Phénoménologie de l'esprit, cherche l'équilibre entre absolu et raison avant de construire sa philosophie du droit et ses recherches sur l'esthétique.
Artur Schopenhauer (1788-1860), théoricien pessimiste du vouloir-vivre, décrit la réalité dernière comme volonté, et cette volonté comme souffrance (*Le Monde comme volonté et représentation*, 1818). Son influence sur la formation de la pensée d'auteurs comme **Nietzsche**, **Freud** (1856-1939) ou **Wittgenstein** (1889-1951) fut décisive.
Comment ne pas évoquer également **Karl Marx** (1818-1883), dont l'étude sur la relation entre le travail et le capital suscite encore la polémique ? Enfin, **Friedrich Nietzsche** (1844-1900), l'un des philosophes les plus controversés de l'Histoire, puisqu'il n'a cessé de chercher à libérer la pensée des carcans issus de la morale judéo-chrétienne.

L'époque contemporaine

Habitées par la dualité souvent irréconciliable entre l'esprit et les sens, entre l'irrationnel et le rationnel, les œuvres de **Thomas Mann** (*Les Buddenbrook*, *La Mort à Venise*, *La Montagne magique*) et **Hermann Hesse** (*Le Loup des steppes*) portent l'écho du nietzschéisme.
Alfred Döblin (1878-1957), l'un des romanciers allemands les plus importants du 20e s., renouvelle la forme romanesque avec *Berlin Alexanderplatz* (1929), la rend polyphonique et cinématographique. Il fait entrer les rues de Berlin et leur ambiance aux côtés du héros Franz Biberkopf, qui se bat contre la cruauté de la vie.
La pensée des années 1930 et 1940 est marquée par une interrogation croissante sur le sens de la vie ; se nourrissant des apports de la phénoménologie husserlienne, **Heidegger**, et dans une moindre mesure **Jaspers**, réintroduit la question de l'être au cœur de la philosophie.
Hannah Arendt (1906-1975), qui suivit leur enseignement, reste aujourd'hui une des figures majeures de la pensée contemporaine. Contrainte à l'exil à partir de 1933, ses écrits sont une puissante réflexion sur le totalitarisme, l'antisémitisme et la « banalité du mal » (*Les Origines du totalitarisme*, *Condition de l'homme moderne*, *Eichmann à Jérusalem*).
La scène théâtrale est dominée par la personnalité de **Bertolt**

Berlin, Vienne, Prague et la germanité

L'Allemagne n'a pas toujours été l'État-nation que nous connaissons aujourd'hui, elle a longtemps cherché à se donner une définition. À partir du 19e s., elle veut se construire autour du concept de la germanité même : « Qu'est-ce qui est allemand ? » Écrivains, philosophes et musiciens seront hantés par cette question. La confusion est d'ailleurs bien réelle dans les rapports entretenus avec l'Autriche qui, de son côté, rassemble une mosaïque de minorités – Juifs, Tchèques, Slovaques, Hongrois, Polonais, Serbes... La langue allemande restera pour longtemps l'axe unificateur d'écrivains viennois comme Arthur Schnitzler ou Stefan Zweig, praguois comme Rilke ou Kafka, roumain comme Paul Celan qui écrit dans la langue de l'occupant, voire du bourreau. Certains compositeurs ont contribué à ce brouillage, tels Beethoven ou Richard Strauss, allemands de naissance et viennois d'adoption. La difficulté à définir la germanité a finalement été la faille dans laquelle la politique raciale nazie s'est engouffrée. Exaltant la culture allemande, elle l'a par la suite inévitablement stigmatisée.

Brecht (1898-1956) (*L'Opéra de Quat'sous, Mère Courage, Galilée*). Auteur socialiste engagé, il refuse le « théâtre de l'illusion » et prône la distanciation : le spectateur doit être un observateur critique de ce qui se déroule sur scène.
Avant et pendant la Seconde guerre mondiale, le national-socialisme oblige bon nombre d'écrivains à s'exiler : **Walter Benjamin**, **Alfred Döblin**, **Thomas** et **Heinrich Mann**... Certains, comme l'antifasciste **Anna Seghers** (1900-1983) ou **Ernst Jünger** (1895-1998) continuent courageusement à publier. *La Septième Croix* (1942) de Seghers décrit l'horreur des camps hitlériens d'avant-guerre, tandis que *Transit* (1944) relate sa fuite en zone occupée française pour tenter de faire libérer son mari, interné dans le sud de la France. *Sur les falaises de marbre*, de Jünger, paraît en 1939.

La littérature depuis 1945

Marqués par la folie criminelle nazie, les écrivains d'après-guerre, réunis autour du Groupe 47 (année de sa création), cherchent à explorer les domaines de la conscience et de la culpabilité. **Günther Grass** (1927-2015) illustre dans *Le Tambour* les conséquences du nazisme sur l'Allemagne à travers le refus de grandir d'un enfant. Quant à **Heinrich Böll** (1917-1985), il dégage une morale tout empreinte d'humanisme (*Portrait de groupe avec dame, L'Honneur perdu de Katharina Blum*).
Soucieux de sortir la littérature de ses frontières allemandes, un auteur comme **Heiner Müller** (1929-1995) revisite quelques grands mythes littéraires européens : *Les Liaisons dangereuses* avec *Quartett*, Shakespeare avec *Macbeth* et *Hamlet-Machine*.
En RDA, **Christa Wolf** (1929-2011), auteur du *Ciel partagé* (1963), rencontre un immense succès. Sa critique de la politique culturelle est-allemande lui vaudra la disgrâce du régime communiste, sans toutefois entamer sa grande popularité.
Encore plus proche de nous, **Peter Handke** (né en 1942), lauréat du prix Nobel de littérature 2019, distille un savant dosage d'essai et de fiction, dépassant le cadre de la seule Germanie : *Essai sur la fatigue, Essai sur la journée réussie* (etc.), *L'Angoisse du gardien de but au moment du penalty*. Scénariste, il collabore avec Wim Wenders.

Musique

L'Allemagne et le monde germanophone en général ont considérablement contribué à enrichir la musique occidentale. Connaissant un premier point culminant au 18e s., avec la période baroque, la musique allemande s'affirme ensuite à travers des compositeurs de génie comme Beethoven et Wagner.
Les recherches contemporaines, menées depuis l'apparition du dodécaphonisme, témoignent aujourd'hui encore de la vitalité du courant musical allemand, également entretenue par le rock et le heavy metal.

Des trouvères aux maîtres chanteurs

Aux 12e et 13e s., la cour des seigneurs constitue le lieu d'expression musicale par excellence. Les **Minnesänger** (trouvères), souvent de nobles chevaliers tels **Wolfram von Eschenbach** ou **Walther von der Vogelweide**, puisent leur inspiration dans la poésie lyrique française.
Les **maîtres chanteurs** *(Meistersinger)*, du 14e au 16e s., adoptent un mode de vie sédentaire et s'organisent en corporations. Ils introduisent la polyphonie en Allemagne. Parmi eux, citons

Heinrich von Meissen (1250-1318), qui marqua la transition du *Minnesang* à la poésie des *Meistersinger.* Cordonnier de son état et ardent défenseur de Luther, **Hans Sachs** (1494-1576) est l'auteur d'une œuvre abondante ; nombre de ses compositions furent adaptées sous la forme de chorals protestants. Sachs fut choisi par Wagner comme sujet de son opéra *Les Maîtres chanteurs de Nuremberg*.

De la Renaissance au 17e s.

La Réforme luthérienne donne son autonomie à la musique allemande avec l'apparition du choral, fruit de la collaboration entre **Luther** et **Johann Walther** (1496-1570). Cantique à la mélodie simple, le choral, chanté en langue vulgaire, s'ouvre bientôt au répertoire profane et intègre les genres musicaux populaires. Il donnera plus tard naissance à la cantate et à l'oratorio allemands.
Grand maître de la musique sacrée, **Heinrich Schütz** (1585-1672) marie admirablement les éléments du génie allemand et italien. Il compose le premier opéra allemand, *Dafne*, œuvre malheureusement perdue.
La seconde moitié du 17e s. voit se multiplier les écoles d'orgue, l'une des plus fameuses ayant son siège à Nuremberg. Modèle pour Bach, **Dietrich Buxtehude** (1637-1707) organise les premiers concerts spirituels.

Bach et la musique baroque

Sa science de la composition, sa capacité d'invention et sa maîtrise absolue du contrepoint permettent à **Bach** (1685-1750) de porter au plus haut degré d'achèvement tous les genres qu'il aborde. Établi à Weimar jusqu'en 1717, il effectue ensuite, auprès du prince de Köthen, un séjour de quelques années à l'occasion duquel il compose *Les Concertos brandebourgeois*. En 1723, il s'installe à St-Thomas de Leipzig comme « cantor ». Bach doit y composer une cantate par semaine, pour la liturgie du dimanche. Travailleur infatigable, il assure en outre les offices de quatre églises, enseigne le latin, le chant et trouve le temps d'écrire nombre d'œuvres instrumentales ou vocales. Mentionnons, parmi d'autres chefs-d'œuvre, *Le Clavier bien tempéré* (1722 et 1744) et *La Passion selon saint Matthieu* (1727).
Compositeur de cour brillant, influencé par ses voyages en Italie, **Georg Friedrich Haendel** (1685-1759) excelle dans l'opéra et l'oratorio (*Le Messie*, 1742). Natif de Halle, il assume pendant un temps la charge d'organiste de la cathédrale de cette ville, avant de poursuivre sa carrière à l'opéra de Hambourg, puis en Angleterre, où il s'établit à partir de 1714.

De l'école de Mannheim à Beethoven

Au milieu du 18e s., les musiciens de l'**école de Mannheim** contribuent à mettre au point la forme moderne de la symphonie. Sensible aux innovations de Mannheim, **Gluck** (1714-1787) entreprend de « réformer l'opéra ». Il supprime le récitatif et donne naissance à des œuvres épurées, où s'affirme la primauté du texte poétique. À Paris, il déchaîne d'un côté l'enthousiasme des novateurs, de l'autre les fureurs des partisans de l'opéra traditionnel à l'italienne. C'est la fameuse « querelle des Bouffons ».
Cette période est également marquée par l'apparition en Allemagne du **Singspiel**, sorte d'opéra populaire où les dialogues sont entrecoupés de pièces en forme de lied. *La Flûte enchantée* de Mozart (1791) et le *Fidelio* de Beethoven (1814) fournissent une illustration brillante de ce genre plus tard identifié à l'opérette.

Le style classique

Le style classique se caractérise par l'obsession des formes prédéfinies (à la manière du sonnet en poésie française), qu'elles soient héritées du passé, comme l'opéra, ou créées de toutes pièces, comme le quatuor à cordes. Peu de compositeurs échapperont aux cadres standardisés tels que Haydn les a fixés : la symphonie en quatre mouvements, le concerto en trois mouvements, le quatuor à cordes, la sonate, le lied (pour piano et chant), etc. Et pourtant, la force du génie de chacun consistera précisément à façonner ce formalisme en fonction de son inspiration propre.

Vienne, berceau de la musique allemande ?

À la fin du 18e s., la capitale des Habsbourg devient le poumon musical de toute l'Europe centrale. Les pères fondateurs, **Haydn** et **Mozart**, vont y créer un style dit « classique », qui hantera la vie musicale européenne jusqu'à la Seconde Guerre mondiale.

L'attraction de Vienne est à l'origine d'un brouillage extrêmement fécond : des compositeurs d'origine et de culture différentes ne vont cesser de s'y côtoyer.

Les pères fondateurs

Haydn (1732-1809), véritable génie de la construction formelle, met au point l'ensemble des règles du style classique. Compositeur prolifique, il écrivit 104 symphonies, 17 opéras, 84 quatuors... dont l'op. 76 qui comporte l'actuel hymne allemand.

Mozart (1756-1791), immense génie de l'histoire de la musique, donne ses lettres de noblesse à la voie ouverte par Haydn, auquel il dédie six de ses quatuors. Quel que soit le genre abordé, et il les aborda tous, il s'arrange toujours pour rester Mozart, notamment dans ses opéras (*Don Juan*, *Les Noces de Figaro*, *Cosi Fan Tutte*...) et ses concertos pour piano. Son inspiration excelle particulièrement dans l'alliance subtilement poétique de la légèreté et de la profondeur des sentiments humains.

Né à Bonn, **Beethoven** (1770-1827) se rend à Vienne pour y recevoir l'enseignement de Haydn. Transformant les genres existants, il introduit dans la musique de nouvelles harmonies qui annoncent le romantisme. La profondeur de sa réflexion, tantôt pleinement intériorisée, tantôt élargie en une croyance dans l'universalité du pouvoir de la musique, éclate avec une formidable puissance d'expression, notamment dans ses derniers quatuors.

La musique romantique et Wagner

Le *Freischütz* de **Carl Maria von Weber** (1786-1826), premier opéra romantique allemand, est annonciateur du drame wagnérien. Créé en 1821 à Berlin, il obtient un véritable triomphe, auquel l'emploi des chants populaires n'est certainement pas étranger. L'univers aérien de **Felix Mendelssohn Bartholdy** (1809-1847) est, quant à lui, étranger aux forces du mal qui planent dans le *Freischütz*. Il fut un musicien classique par la clarté et la transparence de son écriture.

Robert Schumann (1810-1856), tour à tour passionné et tendre, nourri de tradition germanique, s'efforce de concilier exigence stylistique et expression personnelle. Critique musical talentueux, il écrit d'abord pour le piano seul (*Carnaval*, *Kinderszenen*) puis, écoutant son admiration pour Schubert et les conseils de son ami Mendelssohn, il se lance dans la composition de lieder *(Dichterliebe)*. Il évolue ensuite surtout vers le genre symphonique et la musique de chambre.

Proche de Schumann, **Johannes Brahms** (1833-1897) incarne le romantisme allemand dans une expression classique, ce qui l'amène à être taxé de formalisme.
Couronnement du mouvement romantique allemand, l'œuvre de **Richard Wagner** (1813-1883) crée un nouveau genre d'opéra : le drame. La musique, au service de ce drame, doit selon lui créer un « climat » hors duquel le message ne peut passer, d'où l'importance de l'orchestration. Il invente une structure inédite, le leitmotiv, thème musical qui revient au fur et à mesure du déroulement de l'œuvre, sous des formes chaque fois enrichies. Conçu par Wagner lui-même comme lieu destiné à la représentation de l'œuvre d'art totale *(Gesamtkunstwerk)*, le théâtre de Bayreuth est inauguré en 1876 avec *L'Anneau du Nibelung* (tétralogie qui comprend *L'Or du Rhin*, *La Walkyrie*, *Siegfried* et *Le Crépuscule des dieux*), fruit d'un travail s'étendant sur 22 années. Le dernier opéra de Wagner, *Parsifal*, donné à Bayreuth en 1882, aborde le thème de la rédemption à travers le renoncement.

La tutelle viennoise

Au tournant du 19e et du 20e s., la musique allemande peine à s'affranchir de la tutelle viennoise. **Richard Strauss** (1864-1949) invente le poème symphonique à l'orchestre somptueux *(Ainsi parlait Zarathoustra)*, mais c'est pour faire danser sur un rythme de valse... qu'il n'oubliera pas dans son opéra *Le Chevalier à la rose*. **Gustav Mahler** (1860-1911) illustre parfaitement ce carrefour des styles dont il est l'héritier et qu'il exploite dans son écriture où dialoguent lied et symphonie.

L'école de Vienne

La nécessité d'élargir le langage musical conduit **Arnold Schönberg** (1874-1951) à élaborer un nouveau système : le dodécaphonisme. Onde de choc sans précédent puisque les repères mélodiques traditionnels n'existent plus. Ils sont remplacés par la série (12 sons), la couleur sonore, le rythme...
Avec ses deux élèves, **Alban Berg** (1885-1935) et **Anton Webern** (1883-1945), il contribue à établir les bases de la modernité au sein du mouvement appelé « école de Vienne ». **Paul Hindemith** (1895-1963) est étranger aux innovations de Schönberg ; en rupture avec la tradition allemande, il trouve une voie originale entre atonalité et dodécaphonisme.

L'époque contemporaine

Après la période nazie qui voit triompher un compositeur aux tendances réactionnaires comme **Carl Orff** (1895-1982), principalement connu pour ses *Carmina Burana*, la musique allemande se cherche des perspectives nouvelles. Elle va les trouver grâce à **Karlheinz Stockhausen** (1928-2007), qui n'aura de cesse de s'affranchir des traditions jugées étouffantes en cultivant l'originalité jusqu'à l'obsession (musique électronique et aléatoire). Ses successeurs, notamment **Wolfgang Rihm** et **Heiner Goebbels**, tous les deux nés en 1952, qui tentent de juguler l'héritage de Stockhausen dans ce qu'il a eu de destructeur, sauront peut-être réconcilier l'avenir avec le passé.

Musiques actuelles

À la fin des années 1960 naît le *Krautrock* (« rock chou », référence à la choucroute), un style de rock expérimental qui explore les possibilités offertes par le synthétiseur. Incarné d'abord par le Berlinois **Klaus Schulze** et la formation rock psychédélique Can, puis la décennie suivante par le groupe mythique **Kraftwerk**, précurseur de la musique électro (avec le célèbre *Radioactivity*), le *Krautrock* ne dépassera pourtant les frontières de l'Allemagne que dans les années 1980.

La scène punk rock a, quant à elle, trouvé dès ses débuts une ambassadrice en la diva déjantée **Nina Hagen**, qui devient célèbre en 1979 avec son tube *African Reggae*. D'autres groupes, inconnus à l'étranger, sont des légendes vivantes outre-Rhin, tels Die Ärzte ou Die Toten Hosen, avec leur plus grand succès *Zehn kleine Jägermeister* (1996), ou bien encore *Sehnsucht* du groupe Rammstein (1997), mélange de heavy metal et de sons électroniques. Le groupe de hard rock **Scorpions**, fondé en 1972 à Hanovre, connaîtra un succès planétaire dans les années 1980, surtout grâce à la chanson *Still Loving You*. Citons aussi le rockeur hambourgeois **Udo Lindenberg**, le « Johnny Hallyday allemand », qui enchaîne les tournées depuis plusieurs décennies.

Si la **pop allemande** connaît le plus souvent un succès national, certains groupes se sont taillé une reconnaissance mondiale : **Modern Talking** (*You're My Heart, You're My Soul*, l'un des hits de 1985), la chanteuse **Nena** (son titre le plus connu, *99 Luftballons*, date de 1983) et, plus récemment, le groupe **Tokio Hotel**, fondé en 2001 à Magdebourg, dont les titres ont fait chavirer des millions d'adolescents.

Les années 1990 voient l'émergence d'une scène techno, dont la **Love Parade**, qui avait lieu chaque été à Berlin, est restée le symbole. Aujourd'hui, la capitale allemande est un temple de l'électro minimale, ses nombreux DJ se produisant dans des clubs qui attirent des amateurs du monde entier.

Aujourd'hui, les Allemands écoutent **Andreas Bourani**, dont le titre *Auf uns* a été choisi pour représenter l'Allemagne lors de la Coupe du monde de football de 2014, ou encore **Cro**, jeune musicien portant un masque de panda, produisant un mélange de rap et de pop, très populaire chez les jeunes.

Cinéma

Après la période expressionniste des années 1920, qui donna naissance à de nombreux chefs-d'œuvre, le cinéma allemand connut une éclipse dont il ne sortit qu'au cours des années 1960.

L'âge d'or de l'expressionnisme

La création de l'**UFA** en 1917 *(Universum Film Aktiengesellschaft)*, compagnie de production aux moyens très importants et dirigée, à partir de 1921, par le producteur **Erich Pommer**, a permis la réalisation d'œuvres fastueuses. L'expressionnisme sensible dans l'expression littéraire, théâtrale et picturale, marqua aussi, dans le contexte politique et social troublé de l'après-guerre, la production cinématographique. Dans des ambiances souvent angoissantes, il se caractérise notamment par l'emploi du clair-obscur et la stylisation géométrique du décor. Les œuvres relevant d'une esthétique purement expressionniste sont en réalité peu nombreuses ; on pensera en particulier au *Cabinet du Docteur Caligari* (1919), chef-d'œuvre de **Robert Wiene**. Les années 1920 sont dominées par les réalisations de **Friedrich Wilhelm Murnau** (*Nosferatu le vampire*, 1922 ; *Le Dernier des hommes*, 1924 ; *Faust*, 1926) et **Fritz Lang** (*Le Docteur Mabuse*, 1922 ; *Metropolis*, 1925). L'œuvre allemande de Lang connaît son apogée en 1931 avec *M le Maudit*, premier film parlant du réalisateur. *Le Testament du Docteur Mabuse* en 1932 fut l'objet de la censure nazie. Lang, à qui Goebbels avait proposé la direction de la production cinématographique du Reich, prit le chemin de l'exil pour s'établir en Californie, où il poursuivit sa carrière. L'Allemagne des années 1920 a également donné naissance à des œuvres d'orientation réaliste, en rupture avec l'expressionnisme dominant. Les réalisations de **Georg Wilhelm Pabst** (*La Rue sans joie*, 1925; *Le Journal d'une fille perdue*, 1926; *Loulou*, 1929) s'inscrivent dans cette tendance, à laquelle appartient aussi l'admirable *Ange bleu* (1930) de **Joseph von Sternberg**.

Un élan brisé

L'élan si prometteur du cinéma allemand, après la Première Guerre mondiale, fut brisé par l'avènement du IIIe Reich. Nombre de réalisateurs et acteurs choisirent la voie de l'exil. Les nationaux-socialistes firent du septième art un outil au service de l'idéologie du régime; la cinéaste **Leni Riefensthal** se distingue, dans ce genre généralement décevant du film de propagande, avec des réalisations d'une étonnante beauté formelle (ainsi *Les Dieux du stade*, qui magnifie les Jeux olympiques de Berlin de 1936).

L'après-guerre fut une longue traversée du désert. Alors qu'en RDA prévalait l'esthétique du « réalisme socialiste », la production des années 1950 en RFA fut de faible qualité. Seuls quelques films, de **Helmut Kaütner**, échappent à la médiocrité dominante.

Le cinéma en ex-Allemagne de l'Est

Comme à toutes les autres formes d'art, on confia pour mission au cinéma de l'ex-Allemagne de l'Est d'éduquer le peuple. Il y eut tout d'abord un grand nombre de films s'inspirant de classiques de la littérature, les réalisateurs n'osant pas aborder les thèmes d'actualité. En trente ans, **Konrad Wolf** s'est véritablement imposé. Il connut un succès international avec *Étoiles* (1958). Dans *Solo Sunny* (1979), il plaida pour la première fois en faveur de l'individualisme, créant ainsi un climat de contestation au sein de la production cinématographique est-allemande.

Le renouveau des années 1960

Acte de naissance d'un langage cinématographique nouveau, le **manifeste Oberhausen** de 1962 fut signé par 26 jeunes cinéastes; la relance tant attendue arrivait enfin. À l'instar de la « Nouvelle Vague » en France, un « jeune cinéma allemand » apparaît dans les années 1960. Les premiers à se faire connaître sont **Werner Herzog**, **Volker Schlöndorff** (*Les Désarrois de l'élève Törless*, 1966) et **Alexander Kluge** (*Les Artistes sous le chapiteau : perplexes*, 1968). Cette jeune génération assura au cinéma allemand une renommée internationale dans le milieu des années 1970. Volker Schlöndorff tourne *L'Honneur perdu de Katharina Blum* (avec Margarethe von Trotta, 1975) et *Le Tambour* (1979). Werner Herzog s'évade dans un monde imaginaire et exotique avec *Aguirre, la colère de Dieu* (1972), *Nosferatu, fantôme de la nuit* (1979) et *Fitzcarraldo* (1982). L'**école de Munich** compte dans ses rangs **Rainer Werner Fassbinder** (1945-1982), qui travailla aussi pour la télévision et laissa une œuvre considérable et sans concession (*Tous les autres s'appellent Ali*, 1973; *Le Mariage de Maria Braun*, 1978; *Berlin Alexanderplatz*, téléfilm en 14 épisodes, 1980), et **Wim Wenders** (*Paris, Texas*, 1984; *Les Ailes du désir*, 1987; *Buena Vista Social Club*, 1999; *Pina*, 2011). La seule réalisatrice à s'être imposée est **Margarethe von Trotta** (*Rosa Luxembourg*, 1986; *La Promesse*, 1995). **Edgar Reitz**, lui aussi dans la mouvance du jeune cinéma allemand, acquiert une renommée par-delà les frontières avec sa saga *Heimat* (1984), *Heimat 2* (1993) et *Heimat 3* (2004).

Une nouvelle vitalité

Avec la sortie du film *Cours, Lola, cours* (1999) de **Tom Tykwer**, le cinéma allemand retrouve une nouvelle vigueur. **Caroline Link** obtient un joli succès avec *Jenseits der Stille* (1996), mais c'est surtout avec *Une enfance en Afrique* qu'elle se fait connaître au niveau international (Oscar en 2002). Parallèlement, l'École de Berlin naît au milieu des années 1990, regroupant des cinéastes issus de la DFFB (Académie allemande du film et de la télévision de Berlin) qui s'attaquent avec réalisme aux tourments intimes et sociaux de la génération de l'après chute du mur. À l'origine de ce mouvement qui secoue le cinéma allemand embourbé dans ses comédies bourgeoises, trois cinéastes, **Christian Petzold** (*Fantômes*, 2005) **Thomas Arslan** (*Ferien*, 2007) et **Angela Shanelec** (*Marseille*, 2004) gagnent la reconnaissance critique dans les années 2000. Les questions de société sont, depuis, au cœur des préoccupations du cinéma d'auteur allemand. Le *Goodbye Lenin* de **Wolfgang Becker**, couronné en 2003 par le prix du meilleur film européen au festival de Berlin, rencontre un succès international. **Oliver Hirschbiegel** décide de briser les tabous en montrant, dans le drame historique *La Chute* (2005), les derniers jours de Hitler. Dix ans plus tard, il met en lumière dans *Elser, un héros ordinaire* la vie de Georg Elser, un ébéniste qui a tenté de tuer Hitler. **Marc Rothemund**, lui, honore le mouvement de résistance anti-nazi munichois La Rose Blanche dans *Sophie Scholl, les derniers jours* (2005). Oscar du meilleur film étranger et récoltant de nombreux autres prix, *La Vie des autres* (2006), réalisé par **Florian Henckel von Donnersmarck**, aborde les pratiques de la Stasi dans l'ex-Allemagne de l'Est. D'autres réalisateurs se tournent aussi vers des questions de société, tel **Fatih Akin**, réalisateur allemand d'origine turque, avec *Head on* (2004), *De l'autre côté* (2007), la comédie hambourgeoise *Soul Kitchen* (2009) et *In the fade* (2017). **Maren Ade** a, quant à elle, séduit le Festival de Cannes en 2016 avec *Toni Erdmann*.

Preuve de l'influence durable de l'École de Berlin sur le cinéma allemand actuel, le réalisateur **Christian Petzold** continue d'enchaîner les succès critiques en mettant en scène l'histoire allemande, de *Barbara* (2012), une médecin déchirée entre ses obligations en Allemagne de l'Est et son désir de fuite vers l'Ouest, à *Transit* (2018), nouvelle adaptation du roman d'exil d'Anna Seghers pendant la Seconde guerre mondiale. Dans un tout autre registre, son dernier film, *Ondine* (2020), libre transposition du mythe, a valu à l'actrice principale Paula Beer le prix d'interprétation féminine au Festival de Berlin 2020.

Le **Festival du cinéma allemand** se déroule à Paris chaque année en octobre au Cinéma l'Arlequin (www.festivalcineallemand.com).

Paysages du Sud

À l'image de la culture, le relief de l'Allemagne du Sud est d'une remarquable diversité. Vu de loin, deux grands ensembles s'en dégagent : une zone de moyenne montagne, au nord, et une zone alpine, au sud. Toutes deux sont traversées par le Rhin, une voie de communication qui contribue à les rapprocher, sinon à les unir. À y regarder de plus près, ces deux territoires offrent une infinité de paysages, des prairies aux vergers, des lacs aux marais, des montagnes étincelantes aux collines chevelues. Au cours des siècles, ce morcellement physique a contribué au maintien de particularismes régionaux encore vivaces. L'environnement est aujourd'hui considéré comme un trésor national, farouchement préservé par une politique de protection soucieuse de la transmission aux générations futures.

Les régions

Le massif schisteux rhénan

S'étendant de part et d'autre du Rhin, entre Trèves au sud et Dortmund au nord, ce massif ancien est entaillé d'autres cours d'eau de moindre importance, comme la Moselle, la Ruhr et la Lahn, qui y font affleurer des roches essentiellement schisteuses. Les sommets tapissés de conifères couronnent des vallées encore agricoles, parfois viticoles.
Le massif se découpe en une série de plateaux bien différenciés : le **Westerwald** (au-dessus de Coblence), le **Taunus** (au nord de Wiesbaden et de Francfort), le **Hunsrück** (à l'est de Trèves) et l'**Eifel** (dans la région de Daun et du Laacher See). Ce dernier est le plus original, bien connu pour ses lacs de cratère *(Maare)*. Ces différents blocs se caractérisent par la rudesse de leur climat.

Le bassin souabe-franconien

Au nord de la Bavière, la **Franconie**, constituée de vastes plateaux faiblement ondulés, est bordée au sud-est par le petit massif calcaire du **Jura franconien**, au sud de Nuremberg, d'où l'on extrait la plus belle pierre de revêtement d'Allemagne, et au nord et au nord-est par les massifs cristallins, très boisés, des confins de Bohême et de Thuringe. À son extrémité septentrionale, dans un triangle formé par les villes de Bamberg, Bayreuth et Nuremberg, la **Suisse franconienne** est un plateau ondulé entaillé de profondes vallées. Composé de calcaires poreux, le sol a subi une érosion intense, à l'origine de plusieurs grottes et reliefs dolomitiques.
La **Souabe**, ancien domaine des rois de Wurtemberg, offre une grande variété de paysages vigoureux, barrés au sud par la ligne bleue du **Jura souabe** (entre Stuttgart et

Alpages dans le Parc national de Berchtesgaden.
bluejayphoto/Getty Images Plus

Ulm) qui culmine à 874 m et marque la ligne de partage des eaux entre le Rhin et le Danube. Les petites vallées, égayées par la vigne et les vergers, alternent avec de modestes reliefs boisés.

La plaine du Rhin supérieur

De la trouée de Bingen à Bâle, un sol de lœss très fertile et un climat peu pluvieux, aux printemps précoces et aux étés très chauds, ont permis le développement de riches cultures (blé, houblon, tabac) et celui de la vigne (bassin de Mayence).

La Forêt-Noire

Posé entre Bâle et Karlsruhe, dans le Land de Bade-Wurtemberg, ce bloc cristallin (1493 m au Feldberg) domine le fossé du Rhin, qui le sépare du massif des Vosges, auquel il est souvent comparé.

Alors que son nom (*Schwarzwald* en allemand) évoque les sombres forêts de conifères, la zone surprend les visiteurs par la diversité de ses paysages : au nord, une forêt d'épicéas et un relief escarpé ; au centre, des vignes en coteaux et des pâturages ; au sud, des lacs et de hauts sommets (crêtes du Belchen et du Geldberg).

La Forêt-Noire est relativement peuplée. Un climat privilégié, des villages soignés et d'importantes ressources thermales lui assurent une forte fréquentation touristique, aujourd'hui sa principale ressource économique.

Les Alpes et le plateau bavarois

D'ouest en est, les Alpes de l'**Allgäu** et les Alpes bavaroises présentent de beaux contrastes entre le vert sombre de leurs forêts, le vert tendre des pâturages, le bleu des lacs et les tons gris des parois rocheuses escarpées. La **Zugspitze**, point culminant de l'Allemagne, atteint 2962 m.

Descendus des Alpes, de gros torrents ont façonné, sur le **Plateau bavarois** qui s'incline doucement jusqu'au Danube, des couloirs propices aux cultures et au développement des villes (Ulm, Augsburg, Munich).

La forêt bavaroise

Entre Ratisbonne et Passau, la rive nord du Danube donne naissance à la Forêt bavaroise qui s'étend au-delà de la frontière tchèque (forêt de Bohême). Ce massif montagneux culmine au **Großer Arber** (1456 m). C'est le plus grand massif forestier d'Europe centrale, protégé depuis 1970 par un parc national, agrandi en 1997.

Des espaces naturels protégés

Bien que densément peuplée et fortement industrialisée, l'Allemagne s'enorgueillit d'une politique de développement durable qui vise au maintien d'un juste équilibre entre protection de l'environnement et progrès socio-économique. Les forêts recouvrent 29 % du territoire (soit 10,7 millions d'hectares). La Forêt bavaroise constitue ainsi le plus grand espace de montagnes boisées en Europe centrale et la Forêt-Noire conserve toujours un caractère sauvage.

Les zones protégées

L'Allemagne compte **16 parcs nationaux**, qui conservent des espaces naturels dans leur aspect originel. Ainsi, le parc national de la **Forêt bavaroise** (1970) préserve le plus grand espace de montagnes boisées en Europe centrale, dont les forêts primitives de Rachelstein et Falkenstein ; celui de la **Forêt-Noire** (2014) abrite des zones qui évoluent depuis plus d'un siècle sans intervention humaine ; quant au dernier-né, le **parc national Hunsrück-Hochwald** (2015), situé à cheval entre Rhénanie-Palatinat et Sarre, il préserve un remarquable paysage de moyenne montagne entrecoupé de marais. L'unique parc alpin du pays est celui de **Berchtesgaden** (1978), dans les Alpes bavaroises. Il est bordé à l'est, au sud et au sud-ouest par l'Autriche, pays dans lequel il est littéralement enclavé.

L'Allemagne compte aussi plus d'une **centaine de parcs naturels** qui, outre leur vocation de protection de la nature, ont pour mission la préservation des coutumes, de l'artisanat et de l'architecture locale traditionnels. Ils sont l'équivalent des parcs naturels régionaux français. Le sud de l'Allemagne abrite notamment ceux de la forêt de Souabe-Franconie près de Francfort ou de la vallée de l'Altmühl au cœur de la Bavière ou encore du Fichtelgebirge, en Bavière aussi.

Conservatoires fauniques

La **faune et la flore** locales restent très proches de celles rencontrées dans le reste de l'Europe : observation de loups et chats sauvages dans le parc national Hunsrück-Hochwald, martins-pêcheurs, castors et cerfs dans le parc naturel de Sarre-Hunsrück, aigles royaux, bouquetins et marmottes autour de Berchtesgaden...

Gastronomie

Des choux, des pommes de terre et du cochon... Hérités de la culture paysanne et d'un climat rigoureux, les ingrédients de base de la cuisine allemande traditionnelle ne font pas forcément rêver. Fer de lance de la gastronomie nationale, le sud de l'Allemagne pourrait cependant vous surprendre. Les étoiles du Guide Rouge Michelin brillent sur Munich et le Bade-Wurtemberg. Et partout, les tavernes proposent des spécialités aussi variées que les terroirs d'une géographie contrastée. Si, vraiment, vous n'adhérez pas à la cuisine germanique, sachez qu'en grands voyageurs, les Allemands ont aussi adopté des traditions culinaires venues d'ailleurs, à commencer par le fameux « döner kebab », qui aurait été inventé en Allemagne par un jeune immigré turc, dans les années 1970.

La cuisine allemande

Bade-Wurtemberg, Franconie, Bavière... Fières de leur terroir, chacune de ces régions du Sud a sa cuisine. Mais elles partagent aussi un patrimoine culinaire : **Wiener Schnitzel** (escalope panée), **Eisbein** (jarret de porc salé), **Sauerbraten** (bœuf en sauce brune aigrelette) et **Gulasch** (viande en ragoût ou en potage) sont ainsi proposés dans tout le pays. Autre grande constante, le **cochon**, décliné sous toutes les formes : rôti, grillé, bouilli, frit, servi avec du raifort, de la moutarde aigre-douce, du chou rouge... Il est à la base de nombreuses charcuteries – dont un excellent jambon cru de la Forêt-Noire, le *Schwartzwälder Schinken* – et d'une multitude de **saucisses** *(Wurst)*, qui sont au sud de l'Allemagne ce que le hareng est au Nord *(voir l'encadré p. 444)*.

Les accompagnements les plus répandus sont la **pomme de terre** *(Kartoffel)* et le **chou** *(Kohl)*, au détriment des légumes verts, assez rares dans les assiettes allemandes. Le chou donne la fameuse *Sauerkraut* (choucroute), souvent servie avec une saucisse à midi, comme en-cas.

Les **pains allemands** sont délicieux. Le plus connu est le pain noir *(Schwarzbrot)*, mais les boulangeries proposent d'autres spécialités : pain aux céréales complètes *(Vollkornbrot)*, au seigle *(Pumpernickel)* et, bien sûr, le *Bretzel*, à déguster nature ou beurré.

Les Allemands sont aussi très ouverts aux saveurs étrangères, italiennes, chinoises, turques et grecques, et à la créativité de la cuisine internationale. Sachez enfin que les produits **bio** sont fort présents dans les assiettes.

Le Sud gourmand

Bien manger et bien boire a plus d'importance dans le sud du pays qu'ailleurs. Ainsi, la Bavière a codifié sa cuisine dès 1350 dans

Six cent six saucisses (et beaucoup d'autres)

La saucisse ! Incontournable du paysage gastronomique, vous la trouverez même sous forme de snacks, à côté des paquets de chewing-gums, sur les aires d'autoroute ! L'Allemagne a sa propre géographie de la saucisse : la *Frankfurter* à Francfort (adoptée par les Américains pour le hot-dog), *Weißwurst* à Munich (une saucisse de veau blanche aux herbes, qui se déguste traditionnellement avant midi), *Rostbratwurst* à Nuremberg (un modèle miniature servi en trio dans un petit pain), *Bratwürsten* à Ratisbonne (mangée par les ouvriers qui ont construit la ville), *Coburger Bratwurst* à Cobourg (fumée sur des pommes de pin)... Les historiens de la gastronomie font remonter sa fabrication au Moyen Âge. Les statisticiens, eux, ont répertorié plus de 1500 sortes de saucisses à travers toute l'Allemagne, mais une seule a conquis tout le pays : la *Currywurst* de Berlin, le plus souvent dégustée sur le pouce, debout à l'étal, avec une sauce à base de ketchup et curry. *Guten Appetit !*

un manuscrit rédigé à Würzburg, *Das Buch von guter Spise* (« Le Livre des bons mets »). Dans les tavernes traditionnelles, vous pourrez goûter aux *Knödel* (boules de pâte bouillie composée de pain, de pomme de terre ou de semoule), servies avec les plats en sauce. À Munich, tentez le curieux *Obatzer*, traditionnelle recette des *Biergarten* : c'est une sorte de camembert local, mixé avec du beurre, de l'oignon rouge, de la ciboulette, du poivre et du paprika, servi avec un bretzel et une bière.

L'**Allgäu**, dans les Alpes bavaroises, est réputé pour ses **fromages**. Vous en mangerez d'ailleurs souvent puisqu'ils sont servis à tous les repas, petit-déjeuner inclus. L'un des plus appréciés est le *Bergkäse*, sorte d'emmental produit en Bavière.

En **Franconie** (englobée dans la Bavière aujourd'hui), on sert le *Gwerch*, une salade de tête de bœuf à la saucisse et à l'emmental.

La **Souabe** (région historique à cheval entre le Bade-Wurtemberg et la Bavière) est la patrie des *Maultaschen*, des ravioles rectangulaires.

Avec Munich, le **Bade-Wurtemberg** concentre le plus grand nombre de tables étoilées au Guide Michelin. Cette région a inventé la célèbre **Forêt-Noire** *(Schwartzwälder Kirschtorte)*. La génoise cacaotée, parfumée au kirsch, est le seul dessert 100 % allemand de notoriété mondiale. L'**Apfelstrudel**, s'il est très populaire en Allemagne, est d'origine autrichienne.

Dans les salons de thé *(Café-Konditorei)*, les Allemands aiment sacrifier au **Kaffee und Kuchen** (café et gâteau) de l'après-midi, l'équivalent du goûter français ou du *five o'clock tea* anglais. Voisine de la gourmande Autriche, la Bavière se régale du **Dampfnudel** (brioche et crème anglaise) et du **Kaiserschmarrn** (crêpe épaisse coupée en lanières, à la compote de pommes).

Noël est aussi une période faste avec, à Nuremberg, le **Lebkuchen** (pain d'épices) et, partout dans le pays, les **Spekulatius**. Cette variante allemande du spéculoos est cuite dans des moules en forme de personnages ou d'animaux.

Grosse pression

Selon Martin Luther, « celui qui n'a pas de bière n'a rien à boire ». Cette formule, émise en 1517 par le père de la Réforme, reste d'actualité.

La **bière** est à l'Allemagne ce que le vin est à la France : un savoir-faire, une vitrine et une part de l'identité même du pays. Et si les Irlandais et les Tchèques ont dépassé les

Allemands au titre de plus grands buveurs du monde, un examen plus attentif du « classement » révèle que les Bavarois restent les champions, avec 160 litres par an et par personne ! Juste retour des choses puisque les premières bières germaniques furent brassées en Bavière, durant le haut Moyen Âge. C'est là aussi que le duc Guillaume IV de Bavière en a codifié la composition, en 1516. Selon cette **« loi de pureté »** (*Reinheitsgebot*), le breuvage ne doit rien inclure d'autre que du houblon, de l'orge et de l'eau. Inconnue à l'époque, la levure a été ajoutée ultérieurement à cette formule, toujours largement respectée aujourd'hui.

En partie compensée par les ventes à l'exportation, la baisse constante de la consommation depuis les années 1970 a entraîné la fermeture de nombreuses brasseries historiques, un mouvement heureusement contrebalancé par le développement de **microbrasseries**, en réponse à l'uniformisation des bières industrielles.

Déclinées en *Helles* (blondes), *Dunkles* (brunes), *Pils* (fine et légèrement amère), *Weiss* (trouble et acidulée), les bières comptent ainsi une infinité de variétés saisonnières et/ou locales, telles la *Dampfbier* de Bayreuth (fruitée) et la *Rauchbier* de Bamberg (fumée). Ne manquez pas de les tester dans les tavernes traditionnelles, dont certaines sont des brasseries en activité, mais aussi dans les fameux **Biergarten**, de vastes brasseries en plein air, ouvertes aux beaux jours, ombragées de marronniers et pourvues de grandes tablées de 8/10 personnes. L'on y vient entre amis partager des chopes d'un litre (les *Maß*) et s'y restaurer, en commandant des plats ou en apportant son propre pique-nique.

En principe, une bière pression se tire en plusieurs fois, afin de limiter les excès de mousse blanche.

Le musée de la Bière et de la Fête de la bière, à Munich (p. 38).

Les vins

Le vignoble allemand, l'un des plus septentrionaux au monde, s'étend sur 102 000 ha et compte 13 régions viticoles disséminées entre le lac de Constance et les Sept Montagnes, entre Trèves et Würzburg. Concentré dans le sud et le centre du pays, il recouvre une grande variété de crus et de cépages. On distingue parmi les **vins blancs** (80 % de la production) : les rieslings vigoureux du Mittelrhein, et ceux de Moselle, Sarre et Ruwer, bouquetés et rafraîchissants ; ceux du Rheingau, nobles et gouleyants ; de la Nahe, riches en corps et élégants ; ceux de Franconie, puissants ou âpres ; de Bade et de Wurtemberg, nombreux et variés. Peu connus hors de leurs frontières, les **vins rouges** sont à découvrir, qu'il s'agisse de *Spätburgunder* (pinot noir) ou de cépages plus confidentiels (*Portugieser, Lemberger, Regent, Trollinger*).

Sachez que les **vins** sont classés en quatre catégories. Ceux de qualité supérieure portent la dénomination *« Qualitätswein mit Prädikat »*, suivie d'un label selon le degré de maturité croissant des raisins à la vendange : *Kabinett* (réserve spéciale), *Spätlese* (récolte tardive), *Auslese* (raisins sélectionnés), *Beerenauslese* et *Trockenbeerenauslese* (vins liquoreux), *Eiswein* (vin de glace).

En hiver, on se régale et on se réchauffe en buvant du *Glühwein*, vin rouge servi chaud, sucré et aromatisé à la cannelle. Le délice revigorant des marchés de Noël !

Profitez des **Weinstuben** qui permettent, dans un cadre agréable, de déguster les meilleurs vins au verre *(offene Weine)*.

Pour les amateurs, le site dédié aux vins : www.germanwines.de (en anglais).

Fêtes et folklore

Se télescopant avec l'image d'une Allemagne high-tech, les fêtes populaires restent d'une étonnante vivacité dans le sud du pays, du Bade-Wurtemberg à la Sarre, en passant par la Bavière, l'un des Länder les plus conservateurs. Et si la Fête de la bière de Munich est à ce jour la plus célèbre dans le monde, elle n'est que l'une des innombrables festivités qui rythment le calendrier de nos voisins outre-rhénans.

Les temps forts

Les fêtes de Noël – Un parfum de pain d'épices, de vin chaud et de cannelle flotte à travers l'Allemagne tout au long du mois de décembre. L'ouverture des **marchés de Noël** marque le début de la saison. Si le plus ancien est celui de Dresde, en Saxe, le sud du pays compte bien d'autres marchés réputés (et touristiques), en particulier ceux de Nuremberg (Franconie), Garmisch-Partenkirchen (Bavière), Bad Wimpfen et Stuttgart (Bade-Wurtemberg), et Trèves (Rhénanie-Palatinat). On y achète les couronnes de l'Avent et les décorations du sapin *(Weihnachtsbaum)*. Le 6 décembre, est un autre temps fort, quand **saint Nicolas** dépose ses cadeaux dans les chaussures des enfants. Celui-ci est toujours suivi du père Fouettard *(Knecht Ruprech)* et son bâton. Le 24 décembre est en partie férié, un temps mis à profit pour préparer le repas du réveillon, partagé en famille. Les plus jeunes reçoivent des cadeaux le soir de Noël.

Carnaval – Toujours très suivie en Allemagne, cette tradition remonte au Moyen Âge et s'exprime dans des défilés pleins de folie, aux costumes bariolés, élaborés plusieurs semaines à l'avance. Le plus emblématique est le carnaval de Cologne (voir Le Guide Vert *Allemagne du Nord*), mais toutes les régions du sud ont le leur : *Karneval* pour les Rhénans, *Fastnacht* pour les Souabes, *Fasching* pour les Bavarois... Le nom varie mais les rituels sont immuables et durent jusqu'au mercredi des Cendres, avec un apogée lors du défilé traditionnel de chars du « lundi des Roses » *(Rosenmontag)*. À Munich, le Mardi gras *(Fasching)* est célébré par des centaines de bals à travers la ville, et par la danse des marchandes sur le marché aux Victuailles.

Musée du Carnaval à Gengenbach.

Pâques – Saviez-vous que le fameux lapin de Pâques *(Osterhase)* vient d'Allemagne ? Outre-Rhin, c'est lui, et non les cloches, qui dépose les œufs destinés aux enfants, dans des paniers confectionnés la veille de Pâques. Autre tradition pascale, l'échange de présents dans un emballage en forme d'œuf : la marque Kinder s'en serait inspirée pour créer ses œufs surprise.

Autres festivités – Elles émaillent l'année, qu'elles soient liées au patrimoine agricole (retour d'alpages à Schöllang, Fête des sonnailles...), aux spécialités régionales (Fête du vin à Stuttgart ou Fribourg, de la bière forte –*Starbierzeit* – à Munich, de la quetsche à Bühl...)

Danses bavaroises.
sebastian-julian/Getty Images Plus

ou à l'histoire (Noces de Landshut, *Meistertrunk* à Rothenburg...).

Depuis 1990, le 3 octobre est le jour de la **fête nationale allemande** *(Tag der deutschen Einheit)*, célébrant la réunification des deux Allemagnes. C'est le seul jour férié national, tous les autres étant décidés par les Länder.

Culottes de peau

Dans le sud de l'Allemagne, et tout particulièrement en Bavière, le port du **Tracht** (costume folklorique) est toujours de mise, et pas seulement pour la Fête de la bière. Preuve de la vitalité du costume bavarois, de nombreuses boutiques sont désormais spécialisées. Ce récent retour en grâce des **Dirndl** (robes traditionnelles) et des **Lederhosen** (culottes de peau) doit beaucoup au tourisme : dans les années 1930, les riches Munichois en villégiature à la montagne s'amusaient à en porter. Dans les tavernes, il est l'équivalent du tablier noir des serveurs de brasserie parisienne. Certains hôtels et restaurants l'ont imposé à leurs employés, pour son côté carte postale. Les touristes adorent, et ils ne sont plus les seuls. Depuis la fin des années 1990, la vente des *Trachten* a progressé. Interrogez les jeunes Munichois, vous constaterez que la plupart conservent un *Dirndl* ou un *Lederhose* dans leur placard, pour le ressortir lors de la Fête de la bière, voire un mariage ou une soirée entre amis. Les sociologues y voient un retour aux traditions, né de la crise mondiale. Les commerçants se frottent les mains : le port du *Tracht* gagne tellement de terrain que certaines boutiques spécialisées haut de gamme se sont mises à créer des collections annuelles, pour varier les plaisirs. Le port du *Tracht* dépasse même les frontières : Wiesnkönig, fournisseur officiel de *Lederhosen* pour la Fête de la bière, vient d'ouvrir sa première boutique aux États-Unis, dans une brasserie de Cincinnati !

S'ils sont moins répandus qu'en Bavière, d'autres costumes régionaux sont portés lors des fêtes folkloriques. Ainsi, en Forêt-Noire, le chapeau à pompons *(Bollenhut)* accompagne le costume traditionnel hérité du 17e s.

Sentier de randonnée à Watzmann, Berchtesgaden.
imageBROKER/hemis.fr

ORGANISER SON VOYAGE

Aller en Allemagne du Sud

Capitale : Berlin
Superficie : 357 021 km^2
Population : 83,8 millions d'hab.
Monnaie : euro
Langue officielle : allemand

Par la route

Grands axes

En France :
A4 – L'autoroute de l'Est relie Paris à Strasbourg en 488 km.
En Allemagne :
A3 – La *Bundesautobahn* 3 relie en 778 km les Pays-Bas à l'Autriche en passant par la vallée du Rhin jusqu'à Francfort-sur-le-Main, puis à travers la Bavière.
A5 – Longue de 445 km, la A5 démarre à Hattenbach (au nord de Francfort-sur-le-Main) et conduit jusqu'à Bâle en Suisse, en suivant vers le sud la rive droite de la vallée du Rhin.
A6 – Cet axe autoroutier de 477 km relie directement la France à la République tchèque en passant par Sarrebruck, Kaiserslautern, Mannheim, Heilbronn, Nuremberg, Amberg et Wernberg-Köblitz.
A7 – Cette autoroute, la plus longue d'Europe avec ses 963 km, part du Danemark puis traverse toute l'Allemagne du nord au sud avant d'arriver en Autriche.
A8 – La *Bundesautobahn* 8 relie le Luxembourg à l'Autriche en passant par Karlsruhe, Stuttgart, Ulm, Augsbourg, Munich et Bad Reichenhall.
A9 : La A9 relie en 530 km Berlin à Munich via Leipzig et Nuremberg.

Cartes Michelin

Pour circuler en Allemagne, utilisez la carte Michelin n° 718 ou la n° 719 qui regroupe l'Allemagne, le Benelux, l'Autriche et la République tchèque.
Pour l'Allemagne du Sud, vous aurez besoin des cartes régionales suivantes :
543 : Allemagne Centre-Ouest

Distances en km	Bordeaux	Brest	Lille	Lyon	Marseille	Rennes	Strasbourg
Coblence	1135	1120	420	687	997	886	265
Constance	1050	1214	716	492	803	978	211
Fribourg	889	1139	637	439	748	903	88
Heidelberg	1136	1123	546	607	921	887	133
Munich	1292	1421	831	733	1045	1185	370
Nuremberg	1259	1340	724	809	1118	1103	330
Stuttgart	1167	1199	655	612	950	963	148

545 : Allemagne Sud-Ouest
546 : Allemagne Sud-Est, Bavière
En ligne : calcul d'itinéraires sur **www.viamichelin.fr**.

Vignette écologique

Des zones environnementales protégées sont aménagées dans plusieurs grandes villes allemandes. Pour y accéder, il vous faudra une vignette écologique. Info et achat en ligne de la vignette : **www.eco-pastille.fr**.

En car

Une solution économique pour les petits budgets moins regardant sur le temps de trajet.
Flixbus - www.flixbus.fr.
Parmi les liaisons : Paris-Munich (11h50 - 70 €), Lyon-Nuremberg (11h - 70 €), Bordeaux-Mayence (22h20 avec une correspondance - 60 €).

En train

Grandes lignes

Pour Francfort, Stuttgart, Karlsruhe, Fribourg-en-Brisgau, Mannheim et la Forêt-Noire, le train reste le moyen de transport le plus rapide. Les **TGV-Est** et **ICE** (de la Deutsche Bahn) empruntent une ligne à grande vitesse :
- Paris-Francfort *via* Strasbourg, Sarrebruck et Mannheim (3h40 en ICE);
- Paris-Stuttgart *via* Strasbourg et Karlsruhe (3h10 en TGV);
- Paris-Fribourg-en-Brisgau (3h48 en TGV) *via* Dijon, Besançon, Belfort-Montbéliard et Mulhouse.
- Marseille-Francfort (7h50 en TGV) *via* Avignon, Lyon, Chalon-sur- Saône, Besançon, Belfort, Mulhouse et Strasbourg.

À bord de l'ICE, pas de wagon-bar mais un vrai wagon-restaurant, avec tables et nappes. Carte bleue non acceptée.

Deutsche Bahn France - www.bahn.com
SNCF - www.sncf-connect.com
Thalys - www.thalys.com. Pour rejoindre Paris depuis Bruxelles.

En avion

Aéroports

Francfort-sur-le-Main - ✆ (+ 49) 180 6372 4636 - www.frankfurt-airport.com.
Liaisons centre-ville p. 375.
Munich - ✆ (+ 49) 89 975 00 - www.munich-airport.com.
Liaisons centre-ville p. 61.
Nuremberg - ✆ (+ 49) 0911 9 37 00 - www.airport-nuernberg.de.
Liaisons centre-ville p. 162.
Stuttgart - ✆ (+ 49) 711 94 80 - www.stuttgart-airport.com.
Liaisons centre-ville p. 272.

Compagnies aériennes

Air France - www.airfrance.fr. Vols directs au départ de Paris : Francfort, Munich, Nuremberg et Stuttgart.
Brussels Airlines - www.brusselsairlines.com. Liaisons directes entre Bruxelles-National et Munich, Francfort et Nuremberg.
Lufthansa - www.lufthansa.com. Liaisons directes pour Francfort, Munich et Stuttgart.
Swiss Air - www.swiss.com. Liaisons directes entre Zurich et Munich, Stuttgart et Francfort, et entre Genève et Francfort.
Twin Jet - www.twinjet.fr. Vols Lyon-Stuttgart.

Avant de partir

Le bon moment pour partir

La météo en Allemagne est sujette à de nombreuses variations. La période la plus sûre pour partir est certainement celle qui s'étend de mai à octobre. Toutefois, l'automne et le printemps, alors que la fréquentation des sites touristiques est moindre, sont des saisons agréables pour découvrir le pays.

À emporter

Il est prudent de prévoir des vêtements imperméables quel que soit le mois. N'oubliez pas votre maillot pour profiter des très nombreux saunas et bains relaxants dans les hôtels et les établissements thermaux.

Adresses utiles

Ambassades

Ambassade en France - 13/15 av. Franklin-Roosevelt - 75008 Paris - ☎ 01 53 83 45 00 - www.allemagne.diplo.de. Actualités du pays sur le site Internet.

Ambassade en Belgique - 8-14 r. Jacques-de-Lalaingstraat - 1040 Brüssel - ☎ (+ 32) 2 787 18 00 - www.bruessel.diplo.de.

Ambassade en Suisse - Willadingweg 83 - 3000 Bern 15 - ☎ (+ 41) 31 359 41 11 - www.bern.diplo.de.

« Ambassades et consulats » (p. 457).

Offices de tourisme des Länder

Bavière - www.bavaria.travel (en allemand et en anglais).

Bade-Wurtemberg - www.tourisme-bw.fr

Rhénanie-Palatinat - www.allemagne-romantique.fr

Sarre - www.visiter-la-sarre.fr

Hesse - www.hessen-tourismus.de (en allemand et en anglais).

Centres culturels

Institut Goethe - www.goethe.de/ins/fr (en allemand et en anglais). Antennes à Paris, Bordeaux, Lille, Lyon, Nancy, Strasbourg et Toulouse.

Fédération des maisons franco-allemandes - www.maisons-franco-allemandes.fr. Cette fédération regroupe plusieurs structures (lien vers le site Internet de chacune d'elles).

Autres sites Internet

www.germany.travel/fr - Le site de l'office allemand du tourisme donne une vue d'ensemble du pays et permet de télécharger ou de commander des brochures.

www.deutschland.de - Version online du magazine *Deutschland*, qui se veut une vitrine de l'Allemagne à l'étranger. Dossiers politiques, culturels et économiques.

www.tatsachen-ueber-deutschland.de - « Allemagne - Faits et réalités », traite de l'Allemagne aujourd'hui à travers différentes thématiques. Un site à la navigation fluide pour une découverte agréable.

www.dw.com/fr - La Deutsche Welle (DW), la radio-télévision allemande destinée à un auditoire étranger, diffuse des informations rédigées par des journalistes, ainsi que des cours de langues.

Handicap

Dans le cadre du programme **Barrierefreier Tourismus** (tourisme sans barrières), l'Allemagne propose un certain nombre de services et d'hébergements adaptés. Consultez l'onglet « Voyageurs à mobilité réduite » sur le site **www.germany.travel/fr**.

Formalités

Documents importants

Pièces d'identité

Pour un voyage de moins de trois mois, il suffit aux citoyens de l'Union européenne d'être en possession d'une carte d'identité en cours de validité (moins de 10 ans) ou d'un passeport. Les enfants, même très jeunes, doivent disposer d'une carte d'identité.

Véhicule

Il vous faudra un permis de conduire à trois volets ou un permis de conduire international. Outre les papiers du véhicule, il est recommandé de se munir d'une carte internationale d'assurance automobile, dite **« carte verte »**. Se renseigner auprès de sa propre compagnie d'assurances.

Douanes

Il est permis de transporter jusqu'à 4 cartouches de cigarettes (soit 1 kg de tabac) au sein de l'UE sans aucune formalité, ainsi que jusqu'à 10 l de spiritueux, 20 l de produits intermédiaires, 90 l de vin (dont 60 l maximum de vin mousseux) et jusqu'à 110 l de bière. Le seuil s'entend par moyen de transport individuel. Consultez le site de la douane pour plus de précisions : **www.douane.gouv.fr**.

Assurances

Carte européenne d'assurance maladie (CEAM)

Cette carte gratuite, valable 2 ans, garantit aux ressortissants de l'Union européenne la prise en charge des soins, dans le système public, aux mêmes conditions que les assurés du pays visité. Il faut en faire la demande auprès de sa caisse d'assurance maladie ou sur www.ameli.fr, 2 à 3 semaines avant le départ.

La CEAM existe aussi en version dématérialisée sur l'application ameli.

Assurance voyage

L'assurance voyage comporte plusieurs volets : annulation (avant le départ), prise en charge des frais hospitaliers et de rapatriement (durant le séjour), vol ou perte de bagages. Afin de limiter ces éventuels frais, il est donc conseillé d'en souscrire une auprès de votre tour-opérateur ou de la compagnie d'assurance de votre choix.

Si vous réglez votre voyage par carte bancaire, sachez que la plupart des banques incluent déjà dans leur contrat ce type d'assurance. Pensez donc à vérifier au préalable les garanties dont vous bénéficiez.

Pour étudier la meilleure offre, il existe différents comparateurs d'assurance, notamment insurly.fr, très intuitif et complet (comparaison de chaque assurance voyage avec les modalités de la carte bancaire), www.tourdumondiste.com, adapté aux courts et longs séjours.

« Santé » (p. 460).

Animaux de compagnie

Pour les chiens et les chats, un carnet de vaccination européen comportant la vaccination antirabique ainsi que le tatouage ou le port d'une puce électronique sont obligatoires. Les animaux doivent être âgés de plus de 3 mois et la vaccination doit avoir été effectuée depuis au moins 21 jours pour être valable.

Téléphoner en Allemagne

Depuis la France ou l'étranger : 00 + 49 (indicatif de l'Allemagne) + indicatif urbain **sans** le 0 + numéro du correspondant.

« Téléphone » (p. 462).

Budget

Les prix sont assez comparables à ceux pratiqués en France. D'une manière générale, les restaurants sont, à qualité équivalente, un peu moins chers outre-Rhin. Les visiteurs logeant à l'hôtel devront prévoir un budget supérieur.

Les produits de consommation courante et les services incluent une TVA de 19 %.

Tableau ci-dessous.

Hébergement

Retrouvez notre sélection d'hébergements dans les encadrés « Nos adresses à... » dans la partie « Découvrir l'Allemagne du Sud ». Ils sont classés en quatre catégories, sur la base du prix d'une chambre double standard en **haute saison** *(voir tableau p. 456)*. En dehors de certaines régions (Alpes bavaroises ou Forêt-Noire) et de grandes villes comme Munich, l'hôtellerie pratique des prix raisonnables.

Le prix d'une nuit d'hôtel inclut généralement le petit-déjeuner, qui consiste le plus souvent en un copieux buffet.

Réserver son hébergement

Dans les grandes villes allemandes, la disponibilité des hôtels en semaine est assez dépendante de la tenue de foires et salons professionnels. Le week-end, les hôteliers proposent souvent des prix avantageux. L'Allemagne du Sud étant très touristique, pour un séjour de mai à octobre, mieux vaut retenir à l'avance.

Pour assister à des événements touristiques tels que la Fête de la bière de Munich, il est conseillé de réserver son hébergement au moins six mois à l'avance. Se loger à Bayreuth sans réservation en plein festival est mission impossible !

Hôtels

L'hôtellerie classique *(Hotel, Gasthof, Gasthaus)* présente une gamme de ressources variées. L'**« hôtel garni »** (nom en allemand) indique un hôtel sans restaurant, uniquement avec chambre et petit-déjeuner.

« Zimmer frei » : ce panneau signale l'existence de chambres disponibles.

Quelques idées de prix pour établir son budget

Services ou articles	Prix moyen en €
Un café	1,5/3 €
Une pinte de bière	2/4 €
Un snack (une saucisse achetée sur un stand ou dans un kiosque, par ex.)	3/6 €
Une bouteille de vin au restaurant	10/30 €
Une semaine de location de voiture catégorie B	150/300 €
Un ticket de transport en commun dans les grandes villes	2/2,70 €
Location d'un vélo pour une journée	15 €
Un billet d'entrée dans un musée	4/12 €

Nos catégories de prix		
	Hébergement	**Restauration**
Premier prix	jusqu'à 80 €	jusqu'à 20 €
Budget moyen	de 80 à 120 €	de 20 à 30 €
Pour se faire plaisir	de 120 à 170 €	de 30 à 45 €
Une folie	plus de 170 €	plus de 45 €

Hôtels familiaux

Deux **chaînes hôtelières** proposent des chambres dans un cadre en harmonie avec la nature et des services adaptés aux familles (garderies, animations) : **www.familotel.de** (en anglais) ; **www.landidyll.de** (en allemand).
Un **tour-opérateur** est spécialisé dans les séjours en villages de vacances et hôtels-clubs avec animations pour enfants : **www.kuf-reisen.de** (en allemand).

Hébergement à petit prix

Camping

L'Allemagne abrite plus de 3000 terrains de camping. La plupart sont fermés en basse saison.
Sur le site Internet **www.germany.travel/fr**, une carte interactive permet de localiser les campings et propose une fiche descriptive pour chacun (en anglais).
À consulter aussi : www.eurocampings.fr. Classement par régions et thématiques pratique.

Auberges de jeunesse

Le pays compte des auberges de jeunesse rattachées au réseau Hostelling International. Retrouvez-les sur : **www.hihostels.com/fr**.
Si vous ne disposez pas de la carte internationale, vous pourrez accéder à l'auberge moyennant le paiement d'un supplément. Outre la formule classique lit en dortoir avec petit-déjeuner, des chambres simples ou doubles pour couples ou familles sont aussi disponibles.
Deutsches Jugendherbergswerk – www.jugendherberge.de (en français et en anglais). Le site de l'Association des auberges de jeunesse en Allemagne permet d'obtenir la liste des établissements et d'effectuer des réservations.
En Bavière, les auberges de jeunesse donnent la priorité aux jeunes (jusqu'à 27 ans).

Centrales de réservation

Outre les centrales de réservation classiques, celles de nombreux **offices de tourisme** sont très efficaces. Consultez aussi les **Länder** *(voir p. 452)*.
www.hotellerie.de – Site (en allemand) de l'association hôtelière allemande.

Vacances à la ferme

Ce type d'hébergement est développé en Bavière et dans les régions vinicoles.
Société allemande d'agriculture (DLG) – www.landreise.de (en allemand). Elle répertorie les offres avec un descriptif détaillé pour chacune (présentation des hôtes, services, galerie de photos).

Loger chez l'habitant

C'est une formule très répandue en Allemagne, surtout à la campagne. En ville, ce sont généralement des agences spécialisées, les *Mitwohnzentralen*, qui peuvent réserver des chambres chez l'habitant. Vous trouverez des offres sur le site : **www.bed-and-breakfast.de** (en anglais).

Sur place de A à Z

Ambassades et consulats

Ambassade de France – Pariser Platz 5 - 10117 Berlin - ☏ 030 590 03 90 00/91 00 - www.de.ambafrance.org.

Ambassade de Belgique – Jägerstr. 52-53 - Berlin - ☏ 030 206 420 - germany.diplomatie.belgium.be/fr.

Ambassade de Suisse – Otto-von-Bismarck Allee 4A - 10557 Berlin - ☏ 030 390 40 00 - www.eda.admin.ch/berlin.

Consulats généraux français en Allemagne du Sud :

Francfort – Zeppelinallee 35 - 60325 Frankfurt am Main - ☏ 069 79 50 960 ;

Munich – Heimeranstr. 31 - 80339 München - ☏ 089 41 94 110 ;

Sarrebruck – Ludwigsplatz 10 - 66117 Saarbrücken - ☏ 0681 92 799 860 ;

Stuttgart – Schlossstr. 51 - 70174 Stuttgart - ☏ 0711 23925 53.

Baignade

Vastes lacs au pied des Alpes dont celui de Constance, petits lacs de volcans dans le massif de l'Eifel, sans oublier rivières aux eaux pures… On se baigne partout en Allemagne du Sud.

En Europe, c'est également le pays qui compte le plus de piscines en plein air. On y trouve aussi de vastes parcs aquatiques ultramodernes.

Banques

La devise de l'Allemagne est l'**euro**. Les ressortissants des pays non-membres de la zone euro peuvent changer leurs devises dans les aéroports, les banques ainsi que certaines gares et certains hôtels.

Moyens de paiement

Les principales cartes bancaires internationales sont acceptées dans beaucoup d'hôtels et de restaurants. Nous signalons dans ce guide, par le pictogramme 💳, ceux qui la refusent. L'usage des cartes de paiement reste moins répandu qu'en France, notamment auprès des petits commerçants, dans certains automates ou pour des achats d'un montant inférieur à 15 €. Mieux vaut donc toujours avoir des espèces sur soi.

Horaires

Les banques sont fermées le week-end. Elles sont ouvertes en semaine de 8h30 à 12h30 et de 13h30 à 16h (jusqu'à 17h30 ou 18h le jeudi).

En général, les **bureaux de change** *(Wechselstuben)* ont des horaires d'ouverture plus étendus.

Croisières fluviales

Rhin, Main, Moselle, Danube, les grands fleuves sont le cadre d'excursions en bateau-promenade à la journée programmées par les compagnies locales ou de croisières plus longues organisées par des voyagistes.

Il est possible de louer des bateaux pour sillonner les canaux. Dans certains cas, il n'est pas nécessaire de disposer du permis bateau ; le permis d'affrètement *(Charterschein)* délivré par le loueur suffit.

Cyclotourisme

L'Allemagne du Sud est traversée par trois itinéraires **EuroVelo** (fr.eurovelo.com). La piste cyclable au bord du **Danube** (EuroVelo 6), de Donaueschingen en Forêt-Noire jusqu'à Passau en Bavière, soit un parcours de 600 km, est l'un des itinéraires les plus connus.

La **Véloroute Rhin** (EuroVelo 15) longe le lac de Constance, puis file vers le nord *via* Karlsruhe et Coblence. À Mayence, elle croise la piste cyclable du **Main** (EuroVelo 4) qui rejoint Bayreuth.
Liste des plus beaux itinéraires sur **www.germany.travel/fr** avec les liens vers les sites Internet de chacun pour le détail des parcours.

Électricité

Le voltage est le même qu'en France (220 V). Les prises de courant sont de type européen.

Jours fériés

1er janvier
6 janvier – Fête des Rois : Bade-Wurtemberg, Bavière et Saxe-Anhalt.
Vendredi saint
Lundi de Pâques
1er Mai – Fête du Travail.
Ascension
Lundi de Pentecôte
7 juin – Fête-Dieu : Bade-Wurtemberg, Bavière, Hesse, Rhénanie-Palatinat et Sarre.
15 août – Assomption : en Sarre et régions catholiques en Bavière.
3 octobre – Fête nationale.
1er novembre – Toussaint : Bade-Wurtemberg, Bavière, Rhénanie-Palatinat et Sarre.
25 et 26 décembre

Musées

Les musées sont généralement fermés le lundi. Les musées d'art proposent souvent une nocturne, un soir par semaine.
La majorité des musées accorde la gratuité aux mineurs. Des réductions sont accordées à d'autres catégories de visiteurs. L'entrée des musées nationaux est en général à 1 € le dimanche. Renseignez-vous également dans les offices de tourisme des villes sur les tickets « pass », qui permettent de visiter plusieurs musées à des tarifs économiques.

Parcs nationaux

L'Allemagne compte 16 parcs nationaux *(voir p. 442)*, dont 4 dans le Sud.
Bavière : la Bayerischer Wald et Berchtesgaden.
Bade-Wurtemberg : Schwarzwald.
Rhénanie-Palatinat et Sarre : Hunsrück-Hochwald.

Poste

Comme en France, le jaune est la couleur de la poste en Allemagne. La plupart des bureaux sont ouverts du lundi au vendredi de 8h à 18h et le samedi de 8h à 12h. Certains, notamment dans les gares et aéroports des grandes villes, ont des horaires d'ouverture plus étendus.
Pour la France et la zone Europe, le tarif d'une lettre standard (jusqu'à 20 g) est de 1,10 €.

Pourboire

Le service n'étant généralement pas inclus dans le prix, les pourboires sont plus importants en Allemagne qu'en France. Comptez environ 10 % de l'addition, jusqu'à 15 % si vous êtes très satisfait.
Le pourboire est remis directement au serveur au moment de l'addition. En général, on lui annonce le prix que l'on veut payer, pourboire compris, au moment de régler. Il n'est pas d'usage de le laisser sur la table.

Randonnée

Chaque région, presque chaque commune, dispose de sentiers de randonnée balisés – soit 200 000 km pour l'ensemble du pays – entretenus par des associations locales regroupées au sein d'une fédération nationale. Renseignez-vous

dans les offices de tourisme et consultez aussi les sites des Länder *(voir p. 452)*.

Le site **www.germany.travel/fr** propose une sélection d'itinéraires.

Restauration

Retrouvez notre sélection de restaurants dans les encadrés « Nos adresses à... » dans la partie « Découvrir l'Allemagne du Sud ». Ils sont répartis en quatre catégories *(voir le tableau p. 456)*. Les prix indiqués (minimum/maximum) correspondent à ceux d'un plat ou d'un menu/formule.

Les repas de la journée

Le **petit-déjeuner** *(Frühstück)*, plutôt copieux, inclut charcuterie et fromage.

Le **déjeuner** *(Mittagessen)* commence généralement par un potage, suivi d'un plat principal de viande ou de poisson toujours accompagné d'une portion de salade (verte, de concombre, de chou râpé). Vous trouverez un peu partout des **Imbisse**, établissements de restauration rapide qui proposent notamment la traditionnelle *Bratwurst* (saucisse grillée). Celle-ci peut être accompagnée d'une salade de pommes de terre et arrosée d'une bière à la pression *(Bier vom Faß)*.

Il est possible, l'**après-midi**, de faire la pause dans un « café » (salon de thé). Ces établissements proposent un large choix de gâteaux : *Schwarzwälder Kirschtorte* ou *Käsekuchen*, des tartes aux fruits et le célèbre *Strudel*. Le café est généralement servi avec de la crème *(Kaffeesahne)*.

Pour le **repas du soir** *(Abendessen)*, que les Allemands prennent tôt, on peut se faire servir un assortiment de charcuteries froides *(Aufschnitt)* et de fromages avec de nombreuses variétés de pains. Attention, de nombreux restaurants ferment leurs portes à 18/19h.

« Gastronomie » (p. 443).

Usages

À table, comme dans le reste du quotidien en Allemagne, la ponctualité est de mise.

Les cartes indiquent la liste des ingrédients allergènes et la plupart des restaurants proposent au moins un plat végétarien.

Il n'est pas d'usage de servir l'eau « du robinet » *(Leitungswasser)* mais on peut en demander. Lorsque vous commandez une bouteille d'eau, les amateurs d'eau plate doivent préciser *« stilles Wasser »*, sinon on vous apportera une bouteille d'eau minérale gazeuse, à moins que l'on vous demande *« Mit oder ohne Kohlensäure ? »* (avec ou sans bulles ?).

Pour porter un toast, les Allemands se regardent dans les yeux et trinquent avec leur verre, sans oublier la formule consacrée : *« Prost »* ou *« Zum Wohl »*.

Routes touristiques

En plus de la **Route romantique** *(voir p. 142)*, de la **Route badoise du Vin** *(voir p. 215)*, de la **Route allemande des Alpes** *(voir p. 84)* et de la **Bergstraße** *(voir p. 390)* décrites dans ce guide, il existe une cinquantaine d'itinéraires à thème pour sillonner l'Allemagne du Sud de manière originale. Parmi les plus célèbres :

Route des Châteaux *(Burgenstraße)* de Mannheim à Prague en passant par Bayreuth, sur 975 km (www.burgenstrasse.de – en anglais).

Route allemande du Vin *(Deutsche Weinstraße)*, de Bockenheim/Palatinat à Wissembourg/Alsace (www.deutsche-weinstrasse.de – en allemand).

Santé

Pharmacie

Pour des troubles bénins, il est possible de se procurer des médicaments dans une pharmacie (signalée par un A rouge pour *Apotheke*). Les pharmacies fermées affichent les noms des médecins et des pharmacies de garde.

Médecins et hôpitaux

Les consultations chez le médecin ont lieu en général de 8h à 12h et de 16h à 18h, sauf les mercredi, samedi et dimanche. En dehors des horaires de consultation, contactez le *Ärztlicher Bereitschaftsdienst* (équivalent de SOS Médecins) au ✆ 116 117.

La CEAM est à présenter accompagnée de la carte Vitale.

« Formalités » (p. 453).

Shopping

Les magasins ouvrent à partir de 9h ou 10h et ferment entre 18h30 et 20h. Le samedi, ils ferment souvent à 16h (sauf les épiceries, boucheries, boulangeries qui ferment entre 13h et 14h), voire plus tôt dans le sud de l'Allemagne. Le dimanche, certains magasins de gare sont ouverts ainsi que quelques boulangeries le matin.

Souvenirs

Spécialités culinaires

On dit qu'il y a plus de **5000 bières** dans le pays ! Les amateurs n'auront que l'embarras du choix pour rapporter quelques bouteilles, tout en visitant une brasserie. Moins de variétés dans le vignoble, mais d'excellents crus dans les vallées du Rhin et de la Moselle, la Franconie, le Bade et le Wurtemberg. Les bouteilles de **schnaps** accompagnées d'un verre de 2 cl offrent les bouquets des eaux-de-vie de fruits des vergers et des baies du Sud. N'oubliez pas non plus l'**Apfelwein**, la boisson traditionnelle de Francfort *(voir p. 374)*.

Les gourmets, apprécieront les excellentes **charcuteries** (en particulier celles de la Forêt-Noire), les pains d'épices de Nuremberg à la confiture de cerise de la Forêt-Noire et les *Studentenkuß* de Heidelberg.

Artisanat

Pforzheim est célèbre pour sa production de bijouterie et Idar-Oberstein pour ses pierres précieuses. Mettlach abrite le siège de la marque réputée Villeroy & Bosch. Garmisch-Partenkirchen fabrique toujours les costumes traditionnels bavarois tandis que vallée de la Gutach, en Forêt-Noire, perpétue la tradition des chapeaux à pompons.

Les produits cosmétiques bio sont plus abordables en Allemagne qu'en France.

Sports d'hiver

La pratique du **ski de piste** se concentre dans les Alpes bavaroises autour des stations de Garmisch-Partenkirchen *(voir p. 102)*, Berchtesgaden, Oberstdorf et Mittenwald.

Des domaines skiables plus modestes, en Forêt-Noire et dans certains sites de moyenne montagne (massif de l'Eifel, Jura souabe), se prêtent au **ski nordique**.

Retrouvez les stations en Allemagne sur : **www.skiinfo.fr**.

Stations thermales

Avec plus de 350 stations thermales et climatiques héritières d'une longue tradition, l'Allemagne est une destination de premier plan pour ceux qui recherchent le bien-être et la remise en forme par les bienfaits de l'eau.

Soixante sources curatives constituent aussi l'un des points forts du « patrimoine santé » du pays. La **Bavière** et le **Bade-Wurtemberg** sont les deux principales régions pour ce type de séjour.

Le site **www.germany.travel/fr** répertorie les stations et les hôtels certifiés « bien-être ».

Téléphone

Appels internationaux

Composez le 00 + indicatif du pays concerné. Pour la France : 00 33; pour la Belgique : 00 32; pour la Suisse : 00 41; pour le Canada : 00 1.

Appels nationaux

Pour appeler en Allemagne, il faut composer le 0 devant l'indicatif de la ville.

Mobiles

Deux options : soit vous utilisez votre abonnement comme si vous étiez en France (grâce à la fin du roaming depuis 2017, vous ne paierez pas de supplément), soit vous achetez une carte SIM locale pour bénéficier d'un numéro allemand, en vous étant assuré que votre appareil est débridé.

Transports

En train

Assuré par la **Deutsche Bahn** (DB), le service ferroviaire allemand est l'un des plus performants d'Europe. Les trains allemands sont confortables et ponctuels, et les correspondances entre grandes lignes et trains régionaux bien étudiées. L'**ICE** (Intercity-Express), qui assure les liaisons entre les principales villes du pays, s'apparente au TGV français.

« En train » (p. 451).

Le voyage est gratuit pour les moins de 6 ans. Entre 6 et 14 ans, les enfants bénéficient de 50 % de réduction s'ils voyagent seuls, ou de la gratuité s'ils sont avec un parent ou un grand-parent (ils doivent alors figurer sur le titre de transport de l'adulte). Pensez à vous munir des cartes d'identité.

Forfaits

L'**Interrail One Country Pass** permet aux résidents européens de circuler sur l'ensemble du réseau de la Deutsche Bahn, en 1re ou 2e classe. Le pass consiste en un nombre de journées de voyage à répartir sur une période de validité d'un mois. Le Pass de 3, 4 ou 5 jours coûte pour 1 adulte en 2e classe 256, 291 ou 321 € (12-27 ans 205, 233 ou 257 €).

Des forfaits très intéressants sont également disponibles dans **chaque région** pour des trajets locaux (bus + train + bateau, dans certains cas). Demandez les formules « Länder-Tickets » (voyage illimité dans un Land pendant 1 j., à partir de 26 € pour la 1re pers., 8 € pour les suivantes – 5 pers. maxi sur le billet, jusqu'à 3 enf. gratuit) et « Quer-durchs-Land-Ticket » (voyage illimité sur toute l'Allemagne pendant 1 j., 44 € pour la 1re pers., 8 € pour les suivantes – 5 pers. maxi sur le billet, jusqu'à 3 enf. gratuit). Informations et achat en ligne sur **www.bahn.com**.

En car

Le car peut être pratique pour circuler dans certaines régions d'Allemagne ou pour des trajets difficilement réalisables en train. Liaisons, planificateur et réservation sur les sites des principales compagnies :

Flixbus – www.flixbus.de.

Urgences

Urgences médicales/Premiers secours : ✆ 112

Police : ✆ 110

En cas de perte ou de vol de carte bancaire, téléphonez au numéro communiqué par votre banque ou à défaut :

Visa – ✆ 0800-811-8440.

Eurocard-MasterCard – ✆ 0800-071-3542.

MICHELIN vous GuideVert
l'Europe de vos rêves
LE GUIDE VERT Week&GO
CYCLADES
LE GUIDE VERT Week&GO
ÎLES CANARIES
LE GUIDE VERT Week&GO
PORTO
Format poche
Plan détachable
Nos meilleures adresses
Nos incontournables ★★★
MICHELIN

Voiture

Code de la route

Vous devrez être en possession d'une carte d'identité ou d'un passeport, ainsi que des papiers du véhicule. Le port de la ceinture est obligatoire et le taux d'alcool maximum autorisé est de 0,5 g/l. Prévoir un siège adapté pour les enfants de moins de 4 ans. Notez qu'il est illégal, comme en France, de téléphoner au volant.

Vitesse – Même si une partie du réseau autoroutier ne comporte aucune limitation de vitesse pour les véhicules dépourvus de remorque, il est préférable de ne pas dépasser 130 km/h.

Soyez vigilant sur autoroute, des portions limitées à 80 ou à 100 km/h peuvent succéder soudainement à des tronçons non limités, entraînant des freinages brutaux des conducteurs. Cette conduite « en accordéon » peut surprendre un conducteur français habitué à une vitesse plus régulée.

La vitesse en agglomération est limitée entre 30 et 50 km/h; hors agglomération, elle est de 70 à 100 km/h.

Vignette écologique (p. 451).

Réseau routier

L'Allemagne dispose d'un vaste réseau de 11000 km d'autoroutes gratuites (indiquées par un A, pour *Autobahn*, et par la couleur bleue).

Les numéros pairs désignent des autoroutes allant dans le sens ouest-est (par exemple, A 8 Karlsruhe-Munich), les numéros impairs dans le sens nord-sud (par exemple, A 5 Francfort-Fribourg). Les autres routes sont annoncées par des panneaux jaunes.

En semaine, le réseau autoroutier est surchargé, quelle que soit l'heure. La gratuité, une situation géographique au cœur de l'Europe et la forte activité industrielle du pays font de l'Allemagne une plaque tournante. Roulez prudemment, d'autant que la circulation est souvent ralentie par des travaux. Le week-end, les camions sont interdits mais les conducteurs du dimanche essayent leurs bolides...

Stationnement

Les centres-villes sont très souvent réservés aux piétons. Il est possible de se garer dans les nombreux parkings couverts *(Parkhaus)*. Munissez-vous d'un disque de stationnement pour vous garer en zone bleue (1h30 maximum).

Carburants

Le GPL est nommé *Autogas*, *LPG* ou *Flüssiggas*; à ne pas confondre avec le *Erdgas*, non compatible avec le GPL. Le GNV (gaz naturel pour véhicules) prend l'appellation de *CNG*.

Accident

En cas d'accident, ne pas déplacer les véhicules. La police allemande a coutume de se rendre sur les lieux d'un accident : les parties concernées et les témoins éventuels sont interrogés sur place, les circonstances exactes de l'accident sont dûment consignées par cette autorité, qui est compétente pour déterminer les responsabilités de chaque conducteur. Un constat à l'amiable peut être interprété comme un délit de fuite passible d'une amende pouvant atteindre plus de 1000 €, assortie du retrait immédiat du permis de conduire.

Secours routier (Pannenhilfe) – Il est assuré sur les autoroutes et les routes principales par l'ADAC (l'Automobile-Club allemand), que l'on peut joindre au 0180 2 22 22 22 (composez le 22 22 22 si vous utilisez un portable).

Le dépannage sur place est gratuit, seules les pièces de rechange sont à payer.

Agenda

Reportez-vous aussi aux carnets pratiques des sites.

Janvier

Munich – Fasching *(voir encadré ci-dessous).*

Février-Mars

Rottweil – Narrensprung : « Cavalcade des fous », carnaval alémanique (Lundi et Mardi gras).

Fribourg – Mélange de carnaval alémanique et rhénan (Lundi et Mardi gras).

Mayence – Rosenmontagsumzug : grand défilé (Lundi gras).

Mars

Burghausen – Semaine internationale du jazz (mi-mars).

Avril-Mai

Schwetzingen – Festival de musique classique et d'opéra.

Mai

Bavière – La tradition du **Maibaum** (Arbre de mai) donne lieu chaque 1er Mai à de grandes festivités lors desquelles on dresse sur la place principale du village un grand mât bleu et blanc, garant de l'honneur de la communauté.

Wurtzbourg – Africa Festival : musique africaine sur les berges du Main (de fin mai à déb. juin).

Mai-Septembre

Le Rhin en flammes – Ce grand festival de **feux d'artifice** se tient au bord du Rhin à Rüdesheim-Bingen (déb. juil.), Spay-Coblence (déb. août), Oberwesel (déb. sept.), St. Goar et St. Goarshausen (mi-sept.).

Juin

Heidelberg – Concerts classiques en plein air, dans la cour du château (de déb. juin à fin août).

Nuremberg – Rock im Park : festival de musique rock en plein air dans le stade Frankenstadion (déb. juin).

Wiesbaden – Theatrium, l'une des plus anciennes fêtes de rue d'Allemagne (mi-juin).

Carnavals

Trois traditions existent en Allemagne. Le **carnaval de Munich** se nomme **Fasching** et débute le 7 janvier, au lendemain de la Fête des rois et se termine le Mardi gras avec la danse des marchandes en costume traditionnel, le *Dirndl*, sur la place du Viktualienmarkt, au cœur de la ville.
Le **carnaval alémanique** ou **Fasnet**, qui a ses foyers en Forêt-Noire et en Souabe, a conservé son caractère païen et mystérieux. Chaque hiver, les habitants du Sud-Ouest de l'Allemagne se travestissent et peuplent les rues de dieux et de démons, de sorcières et sorciers. Leurs masques en bois, sculptés et peints à la main au cours de l'année, varient selon les villes. Les hauts lieux de ce carnaval sont Villingen, **Rottweil**, Bad Dürrheim, Donaueschingen, **Fribourg**, Waldshut et Rottenburg.
Le **Carnaval rhénan** débute chaque année le 11 novembre à 11h11 et dure jusqu'au mercredi des Cendres. L'événement majeur des réunions costumées est le cortège du « Lundi des roses » (Lundi gras). La ville de **Mayence** voit défiler les fous et le couple princier sur leurs chars, au milieu de la liesse populaire.

Juin-Juillet

Heidelberg – Illuminations du château, feux d'artifice (1er w-end de juin, de sept. et 2e week-end de juil.).

Munich – Tollwood : festival bi-annuel, concerts, théâtre, marché artisanal (juin-juil. et nov.-déc.).

Juillet-Août

Bayreuth – Festival Richard Wagner. Musique classique (de fin juil. à fin août).

Fribourg-en-Brisgau – Internationales Zelt-Musik-Festival : animations musicales rock, pop, jazz, classique, variétés et danse. (3 semaines en juil.).

Karlsruhe – Das Fest : festival de musique en plein air réunissant de grands noms de la musique allemande et internationale (avant-dernier w.-end de juil.).

Nuremberg – Bardentreffen (rencontres des bardes), festival de musiques du monde (de fin juil. à déb. août).

Août

Constance – Seenachtsfest : fête du lac de Constance. Feu d'artifice, spectacles et animations (2e sam. d'août).

Septembre

Rothenbourg – Commémoration de la ville d'Empire dans les rues de la vieille ville (1er w.-end).

Fêtes de la bière

Munich – **Oktoberfest**. L'une des plus grandes fêtes populaires du monde attire chaque année des millions de personnes dans la capitale de la Bavière (les 15 j. qui précèdent le 1er dim. d'oct.).

Stuttgart – **Cannstatter Volksfest** : la seconde plus grande fête de la bière après Munich (deux semaines fin sept.-déb. oct.).

Octobre

Neustadt an der Weinstraße – Fête du vin : défilé et élection de la Reine du vin (1er et 2e w.-ends).

Décembre

Marchés de Noël

Pour voyager dans les odeurs de pains d'épices et de saucisses grillées, il faut flâner sur les marchés de Noël *(Christkindlmarkt)* installés jusqu'au 23 décembre dans de très nombreuses villes. Parmi les plus réputés : **Nuremberg** et sa roue géante à vapeur, ses crèches de style franconien dans une ambiance médiévale. Autre ville bavaroise, **Rothenbourg** est connu pour son marché des cavaliers et son « Rothenburger Reiterle », le gardien de nuit qui fait ses annonces depuis 500 ans.
À **Worms**, l'Obermarkt résonne des chants traditionnels, tandis que les carrousels et la crèche vivante ravissent les enfants. **Cobourg** est connu pour ses illuminations et ses concerts d'orgue à la lueur des bougies. À **Mayence**, une pyramide de Noël et une boîte à musique géante brillent et tournent sur elles-mêmes. Le marché de Noël artisanal de **Coblence** s'étend jusqu'au Deutsches Eck et la façade de l'hôtel de ville est recouverte par un calendrier de l'Avent géant.
À **Munich**, vous découvrirez le plus grand marché des crèches du pays et à **Bamberg**, près de 35 crèches sont exposées partout dans la ville du premier samedi de l'Avent jusqu'au 6 janvier.

Livres, films et séries

Livres

Pour les grands classiques de la littérature allemande, reportez-vous au chapitre « Culture » *(voir p. 429)*.

BÖLL Heinrich, **L'Honneur perdu de Katharina Blum** (1974). Dans l'Allemagne des années 1970, une jeune femme, impliquée dans un fait divers sordide, fait la Une d'un journal à scandale. Adapté au cinéma par Volker Schlöndorff, le récit dénonce les méthodes de la presse à sensation.

HESS Annette, **La Maison allemande** (2019). En 1963 à Francfort-sur-le-Main, Eva, 20 ans, est embauchée comme interprète dans le « second procès d'Auschwitz ». Ignorant tout de ce passé, elle se retrouve confrontée au refus de mémoire dans l'Allemagne de l'après-guerre.

LÉO Maxim, **Histoire d'un Allemand de l'Est** (2019). L'auteur, journaliste berlinois, raconte l'histoire de sa famille, notamment celle de son grand-père maternel, résistant en France pendant la guerre, qui fera le choix de s'installer en RDA.

SEBALD Winfried Georg, **Les Émigrants** (1992). Entre enquête et fiction, la vie de quatre personnes qui ont dû quitter l'Allemagne pendant la première moitié du 20e s. pour l'Angleterre ou les États-Unis.

SCHLINK Bernhard, **Le Liseur** (1995). Un étudiant découvre que son amour de jeunesse aurait été impliqué dans les crimes nazis. Adapté avec succès au cinéma en 2009.

Pour les enfants

BALZAMO Elena & KAISER Reinhard **Aux origines du monde. Contes et légendes d'Allemagne**, (2004).

WIEVIORKA Annette **Auschwitz expliqué à ma fille** (1999).

GUEZ Olivier & GONIN Jean-Marc **La Chute du Mur** (2009). Deux ans d'enquête et de passionnants témoignages sur ces journées de 1989 qui ont vu basculer la RDA.

Films

VON DONNERSMARCK Florian, **La Vie des autres** (2006). décrit les pratiques de la Stasi dans l'ex-Allemagne de l'Est.

L'œuvre sans auteur (2018). La vie d'un peintre allemand (Gerhard Richter), de son enfance dans l'Allemagne nazie à sa première exposition dans les années 1960.

BECKER Wolfgang, **Goodbye Lenin** (2003). En ex-RDA, un fils aimant tente de cacher à sa mère, tout juste sortie du coma, la chute du mur de Berlin.

HIRSCHBIEGEL Oliver, **La Chute** (2005). Les derniers jours d'Adolf Hitler dans son bunker, avec un Bruno Ganz impressionnant.

Séries

Babylone Berlin. Sur fond d'intrigues policières se dévoile la vie des Berlinois sous la République de Weimar en 1929, à la veille du krach boursier.

Deutschland 83, 86, 89. Un jeune espion inexpérimenté, envoyé à l'Ouest par les services secrets est-allemands, se retrouve tiraillé entre les différentes idéologies.

Documentaires

L'émission *Karambolage*, diffusée sur Arte, propose une comparaison des cultures allemande et française à travers la langue, les objets, les références historiques et culturelles. Instructives et ludiques, ces courtes vidéos sont à voir sur : www.arte.tv/fr/videos/RC-014034/karambolage/.

Francfort : villes, curiosités et régions touristiques.
Benz, Carl : noms historiques ou termes faisant l'objet d'une explication.
Les sites isolés (châteaux, abbayes, grottes...) sont répertoriés à leur propre nom.

A

B

H

I

J

K

N

O

T

Carte générale

Premier rabat de couverture

Cartes des régions

Plans de ville

Plans de monuments

Cartes des circuits

Cartes thématiques

LÉGENDE DES CARTES ET PLANS

Curiosités et repères

- Itinéraire décrit, départ de la visite
- Église
- Mosquée
- Synagogue
- Temple
- Temple : bouddhique - hindou
- Bâtiment
- Monastère - Phare
- Fontaine
- Point de vue
- Château - Ruine ou site archéologique
- Barrage - Grotte
- Monument mégalithique
- Tour génoise - Moulin
- Temple - Vestiges gréco-romains
- Autre lieu d'intérêt, sommet
- Distillerie
- Palais, villa, habitation
- Cimetière : chrétien - musulman - israélite
- Oliveraie - Orangeraie
- Mangrove
- Auberge de jeunesse
- Gravure rupestre
- Pierre runique
- Église en bois
- Église en bois debout
- Parc ou réserve national
- Bastide

Sports et loisirs

- Piscine : de plein air - couverte
- Plage - Stade
- Port de plaisance - Voile
- Plongée - Surf
- Refuge - Promenade à pied
- Randonnée équestre
- Golf - Base de loisirs
- Parc d'attractions
- Parc animalier, zoo
- Parc floral, arboretum
- Parc ornithologique réserve d'oiseaux
- Planche à voile, kitesurf
- Pêche en mer ou sportive
- Canyoning, rafting
- Aire de camping - Auberge
- Arènes
- Base de loisirs, base nautique ou canoë-kayak
- Canoë-kayak
- Promenade en bateau

Informations pratiques

- Information touristique
- Parking - Parking - relais
- Gare : ferroviaire - routière
- Voie ferrée
- Ligne de tramway
- Départ de fiacre
- Métro - RER - Tramway
- Station de métro (Calgary, ...) (Montréal)
- Téléphérique, télécabine
- Funiculaire, voie à crémaillère
- Chemin de fer touristique
- Transport de voitures et passagers
- Transport de passagers
- File d'attente
- Observatoire
- Station-service - Magasin
- Poste - Téléphone
- Internet
- Hôtel de ville
- Banque, bureau de change
- Palais de justice - Police
- Gendarmerie
- Théâtre - Musée
- Université
- Musée de plein air
- Hôpital
- Marché couvert
- Aéroport
- Parador, Pousada (Établissement hôtelier géré par l'État)
- A Chambre d'agriculture
- D Conseil provincial
- G Gouvernement du district, Délégation du Gouvernement Police cantonale
- L Gouvernement provincial (Landhaus)
- P Chef-lieu de province
- Station thermale
- Source thermale

Axes routiers, voirie

- Autoroute ou assimilée
- Échangeur : complet - partiel
- Route
- Rue piétonne
- Escalier - Sentier, piste

Topographie, limites

- Volcan actif - Récif corallien
- Marais - Désert
- Frontière - Parc naturel

Comprendre les symboles utilisés dans le guide

LES ÉTOILES

★★★ **Vaut le voyage** ★★ **Vaut le détour** ★ **Vaut la visite**

HÔTELS ET RESTAURANTS

9 ch.	Nombre de chambres		Wi-Fi
7,5 €	Prix du petit-déjeuner en sus		Piscine
50 €	Prix de la chambre double, petit-déjeuner compris	CC	Paiement par cartes de crédit
bc	Menu boisson comprise		Carte de crédit non acceptée
	Air conditionné dans les chambres	P	Parking réservé à la clientèle
	Restaurant dans l'hôtel	Tram	Station de tramway la plus proche
	Établissement servant de l'alcool (à l'étranger)	M	Station de métro la plus proche

SYMBOLES DANS LE TEXTE

	À faire en famille		Organisme de tourisme
	Pour approfondir		Astuce, conseil
	Promenade à pied		Adresse coup de cœur
	Randonnée à vélo	A2 B	Repère sur le plan
	Facilité d'accès pour les personnes à mobilité réduite		Tourisme écoresponsable

Note au lecteur

Michelin a apporté le plus grand soin à la rédaction de ce guide et à sa vérification. Toutefois, les informations pratiques (formalités administratives, prix, adresses, numéros de téléphone, adresses Internet, etc.) doivent être considérées comme des indications du fait de l'évolution constante de ces données.
Il n'est pas totalement exclu que certaines d'entre elles ne soient plus, à la date de parution du guide, tout à fait exactes ou exhaustives. N'hésitez pas à nous signaler toute omission ou inexactitude que vous pourriez constater, ainsi qu'à nous faire part de vos avis et suggestions sur les adresses contenues dans ce guide.
Avant d'entamer toute démarche, formalités administratives ou douanières notamment, vous êtes invité à vous renseigner auprès des organismes officiels. Ces informations ne sauraient, de ce fait, engager notre responsabilité.

Collection sous la direction de Philippe Orain

Responsable d'édition et rédactrice en chef du guide : Hélène Payelle

Secrétaire d'édition : Stéphanie Vinet

Rédaction : Hélène Storelli, Delphine Berbigier, Mo Boukhelif, Mélanie Cornière, Aude Flicoteaux, Annabelle Georgen, Laurent Gontier, Serge Guillot, Manon Heugel, Guylaine Idoux, Anne-Claire Juramie, Philippe Longin, Christian Rault, Thomas Scheufler, Mathieu Simonin, Philippe Vouillon, Mireille Voerste, François Zaninotto, Holger Zimmermann

Ont contribué à ce guide : Aura-Ionela Mardari, Costina-Ionela Lungu (**Cartographie**), Véronique Aissani, Carole Diascorn (**Couverture**), Marion Capera, Marie Simonet, Ilona D'Angela (**Iconographie**), Graţiela-Camelia Gheorghiu, Claudiu Spriridon (**Données objectives**), Bogdan Gheorghiu, Cristian Catona, Gabriel Dragu, Hervé Dubois, Pascal Grougon (**Prépresse**), Dominique Auclair (**Pilotage**)

Plans de ville : © MICHELIN 2022 et Données cartographiques © les contributeurs d'OpenStreetMap- www.openstreetmap.org sous licence ODbL 1.0 ; opendatacommons.org/licenses/odbl/l/

Remerciements : Marion Artarit (Onat), Ingrid Charles, Sandra Kirchner-Spies et Corinna Biermann (Tourist Information Worms), Lisa Forens (Trier Tourismus und Marketing), Johannes Bruchhof (Koblenz-Touristik)

Conception graphique
Christelle Le Déan, Sandro Borel, Justeciel (maquette intérieure) Véronique Aissani, Marie-Pierre Renier (couverture)

Régie publicitaire et partenariats
contact.clients@editions.michelin.com
Le contenu des pages de publicité insérées dans ce guide n'engage que la responsabilité des annonceurs.

Contacts
Vous souhaitez nous contacter ?
Rendez-vous dans la rubrique contact de notre site internet :
editions.michelin.com

Parution 2023

MICHELIN Éditions
Société par actions simplifiée au capital de 487 500 EUR
57 rue Gaston-Tessier – 75019 Paris (France)
R.C.S. Paris 882 639 354

Dépôt légal : 02-2023 – ISSN 0293-9436
Compograveur : MICHELIN Éditions, Voluntari (Roumanie)
Imprimeur : Chirat, St-Just-la-Pendue)
Imprimé en France : 02-2023

Sur du papier issu de forêts bien gérées